Hinter dem Sachregister befindet sich ein ausführliches Verzeichnis der

Guttentagschen Sammlung

Deutscher Reichs- und Preußischer Gesetze

— **Textausgaben mit Anmerkungen; Taschenformat** —,

die alle wichtigeren Gesetze in unbedingt zuverlässigem Abdruck und mit mustergültiger Erläuterung wiedergibt.

Guttentagsche Sammlung
Nr. 132. Deutscher Reichsgesetze. Nr. 132.
Textausgaben mit Anmerkungen und Sachregister.

Umsatzsteuergesetz

(neueste Fassung nach dem Stande vom
1. April 1926)

mit den Ausführungsbestimmungen.

Erläutert von

Geheimem Oberjustizrat **Otto Lindemann,**
Ministerialdirektor im Preußischen Justizministerium.

Fünfte, vermehrte und verbesserte Auflage.

Berlin und Leipzig 1926

Walter de Gruyter & Co.
vormals G. J. Göschen'sche Verlagshandlung — J. Guttentag, Verlagsbuchhandlung — Georg Reimer — Karl J. Trübner — Veit & Comp.

Inhaltsübersicht.

Verzeichnis der Abkürzungen.

A.	Anmerkung.
Abs.	Absatz.
AB.	Ausführungsbestimmungen.
AG.	Ausführungsgesetz.
AmtlMitt. . . .	Amtliche Mitteilungen, herausgegeben im Reichsschatzamt.
AusschB. I . . .	Bericht des Ausschusses für den Reichshaushalt über den Entwurf eines Umsatzsteuergesetzes (Reichst. 13. Legislaturperiode II. Session 1914/18 Nr. 1745).
AusschB. II . . .	Bericht des 12. Ausschusses über den Entwurf eines Umsatzsteuergesetzes (Nr. 1753 der Drucksachen der Verfassunggebenden Deutschen Nationalversammlung).
AusschB. III . .	Bericht des 11. Ausschusses über den Entwurf eines Gesetzes, betr. Abänderung des Umsatzsteuergesetzes (Reichst. I. Wahlperiode 1920/22 Nr. 3755).
AusschB. IV . .	Bericht des 6. Ausschusses (Steuerfragen) über den Entwurf eines Gesetzes zur Änderung der Verkehrsteuern und des Verfahrens (Reichst. III. Wahlperiode 1924/25 Nr. 1238).
AVfg.	Allgemeine Verfügung.
BayrRpflZ . .	Zeitschrift für Rechtspflege in Bayern.
BGB.	Bürgerliches Gesetzbuch.
Begr. I	Begründung des Entwurfs (Nr. 676 der Drucksachen der Verfassunggebenden Deutschen Nationalversammlung).

Begr. II	Begründung des Entwurfs eines Gesetzes, betr. Abänderung des Umsatzsteuergesetzes (Reichst. I. Wahlperiode 1921 Nr. 2866).
DJZ.	Deutsche Juristenzeitung.
DNotV.	Zeitschrift des Deutschen Notarvereins.
DStBl.	Deutsches Steuerblatt.
EG.	Einführungsgesetz.
FA.	Finanzamt.
FM	Preußischer Finanzminister.
FMBl.	Finanz-Ministerialblatt, herausgegeben im Preußischen Finanzministerium.
GewO.	Gewerbeordnung.
GS.	Preußische Gesetzsammlung.
HGB.	Handelsgesetzbuch.
H. u. G.	Handel und Gewerbe, Zeitschrift der Handelskammern.
JMBl.	Justizministerialblatt, herausgegeben im Preußischen Justizministerium.
JW.	Juristische Wochenschrift.
KO.	Konkursordnung.
KVG.	Kapitalverkehrsteuergesetz.
LFA.	Landesfinanzamt.
LeipzZtschr. . .	Leipziger Zeitschrift für deutsches Recht.
NStR.	Neue Steuer-Rundschau.
ObLG.	Bayerisches Oberstes Landesgericht.
PrVerwBl. . . .	Preußisches Verwaltungsblatt.
R.	Das Recht, Rundschau für den deutschen Juristenstand.
RAbgO.	Reichsabgabenordnung.
RFH.	Reichsfinanzhof; Zahlen ohne weiteren Zusatz bedeuten Band- und Seitenzahl der Amtlichen Sammlung der Entscheidungen und Gutachten des Reichsfinanzhofs.
RFM.	Reichsfinanzminister.
RG.	Urteil des Reichsgerichts.

RGBl. . . . . . Reichsgesetzblatt.

RGSt. . . . . . Entscheidungen des Reichsgerichts in Strafsachen.

RGZ. . . . . . Entscheidungen des Reichsgerichts in Zivilsachen.

RMBl. . . . . . Reichsministerialblatt.

RSchA. . . . . Reichsschatzamt.

Rschr. . . . . . Rundschreiben.

RStBl. . . . . Reichssteuerblatt.

RStG. . . . . . Reichsstempelgesetz.

RVO. . . . . . Reichsversicherungsordnung.

RZBl. . . . . . Zentralblatt für das Deutsche Reich.

StGB. . . . . . Reichs-Strafgesetzbuch.

StPO. . . . . . Strafprozeßordnung.

UStG. . . . . . Umsatzsteuergesetz.

WUStG. . . . . Gesetz über einen Warenumsatzstempel vom 26. Juni 1916.

ZBl. . . . . . . Zentralblatt der preußischen Verwaltung der Zölle und indirekten Steuern.

ZeitgSt. . . . . Zeitgemäße Steuerfragen und Zeitschrift für Steuerstrafrecht.

ZPO. . . . . . Zivilprozeßordnung.

ZVG. . . . . . Reichsgesetz über die Zwangsversteigerung und Zwangsverwaltung.

Einleitung.

A. Werdegang des Gesetzes.

Durch das Gesetz über einen Warenumsatzstempel vom 26. Juni 1916 (RGBl. S. 639) hatte die Reichsgesetzgebung einen ersten Versuch gemacht, den gesamten Warenverkehr bei jedem Umsatz mit einer indirekten Steuer zu treffen. Seit seinem Erlaß hat sich die Überzeugung, daß der Umsatzbesteuerung eine besonders wichtige Rolle bei der Deckung des riesigen Finanzbedarfs des Reichs zukommen werde, immer mehr verstärkt. Die dringende Finanznot des Reichs führte zunächst zum Um- und Ausbau des Warenumsatzstempels durch das UStG. vom 26. Juli 1918 (RGBl. S. 779), bei dessen Verabschiedung man sich bereits darüber klar war, daß eine weitere Ausdehnung der Umsatzsteuer zwecks Steigerung ihrer finanziellen Erträge nicht lange hinauszuschieben sein werde. Dieser weiteren Ausgestaltung sollte der Entwurf eines UStG. (Drucks. Nr. 676) dienen, der im Juli 1919 der Verfassunggebenden Deutschen Nationalversammlung vorgelegt wurde. Neben der Umarbeitung der Vorschriften des alten UStG. nach den bei ihrer Anwendung gemachten Erfahrungen erstrebte der Entwurf die Ausgestaltung der allgemeinen Umsatzsteuer durch Erhöhung des Steuersatzes bei demjenigen Umsatz, mit dem der Gegenstand aus dem Zirkulationsprozeß verschwindet; die Verlegung der bisherigen Luxussteuer in den Umsatz vom Hersteller an dessen Abnehmer und den Ausbau der Luxussteuer zu einem „inneren Zolltarif" für alle Gegenstände, die über die notwendigen Bedürfnisse hinausgehen; die Zusammenfassung der Luxusgegenstände, für die die Steuererhebung beim Hersteller sich nicht empfiehlt, zu einer Kleinhandelssteuer in der Art der bisherigen Luxussteuer; schließlich die Vorbelastung gewisser Leistungen, die nicht Lieferungen sind, aber ihrer Natur nach eine höhere Belastung als durch die allgemeine Umsatzsteuer vertragen. Der Entwurf wurde in der Sitzung der Nationalversammlung vom 14. August 1919 dem 12. Ausschuß zur Vorberatung überwiesen und von diesem in zwei Lesungen durchberaten. Unter den zahlreichen vom Ausschuß beschlossenen Änderungen sind hervorzuheben die völlige Streichung der erhöhten Umsatzsteuer auf die Lieferung hauswirtschaftlicher Gegenstände im Kleinhandel, die Einbeziehung der freien Berufe in die Steuerpflicht und die Erhöhung des Satzes der allgemeinen Umsatzsteuer auf $1^1/_2$ v. H. In der Vollsitzung der Nationalversammlung fand die zweite Lesung am 16. und 17. Dezember statt (StenBer. S. 4074 ff.), wobei die Beschlüsse des Ausschusses mit geringen Änderungen gebilligt wurden; am 18. Dezember (StenBer. S. 4153 ff.) wurde das Gesetz in dritter Lesung angenommen.

Im Zusammenhang mit der Finanzgesetzgebung des Jahres 1922 wurde auch die Umsatzsteuer weiter ausgebaut. Der von verschiedenen Seiten befürworteten völligen Änderung des Systems der Umsatzbesteuerung ist man indessen mit Rücksicht auf die den gemachten Vorschlägen entgegenstehenden schweren Bedenken nicht nähergetreten, vielmehr beschränkte man sich im wesentlichen darauf, um höhere Erträgnisse zu erzielen, eine Anzahl von Befreiungsvorschriften zu beseitigen und den Steuersatz zu erhöhen. Insbesondere wurde die Befreiung der ersten Umsätze nach der Einfuhr auf die Umsätze solcher aus dem Ausland eingeführten Gegenstände beschränkt, die in eine besondere Freiliste aufgenommen sind, und die Steuerfreiheit der Ausfuhr, wenigstens insoweit es sich um Umsätze des Fabrikanten handelt, beseitigt. Den Satz der allgemeinen Umsatzsteuer wollte der Entwurf auf 3 v. H. erhöhen; indessen schlug bereits das Gutachten des Vorläufigen Reichswirtschaftsrats eine Herabsetzung auf 2 v. H. vor; bei diesem Satz ist es auch nach den Beschlüssen des Reichstags geblieben. Im Reichstag wurde der Entwurf in erster Lesung zusammen mit 11 anderen Steuergesetzen am 7. und 8. November 1921 beraten (StenBer. S. 4825 ff. und 4878 ff.). Der 11. Ausschuß, dem er zur Vorberatung überwiesen wurde, beriet ihn in zwei Lesungen im Dezember 1921 und März 1922. Am 22. März fand die zweite Lesung im Plenum statt (StenBer. S. 6464 ff.). Am 1. April wurde das Gesetz in dritter Lesung angenommen (StenBer. S. 6782). Das Abänderungsgesetz, das sich rückwirkende Kraft vom 1. Januar 1922 beilegte, bildet zusammen mit 13 anderen Steuergesetzen eine Anlage zu dem am 8. April 1922 vom Reichspräsidenten vollzogenen Gesetz über Änderungen im Finanzwesen.

Die Inflationszeit brachte zahlreiche durch die Geldentwertung gebotene Änderungen des Gesetzes. Die für die Ermäßigung der Inseratensteuer bei Zeitungen und Zeitschriften vorgesehene Staffelung wurde mehrfach erhöht (Gesetz vom 27. Juni und 21. August 1923,

RGBl. S. 467, 819). Das Gesetz vom 20. März 1923 über die Berücksichtigung der Geldentwertung in den Steuergesetzen (RGBl. S. 198) und die Verordnung vom 4. August 1923 (RGBl. S. 761) gestalteten die Bestimmungen über die Leistung von Abschlagszahlungen auf die Umsatzsteuer um. Die Zweite Steuernotverordnung vom 21. Dezember 1923 (RGBl. I S. 1205) schloß diese Inflationsmaßnahmen ab und erhöhte die Umsatzsteuer auf $2^1/_2$ v. H.

In einer dem Reichstag vorgelegten ausführlichen Denkschrift (Reichstagsdrucks. 1924 Nr. 153) beschäftigte sich die Reichsregierung mit den verschiedenen Möglichkeiten einer Abänderung der geltenden Umsatzbesteuerung, und zwar unter Berücksichtigung sowohl der in Gesetzen anderer Länder realisierten als auch der nur in theoretischen Vorschlägen niedergelegten. Die Denkschrift gelangte zu dem Ergebnis, daß „eine Umstellung des Systems — sei es nach der Richtung einer Fabrikatssteuer, einer pauschalierten Steuer nach österreichischem Muster, einer Kleinhandelssteuer oder einer Steuer nach den Siemensschen Vorschlägen — den besonderen Verhältnissen der deutschen Wirtschaft nicht gerecht werden könne und mit Rücksicht auf die starke Bedeutung des Umsatzsteueraufkommens für die deutschen Finanzen nicht erträglich sein würde. Auch auf Grund der Prüfung, welche Änderungen im gegenwärtigen System sich empfehlen könnten, insbesondere ob sich Wege finden ließen, die Bevorzugung der Einfuhr und die Belastung der Ausfuhr auszugleichen, glaube die Reichsregierung nicht, einen positiven Vorschlag verantworten zu können."

Seit der Stabilisierung der Währung machte sich die Notwendigkeit geltend, Handel und Verkehr von dem übermäßigen Steuerdruck zu befreien. Sowohl die allgemeine wie die erhöhte Umsatzsteuer wurden mehrfach gesenkt; zunächst die allgemeine Umsatzsteuer auf 2 v. H. (Verordnung vom 14. September 1924, RGBl. I S. 707), dann auf $1^1/_2$ v. H. (Zweite Verordnung des Reichspräsidenten über wirtschaftlich notwendige Steuermilderungen vom 10. November 1924, RGBl. I S. 737); der Satz der erhöhten Umsatzsteuer wurde von 15 auf 10 v. H. ermäßigt. Auch wurden gewisse Lieferungen und Leistungen Privater von der erhöhten Umsatzsteuer befreit. Das Steuerüberleitungsgesetz vom 29. Mai 1925 (RGBl. I S. 75) änderte die Vorschriften über den Steuerabschnitt und die Vorauszahlungen und traf Bestimmungen über die Ablösung der Umsatzsteuer, die für die in der Zeit vom 1. Januar bis zum 30. Juni 1924 getätigten Umsätze geschuldet wurde. Schließlich erfuhr das Gesetz wesentliche Änderungen durch den vom Reichstag in das Gesetz zur Änderung der Verkehrsteuern und des Verfahrens vom 10. August 1925 (RGBl. I S. 241) eingeschalteten Artikel IV. Die erhöhte Umsatzsteuer auf Leistungen besonderer Art (Inseratensteuer, Steuer auf Vermietung von Reittieren, Beherbergungs- und Verwahrungssteuer) wurde beseitigt. Im übrigen wurde die erhöhte Umsatzsteuer von 10 auf $7^1/_2$ v. H. gesenkt und durch eine neue Fassung des § 16 die Möglichkeit geschaffen, diese Steuer weiter zu vereinfachen und sie den Änderungen der deutschen Wirtschaftsentwicklung anzupassen. Die allgemeine Umsatzsteuer wurde im Gesetz auf $1^1/_4$ v. H. und durch das unmittelbar nach der Verabschiedung des Gesetzes vom Reichstag angenommene Gesetz über Zolländerungen (vom 17. August 1925, RGBl. I S. 261, § 9) auf 1 v. H. herabgesetzt.

Die letzten Änderungen der Umsatzsteuer tratem ein durch das Gesetz über Steuermilderungen zur Erleichterung der Wirtschaftslage vom 31. März 1926 (RGBl. I S. 185). Der Satz der allgemeinen Umsatzsteuer wurde von 1 v. H. auf 0,75 v. H. gesenkt und die erhöhte Umsatzsteuer (Hersteller- und Kleinhandelssteuer) ganz beseitigt. Diese Steuermilderungen traten mit dem 1. April 1926 in Kraft.

B. Inhalt des Gesetzes.

Nach der Beseitigung der erhöhten Umsatzsteuerr auf Lieferung von Luxusgegenständen (Hersteller- und Kleinhandelssteuer) wird nur noch die allgemeine Umsatzsteuer mit dem Steuersatz von 0,75 v. H.). erhoben. Ihr unterliegen alle Lieferungen und sonstigen Leistungen, die jemand innerhalb der von ihm selbständig ausgeübten gewerblichen oder beruflichen Tätigkeit im Inlande gegen Entgelt ausführt (§ 1 Nrr. 1). Die Steuerpflicht ergreift also nicht nur Leistumngen, die sich in einer zu liefernden Sache verkörpern, somdern erstreckt sich auch auf solche Leistungen, die in bloßer Arbeitsaufwendung bestehen. Gewerbliche oder boerufliche Tätigkeit bedeutet eine auf die Erzielung von Einnahmen aus Leistungen gerichtete, geschäftsmäßig ausgeübte Tätigkeit von gewisser Dauer; die Absicht der Gewinnerzielung ist nicht erforderlich. Auchh die Land- und Forstwirtschaft sowie die sonstige Urproduktion ist als gewerbliche Tätigkeit anzusehen. Auch die sog. freien Berufe unterliegen der Steuerpflicht. Steeuerpflichtig sind also die gegen Entgelt erfolgenden Leistungen der eine freie wissenschaftliche, künstlerische oder schriftstellerische Tätigkeit ausübenden Personen, die Erteilung von Unterricht, die Ausübung der Heilkunde, die Berufstätigkeit der Rechtsanwälte. Nur solche Personen sind steuerpflichtig, die eine selbständige Tätigkeit ausüben; es scheiden also aus alle solche Personen, die sich in abhängiger Stellung befinden. Ein fingierter Umsatz wird in den Fällen besteuert, in denen der Unternehmer aus dem eigenen Betrieb Gegenstände entnimmt, um sie zu Zwecken, die außerhalb seiner gewerblichen oder beruflichen Tätigkeit liegen, zu gebrauchen oder verbrauchen (§ 1 Nr. 2). Bei dieser Besteuerung des Selbstverbrauchs der Unternehmer wird als Entgelt der gemeine Wert zugrunde gelegt, der nach Maßgabe der von Wiederverkäufern gezahlten ortsüblichen Preise zu ermitteln ist (§ 8 Abs. 3). Der Umsatz außerhalb gewerblicher oder beruflicher Tätigkeit wird dann von der Steuer betroffen, wenn es sich um Lieferungen auf Grund einer Versteigerung handelt. Frei bleiben Versteigerungen unter Miterben zum Zwecke der Nachlaßteilung, Versteigerungen im Wege der Zwangsvollstreckung und Versteigerungen von Grundstücken und grundstücksähnlichen Berechtigungen (§ 1 Nr. 3).

Die Steuer ruht auf dem für die Lieferung oder sonstige Leistung zu entrichtenden **Entgelt**; die Steuerpflicht entsteht, wenn das Entgelt vereinnahmt ist. Unentgeltliche Leistungen bleiben steuerfrei. Ebenso bleiben steuerfrei Lieferungen, für die das vereinbarte Entgelt nicht eingeht. Teilleistungen sind in dem Steuerabschnitt zu versteuern, in dem sie eingehen. Entgelt ist die Gesamtheit dessen, was der Empfänger der Leistung zu ihrer Erlangung zu bewirken verpflichtet ist. Es ist nicht nötig, daß das Entgelt in barem Gelde besteht, auch irgendeine andere an Zahlungs Statt erfolgende Leistung des Empfängers, Hingabe von Sachen oder Leistung von Diensten, kann das Entgelt bilden.

Unter den Ausnahmen von der allgemeinen Steuerpflicht ist namentlich die Befreiung des reinen Handels hervorzuheben, welche bezweckt, die aufeinander folgenden Umsätze der gleichen unveränderten Ware, sofern eine Übertragung der Ware in den unmittelbaren Besitz des Erwerbers nicht stattfindet, vor übermäßiger Belastung durch die Steuer und damit die gehandelten Produkte vor zu starker Verteuerung zu schützen. Die weiteren Befreiungen betreffen namentlich die Ausfuhr, die ersten Umsätze nach der Einfuhr bestimmter in einer Freiliste aufgeführten Waren, das Kreditgewerbe, Umsätze von Geldforderungen, inländischen amtlichen Wertzeichen, Verpachtung und Vermietung von Grundstücken, Beförderungen, die bereits nach dem Verkehrsteuergesetz besteuert werden, Lotterieunternehmen und Versicherungen (§ 2). Subjektive Befreiung tritt ein für Reich und Länder hinsichtlich des Post-, Telegraphen- und Fernsprechverkehrs, für Reich, Länder, Gemeinden und Gemeindeverbände wegen der Schlachthöfe, Gas-, Elektrizitäts- und Wasserwerke, für ausschließlich gemeinnützige oder wohltätige Unternehmen wegen solcher Umsätze, die diesen Zwecken unmittelbar dienen und bei denen die Entgelte hinter dem durchschnittlich für gleichartige Leistungen von Erwerbsunternehmungen verlangten Entgelten zurückbleiben (§ 3). Nichtöffentliche Schulen und Erziehungsanstalten, die Sammlungen aufrechterhalten können, sind gleichfalls ihren Betrieb nur mit Zuschüssen aus öffentlichen

Mitteln, Stiftungen oder aus staatlich genehmigten befreit. Neu eingeführt ist die Befreiung von Privatgelehrten, Künstlern und Schriftstellern sowie bücherführenden Handlungsagenten und Maklern, sofern die steuerpflichtigen Umsätze in diesen Berufen im Kalenderjahr den Betrag von 6000 Reichsmark nicht übersteigen.

Steuerschuldner gegenüber dem Fiskus ist grundsätzlich der Unternehmer, also derjenige, der die gewerbliche oder berufliche Tätigkeit ausübt. Der Unternehmer kann aber die Steuer auf den Leistungs- oder Lieferungsempfänger abwälzen. Verboten ist es regelmäßig, die Steuer dem Empfänger neben dem Entgelt ganz oder teilweise gesondert in Rechnung zu stellen. Hierdurch soll unliebsamen Erscheinungen des Wettbewerbs, die sich beim WUStG. gezeigt hatten, vorgebeugt und vermieden werden, daß bei der Vorbelastung der hochwertigen Gegenstände dem Käufer stets in der Rechnung ihre Verteuerung durch die Steuer vor Augen geführt wird. Durch dieses Verbot der offenen Abwälzung soll aber die wirtschaftliche Abwälzung durch Einrechnung in den Preis nicht beeinträchtigt werden. Die offene Abwälzung ist nur zulässig, wenn als Entgelt für eine Leistung gesetzlich bemessene Gebühren angesetzt werden.

Das Veranlagungsverfahren ist dem bei direkten Steuern üblichen angenähert. Der Unternehmer hat den Gesamtumsatz seines Betriebs für jeden Steuerabschnitt der Steuerstelle in Form einer Steuererklärung anzuzeigen. Diese setzt die Steuer auf Grund der Erklärung und des Ergebnisses der von ihr etwa angestellten Ermittlungen fest und erteilt dem Steuerpflichtigen einen Bescheid (§ 36). Die Steuer ist innerhalb einer Frist von einem Monat nach der Bekanntgabe des Bescheids zu entrichten. Daneben besteht aber die Verpflichtung zur Vorauszahlung der Steuer; danach haben die Steuerpflichtigen nach näherer Bestimmung des § 37 Voranmeldungen abzugeben und Vorauszahlungen zu leisten. Gegen die Entscheidung der Steuerstelle ist der Einspruch gegeben; über ihn entscheidet das Finanzamt. Gegen die Einspruchsentscheidung des Finanzamts ist Berufung zulässig, über welche das Finanzgericht entscheidet. Gegen die Berufungsentscheidung des Finanzgerichts findet die Rechtsbeschwerde an den Reichsfinanzhof statt. Der ordentliche Rechtsweg ist ausgeschlossen.

A. Umsatzsteuergesetz.

Die Verfassunggebende Deutsche Nationalversammlung hat das folgende Gesetz beschlossen, das mit Zustimmung des Reichsrats hiermit verkündet wird:

I. Allgemeine Vorschriften.

Die allgemeine Umsatzsteuer auf Lieferungen und sonstige Leistungen.

§ 1.

Der Umsatzsteuer unterliegen:

1. Lieferungen und sonstige Leistungen, die jemand innerhalb der von ihm selbständig ausgeübten gewerblichen oder beruflichen Tätigkeit im Inland gegen Entgelt ausführt. Als gewerbliche Tätigkeit gelten für dieses Gesetz auch die Urerzeugung und der Handel. Die Steuerpflicht wird weder dadurch ausgeschlossen, daß die Absicht, Gewinn zu erzielen, fehlt, oder ein Verein, eine Gesellschaft oder eine Genossenschaft, die nur an die eigenen Mitglieder liefern, die Tätigkeit ausüben, noch dadurch, daß die Leistung auf Grund gesetzlicher oder behördlicher Anordnung bewirkt wird oder kraft gesetzlicher Vorschrift als bewirkt gilt;
2. Entnahmen von Gegenständen aus dem eigenen Betrieb, um sie zu Zwecken, die außerhalb der gewerblichen oder beruflichen Tätigkeit liegen, zu gebrauchen oder verbrauchen;

3. Lieferungen auf Grund einer Versteigerung, auch wenn der Auftraggeber keine gewerbliche oder berufliche Tätigkeit ausübt, es sei denn, daß die Versteigerung im Wege der Zwangsvollstreckung oder unter Miterben zur Teilung eines Nachlasses erfolgt oder Grundstücke und Berechtigungen betrifft, auf welche die Vorschriften des bürgerlichen Rechtes über Grundstücke Anwendung finden.

Übersicht zu § 1:

1. Besteuerung der selbständigen gewerblichen oder beruflichen Tätigkeit.

I. Erfordernisse gewerblicher oder beruflicher Tätigkeit.

A. Der Begriff der gewerblichen Tätigkeit geht über die Grenzen des Begriffs des Gewerbebetriebs im Sinne der GewO. hinaus. Die Absicht der Gewinnerzielung ist nicht erforderlich; RFH. 16. 11. 20, RStBl. 1921 S. 7; 6. 5. 21, RStBl. 265; 24. 11. 21 (7, 275). Es genügt eine selbständige, nachhaltige Tätigkeit gegen Entgelt, soweit sie sich auf privatwirtschaftlichem Gebiete bewegt — RFH. 3. 12. 19 (2, 66); 31. 3. 20, RStBl. 298; 16. 6. 20 (3, 95); 6. 10. 20 (3, 281); 14. 6. 21 (6, 100); 23. 1. 25 (15, 197) —, ohne Rücksicht darauf, ob den erzielten Einnahmen nicht unter Umständen, vielleicht sogar als selbstverständliche Folge der ganzen Art des Betriebs, höhere Ausgaben gegenüberstehen. Für die Umsatzsteuerpflicht eines Unternehmens ist es gleichgültig, welches Ziel es verfolgt; RFH. 16. 6. 20, DStBl. Jhg. 3, 186; es sind deshalb auch Unternehmen, welche gemeinnützige, wohltätige, pädagogische, sozialpolitische oder ähnliche ideale Zwecke verfolgen, der Steuer unterworfen, soweit nicht die in § 3 Nr. 3 und 4 vorgesehenen Befreiungen Platz greifen. Mit dieser Einschränkung sind also auch die Lieferungen zur Verpflegung der Insassen von öffentlichen Kranken- und Irrenhäusern, die von Truppenteilen betriebenen Kantinen und ähnliche Unternehmungen umsatzsteuerpflichtig. Land- und Forstwirtschaft, Viehzucht, Fischerei, Garten-, Obst- und Weinbau, Bergwerksbetrieb, Ausbeutung von Gruben und Brüchen, Betrieb von Salinen und die sonstige Urerzeugung stellt eine gewerbliche Tätigkeit im Sinne des Gesetzes dar. Das gleiche gilt für die Jagd, sofern sie in der Absicht betrieben wird, die Jagdbeute geschäftsmäßig zu verwerten, gleichviel, ob es sich um die Jagdausübung auf eigenem Grund und Boden oder auf fremdem Grund und Boden kraft Pachtrechts handelt; Popitz, DStBl. 1921 Sp. 435 ff. Die Zucht gehört zu der als gewerbliche Tätigkeit anzusehenden Urerzeugung auch dann, wenn sie nur aus sportlichen

Gründen und ohne Gewinnabsicht geschieht, da es weder auf die Tendenz des Unternehmens noch auf die Absicht der Gewinnerzielung ankommt; der Unternehmer ist umsatzsteuerpflichtig, wenn er die Nachzucht gegen Entgelt nachhaltig absetzt; RFH. 9. 6. 23 (12, 210). Entgelte, die Holzbezugsberechtigte und Holzkäufer an die bayerische Staatsforstverwaltung für das Schlagen und Entrinden von Holz zu entrichten haben, sind umsatzsteuerpflichtig, wenn die Forstarbeiter während der Vornahme dieser Arbeiten ausschließlich in einem Arbeitsverhältnis zur Forstverwaltung gestanden haben; daß die Forstverwaltung bei Ausführung des als Werkvertrag sich darstellenden Vertrags keinen Unternehmergewinn erzielt, sondern sich auf eine in dem Ersatz der Selbstkosten bestehende Entschädigung beschränkt, ist für die Frage der Umsatzsteuerpflicht belanglos; RFH. (Gutachten) 12. 7. 24 (14, 165).

Der Begriff der gewerblichen Tätigkeit wird nicht dadurch ausgeschlossen, daß ihre Ausübung eine behördliche Konzession erfordert; so unterliegt z. B. der Betrieb einer Apotheke unzweifelhaft als gewerbliche Betätigung der Steuerpflicht. Auch wird nicht etwa dadurch, daß Gewerbetreibende von Gemeinde- oder anderen Behörden zur sachgemäßen Leistung gewisser Dienste öffentlich bestellt und verpflichtet werden, ihre Eigenschaft als Gewerbetreibende ausgeschlossen; das gilt z. B. für Messer, Wäger, Taxatoren. Schornsteinfegermeister sind Gewerbetreibende, auch wenn ihnen ein Kehrbezirk überwiesen ist; RFH. 12. 5. 20 (2, 339). Ebenso ist die selbständig ausgeübte Tätigkeit eines Lotsen umsatzsteuerpflichtig, obgleich sie von der Erteilung einer Genehmigung nach vorheriger Prüfung abhängig gemacht und durch besondere obrigkeitliche Anordnungen geregelt ist; RFH. 12. 5. 20 (2, 338). Der Annahme der Gewerbsmäßigkeit steht auch nicht entgegen, daß die Leistungen einer Gesellschaft sich auf den Kreis ihrer Gesellschafter beschränken; RFH. 16. 11. 20, RStBl. 1921 S. 7; 3. 12. 20, RStBl. 1921 S. 58.

In der Tätigkeit der Organe der öffentlichen Gewalt oder der öffentlichen Verwaltung liegt keine Ausübung einer gewerblichen Tätigkeit. Daher ist bei den von kaufmännischen Korporationen, z. B. den preußischen Handelskammern, ins Leben gerufenen Unternehmen zu prüfen, ob es sich um öffentliche Organe zur Förderung von Handel und Gewerbe handelt oder um Personenvereinigungen privaten Charakters; RFH. 5. 11. 19, AmtlMitt. S. 415. Gebühren, die eine Handelskammer für die Ausstellung von Bescheinigungen nach § 42 Abs. 2 des Handelskammergesetzes v. 19. 8. 97 vereinnahmt, sind nicht umsatzsteuerpflichtig; ebensowenig die Einnahmen aus Gebühren für die Bearbeitung der bei der Außenhandelsstelle „Chemie" eingereichten Ein- und Ausfuhranträge. Die entgeltliche Ausgabe von Grasschneide-, Beeren-, Raff- und Leseholzzetteln auf Grund der preußischen Feld- und Forstpolizeigesetzgebung durch die preußischen Forstkassen ist kein Ausfluß einer privatwirtschaftlichen Betätigung des Staats, sondern erfolgt in Erfüllung der ihm obliegenden öffentlich-rechtlichen Aufgaben; RFH. 9. 6. 23, RStBl. 384. Die entgeltliche Abgabe von Bekleidungsstücken zu dienstlichem Gebrauch von der Marineverwaltung an die Marinemannschaften stellt sich, soweit für die Kleiderempfänger Annahmezwang besteht, als Ausfluß der öffentlichen Verwaltungstätigkeit des Reichs dar; sie ist daher umsatzsteuerfrei; RFH. 13. 7. 23 (12, 289). Über Umsatzsteuerpflicht der Friedhofsverwaltungen vgl. § 3 A. 4. Die Tätigkeit der Dampfkesselüberwachungsvereine ist, soweit sie staatlicher Überwachung oder der Überwachung im staatlichen Auftrage dient, als Ausfluß der öffentlich-rechtlichen Gewalt anzusehen und daher umsatzsteuerfrei; RFM. 4. 5. 20; 25. 2. 20; 29. 7. 20, RStBl. 479. Zu beachten ist aber, daß nicht alle Geschäfte, die ein Unternehmen erledigt, das durch einen öffentlich-rechtlichen Akt ins Leben gerufen ist, deshalb in Ausübung einer öffentlich-rechtlichen Tätigkeit erfolgen; RFH. 18. 3. 21, RStBl. 328. Auch Körperschaften des öffentlichen Rechts sind umsatzsteuerpflichtig, wenn sie in den privatrechtlichen rechtsgeschäftlichen Verkehr eintreten, und zwar selbst dann, wenn die Ausübung ihrer Tätigkeit aus Gründen des öffentlichen Interesses geschieht

(z. B. Leistung von Schuhwaren und Schuhmacherarbeiten zum Selbstkostenpreis an Beamte und Angestellte); RFH. 3. 10. 22, RStBl. 351. Lieferungen von Behörden sind umsatzsteuerpflichtig, soweit es sich um Lieferungen handelt, die in gewerblicher Weise in das freie Wirtschaftsleben eingreifen; insbesondere ist der Verkauf von Altpapier und Vordrucken durch Behörden, sofern Nachhaltigkeit und Planmäßigkeit gegeben ist, umsatzsteuerpflichtig; RFH. 27. 4. 23, RStBl. 217. Der Betrieb eines Kraftwagenunternehmens in Gesellschaftsform durch eine Stadtgemeinde zur Aufrechterhaltung der Verkehrsverbindung zwischen Bahnhof und Stadtinnern ist eine gewerbliche Tätigkeit und erfolgt nicht in Ausübung der öffentlichen Gewalt (RFH. 6. 11. 25, RStBl. 218. Die Zulassung von Personen zum Börsenbesuch und von Wertpapieren zum Börsenhandel durch die Handelskammer ist als ein Ausfluß der öffentlich-rechtlichen Gewalt anzusehen; wenn aber die Handelskammer Entgelte für die Einlassung von Börsenbesuchern, von Gästen, von Pressevertretern usw., für Vermieten von Nischen, Sitzplätzen und Probekästen in den Börsensälen, für Telegrammbestellung und für Einführung von Wertpapieren festsetzt, so wird sie bei Feststellung der Entgelte lediglich im Ausfluß des Eigentumsrechts am Börsengebäude auf privatwirtschaftlichem Gebiete tätig und ist insoweit umsatzsteuerpflichtig; RFH. 8. 1. 74, RStBl. 121. Die Tätigkeit eines gerichtlich bestellten Zwangsverwalters stellt sich nicht als Ausübung öffentlich-rechtlicher Gewalt dar; seine Gebühren sind umsatzsteuerpflichtig; RFH. 18. 3. 21 (5, 136). Eine Kurtaxe, die in einem Kurort für die Herstellung und Unterhaltung der zu Kurzwecken getroffenen Veranstaltungen erhoben wird, stellt ein Entgelt für eine gewerbliche Leistung dar; der Umstand, daß die Kurtaxe als staatliche Gebühr oder als örtliche Abgabe bezeichnet wird, ist belanglos; RFH. 29. 2. 24 (13, 221). Die Tätigkeit des Reichs in den unter der Verwaltung des Reichspostministers und des Reichsverkehrsministers stehenden Verwaltungszweigen ist kein Ausfluß der öffentlichen Gewalt, sondern eine Tätigkeit, die, wie der Betrieb von Bergwerken, die Nutzung von Domänen und Forsten, eine gewerbliche oder berufliche Tätigkeit im Sinne des § 1 darstellt; soweit nicht Befreiung nach § 2 Nr. 5, § 3 Nr. 1 Platz greift, tritt Umsatzsteuerpflicht ein: Gutachten des RFH. 17. 12. 20 (4, 92). Das gilt auch für den Rundfunkbetrieb, der seiner Natur nach ein privatwirtschaftlicher ist und den das Reich nur im öffentlichen Interesse an sich gezogen hat; die Beträge, die die Teilnehmer am Rundfunk monatlich an die Reichspostverwaltung abführen, sind umsatzsteuerpflichtig; RFH. (Gutachten) 8. 7. 25 (17, 73). Dabei ist nicht erforderlich, daß die Ausübung der besonderen, nicht unter die Befreiungsvorschriften fallenden Art der Tätigkeit für sich allein betrachtet eine planmäßige, fortgesetzte, d. h. im Sinne des Gesetzes gewerbliche Tätigkeit darstellt; es genügt vielmehr, daß die einzelne Lieferung oder Leistung im Betriebe der Verwaltung erfolgt, z. B. die Verwertung von Altmetall bei der Telegraphen- und Fernsprechverwaltung, das Vermieten einer Lokomotive für den Anschlußbetrieb eines gewerblichen Unternehmens. Daraus folgt, daß auch vereinzelte Grundstücksverkäufe, die der Betrieb der beiden Verwaltungen gelegentlich mit sich bringt und die zweifellos nicht unter die Befreiungsvorschriften fallen, ebenso der Umsatzsteuer unterliegen, wie dies bei privaten gewerblichen Unternehmungen der Fall wäre; RFH. 17. 12. 20 (4, 92). Auch die Veräußerung der bei der staatlichen Unterhaltung von Wasserstraßen gewonnenen Gegenstände (Weiden, Sand, Kies usw.) unterliegt der Steuer; RFH. 24. 11. 21 (7, 275). Die Leistungen, die ein Notar innerhalb seiner amtlichen Tätigkeit als Urkundsbeamter ausführt, liegen innerhalb einer Tätigkeit, die sich als ein Ausfluß öffentlich-rechtlicher Gewalt darstellt, und sind deshalb steuerfrei; Vfg. d. RFM. v. 2. 1. 20, DNotV. 1920 S. 72. Nicht steuerpflichtig sind deshalb die Entgelte für Beurkundungen und Beglaubigungen, Erteilung vollstreckbarer Ausfertigungen notarieller Urkunden, Hinterlegung und Auszahlung von Geldern, Stellung von Anträgen an Gerichte und andere Behörden auf Grund der vor dem Notar geschehenen Beurkundungen, Einlegung von Beschwerden und weiteren Beschwerden in Sachen, in denen der Notar Anträge beim Gericht erster Instanz gestellt hat, die Tätigkeit des Notars als Verwahrers von Aktien zum Zweck der Beteiligung an Generalversammlungen und dergl. (vgl. AB. § 109). Die Steuerfreiheit erstreckt sich aber nicht auf die Einnahmen aus Berufsgeschäften eines Notars, die nicht Amtsgeschäfte sind, z. B. auf Vergütungen für Erteilung von Rat und Auskunft, Abfassung von Gutachten, Entwürfe von Urkunden, Tätigkeit als Testamentsvollstrecker, Nachlaßpfleger, Nachlaßverwalter, Darlehnsvermittlung. Soweit die preußischen Katasterämter für Privatpersonen gegen Gebühren tätig werden, unterliegen sie der Umsatzsteuer; ausgenommen sind die im § 17, 6 bis 8 der Katasteranweisung V v. 21. 2. 12 bezeichneten Geschäfte; RFH. (Gutachten) 14. 3. 24 (13, 301).

Die Leistungen der Revisionsverbände gemäß §§ 54 ff. des Genossenschaftsgesetzes sind nach § 2 Nr. 12 steuerfrei.

Auch die sogenannten freien Berufe sind in die Umsatzsteuerpflicht einbezogen. Steuerpflichtig sind also auch die gegen Entgelt erfolgenden Leistungen der eine freie wissenschaftliche, künstlerische oder schriftstellerische Tätigkeit ausübenden Personen, die Tätigkeit der Bücherrevisoren (RFH. 12. 12. 24, RStBl. 1925 S. 85), die Erteilung von Unterricht und die Ausübung der Heilkunde. Die Unternehmer privater Schulen sind, soweit nicht die Befreiungsvorschrift in § 3 Nr. 4 Platz greift, mit ihren gesamten Einnahmen aus dem Schulbetrieb, nicht etwa nur mit dem Betriebsüberschuß steuerpflichtig; auch ein Abzug wegen ihrer eigenen Lehrtätigkeit, wie sie nach dem alten UStG. zulässig war, ist wegen der Einbeziehung der freien Berufe in die Umsatzsteuerpflicht nicht gestattet; RFM. 27. 9. 20, RStBl. 586.

Auch die berufliche Tätigkeit der Landmesser und Markscheider, der Rechtsanwälte und Patentanwälte, der Notare, soweit es sich nicht um ihre als Ausfluß öffentlicher Gewalt erscheinende Amtstätigkeit handelt (vgl. oben), ist steuerpflichtig. Soweit diese Personen für ihre Leistungen gesetzlich bemessene Gebühren ansetzen, sind sie hinsichtlich der Abwälzung der Steuer durch die im § 12 vorgesehene Ausnahme von dem Verbot der offenen Abwälzung bevorzugt.

Steuerpflichtig sind auch beamtete Versteigerer, wie die beeideten Auktionatoren in Ostfriesland und Harbingerland sowie im Regierungsbezirk Osnabrück. Hinsichtlich der Gerichtsvollzieher vgl. II. Befreit von der Umsatzsteuer sind Lehrer an Universitäten und anderen Hochschulen, auch wenn sie nicht Beamte oder Angestellte sind, wegen der Vorträge wissenschaftlich belehrender Art, die sie an diesen Anstalten oder auf Grund einer Veranstaltung durch sonstige öffentlich-rechtliche Körperschaften halten (AB. § 3 Nr. 1). Ebenso sind befreit öffentlich-rechtliche Körperschaften wegen derjenigen Entgelte, die sie für Veranstaltung solcher Vorträge vereinnahmen, insofern diese Entgelte lediglich oder vorwiegend zum Ersatz der Unkosten (für Licht, Heizung und dergl.) und zur Erhaltung der Einrichtung (Zahlung der Gehälter und Honorare an die Vortragenden) dienen (AB. § 3 Nr. 2); hierher gehört die Veranstaltung von Volkshochschulen durch Gemeinden. Unter die Befreiung fallen nicht künstlerische Darbietungen (AB. § 5).

Befreit sind ferner Lieferungen und sonstige Leistungen von Blinden, wenn die Blinden als Arbeitgeber nicht mehr als zwei Arbeitnehmer beschäftigen, wobei Ehefrau, minderjährige Abkömmlinge und Eltern des Hausgewerbetreibenden nicht als Arbeitnehmer gelten, sofern sie zu seinem Haushalt gehören und die Voraussetzungen der Steuerbefreiung durch amtliche Fürsorgestellen bescheinigt sind (AB. § 5 a).

B. Die Steuerpflicht tritt nur ein, wenn die Art der getroffenen Einrichtungen oder die Gebarung des Tätigwerdenden auf eine gewisse Dauer hinweist; denn aus dem Wort „ausüben" ist zu folgern, daß die Tätigkeit auf die Dauer berechnet sein muß, daß sich die Person auf eine fortgesetzte Geschäftstätigkeit eingerichtet hat.

Die Nachhaltigkeit ist schon gegeben, wenn die Tätigkeit sich nicht rein zufällig, sondern, wenn nicht planmäßig, so doch auf Grund eines einheitlichen Entschlusses wiederholt; RFH. 27. 4. 23 (12, 130); 9. 6. 23 (12, 210). Verkaufen Dienststellen einer Staatsforstverwaltung in zwangloser Folge überschüssiges

Altpapier und befassen sie sich damit, Vordrucke als Beilagen zu Verträgen an Privatpersonen gegen Entgelt abzugeben, so liegt in beiden Fällen eine nachhaltige gewerbliche Tätigkeit vor; RFH. 27. 4. 23 (12, 130). Indessen macht nicht jede Wiederholung eine Tätigkeit aus einer bloß gelegentlichen zu einer nachhaltigen; es muß vielmehr hinzukommen, daß der Wiederholung ein gewisser Plan, eine von vornherein gewollte Absichtlichkeit zugrunde liegt; darin, daß auch die Wiederholung nur gelegentlich bleibt (z. B. beim Verkauf von Altpapier durch eine Behörde, die eine Wiederholung vielleicht erst nach 30 Jahren beabsichtigt), kann eine Nachhaltigkeit nicht erblickt werden; RFH. 28. 11. 22, RStBl. 1923 S. 47. Die Dauer, auf die die Tätigkeit gerichtet ist, braucht nicht unbegrenzt zu sein; vielmehr kann sich die Absicht, tätig zu sein, auf eine ganz bestimmte Gelegenheit von von vornherein begrenzter Zeitdauer abstellen, z. B. die entgeltliche Vermietung möblierter Zimmer auf die Dauer der Wohnungszwangswirtschaft; RFH. 18. 1. 22 (8, 121). Es darf sich aber nicht bloß um eine gelegentliche Einnahmeerzielung handeln (über die bei der Luxusbesteuerung geltende Ausnahme vgl. § 23 Nr. 3 Ist letzteres der Fall, z. B. beim gelegentlichen Verkauf eines Möbelstücks durch einen Privatmann an einen Händler oder bei der gelegentlichen Abfassung einer literarischen Arbeit gegen Entgelt, so unterliegt das vereinnahmte Entgelt nicht der Steuer. Ebenso werden die Verkäufe in Wohltätigkeitsbazaren und ähnlichen Unternehmungen, weil die Absicht der Fortsetzung fehlt, nicht als gewerbliche Tätigkeit zu erachten und deshalb steuerfrei sein. Ein Gewerbebetrieb liegt aber dann vor, wenn es sich um die planmäßige Fortsetzung und Abwicklung der gewerblichen Tätigkeit eines Verstorbenen handelt; RFH. 3. 12. 20, RStBl. 1921 S. 56. Eine nachhaltige gewerbliche Tätigkeit kann auch in einzelnen, ihrer Art nach verschiedenen Erwerbszweigen angehörigen Umsätzen gefunden werden, wenn jemand darauf ausgeht, jede sich ihm bietende Gelegenheit zum Erwerbe zu benutzen; RFH. 24. 10. 22 (10, 268).

Auch wenn Personen, welche eine selbständige gewerbliche Tätigkeit ausüben, Leistungen umsetzen, welche außerhalb des Kreises liegen, in dem sich ihre regelmäßige gewerbliche Tätigkeit bewegt, z. B. wenn ein gebrauchtes Möbelstück seitens eines mit anderen Waren handelnden Kaufmanns oder ein Grundstück seitens eines Fabrikanten veräußert wird, greift die Steuerpflicht nicht Platz; RFH. 14. 3. 22, RStBl. 183. Dies ist namentlich auch dann der Fall, wenn die aus dem Kreise der gewerblichen Tätigkeit herausfallenden Leistungen dem Privatleben angehören; so können Viehaufkäufe, die ein Altmetzger im Interesse seines Sohnes, dem er seine Metzgerei abgetreten hat, ohne besonderes Entgelt ausübt, umsatzsteuerfrei sein, auch wenn der Vater sonst noch als Viehaufkäufer tätig ist; RFH. 26. 1. 23 (11, 295). Bei einem Kaufmann streitet die Vermutung dafür, daß die von ihm betriebenen Geschäfte zu seinem Handelsgewerbe gehören; § 344 HGB. Handelt es sich um Verwertung von zum Anlagekapital gehörigen Grundstücken im laufenden Betrieb, etwa weil sie entbehrlich sind oder durch geeignetere Grundstücke ersetzt werden sollen, deren Wert also dem Unternehmen erhalten bleibt, so tritt Steuerpflicht ein; RFH. 17. 12. 20, RStBl. 1921 S. 83. Hilfsgeschäfte des Hauptbetriebs, die zwar nicht in den Kreis der Geschäfte fallen, auf die der Betrieb unmittelbar gerichtet ist, die aber, wie z. B. die Veräußerung entbehrlich gewordener Gegenstände oder unwirtschaftlicher Grundstücksteile durch einen Landwirt, dazu dienen, den Betrieb aufrechtzuerhalten und fortzuführen, fallen stets unter die gewerbliche Tätigkeit; RFH. 22. 12. 20 (4, 146); 28. 12. 20 (4, 183); 24. 3. 21, RStBl. 238; 14. 3. 22 (9, 94); 5. 5. 22 (10, 101); 4. 7. 22 (10, 128); 7. 11. 22 (10, 317). So gehört die Veräußerung beschädigter Waren durch Versicherungsgesellschaften, welche aus Anlaß der Regelung eines bei ihnen versicherten Schadenfalles die Waren übernommen haben, zur gewerblichen Tätigkeit der Gesellschaft, gleichgültig, ob sie dies regelmäßig zu tun pflegt oder ob es nur ausnahmsweise zu einer solchen Abwicklung ihrer

Geschäfte kommt; vgl. Rschr. d. RSchA. zum WUStG. v. 21. 5. 18 und 26. 10. 18, AmtlMitt. 49 und 119. Der allmähliche Verkauf der zum Betriebsvermögen einer Brauereigesellschaft gehörigen Maschinen, Einrichtungsgegenstände und Grundstücke im Liquidationsverfahren ist auch dann als innerhalb gewerblicher Tätigkeit liegend anzusehen, wenn der Brauereibetrieb bereits vorher vollständig eingestellt worden war; RFH. 13. 7. 23 (12, 296). Die Veräußerung von Vieh in einem landwirtschaftlichen Betriebe ist auch dann umsatzsteuerpflichtig, wenn sie nur gelegentlich erfolgt; RFH. 14. 1. 20 (2, 122). Eine Baugesellschaft, die gelegentlich eines oder das andere ihrer Grundstücke abstößt, tätigt damit ein gewerbliches Hilfsgeschäft, das umsatzsteuerpflichtig ist; die Liquidation des Grundbesitzes einer Baugesellschaft stellt eine gewerbsmäßige Betätigung dar; RFH. 17. 6. 21 (6, 76). Die Abstoßung sonst unverwertbarer Materialien gehört zu den üblichen Maßnahmen, die die Haupttätigkeit eines Fabrikationsgeschäfts regelmäßig mit sich bringt; RFH. 4. 7. 22, RStBl. 251. Zu den der Umsatzsteuer unterliegenden Hilfsgeschäften gehören bei einer Aktiengesellschaft, deren Unternehmen auf den Betrieb des Spiritusproduktions- und Kommissionsgeschäfts und von anderen hiermit im Zusammenhang stehenden Geschäften gerichtet ist, auch die Veräußerung von Spritfabriken und Lagerhäusern an das Reich im Verfolg der Monopolgesetzgebung, zumal bei einer Aktiengesellschaft alle geschäftlichen Umsätze einem Erwerbszweck dienen müssen; RFH. 28. 9. 23, RStBl. 431. Die gelegentliche Veräußerung von Häusern durch einen Bauunternehmer, der Grundstücke bebaut, um sie durch Vermietung zu nutzen, ist durch die Haupttätigkeit bedingt und liegt innerhalb der gewerblichen Tätigkeit; RFH. 8. 4. 21, RStBl. 265. Die Fürsorge eines Unternehmers für seine Arbeiter und Angestellten bildet einen Teil seiner gewerblichen Tätigkeit, so daß die dafür vereinnahmten Entgelte der Umsatzsteuer unterliegen; RFH. 26. 3. 20, RStBl. 272. Das gilt auch von der in einem Gewerbebetrieb für die Arbeiter bewirkten entgeltlichen Beschaffung und Übergabe von Lebensmitteln und anderen Waren; RFH. 15. 4. 21, RStBl. 249; 30. 6. 22 (10, 144).

Die Veräußerung eines Geschäfts im ganzen fällt nicht unter die gewerbliche Tätigkeit des Inhabers, stellt vielmehr die Aufgabe des Geschäftsbetriebs des bisherigen Inhabers dar; RFH. 3. 12. 20, RStBl. 1921 S. 63; 7. 6. 21 (6, 53). Sie bleibt also steuerfrei, soweit nicht etwa Gegenstände der im § 23 Nr. 3 bezeichneten Art mitveräußert sind; RFH. 31. 1. 22, RStBl. 157. Nur ausnahmsweise, falls nämlich von vornherein die Absicht, durch die Geschäftsveräußerung Einnahmen zu erzielen, gegeben war oder wenn der Inhaber des Unternehmens sein Gewerbe nicht aufgeben will, sondern es nur zu vermindern oder umzugestalten beabsichtigt und die Übertragung nur vornimmt, um mit dem erzielten Entgelt ein anderes Unternehmen aufzukaufen oder ein gleiches an anderer Stelle neu zu errichten, tritt Steuerpflicht ein. Soweit in dem Erwerbspreis für das Unternehmen Beträge enthalten sind, die sich als Entgelt für die mitabgetretenen, noch ausstehenden Geschäftsforderungen des Veräußerers darstellen, sind diese Beträge von dem Veräußerer zu versteuern, da er das Entgelt für seine Leistungen durch die entgeltliche Abtretung erhalten hat; vgl. A. 1 IV. Nach § 96 RAbgO. haftet der Erwerber neben dem Veräußerer für die laufenden und für die festgesetzten, aber noch nicht entrichteten Steuern.

C. Zum Gewerbebegriff im steuerlichen Sinne gehört, daß die den Gewerbebetrieb darstellende Tätigkeit objektiv erlaubt ist, denn durch die Besteuerung einer verbotenen oder unsittlichen Tätigkeit würde der Staat mit seinen Zwecken und Gesetzen in Widerspruch treten. Kuppelei, Wahrsagen, Betrieb von Gewerbsunzucht sind keine Gewerbe im Sinne des Gesetzes. A. M. ist der RFH., der das Bestehen eines allgemeinen Rechtsgrundsatzes, daß ein unsittliches oder verbotenes, ein subjektiv oder doch wenigstens objektiv rechtswidriges Tun oder Verhalten keine Grundlage für eine Besteuerung abgeben könne, in Abrede stellt und die Frage, ob ein auf unsittliche oder strafbare Weise erzielter Erwerb steuerpflichtig ist, nach dem jeweils einschlagenden Steuergesetz entscheiden will; er hat die Vermietung von Zimmern in Bordellen für steuerpflichtig erachtet; RFH. 24. 1. 22 (8, 140); 5. 1. 23, RStBl. 132. Dagegen soll die gewerbsmäßige Unzucht deshalb nicht als gewerbliche Tätigkeit im Sinne des UStG. anzusehen sein, weil die Hingabe des menschlichen Körpers nach der Verkehrsauffassung keine wirtschaftliche Leistung sei; RFH. 23. 3. 23, RStBl. 196. Der ohne Konzession ausgeübte Schankbetrieb ist steuerpflichtig, da der Mangel der persönlichen Konzession die Tätigkeit nicht zu einer objektiv unerlaubten macht. Ebenso ist der Bordellbetrieb insoweit umsatzsteuerpflichtig, als es sich nicht um die Vermittlung gewerbsmäßiger Unzucht, sondern um sonstige innerhalb des Betriebs vorkommende entgeltliche Leistungen handelt, wie die Verabreichung von Speisen und Getränken, mag auch die Genehmigung zum Betriebe einer Schankwirtschaft nicht eingeholt sein.

II. Selbständigkeit.

Nur solche Personen sind steuerpflichtig, die eine selbständige gewerbliche oder berufliche Tätigkeit ausüben. Unselbständigkeit einer gewerblichen Tätigkeit liegt vor, wenn die Tätigkeit im wirtschaftlichen Organismus eines Unternehmens so ausgeübt wird, daß die tätige Person in der Betätigung ihres geschäftlichen Willens unter der Leitung des Unternehmers steht; RFH. 12. 5. 20 (2, 339); 3. 12. 20 (4, 81); 10. 10. 22, RStBl. 350. Wegen der Art des Vertragsverhältnisses ist die Selbständigkeit zu verneinen, wenn der Leistende nicht sowohl die Leistung als vielmehr seine Arbeitskraft schuldet, d. h. persönlich auf Grund eines Dienst- oder Arbeitsvertrags zu einem Beamten, Angestellten, Arbeiter im Unternehmen eines anderen wird; RFH. 16. 2. 23 (11, 317); dabei kommt es nicht darauf an, ob er mehr oder minder stark den Weisungen des Leistungsempfängers unterworfen ist; RFH. 6. 10. 20 (3, 281). Selbständig ist ein Gastwirt, der von der Stadt den Ratskeller zum Betrieb einer Weinwirtschaft gepachtet hat und vertraglich verpflichtet ist, die zur Abgabe gelangenden Weine von der Stadt, in deren Eigentum sie verbleiben, zu beziehen und an Dritte zu bestimmten Preisen zu verkaufen; RFH. 9. 3. 23, RStBl. 196. Die in der Hausindustrie für rheinische Seidenfabrikanten tätigen Bandwirkermeister, die mit eigenen Bandstühlen und Werkzeug arbeiten und fremde Arbeitskräfte gegen Lohn beschäftigen, sind selbständige Hausgewerbetreibende; RFH. 16. 2. 23 (11, 317). Trotz äußerlich vorhandener rechtlicher Selbständigkeit kann die wirtschaftliche Abhängigkeit des Leistenden von einem anderen so stark ausgeprägt und überdies rechtlich durch Vereinbarungen so festgelegt sein, daß er in Wahrheit nichts ist als ein Organ dieses anderen. Es kommt also bei Entscheidung der Frage, ob eine Person sich einer anderen gegenüber in eine persönliche Abhängigkeit begeben hat, auf die gesamte wirtschaftliche und gesellschaftliche Stellung an, wie sie sich tatsächlich gestaltet hat; die Auffassung der zwischen den Beteiligten geschlossenen Verträge entscheidet nicht schlechthin; RFH. 17. 5. 21 (5, 317). Ein Angestelltenverhältnis zu mehreren Dienstherren ist zwar nicht durchaus ausgeschlossen, bildet aber doch so sehr die Ausnahme, daß dafür besondere Tatumstände angeführt werden müssen; werden beim Verkauf von Brot durch sogenannte Brotverkaufsstellen Brote aus verschiedenen Fabriken verkauft, so spricht dies für einen selbständigen Gewerbebetrieb; RFH. 26. 9. 22, RStBl. 314. Das gleiche gilt, wenn ein Buchhalter bei mehreren Unternehmen als sog. Stundenbuchhalter tätig ist; RFH. 4. 5. 23, RStBl. 217.

Ein solches persönliches Abhängigkeitsverhältnis ist nicht schon dadurch gegeben, daß ein Auftrag in allen seinen Einzelheiten genau umschrieben und die Ausführung in gewissem Umfange von den Dispositionen des Auftraggebers abhängig ist (banktechnische Durchführung des Aufrufs ausländischer Wertpapiere zur Ablieferung an das Reich); RFH. 20. 9. 21, RStBl. 395. Ebensowenig wird die Selbständigkeit einer im eigenen Namen ausgeführten gewerblichen Tätigkeit dadurch berührt, daß sie für fremde Rechnung erfolgt; RFH. 16. 4. 20 (2, 275). Ein Gewerbetreibender, der von einer Großfirma einen Laden gepachtet und an der Ladentür seinen Namen angebracht hatte, sich jedoch verpflichtet hatte, nur Waren der Großfirma zu veräußern, ist aus dem gesamten vereinnahmten Entgelt für umsatzsteuerpflichtig erachtet, da die Anbringung des Namens an der Ladentür des Geschäftsraums für Selbständigkeit und Auftreten im eigenen Namen spreche und demgegenüber ein etwa vorhandener, aber nicht erkennbar hervortretender Wille, in fremdem Namen zu handeln, nicht in Betracht komme; RFH. 10. 6. 25, RStBl. 148. Ebenso ist ein Unternehmen für umsatzsteuerpflichtig erachtet, das sich vertraglich verpflichtet hatte, die von einer anderen Firma beschafften Rohstoffe zu verarbeiten und die Fertigerzeugnisse an die ihm bezeichneten Abnehmer der anderen Firma zu versenden, da das Unternehmen in der Leitung und Führung des Betriebs, in der Arbeits- und Zeiteinteilung, in der Annahme und Entlassung von Arbeitskräften und, vertraglich wenigstens, auch in der Übernahme von anderen Aufträgen nicht behindert sei; RFH. 1. 7. 25, RStBl. 156. Ein Theaterdirektor, der mit eigenem Personal auf Grund eines mit einem Landestheater abgeschlossenen Vertrags während der Sommermonate, wenn das Landestheater nicht spielt, am Sitze desselben Gastspiele veranstaltet, kann als selbständiger Unternehmer in Frage kommen, auch wenn nach dem Wortlaut des Vertrags das Landestheater als Unternehmerin bezeichnet wird; RFH. 10. 6. 25, RStBl. 148. Eine solche Leitung, die den Betrieb zu einem unselbständigen macht, ist auch einer juristischen Person gegenüber nicht ausgeschlossen, wenn nur nach der Struktur des geschäftlichen Verhältnisses die Möglichkeit einer maßgebenden Einwirkung auf die physischen Vertreter der juristischen Person für den Unternehmer gegeben ist; RFH. 6. 10. 20 (3, 290); 3. 10. 22, RStBl. 351; 14. 12. 23 (13, 146). So ist eine von mehreren zu einer Gesellschaft des bürgerlichen Rechts zusammengeschlossenen Aktiengesellschaften als Verkaufsstelle errichtete G. m. b. H. als Angestellte der Gesellschaft des bürgerlichen Rechts angesehen worden; RFH. 31. 3. 22 (9, 146). Eine G. m. b. H., die zur Erfüllung von

Aufgaben eines städtischen Amtes mit ausschließlich städtischen Mitteln errichtet und unterhalten wird und deren geschäftliche Bewegungsfreiheit nicht auf eigener Machtvollkommenheit, sondern auf dem Willen der Stadt beruht, ist kein selbständiges Unternehmen; RFH. 10. 2. 25, RStBl. 85. Eine juristische Person als Generalagentin mehrerer Versicherungsgesellschaften, die gleichartige Versicherungszweige betreiben, ist dann als Angestellte unselbständig, wenn die Zuweisung der Versicherungen an die einzelnen Gesellschaften nicht in ihrem freien Ermessen liegt, sondern wenn von vornherein vertraglich abgemacht worden ist, in welchem Verhältnis die Zuweisung zu erfolgen hat; RFH. 27. 5. 25, RStBl. 147. Die selbständige gewerbliche Tätigkeit einer G. m. b. H. wird aber dadurch nicht ausgeschlossen, daß die Gesellschaft keinen eigenen Gewinn erzielen will und nur für die an ihr beteiligten Gesellschafter tätig wird, im übrigen nach außen aber nicht hervortritt; RFH. 6. 10. 20 (3, 281); vgl. auch RFH. 16. 11. 20, RStBl. 1921 S. 7. Daß ein Privatlehrer nach dem Versicherungsgesetz für Angestellte versicherungspflichtig ist, steht seiner Umsatzsteuerpflicht nicht entgegen, denn das AVGes. unterwirft auch selbständige Musiklehrer, Sprachlehrer usw. der Versicherungspflicht; RFH. 7. 6. 21 (6, 87). Die in der nordbayrischen Glasindustrie tätigen Poliermeister sind nicht selbständige Gewerbetreibende, sondern als Angestellte der Glasfabriken anzusehen; daß der Poliermeister in der Lage ist, bei Materialeinsparung seine Einkünfte zu erhöhen, spricht nicht für dessen Selbständigkeit; RFH. 28. 4. 25 (16, 148). Nicht als selbständig anzusehen sind Vorstandsmitglieder einer Aktiengesellschaft, Geschäftsführer einer G. m. b. H., Betriebsdirektoren in Industrie und Bergbau. Von den Gemeinden verpflichtete Ratsmaurer- und Ratszimmermeister üben keine selbständige gewerbliche Tätigkeit aus; RFH. 3. 12. 20 (4, 81). Dagegen sind bahnamtliche Rollfuhrunternehmer selbständige Gewerbetreibende; RFH. 19. 12. 22, RStBl. 140.

Makler und Agenten sind regelmäßig selbständige Gewerbetreibende und als solche steuerpflichtig; die Agenten unterscheiden sich von den Handlungsgehilfen dadurch, daß sie zu dem Geschäftsherrn nur in einem freien Vertragsverhältnis, nicht, wie die Handlungsgehilfen, in einem Dienstverhältnis stehen; RFH. 18. 3. 21, RStBl. 222. Über die ihnen eingeräumte beschränkte Umsatzsteuerfreiheit vgl. § 3 A. 7. Bei Provisionsreisenden kommt es auf die Gestaltung der Vertragsbeziehungen im einzelnen Fall an, um entscheiden zu können, ob der Reisende Agent bezw. Kommissionär oder Handlungsgehilfe ist. Agenten des Versicherungswesens, d. h. Personen, die für die Gesellschaft im Publikum werben, ihr die zum Anschluß bereiten Personen zuführen oder die an sie aus dem Publikum ergehenden Aufträge entgegennehmen, um den Abschluß der Versicherungsverträge zu vermitteln, üben eine selbständige gewerbliche Tätigkeit aus und haben deshalb die für ihre Leistungen vereinnahmten Entgelte, die Provisionen, zu versteuern; RFH. 6. 10. 20 (3, 290). Nur insofern sie sich, wie im allgemeinen die sogenannten Generalagenten der Versicherungsgesellschaften, in einem persönlichen Dienst- und Abhängigkeitsverhältnis befinden, sind sie als bloße Angestellte umsatzsteuerfrei; Vfg. d. FM. v. 24. 3. 19, FMBl. S. 220, Amtl. Mitt. S. 146. Wenn Generalagenten lediglich als Vertreter der Gesellschaft hinsichtlich der von den Spezialagenten vermittelten Versicherungen wirken, ohne unmittelbar gegen Entgelt Versicherungsgeschäfte für die Gesellschaft zu vermitteln, so sind sie als selbständige Gewerbetreibende nicht anzusehen: wenn sie aber auch selbst Versicherungsgeschäfte für die Gesellschaft vermitteln, so kann darin eine selbständige gewerbliche Tätigkeit liegen, insbesondere ist zu prüfen, ob in der Geschäftsvermittlung einerseits und in der geschäftlichen Vertretung der Gesellschaft andererseits in sich getrennte Tätigkeiten zu erblicken sind, oder ob die aus der geschäftlichen Vertretung erwachsende Tätigkeit nur als eine der Vermittlungstätigkeit untergeordnete, in ihr mitinbegriffene anzusehen ist; RFH. 6. 10. 20 (3, 290); 13. 7. 20, RStBl. 539; 28. 6. 23, RStBl. 271; vgl. hierzu Eckart, DStBl. 1921 S. 306. Über die Frage der Umsatzsteuerpflicht eines Generalagenten, der für mehrere Gesellschaften tätig ist, welche die gleiche Art der Versicherung betreiben, vgl. RFH. 31. 3. 22, RStBl. 279. Die Tatsache, daß eine juristische Person als Generalagentin mehrere Versicherungsgesellschaften vertritt, spricht für die Annahme einer selbständigen gewerblichen Tätigkeit; eine abweichende Auffassung liegt um so ferner, je größer die Zahl der vertretenen Gesellschaften ist, zumal wenn sich darunter Gesellschaften befinden, die gleichartige Versicherungszweige betreiben; das gilt namentlich dann, wenn diese Gesellschaften sich nicht über bestimmte Grundsätze ihrer Vertretung geeinigt haben; RFH. 27. 1. 23 (11, 265). Ist ein Generalagent selbständiger Gewerbetreibender, so hat er den Gesamtbetrag der von ihm für seine gewerblichen Leistungen — die Vermittlungstätigkeit — vereinnahmten Entgelte zu versteuern. Als Entgelt sind die Roheinnahmen anzusehen; Auslagen und Unkosten können nicht gekürzt werden. Zu diesen Unkosten gehören auch die Vergütungen an Agenten, die der Generalagent seinerseits annimmt und die er aus der ihm vom Versicherungsunternehmen zufließenden Provision zu entschädigen hat; Rschr. d. RFM. v. 8. 5. 19, Amtl. Mitt. S. 141. Anders ist es nur dann, wenn die Agenten einen Anspruch auf die Provison unmittelbar gegen das Versicherungsunternehmen haben, ihre Provisonen zwar durch Vermittlung des Generalagenten, dem sie das Unternehmen neben seiner eigenen überweist, erhalten, der Generalagent aber nur als Vermittler zwischen Unternehmen und Agent tätig wird und im Namen des Unternehmens mit dem Agenten abrechnet. Dann hat der Generalagent nur zu versteuern, was er für seine eigene Tätigkeit erhält: die Beträge für die Agenten sind erst bei diesen umsatzsteuerpflichtig; Rschr. d. RFM. a. a. O.; Vfg. d. FM. v. 28. 5. 19, FMBl. S. 467. Vgl. § 8.

Bei Abgrenzung der Begriffe „Hausgewerbetreibende“ und „Heimarbeiter“ kommt es in erster Linie auf die persönliche Selbständigkeit an. Diese wird durch die wirtschaftliche Abhängigkeit des Hausgewerbetreibenden vom Fabrikanten nicht berührt. Wirtschaftliche Abhängigkeit besteht im

Wirtschaftsleben in größerem oder geringerem Umfang überall auch zwischen selbständigen Unternehmern, so zwischen Fabrikanten und Händlern, Händlern und Kunden, und ist daher für den Unterschied zwischen Hausgewerbetreibenden und Heimarbeitern nicht maßgebend; RFH. 4. 5. 23, RStBl. 249. Steht ein rechtlich selbständiger Hausgewerbetreibender überwiegend mit bestimmten Unternehmern (Verlegern) in festem Geschäftsverkehr und beschäftigt er selbst nicht mehr als einen Arbeitnehmer, so wird er für die Umsatzsteuer insoweit nicht als selbständig behandelt, als es sich um Leistungen und Lieferungen für diese Unternehmer handelt; das gleiche gilt für Hausgewerbetreibende, die zwei Arbeitnehmer beschäftigen, sofern diese zusammen jährlich nicht mehr als 300 Tage arbeiten (Saisonarbeiter); Ehefrau, minderjährige Abkömmlinge und Eltern gelten nicht als Arbeitnehmer, wenn sie zum Haushalt gehören (AB. § 1), dagegen üben Personen, die als sog. Verleger von einem Fabrikanten halbfertige Waren, z. B. Strümpfe, zur Rücklieferung in gebrauchsfertigem Zustand erhalten und sie durch eine von ihnen zu bestimmende beliebige Anzahl von Heimarbeitern unter Festsetzung von Art und Umfang der Beschäftigung jedes einzelnen fertigstellen lassen, eine selbständige gewerbliche Tätigkeit auf Grund eines Werkvertrags aus und sind mit dem vom Fabrikanten gezahlten Gesamtentgelt steuerpflichtig; RFH. 18. 1. 24 (13, 212). Für die beim Hersteller erhobene Luxussteuer nach § 15 ist auf Grund des § 18 Abs. 3 durch § 2 AB. bestimmt, daß allgemein nicht der Hausgewerbetreibende, sondern der Unternehmer luxussteuerpflichtig ist; eine Ausnahme gilt nur insoweit, als der Hausgewerbetreibende unmittelbar an dritte Personen liefert.

Die berufsmäßigen Krankenwärter und Krankenpflegerinnen sind in der Regel gewerbliche Unternehmer. Wenn Winzervereine die Bewirtschaftung der ihnen gehörigen Wirtschaften an Dritte übertragen, so ist die Frage, ob diese mit den Einnahmen, die sie für den Ausschank der von den Vereinen ihnen zugeteilten Weine erzielen, als selbständige Gewerbetreibende umsatzsteuerpflichtig sind oder als Angestellte der Vereine zu gelten haben, nach den gesamten wirtschaftlichen und gesellschaftlichen Verhältnissen im einzelnen Fall zu treffen; RFH. 17. 5. 21 (5, 317); 27. 9. 22, RStBl. 350. Über die Voraussetzungen für die Umsatzsteuerpflicht einer Zwischenperson, die die Ausführung bestimmter Arbeiten für ein Bergwerksunternehmen vertraglich übernommen hat, vgl. RFH. 28. 1. 21 (4, 295). Die Selbständigkeit von Rollfuhrunternehmern und Güterbeförderern geht nicht dadurch verloren, daß sie sich der Eisenbahnverwaltung gegenüber zur Besorgung bestimmter Leistungen verpflichten; Rschr. d. RFM. v. 9. 8. 10, Amtl.Mitt. S. 324; Vfg. d. FM. v. 26. 8. 19, FMBl. S. 247.

Eisenbahngepäckträger, die die Beförderung des Reise- und Handgepäcks der Reisenden gegen Entgelt übernehmen, sind selbständige Gewerbetreibende; Umstände wie die Zugehörigkeit zu einer Kranken- oder Pensionskasse, die Unterstellung unter das Betriebsrätegesetz, die Bemessung des Entgelts nach einem Tarif berühren die gewerbliche Selbständigkeit nicht; RFH. 28. 9. 23, RStBl. 430. Ein Viehaufkäufer eines Viehverbandes, der nach den Vertragsbestimmungen in seinem Geschäftsbetrieb zwar im Rahmen der staatlichen Zwangswirtschaft beschränkt ist, im übrigen aber beim Abschluß der Kaufverträge durch keine Weisungen des Verbandes gebunden ist, die Tiere aus eigenen Mitteln bezahlt und Gefahr und Beförderungskosten bis zur Abladestelle trägt, ist selbständiger Gewerbetreibender; durch die Bezeichnung der Aufkäufer als „Verbandsorgan" und die Weisung des Verbandes, der Aufkäufer solle Eigentum für sich, aber den Besitz für den Verband erwerben, kann die Steuerpflicht nicht beseitigt werden; RFH. 7. 2. 22 (8, 163). Auch die Bäcker waren während der Zwangswirtschaft lediglich hierdurch eingeengte selbständige Gewerbetreibende; RFH. 24. 11. 21, RStBl. 149.

Wenn mehrere Personen gemeinsam bei demselben Unternehmen mitwirken, können bei allen selbständige Tätigkeiten vorliegen. Andererseits schließt die Beteiligung bei dem Gesamtunternehmen nicht aus, daß der einzelne Beteiligte ein unselbständiger Angestellter dieses Unternehmens ist; so kann das Mitglied einer Molkereigenossenschaft als ihr Buchhalter Handlungsgehilfe oder ein Mitreeder auf einem seiner Reederei gehörigen Schiffe Kapitän sein. Mitunternehmerschaft ist nicht schon dann anzunehmen, wenn Personen an dem Ertrage des Unternehmens, für das sie arbeiten, mitbeteiligt sind.

Die Berufsausübung der Militärpersonen und der öffentlichen Beamten jeder Art in Staats-, Gemeinde- und Kirchenverwaltungen, der angestellten Lehrer und Geistlichen ist keine selbständige Berufstätigkeit im Sinne des Gesetzes; ebensowenig die Tätigkeit der Privatdozenten (StenBer. S. 4086 A).

Ein Gefangenenwärter, zu dessen Dienstgeschäften laut Dienstanweisung die Zubereitung und Verabreichung der den Gefangenen zu gewährenden Kost gegen einen bestimmten Vergütungssatz unmittelbar gehört, übt insoweit keine selbständige gewerbliche Tätigkeit aus.

Ob die Tätigkeit der Notare und Gerichtsvollzieher als selbständige Berufstätigkeit anzusehen ist, richtet sich nach ihren durch die Gesetzgebung der einzelnen Länder geregelten Dienstverhältnissen. In Preußen sind die Notare als selbständig berufstätig anzusehen, da sie ausschließlich auf den Bezug der Gebühren angewiesen und, abgesehen von der allgemeinen Dienstaufsicht, in der Ausübung ihres Berufs frei sind. Dagegen sind die Gerichtsvollzieher in Preußen nicht als selbständig zu betrachten, da sie, abgesehen von gewissen Gebührenanteilen, festes Gehalt beziehen und an die Weisungen ihrer vorgesetzten Dienstbehörde gebunden sind. Auch die Tätigkeit der Gerichtsvollzieher bei freiwilligen Versteigerungen ist nicht als eine selbständige gewerbliche, sondern als ihre amtliche und infolgedessen nicht umsatzsteuerpflichtige anzusehen; RFH. 12. 12. 22 (11, 102).

Die Lotterieeinnehmer der Preußisch-Süddeutschen Klassenlotterie sind keine selbständigen Gewerbetreibenden; wenn sie auch nicht Staatsbeamte sind, so nimmt ihnen gegenüber die

General-Lotteriedirektion in jeder Beziehung die Stellung der vorgesetzten Dienstbehörde in Anspruch, deren Weisungen sie zu folgen haben; RFH. 12. 1. 23, RStBl. 48.

Der Zwangsverwalter ist kein Beamter; seine Tätigkeit ist steuerpflichtig, da er auch keine Akte öffentlicher Gewalt ausübt; RFH. 28. 4. 20 (2, 313); 18. 3. 21, RStBl. 222.

Möglich ist es, daß Personen, deren Hauptberuf nicht unter das Gesetz fällt, weil er sich als unselbständige Tätigkeit darstellt, daneben eine selbständige gewerbliche Tätigkeit ausüben. In solchen Fällen sind die aus der Nebentätigkeit erzielten Einnahmen zu versteuern.

Auch die Umsätze, die zwischen Personenvereinigungen — mögen sie nun juristische Persönlichkeit besitzen oder nicht — und ihren Mitgliedern stattfinden, unterliegen der Umsatzsteuer. Wenn z. B. Verkaufsvereinigungen oder -genossenschaften sich in der Weise betätigen, daß sie nicht nur Rechtsbeziehungen zwischen ihren Mitgliedern und den Abnehmern der Ware vermitteln, sondern sich von ihren Mitgliedern die Waren liefern lassen und sie im eigenen Namen weiterverkaufen, so sind sowohl die Mitglieder wegen der Lieferungen an die Vereinigung wie die Vereinigungen wegen der Lieferungen an die Abnehmer zur Entrichtung der Steuer verpflichtet; vgl. das zum WUStG. erlassene Rschr. d. RSchA. v. 23. 1. 18, AmtlMitt. S. 31 und AVfg. d. FM. v. 4. 2. 18, FMBl. S. 58. Ein Winzerverein, der die von seinen Genossen gesammelten Trauben keltert und den gewonnenen Wein von seinem Lager im eigenen Namen verkauft, ist mit dem dafür erzielten Entgelt umsatzsteuerpflichtig; RFH. 16. 4. 20, DStBl. 1921 S. 328; ebenso ein Kreditverein, der seinen Mitgliedern gegen Entgelt Auskünfte vermittelt und bei der Einziehung von Forderungen behilflich ist; RFH. 8. 4. 20, DStBl. 1921 S. 328. Das gleiche gilt für eine Genossenschaft, die die von den Genossen gelieferten, in deren Eigentum verbleibenden Häute und Felle im eigenen Namen veräußert; RFH. 6. 5. 21, RStBl. 265. Über die Erfüllung der den Personenvereinigungen ohne eigene Rechtspersönlichkeit wegen der Besteuerung auferlegten Pflichten vgl. § 86 RAbgO. Auf Zahlung der von einer Gesellschaft des bürgerlichen Rechts zu entrichtenden Umsatzsteuer können die einzelnen Gesellschafter neben oder statt der Gesellschaft persönlich als Gesamtschuldner in Anspruch genommen werden; RFH. 25. 2. 21 (5, 47).

III. Steuerpflichtige Leistungen.

A. Die Steuerpflicht erstreckt sich grundsätzlich auf alle Leistungen. Der Begriff „Leistung" umfaßt alles, was jemand einem anderen schulden kann. Ob die Leistung äußerlich hervortritt, ist unerheblich; auch die unter Vereinbarung eines Entgelts vertraglich zugestandene dauernde Bereitwilligkeit zur Vertretung der Interessen eines Dritten (Leistungsbereitschaft) ist eine umsatzsteuerpflichtige Leistung; RFH. 10. 11. 21 (7, 273).

Die von einer Elektrizitätsgesellschaft Gemeinden gegenüber außer der Lieferung elektrischer Energie vertraglich übernommene Herstellung der gesamten Anlagen und ihre Unterhaltung in betriebsfähigem Zustand gegen einmalige, bei Vertragsschluß fällig werdende Baukostenzuschüsse der Gemeinde verpflichtet die Gesellschaft zu Handlungen, zu denen sie aus ihrem Vermögen Opfer zugunsten der Gemeinde bringen muß, und ist daher auch dann eine steuerpflichtige Leistung, wenn die Anlage zunächst im Eigentum der Gesellschaft bleibt; die Steuerpflicht tritt im Falle der Veranlagung nach § 9 für den Gesamtbetrag der Zuschüsse ein, sobald die Anlage fertiggestellt ist; RFH. 30. 11. 23, RStBl. 1924 S. 33.

Für den Begriff ist es nicht wesentlich, daß ein gegenseitiger Vertrag zugrunde liegt, in dem sich zwei Parteien einander gegenüber zu Leistungen verpflichtet haben, die im Verhältnis von Leistung und Gegenleistung stehen; es genügt, daß jemand eine Tätigkeit, bei deren Vornahme sich ein anderer, wenn auch nur bedingt, zu einer Leistung verpflichtet hat, entfaltet, um einen Anspruch auf diese andere Leistung zu erlangen. Deshalb sind Renngewinne eines Rennstallbesitzers als Entgelt für das Laufenlassen der Pferde umsatzsteuerpflichtig; RFH. 15. 11. 21 (7, 244); a. M. Wassertrüdinger, JW. 1922 S. 739. Unter das Gesetz fällt auch der Umsatz von Gegenständen, die rechtlich nicht als Ware gelten, insbesondere von Forderungen (vgl. aber § 2 Nr. 2) und sonstigen Rechten, von Gütern, die weder körperliche Sachen noch Rechte sind, z. B. der Kundschaft eines Handelsgeschäfts, sowie von Grundstücken. Bei Grundstücken tritt aber die Steuerpflicht nicht ein, wenn z. B. ein Landwirt seinen Grundbesitz nebst Inventar veräußert (RFH. 16. 6. 20, RStBl. 387), denn diese Verkäufe bilden nicht den Inhalt seiner gewerblichen Tätigkeit. Wohl aber ist dies der Fall, wenn ein Güterschlächter, eine Geländeaufschließungsgesellschaft Grundbesitz veräußert, gleichviel ob es sich dabei um Handelsgeschäfte im Sinne des HGB. handelt; Vfg. d. FM. v. 6. 6. 19, FMBl. S. 469; RFH. 3. 3. 20 (2, 176); 24. 9. 20, RStBl. 585. Die Erhebung der Grunderwerbsteuer steht der Heranziehung gewerbsmäßiger Grundstücksveräußerungen zur UStG. nicht entgegen; RFH. 17. 6. 21 (6, 76). Die Umsatzsteuerpflicht beim gewerbsmäßigen Verkaufe von Grundstücken erstreckt sich auch auf das mitveräußerte Inventar; dagegen bleibt die Veräußerung von Inventargegenständen durch einen Landwirt, die ebenso wie die Veräußerung des Grundbesitzes selbst außerhalb seiner gewerblichen Tätigkeit liegt, steuerfrei, soweit es sich nicht um die Veräußerung abgängiger Inventargegenstände, die mehr oder weniger regelmäßig erfolgt (RFH. 16. 6. 20, RStBl. 387), oder um eine Veräußerung im Wege der Versteigerung (vgl. A. 3) oder um Gegenstände handelt, die der erhöhten Umsatzsteuer auch beim nichtgewerbsmäßigen Verkauf unterliegen (§ 23 Nr. 3); Vfg. d. RFM. v. 21. 11. 19, AmtlMitt. S. 422. Die Bestellung von Lizenzen ist umsatzsteuerpflichtig, mag sie durch dinglichen oder nur schuldrechtlichen Vertrag erfolgen, da auch die Verpflichtung zur bloßen Duldung eine Leistung im Sinne der Umsatzsteuer ist; RFH. 2. 2. 23 (11, 269).

Auch alle solche Leistungen kommen als steuerpflichtig in Betracht, die sich in Arbeits- oder Dienstleistungen erschöpfen. Unzweifelhaft unterliegen also die Entgelte, die für die Herstellung von Bauten usw. auf fremdem Grund und Boden vereinnahmt werden, der Umsatzsteuer; Erl. d. RFM. v. 20. 3. 20,

RStBl. 245. Stellt ein Unternehmer einem Bergwerk Arbeiter, die nach Anweisung des Bergwerks tätig zu sein haben, ohne daß der Unternehmer für den Erfolg der Tätigkeit der Arbeiter einzutreten hat, und übernimmt er dabei die Lohnauszahlung für das Werk unter Kürzung einer Provision für seine Tätigkeit, so besteht seine Leistung in der Gestellung der Arbeiter (Werkvertrag) und in der Vornahme der Lohnzahlung (Dienstvertrag), das umsatzsteuerpflichtige Entgelt dafür nur in der Provision; RFH. 3. 7. 22 (10, 92). Hat jemand vertraglich für eine Firma bei der Errichtung eines Neubaus die An- und Ausstellung der Arbeiter, ihre Entlohnung aus den von der Firma behändigten Geldern und die Herstellung des Gerüstes übernommen, so ist er, soweit er das Baugerüst gestellt hat, als selbständiger Gewerbetreibender anzusehen und ist mit der dafür empfangenen Gegenleistung umsatzsteuerpflichtig; RFH. 14. 11. 22, RStBl. 1923 S. 43.

Leistungen können auch in einem Unterlassen bestehen (§ 241 BGB.); so ist die von einem Gewerbetreibenden gegenüber einem anderen gegen Vergütung übernommene Verpflichtung, die Ausübung des Wettbewerbs, z. B. in dem Vertrieb bestimmter Waren, zu unterlassen, eine die Steuerpflicht begründende Leistung. Dies gilt auch dann, wenn das Verhalten des Unternehmers durch gesetzliche oder behördliche Anordnungen geboten ist (z. B. Beschränkung des Brennereibetriebs zugunsten der Reichsmonopolverwaltung nach dem G. v. 26. 7. 18, Zwangslizenzen nach § 5 des Patentgesetzes v. 7. 4. 91); der Unternehmer ist mit dem ihm für das Unterlassen gezahlten Entgelt umsatzsteuerpflichtig, sofern sich das Unterlassen innerhalb seiner gewerblichen Tätigkeit bewegt; RFH. 23. 2. 23, RStBl. 196. Es muß sich jedoch um einen gewissen Dauerzustand handeln, um in einem Unterlassen eine umsatzsteuerpflichtige Leistung erblicken zu können. Wird die Aufhebung eines Vertrags vereinbart und für die Abstandnahme von einer Leistung ein Entgelt gezahlt, so entfällt die Steuerpflicht; RFH. 28. 12. 20 (4, 231). Dagegen liegt natürlich, wenn ein Werkvertrag dergestalt aufgehoben wird, daß der Hersteller die vom Unternehmer beschafften Rohmaterialien gegen Entgelt übernimmt, ein steuerpflichtiger Umsatz vor; RFH. 4. 7. 22 (10, 128). Die Entschädigung, welche für die durch behördliche Maßnahmen bewirkte Stillegung eines Unternehmens gezahlt ist, ist keine Einnahme für eine steuerpflichtige Leistung; Vfg. d. FM. v. 5. 4. 19, AmtlMitt. S. 146, FMBl. S. 280. Ebenso ist eine wegen Beschlagnahme durch die Besatzungsbehörde gezahlte Entschädigung für die Einstellung des Betriebs eines Lichtspieltheaters nicht umsatzsteuerpflichtig; RFH. 10. 11. 21 (7, 306). Wohl aber ist ein Hotelbetrieb, dessen Räume von der Besatzungsbehörde beschlagnahmt und zu Bürozwecken verwendet werden, mit der ihm auf Grund des G. v. 2. 3. 19 vom Reiche gezahlten Entschädigung umsatzsteuerpflichtig; unerheblich ist hierbei, daß der frühere in Beherbergung und Verpflegung stehende Betrieb nicht fortgeführt wird, sondern daß in der Hauptsache der Besatzungsbehörde nur die eingerichteten Räume zur Verfügung gestellt werden; RFH. 12. 10. 23, RStBl. 431.

B. Die Lieferungen sind neben den Leistungen nur deshalb besonders erwähnt, um diese wichtigste Leistungsart besonders hervorzuheben. Eine Lieferung im Sinne des Gesetzes liegt vor, wenn der Lieferer dem Abnehmer die Verfügung über eine Sache verschafft (§ 5 Satz 1). Unter Lieferung ist also regelmäßig die Besitzübertragung zu verstehen, die dem Empfänger gestattet, tatsächlich und rechtlich über die Sache zu verfügen; Gutachten d. RFH. v. 4. 4. 19; RFH. 1 B S. 21.

Die Lieferung setzt voraus, daß der Belieferte die freie Verfügung über die Sache erhält; wenn ein Unternehmer in der Korbwarenindustrie Oberfrankens und der ehemals koburgischen Landesteile von Bayern aus eigenem Rohmaterial (hauptsächlich Weiden und Rohr) Korbmöbel und Körbe im Hausgewerbe durch Liefermeister und Korbmacher herstellen läßt, so stellt die Materialhergabe an diese eine umsatzsteuerpflichtige Lieferung selbst dann nicht dar, wenn sie unter Berechnung des Materialpreises erfolgt; RFH. 1. 5. 25 (16, 164). Das Umsatzgeschäft braucht nicht notwendig die Eigentumsverschaffung zu bezwecken; es genügt die Übergabe zur Verwendung kraft eigenen Verfügungsrechts, z. B. die Übergabe einer Sache durch den Kommittenten an den Kommissionär; Gutachten d. RFH. v. 20. 6. 19, FMBl. S. 376. Dagegen ist im Falle mittelbarer Stellvertretung durch eine Privatperson eine entgeltliche Lieferung des Stellvertreters an den Vertretenen nicht anzunehmen, denn bei der mittelbaren Stellvertretung durch eine Privatperson handelt es sich auch wirtschaftlich um eine lediglich vermittelnde Tätigkeit; da eine Privatperson nicht wie ein Kaufmann regelmäßig kauft, um zu verkaufen, sondern um die Sachen zu behalten, fehlt bei der mittelbaren Stellvertretung jede Ähnlichkeit mit dem eigenen Erwerbe durch den Vertreter. Andererseits unterscheidet sich das Handeln im eigenen Namen für Rechnung eines anderen durch eine Privatperson wirtschaftlich nicht wesentlich vom Handeln im Namen des Vertretenen; RFH. 18. 10. 22 (10, 351). Auch werden nicht nur solche Lieferungen von der Besteuerung betroffen, durch welche Kaufgeschäfte erfüllt werden; auch die Übereignung der vom Kommissionär im eigenen Namen, aber für Rechnung des Kommittenten eingekauften Waren an den Auftraggeber ist eine steuerpflichtige Lieferung; vgl. RG. 25. 6. 18 über die Warenumsatzstempelpflicht der Lieferungen des Kommissionärs an den Kommittenten, Amtl.Mitt. 1918 S. 102. Die Übergabe kann nicht bloß durch körperliche Übergabe, sondern auch durch sogenannte symbolische oder fingierte Tradition, z. B. durch Übergabe von Schlüsseln, geschehen. Bei Seeschiffen genügt als Übergabe die zwischen dem Veräußerer und dem Erwerber getroffene Vereinbarung, daß das Eigentum sofort auf den Erwerber übergehen soll (§ 474 HGB.). Eine Lieferung liegt auch dann vor, wenn an Stelle der tatsächlichen Besitzübergabe deren im bürgerlichen Rechte vorgesehene Ersatzmittel treten (Ersatzübergabe). Ist also der Erwerber bereits im Besitze der Sache, so steht der Übergabe die Einigung gleich, daß das Eigentum übergehen soll (§ 921 Satz 2 BGB. — brevi manu traditio). Ist der Veräußerer im Besitz der Sache, so kann die Übergabe dadurch bewirkt werden, daß zwischen dem Veräußerer und dem

Erwerber ein Rechtsverhältnis vereinbart wird, vermöge dessen der Erwerber den mittelbaren Besitz erlangt (§ 930 BGB. — constitutum possessorium). Es kann z. B. der Veräußerer eines Klaviers die Übergabe an den Erwerber durch die Vereinbarung ersetzen, das Klavier noch als Verwahrer zu behalten. Ist schließlich die im Eigentum des Veräußerers stehende Sache im Besitze eines Dritten, so kann die Übergabe dadurch bewirkt werden, daß der Veräußerer dem Erwerber den Anspruch auf Herausgabe der Sache abtritt; § 931 BGB. Nur im Falle der Abwicklung mehrerer Umsatzgeschäfte über dieselben oder gleichartige Gegenstände ist die Übertragung des unmittelbaren Besitzes für die Steuerpflicht entscheidend; vgl. § 7.

Über Lieferung aus einem Vertrag über die Bearbeitung und Verarbeitung einer Sache vgl. § 5 Abs. 1. Der Lieferung steht die Übertragung der mit dem Besitz eines Pfandscheins verbundenen Rechte gleich; § 5 Abs. 2.

Eine Sicherungsübereignung unterliegt der Versteuerung, wenn ein Entgelt (vgl. unten A. IV) für die Übereignung gewährt ist. Die Steuerpflicht tritt also ein, wenn der Gläubiger den ihm zur Sicherung übereigneten Gegenstand an Zahlungs Statt anzunehmen berechtigt ist und von diesem Recht Gebrauch macht. In solchem Falle hat der Schuldner seinem Gläubiger die Verfügung über den Gegenstand gegen Entgelt verschafft; letztere Voraussetzung ist aber nicht gegeben, wenn der Gläubiger den Gegenstand nicht an Zahlungs Statt annehmen, d. h. zu eigen behalten oder für eigene Rechnung verkaufen, sondern sich nur in Höhe des Darlehns aus dem Kaufpreis befriedigen darf. Durch solche Sicherungsübereignung hat der Lieferer dem Abnehmer die Verfügungsberechtigung über die Sache nicht verschafft; RFH. 21. 6. 22, RStBl. 351.

Der Erwerb von Nachlaßgegenständen durch einen Miterben im Wege der Erbteilung steht dem Erwerbe von Todes wegen gleich und unterliegt weder der allgemeinen Umsatzsteuer noch der Luxussteuer nach § 23 Nr. 3; RFH. 14. 11. 19 (2, 53).

C. Eine entgeltliche Lieferung oder sonstige Leistung kann nur zwischen mehreren Rechtssubjekten vorgenommen werden; als solche sind die verschiedenen stationes fisci (vgl. AVfg. d. FM. v. 26. 11. 18, FMBl. S. 382), die einzelnen Dienststellen einer Gemeinde, mehrere selbständige Betriebe eines Einzelkaufmanns, auch wenn sie unter verschiedenen gerichtlich eingetragenen Firmen geführt werden (RFH. 18. 1. 24 — 13, 252 —), nicht anzusehen. Eine Kommanditgesellschaft, die verschiedenartige Unternehmungen unter verschiedenen Firmen an verschiedenen Orten betreibt, ist für das Umsatzsteuerrecht als einheitliches Steuersubjekt anzusehen, wenn nicht Tatsachen vorliegen aus denen sich ergibt, daß mehrere Kommanditgesellschaften bestehen (RFH. 16. 7. 25, DStBl. 770). Grundsätzlich ist deshalb auch davon auszugehen, daß die Abgabe der von einem staatlichen Betrieb hergestellten oder gewonnenen Gegenstände an eine Behörde, eine Anstalt oder ein anderes Unternehmen desselben Staates nicht als Lieferung der Umsatzsteuer unterliegen kann; selbst dann nicht, wenn eine gemeinsame zentrale Verwaltung fehlt. Die Einheit liegt in dem alle Teile des Staats umfassenden Organismus des Staats, aus dem seine unteilbare Rechtspersönlichkeit hervorgeht; Rschr. d. RFM. v. 12. 4. 19, AmtlMitt. S. 143. Es bleiben also z. B. die Lieferung von Kohlen durch ein staatliches Bergwerk an die Eisenbahn des gleichen Staates, die Lieferung von Koks durch das Gaswerk einer Gemeinde an das Krankenhaus der gleichen Gemeinde, die Lieferungen der Hauptniederlassung an die Filiale steuerfrei. Es kommt aber auf die steuerrechtliche Selbständigkeit des Rechtssubjekts an; deshalb sind Umsätze zwischen der offenen Handelsgesellschaft und ihren Mitgliedern umsatzsteuerpflichtig, weil es sich dabei um verschiedene steuerrechtliche Rechtssubjekte handelt; RFH. 5. 5. 22 (10, 101). Das gleiche gilt, wenn die Gesellschafter an anderen offenen Handelsgesellschaften beteiligt sind und Umsätze zwischen den Gesellschaften stattfinden, und zwar sowohl dann, wenn der eine oder andere Gesellschafter an beiden Gesellschaften beteiligt ist, wie auch, wenn beide Gesellschaften aus denselben Personen bestehen, ja sogar dann, wenn die Beteiligung gleich ist; RFH. 10. 11. 21 (7, 207); 7. 11. 22, RStBl. 1923 S. 44.

Der Leistungsaustausch zwischen zwei Rechtssubjekten, die zu einer auf die Gemeinschaft von Gewinn und Verlust beschränkten Interessengemeinschaft zusammengeschlossen sind, ist umsatzsteuerpflichtig; RFH. 9. 12. 24 (15, 136). Liefert ein einem Kartell angeschlossenes Werk an die als G. m. b. H. eingerichtete Verkaufsstelle des Kartells und wird die Ware von der Verkaufsstelle von einem ihrer Verkaufslager aus veräußert, so liegen zwei steuerpflichtige Umsätze vor; RFH. 10. 2. 25 (15, 312). Dagegen kommt bei einer sog. Metaverbindung zweier Unternehmer (Gesellschaft des bürgerlichen Rechts ohne gemeinschaftliche Geschäftsführung und ohne besonderes Gesellschaftsvermögen, die vornehmlich An- und Verkäufe von Wertpapieren oder Waren im Namen der einzelnen Gesellschafter auf gemeinschaftliche Rechnung bezweckt) ein steuerpflichtiger Umsatz der Waren zwischen der Gesellschaft des bürgerlichen Rechts und dem Verkäufer(Metisten) nicht in Frage, wenn die Gesellschaft ausschließlich als obligatorisches Abrechnungsverhältnis der Gesellschafter in ihren Geschäftsbüchern erscheint; RFH. 22. 2. 24 (13, 290).

Die Lebensmittellieferungen seitens der Industriewerke an ihre Angestellten und Arbeiter sind natürlich steuerpflichtig; die Steuerpflicht bleibt bestehen, wenn die Bestellungen und Lieferungen für einen Arbeitnehmer des Betriebs im eignen Namen erfolgen und das Industrieunternehmen lediglich für die Zahlung Bürgschaft übernimmt; RFM. 10. 2. 21, RStBl. 173. Über Versteuerung des Eigenverbrauchs vgl. A. 2.

Erfolgt die L e i s t u n g a n o d e r d u r c h S t e l l v e r t r e t e r, der ausdrücklich oder stillschweigend, aber erkennbar im Namen des Vertretenen handelt, so liegt nur e i n e steuerpflichtige Leistung vor. Die Abwicklungsgeschäfte zwischen Vertretenem und Stellvertreter kommen als steuerpflichtige Umsatzgeschäfte nicht in Betracht. Soweit der Stellvertreter für seine eigenen Leistungen eine Vergütung (Provision usw.)

empfängt, gelten natürlich die allgemeinen Grundsätze. Über die Besteuerung des Kommissionärs vgl. § 7 A. 1 B.

Bezugsgemeinschaften, die Waren im eigenen Namen kaufen, ohne die Namen der einzelnen Beteiligten den Lieferanten zu geben, treten den Lieferanten gegenüber nicht als Vertreter der einzelnen Beteiligten auf, sondern sind als Besteller anzusehen; die Weiterlieferung an die einzelnen der Bezugsgemeinschaft angeschlossenen Beteiligten unterliegt daher der Umsatzsteuerpflicht nach Maßgabe der hierfür vereinnahmten Entgelte; RFH. 4. 5. 23, RStBl. 217.

D. Unerheblich ist es, aus welchem Rechtsgrunde die Leistung bewirkt wird, ob auf Grund vertraglicher oder gesetzlicher Verpflichtung oder auf Grund behördlicher Anordnung. Auch dann tritt die Steuerpflicht ein, wenn kraft gesetzlicher Vorschrift eine Leistung als bewirkt gilt, z. B. wenn nach gesetzlicher Vorschrift durch den Ausspruch einer Behörde das Eigentum an bestimmten Waren ohne weiteres von dem Lieferanten auf den Bezugsberechtigten übergeht und damit also die Leistung als bewirkt gilt. Warenumsätze zu außergewöhnlich niedrigen Preisen, zu denen anläßlich von Tumulten Gewerbetreibende unter dem Druck der aufrührerischen Masse gezwungen sind, bleiben steuerfrei, weil solche Umsätze, die mehr einer Warenwegnahme als einer Warenübergabe gleichen, den Lieferungen und sonstigen Leistungen nicht zuzuzählen sind; RFH. 11. 10. 21 (7, 82).

IV. Die Steuer ruht auf dem für die Lieferung oder sonstige Leistung zu entrichtenden Entgelt; die Steuerpflicht entsteht, wenn das Entgelt vereinnahmt ist; RFH. 30. 6. 20 (3, 158); RG. 22. 11. 21 (103, 208). Unentgeltliche Leistungen bleiben steuerfrei; deshalb sind Lieferungen zwischen Mutter- und Tochtergesellschaften steuerfrei, wenn eine besondere Bezahlung der der Tochtergesellschaft gelieferten Waren nicht stattfindet, vielmehr die Tochtergesellschaft verpflichtet ist, alle ihre Einnahmen an die Muttergesellschaft abzuführen; RFH. 25. 6. 20, RStBl. 468. Ebenso bleiben steuerfrei Leistungen, für die das vereinbarte Entgelt nicht eingeht. Teilzahlungen sind in dem Steuerabschnitt zu versteuern, in dem sie eingehen. Im Falle des § 1 Abs. 2 wird ein fiktives Entgelt zugrunde gelegt; vgl. § 8 Abs. 3.

Entgelt ist die Gesamtheit dessen, was der Empfänger der Leistung zu ihrer Erlangung zu bewirken verpflichtet ist; Gutachten d. RFH. v. 28. 4. 20, RStBl. 425; RFH. 13. 3. 25 (16, 28). Es ist nicht nötig, daß das Entgelt in barem Gelde besteht, auch irgendeine andere an Zahlungs Statt erfolgende Leistung des Empfängers, Hingabe von Sachen oder Leistung von Diensten (Gutachten d. RFH. v. 4. 4. 19 — RFH. 1 B S. 21 —), kann das Entgelt bilden. Die Zahlung der Pacht durch einen Gutspächter in Gutserzeugnissen stellt eine steuerpflichtige Leistung dar; das Entgelt bildet die Überlassung der Nutzung des Guts; der Wert des Entgelts ist in der Regel gleich dem Werte der gelieferten Erzeugnisse; RFH. 20. 2. 25 (15, 330). In der Überlassung eines zum Vermögen einer offenen Handelsgesellschaft gehörigen Gegenstandes in der Liquidation an einen Gesellschafter zum Zwecke der Auseinandersetzung liegt ein entgeltliches Umsatzgeschäft; RFH. 5. 5. 22 (10, 101).

Als Teil des für ein Grundstück bezahlten Entgelts gilt auch die Übernahme der auf dem veräußerten Grundstück lastenden Hypotheken; RFH. 3. 12. 20, RStBl. 1921 S. 56; 28. 1. 21 (4, 278). Ebenso bildet die Einräumung einer Verkehrshypothek beim Kauf eines Grundstücks die Vereinnahmung eines Teils des Entgelts, weil sie wirtschaftlich als Befriedigung des Verkäufers gilt; RFH. 4. 10. 21 (7, 67). Wenn eine städtische Straßenbahnverwaltung den Betrieb der Straßenbahn auf fremden Linien mitübernimmt und sich hierfür nur ihre Unkosten und Auslagen von den Bahneigentümern ersetzen läßt, sind diese Beträge umsatzsteuerpflichtiges Entgelt; RFH. 13. 3. 25 (16, 28). In der Gewährung von Gesellschaftsrechten gegenüber dem Einbringen durch einen Gesellschafter ist kein Entgelt im Sinne des UStG. zu finden; bringt also ein Mitglied einer Gesellschaft des bürgerlichen Rechts als Beitrag zum Gesellschaftsvermögen eine Leistung ein, die innerhalb der gewerblichen Tätigkeit des Einbringenden liegt, so unterliegt diese

Leistung nicht der Umsatzsteuer; RFH. 17. 2. 25 (16, 70). Ebenso sind Mitgliederbeiträge nicht umsatzsteuerpflichtig, soweit sie nicht Vergütungen für bestimmte Leistungen des Vereins an seine Mitglieder sind; RFH. 3. 12. 20 (4, 65); 5. 5. 22 (10, 1). Dies gilt auch, wenn in den Mitgliederbeiträgen zwar das Entgelt für gewisse Leistungen (z. B. Einziehung von Forderungen) steckt, sich dieses Entgelt aber in dem Gesamtentgelt so verflüchtigt, daß seine Höhe ziffermäßig nicht feststellbar ist; RFH. 5. 5. 22 (10, 1). Die Abgabe, die von dem Rheinisch-Westfälischen Kohlensyndikat angeschlossenen Zechen vom Ergebnis der Monatsrechnungen an das Syndikat zu entrichten ist, ist keine Vergütung für Vermittlung von Kohlenverkäufen; es handelt sich um Beiträge, die die dem Syndikat angeschlossenen Zechen für Zwecke des Syndikats aufbringen; da also kein Leistungsaustausch im Sinne des Gesetzes vorliegt, sind diese Beiträge steuerfrei; RFH. 5. 11. 20 und 28. 12. 20 (4, 172).

Das Entgelt kann auch in einer Tilgung der Schuld durch Aufrechnung (namentlich im Kontokorrentverkehr), durch Banküberweisung, durch Hingabe von Wechseln, Schecks und sonstigen Anweisungen oder Verpflichtungsscheinen, gleichviel, ob sie nur zahlungshalber oder an Zahlungs Statt erfolgt, bestehen. Geldzahlungen vereinnahmt der Gläubiger in dem Augenblick, in dem er Eigentümer der Geldstücke wird. Im Falle der Aufrechnung ist als Zeitpunkt der Vereinnahmung anzusehen der Zeitpunkt, in dem sich die aufgerechneten Forderungen als zur Aufrechnung geeignet gegenübergetreten sind (§ 389 BGB.); indessen kann durch Parteivereinbarung ein anderer Zeitpunkt als der der Vereinnahmung festgesetzt sein.

Im Kontokorrentverkehr sind alle für umsatzsteuerpflichtige Leistungen dem Schuldner zur Last geschriebenen Entgelte mit dem Zeitpunkt der Einstellung in das Kontokorrent als vereinnahmt anzusehen; die im Zinssaldo verrechneten Zinsen bilden keinen Bestandteil der vereinnahmten Entgelte. Die Anerkenntnis des Schlußergebnisses (Saldo) einer Verrechnungsperiode ist ohne Bedeutung für die Vereinnahmung der Entgelte; RFH. (Gutachten) 10. 10. 24 (14, 254).

Im Giroverkehr der Reichsbank erfolgt die Vereinnahmung mit der Gutschrift, einer Mitteilung an den Kunden bedarf es nicht. Im sonstigen Banküberweisungsverkehr findet die Vereinnahmung gleichfalls mit der Buchung zugunsten des Gläubigers statt, wenn dieser bei der Bank ein Konto hat und seinen Willen, auf diesem Konto Leistungen zu empfangen, unzweideutig zum Ausdruck gebracht hat; andernfalls kann die Buchung allein nicht als Zeitpunkt der Vereinnahmung angesehen werden, vielmehr muß dem Gläubiger durch eine Benachrichtigung die Möglichkeit gegeben werden, zu der Schuldübernahme durch die Bank Stellung zu nehmen; Erl. d. RFM. v. 29. 3. 20, RStBl. 249. Erfolgt die Hingabe von Wechseln und Schecks nur zahlungshalber, so ist das Entgelt erst in dem Zeitpunkt ihrer Einlösung als empfangen anzusehen. Denn mit der Annahme des Wechsels oder Schecks zahlungshalber hat der Gläubiger den Gegenwert für seine Leistung noch nicht erhalten; die frühere Schuld besteht vorerst weiter neben der neuen Verbindlichkeit, und sie erlischt erst, wenn der Gläubiger aus dem Wechsel oder Scheck Befriedigung erhält; vgl. Erl. d. RFM. v. 9. 1. 20, RStBl. 68. Hat der Gläubiger den zahlungshalber erhaltenen Wechsel oder Scheck weitergegeben und den Gegenwert erhalten, so gilt er als befriedigt. Ebenso ist in anderen Fällen, in denen der Leistende durch Abtretung oder sonstige Verwertung der ihm gegen den Empfänger zustehenden Forderung sich befriedigt, die für die verwertete Forderung erhaltene Valuta als Entgelt der Leistung anzusehen; RFH. 17. 12. 19 (2, 67). Über Zahlung durch Postscheck vgl. Erl. d. RFM. v. 29. 3. 20, RStBl. 249.

Die Vergütung, die das Reich aus Anlaß des Ruhreinfalls den beteiligten Unternehmungen gewährt hat, sind insoweit umsatzsteuerpflichtig, als sie das Entgelt für die von ihnen aus den sogenannten Micum-Verträgen geleisteten Lieferungen von Brennstoffen und Nebenprodukten darstellen. Entgelt dieser

Art ist auch die Vergütung für Verluste der Unternehmungen bei der Verwertung von E-Schatzanweisungen, soweit sie diese als Abschlagszahlung für die Lieferungen vom Reich empfangen haben; RFH. (Gutachten) 21. 4. 25 (16, 136).

Unerheblich ist es, ob der Schuldner das Entgelt unmittelbar an den Leistenden, seinen Bevollmächtigten oder auf seine Anweisung an einen Dritten zahlt, dem etwa der Gläubiger ein Darlehn gewähren oder bei dem er seinerseits eine Schuld begleichen will, denn in der Zahlung an den Dritten liegt die Leistung des Gegenwerts an den Gläubiger; RFH. 3. 6. 21 (6, 84). Ebenso ist es unerheblich, ob die Bezahlung durch den Empfänger der Leistung oder durch einen Dritten für ihn erfolgt. Tritt an Stelle des ursprünglich Leistungsverpflichteten in einen nur teilweise ausgeführten Werkvertrag ein Dritter gegen Entschädigung des ersteren für die bereits ausgeführten Leistungen ein, so ist sowohl diese Entschädigung steuerpflichtig als auch das gesamte Entgelt, das der Empfänger des Werkes demnächst dem Dritten gewährt, weil mehrere aneinander anschließende Umsatzgeschäfte vorliegen; RFH. v. 17. 12. 19 (2, 67). Eine entgeltliche Leistung liegt auch in der Tätigkeit des Anzeigenvermittlers für den Besteller einer Anzeige, denn der Anzeigenvermittler verdient bei der Vermittlung, indem er vom Besteller den vollen Anzeigenpreis erhält, während er dem Zeitungsverleger nach den besonderen Rabattabmachungen einen geringeren Preis zahlt; RFH. (Gutachten) 28. 4. 20, RStBl. 425; RFH. 3. 12. 20 (4, 91). Die Anzeigenvermittler sind aber bei der Berechnung des Entgelts besonders privilegiert; vgl. § 8 a.

Über die Berechnung des Entgelts vgl. § 8.

V. Für die Steuerpflicht ist maßgebend, ob die Leistung im Inland, worunter das Reichsgebiet mit Einschluß der Dreimeilenzone an der Seeküste zu verstehen ist, ausgeführt ist; RFH. 12. 7. 22 (10, 125). Eine Aufzählung der zum Teil bereits vor, im übrigen nach Inkrafttreten des Friedensvertrags zum Ausland gewordenen Gebiete enthält der Erl. d. RFM. v. 30. 1. 20, RStBl. 157. Das Gebiet Schleswigs nördlich der festgesetzten

Grenzlinie ist seit dem 16. 6. 20 Ausland geworden; RFM. 30. 6. 20, RStBl. 473. Über die umsatzsteuerliche Regelung im Saargebiet, Danzig und im Memeler Gebiet vgl. RFM. v. 31. 12. 20, RStBl. 1921 S. 57. Darauf, ob die Person, welche die Leistung bewirkt, im Inland eine Geschäftsstelle oder Niederlassung hat, kommt es regelmäßig nicht an, ebensowenig darauf, ob sie die Reichsangehörigkeit besitzt. Ebenso gleichgültig ist, wo das Rechtsgeschäft abgeschlossen ist oder wo die Zahlung erfolgt; RFH. 12. 7. 22 (10, 125); 9. 7. 23 RStBl. 443. Bei einer entgeltlichen Leistung, die im wesentlichen im Ausland liegt, sich bloß in ihrem Anfang oder Ende in das Inland hineinerstreckt, ist ausschlaggebend, wo die Hauptleistung, die den Gegenstand des Vertrags bildet, vorgenommen wird; RFH. 12. 7. 22 (10, 125). Die Leistung eines dinglichen oder quasi-dinglichen Lizenzrechts ist dort bewirkt, wo die Einigung hierüber zwischen den Beteiligten getroffen wird, da der abstrakte Vertrag regelmäßig keiner Erfüllung bedarf, sondern zugleich die Erfüllung darstellt. Soweit also solche Verträge im Inland geschlossen werden, gelten auch die Leistungen als im Inland bewirkt. Gleichwohl können Entgelte aus dinglichen Verträgen über Lizenzen an ausländischen Patenten auch dann, wenn die Verträge im Ausland geschlossen werden, umsatzsteuerpflichtig sein, nämlich wenn sie zugleich inländische Leistungen des Lizenzgebers enthalten, die für die wirtschaftliche Ausnutzung des Lizenzrechts wesentlich sind (z. B. Überwachung etwaiger Mißbräuche der geschützten Rechte, Verbesserung und Ausgestaltung der Erfindungen); RFH. 2. 2. 23 (11, 269). Die Einnahmen eines im Ausland wohnenden Grundstücksmaklers aus der Vermittlungstätigkeit für inländische Grundstücke unterliegen der Umsatzsteuer, wenn die Hauptleistung, d. h. das Zusammenbringen von Verkäufer und Käufer, von ihm selbst oder von seinem inländischen Vertreter im Inland vorgenommen ist; RFH. 23. 9. 25, RStBl. 203. Ein Luftverkehrsunternehmen, das Flüge vom Inland in das Ausland ausführt, ist umsatzsteuerpflichtig mit den Entgelten, die es nach Maßgabe der im Inland zurückgelegten Flugstrecken vereinnahmt; ist das Entgelt einheitlich bemessen, so ist es für die Berechnung der Umsatzsteuer entsprechend den im Inland und den im Ausland zurückgelegten Strecken zu zerlegen; RFH. 4. 5. 23, RStBl. 217. Über die Besteuerung von Ein- und Ausfuhr vgl. § 2 Nr. 1, über die Besteuerung der Einfuhr von Luxusgegenständen § 17 Nr. 3, § 23 Nr. 4.

2. Besteuerung des Eigenverbrauchs.

I. Die Steuer wird auch erhoben, wenn der Unternehmer aus seinem eigenen Betriebe Gegenstände zum Gebrauch oder Verbrauch in seinem Privatleben verwendet, z. B. wenn ein Möbelhändler seine Wohnung mit Möbeln, die er seinem Geschäft entnimmt, einrichtet oder wenn ein Landwirt einen Teil seiner Erzeugnisse in seinem Haushalt verwendet. Voraussetzung dieser Bestimmung ist aber, daß es sich um Gebrauch oder Verbrauch von körperlichen Gegenständen handelt; unkörperliche Leistungen fallen nicht unter diesen fingierten Umsatz, z. B. bleibt die Verwendung des zu Geschäftszwecken gehaltenen Fuhrwerks zu einer Spazierfahrt für die Familie des Geschäftsinhabers steuerfrei. Entnimmt ein Gewerbetreibender den Stoff für ein von ihm zum Eigengebrauch gefertigtes Werk dem Bestande seines Geschäfts, z. B. ein Schneider den Stoff zu einem für sich selbst angefertigten Anzug, so ist der Preis des Stoffes, nicht auch der Wert der Arbeit der Berechnung der Steuer zugrunde zu legen.

Die Ausdehnung der Steuerpflicht soll ferner nur Platz greifen, wenn die Entnahme erfolgt, um die Gegenstände zu Zwecken, die außerhalb der gewerblichen oder beruflichen Tätigkeit liegen, zu gebrauchen oder zu verbrauchen. Daraus ergibt sich zunächst, daß der Steuerpflichtige eine gewerbliche oder berufliche Tätigkeit ausüben und daß die Entnahme innerhalb der in diesem Unternehmen getätigten Umsätze liegen muß. Wer lediglich für den eigenen Verbrauch produziert, z. B. der Beamte oder Angestellte, der landwirtschaftliche Erzeugnisse nur für den eigenen Bedarf gewinnt, ist nicht steuerpflichtig. Ebensowenig ist steuerpflichtig, wer zwar nachhaltig Umsätze an Dritte vornimmt, dessen Eigenverbrauch aber Gegenstände betrifft, die außerhalb dieses gewerblichen Unternehmens liegen, z. B. der Möbel- oder Kleiderhändler, der landwirtschaftliche Erzeugnisse für sich erntet. Die Steuerpflicht tritt ferner nicht ein, wenn ein Gewerbetreibender Gegenstände, die er selbst herstellt oder gewinnt, dazu verwendet, um sie in anderen eigenen Betriebszweigen weiterzuverarbeiten oder zu verbrauchen, wie dies z. B. bei sogenannten Hüttenzechen geschieht, bei denen die Kohlen in eigenen Hütten verfeuert werden, oder bei landwirtschaftlichen Betrieben, wenn der Gutsbesitzer die geerntete Gerste oder die Kartoffeln in eigenen Brauereien oder Brennereien weiterverarbeitet. Ebenso tritt Steuerfreiheit ein, wenn ein Arzt neben einem Sanatorium Landwirtschaft betreibt, um mit den Erzeugnissen des landwirtschaftlichen Betriebs die Insassen des Sanatoriums zu beköstigen. In solchen Fällen erfolgt kein Gebrauch oder Verbrauch zu außerhalb der gewerblichen oder beruflichen Tätigkeit des Herstellers liegenden Zwecken, weil die gewerbliche oder berufliche Tätigkeit die sämtlichen verschiedenen Betriebe umfaßt, gleichviel, ob es sich dabei um Haupt- oder Nebenbetriebe handelt. Bei den Abgaben der von einem staatlichen Unternehmen hergestellten oder gewonnenen Gegenstände ist zwischen den zwei getrennten Funktionen des Staats, nämlich der Betätigung der öffentlichen Gewalt und der Erfüllung öffentlich-rechtlicher Aufgaben einerseits und der Unterhaltung gewerblicher Unternehmungen anderseits, zu scheiden. Vollziehen sich also Abgaben von gewerblichen Unternehmungen des Staats an seine Behörden oder an Anstalten, die der Erfüllung der öffentlich-rechtlichen Aufgaben des Staats dienen (z. B. Gefängnisse, Schulen), so liegt ein Verbrauch zu Zwecken vor, die außerhalb der gewerblichen Tätigkeit des Staats liegen. Dagegen ist die Abgabe z. B. von Kohlen aus einem staatlichen Bergwerk an die Eisenbahn zur Betreibung des Verkehrsunternehmens des Staats nicht umsatzsteuerpflichtig. Ähnliche Grundsätze sind auch für die Gemeinden und Gemeindeverbände und ihre Betriebe anzuwenden; Rschr. d. RFM. v. 12. 4. 19, Amtl. Mitt. S. 143.

Beherbergung, Beköstigung und die üblichen Naturalleistungen (Deputat), die ein Unternehmer den innerhalb seiner gewerblichen Tätigkeit beschäftigten Angestellten und Arbeitern als Vergütung für die geleisteten Dienste gewährt, unterliegen der Steuerpflicht nach § 1 Nr. 2 nicht, und zwar auch dann nicht, wenn es sich um Familienangehörige handelt, sofern diese das 16. Lebensjahr überschritten haben, in der gewerblichen Tätigkeit voll beschäftigt sind und der Versicherungspflicht unterliegen; bei anderen Familienangehörigen greift die Steuerpflicht Platz (§ 2 Nr. 10a).

Steuerbefreiung ist vorgesehen für den Eigenverbrauch an Erzeugnissen der Kleinlandwirtschaft, der Kleingartenwirtschaft und Kleinviehzucht unter den im § 2 Nr. 10 b bezeichneten Voraussetzungen.

II. **Als Entgelt** ist bei der Versteuerung des Eigenverbrauchs der gemeine Wert der entnommenen Gegenstände zugrunde zu legen; dabei ist von den Preisen auszugehen, die am Ort und zur Zeit der Entnahme für Gegenstände gleicher oder ähnlicher Art von Wiederverkäufern gezahlt zu werden pflegen (vgl. § 8 Abs. 3). Über die Ermittlung des steuerpflichtigen Eigenverbrauchs im Gasthausgewerbe vgl. § 8 A. 2 A.

3. Besteuerung der Versteigerungen.

I. Voraussetzung der Besteuerung ist eine auf Grund einer Versteigerung erfolgende Lieferung. Auf Leistungen (Verpachtungen im Wege der Versteigerung) findet § 1 Nr. 3 keine Anwendung; RFH. 18. 6. 21 (6, 123). Die Vorschrift hat zwar hauptsächlich den Zweck, Privatumsätze im Wege der Versteigerung steuerlich zu erfassen, sie beschränkt sich aber nicht hierauf, sondern erfaßt die Versteigerungen auch dann, wenn sie im Auftrag eines beruflich oder gewerblich Tätigen erfolgen; RFH. 28. 6. 23 (12, 257). Die Frage, wo der Umsatz bei einer Versteigerung stattgefunden hat (vgl. A. 1 V), ist dahin zu beantworten, daß die Lieferung, die auf Grund einer Versteigerung erfolgt, immer nur dort erfolgt, wo die zu versteigernde Sache belegen ist, nicht dort, wo der Zuschlag erteilt ist; RFM. 12. 7. 20, RStBl. 481.

Exterritoriale Grundstücke gelten nicht als Ausland im Sinn des UStG.; der Erwerb von Gegenständen bei einer Versteigerung in einem im Inland liegenden fremden Gesandtschaftsgebäude unterliegt also der Umsatzsteuer; RFH. 7. 3. 22 (8, 280). Eine Versteigerung liegt auch dann vor, wenn der Kreis der zugelassenen Bieter beschränkt ist. Versteigerer ist nicht der Auftraggeber, sondern der selbständige Veranstalter einer Versteigerung, und zwar auch dann, wenn er nicht persönlich die Gebote entgegennimmt und den Zuschlag erteilt; RFH. (Gr. S.) 30. 6. 24 (14, 54). Wer in Gegenwart jener Person nur rein mechanische Hilfeleistungen, wie Ausbieten, Ausrufen von Preisen, Listenführung, vornimmt, ist nicht Versteigerer, sondern nur dessen Gehilfe.

A. Handelt der Versteigerer im eigenen Namen, so kommt für die Frage der Steuerpflicht allein seine Person in Betracht. Gehört er zu den Personen, welche eine selbständige gewerbliche oder berufliche Tätigkeit ausüben, so ist sowohl das für die Lieferung empfangene Entgelt wie das Entgelt für seine Tätigkeit als Versteigerer zu versteuern. Für die Frage, ob auch zwischen Versteigerer und seinem Auftraggeber eine steuerpflichtige Lieferung anzunehmen ist, gelten die allgemeinen Grundsätze. Gehört der im eigenen Namen handelnde Versteigerer nicht zu den steuerpflichtigen Personen, so ist doch seine Lieferung auf Grund der Versteigerung steuerpflichtig.

B. Handelt der Versteigerer ausdrücklich oder wenigstens erkennbarerweise für einen benannten oder unbenannten Auftraggeber, wie dies regelmäßig beim Gerichtsvollzieher der Fall sein wird, so sind die auf Grund der Versteigerung erfolgenden Lieferungen steuerpflichtig, gleichviel, ob dieser Auftraggeber eine selbständige gewerbliche oder berufliche Tätigkeit ausübt oder nicht; RFH. 11. 7. 22 (10, 95). Darauf, ob der Versteigerer, der nur als Vertreter handelt, gewerbstätig ist oder nicht, kommt es hierbei nicht an. Das Entgelt für die Tätigkeit des Versteigerers ist aber auch in diesem Falle nur dann zu versteuern, wenn der Versteigerer eine selbständige gewerbliche oder berufliche Tätigkeit ausübt. Zwischen dem Versteigerer und seinem Auftraggeber kommt eine steuerpflichtige Lieferung nicht in Frage (vgl. A. 1 III C). Unerheblich ist es, ob der Versteigerungserlös an den Versteigerer oder nach den Versteigerungsbedingungen an den Auftraggeber zu zahlen ist; auch im letzteren Falle bildet die Zahlung das Entgelt für den durch Versteigerung bewirkten Umsatz (vgl. A. 1 IV).

In allen Fällen hat der Versteigerer die Steuer zu entrichten (§ 11 Abs. 2). Der Auftraggeber hat keine Steuer zu zahlen, muß aber den Versteigerer schadlos halten.

Die objektiven und subjektiven Befreiungsgründe nach §§ 2 und 3 finden auch auf Versteigerungen Anwendung (Becker, DStBl. Jahrg. 3 S. 256); vgl. auch § 3 Abs. 1.

II. Ausnahmen von der Steuerpflicht bei Versteigerungen.

A. Ausgenommen sind alle Versteigerungen im Wege der Zwangsvollstreckung, da es sich dabei regelmäßig um Notverkäufe handelt, die nicht weiter belastet werden sollen. Versteigerungen im Wege der Zwangsvollstreckung sind auch dann steuerfrei, wenn der Zwangsvollstreckungsschuldner eine selbständige gewerbliche Tätigkeit ausübt; denn in der Übergabe seitens des Versteigerungsbeamten liegt keine Lieferung seitens des Zwangsvollstreckungsschuldners, weil weder er selbst noch der Versteigerungsbeamte als sein Vertreter den versteigerten Gegenstand überträgt, dieser wird vielmehr dem Schuldner durch staatlichen Hoheitsakt entzogen. Versteigerungen im Wege der Zwangsvollstreckung sind nur solche, die nach den Vorschriften der ZPO. über die Zwangsvollstreckung auf Grund eines vollstreckbaren Titels erfolgen. Keine Versteigerungen im Wege der Zwangsvollstreckung sind daher z. B. die Zwangsversteigerungen zur Regulierung von Nachlaßverbindlichkeiten (§ 175 ZVG.), die Zwangsversteigerung zum Zwecke der Aufhebung einer Gemeinschaft (§ 180 ZVG.), die Zwangsversteigerung auf Antrag des Konkursverwalters (§ 172 ZVG.) sowie Versteigerungen, die der Konkursverwalter nach § 117 KO. zur Verwertung der Masse vornehmen läßt; RFH. 10. 1. 23, RStBl. 132; 21. 3. 23, RStBl.

215. Einstweilige Verfügungen bilden einen Titel für die Zwangsvollstreckung; die auf Grund einer einstweiligen Verfügung vorgenommenen Versteigerungen sind daher Versteigerungen im Wege der Zwangsvollstreckung; RFH. 28. 6. 23 (12, 257). Eine Versteigerung im Wege der Zwangsvollstreckung liegt auch dann vor, wenn das Vollstreckungsgericht zur Vollziehung eines Arrestes angeordnet hat, daß eine gepfändete Sache des Arrestschuldners wegen der Gefahr beträchtlicher Wertverminderung versteigert und der Erlös hinterlegt werde; RFH. 21. 2. 22 (8, 275).

Es haben also die Steuer zu entrichten Gerichtsvollzieher bei Versteigerungen außerhalb der Zwangsvollstreckung (Pfandverkäufen — auch solchen nach § 1233 Abs. 2 BGB., bei denen der Gläubiger für sein Recht zum Verkauf einen vollstreckbaren Titel erlangt hat —, sonstigen Versteigerungen, die kraft gesetzlicher Ermächtigung für Rechnung eines andern erfolgen, freiwilligen Versteigerungen beweglicher Sachen für Rechnung des Auftraggebers) und Notare, soweit es sich um die Versteigerung von Grundstückszubehör handelt. Versteigerungen von Gegenständen, die in Pfandleihe verpfändet sind, sind nicht als Versteigerungen im Wege der Zwangsvollstreckung anzusehen, unterliegen also der Steuerpflicht; RFH. 24. 7. 20, RStBl. 480. Der Versteigerungsrichter hat die Steuer zu entrichten, wenn in einem durch Abschn. 3 ZVG. geregelten Zwangsversteigerungsverfahren (auf Antrag des Konkursverwalters, des Erben, zur Aufhebung einer Gemeinschaft) Grundstückszubehör mitversteigert wird, da es sich in diesen Fällen nicht um eine im Wege der Zwangsvollstreckung stattfindende Versteigerung handelt; Lindemann, R. 1918 Sp. 355. Auch Entgelte, die bei der Verwertung der in einem Strafverfahren eingezogenen Gegenstände durch Versteigerung vereinnahmt werden, sind zu versteuern; Vfg. d. FM. v. 18. 10. 19, AmtlMitt. S. 416.

B. Ferner sind von der Geltung des Satzes, daß Lieferungen auf Grund von Versteigerungen auch beim Fehlen selbständiger gewerblicher oder beruflicher Tätigkeit des Auftraggebers steuerpflichtig sind, ausgenommen Versteigerungen unter

Miterben zum Zwecke der Teilung eines Nachlasses. Vorausgesetzt ist dabei, daß bei der Versteigerung nur die Miterben, nicht aber unbeteiligte Personen als Mitbieter zugelassen werden; RFH. 16. 4. 20 (2, 284). Den Miterben werden die Teilhaber einer fortgesetzten Gütergemeinschaft gleichzustellen sein.

C. Schließlich sind ausgenommen die Versteigerungen von Grundstücken und von Berechtigungen, für welche die auf Grundstücke bezüglichen Vorschriften des bürgerlichen Rechts gelten. Nach Reichsrecht sind dies das Erbbaurecht (V. über das Erbbaurecht v. 15. 1. 19, RGBl. S. 72) sowie die in Art. 63 und 68 EG. z. BGB. behandelten Rechte (Erbpachtrecht, Abbaurechte hinsichtlich nicht bergrechtlicher Mineralien). Ferner kommen die in Art. 67, 74, 196 EG. z. BGB. bezeichneten Rechte in Betracht, wenn sie nach Landesrecht die Eigenschaft unbeweglicher Sachen haben. Für Preußen bestimmt Art. 40 AG. z. BGB., daß für selbständige Gerechtigkeiten die sich auf Grundstücke beziehenden Vorschriften des BGB. gelten, wenn die Gerechtigkeit ein Grundbuchblatt erhalten hat. Die zugunsten der Grundstücke gemachte Ausnahme erstreckt sich aber nicht auf die beweglichen Sachen, die als Zubehör eines Grundstücks mitveräußert werden; ist nicht bereits bei der Versteigerung ein besonderer Preis für den beweglichen Beilaß ausgeworfen, so muß später eine Trennung des Entgelts für die beweglichen Sachen erfolgen. Ist nichts Besonderes vereinbart, so muß der Versteigerungspreis verhältnismäßig nach dem Wert der unbeweglichen und beweglichen Gegenstände verteilt werden; Lindemann, R. 1918 Sp. 355, DNotV. 1921 S. 20.

§ 2.

Von der Besteuerung sind ausgenommen:

1. a) Umsätze aus dem Ausland in das Inland, wenn die Bestimmungen des Reichsrats über die Sicherstellung der Herkunft der Gegenstände innegehalten werden und nicht in diesem Gesetze (§ 17 Nr. 8, § 23 Abs. 1 Nr. 4) ein anderes bestimmt ist. Der Reichs-

rat bestimmt, inwieweit die dem Zollauslande gleichstehenden Gebiete des Inlandes, der gebundene Verkehr des Zollinlandes und bei zollfreien Gegenständen besonders bezeichnete sonstige inländische Lager wie das Ausland zu behandeln sind. Das Verbringen der auf dem Meere einschließlich der Dreimeilenzone und im Bodensee erzielten Fänge der Fischerei in das Inland ist der Einfuhr aus dem Ausland gleichzuachten.

Getreide und Hülsenfrüchte können bei seewärtiger Einfuhr ohne Rücksicht auf ihre Herkunft nach näherer Bestimmung des Reichsrats als aus dem Ausland kommend behandelt werden;

b) die ersten Umsätze aus dem Ausland eingeführter Gegenstände im Inland, die der Reichsrat nach Anhörung des Reichswirtschaftsrats oder eines von ihm bestimmten Ausschusses näher bezeichnet, zu denen insbesondere die notwendigen Lebens- und Futtermittel sowie Rohstoffe und Halberzeugnisse gehören sollen, soweit die Umsätze außerhalb des Kleinhandels erfolgen und die Bestimmungen des Reichsrats über die Sicherstellung der Herkunft der Gegenstände innegehalten werden;

c) Umsätze in das Ausland, wenn die Bestimmungen des Reichsrats über die Sicherstellung der Herkunft und der Bestimmung der Gegenstände innegehalten werden und nicht in diesem Gesetz (§ 23 Abs. 1 Nr. 5) ein anderes bestimmt ist.

Die Lieferung an den ausführenden Unternehmer gilt auch dann nicht als Umsatz in das Ausland, wenn der Lieferer im eigenen oder fremden Namen unmittelbar in das Ausland versendet;

2. Kreditgewährungen und Umsätze von Geldforderungen, insbesondere von Wechseln und Schecken, sowie von Wertpapieren, Anteilen von Gesellschaften und sonstigen Vereinigungen, Banknoten, Papiergeld, Geldsorten und von inländischen amtlichen Wertzeichen;
3. Umsätze von Edelmetallen und Edelmetallegierungen außerhalb des Kleinhandels (§ 22) nach näherer Bestimmung des Reichsrats;
4. Verpachtungen und Vermietungen von Grundstücken und von Berechtigungen, auf welche die Vorschriften des bürgerlichen Rechtes über Grundstücke Anwendung finden, sowie von staatlichen Hoheitsrechten, die sich auf die Nutzungen von Grund und Boden beziehen, mit Ausnahme der Verpachtungen und Vermietungen eingerichteter Räume;
5. Beförderungen im Sinne des Gesetzes über die Besteuerung des Personen- und Güterverkehrs vom 8. April 1917 (RGBl. S. 329) mit Ausnahme der im § 3 Nr. 4 und 5 daselbst genannten;
6. Umsätze der in Tarifnummer 5 des Reichsstempelgesetzes vom 3. Juli 1913 (RGBl. S. 639) und der im Rennwett- und Lotteriegesetz vom 8. April 1922 (RGBl. I S. 393) genannten Gegenstände;
7. Leistungen, soweit sie eine Steuerpflicht nach dem Kapitalverkehrsteuergesetz Teil I (Gesellschaftsteuer) begründen, oder soweit für sie Vergütungen im Sinne des § 17 Nr. 4 des Körperschaftsteuergesetzes gewährt werden (Aufsichtsratsteuer);
8. Versicherungen im Sinne des Versicherungssteuergesetzes vom 8. April 1922 (RGBl. I S. 400);

9. ärztliche und ähnliche Hilfeleistungen, Arznei-, Heil- und Hilfsmittel, soweit Entgelte dafür von den reichsgesetzlichen Versicherungsträgern, den Krankenkassen der selbständigen Handwerker und Gewerbetreibenden sowie den Ersatzkassen (§§ 503 ff. der Reichsversicherungsordnung) zu zahlen sind. Dasselbe gilt auch für Heilanstalten und Krankenhäuser, soweit sie das Heilverfahren im Auftrag von reichsgesetzlichen Versicherungsträgern durchführen;

10. Beherbergung, Beköstigung und die üblichen Naturalleistungen, die ein Unternehmer den innerhalb seiner gewerblichen Tätigkeit beschäftigten Angestellten und Arbeitern als Vergütung für die geleisteten Dienste gewährt, einschließlich der innerhalb der gewerblichen Tätigkeit des Unternehmers vollbeschäftigten und der Versicherungspflicht unterstellten Familienangehörigen, sofern dieselben das sechzehnte Lebensjahr überschritten haben;

10a. die Gewährung von Beherbergung, Beköstigung und der üblichen Naturalleistungen durch Personen und Anstalten, soweit sie Personen unter achtzehn Jahren für Erziehungs- und Ausbildungszwecke außerhalb des Wohnsitzes der Eltern bei sich aufnehmen;

10b. die Entnahme von Gegenständen aus dem eigenen Betriebe zum eigenen Gebrauche (§ 1 Nr. 2), soweit es sich um Erzeugnisse der Kleingartenwirtschaft, der Kleinlandwirtschaft und Kleinviehzucht handelt, wenn diese in der Regel ohne Mithilfe von gegen Entgelt beschäftigten Personen durch Arbeiter, Angestellte, Beamte und durch Rentenempfänger aus der sozialen Versicherung und aus der Versorgung der Kriegsbeschädigten und -hinterbliebenen sowie durch Pensionäre und Kleinrentner betrieben werden.

Dasselbe gilt nach näherer Bestimmung des Reichsministers der Finanzen auch für Umsätze solcher landwirtschaftlichen Erzeugnisse, die landwirtschaftlichen Arbeitern und Angestellten als Vergütung für die geleisteten Dienste vom Arbeitgeber gewährt wurden (Deputate) und für die Umsätze der daraus in der Wirtschaft der Arbeiter und Angestellten hergestellten Erzeugnisse;

11. bei eingetragenen Genossenschaften, die der gemeinschaftlichen Verwertung von Erzeugnissen der Genossen oder dem gemeinschaftlichen Einkauf von Waren ausschließlich für die Genossen dienen, derjenige Teil des Umsatzes, der als Entgelt für Rücklieferung von Rückständen aus der im Betriebe der Genossenschaft erfolgten Verarbeitung der von den Genossen eingelieferten Erzeugnisse oder als Rückvergütung auf den Kaufpreis der von den Genossen bezogenen Waren auf Grund der Beschlüsse der Generalversammlung für das abgelaufene Geschäftsjahr gewährt wird.

Nach näherer Bestimmung des Reichsministers der Finanzen ist die gleiche Steuerbefreiung durch das Landesfinanzamt auf Antrag Gesellschaften mit beschränkter Haftung zuzugestehen, die Zwecke der im Abs. 1 bezeichneten Art verfolgen, sofern die Gesellschafter sich in ihrer Eigenschaft als Hersteller oder Verbraucher für die gemeinsame Wahrnehmung der von der Gesellschaft mit beschränkter Haftung übernommenen Aufgaben im allgemeinen der Rechtsform der eingetragenen Genossenschaften zu bedienen pflegen. Das gleiche gilt von Gesellschaften mit beschränkter Haftung, deren Gesellschafter ausschließlich oder doch überwiegend die im Abs. 1 bezeichneten Genossenschaften oder die ihnen gleichgestellten Gesellschaften mit beschränkter Haftung sind. Der Antrag ist spätestens mit Einlegung des Rechtsmittels gegen eine Veranlagung zu stellen. Gegen die Entscheidung des

Landesfinanzamts über den Antrag ist die Beschwerde an den Reichsfinanzhof gegeben; der Reichsfinanzhof entscheidet im Beschlußverfahren;

12. die Leistungen der Revisionsverbände gemäß §§ 54 ff. des Genossenschaftsgesetzes.

Übersicht zu § 2:

Objektive Steuerbefreiungen.

1. Besteuerung der Ein- und Ausfuhr.
   A. Einfuhr.
      I. Umsätze aus dem Ausland.
      II. Umsätze innerhalb der verlängerten Einfuhr.
      III. Erste Umsätze nach der Einfuhr.
   B. Ausfuhr.
   C. Durchfuhr.
2. Kreditgewährung; Umsätze von Geldforderungen usw.
3. Umsätze von Edelmetallen usw.
4. Verpachtung und Vermietung von Grundstücken.
5. Beförderungen im Personen- und Güterverkehr.
6. Umsätze von Lotterielosen und Wettscheinen.
7. Gewinnanteile, Tantiemen usw.
8. Versicherungen.
9. Leistungen der Sozialversicherung und der Reichsversorgung.
10. Beherbergung und Beköstigung gewerblicher Angestellter.
11. Erziehungsanstalten.
12. Eigenverbrauch durch Kleingärtner und -landwirte.
13. Begünstigung von Absatz- und Konsumgenossenschaften.
14. Leistungen der Revisionsverbände.
15. Sonstige sachliche Steuerbefreiungen.

Objektive Steuerbefreiungen.

1. Nr. 1 regelt die Besteuerung der Ein- und Ausfuhr.

A. Einfuhr.

I. Umsätze aus dem Ausland. Die Einfuhr ist grundsätzlich steuerfrei gelassen, weil der im Ausland befindliche, in das Inland liefernde Unternehmer nicht der deutschen Steuerhoheit untersteht und eine allgemeine subsidiäre Steuerpflicht des ersten inländischen Empfängers nicht durchführbar erscheint. Ausland ist grundsätzlich staatsrechtlich, nicht zollrechtlich zu verstehen: Zollausschlüsse und Freibezirke gehören also nicht dazu. Die auf Grund des Friedensvertrags abgetretenen Gebiete, das Danziger und Memeler Gebiet und das Gebiet Schleswigs nördlich der festgesetzten Grenzlinie sind Ausland; das Saarbecken ist im Sinne des Gesetzes als Ausland zu behandeln (AB. § 11 A I). Voraussetzung der Steuerfreiheit ist, daß die Bestimmungen des Reichsrats — jetzt des RFM., der zum Erlaß solcher Bestimmungen der Zustimmung des Reichsrats bedarf; Art. IV § 2 d. G. v. 10. 8. 25, RGBl. S. 241 — über die Sicherstellung der Herkunft der Gegenstände innegehalten werden (vgl. AB. § 18). Eine umsatzsteuerfreie Einfuhr liegt nur dann vor, wenn aus dem Ausland in das Inland geliefert wird; wenn eine ausländische Firma nach Deutschland Waren bringt und sie in Deutschland einlagert, so ist sie wegen dieses Verbringens — von dem Fall des § 17 Nr. 3 abgesehen — umsatzsteuerfrei (AB. § 11 B I 2); verkauft sie von ihrem Lager, also von einem inländischen Betriebsort, aus an eine inländische Firma, so liegt ein steuerpflichtiger Umsatz im Inland vor; weder dieser Verkauf noch etwa der Weiterverkauf durch den inländischen Erwerber stellt sich als ein erster Umsatz nach der Einfuhr dar; RFM. 11. 8. 20, RStBl. 513. Ebenso ist, wenn ein ausländisches Kraftwerk im Inland Transformatorenstationen hat und von diesen aus den Strom den inländischen Abnehmern liefert, die Lieferung des Stroms umsatzsteuerpflichtig; Jarger, DStBl. 1923 Sp. 180.

Als Umsätze kommen nur Lieferungen einschließlich der Werklieferungen in Betracht; auf sonstige Leistungen, z. B. auf Grund eines reinen Werkvertrags, einer Miete oder eines Beförderungsvertrages, findet die Befreiung keine Anwendung; das Entgelt unterliegt in solchen Fällen der Umsatzsteuer (AB. § 11 B I 1).

Das Verbringen von Fischen, die auf dem Meere innerhalb der Dreimeilenzone oder im Bodensee gefangen sind, stellt begrifflich keine Lieferung, also auch keine Einfuhr dar, ist aber durch ausdrückliche Gesetzesbestimmung der Einfuhr gleichgestellt, so daß also die Begünstigung zu III bezüglich solcher Fische Platz greift (vgl. unter III). Die Vergünstigung für Fänge von Fischen, Muscheln oder Krabben (Freiliste 1 a) außerhalb des Kleinhandels gilt auch für Fischerorte am Meere und an Haffen, die nicht Seehafenplätze sind, sowie für Fischerorte am Bodensee (V. über Vergünstigungen bei der Körperschaftssteuer und Umsatzsteuer v. 16. 1. 25, RGBl. S. 4 § 5).

II. Umsätze innerhalb der verlängerten Einfuhr. Nach Maßgabe der Bestimmungen des Reichsrats — jetzt des RFM., der zum Erlaß solcher Bestimmungen der Zustimmung des Reichsrats bedarf; Art. IV § 2 b. G. v. 10. 8. 25, RGBl. S. 241 — werden die dem Zollausland gleichstehenden Gebiete des Inlands (Zollausschlüsse, Freibezirke), der gebundene Verkehr des Zollinlandes (Lieferung aus öffentlichen Niederlagen, Privatlagern ohne amtlichen Mitverschluß, fortlaufende Konten) und, soweit es sich um zollfreie Gegenstände handelt, besonders bezeichnete inländische Lager dem Ausland gleichgestellt. Demgemäß ist Voraussetzung der Steuerfreiheit für diese Umsätze (AB. § 11 A II).

a) Die Gegenstände müssen in der Freiliste 1 a stehen (Anlage 1 zu den AB.);

b) Die Umsätze müssen erfolgen aus den Zollausschlüssen und Freibezirken, in oder aus dem gebundenen Verkehr des Zollinlands, wozu auch Privatlager ohne amtlichen Mitverschluß und fortlaufende Konten gehören, in oder aus Seehäfenplätzen, soweit es sich um zollfreie Gegenstände handelt (Ausnahme für Königsberg) und die Einfuhr auf dem Seeweg erfolgt (Ausnahme für Seehäfen östlich der Weichsel), in oder aus inländischen Lagern, sofern es sich um zollfreie Gegenstände handelt und die Lager durch den RFM. zugelassen sind. Durch V. v. 29. 8. 25 (RGBl. S. 329) ist insofern eine Erweiterung der Umsatzsteuerfreiheit eingeführt, als die Umsatzsteuerfreiheit beim Umsatz in oder aus Seehäfenplätzen und in oder aus vom RFM. zugelassenen Inlandslägern auch für solche Gegenstände der Freiliste 1 a gilt, die auf Grund des G. v. 17. 8. 25 über Zolländerungen zollpflichtig geworden sind; diese Umsatzsteuerfreiheit tritt für jede Warengruppe zu dem Zeitpunkt in Kraft, in dem der für diese Warengruppe eingeführte Zoll in Kraft tritt.

c) Die Umsätze dürfen nicht im Kleinhandel stattfinden, sie müssen also zur gewerblichen Weiterveräußerung für eigene oder fremde Rechnung erworben werden. Großhandel ist auch der Verkauf an einen Unternehmer, der zwar verbraucht, dies aber in seinem Betriebe bei der Herstellung anderer Gegenstände oder zur Bewirkung gewerblicher Leistungen tut;

d) Eine Be- oder Verarbeitung darf nicht erfolgt, d. h. die Wesensart des Gegenstandes muß gewahrt sein; RFH. 22. 3. 22, RStBl. 184. Es muß sich also um das gleiche Verkehrsgut handeln; Thomasschlacke ist ein anderes Verkehrsgut als Thomasmehl schon deshalb, weil die Blöcke der Thomasschlacke nicht streufähig sind, also zum Zwecke der Düngung nicht verwendet werden können; RFH. 5. 1. 23, RStBl. 48. Die AB. zählen Verfahren auf, die nicht als Be- oder Verarbeitung anzusehen sind.

e) die Herkunft der Gegenstände muß durch die Buchführung des Unternehmers sichergestellt sein (AB. § 18). Die Vorschriften des § 18 AB. sind im einzelnen nicht als zwingend anzusehen, jede Aufzeichnung, aus der die Voraussetzung der Steuerfreiheit auch ohne getrennte Buchführung erkennbar ist, ist ausreichend; erforderlich ist aber, daß die Buchführung selbst die erforderlichen Aufschlüsse gibt, ohne daß es zu diesem Zweck der Einsicht und Vergleichung der Belege bedarf; RFH. 22. 3. 22, RStBl. 184. Nicht nötig ist, daß die Gegenstände in die dem Zollausland gleichstehenden Gebiete oder Läger geliefert sind; auch die Umsätze solcher Gegenstände fallen unter die Vorschrift, die aus dem Ausland in die Gebiete oder Läger ohne Lieferung verbracht sind.

An die Stelle des nach dem Gesetz zum Erlaß näherer Bestimmungen berufenen Reichsrats tritt der RFM., der zum Erlaß der Bestimmungen der Zustimmung des Reichsrats bedarf; Art. IV § 2 d. G. v. 10. 8. 25, RGBl. S. 241.

III. Erste Umsätze nach der Einfuhr. An die Stelle des nach dem Gesetz zum Erlaß näherer Bestimmungen berufenen Reichsrats tritt der RFM., der der Zustimmung des Reichsrats bedarf; Art. IV § 2 b. G. v. 10. 8. 25, RGBl. S. 241. Die Befreiung des ersten Umsatzes nach der Einfuhr ist beschränkt auf solche Gegenstände, die in der Freiliste 1 b stehen (Anlage 1 zu den AB.). Es muß sich um den ersten Umsatz nach der Einfuhr (vgl. oben unter I) oder, soweit die Gegenstände auch in der Freiliste 1 a stehen, um den ersten Umsatz nach den gemäß II umsatzsteuerfreien Umsätzen handeln; ferner müssen die unter II c bis e aufgeführten Voraussetzungen erfüllt sein. Liegt keine Einfuhr, sondern nur ein Verbringen vor (vgl. oben unter I), so greift die Steuerbefreiung nicht Platz. Die ersten Umsätze im Inland von Abfällen, die bei der Lohnveredelung eines ausländischen Stoffes entstehen, haben deshalb auf die Steuerbegünstigung keinen Anspruch; RFH. 24. 3. 21, RStBl. 250. Läßt eine ausländische Firma von ihr ins Inland gesandte, aber vom Empfänger nicht abgenommene Waren im Wege des Selbsthilfeverkaufs versteigern, so greift die Befreiungsvorschrift nicht ein, weil keine Lieferung aus dem Ausland ins Inland vorausgegangen ist: RFH. 4. 1. 22 (7, 348). Folgende Fälle sind aber der Einfuhr gleichgestellt (AB. § 11 B I 2):

a) Übernahme von Gegenständen in Kommission oder Konsignation für einen ausländischen Kommittenten oder Konsignanten; Weiterlieferungen des Einfuhrkommissionärs sind also umsatzsteuerfreie erste Umsätze; die Provision des umsatzsteuerfreien Einfuhrkommissionärs kann gleichfalls der Umsatzsteuer nicht unterworfen werden; RFH. 17. 5. 21 (6, 6); 28. 4. 25 (Gutachten), RStBl. 110.

b) Verbringen von dem Unternehmer selbst gezogener Gegenstände der Urerzeugung oder im Ausland oder auf hoher See gekaufter und dort übernommener Waren ins Inland. Diese Vergünstigung soll jedem Unternehmer im Sinn des § 1 Nr. 1 zustehen; sie kann sonach einem Ausländer, der im Inland als Gewerbetreibender sich niedergelassen hat, nicht versagt werden, wenn er im Ausland gekaufte und dort übernommene Waren seiner inländischen Verkaufsstätte zugehen läßt; RFH. 23.9.25, RStBl. 203.

c) Verbringen der auf dem Meere einschließlich der Dreimeilenzone und im Bodensee erzielten Fischfänge ins Inland.

Über die Besteuerung der Einfuhr von Luxusgegenständen vgl. § 17 Nr. 3, § 23 Nr. 4.

B. Die jetzige Fassung des § 2 Nr. 1 c beruht auf Art. IV § 1 der Zweiten Steuernotverordnung v. 19. 12. 23. Die Steuerfreiheit der Ausfuhr, die sich früher auf die Umsätze des Ausfuhrhändlers beschränkte, ist ausgedehnt auf alle Umsätze in das Ausland, also auch auf die des Fabrikanten. An die Stelle des nach dem Gesetz zum Erlaß näherer Bestimmungen berufenen Reichsrats tritt der RFM., der zum Erlaß der Bestimmungen der Zustimmung des Reichsrats bedarf; Art. IV § 2 d. G. v. 10. 8. 25, RGBl. S. 241.

Ausland ist auch hier im staatsrechtlichen Sinn zu verstehen; das Freihafengebiet ist dem Ausland nicht gleichgestellt; RFH. 10. 11. 20 (4, 153). Die Exterritorialität des Käufers begründet natürlich keine Befreiung von der Umsatzsteuer; RFH. 7. 3. 22, RStBl. 167.

Ein Umsatz ins Ausland liegt grundsätzlich dann vor, wenn vor Erfüllung des Umsatzgeschäfts die Ware im Inland sich befand, nach Erfüllung, also nach der Lieferung, d. h. nachdem die Verfügung über die Sache dem Erwerber verschafft worden ist, im Ausland. Lieferungen an einen inländischen Vertreter eines ausländischen Gewerbetreibenden, an Reisende, welche die Ware ins Ausland mitnehmen, fallen nicht unter die Befreiungsvorschrift. Durch ausdrückliche Gesetzesbestimmung ist klargestellt, daß bei Geschäftsabschlüssen mit einem inländischen Ausfuhrunternehmer eine Lieferung ins Ausland selbst dann nicht vorliegt, wenn der Lieferer im eigenen oder fremden Namen unmittelbar in das Ausland versendet. Wickelt sich also ein Ausfuhrgeschäft so ab, daß ein Exporthändler ins Ausland verkauft und das Unternehmen, von dem er im Inland die Ware gekauft hat, anweist, nicht an ihn, sondern in seinem Namen ins Ausland zu versenden, so kann das liefernde Unternehmen die Steuerfreiheit nach § 2 Nr. 1 nicht für sich in Anspruch nehmen, weil es seinerseits zwar ins

Ausland versendet, aber nicht selbst ins Ausland liefert, sein Lieferungsgeschäft vielmehr mit dem im Inland befindlichen Exporteur abgeschlossen ist. Der Exporteur seinerseits ist für die Lieferung ins Ausland sowohl nach § 2 Nr. 1 als auch, da er nicht den unmittelbaren Besitz der Ware erhalten hat und überträgt, nach § 7 umsatzsteuerfrei.

Durch eine auf Grund des § 108 Abs. 2 RAbgO. erlassene V. d. RFM. v. 25. 5. 25 (RGBl. S. 74), die bereits mit Wirkung v. 1. 1. 25 in Kraft getreten ist, ist der Begriff des „Umsatzes ins Ausland" wesentlich erweitert. Danach gelten als steuerfreie Umsätze ins Ausland auch Lieferungsgeschäfte, die der Lieferer mit einem ausländischen Erwerber abschließt und durch Zusendung der Waren an den inländischen Spediteur des ausländischen Erwerbers erfüllt. Jedoch ist in diesen Fällen die Befreiung an die Beobachtung bestimmter Förmlichkeiten geknüpft. Es muß nämlich 1. der inländische Spediteur des Ausländers über die tatsächliche Ausfuhr in das staatsrechtliche Ausland dem Lieferer eine Bescheinigung erteilen, welche enthalten muß: die Bezeichnung der Ware, zum mindesten nach der allgemeinen Gattung; die Zahl der Kolli, deren Verpackungsart, Zeichen und Nummern; den Tag der Ausfuhr in das staatsrechtliche Ausland; die Ausfuhrstelle; soweit diese Angaben aus den Konnossementen, Frachtbriefen oder aus sonstigen Versendungspapieren ersichtlich sind, genügt die Erteilung einer Abschrift; gegebenenfalls sind diese Abschriften zu ergänzen oder — wenn im Sammelladungsverkehr versendet worden ist — die Kolli des in Frage kommenden Lieferers besonders kenntlich zu machen; 2. der Lieferer, der die Steuerfreiheit beansprucht, muß in der Umsatzsteuervoranmeldung (Umsatzsteuererklärung) die Entgelte für die Lieferung als steuerfrei absetzen und dabei die Versicherung abgeben: „Unter den nach § 2 Nr. 1 c UStG. als steuerfrei abgesetzten Entgelten befinden sich auch Entgelte für Lieferungsgeschäfte, die durch Versendung der Waren an den inländischen Spediteur des ausländischen Bestellers erfüllt worden sind. Die tatsächliche Weitersendung dieser Waren in das Ausland ist mir vom Spediteur des Ausländers schriftlich bestätigt worden. Die Bestätigungen liegen bei mir zur Prüfung bereit" oder: „Ich werde dafür Sorge tragen, daß mir der Spediteur des Ausländers die tatsächliche Weitersendung dieser Waren in das Ausland schriftlich bestätigt, und werde diese Bestätigungen zu meinen Belegen nehmen".

Diese Vorschriften finden entsprechende Anwendung, wenn es der Lieferer übernimmt, den Gegenstand vor der Absendung für den ausländischen Erwerber in Verwahrung zu nehmen und unmittelbar oder durch einen inländischen Spediteur des ausländischen Erwerbers diesem zu übersenden.

Auch der Vergütungsanspruch des Ausfuhrhändlers nach Maßgabe des § 4 greift in den vorbezeichneten Fällen der Ausfuhr ins Ausland Platz (vgl. § 4 A. 1)

Als steuerfreier Umsatz ins Ausland gilt nach der V. v. 29. 8. 25 (RGBl. S. 329) mit Wirkung v. 1. 4. 25 ab auch die Überlassung von Eisenbahnwaggons durch ein inländisches an ein ausländisches Unternehmen auf Grund eines Vertrages, der außer der Vermietung der Eisenbahnwaggons auch deren Verkauf gegen Abschlagszahlungen zum Gegenstande hat (Amortisationsmietvertrag). Die Vergünstigung entfällt jedoch, wenn der Vertrag über die Übertragung des Eigentums unausgeführt bleibt.

Leistungen ins Ausland, z. B. Speditionen, sind keine nach § 2 Nr. 1 steuerfreien Umsätze; bei der Vorschrift des § 2 Nr. 1 ist nur an den Warenhandel gedacht; RFH. 8. 4. 20, RStBl. 327. Die Lohnfärberei im aktiven Veredlungsverkehr (Veredlung im Inland) stellt somit keinen Umsatz in das Ausland dar; RFH. 5. 12. 22 (11, 210). Handelt ein inländischer Unternehmer als Agent einer ausländischen Firma, d. h. tätigt er die Verkäufe nicht im eigenen Namen, so ist die Steuerpflicht für seine Provision gegeben: RFH. 17. 5. 21 (6, 6).

C. Durchfuhr.

Von der Steuerpflicht sind ausgenommen: Umsätze vom Ausland in das Ausland, auch wenn der Gegenstand durch einen Gebietsteil des Inlands hindurchgebracht wird. Erfolgen Zwischenumsätze, so ist keine steuerfreie Durchfuhr gegeben, sofern nicht die

Zwischenumsätze nach § 2 Nr. 1a oder 1b steuerfrei sind. In den Fällen der Einfuhr luxussteuerpflichtiger Gegenstände setzt die Befreiung der Durchfuhr von der nach § 17 Nr. 3 und § 23 Abs. 1 Nr. 4 gegründeten Steuerpflicht voraus, daß die im Vereinszollgesetz v. 1. 7. 69 enthaltenen Vorschriften über Überwachung der Ausfuhr gewahrt sind (AB. § 15).

2. Nr. 2 sichert das Bank- und Kreditgewerbe vor Überlastung, weil es bereits von den Abgaben nach dem KVG. betroffen wird. Steuerfrei sind die Entgelte für Kreditgewährung, also die Zinsen und sonstigen dem Kreditgeber gewährten geldwerten Vorteile. Das Pfandleihgewerbe ist demnach steuerfrei. Ebenso bleiben von der Besteuerung frei die Entgelte für die Abtretung von Geldforderungen, insbesondere für Wechsel und Schecks. Als Geldforderungen sind auch die Forderungen aus einer Hypothek, Grundschuld, Rentenschuld anzusehen. Befreit sind ferner die Entgelte für Wertpapiere, Anteile von Gesellschaften und sonstigen Vereinigungen aller Art. Ob diese Geschäfte im Rahmen eines anderen Gewerbes, insbesondere des Bankiergewerbes, vorkommen oder ob sie den alleinigen Gegenstand des Gewerbes bilden, ist unerheblich; RFH. 16. 7. 20, RStBl. 466.

Provisionen von Fondskommissionären, d. h. von Kommissionären, die unter Berechnung einer Provision für ihre Kunden den An- und Verkauf von Wertpapieren besorgen, sowie von Wechselmaklern, die ihnen angebotene Wechsel gegen Provision diskontieren, sind als Teil des Entgelts zu betrachten, das der Kommissionär für die Beschaffung des Eigentums an einem Wertpapier oder der Wechselmakler für die Übertragung des Wechsels vereinnahmt. Als Gegenleistung für den Umsatz von Wechseln und Wertpapieren können sie daher gemäß § 2 Nr. 2 zur Steuer nicht herangezogen werden; Rschr. d. RFM. v. 6. 2. 19, Amtl. Mitt. S. 59; Vfg. d. FM. v. 24. 2. 19, FMBl. S. 190. Dagegen sind die Provisionen der Kursmakler, bei denen es sich lediglich um Vermittlung von Umsätzen, nicht um Abschluß von Geschäften im eigenen Namen handelt, umsatzsteuerpflichtig; Erl. d. RFM. v. 17. 2. 19, RStBl. 1920 S. 29. Vgl. aber § 3 Abs. 1 Nr. 6.

Befreit sind auch die Entgelte für Banknoten, Papiergeld und Geldsorten. Unter Geldsorten sind auch ausländische Geldsorten zu verstehen (AusschB. I S. 17). Über den Umsatz von Reichssilber- und Reichsgoldmünzen vgl. A. 3. Befreit sind ferner die Umsätze von inländischen amtlichen Wertzeichen, z. B. Briefmarken, auch soweit sie von anderen Personen als den nach § 3 Nr. 1 befreiten Postverwaltungen veräußert werden, Stempelmarken, Gerichtskostenmarken. Die Ausnahmevorschrift ist auf den Fall zu beschränken, daß die amtlichen Wertzeichen als solche umgesetzt werden, so daß eine steuerpflichtige Lieferung vorliegt, wenn der Drucker die Wertzeichen, deren Herstellung ihm übertragen ist, liefert oder wenn außer Gebrauch gesetzte, entwertete oder sonst zu Sammelzwecken dienende Wertzeichen umgesetzt werden (vgl. § 21 A. 2 C).

Das Bank- und Kreditgewerbe ist nicht schlechthin umsatzsteuerfrei; es sind vielmehr die einzelnen Geschäfte dahin zu prüfen, ob sie unter die Befreiung des § 2 Nr. 2 fallen oder nicht; RFH. 20. 9. 21 (6, 337). Als umsatzsteuerpflichtig sind zu behandeln: a) die Depotgeschäfte; b) die Vermietung von Schließfächern; der Auffassung, es handele sich in dieser Beziehung um eine nach § 2 Nr. 4 umsatzsteuerfreie Vermietung von Grundstücksteilen, kann nicht beigetreten werden; denn der sogenannte Safemietvertrag enthält Bestandteile des Verwahrungsgeschäftes, ferner wird nicht ein bloßer Grundstücksteil, sondern ein für besondere Zwecke eingerichteter und ausgestatteter Raum vermietet. Ebenso ist steuerpflichtig die Vermietung zimmerartiger, mit eingebauten Schränken und Gestellen, wennschon ohne Schließfächer, versehenen Tresors, da es sich um eingerichtete Räume handelt: RFH. 20. 9. 21 (6, 337); c) das entgeltliche gewerbsmäßige Inkasso von Wechseln, Anweisungen, Schecks, Effekten, Rechnungen und Quittungen im Namen und für Rechnung der Berechtigten; RFH. 20. 9. 21 (6, 337). Von der steuerpflichtigen Provision können Auslagen mit Ausnahme der für die Versendung entstehenden (§ 8 Abs. 6) nicht abgesetzt werden; d) der Überweisungsverkehr, sofern für die Überweisung ein Entgelt zu entrichten ist;

e) sonstige Leistungen, die sich nicht als Kreditgewährung oder Forderungsumsätze, sondern als reine Werklieferungen darstellen, wie z. B. die Vermittlung von Geschäften aller Art, ohne daß die Banken im eigenen Namen auftreten, also von neu zu emittierenden Wertpapieren, der Kauf von Aktienmajoritäten, ferner die Übernahme der Auslosungskontrolle, die Besorgung von neuen Stücken und Zinsbogen, Vermögensverzeichnisse, Ratschläge in Geldangelegenheiten und Erteilung sonstiger Auskünfte über die Höhe des Saldos, Depotauszüge und dergl.; Rschr. d. RSchA. v. 8. 1. 19, Amtl.Mitt. S. 56; Vfg. d. FM. v. 27. 1. 19, FMBl. S. 170; RFM. 10. 11. 20, RStBl. 9. Über die auf die umsatzsteuerpflichtigen Geschäfte der Banken anzuwendenden Verfahrensvorschriften vgl. RFM. v. 10. 11. 20, RStBl. 9.

Für den Fall der Wiederaufnahme des Terminhandels im Sinne des Börsengesetzes v. 27. 5. 08 mit Gegenständen, die nicht unter die Befreiungsvorschriften des § 2 Nr. 2 fallen, ist der RFM. ermächtigt, Befreiungen oder Vergütungen auszusprechen, um für den Terminhandel eine einheitliche Preisbildung für Waren verschiedener Herkunft zu ermöglichen, und nähere Bestimmungen über das Verfahren zu erlassen (§ 2 der V. über Vergünstigungen bei der Körperschaftssteuer und Umsatzsteuer v. 16. 1. 25, RGBl. S. 4).

3. Die Befreiungsvorschrift der Nr. 3 umfaßt Edelmetalle und Edelmetallegierungen. Edelmetalle sind Platin, Platinmetalle, Gold und Silber. Die Befreiungsvorschrift bezieht sich auch auf chemische Verbindungen von Edelmetallen und Edelmetallegierungen, wie Platin-, Gold- und Silbersalze, und die weiteren in AB. § 26 Abs. 2 aufgeführten Verbindungen. Voraussetzung der Befreiung ist, daß die Gegenstände weder Fertigfabrikate noch solche Halbfabrikate sind, die ohne weitere wesentliche Veränderung ihrer Zusammensetzung oder Form dem Fertigfabrikat oder einem anderen Halbfabrikat eingefügt werden können, und daß der Umsatz außerhalb des Kleinhandels unter Vorlegung der Weiterveräußerungsbescheinigung nach § 22 erfolgt. Der Hinweis auf § 22 bedeutet nicht lediglich eine nähere Bestimmung

des Begriffs „Kleinhandel“, vielmehr soll damit ausgesprochen werden, daß die sachliche Steuerbefreiung nur dann eintritt, wenn der Nachweis der Lieferung im Kleinhandel in der im § 22 vorgeschriebenen Form erbracht ist; RFM. 23. 9. 20, RStBl. 625. Auf den Umsatz von Reichsgold- und Reichssilbermünzen ist nicht Nr. 2, sondern Nr. 3 anwendbar; daraus folgt: a) die gewöhnliche Umsatzsteuer ist bei dem Umsatz nur zu erheben, wenn Münzen dieser Art innerhalb eines gewerblichen Betriebes außerhalb des Kleinhandels im Sinne des § 22 ihres Sammelwertes wegen oder als Antiquitäten umgesetzt werden; b) alle anderen Fälle (nämlich diejenigen, in denen Münzen ihres Gold- oder Silbergehalts wegen umgesetzt werden) sind, einerlei, ob der Umsatz innerhalb oder außerhalb eines gewerblichen Betriebs erfolgt, entweder luxussteuerpflichtig oder ganz steuerfrei. Die Befreiung tritt nur ein, wenn der Umsatz außerhalb des Kleinhandels erfolgt, d. h. wenn die Münzen zur gewerblichen Weiterveräußerung erworben werden und die Vorschriften des § 22 befolgt werden; RFH. (Gutachten) 31. 1. 22 (8, 100). Der Vorlage einer Wiederveräußerungsbescheinigung bedarf es nicht, wenn als Erwerber von Reichsgoldmünzen eine der im § 106 Abs. 2 AB. genannten Bank- und Kreditunternehmungen auftritt.

Verkäufe von Blattgold und Blattsilber unterliegen nur der allgemeinen Umsatzsteuer, wenn die Voraussetzungen des § 22 nicht erfüllt werden, wenn der Umsatz also im Kleinhandel erfolgt (§ 79 AB.). Hat der Besteller von Blattgold das ihm gehörige Rohgold für die Dauer der Arbeit dem Unternehmer übereignet, so ist die Übergabe des Blattgolds an den Besteller keine umsatzsteuerfreie Lieferung einer Edelmetallegierung, sondern eine umsatzsteuerpflichtige Werkleistung; die Nebenabrede des Eigentumsübergangs ist belanglos, weil die Steuergesetze nach ihrer wirtschaftlichen Bedeutung auszulegen sind; es liegt in solchen Fällen ein Austausch von Arbeit gegen Geld vor; RFH. 6. 2. 25 (15, 280).

An die Stelle des nach dem Gesetz zum Erlaß näherer Bestimmungen berufenen Reichsrats tritt der RFM., der zum Erlaß solcher Bestimmungen der Zustimmung des Reichsrats bedarf; Art. IV § 2 d. G. v. 10. 8. 25, RGBl. S. 241.

4. **Verpachtungen und Vermietungen von Grundstücken** und grundstücksgleichen Rechten sollen steuerfrei bleiben mit Ausnahme der Verpachtung und Vermietung eingerichteter Räume. Von den Pachtverträgen sind Verträge zu unterscheiden, durch welche Bestandteile eines Grundstücks als bewegliche Sachen veräußert werden mit der Befugnis für den Erwerber, sie zu trennen und sich anzueignen, z. B. Holz auf dem Stamm, ungeerntete Bodenfrüchte, Kies aus einer Kiesgrube, Torf, Eis auf einem Gewässer. Für die Entscheidung, ob ein steuerpflichtiges Umsatzgeschäft oder Pacht anzunehmen ist, kommt es natürlich auf die Bezeichnung, welche die Vertragschließenden dem Geschäft geben, nicht an; RFH. 28. 2. 22, RStBl. 191. Pacht wird regelmäßig anzunehmen sein, wenn dem Erwerber der unmittelbare Besitz und der Gebrauch der auszubeutenden Sache überlassen ist und wenn sich der Grundstückseigentümer nicht zur Überlassung bestimmter Sachen verpflichtet und seinerseits vollständig erfüllt, selbst wenn eine Ausbeutung durch den Erwerber nicht stattfindet; RGZ. 26, 218; RG. 14. 1. 19, DJZ. Sp. 433; RFH. 18. 6. 21 (6, 123); 11. 7. 22 (10, 95); 11. 10. 22 (10, 260). Der Annahme eines Pachtvertrags steht nicht entgegen, daß der Berechtigte auf eine bestimmte Art der Ausbeute und die durch diesen Zweck bestimmte Art des Gebrauchs des Grundstücks beschränkt ist; RG. in JW. 1909 S. 451. Ein Vertrag, wonach eine Hütte den gesamten Betrieb einer Zeche gegen ein unabhängig von dem Umfange der Förderung im voraus festgesetztes Entgelt übernimmt, ist ein umsatzsteuerfreier Pachtvertrag; RFH. 28. 11. 24 (15, 116); vgl. auch RFH. 28. 2. 22, RStBl. 191. Der Pachtvertrag über eine Privatbahn ist als Verpachtung eines gewerblichen Betriebs steuerpflichtig, soweit nicht einzelne Bestandteile des Betriebs als Grundstücke von der Besteuerung ausgenommen sind; RFH. (Gutachten) 4. 4. 24 (13, 298). Unterpachtverträge sind im Sinne des § 2 Nr. 4 als Pachtverträge zu behandeln; RFH. 11. 10. 22 (10, 260).

Über grundstücksgleiche Rechte vgl. § 1 A 3 II. Der Pachtvertrag über eine landesrechtliche Bahneinheit ist als Verpachtung eines grundstücksähnlichen Rechts steuerfrei; RFH. (Gutachten) 4. 4. 24 (13, 298).

Unter staatlichen Hoheitsrechten, die sich auf die Nutzung von Grund und Boden beziehen, sind nur die staatlichen Rechte im eigentlichen Sinne, also die der Länder, nicht etwa diejenigen von Mediatisierten, zu verstehen. Als ein solches Hoheitsrecht kommt z. B. ein staatliches Bergregal in Betracht. In Preußen bestehen solche Rechte nicht. Verpachtung von sonstigen Rechten fällt nicht unter die Befreiungsvorschrift; insbesondere bildet der Jagdpachtvertrag keine Verpachtung eines Grundstücks; vgl. RGZ. 70, 70; a. M. Popitz, DStBl. 1921 Sp. 436. Nicht unter die Befreiungsvorschrift fällt ferner die Vermietung beweglicher Sachen; ebensowenig die Vermietung oder Verpachtung von Räumen in beweglichen Sachen, z. B. von Kajüten und Restaurationsräumen in einem Schiff. Bei dem Schrankfachvertrag, kraft dessen eine Bank ein Fach ihrer Stahlkammer einem Kunden gegen Entgelt zur Verwahrung von Gegenständen überläßt, greift Umsatzsteuerpflicht Platz. Natürlich gilt die Befreiungsvorschrift auch für die Entgelte, die ein gewerbsmäßiger Grundstückshändler für die Vermietung uneingerichteter Räume vereinnahmt; RFH. 24. 5. 21 (6, 12).

Ausgenommen von der Befreiung ist die Verpachtung und Vermietung *eingerichteter Räume*. Unter eingerichteten Räumen sind Räume zu verstehen, die zum Wohnen oder zur gewerblichen Benutzung bestimmt und durch irgendwelche Vorrichtungen so eingerichtet sind, daß sie zu dem Zweck, zu dem sie vermietet werden, ohne weiteres benutzt werden können und nicht erst noch durch den Mieter ausgestattet werden müssen, um benutzungsfähig zu sein; RFH. 21. 5. 20, RStBl. 358. Vorausgesetzt ist dabei eine Umbauung; die Trainierbahn eines Rennvereins ist kein eingerichteter Raum, auch wenn sie dieser Zweckbestimmung entsprechend besonders eingerichtet ist; RFH. 9. 7. 23, RStBl. 384. Der Steuer unterliegt also die Verpachtung von

Fabriken, Restaurants, Lichtspieltheatern — RFH. 9. 7. 19 (1, 141) — usw., dagegen bleibt steuerfrei die Vermietung von leeren Verkaufsläden, Viehställen, Kellern, Lagern und Trockenplätzen. Wirtschaftsräume, die mit Büfett, Ausschankvorrichtungen, Tischen und Stühlen versehen sind, sind als eingerichtete Räume zu behandeln, auch wenn das sog. kleine Inventar (Geschirr und Bestecke) nicht mitvermietet ist; RFH. 28. 12. 20 (4, 183). Ebenso fischindustrielle Räume, die mit Räucheröfen, Bratpfannen, Pökelbecken und dergl. ausgestattet sind; RFH. 9. 2. 23, RStBl. 132. Bei der Vermietung möblierter Zimmer kann es im Einzelfall zweifelhaft sein, wann das Merkmal der Nachhaltigkeit der Vermietung (vgl. § 1 A. 1 B) erfüllt ist, auf wie lange man also vermietet haben muß, um eine nachhaltige Vermietungstätigkeit annehmen zu können. Erstreckt sich die Vermietung eines möblierten Zimmers über das ganze Kalenderjahr und wird sie auch annehmbar im nächsten Jahr fortgesetzt, so kann hierin unbedenklich eine auf die Dauer, d. h. einen Zeitraum von unbestimmter Dauer, berechnete geschäftliche Tätigkeit erblickt werden; RFH. 18. 1. 22 (8, 121). Der RFM. hat sich in Beantwortung einer kleinen Anfrage im Reichstag zur Frage der Nachhaltigkeit bei Vermietungen von eingerichteten Räumen durch Privatpersonen dahin geäußert, daß hiervon nur dann die Rede sein könne, wenn unter Berücksichtigung aller wirtschaftlichen Umstände im einzelnen Fall angenommen werden müsse, daß der Vermieter sich auf die Aufnahme von Untermietern eingestellt und die hierzu erforderlichen Maßnahmen getroffen habe. Er hat diese Voraussetzungen verneint, wenn durch die Wohnungsnot die Vermietung allgemein auch für Personen zur Notwendigkeit geworden sein sollte, die hieraus keine Erwerbsquelle machen und Wohnung nebst Kost nur unter dem Zwang der Verhältnisse und im Interesse der Allgemeinheit zum Selbstkostenpreis abgeben; RStBl. 1922 S. 148.

Nach § 29 des Reichssiedlungsgesetzes v. 11. 8. 19 (RGBl. S. 1429) sind alle Geschäfte und Verhandlungen, die zur Durchführung von Siedlungsverfahren im Sinne dieses Gesetzes dienen, von allen Steuern, also auch von der Umsatzsteuer, befreit.

Bei steuerfreien Verpachtungen und Vermietungen erstreckt sich die Steuerfreiheit auf diejenigen Nebenleistungen des Verpächters und Vermieters, welche keine selbständige wirtschaftliche Bedeutung haben, z. B. auf die Besorgung der Zentralheizung, Warmwasserversorgung, Lieferung von Leitungswasser oder elektrischem Strom durch den Vermieter einer Wohnung an den Mieter; vgl. RG. 6. 6. 16 und 24. 10. 16, ZBl. 1916 S. 151, 286. Die Steuerfreiheit erstreckt sich aber nicht auf die Mitverpachtung des Inventars von Grundstücken. Die Vermietung von Fabrikräumen und die Abgabe von elektrischer Kraft zu dem in ihnen auszuübenden Fabrikationsbetriebe sind Leistungen, die in dem zwischen den Parteien abgeschlossenen Vertrage wohl äußerlich miteinander verbunden werden können, die aber auch getrennt bewirkt werden können; solche Leistungen sind für die Umsatzsteuer je als selbständige Leistungen anzusehen; RFH. 28. 4. 25, RStBl. 110.

5. Nach Nr. 5 sollen die bereits nach dem Verkehrssteuergesetz besteuerten oder in diesem Gesetz von der Abgabe befreiten **Beförderungen** steuerfrei bleiben. Beförderung im Sinne des Verkehrssteuergesetzes ist die Beförderung von Personen und Gütern auf Schienenwegen (auch Hängebahnen) und Wasserstraßen. Die Verkehrssteuerpflicht der Kraftfahrzeuglinien ist durch § 19 Abs. 1 des Kraftfahrzeugsteuergesetzes v. 8. 4. 22 beseitigt; der Betrieb solcher Linien ist also jetzt umsatzsteuerpflichtig. Über die Befreiung der Kraftwagenlinien der Deutschen Reichspost vgl. § 3 A. 2. Der Fährbetrieb, mit Ausnahme des Eisenbahnfährbetriebes, fällt nicht unter das Verkehrssteuergesetz. Reedereien, deren Betrieb in Schiffahrt nach dem Auslande besteht, sind insoweit steuerfrei; denn Beförderungen im Sinne des Verkehrssteuergesetzes sind auch diejenigen Beförderungen, die durch Sondervorschriften des Verkehrssteuergesetzes von der Verkehrssteuer ausgenommen sind, wie z. B. der Seeverkehr (§ 2 Abs. 1 des Verkehrssteuergesetzes). Das gleiche gilt vom Verkehr auf dem Bodensee (§ 2 Abs. 3 des Verkehrssteuergesetzes); Rschr. d.

RSchA. v. 5. 11. 18, Amtl.Mitt. S. 120; Vfg. d. FM. v. 31. 12. 18, FMBl. 1919 S. 32. Die im § 3 Nr. 4 und 5 des Verkehrssteuergesetzes genannten Beförderungen sollen der Umsatzsteuer unterliegen. Es sind dies Beförderungen von Gütern in nicht mit motorischer Kraft betriebenen Schiffen, die nicht höher als zu 100 Kubikmeter Raumgehalt oder 50 Tonnen Tragfähigkeit vermessen sind, und Beförderungen von Gütern zu Wasser innerhalb eines Hafengebiets oder innerhalb eines und desselben Orts; was als ein Hafengebiet oder als ein Ort anzusehen ist, bestimmt der Reichsrat. Der Verkehr im Ausland in dem sich aus dem Gesagten ergebenden Umfang ist auch als Beförderung im Sinne des Verkehrssteuergesetzes anzusehen und daher von der Umsatzbesteuerung ausgenommen. Beförderungsverträge von Reisebüros indessen, bei denen sich das Büro verpflichtet, die ganze Reise durch seine Arbeit und Dienstleistung zu bewerkstelligen, z. B. Übernachtung im Hotel, Besichtigung von Sehenswürdigkeiten usw., bilden ein einheitliches Ganzes; das gesamte hierbei vereinnahmte Entgelt ist steuerpflichtig; Erl. d. RFM. v. 29. 3. 20, RStBl. 273. Schleppschiffunternehmer sind nicht Betriebsunternehmer im Sinne des Verkehrssteuergesetzes, der Schlepplohn unterliegt daher der Umsatzsteuer; RFH. 27. 4. 23, RStBl. 216. Werden im Schiffsverkehr die zur Beförderung übernommenen Güter nicht im eigenen Schiff, sondern in einem Schiff versendet, das zu diesem Zweck gemietet ist, so ist Betriebsunternehmer, wer dem Versender gegenüber die Beförderung des Guts übernommen hat, nicht der, dessen Schiffer verpflichtet ist. Der Mieter des Schiffs ist als Betriebsunternehmer verkehrssteuerpflichtig und umsatzsteuerfrei, der Vermieter dagegen aus den auf Grund des Mietvertrags vereinnahmten Entgelten umsatzsteuerpflichtig; RFH. 22. 6. 23 (12, 287). Nach § 6 der V. v. 16. 1. 25 (RGBl. S. 4) sind Beförderungen im Sinne des § 3 Nr. 4 und 5 des Beförderungssteuergesetzes v. 8. 4. 17 auch dann von der Umsatzsteuer befreit, solange die Erhebung der Beförderungssteuer für den Binnenschiffs-, See- und Küstenschiffsverkehr ausgesetzt ist.

Soweit die Beförderungen hiernach von der Umsatzsteuer befreit sind, bezieht sich die Befreiung auch auf diejenigen Teile der an das Beförderungsunternehmen zu entrichtenden Beträge, die nicht zum Beförderungspreis im Sinne des § 5 des Verkehrsteuergesetzes gehören (Abgaben für die Benutzung von Wasserstraßen — RFH. 31. 5. 22 (10, 74) —, aus Anlaß der Zollüberwachung und Zollabfertigung entstandene Gebühren, Frachturkundenstempel); dagegen sind die nur aus Anlaß des Beförderungsbetriebs erfolgenden Lieferungen, z. B. in den durch die Eisenbahnverwaltung betriebenen Bahnhofswirtschaften, Speisewagen, Bahnhofsbuchhandlungen, steuerpflichtig. Bei den Entgelten für die Benutzung von Umschlageinrichtungen einer Hafenbetriebsgesellschaft (Kran-, Wiege-, Hafen- und Ufergebühren) handelt es sich nicht um Entgelte für eine Beförderung im Sinne des Verkehrsteuergesetzes, sondern um Aufwendungen, die mit dem Be- und Entladen von Eisenbahnwagen und Schiffen zusammenhängen; diese Abgaben unterliegen daher der Umsatzsteuer; RFH. 23. 5. 22, JW. S. 1620. Die Leistungen im Kantinenbetrieb einer Straßenbahn sind nicht befreit; RFH. 18.2.21, RStBl. 174.

Über die Umsatzsteuerpflicht im Verkehrsgewerbe vgl. Mitteilung d. RFM. v. 14. 4. 19, AmtlMitt. S. 105, FMBl. S. 460.

6. Die in Nr. 6 in Bezug genommene Tarifnummer 5 RStG. ist ersetzt durch das Rennwett- und Lotteriegesetz v. 8. 4. 22. Mit Rücksicht auf die bereits auf den Losen und Wettscheinen liegende Steuer sollen diese Umsätze von der Umsatzsteuer frei bleiben. Lotterieunternehmer unterliegen daher der Steuerpflicht nicht; Vfg. d. FM. v. 24. 3. 19, FMBl. S. 220, AmtlMitt. S. 146. Die Befreiungsvorschrift bezieht sich nicht nur auf die erstmalige Ausgabe der Lotterielose durch den Lotterieunternehmer, sondern auch auf den ferneren Umsatz der Lose seitens eines Erwerbers an Dritte. Deshalb ist steuerfrei sowohl die Preisermäßigung, die dem die Lose für eigene Rechnung abnehmenden Kollektor vom Unternehmer gewährt wird, wie auch die Provision des die Stellung eines Kommissionärs einnehmenden Kollektors. Dagegen ist steuerpflichtig die Provision des als Agent des Unternehmers auftretenden Kollektors; RFH. 15. 4. 21, RStBl. 250.

7. Nr. 7 ist durch G. v. 10. 8. 25 (RGBl. I S. 242) neu gefaßt. Um Doppelbesteuerungen zu vermeiden, sind alle Leistungen, die der Gesellschaftsteuer des KVG. unterliegen, umsatzsteuerfrei, also insbesondere die in §§ 6, 17, 23 KVG. bezeichneten Leistungen, soweit sie eine Steuerpflicht begründen. Ferner sind befreit Leistungen, soweit für sie Vergütungen im Sinne des Körperschaftsteuergesetzes gewährt werden. Es sind dies Vergütungen jeder Art, die von Erwerbsgesellschaften an die zur Überwachung ihrer Geschäftsführung verfassungsmäßig bestellten Personen (Mitglieder des Aufsichtsrats, des Grubenvorstandes, des Gewerkschaftsrats, des Verwaltungsrats usw.) gewährt werden, wobei der RFM. mit Zustimmung des Reichsrats bestimmt, welche Leistungen als Vergütungen im Sinne dieser Vorschrift anzusehen sind. Da diese Vergütungen von der Aufsichtsratsteuer erfaßt werden, sollen sie von der Umsatzsteuer befreit bleiben.

8. Der Wortlaut der Befreiungsvorschrift Nr. 8 beruht auf § 19 Abs. 2 des Versicherungssteuergesetzes v. 8. 4. 22. Sachlich ist sie nicht verändert. Unter das Versicherungssteuergesetz fallen Versicherungen, die im Inland befindliche Gegenstände betreffen oder mit Versicherungsunternehmern abgeschlossen sind, die bei Zahlung des Versicherungsentgelts im Inland ihren Wohnsitz (Sitz) oder dauernden Aufenthalt haben. Als Versicherung im Sinne des Gesetzes gilt auch die zwischen natürlichen oder juristischen Personen sowie Personenvereinigungen getroffene Vereinbarung, gewisse Verluste oder Schadensverbindlichkeiten gemeinsam zu tragen, die den Gegenstand einer Versicherung bilden können; dagegen nicht ein Vertrag, durch den der Versicherer sich verpflichtet, für den Versicherungsunternehmer Bürgschaft oder sonstige Sicherheit zu leisten. Auch alle Arten von Versicherungen, die von der Versicherungssteuer befreit sind, bleiben Versicherungen im Sinne des Gesetzes und sind umsatzsteuerfrei.

9. Die Befreiungsvorschrift der Nr. 9 hat eine neue Fassung durch das G. v. 31. 3. 26 (RGBl. I S. 185) erhalten. Befreit sind danach die Entgelte für ärztliche und ähnliche Hilfeleistungen im Sinne der §§ 122, 123 RVO., für Arznei-, Heil- und Hilfsmittel (z. B. Prothesen, Bruchbandagen, Verbandstoffe), die von reichsgesetzlichen Versicherungsträgern, den Krankenkassen der selbständigen Handwerker und Gewerbetreibenden sowie den Ersatzkassen (§§ 503 ff. RVO.) zu zahlen sind. Ebenso sind befreit die Entgelte für die Leistungen von Heilanstalten und Krankenhäusern, soweit sie das Heilverfahren im Auftrag von reichsgesetzlichen Versicherungsträgern durchführen. Nicht unter die Befreiungsvorschrift fällt die Tätigkeit der Rezeptrevisoren, welche die von den Ärzten für die Kassenpatienten ausgestellten Rezepte auf wirtschaftliche und sparsame Verordnungsweise prüfen; RFM. 6. 10. 20, RStBl. 625.

10. Die Vorschrift der Nr. 10 soll eine vom RFH. für das frühere UStG. vertretene Rechtsauffassung ausschließen, daß auch Beköstigung, Beherbergung und sonstige Naturalleistungen, die ein Unternehmer seinen Angestellten gewährt, innerhalb der gewerblichen Tätigkeit liegende Leistungen seien. Da die Umsatzsteuer nur den geschäftlichen Verkehr, das Verhältnis zwischen Unternehmer und Kunden, treffen will, sollen Leistungen, mit denen der Unternehmer sich die Kräfte für die Aufrechterhaltung seines Betriebes sichert, steuerfrei bleiben. Entlohnung ist eine Naturalleistung aber nur insoweit, als sie nicht bezahlt wird; die gegen besonders niedriges Entgelt bewirkte Abgabe von Deputatkohle, Lebensmitteln und Bedarfsgegenständen seitens einer Gewerkschaft an ihre Angestellten stellt, soweit sie gegen Bezahlung erfolgt, nicht eine Gewährung von üblichen Naturalleistungen als Vergütung für geleistete Hilfe dar; RFH. 30. 6. 22 (10, 144). Die Steuerfreiheit soll nach der durch G. v. 8. 4. 22 eingeführten Änderung auch dann eintreten, wenn es sich um Familienangehörige handelt, mögen sie nun rechtlich Angestellte sein oder ohne festes Angestelltenverhältnis mitarbeiten, vorausgesetzt, daß sie innerhalb der gewerblichen Tätigkeit voll beschäftigt sind, der Versicherungspflicht unterliegen und das 16. Lebensjahr vollendet haben. Liegen diese Voraussetzungen bei Familienangehörigen nicht vor, so greift der Grundsatz der Besteuerung des Eigenverbrauchs Platz. Unter Familienangehörigen sind Ehefrau, Abkömmlinge und Eltern des Unternehmers zu verstehen. Nach AB. § 27 a soll bei Prüfung der Frage, ob im Betrieb tätige Angehörige als vollbeschäftigte Angestellte oder Arbeiter zu gelten haben, ein strenger Maßstab angelegt und nicht als genügend angesehen werden gelegentliche Mitarbeit oder ständige Mitarbeit, die nicht die volle Arbeitskraft in Anspruch nimmt. Als nicht vollbeschäftigt sollen angesehen werden Frau oder Tochter, die zugleich das Hauswesen besorgen, Tochter oder Sohn, die sich zugleich auf ein Examen vorbereiten oder ein Handwerk betreiben. Zum Vergleich sind Betriebe, die ausschließlich fremde Arbeitskräfte verwenden, heranzuziehen und bei Betrieben gleicher Größe und gleicher Art wird eine gleiche Zahl von Arbeitnehmern als vollbeschäftigt anzusehen sein.

11. Die Befreiungsvorschrift Nr. 10 a ist vom Ausschuß des Reichstags beschlossen (AusschB. III S. 31). Sie bezweckt, Personen zu entlasten, die gezwungen sind, ihre Kinder oder Kinder, deren Erziehung ihnen obliegt, in Schulen aller Art (Gymnasien, Realschulen, Fortbildungs- oder Fachschulen, mit Internaten verbundenen Haushaltungsschulen und dergl.) oder in gewerblichen Unternehmen außerhalb ihres Wohnsitzes für den künftigen Beruf ausbilden zu lassen. Als Erziehungs- und Ausbildungsanstalten kommen natürliche und juristische Personen, auch bloße Personenvereinigungen in Betracht, wie Pensionate, Erziehungsheime, Lehrlingsheime, Genossenschaftshäuser usw. Nach dem Zweck der Bestimmung entfällt die Befreiung, sofern die Lebenshaltung der Zöglinge in dem Unternehmen über die in einem einfachen bürgerlichen Haushalt übliche hinausgeht (AB. § 27 b).

12. Die vom Reichstag bei der zweiten Lesung des Gesetzes v. 8. 4. 22 beschlossene Bestimmung in Satz 1 der Nr. 10 b (ReichstStenBer. I 1920/22 S. 6485) bedeutet eine wesentliche Einschränkung der Besteuerung des Eigenverbrauchs zugunsten der

Kleingärtner und Kleinlandwirte. Der Eigenverbrauch würde an sich steuerpflichtig sein, wenn er innerhalb eines nachhaltig betriebenen Unternehmens erfolgt, also wenn von den zuwachsenden Produkten ein wesentlicher Teil nachhaltig veräußert wird. Trotz Vorliegens dieser allgemeinen Voraussetzung der Steuerpflicht soll aber der Eigenverbrauch in den in Nr. 10 b näher umgrenzten Fällen steuerfrei bleiben. In objektiver Hinsicht ist erforderlich, daß es sich um Erzeugnisse der Kleingartenwirtschaft, Kleinlandwirtschaft oder Kleinviehzucht handelt und daß diese Betriebe regelmäßig ohne Mithilfe entgeltlich beschäftigter Personen arbeiten; in subjektiver Hinsicht, daß die Bewirtschafter zu den in Nr. 10 b bezeichneten Personen gehören.

Die Befreiungsvorschrift in Satz 2 der Nr. 10 b ist durch das G. v. 31. 3. 26 (RGBl. I S. 185) angefügt. Danach ist befreit nicht nur der Umsatz der von landwirtschaftlichen Arbeitern und Angestellten als Deputat erhaltenen landwirtschaftlichen Erzeugnisse durch diese, sondern auch der Umsatz der in der Wirtschaft der Arbeiter und Angestellten aus den als Deputat erhaltenen landwirtschaftlichen Produkten hergestellten Erzeugnisse, z. B. der aus dem gelieferten Saatgut erzielten Ernte, der von den gelieferten Tieren geworfenen Tierjungen. Erhält der landwirtschaftliche Arbeiter oder Angestellte nur landwirtschaftlichen Boden zum Selbstanbau, so ist er für den Eigenverbrauch, den er dem Deputatboden entnimmt, und auch bei nachhaltiger Veräußerung der Erzeugnisse dieses Bodens umsatzsteuerpflichtig.

13. Die Befreiungsvorschrift der Nr. 11 bezieht sich zunächst auf eingetragene Genossenschaften. Sie unterscheidet zwischen Absatz- und Konsumgenossenschaften. Die Absatzgenossenschaften sind insofern begünstigt, als sie das Entgelt für die Rücklieferung der bei der Verarbeitung der von den Genossen eingelieferten Erzeugnisse entstehenden Rückstände (z. B. Rübenschnitzel bei Rübenlieferungen, Magermilch bei Milchlieferungen, Schlempe bei Kartoffellieferungen) nicht zu versteuern brauchen, obgleich an sich ein steuerpflichtiger Umsatz vorliegt (vgl. § 5 A. 2). Die Konsumgenossenschaften genießen Steuerfreiheit hinsichtlich desjenigen Teils der im Geschäftsverkehr erzielten Einnahmen, der den Genossen nach dem Maßstabe der von ihnen bezogenen Warenmengen durch die Genossenschaft auf die für die bezogenen Waren gezahlten Kaufpreise zurückvergütet wird. Als Rückvergütung gelten die Beträge, die auf Grund von Generalversammlungsbeschlüssen als Rückvergütungen (Warenrabatte) und nicht etwa als Kapitaldividende nach Maßgabe der Geschäftsanteile für das abgelaufene Geschäftsjahr gewährt werden (AB. § 27 c). Es ist lediglich Voraussetzung, daß die Rückvergütung auf den Kaufpreis erfolgt, gleichviel in welcher Form; sie kann deshalb auch in Form einer Umsatz- oder Einkaufsdividende erfolgen; RFH. 11. 7. 22, RStBl. 253. Darauf, daß ein Anspruch auf Warenrabatt bei Beginn des Geschäftsjahrs bestanden hat, kommt es nicht an. Fällt die Genossenschaft nur mit einem Teil ihrer Betriebe unter Nr. 11, so genießen auch nur die in diesen Teilbetrieben vereinnahmten Entgelte das Privileg der Nr. 11. Baugenossenschaften, welche Grundstücke ankaufen, bebauen und an die Genossen veräußern, fallen nicht unter Nr. 11. Nach § 3 der V. d. RFM. v. 3. 12. 20, RStBl. 1921 S. 6, ist die Befreiungsvorschrift auch auf Molkereigenossenschaften anzuwenden, die zufolge zwangswirtschaftlicher Vorschriften ihre Geschäftsbetrieb auf Nichtmitglieder ausdehnen; hierbei sind Zwangskunden und Zwangslieferer der Molkereigenossenschaften wie Genossen im Sinne der Nr. 11 zu behandeln.

Die vom Ausschuß der Nationalversammlung (AusschB. II S. 9, 45) beschlossene Gleichstellung gewisser Formen der G. m. b. H. mit den Genossenschaften erfolgt nach näherer Bestimmung des RFM. auf Antrag durch das LFA. für den einzelnen Fall. Voraussetzung ist, daß entweder die Gesellschafter solche Personen sind, die sich im allgemeinen zur Wahrnehmung ihrer Interessen als Hersteller oder Verbraucher in der Rechtsform der eingetragenen Genossenschaft zu vereinigen pflegen, oder daß Gesellschafter der G. m. b. H. eingetragene Genossenschaften der in Nr. 11 Abs. 1 bezeichneten Art oder ihnen gleichgestellte G. m. b. H. sind.

14. Die Einrichtungen und die Geschäftsführung der Genossenschaften müssen mindestens in jedem zweiten Jahr durch einen sachverständigen Revisor geprüft werden; für Genossenschaften, welche einem den gesetzlichen Anforderungen genügenden Verband angehören, wird diesem das Recht verliehen, den Revisor zu bestellen. Da die Leistungen dieser Revisionsverbände sich nicht als Ausfluß der öffentlichen Gewalt darstellen, würde das Entgelt für ihre Leistungen an sich der Umsatzsteuer unterliegen: Befreiung tritt indessen kraft der ausdrücklichen Bestimmung in Nr. 12 ein. Die Leistungen selbständiger (nicht angestellter) Revisoren im Genossenschaftswesen — Revisionstätigkeit, Unterstützung in der Buchführung usw. — sind umsatzsteuerpflichtig: RFH. 24. 6. 21 (6, 93).

15. Von der allgemeinen Umsatzsteuer sind ausgenommen die Charterverträge, auch die Vermietung von Seeschiffen für Seeverkehr; ferner die entgeltliche Hingabe von Sprengstoffen durch Bergwerksunternehmen an ihre Arbeiter zum Gebrauch innerhalb des Betriebs (AB. § 27 e).

Ferner sind nach § 1 der V. v. 16. 1. 25 (RGBl. S. 4) befreit die Entgelte für die Benutzung von Anstalten an natürlichen und künstlichen Wasserstraßen (einschließlich der Häfen), sofern die Entgelte die Sätze nicht übersteigen, die nach Art. 99 der Reichsverfassung die Höchstgrenze für staatliche und kommunale Anstalten bilden.

Der RFM. ist ermächtigt, nach Lage des wirtschaftlichen Bedürfnisses bestimmte Gruppen von Bearbeitungen oder Verarbeitungen, die für ausländische Rechnung im Lohnveredlungsverkehr vorgenommen werden, von der Besteuerung auszunehmen (§ 4 a. a. O.).

Eine Befreiung auf Antrag war vorgesehen für Lieferung und Vermittlung der Lieferung von Saatgut, Futter-, Einstreu- und Düngemitteln an Landwirte, wenn die Lieferungen oder Leistungen im Rahmen amtlich anerkannter Notstandsmaßnahmen zum Ausgleich von Ausfällen der Ernte des Jahres 1924 erfolgten (§ 8 a. a. O.).

Gleichfalls auf Grund des § 108 Abs. 2 RAbgO. sind Umsatzsteuervergünstigungen für Ostpreußen eingeführt (V. v. 21. 8. 25, RGBl. S. 318). Danach sind umsatzsteuerfrei Lieferungen von Getreide, Holz, Hülsenfrüchten, Mühlenerzeugnissen oder Saaten aus Ostpreußen nach dem übrigen Deutschland, auch wenn der unmittelbare Besitz an den Gegenständen durch den aus Ostpreußen liefernden Unternehmer an den belieferten Unternehmer im übrigen Deutschland übertragen wird, sofern a) die Gegenstände in Ostpreußen erzeugt oder hergestellt worden sind und b) der liefernde Unternehmer, ohne Erzeuger oder Hersteller der Gegenstände zu sein, seinen Sitz in Ostpreußen hat, und c) die Lieferung dieses Unternehmers durch Versendung auf dem Seewege ausgeführt wird. Ferner ist, wenn Kohle, Superphosphat, Thomasmehl oder Zement an einen Unternehmer in Ostpreußen als ersten Erwerber aus dem übrigen Deutschland geliefert wird, die Lieferung dieser Gegenstände durch den ersten Erwerber in Ostpreußen umsatzsteuerfrei, sofern a) die Gegenstände im Deutschen Reich erzeugt oder hergestellt worden sind und b) der belieferte Unternehmer seinen Sitz in Ostpreußen hat und c) die Lieferung an den Unternehmer in Ostpreußen durch Versendung auf dem Seewege ausgeführt worden ist. Diese Vergünstigungen gelten für Lieferungen, die in der Zeit v. 1. 7. 25 bis zum 30. 6. 26 ausgeführt sind.

Die Befreiungsvorschrift des § 29 Reichssiedlungsgesetzes v. 11. 8. 19 bezieht sich auch auf die Umsatzsteuer. Sie beschränkt sich indessen auf solche Rechtsgeschäfte und Verhandlungen, die mit den Aufgaben der Siedlungsgesellschaften, nämlich der Schaffung neuer Ansiedelungen und der Hebung bestehender Kleinbetriebe, in unmittelbarem Zusammenhange stehen und deren Besteuerung in letzter Linie eine steuerliche Belastung der Siedler bedeuten würde, und gilt daher nicht für solche einer etwaigen Zwischenwirtschaft; RFH. 5. 12. 22 (11, 77).

§ 3.

Von der Steuer sind befreit:

1. Reich und Länder wegen des Post-, Telegraphen- und Fernsprechverkehrs sowie Beförderungsunternehmungen wegen der auf Gesetz beruhenden Leistungen für diesen Verkehr;
2. Reich, Länder, Gemeinden und Gemeindeverbände wegen der Schlachthöfe, Gas-, Elektrizitäts- und Wasserwerke;
3. Unternehmen oder einzelne Zweige von Unternehmen, deren Zwecke ausschließlich gemeinnützig oder wohltätig sind, wegen solcher Umsätze, die diesen Zwecken unmittelbar dienen und bei denen die Entgelte hinter den durchschnittlich für gleichartige Leistungen von Erwerbsunternehmungen verlangten Entgelten zurückbleiben;
4. nichtöffentliche Schulen und Erziehungsanstalten, die der staatlichen Aufsicht unterliegen und ihren Betrieb nur mit Zuschüssen aus öffentlichen Mitteln, Stiftungen oder aus staatlich genehmigten Sammlungen aufrechterhalten können.
5. Privatgelehrte, Künstler und Schriftsteller, sofern die steuerpflichtigen Umsätze im Kalenderjahr den Betrag von 6000 Reichsmark nicht übersteigen;
6. Handlungsagenten und Makler, sofern sie Bücher führen und die steuerpflichtigen Umsätze im Kalenderjahr den Betrag von 6000 Reichsmark nicht übersteigen.

Der Reichsminister der Finanzen wird ermächtigt, mit Zustimmung des Reichsrats nähere Bestimmungen zur Ausführung der Vorschriften des § 3 Nr. 3 und 4 zu erlassen.

Übersicht zu § 3:

Subjektive Befreiungsgründe.

1. Allgemeines.
2. Reich und Länder im Post-, Telegraphen- und Fernsprechverkehr.
3. Schlachthöfe, Gas-, Elektrizitäts- und Wasserwerke.
4. Gemeinnützige und wohltätige Unternehmen.
5. Unterrichts- und Erziehungsleistungen.
6. Privatgelehrte, Künstler und Schriftsteller.
7. Handlungsagenten und Makler.
8. Lebensmittelverkäufe der Gemeinden usw.
9. Verwaltung des Reichsgesetzblatts und der Gesetzsammlungen.

Subjektive Befreiungsgründe.

1. **Allgemeines.** Die Steuerbefreiung des § 3 bezieht sich auf alle im § 1 aufgezählten Fälle der Umsatzsteuer; es sind daher auch die von der Post vorgenommenen Versteigerungen unanbringlicher Postsendungen umsatzsteuerfrei. Das gilt auch für die erhöhte Umsatzsteuerpflicht des § 23 Abs. 1 Nr. 2, da dies nur eine Erweiterung der Steuerpflicht nach § 1 Nr. 3 ist; RFH. (Gutachten) 17. 12. 20 (4, 92).

2. Die Leistungen des Reichs und der Länder im Post-, Telegraphen- und Fernsprechverkehr, welche an sich unter § 1 Abs. 1 fallen, sind auch insoweit, als sie nicht schon nach § 2 Nr. 3 (Umsatz von Wertzeichen) steuerfrei sind, von der Besteuerung ausgenommen (vgl. AB. § 6). Hierzu gehören auch die Kraftwagenlinien der Deutschen Reichspost. Dagegen findet die Befreiungsvorschrift auf den Rundfunkbetrieb der Reichspost keine Anwendung; RFH. (Gutachten) 8. 7. 25 (17, 73). Bei der Herstellung von Privattelegraphenanlagen für andere Behörden und Privatpersonen (z. B. Haustelephon) sowie bei der Lieferung von Telegraphenbaumaterialien und Apparaten handelt es sich nicht um Leistungen für den öffentlichen Telegraphen- und Fernsprechverkehr, sondern um Leistungen für private Zwecke; ein Befreiungsgrund für diese Leistungen ist daher nicht gegeben. Die Vorschrift über die Befreiung der Beförderungsunternehmungen wegen Leistungen für den Postverkehr betrifft die Beförderung

von Postwagen durch die Eisenbahn und ähnliche Leistungen sonstiger Beförderungsunternehmungen; solche Leistungen sind keine Beförderungen im Sinne des Verkehrssteuergesetzes und fallen daher nicht schon unter die Befreiungsvorschrift des § 2 Nr. 5, denn es handelt sich dabei nicht um die Beförderung von Personen und Gütern, sondern um die Beförderung der der Post gehörigen Wagen. Vertragsmäßige Leistungen von Spediteuren und Privatposthaltereien für den Postverkehr sind nicht befreit (Rschr. d. RFM. v. 15. 9. 19, AmtlMitt. S. 259; AB. § 6).

3. Die Befreiung der in Nr. 2 bezeichneten Betriebe ist vom Ausschuß der Nationalversammlung beschlossen (AusschB. II S. 47). Voraussetzung der Befreiung ist, daß die bezeichneten Unternehmen vom Reich, von den Ländern, Gemeinden, Gemeindeverbänden oder öffentlich-rechtlichen Zweckverbänden in eigener Verwaltung betrieben werden; es genügt nicht, daß einer der genannten Verbände an der das Unternehmen betreibenden Gesellschaft beteiligt ist. Privatrechtliche Gesellschaften können die Befreiung selbst dann nicht in Anspruch nehmen, wenn sie nur aus Gemeinden oder sonst bevorrechtigten Körperschaften bestehen; RFH. 31. 10. 22, RStBl. 1923, S. 45. Die Befreiung bezieht sich nur auf diejenigen Leistungen, die für die bezeichneten Betriebe wesentlich sind, dagegen nicht auf Nebenleistungen solcher Betriebe (AB. § 8). Die entgeltliche Lieferung von Heiz- und Beleuchtungskörpern und die Übernahme von Installationsarbeiten an solchen durch ein städtisches Gaswerk ist deshalb umsatzsteuerpflichtig; RFH. 3. 10. 22 (10, 245). Die Befreiung ist auch dann zuzugestehen, wenn ein Gemeindebetrieb nur die Verteilung des ihm von einem privatwirtschaftlichen Elektrizitätswerk gelieferten Stroms an die Verbraucher bewirkt; RFM. 1. 6. 20, RStBl. 353.

Die Befreiung ist ausgedehnt auf Desinfektionsanstalten der Länder, Gemeinden und Gemeindeverbände (AB. § 8 Abs. 2).

4. Die **Steuerfreiheit gemeinnütziger und wohltätiger Unternehmungen** ist durch §§ 10 ff. AB. mit allgemein bindender Wirkung näher geregelt.

Gemeinnützigkeit liegt vor, wenn ein Unternehmen oder einzelne seiner Zweige unmittelbar der Förderung der Allgemeinheit zu dienen bestimmt sind und tatsächlich dienen. Keine unmittelbare Förderung der Allgemeinheit ist gegeben, wenn die Leistungen eines Unternehmens nur den Interessen bestimmter Personen oder eines engeren Kreises von solchen oder in erster Linie Erwerbs- oder sonstigen eigenwirtschaftlichen Zwecken dienen. Allgemeinheit können Personenkreise sein, die örtlich, beruflich, nach Stand, Religionsbekenntnis oder nach mehreren dieser Merkmale abgegrenzt sind. Ein Personenkreis ist jedoch nicht als Allgemeinheit anzuerkennen, wenn er durch ein engeres Band, wie Zugehörigkeit zu einer Familie, einem Familienverband, einem Vereine mit geschlossener oder auf eine beschränkte Anzahl abgestellter Mitgliederzahl, durch Anstellung an einer bestimmten Anstalt und dergl. fest abgeschlossen ist oder wenn infolge seiner Abgrenzung nach mehreren der vorstehend bezeichneten Merkmale die Zahl der in Betracht kommenden Personen dauernd überhaupt nur eine kleine sein kann; RFH. 1. 7. 24 (14, 139). So können Lieferungen einer Gewerkschaft an ihre Arbeiter und Angestellte nicht als gemeinnützig betrachtet werden; RFH. 30. 6. 22 (10, 150). Der Kreis der Armen und Minderbemittelten einer Großstadt dagegen ist nicht eng zu denken und nicht in sich geschlossen; die Kleiderverkaufsstelle einer Großstadt, die sich auf die Abgabe von Kleidern und Schuhen an Arme und Minderbemittelte der Stadt beschränkt, ist als ausschließlich gemeinnütziges Unternehmen angesehen worden; RFH. 8. 1. 24 (13, 210).

Genossenschaften dienen, auch wenn ihre Gründung auf volkswirtschaftliche und soziale Gründe zurückzuführen ist, nicht ausschließlich gemeinnützigen Zwecken, da das geltende Recht nur solche Genossenschaften kennt, deren unmittelbarer Zweck den Interessen der Genossen dient; RFH. 5. 7. 21 (6, 287). Eine Einkaufsstelle für Beamte, die den Zweck verfolgt, Waren in größeren Mengen zu den niedrigsten Marktpreisen einzukaufen und ohne Gewinn nur an die Mitglieder abzugeben, ist kein gemeinnütziges Unternehmen; RFH. 25. 5. 21, RStBl. 286. Ein Unternehmen verfolgt nicht ausschließlich gemeinnützige oder wohltätige Zwecke, wenn es zugleich die Unterlage oder das Mittel für einen Erwerb ist, wie z. B. eine von einem Arzt betriebene Privatklinik; RFH. 10. 11. 20 (4, 2). Die Anerkennung der Gemeinnützigkeit einer G. m. b. H., die die Versorgung der minderbemittelten Bevölkerung mit billigem Hausrat bezweckt, wird aber dadurch nicht ausgeschlossen, daß das Unternehmen einzelnen Gesellschaftern die Aufrechterhaltung ihrer Betriebe erleichtert; RFH. 8. 7. 21 (6, 325). Der Anerkennung der Gemeinnützigkeit steht nicht entgegen, daß nicht ein selbständiges Unternehmen mit Rechtspersönlichkeit, sondern nur eine städtische Anstalt in Frage kommt, da es genügt, daß das Unternehmen sich, wenn auch nicht rechtlich, so doch tatsächlich von der Verwaltung der Gemeinde scheiden läßt; RFH. 23. 6. 21, RStBl. 331; z. B. eine städtische Kindermilchanstalt; RFH. 23. 6. 21, RStBl. 331. Wenn ein Gesangverein teils gemeinnützige Zwecke (Pflege des Gesangs), teils nicht gemeinnützige Zwecke (Pflege der Geselligkeit) verfolgt, kann der Verein als ausschließlich gemeinnützig anzuerkennen sein, wenn die letzteren Zwecke ein regelmäßig nicht zu entbehrendes Mittel zur Erreichung des Hauptzwecks sind; entscheidend ist die tatsächliche Gebarung; RFH. 9. 7. 23 (12, 308).

Als Förderung der Allgemeinheit hat nach § 10 a AB. zu gelten Förderung der Wissenschaft, Kunst, Religion, Erziehung, Volks- und Berufsbildung, Denkmalspflege, Heimatpflege und Heimatkunde, Förderung der öffentlichen Gesundheitspflege, der Jugendpflege und der körperlichen Ertüchtigung des Volkes durch Leibesübungen (Turnen, Spiel, Sport). Hierzu gehören auch die von den Ländern oder Gemeinden im öffentlichen Interesse geführten oder aus öffentlichen Mitteln unterhaltenen Theater. Die Anerkennung eines Unternehmens als gemeinnützig ist nicht davon abhängig, daß die Empfänger der gemeinnützigen Leistungen den minderbemittelten Volkskreisen angehören oder unterstützungsbedürftige Personen sind; RFH. 8. 7. 21 (6, 348). Ein akademischer Kosttisch für Studierende — RFH. 25. 5. 21 (6, 41) —, städtische Volksbadeanstalten können als gemeinnützig gelten; RFH. 22. 12. 20

(4, 181). Höhere Privatschulen können als gemeinnützige Anstalten betrieben werden; RFH. 5. 7. 21 (6, 324); ebenso eine der Jugendfürsorge gewidmete Besserungsanstalt, die ihre Zöglinge zur Erreichung ihres Zwecks nutzbringend zu entgeltlichen Leistungen, z. B. Nähen und Waschen, gegenüber Dritten verwendet; RFH. 28. 7. 21, RStBl. 368. Die Gemeinnützigkeit einer nicht auf Gewinn gerichteten Erziehungsanstalt steht der Umstand nicht entgegen, daß die Entgelte hinter den sonst bei auf Erwerb abzielenden Privaterziehungsanstalten üblichen Entgelten nur deshalb zurückbleiben, weil im Betrieb unbezahlte Ordenspersonen verwendet werden; RFH. 25. 2. 21 (5, 123). Das Bestreben, entschieden christliches Leben nach der Richtschnur des Wortes Gottes zu wecken und zu pflegen, ist unbedenklich ein der inneren Mission dienender Zweck und als solcher gemeinnützig; RFH. 23. 6. 21, RStBl. 330. Die Übernahme der Leitung von Kindergärten durch ein Kloster kann gemeinnützig sein; RFH. 31. 8. 21 (6, 332). Das gleiche gilt für die Übernahme der Düngerabfuhr durch eine Stadtgemeinde; RFH. 12. 7. 21 (6, 289). Die Anerkennung eines städtischen Theaters als gemeinnütziges Unternehmen erstreckt sich auf den Verkauf von Theaterzetteln, Aufbewahrung von Garderobe, Verleihung von Operngläsern, dagegen nicht auf die Verpachtung des Restaurationsbetriebs; RFH. 15. 7. 21 (6, 290). Dagegen hat keinen Anspruch auf Steuerbefreiung die gewerbliche Tätigkeit von Gemeinden in Konkurrenz mit dem freien Handel durch Unterbietung der von diesem geforderten Preise; RFH. 15. 3. 21 (5, 194); 12. 7. 21, RStBl. 368; 16. 9. 21 (7, 91). Versorgung der Bevölkerung eines Kreises mit billigen Lebens- und Futtermitteln kann nur dann als gemeinnützig gelten, wenn sie sich ohne Behinderung oder Schädigung des freien Handels vollzieht; RFH. 18. 5. 21 (6, 57), 23. 6. 21, RStBl. 331. Der entgeltlichen Abgabe des Obstes aus städtischen Obstanlagen an die minderbemittelte Bevölkerung muß die Anerkennung der Gemeinnützigkeit versagt bleiben, wenn der Verkauf im Wege der Versteigerung zum Höchstgebot erfolgt, weil die Feststellung, daß die Entgelte hinter den durchschnittlich für gleichartige Leistungen von Erwerbsunternehmungen vereinnahmten Entgelten zurückbleiben, schon begrifflich ausgeschlossen ist; RFH. 8. 7. 21 (6, 274). Eine öffentliche Sparkasse, die neben den unter den eigentlichen Sparkassenverkehr fallenden Geschäften rein bankmäßige Geschäfte als einen vom Sparkassenbetrieb tatsächlich getrennten und selbständigen Geschäftszweig betreibt, kann nur bezüglich der ersten Art von Geschäften als gemeinnützig gelten: RFH. 11. 2. 21 (5, 76). Die im Betrieb einer städtischen Pfandleihanstalt aus der Pfandversteigerung anfallenden Erlöse können von der Umsatzsteuer nicht befreit werden, da mit den Versteigerungen nicht ein wohltätiger oder gemeinnütziger Zweck, sondern nur die Befriedigung der Leihanstalt wegen ihrer Forderung verfolgt wird; RFH. 16. 9. 22 (7, 96). Eine von einer den Voraussetzungen des § 10 c Abs. 1 AB. genügenden G. m. b. H. unter polizeilicher Aufsicht betriebene Freibank, durch die nur bedingt taugliches Fleisch zu Verkaufspreisen unter dem wahren Wert an die minderbemittelte Bevölkerung abgesetzt wird, dient ausschließlich gemeinnützigen Zwecken; RFH. 19. 12. 24 (15, 148).

Wohltätige Unternehmen sind solche, die der Wohlfahrtspflege von Personen zu dienen bestimmt sind und tatsächlich dienen. Die Leistungen müssen die Befriedigung von Bedürfnissen für ein menschenwürdiges Dasein, für die leibliche und geistige Entwicklung bezwecken, wie sie sich der Leistungsempfänger nach seiner sozialen Lage oder seiner körperlichen Beschaffenheit aus eigenen Mitteln in gleicher Weise nicht selbst verschaffen kann, und für das Unternehmen mit Opfern verbunden sein. Hierzu gehören auch Wohlfahrtseinrichtungen gewerblicher Unternehmen, sofern die Leistungen nicht in der Hauptsache als Maßnahme zur Erhaltung der Arbeitskraft der Angestellten und Arbeiter anzusehen sind, wie es z. B. bei Kasinos und Kantinen für Angestellte und Arbeiter, bei Badeanstalten in solchen Betrieben, in denen die Reinigung vor Verlassen der Arbeitsstätte geboten erscheint, der Fall ist (AB. § 10 b). Die Anerkennung als wohltätig setzt voraus, daß die Leistungen, die gewährt werden, für den Leistenden mit Opfern verbunden sind, die nicht ganz unerheblich sein dürfen; RFH. 22. 12. 20 (4, 146). Wohlfahrtseinrichtungen, die sich selbst erhalten, fallen nicht darunter; RFH. 1. 2. 21, RStBl. 175.

Die Verteilung eines Reingewinns schließt bei Gesellschaften, Stiftungen, sonstigen Personenvereinigungen und Zweckvermögen die Annahme der Gemeinnützigkeit oder Wohltätigkeit nicht schlechthin aus; Voraussetzung ist jedoch:

bei Personenvereinigungen, daß

1. der an die Mitglieder zu verteilende Reingewinn satzungsmäßig und tatsächlich auf eine jährlich höchstens fünf v. H. des Goldwertes des eingezahlten Betrages (Art. XIX § 1 der zweiten Steuernotverordnung) betragende Verzinsung beschränkt und ferner sichergestellt ist, daß den Mitgliedern sonstige Vermögensvorteile nicht zugewendet werden. Ausgenommen sind Vorteile, die innerhalb des auf die Förderung der Allgemeinheit gerichteten Zweckes der Vereinigung liegen, insbesondere die Benutzung der Räume und Einrichtungen und die Teilnahme an den Veranstaltungen der Vereinigung, die den auf die Förderung der Allgemeinheit gerichteten Bestrebungen dienen;
2. sichergestellt ist, daß die Mitglieder im Falle ihres Ausscheidens oder bei Auflösung der Personenvereinigung nicht mehr als den Goldwert der eingezahlten Einlagen zurückerhalten, und daß im Falle der Auflösung oder des Wegfalls der Gemeinnützigkeit oder Wohltätigkeit das über die eingezahlten Einlagen hinaus vorhandene Vermögen für gemeinnützige oder wohltätige Zwecke verwendet wird;
3. nicht eine Begünstigung einzelner Personen durch unverhältnismäßig hohe Vergütungen, Entschädigungen oder Gehälter oder durch sonstige Verwaltungsausgaben, die nicht durch den Zweck der Vereinigung bedingt sind, erfolgt;

bei Zweckvermögen, daß

1. durch die Satzung oder Verfassung vorgeschrieben und tatsächlich sichergestellt ist, daß im Falle des Erlöschens oder der

Auflösung das vorhandene Vermögen zu gemeinnützigen oder wohltätigen Zwecken verwendet wird und

2. die oben zu 3 bezeichneten Voraussetzungen gegeben sind (AB. § 10 c).

Als Sicherstellung genügt nicht, daß der Gesellschaftsvertrag einer Kriegsgesellschaft für den Fall ihrer Auflösung vorsieht, ein etwa verbleibender Rest des Gesellschaftsvermögens solle der Reichskasse zufallen; RFH. 28. 7. 21 (6, 328). Beim Vorliegen der genannten Voraussetzungen sind die im § 10 d AB. bezeichneten Unternehmen stets als gemeinnützig oder wohltätig anzusehen.

Die Befreiung beschränkt sich auf die Umsätze, die den gemeinnützigen oder wohltätigen Zwecken, d. h. den Empfängern der gemeinnützigen oder wohltätigen Leistungen, unmittelbar zugute kommen und bei denen die vereinnahmten Entgelte unter dem Durchschnitt derjenigen Entgelte bleiben, die von Erwerbsunternehmen für gleichartige Leistungen verlangt werden. Die Voraussetzung, daß die Umsätze den gemeinnützigen Zwecken unmittelbar dienen müssen, ist dahin zu verstehen, daß sie sowohl hinsichtlich der Person des Leistungsempfängers als auch hinsichtlich des Inhalts der Leistungen, der Art derselben, zutrifft. Die ihrer Art nach gemeinnützige Verabfolgung von Speisen, Zigarren, Zigaretten und Getränken in einem Soldatenheim an Soldaten und Zivilpersonen dient unmittelbar den ausschließlich gemeinnützigen Zwecken des Soldatenheims, wenn für die Zulassung der Zivilpersonen ausschließlich der Zweck des Soldatenheims, Soldatenwohlfahrtspflege zu treiben, maßgebend ist; sie dient dagegen nicht unmittelbar den ausschließlich gemeinnützigen Zwecken, wenn für die Zulassung der Zivilpersonen auch andere, insbesondere geschäftliche Rücksichten maßgebend sind; RFH. 1. 7. 1924 (14, 139). Einnahmen für Umsätze anderer Art bleiben steuerpflichtig, auch wenn die Einnahmen dazu bestimmt sind, ein Unternehmen zu gemeinnütziger oder wohltätiger Betätigung instand zu setzen, dabei aber die Preise nach der Marktlage bestimmt werden. Dies gilt z. B. für die Einnahmen aus gewerblichen Nebenbetrieben, Bierbrauereien usw., aus dem Verkaufe landwirtschaftlicher Produkte, die in einem Fürsorgeheim, im sogenannten Zwischenbetriebe von Siedlungsgesellschaften und gemeinnützigen Bauvereinigungen gewonnen werden, für das Plätten, Nähen von Wäsche in einem Magdalenenheim und dergl. (AB. § 10 c); RFH. 4. 8. 21 (5, 125), 11. 2. 21 (5, 65). Die Heranziehung einzelner Leistungen oder bestimmter Gruppen von Leistungen zur Umsatzsteuer ist auch bei einem einheitlichen Unternehmen oder bei einem gemeinnützigen oder wohltätigen Betriebszweig eines Unternehmens nicht ausgeschlossen, wenn für die Leistungen die Befreiungsvoraussetzungen nicht gegeben sind. Solche Umsätze dieser Unternehmen bleiben der Steuer unterworfen, bei denen die Entgelte nicht hinter den durchschnittlich für gleichartige Leistungen von Erwerbsunternehmungen vereinnahmten Entgelten zurückbleiben. Leistungen, die zu den üblichen Marktpreisen erfolgen, sind also umsatzsteuerpflichtig. Betreibt z. B. ein Orden, welcher sich der Krankenpflege widmet, ein Landgut, so sind die aus diesem erzielten Umsätze, sofern sie zu den üblichen Marktpreisen erfolgen, zu versteuern. Gewähren Wohltätigkeitsunternehmen ihre Leistungen an bedürftige Personen unentgeltlich oder gegen geringes, die Selbstkosten nicht deckendes Entgelt, dagegen an vermögende Personen nur gegen eine die Selbstkosten übersteigende Vergütung, so sind diese letzteren Umsätze zu versteuern. Bei Versteigerungen kommt die Steuerbefreiung nach § 3 Abs. 1 Nr. 3 überhaupt nicht in Frage, da die erforderliche Preisbeschränkung bei Versteigerung nach dem Meistgebot ausgeschlossen ist; RFH. (Gr. S.) 30. 6. 24, RStBl. 187. Auch öffentliche Sparkassen sind bezüglich der bei Banken umsatzsteuerpflichtigen Geschäfte (vgl. § 2 A. 2) umsatzsteuerpflichtig; denn selbst wenn der eigentliche Sparkassenbetrieb als gemeinnützig anzusehen ist, so muß jedenfalls bezüglich dieser Geschäfte die Umsatzsteuerpflichtigkeit angenommen werden, da die Sparkassen insoweit rein bankmäßig und in Wettbewerb mit den Banken arbeiten (Schr. d. RFM. v. 8. 1. 19, AmtlMitt. S. 58).

Über die Umsatzsteuerpflicht der Friedhofsverwaltungen spricht sich das Gutachten des RFH. v. 23. 1. 25 (15, 197) aus. Danach sind die Leistungen der Friedhofsverwaltungen insoweit steuerfrei, als gegenüber den zur Bestattung eines Toten verpflichteten Personen ein Zwang zur Benutzung besteht; das gilt vor allem für den Erwerb der Grundstücke und die Ausführung der Bestattung. Diese Leistungen bleiben auch dann steuerfrei, wenn der Verpflichtete die den Höchstsätzen entsprechenden Leistungen beansprucht. Dagegen werden die Leistungen der Friedhofsverwaltungen steuerpflichtig, sobald ein Zwang sie anzunehmen nicht vorliegt; in diesem Falle führt die Friedhofsverwaltung Leistungen aus, die Gegenstand eines Privatunternehmens sein könnten, wenn ihr nicht eine Monopolstellung eingeräumt wäre: diese Monopolstellung begründet indessen keine Steuerbefreiung.

Gefängnisse und Strafanstalten üben hinsichtlich der Bewahrung und der damit zusammenhängenden Beköstigung und Verpflegung der Gefangenen und, soweit sie die Arbeitskraft der Gefangenen an Unternehmer verdingen, keine gewerbliche Tätigkeit aus, weil es sich hierbei um die Erfüllung öffentlich-rechtlicher, aus dem Strafzweck sich ergebender Aufgaben des Staats handelt. Für die für die Verpflegung und Beköstigung einerseits und für die Verdingung seitens der Unternehmer andererseits an den Staat gezahlten Entgelte kommt somit eine Umsatzsteuerpflicht nicht in Frage, ohne daß es einer Anerkennung der Gefängnisse und Strafanstalten als gemeinnütziger Unternehmen bedarf. Ein Gewerbebetrieb im Sinne des UStG. ist dagegen in der Veräußerung der von den Gefangenen hergestellten Gegenstände durch die Anstalt an Dritte zu erblicken, während die Abgabe derartiger Gegenstände an Behörden und andere Anstalten desselben Landes dem Eigenverbrauch im Sinne des § 1 Nr. 2 gleichzuachten ist. Derartige Veräußerungen und Abgaben sind somit umsatzsteuerpflichtig, die Abgaben auch dann, wenn sie an Behörden usw. innerhalb desselben Landes nicht zu gewerblichen Zwecken, sondern zur Erfüllung öffentlich-rechtlicher Aufgaben des Staats erfolgen (Rschr. d. RFM. v. 25. 4. 19, AmtlMitt. S. 142). Wenn Anstalten, welche an sich wissenschaftliche oder Unterrichtszwecke verfolgen und gemeinnützigen Charakter tragen, die im Betrieb der Anstalt erzeugten oder sonst in ihren Besitz gelangenden Waren veräußern, so entfalten sie neben ihrem eigentlichen Zweck eine auf Erzielung von Einnahmen gerichtete gewerbliche Tätigkeit und unterliegen daher insoweit der Steuer (vgl. das zum WUStG. erlassene RSchr. d. RSchA. v. 10. 10. 17, AmtlMitt. S. 161, und Vfg. d. FM. v. 24. 11. 17, FMBl. 1917 S. 362).

Verfahren. Eine förmliche Anerkennung der Gemeinnützigkeit oder Wohltätigkeit findet nicht mehr statt. Unternehmen, die auf die Steuerbefreiung Anspruch zu haben glauben, müssen gleichwohl Umsatzsteuererklärungen abgeben. Die Finanzämter können jedoch nach näherer Anordnung des LFA. Unternehmen, bei denen erfahrungsgemäß sämtliche oder bestimmte Leistungen als gemeinnützig oder wohltätig zu gelten haben, von dieser Verpflichtung befreien oder die Beschränkung der Steuererklärung auf die nicht gemeinnützigen oder wohltätigen Leistungen zulassen. Die Prüfung, ob die Voraussetzungen der Befreiung gegeben sind, erfolgt im regelmäßigen Veranlagungsverfahren. **Die auf Grund der früheren Fassung des UStG. erfolgten ausdrücklichen Anerkennungen behalten nur noch für die Jahre 1920 und 1921 Wirksamkeit, soweit eine solche Entscheidung vor dem 1. 1. 22 unanfechtbar geworden ist (AB. § 10 f).**

5. Die **Unterrichts- und Erziehungsleistungen** nichtöffentlicher Schulen und Erziehungsanstalten aller Art, auch der Fach- und Gewerbeschulen, sind steuerfrei, wenn die Betriebe

a) der staatlichen Aufsicht unterliegen,

b) nur mit Zuschüssen aus öffentlichen Mitteln, aus Stiftungen, staatlich genehmigten Sammlungen oder aus Mitteln von Fachverbänden aufrechterhalten werden können und diese Zuschüsse 25 v. H. der Gesamtausgaben für Schul- und Erziehungszwecke übersteigen.

Der RFM. kann andere Arten von Zuschüssen den genannten gleichstellen. Nur die unmittelbar für Unterrichts- und Erziehungsleistungen erzielten Einnahmen sind befreit; Einnahmen für Um-

sätze anderer Art sind steuerpflichtig, auch wenn die vereinnahmten Entgelte dafür bestimmt sind, die Anstalt zu ihrer Zweckbestimmung instand zu setzen, dabei aber die Preise nach der Marktlage bestimmt werden. Die Finanzämter können nach näherer Anordnung des LFA. Anstalten, bei denen erfahrungsgemäß sämtliche oder bestimmte Einnahmen als befreit zu gelten haben, von der Abgabe einer Steuererklärung befreien oder die Beschränkung der Erklärung auf die nicht befreiten Umsätze zulassen (AB. § 10 g).

6. Die Befreiungsvorschrift unter Nr. 6 ist vom Reichstagsausschuß beschlossen (AusschB. IV S. 10). Sie enthält eine wesentliche Durchbrechung des Grundsatzes, daß ausnahmslos alle im Erwerbsleben Tätigen umsatzsteuerpflichtig sind. Für die Einräumung der Vergünstigung war maßgebend die Erwägung, daß bei den bezeichneten Personen eine rein ideelle Betätigung in Frage kommt und diese Personen, namentlich bei der Abwälzung der Steuer, nicht in der Lage sind, in gleicher Weise wie andere Gewerbetreibende den wirtschaftlichen Gesichtspunkten gerecht zu werden. Das Privileg der Schriftsteller kann auch von solchen Personen für sich beansprucht werden, welche nur eine schriftstellerische Nebentätigkeit (vgl. oben § 1 Anm. 1 II) zu versteuern haben.

7. Auch die Befreiungsvorschrift unter Nr. 7 ist vom Reichstagsausschuß beschlossen (AusschB. IV S. 20). Für die Befreiung der Handlungsagenten und Makler war namentlich die Erwägung ausschlaggebend, daß diesen Personen eine Abwälzung der Steuer nicht möglich sei.

Handlungsagent ist nach § 84 HGB., wer, ohne als Handlungsgehilfe angestellt zu sein, ständig damit betraut ist, für das Handelsgewerbe eines andern Geschäfte zu vermitteln oder im Namen des andern abzuschließen. Nicht darunter fällt der Kommissionär, der zwar für Rechnung eines anderen, aber im eigenen Namen handelt. Wer von einem anderen Waren kauft und diese für eigene Rechnung und im eigenen Namen weiter verkauft, ist nicht Agent, auch wenn er für einen bestimmten Bezirk von dem anderen als Generalvertreter mit dem Recht des Alleinvertriebs bestellt ist.

Makler ist, wer gewerbsmäßig für andere Personen, ohne von ihnen auf Grund eines Vertragsverhältnisses ständig damit betraut zu sein, die Vermittlung von Verträgen oder den Nachweis der Gelegenheit zum Abschluß von Verträgen übernimmt. Nicht nur Handelsmäkler, sondern auch die sog. Zivilmäkler fallen unter die Befreiungsvorschrift.

8. Gemäß § 9 AB. sind steuerfrei Länder oder Gemeinden (Gemeindeverbände) wegen der Lieferung von Gegenständen zur Versorgung der Bevölkerung mit Lebens- oder Futtermitteln, es sei denn, daß sie die Gegenstände im eigenen Betrieb erzeugen oder unmittelbar an die Verbraucher absetzen; der RFM. kann den Gemeindeverbänden die Bezirkszentralen gleichstellen. Diese Bestimmung galt aber nur für die Dauer der Zwangswirtschaft für Lebens- und Futtermittel; mit der Aufhebung der Zwangswirtschaft hat sie ihre Bedeutung verloren.

9. Durch besondere Bestimmung (AB. § 7) sind von der Umsatzsteuer befreit Behörden des Reichs und der Länder, die das RGBl., die Gesetzsammlungen oder Amtsblätter verwalten.

§ 4.

Erbringt ein Unternehmer den Nachweis, daß er von ihm ausgeführte Gegenstände im Inland erworben oder in das Inland eingeführt hat und daß die Lieferung an ihn der Steuerpflicht unterlag, so vergütet ihm die Steuerstelle zum Ausgleich hierfür einen Hundertsatz des vereinnahmten oder vereinbarten Kaufpreises, je nachdem die Lieferung an ihn der allgemeinen Umsatzsteuer nach § 13 oder der erhöhten Umsatzsteuer nach §§ 15, 26 unterlegen hat.

Die näheren Bestimmungen über die Höhe der Vergütung und über das Verfahren erläßt der Reichsminister der Finanzen mit Zustimmung des Reichsrats.

1. **Der Vergütungsanspruch des Ausfuhrhändlers.** Die bereits früher im Gesetz zugunsten des Ausfuhrhandels vorgesehen gewesene und durch das G. v. 8. 4. 22 aufgehobene Vergütung der auf dem Einkauf lastenden Umsatzsteuer ist durch die Zweite Steuernotverordnung wieder eingeführt und auf die erhöhte Umsatzsteuer ausgedehnt. Vergütungsansprüche können nur dann geltend gemacht werden, wenn die Lieferung in das Ausland nach dem 31. 12. 23 erfolgt ist.

Voraussetzung des Vergütungsanspruchs ist, daß die Lieferung an den Ausführenden steuerpflichtig und nicht etwa, weil die Veräußerung bereits vor Inkrafttreten des Gesetzes stattgefunden hat, oder nach §§ 2, 3 oder 7 steuerfrei war. Dagegen ist der Nachweis, daß die Steuer für diese Lieferung, welche von dem Veräußerer zu zahlen ist, auf den Ausführenden abgewälzt worden ist, nicht erforderlich. Fernere Voraussetzung ist, daß die im Inland erworbenen oder gegen Entrichtung der Luxussteuer in das Inland verbrachten oder gelieferten Gegenstände ohne vorherige Be- oder Verarbeitung (vgl. § 11 B III Abs. 1 Satz 1 und 2 AB.) in das Ausland geliefert werden. Der Berechtigte erhält auf Antrag bei dem für ihn zuständigen FA. für die Fälle der allgemeinen Umsatzsteuer den Betrag von 1 v. H., für die Fälle der Hersteller- oder Kleinhandelssteuer 7,5 v. H. von dem Teile des vereinnahmten (vereinbarten) Entgelts vergütet, der nach Abzug einer Summe übrig bleibt, die der Gewinn- und Unkostenspanne im Verhältnis zum Einkaufspreis entspricht (§ 17 Nr. 3 AB.). Der RFM. bestimmt den Hundertsatz des der Vergütung zugrunde zu legenden Betrags vom vereinnahmten (vereinbarten) Entgelt (nach V. v. d. RFM. 27. 2. 24, RStBl. 42: 92 v. H.) und stellt Grundsätze darüber auf, inwieweit das Entgelt, insbesondere bei Cif-Geschäften, um einen nicht vergütungsfähigen Teil zu kürzen ist. die V. d. RFM. v. 27. 2. 24 (RStBl. 42) bestimmt darüber, daß die Höhe des vereinnahmten (vereinbarten) Entgelts sich nach § 8 Abs. 1 und 6 richtet; soweit die Auslagen des Leistungsverpflichteten für die Beförderung und Versicherung nicht gesondert in Rechnung gestellt werden, hat sie der Vergütungsberechtigte bei Geltendmachung des Vergütungsanspruchs vom vereinnahmten (vereinbarten) Entgelt abzuziehen und diesen Abzug als solchen kenntlich zu machen. Der RFM. ist ferner berechtigt, die Vergütung auch Unternehmern zu gewähren, die eine unwesentliche Be- oder Verarbeitung der Gegenstände über die Zwecke der Sortierung, Reinigung und Erhaltung hinaus vornehmen. Über Zeitpunkt und Form des Antrags vgl. § 17 Nr. 3 AB.

Auch für den Vergütungsanspruch nach § 4 gilt der durch V. v. 25. 5. 25 erweiterte Begriff des „Umsatzes ins Ausland" (vgl. § 2 A. 1 B). Im Vergütungsantrag ist eine der dort vorgesehenen Versicherung entsprechende Erklärung abzugeben.

Nach Streichung des § 26 durch das G. v. 10. 8. 25 und des § 15 durch das G. v. 31. 3. 26 (RGBl. I S. 185) kommt eine Vergütung der erhöhten Umsatzsteuer für die Zeit nach Inkrafttreten dieser Gesetze nicht mehr in Frage.

2. Übergangsbestimmungen. Nach den Übergangsbestimmungen zum G. v. 31. 3. 26 vom gleichen Datum (RGBl. 191) beträgt der Vergütungsanspruch des Ausfuhrhändlers für die Fälle der allgemeinen Umsatzsteuer 1 v. H., für die Fälle der Hersteller- oder Kleinhandelssteuer 7½ v. H., wenn a) bei Geltendmachung des Vergütungsanspruchs nach vereinnahmten Entgelten die Vereinnahmung des Entgelts für den Umsatz in das Ausland, b) bei Geltendmachung des Vergütungsanspruchs nach Lieferungen die Lieferung in das Ausland in der Zeit zwischen dem 1. 4. und 30. 6. 26 erfolgt ist. Diese Bestimmung gilt jedoch nicht für Vergütungsansprüche, die nach dem 31. 7. 26 geltend gemacht werden. Über die Übergangsbestimmungen nach den früheren Herabsetzungen der Umsatzsteuer vgl. Durchführungsbestimmungen v. 24. 9. 24 (RStBl. 204) § 3, Durchführungsbestimmungen v. 3. 12. 24 (RStBl. 274) § 6; Übergangsbestimmungen v. 18. 8. 25 (RGBl. 317).

§ 5.

In den Fällen, in denen die Steuer lediglich an die Lieferung anknüpft, liegt eine Lieferung im Sinne

dieses Gesetzes vor, wenn der Lieferer dem Abnehmer die Verfügung über eine Sache verschafft. Als Lieferung ist auch eine Leistung aus einem Vertrag über die Bearbeitung und Verarbeitung einer Sache anzusehen, wenn der Unternehmer Stoffe, die er beschafft, verwendet und es sich hierbei nur um Zutaten oder Nebensachen handelt. Das gilt auch, wenn Sachen in Ausführung eines solchen Vertrags mit dem Grund und Boden fest verbunden werden.

Der Lieferung steht die Übertragung der mit dem Besitz eines Pfandscheins verbundenen Rechte gleich.

1. Die Vorschrift bestimmt den **Begriff der Lieferung** für die Fälle, in denen die Steuerpflicht lediglich an die Lieferung geknüpft ist. Unter Lieferung ist regelmäßig die Besitzübertragung zu verstehen, die dem Empfänger gestattet, tatsächlich und rechtlich über die Sache zu verfügen (vgl. § 1 A. 1 III B). Wenn ein Schuldner seinem Gläubiger zu Sicherungszwecken für dessen Forderung eine Sache überläßt und der Gläubiger nur zum Verkauf der Sache für Rechnung des Schuldners ermächtigt ist, so bedeutet eine derartige Sicherungsübereignung kein Verschaffen der Verfügung und ist daher nicht umsatzsteuerpflichtig; RFH. 5. 10. 25, RStBl. 211. Die Lieferungen aus Verträgen über die Bearbeitung und Verarbeitung von Sachen stehen sonstigen Lieferungen nur dann gleich, wenn der Unternehmer den Stoff liefert. Eine Beschaffung von Stoffen durch den Unternehmer liegt nicht vor, wenn die Stoffe dem Unternehmer vom Besteller zum Zwecke der Be- oder Verarbeitung unter Übertragung des Eigentums geliefert werden, denn nach der hier maßgebenden wirtschaftlichen Auffassung hat solchenfalls der Besteller dem Unternehmer den Stoff beschafft, nicht hat letzterer ihn beschafft: RFH. 5. 10. 23 (13, 42). Liefert der Besteller den Stoff (z. B. das Gold zur Herstellung eines Schmuckstücks, Felle und Bezug zur Herstellung eines Pelzes), so unterliegt das dem Unternehmer für seine Arbeit gezahlte

Entgelt nur der Steuer auf Leistungen. Das gleiche gilt, wenn der Unternehmer nur Zutaten oder Nebensachen liefert. Beschränkt sich aber die Lieferung des Unternehmens nicht auf Zutaten oder Nebensachen, liefert er z. B. zu den vom Besteller selbst gestellten Fellen den Überzug des von ihm hergestellten Pelzes, so ist die Leistung des Unternehmens als Lieferung anzusehen und das ganze ihm gezahlte Entgelt unterliegt den für die Besteuerung von Lieferungen geltenden Vorschriften (vgl. Vfg. d. FM. v. 20. 12. 18, AmtlMitt. 1919 S. 66, und 30. 1. 19, FMBl. S. 171).

Bei der Entscheidung, ob Zutaten oder Nebensachen in Frage kommen, ist der Verkehrsauffassung maßgebende Bedeutung beizumessen. Es ist zu vergleichen, das vom Unternehmer Beschaffte mit seiner gesamten Arbeitsleistung, also mit dem von ihm übernommenen Werk, nicht dagegen der vom Unternehmer beschaffte Stoff mit der Sache, an der die Arbeiten anzubringen sind (dem Arbeitssubstrat); RFH. 12. 7. 22, RStBl. 282; 5. 12. 22 (11, 210). Ob ein Stoff als Nebensache anzusehen ist, hängt also nicht davon ab, daß das Werk aus einer Verbindung verschiedener Stoffe besteht, die im Verhältnis von Haupt- und Nebensache zueinander stehen; vgl. das zum WUStG. erlassene Rschr. d. RSchA. v. 13. 12. 16, AmtlMitt. 1917 S. 11. Die Entscheidung, ob Werkvertrag oder Werklieferungsvertrag vorliegt, bestimmt sich danach, was die Beteiligten in Anlehnung an die Verkehrsauffassung als wesentlichen Vertragsinhalt auffassen. Handelt es sich bei dem Lieferer um die Hingabe einer Sache als solcher, die der Sache des Bestellers hinzugefügt wird, so daß also der Besteller jene Sache, wenn auch als Bestandteil seiner eigenen Sache erwerben will, so steht die Überlassung der vom Lieferer hingegebenen Sache im Vordergrund, so daß sie nicht als „Nebensache oder Zutat" erscheint. Kommt es dagegen abweichend darauf an, daß der Sache des Bestellers von dem Unternehmer eine bestimmte Eigenschaft verliehen wird, zu deren Herbeiführung der Unternehmer allerdings eigene Stoffe verwenden muß, so überwiegt nach Auffassung der Beteiligten die Arbeitsleistung gegenüber dem verwendeten Stoff, der dann als bloße „Zutat" oder als „Nebensache" erscheint. Die Anwendung dieser Grundsätze auf das im aktiven Veredlungsverkehr erfolgende Färben von Waren ergibt: dem ausländischen Besteller kommt es auf die Arbeitsleistung des Leistungsverpflichteten an; gegenüber dem technisch schwierigen und kostspieligen Arbeitsvorgang des Färbens tritt die Beschaffung der Farbstoffe und der Lösung durch den inländischen Unternehmer zurück; sie erscheinen gegenüber dem veredelten Erzeugnis von ganz geringer Bedeutung und sind daher nur „Zutaten"; RFH. 5. 12. 22 (11, 210). Übernimmt dagegen der Unternehmer die Vergoldung oder Versilberung eines Gegenstandes des Bestellers, so liegt in der Lieferung des zur Vergoldung oder Versilberung nötigen Edelmetalls nicht die Lieferung einer bloßen Zutat oder Nebensache; das gleiche gilt für das Neulackieren alter Wagen; Vfg. d. FM. v. 19. 9. 19, FMBl. S. 428.

Ist der Stoff hiernach nicht als Nebensache anzusehen, so wird er es auch nicht dadurch, daß das aus oder mit ihm hergestellte Werk mit einer anderen beweglichen Sache als wesentlicher Bestandteil verbunden wird und im Verhältnis zu der anderen Sache als Nebensache anzusehen ist. Hiernach ist z. B. beim Einbau einer durch den Unternehmer hergestellten Karosserie in einen Kraftwagen des Bestellers die Karosserie nicht als Nebensache anzusehen. In solchem Falle liegt demnach in der Lieferung des fertigen Werks eine der erhöhten Steuer unterliegende Lieferung eines unter § 15 II Nr. 8 fallenden Gegenstandes vor; da sich natürlich der Preis um den Wert des vom Besteller gelieferten Stoffes mindert, wird dieser Wertteil von der Besteuerung nicht ergriffen.

Über Berechnung der Umsatzsteuer bei der Umtauschmüllerei und -bäckerei vgl. § 8 A. 1 A.

Liegt eine steuerpflichtige Lieferung aus einem Vertrag über Be- oder Verarbeitung einer Sache vor, so findet eine Trennung des Entgelts für die Arbeit von dem Entgelt für den gelieferten Stoff bei der Besteuerung nicht statt, auch dann nicht, wenn für Stoff und Arbeit besondere Preise vereinbart und berechnet sind.

Die gesamte Leistung des Unternehmers ist als Lieferung anzusehen und demgemäß zu versteuern. Wird z. B. das Kopieren von Negativfilms gegen Entgelt übernommen, so wird der untrennbare Zusammenhang der einheitlichen Leistung nicht dadurch beeinträchtigt, daß ein Gewinn nur mit der Lohnarbeit des Kopierens erzielt, während das vom Unternehmer zur Herstellung der Kopien beschaffte Material (Rohfilms) ohne Gewinn abgegeben wird. Der Umsatzsteuer unterliegt das gesamte Entgelt einschließlich des Betrags der Aufwendungen für die Rohfilms; RFH. 2. 2. 23, RStBl. 213. Dies gilt auch dann, wenn der Besteller, um Steuer zu sparen, zunächst die Bestandteile, z. B. Pelzwerk und Bezug zu einem Pelzmantel, von dem Hersteller kauft und diesen demnächst mit der Anfertigung des Werkes (z. B. eines Pelzmantels) beauftragt, sofern bereits beim Kauf der Abschluß des Werkvertrags ins Auge gefaßt war; denn dann handelt es sich wirtschaftlich um eine Lieferung und einen Vertrag über Verarbeitung von Gegenständen, der zum Zwecke der Steuerersparung in zwei Verträge zerlegt ist.

2. Lieferung durch feste Verbindung mit Grund und Boden. Eine Lieferung im Sinne des Gesetzes liegt auch dann vor, wenn in Ausführung eines Vertrags über Be- oder Verarbeitung einer Sache eine Sache mit dem Grund und Boden des Bestellers fest verbunden wird, obgleich in diesem Falle der Besteller schon kraft Gesetzes durch die Verbindung Eigentümer der Sache wird und demgemäß zivilrechtlich keine Lieferung, sondern eine Leistung auf Grund eines Werkvertrags vorliegt. Werden im Fall einer Generalentreprise Teillieferungen von dem Unterlieferanten mit dem Grund und Boden verbunden, so liegen gleichwohl zwei steuerpflichtige Rechtsvorgänge vor, nämlich einerseits die Lieferung des Unterlieferers an den Gesamtunternehmer und anderseits die ein untrennbares Ganzes bildende Leistung des Gesamtunternehmers.

3. Lieferung durch Übertragung von Pfandscheinen. Um der besonders im Schmucksachenhandel nicht selten versuchten Umgehung der Steuerpflicht durch die Einkleidung der Lieferung in die Form der Abtretung der Rechte aus Pfandscheinen einen Riegel vorzuschieben, ist der Lieferung ferner gleichgestellt die Übertragung der mit dem Besitz eines Pfandscheins verbundenen Rechte. Der Pfandschein ist eine von einem gewerbsmäßigen Pfandleiher ausgestellte Urkunde, die eine wörtliche Abschrift der auf das Geschäft bezüglichen Eintragung im Pfandbuch enthält und mit der Namensunterschrift des Pfandleihers versehen ist (§ 6 b. preuß. Ges. v. 17. 3. 81). Mit dem Besitz des Pfandscheins ist die Befugnis zur Ausübung der Rechte des Verpfänders verbunden (§ 17 a. a. O.). Die Übertragung dieser Rechte ist der Lieferung gleichgestellt. Dagegen ist in der bloßen Verpfändung des Anspruchs auf Rückgabe der Pfandsache (§§ 1279 ff. BGB.) keine Lieferung zu erblicken.

§ 6.

Ist bei einer Lieferung für die Höhe des Steuersatzes die Beschaffenheit des Gegenstandes maßgebend, so entscheidet bei Gegenständen, die aus mehreren Stoffen zusammengesetzt sind, der wertvollere Bestandteil über den Steuersatz.

Die Vorschrift findet auf die Steuerpflicht nach § 1 Nr. 2 entsprechende Anwendung.

1. Die Vorschrift entscheidet die Frage, ob ein Gegenstand als Luxusgegenstand der erhöhten Steuer unterliegt, für den Fall, daß der Gegenstand aus mehreren Stoffen zusammengesetzt ist. Im Sinne dieser Bestimmung ist ein Gegenstand nur dann zusammengesetzt, wenn seine Bestandteile durch mechanische (nicht chemische) Zerlegung gewonnen und wieder in selbständige Sachen umgewandelt werden können; RFH. 15. 10. 19 (1, 236). Auf chemisch zusammengesetzte Stoffe findet sie also keine Anwendung. Eine Zusammensetzung aus verschiedenen Stoffen liegt aber nicht nur dann vor, wenn eine Trennung der Stoffe nur unter Zerstörung des Gesamtgegenstandes möglich ist, sondern auch dann,

wenn die einzelnen auseinandernehmbaren Teile für sich allein nicht brauchbar sind.

Entscheidend dafür, ob der allgemeine oder der erhöhte Steuersatz Anwendung findet, ist der wertvollere Bestandteil. Zu beachten ist, daß platinierte, vergoldete und versilberte Stoffe nach § 15 I Nr. 2 ohne Rücksicht auf ihre sonstige Zusammensetzung der erhöhten Steuer unterliegen; sie sind also bei einem Vergleich mit zusammengesetzten Stoffen mit ihrem vollen Wert einzusetzen. Bei den Wertvergleichungen kommt es nicht lediglich auf den Wert des Rohmaterials an, es ist vielmehr auch der Herstellungswert zu berücksichtigen. Hat ein Bestandteil nur deshalb einen höheren Verkaufspreis, weil seine Konstruktion auf einer — etwa durch Patent geschützten — Erfindung beruht, so kann diese Werterhöhung nicht berücksichtigt werden. Es kommt nur auf den Wert jedes der beiden Bestandteile nach Material und Herstellungskosten an; Rschr. d. RSchA. v. 17. 12. 18, AmtlMitt. 1919 S. 34, FMBl. 1919 S. 93.

§ 7.

Bei Abwicklung mehrerer von verschiedenen Unternehmern über dieselben Gegenstände oder über Gegenstände gleicher Art abgeschlossenen Umsatzgeschäfte sind nur die Lieferungen derjenigen Unternehmer steuerpflichtig, die den unmittelbaren Besitz übertragen. Der Übertragung des unmittelbaren Besitzes durch einen Unternehmer steht die Übertragung durch denjenigen gleich, der die Gegenstände auf Grund eines besonderen, mit dem Unternehmer abgeschlossenen Vertrags für diesen besitzt, es sei denn, daß er lediglich die Beförderung der Gegenstände übernommen hat.

Betrifft im Falle des Abs. 1 eines der Umsatzgeschäfte eine Lieferung der in den §§ 15 und 21 bezeichneten Art, so ist der Lieferer auch dann steuerpflichtig, wenn er den unmittelbaren Besitz nicht überträgt.

Die Lieferung von Elektrizität, Gas und Wasser durch zusammenhängende Leitungen mehrerer Unternehmungen gilt als nur einmalige Übertragung des unmittelbaren Besitzes; steuerpflichtig ist die erste Lieferin.

Übersicht zu § 7:

1. Befreiung des reinen Handels.
   - A. Übertragung des unmittelbaren Besitzes.
   - B. Identität der umgesetzten Gegenstände.
   - C. Abwicklung mehrerer Umsatzgeschäfte.
   - D. Das für die Besteuerung maßgebende Entgelt.
2. Lieferung luxussteuerpflichtiger Gegenstände.

1. **Befreiung des reinen Handels.** Die Bestimmung soll ebenso wie die schon im früheren UStG. vorgesehene Befreiungsvorschrift den reinen Handel, d. h. die aufeinanderfolgenden Umsätze der gleichen unveränderten Ware, vor übermäßiger Belastung durch die Steuer und damit die gehandelten Produkte vor zu starker Verteuerung schützen. Bei mehreren Lieferungsgeschäften über dieselben Gegenstände oder Gegenstände gleicher Art zwischen verschiedenen Personen tritt deshalb Steuerpflicht erst bei Übertragnng des unmittelbaren Besitzes ein. Über die besondere Buchführungspflicht beim steuerfreien Zwischenhandel vgl. § 93 a AB.

A. Übertragung des unmittelbaren Besitzes. Das BGB. kennt eine Zweiteilung des Besitzes in der Weise, daß jemand entweder die tatsächliche Gewalt über eine Sache unmittelbar ausübt (unmittelbarer Besitzer) oder die Sache einem anderen als Nießbraucher, Pfandgläubiger, Pächter, Mieter, Verwahrer oder vermöge eines ähnlichen auf Zeit zum Besitze berechtigenden oder verpflichtenden Verhältnisses überlassen hat und nur noch in mittelbaren Beziehungen zu der Sache steht (mittelbarer Besitzer). Die Übertragung des mittelbaren Besitzes, z. B. dadurch, daß der Veräußerer für den Erwerber die Verwahrung der Gegenstände übernimmt, begründet hiernach im

Falle mehrerer Umsatzgeschäfte nicht die Steuerpflicht; RFH. 30. 6. 22 (10, 88), ebensowenig die Abtretung des Herausgabeanspruchs. Nach der Rechtsprechung des RFH. soll indessen der bürgerlich-rechtliche Begriff des unmittelbaren Besitzes nicht maßgebend sein; vielmehr gebiete § 4 RAbgO. den Begriff im Sinne des § 7 gegenüber § 854 Abs. 2 BGB. einschränkend auszulegen. Denn das Gesetz wolle durch die Heranziehung der Begriffsmerkmale des unmittelbaren und mittelbaren Besitzes die — wirtschaftlich gedachte — Übertragung in Natur treffen, aber diejenigen Fälle des reinen Handels befreien, bei denen die Ware nicht in den Machtbereich des Zwischenhändlers gerate; das seien aber vor allen anderen die Fälle, wo die Ware bis zu ihrer — nicht durch Organe des Zwischenhändlers bewirkten — Ablieferung an den Verbraucher bei dem ersten Gliede der Kette der Veräußerer verbleibe. Der RFH. greift also auf den zuerst im WUStG. aufgetauchten, im UStG. von 1918 wieder beseitigten Begriff der „Lieferung in Natur" zurück, wodurch eine bedauerliche Unsicherheit in die Auslegung des § 7 hineingetragen wird; RFH. 11. 10. 21 (7, 85): 7. 2. 22, RStBl. 167. Ein Holzhändler, der das im Walde von ihm gestapelte und zur Abholung fertig lagernde Holz durch selbständige Fuhrleute zur Bahn und durch selbständige Verlader von dort seinen Kunden zuführen läßt, ist für umsatzsteuerfrei erachtet; RFH. 11. 10. 21 (7, 85). Grundsätzlich ist zur Erlangung des unmittelbaren Besitzes erforderlich, daß die Ware in den Machtbereich des Erwerbers gelangt. Die Wagenladungen, die sich auf dem privaten Anschlußgleis eines Zwischenhändlers befinden, stehen in dessen unmittelbarem Besitz, wenn das Anschlußgleis einen Bestandteil seines Lagerplatzes bildet, der vom Bahnhofsgelände getrennt und abgesperrt ist; RFH. 23. 5. 24 (14, 30). Eine Verkaufsgesellschaft, für die eine Fabrikationsgesellschaft mit gleichen Inhabern Waren durch ihre Arbeiter und Maschinen herstellen und durch ihre Arbeiter an die Besteller versenden läßt, erlangt aber nicht schon dadurch Besitz an den Waren, daß sie sich in demselben Geschäftshause befindet wie die Fabrikationsgesellschaft; RFH. 30. 6. 22 (10, 88). Der Erwerb des unmittelbaren Besitzes setzt nicht persönliche Berührung mit der Sache voraus. Ebenso ist zur Übertragung des unmittelbaren Besitzes nicht erforderlich, daß der Unternehmer den unmittelbaren Besitz persönlich überträgt, sondern es genügt, daß er dem Abnehmer durch Dritte den unmittelbaren Besitz an der Ware verschafft, z. B. durch seinen Lagerhalter, dem sie durch ihn zugegangen ist; und im Fall einer gesetzlichen Vertretung muß die Handlung des Vertreters stets dem Vertretenen zugerechnet werden; RFH. (Gutachten) 26. 3. 20 (2, 328); 22. 10. 20, RStBl. 695; 11. 3. 21, RStBl. 205. Ein Zwischenhändler, der dieselben Waren eines Unternehmers in eigenem Namen von einem in seinen Geschäftsräumen eingerichteten Kommissionslager an Dritte vertrieben hat, erlangt und überträgt auch weiterhin den unmittelbaren Besitz an der Ware, wenn die Lagerräume von dem Unternehmer gemietet und durch einen von ihm angestellten Packer unter Verschluß genommen werden, sofern der Zwischenhändler die Waren für die Kunden auswählt und die Zuteilung durch den Packer auf seine Weisungen hin erfolgt; RFH. 3. 4. 25, RStBl. 120. Nimmt ein Käufer Kohlenladungen, die mit der Eisenbahn für ihn angekommen sind, am Bahnhof durch seine Beauftragten in Empfang und verteilt ihren Inhalt auf die verschiedenen Besteller, so ist er umsatzsteuerpflichtig, und zwar auch dann, wenn die von ihm Beauftragten nicht Besitzdiener gemäß § 855 BGB., sondern Besitzvermittler (§ 868 BGB.) sind; denn dann sind sie ihm gegenüber auf Grund eines besonderen Vertrages zum Besitz berechtigt, erwerben den Besitz an den Kohlen als unmittelbare Besitzer und übertragen den unmittelbaren Besitz dann auf die Abnehmer: RFH. 14. 3. 22 (9, 51).

Satz 2 soll die Möglichkeit ausschalten, die Steuer dadurch zu umgehen, daß ein Unternehmer Ware kauft, sie aber nicht bei sich, sondern bei einem selbständigen Lagerhalter auf Lager nimmt und dann von diesem Lager aus weiterverkauft. In solchem Falle steht die Übertragung des Besitzes durch den für den Unternehmer Besitzenden der Übertragung des unmittelbaren Besitzes durch den Unternehmer gleich. Eine Ausnahme ist aber wieder für denjenigen Besitzer gemacht, der lediglich die Beförderung der Gegenstände übernommen hat. Wenn A an B verkauft und B die Eisenbahn beauftragt, die an seinem Wohnort ankommende und bei der Station für ihn lagernde Ware weiter an C zu liefern, so soll B, da ein Fall des reinen Handels vorliegt, steuerfrei bleiben. Die Frage, ob der auf Grund eines besonderen Vertrags für den Unternehmer Besitzende lediglich die Beförderung der Gegenstände übernommen hat, kann nur nach dem Gesamtinhalt des Vertrages beantwortet werden; ist der vom Lager einer Brotfabrik an die Kleinhändler weiterliefernde Unternehmer außer zur Beförderung des Brots nach dem Vertrage auch ermächtigt, Bestellungen und Bezugsscheine der Kundschaft entgegenzunehmen, so geht eine solche Tätigkeit über den Rahmen einer bloßen Beförderung hinaus; RFH. 26. 9. 22 (10, 205). Dagegen ist die Voraussetzung, daß der Spediteur lediglich die Beförderung übernommen hat, auch dann gegeben, wenn er außer der Beförderung auf Wunsch des Zwischenhändlers auch noch die Beseitigung aller Ursprungsbescheinigungen und Aufschriften der Waren übernommen hat, weil nach der Verkehrsauffassung diese ganze Tätigkeit des Spediteurs zur Ausführung des Beförderungsvertrags gehört; RFH. 8. 1. 24 (13, 209). Der Rahmen der Beförderung wird nicht überschritten, wenn der Beförderungsunternehmer, der frei Schiff verkaufte Bunkerkohlen auftragsgemäß an Bord von Seeschiffen zu verbringen hat, auch das mit dem Bunkern verbundene Trimmen besorgt; RFH. 23. 5. 24 (14, 28). Das Gesetz verlangt auch nicht, daß die Warenmenge bei den verschiedenen Umsatzgeschäften gleich ist. Darf der Zwischenhändler aber eine als Ganzes gekaufte Warenmenge auf mehrere Abnehmer verteilen, ohne der Vergünstigung des § 7 verlustig zu gehen, dann muß er auch die Möglichkeit haben, die Waren entsprechend der von ihm vorgenommenen Verteilung ohne steuerlichen Nachteil an seine Kunden befördern zu lassen. Es wird also der Rahmen der Beförderung im Sinne des § 7 nicht überschritten, wenn ein Fuhrunternehmer im Auftrag eines Zwischenhändlers eine Menge vertretbarer Sachen von einem

Dritten in Empfang nimmt und nach Weisung seines Auftraggebers in Teilmengen mehreren Abnehmern zuführt, sofern die Ausscheidung der Teilmengen zur Ausführung des Beförderungsvertrags gehört; RFH. (Gr. S.) 1. 10. 23 (13, 1). Beim Umschlagsverkehr vom Schiff zur Eisenbahn oder von der Eisenbahn auf ein Fuhrwerk bildet die Feststellung des Gewichts der neuen Beförderungseinheiten einen notwendigen Bestandteil der Beförderung; RFH. 30. 9. 25, RStBl. 208. Der Beförderungsunternehmer, der auf Grund eines besonderen mit dem Zwischenhändler abgeschlossenen Vertrags die Gegenstände besitzt, muß eine dritte an dem Warenumsatz nicht beteiligte Person sein; eine offene Handelsgesellschaft, die in ihrer Hauptniederlassung eine Kohlenhandlung und in ihrer auswärtigen Zweigniederlassung eine Reederei betreibt, erwirbt den unmittelbaren Besitz an den Kohlen, die der Zweigniederlassung von einem Dritten lediglich zum Zwecke der Beförderung übergeben werden, auch dann, wenn die Zweigniederlassung eine eigene Firma führt, weil die Zweigniederlassung Teil derselben Rechtspersönlichkeit ist; RFH. 25. 5. 23 (12, 236). Der Unternehmer muß die Übertragung des unmittelbaren Besitzes durch einen Lagerhalter auch dann gegen sich gelten lassen, wenn der Lagerhalter die Ware bereits vom Vorgänger des jetzigen mittelbaren Besitzers in seinen unmittelbaren Besitz bekommen, aber mit dem jetzigen mittelbaren Besitzer einen besonderen Vertrag abgeschlossen hat, wonach er die in Besitz genommene Sache nunmehr für diesen besitzt; RFH. (Gutachten) 26. 3. 20 (2, 328). Wenn eine Genossenschaft die an sie adressierten Warensendungen jeweils durch Vertreter am Bahnhof in Empfang nimmt und vom Eisenbahnwagen aus an ihre Mitglieder, die ihr Bestellungen aufgegeben haben, verteilt, so erlangt sie durch diese Handlungen ihrer Vertreter an den Waren unmittelbaren Besitz und überträgt ihn an die Mitglieder weiter; RFH. 18. 1. 22 (8, 120). Wenn dagegen eine Firma die an sie adressierten Waren durch die Bahn an die in einem neuen Frachtbrief bezeichneten Abnehmer weiter leiten läßt (Umkartierung), so liegt ein typischer Fall des reinen Handels vor; daran ändert nichts, daß die Waggons auf ein bestimmtes bahneigenes Gleis gerollt sind, sofern die Firma nicht die Sendung auf diesem Gleise in Empfang genommen hat; RFH. 31. 3. 22 (9 34). Ob auch derjenige die Gegenstände „auf Grund eines besonderen mit dem Unternehmer abgeschlossenen Vertrages für diesen besitzt", der als Lieferer das Eigentum durch Besitzkonstitut (vgl. § 1 A. 1 III B) übertragen hat und die veräußerte Sache nicht unmittelbar an seinen Käufer, sondern an dessen Kunden sendet, ist streitig; aus der Entstehungsgeschichte ergibt sich, daß das Besitzkonstitut nicht als ein besonderes Vertragsverhältnis im Sinne des § 7 angesehen werden sollte; RFH. 30. 6. 22, RStBl. 254.

Eine besondere Begünstigung ist durch den durch Gesetz v. 8. 4. 22 eingeführten Abs. 3 für die Lieferung von Elektrizität, Gas und Wasser vorgesehen; erfolgt die Lieferung durch zusammenhängende Leitungen mehrerer Unternehmungen, so wird nur die Übertragung des Besitzes durch die erste Lieferin zur Steuer herangezogen. Das wird auch dann zu gelten haben, wenn die elektrische Kraft von einem Zwischenlieferer zu der für den Konsumenten erforderlichen Spannung umgeformt wird (vgl. unter B).

Für die Steuerpflicht dessen, der den unmittelbaren Besitz überträgt, ist es gleichgültig, aus welchem Grunde der Zwischenhändler den unmittelbaren Besitz erwirbt (z. B. Kaufvertrag, Werkvertrag, Beförderungsvertrag); RFH. 11. 10. 22, RStBl. 1923, S. 49. Ebenso, ob der unmittelbare Besitz dem Erwerber selbst übertragen wird oder einer von ihm bezeichneten dritten Person, z. B. jemanden, dem er die Sache verkauft, vermietet, verpachtet oder geschenkt hat, oder einem Beauftragten, der seinerseits nicht auf Grund eines Umsatzgeschäfts, wohl aber auf Grund eines Verwahrungs-, Lagerhaltungs-, Beförderungs- und ähnlichen Geschäfts an der Besitzübertragung wirtschaftlich beteiligt wird; Rschr. d. RSchA. v. 19. 10. und 12. 11. 18, Amtl. Mitt. S. 122. Vgl. Popitz, JW. 1921 S. 1063.

Die Übertragung des unmittelbaren Besitzes ist, auch dann für die Steuerpflicht entscheidend, wenn die Lieferung durch

Traditionsurkunden (Konnossemente, Ladescheine, an Order lautende Lagerscheine) erfolgt. Die Lieferungen bleiben trotz des Eigentumsübergangs, der durch die Übergabe des Traditionspapiers erfolgt, steuerfrei bis jemand den unmittelbaren Besitz der Ware erhält und weiter überträgt.

B. Für die Frage, ob dieselben Gegenstände erworben und weiterveräußert werden, ist der Handelsbrauch und, wenn ein solcher nicht feststeht, die Marktgängigkeit der Ware entscheidend. Ungeeichte Gewichte und geeichte Gewichte sind nicht gleichartige Gegenstände in diesem Sinne; RFH. 24. 1. 22 (8, 123); ebensowenig Ofenrohre und -knien und unbearbeitete Bleche; RFH. 11. 10. 22, RStBl. 1923 S. 49. Schmutzwolle erhält durch das Reinigen und Sortieren eine andere Marktgängigkeit; Schmutzwolle und gereinigte und sortierte Wolle sind also nicht Gegenstände gleicher Art im Sinne des § 7; RFH. 16. 2. 23 (11, 281). Auch handelt es sich nicht um dieselben Gegenstände, wenn ein Generalunternehmer, der die Herstellung von Eis- und Kühlanlagen übernimmt und ein Gesamtentgelt für die fertigen Anlagen erhält, die erforderlichen von ihm aufgestellten und montierten Maschinen von einem Unternehmer an den Besteller der Anlage unmittelbar liefern läßt; RFH. 11. 10. 21 (7, 106). Ebenso sind die vom Lieferer gelieferten Einzelwerkteile einer Heizanlage ein anderer Gegenstand, als die von einem Dritten entsprechend der Bestellung als Einheit gelieferte Heizanlage selbst, mögen sie auch der wichtigste Teil der Anlage sein; diese kommt erst durch die sachgemäße Tätigkeit des Dritten (Aufstellen, Anschluß und dergl.) zustande; das Montagegeschäft ist kein von der übrigen Lieferung unabhängige selbständige Nebenleistung; RFH. 6. 12. 22, RStBl. 1923 S. 49.

C. Abwicklung mehrerer Umsatzgeschäfte. Bei Entscheidung der Frage, ob die Übertragung des unmittelbaren Besitzes an einem Gegenstand bei Abwicklung mehrerer Umsatzgeschäfte erfolgt ist, wird stets in erster Linie die wirtschaftliche Gestaltung der Verhältnisse in Betracht zu ziehen sein. Auch wenn der Erwerber sich nicht Zug um Zug den unmittelbaren Besitz einräumen läßt, sondern etwa mit einem Veräußerer, der den unmittelbaren Besitz hat, zunächst einen Verwahrungsvertrag oder ein ähnliches Rechtsgeschäft über den Gegenstand abschließt, so daß die spätere Verschaffung des unmittelbaren Besitzes rechtlich in Ausführung dieses Rechtsgeschäfts erfolgt, wird doch wirtschaftlich eine Abwicklung des Lieferungsgeschäfts vorliegen.

Um die Abwicklung mehrerer Umsatzgeschäfte zwischen verschiedenen Personen handelt es sich auch bei den Geschäften eines Kommissionärs (§§ 383, 406 HGB.), nämlich um die Abwicklung des Geschäfts zwischen dem Kommittenten und dem Kommissionär sowie des Geschäfts zwischen dem Kommissionär und dem Dritten; denn der Kommissionär tritt nicht bloß als Vermittler auf, sondern handelt im eigenen Namen; auch wirtschaftlich steht seine Tätigkeit dem Eigenhandel nahe, denn er sucht nicht Bezahlung für seine Tätigkeit als Vermittler, sondern Ausnutzung seines eingerichteten Geschäftsbetriebs, seiner Beziehungen und seines Betriebskapitals: AusschB. I S. 73 ff.; RFH. (Gutachten) 20. 6. 19 (1 B 19); 28. 7. 20, RStBl. 509; 9. 6. 20, RStBl. 389; 5. 5. 20, RStBl. 417; 18. 10. 22 (10, 351). Für die Besteuerung ist zu unterscheiden, ob der Kommissionär den unmittelbaren Besitz der Ware übertragen erhält und ihn bei der Einkaufskommission an den Kommittenten, bei der Verkaufskommission an den Dritten weiter überträgt oder ob dem Kommissionär eine solche Verfügungsgewalt über die Sache nicht eingeräumt wird. Ist ersteres der Fall, so sind sowohl die Zahlungen zwischen dem Kommittenten und dem Kommissionär wie diejenigen zwischen dem Kommissionär und dem Dritten als Zahlungen für Lieferungen zu versteuern. Hat dagegen der Kommissionär den unmittelbaren Besitz der Sache nicht erhalten, so kommen die Zahlungen an den Kommissionär für die Versteuerung nicht in Betracht. Denn, wenn der Kommissionär umsatzsteuerfrei ist, weil er nicht den unmittelbaren Besitz übertragen hat, unterliegt auch seine Provison nicht der Umsatzsteuer; RFH. (Gutachten) 11. 2. 21 (4, 316); 1. 4. 21

(5, 185). Die gleichen Grundsätze gelten, wenn der Kommissionär ins Ausland liefert; wenn die Lieferung ins Ausland steuerfrei ist, entfällt auch die Steuerpflicht der Provision (Popitz, DStBl. 1921 Sp. 22). Nach § 27 AB. sind die sog. Wein- und Hopfenkommissionäre in den Wein- und Hopfengebieten befugt, der Berechnung der Umsatzsteuer lediglich die Vermittlungsgebühren zugrunde zu legen, sofern sie auch bei eigentlichen Kommissionsgeschäften für den gleichen Steuerabschnitt von dem Vorrecht des § 7 keinen Gebrauch machen. Ein Verlagsunternehmen, das das ihm von den Verfassern übertragene Recht zur Aufführung von Bühnenwerken den Bühnenleitungen überträgt und nach außen hin, mag auch die Übertragung an das Unternehmen nur zu treuen Händen erfolgt sein, im eigenen Namen handelt, ist als Verkaufskommissionär mit dem vollen Entgelt und nicht nur mit der ihm nach Befriedigung der Verfasser verbleibenden Provision steuerpflichtig; RFH. 27. 5. 21 (6, 35).

Entsprechend ist die Frage zu beantworten, ob zwischen Ein- und Verkaufsvereinigungen mit eigener Rechtspersönlichkeit (Konsum-, Absatzgenossenschaften, Syndikaten, Kartellen), welche die Lieferungsverträge mit Dritten im eigenen Namen abschließen, im Geschäftsverkehr mit ihren Mitgliedern aber keine Gewinne erzielen, sondern lediglich ihre Verwaltungskosten decken, und Dritten steuerpflichtige Lieferungsgeschäfte vorliegen. Dies ist nur dann der Fall, wenn der unmittelbare Besitz der Waren der Vereinigung übertragen und demnächst von ihr weiter übertragen wird. Wird auf Anweisung des Syndikats, das mit einem Dritten abgeschlossen hat, von einem Mitglied des Syndikats, z. B. einer Zeche, der unmittelbare Besitz der Ware einem Abnehmer übertragen, so ist nur das Abwicklungsgeschäft zwischen Syndikat und Mitglied umsatzsteuerpflichtig, die Zahlung des Abnehmers an das Syndikat kommt für die Versteuerung nicht in Betracht. Gleiche Grundsätze gelten auch für den geschäftlichen Verkehr der Vereinigungen ohne eigene Rechtspersönlichkeit; vgl. § 1 A. 1 II a. E. Vgl. hierzu Popitz, „Umsatzsteuer und Kartelle", JW. 1919 S. 786.

D. In allen Fällen der Anwendbarkeit des § 7 hat der den unmittelbaren Besitz Übertragende der Berechnung der Steuer den Betrag zugrunde zu legen, den er aus dem von ihm abgeschlossenen Geschäft erhält, denn das ist sein Entgelt für die Lieferung. Ist die Lieferung aus diesem hiernach für die Steuer maßgebenden Geschäft aus irgendeinem Grunde, insbesondere weil eine der Befreiungsvorschriften der §§ 2 oder 3 Platz greift, steuerfrei, so ist überhaupt keine Steuer zu entrichten.

Eine nach § 7 Abs. 1 steuerfreie Lieferung darf nicht auf dem Umwege zur Steuer herangezogen werden, daß man sie in Lieferung im engeren Sinne und in sonstige Leistungen aufspaltet, d. h. aus ihr diejenige gewerbliche Tätigkeit absondert, die erforderlich war, um die Lieferung im engeren Sinne zu bewirken, und einen Teil des Entgelts als Entgelt für diese sonstigen Leistungen zur Besteuerung heranzieht; vielmehr bleibt das gesamte für die steuerfreie Lieferung vereinnahmte Entgelt steuerfrei; RFH. 22. 10. 19 (1, 230). Es wird also die vermittelnde Tätigkeit, die der Zwischenhändler zwischen seinem Lieferer und seinem Abnehmer ausübt, durch den Begriff der Lieferung mitumfaßt: sie fällt nicht unter die „sonstigen Leistungen" des § 1 Abs. 1.

2. Durch Abs. 2 soll ein im früheren Recht begründeter Zweifel beseitigt werden. Hatte nämlich ein Kleinhändler einen der erhöhten Umsatzsteuer unterliegenden Gegenstand, den er nicht auf Lager hatte, verkauft und die Fabrik beauftragt, den Gegenstand unmittelbar dem Kunden zuzusenden, so konnte zweifelhaft sein, ob die erhöhte Steuer nicht ausgeschaltet war, denn der Kleinhändler übertrug nicht den unmittelbaren Besitz und der Fabrikant hatte nicht im Kleinhandel, sondern an den Händler verkauft. Für die Fälle, in denen es sich um Lieferung eines der erhöhten Umsatzsteuer unterliegenden Gegenstandes handelt, wird deshalb von dem Erfordernis der Übertragung des unmittelbaren Besitzes abgesehen. Das gilt auch für Privatluxusverkäufe (§ 23 Abs. 1 Nr. 3); RFH. 20. 9. 22, RStBl. 315.

§ 8.

Die Steuer wird von dem für die steuerpflichtige Leistung vereinnahmten Entgelte berechnet. Erfolgt die Besteuerung nach Zeitabschnitten (§ 33), so ist die Gesamtheit der in den Zeitabschnitten vereinnahmten Entgelte zugrunde zu legen.

In den Fällen der § 17 Nr. 3, § 23 Abs. 1 Nr. 4 ist dem Entgelte der auf den Gegenstand entfallende Eingangszoll hinzuzurechnen, sofern er nicht bereits im Lieferungspreis enthalten ist.

In den Fällen des § 1 Nr. 2 tritt an die Stelle des Entgelts der gemeine Wert der entnommenen Gegenstände; dabei ist von den Preisen auszugehen, die am Orte und zur Zeit der Entnahme für Gegenstände der gleichen oder ähnlichen Art von Wiederverkäufern gezahlt zu werden pflegen.

In den Fällen des § 5 Abs. 2 gilt als Entgelt der Preis des Pfandscheins zuzüglich der Pfandsumme.

Ist für die Steuerpflicht einer einzelnen Lieferung die Höhe des Entgelts maßgebend, so ist vom Entgelte für die Lieferung jedes einzelnen Gegenstandes auszugehen, es sei denn, daß mehrere auf einmal entnommene Gegenstände eine wirtschaftliche Einheit bilden oder nach der Bestimmung des Lieferers nur zu einem Gesamtpreis gemeinsam lieferbar sind.

Beträge, die vom Leistungsverpflichteten für die Beförderung und Versicherung der Gegenstände, auf die sich die Verpflichtung bezieht, in Rechnung gestellt werden, sind nur insoweit nicht als Teil des Entgelts anzusehen, als durch sie die Auslagen des Leistungsverpflichteten für die Beförderung und Versicherung ersetzt werden.

Die Kosten der Warenumschließung dürfen nur dann vom Entgelt gekürzt werden, wenn die Warenumschließung vom Lieferer zurückgenommen und das Entgelt um den auf sie entfallenden Teil gemindert wird.

Bei Geschäften, deren Abwicklung in einer steuerpflichtigen Leistung jedes der Beteiligten an den andern besteht (z. B. Tauschgeschäften), gilt der Wert jeder der Leistungen als Entgelt für die andere; diese Vorschrift findet bei Hingabe an Zahlungs Statt entsprechende Anwendung.

Ausländische Werte sind nach näherer Bestimmung des Reichsministers der Finanzen umzurechnen.

Übersicht zu § 8:

1. A. Die Grundlage für die Bemessung der Steuer ist das für die steuerpflichtige Leistung vereinnahmte E n t g e l t. Darunter ist die Gesamtheit dessen zu verstehen, was der Empfänger der Leistung zu ihrer Erlangung aufzuwenden hat einschließlich der Beträge, die eine Vergütung für gewisse vom Leistenden gemachte Aufwendungen darstellen, z. B. für Reisen, die der Leistungsverpflichtete in Erledigung seiner Aufgabe hat vornehmen müssen; RFH. 5. 11. 19, AmtlMitt. S. 415; die Verpflegungsgelder, die ein Trainer vom Besitzer der ihm anvertrauten Rennpferde vereinnahmt; RFH. 28. 3. 22, RStBl. 281. Zu den umsatzsteuerpflichtigen Aufwandsentschädigungen gehören auch die von dem Auftraggeber für den Steuerpflichtigen an Dritte (Hotels, Verkehrsmittel und dergl.) gezahlten Beträge (vgl. AB. § 107 Abs. 2) und Auslagen, z. B. verauslagte Telephongebühren; RFH. 27. 1. 23, RStBl. 132. Auch sonstige Unkosten gehören mit zum Entgelt, z. B. bei Rechtsanwälten die Auslagenpauschsätze und Schreibgebühren; RFH. (Gutachten) 10. 11. 20 (3, 351); ebenso Auslagen eines praktischen Arztes für Arzneimittel und Verbandstoffe, die er aus der Apotheke im ganzen und im eigenen Namen bezieht und seinen Kranken verabreicht, sowie für Blutuntersuchungen, die er nach den von ihm selbst den Kranken entnommenen Blutproben, sei es auch mit deren Vorwissen, durch eine Blutuntersuchungsstelle vornehmen läßt; RFH. 12. 12. 22 (11, 98). Dagegen sind nicht einzurechnen durchlaufende Posten, das sind diejenigen Beträge, die der Steuerpflichtige für seinen Auftraggeber in dessen Namen und für dessen Rechnung vereinnahmt und verausgabt, z. B. ausgelegte Prozeß- und Stempelkosten, Zahlungen an den Prozeßgegner; AusschB. II S. 45; AB. § 107 Abs. 2; RFH. 7. 8. 22 (8, 174). Arbeitslöhne, die ein Baumeister bei der Ausführung von Aufträgen, z. B. Regiearbeiten, zahlt, bilden einen Teil seines steuerpflichtigen Umsatzes, wenn er die Arbeiter im eigenen Namen annimmt und entlohnt, dagegen nicht, wenn dies erkennbar im Namen des Bauherrn geschieht; Erl. d. RFM. v. 17. 4. 20, RStBl. 271. Keinen Teil des steuerpflichtigen Entgelt bildet ein Aufschlag zum Hektoliterpreis, den Bierabnehmer, die zugleich Darlehnsschuldner einer Brauerei sind, auf Grund vertraglicher Verpflichtung zur allmählichen Tilgung des Darlehns bei jeder Bierabnahme der Brauerei zahlen müssen, denn dieser Zuschlag wird auf Grund der Darlehnsgewährung gezahlt, er ist nicht Gegenleistung für die Bierlieferung; RFH. 16. 2. 23 (11, 344).

Über die zugunsten von Anzeigenvermittlern geltende Sondervorschrift vgl. § 8a. Das Aufgeld zum Zuschlagspreise bei Auktionen bildet einen Teil des Entgelts; RFM. 20. 5. 20, RStBl. 329; ebenso die Gebühr des versteigernden Auktionators, sofern sie der Erwerber mit dem Steigerungspreis bezahlt; RFH. 31. 1. 22 (9, 63); 21. 3. 23, RStBl. 196. (Das gilt auch für die Luxussteuer). Die Versteigerungsgebühr unterliegt daher der Umsatzsteuer einmal als Teil des Versteigerungserlöses und sodann als Bestandteil des dem Versteigerer für seine Leistung vom Auftraggeber entrichteten Entgelts; RFH. 22. 6. 23, RStBl. 271. Wenn eine Molkereigenossenschaft ihre Molkereiprodukte im eigenen Namen und für eigene Rechnung von Milchwagen und durch sogenannte Verteiler verkaufen läßt, so bildet die an die Verteiler zu zahlende Vergütung auch dann einen Teil des steuerpflichtigen Entgelts der Genossenschaft, wenn die Verteiler die Vergütung sogleich einbehalten und nicht erst an die Genossenschaft abführen; RFH. 6. 11. 25, RStBl. 259. Eine besondere Vergünstigung ist für Kursmakler an amtlichen Produktenbörsen vorgesehen (V. v. 16. 1. 25, RGBl. S. 4 § 3); bei öffentlichen Versteigerungen von Getreide oder Futtermitteln an amtlichen Produktenbörsen gilt nämlich in Abweichung von § 1 Nr. 3, § 11 Abs. 2 als Versteigerer nicht der versteigernde Kursmakler, sondern dessen Auftraggeber; die Steuerpflicht des Kursmaklers beschränkt sich auf die Vermittlungsgebühr. Bei einer G. m. b. H., die die gemeinschaftliche Lagerung und Beförderung von Waren für die Gesellschafter bezweckt, kann der von den Gesellschaftern zur Erstattung der von der Gesellschaft für ihre Angestellten und Arbeiter aufgewandten Gehälter und Löhne gezahlte Betrag Gegenleistung für die Leistungen sein, die die Gesellschaft für sie gemacht hat; RFH. 6. 10. 20 (3, 281). Bei der Übernahme bestehender Hypothekenschulden durch den Erwerber eines Grundstücks bildet, unabhängig von der Befreiung des Verkäufers, bereits die Schuldübernahme einen Teil des Entgelts; RFH. 28. 1. 21 (4, 278); 29. 11. 21, RStBl. 1922 S. 117. Der Wert des einem Unternehmen zum Zwecke der

Verarbeitung übergebenen Altgoldes, wobei es dem Unternehmen überlassen bleibt, statt des hingegebenen Goldes die gleiche Menge anderen Goldes in verarbeitetem Zustande zurückzugeben, bildet keinen Teil des steuerpflichtigen Entgelts für die vereinbarte Leistung; RFH. 3. 11. 21 (7, 277). Bei Entscheidung der Frage, welches Entgelt bei der sog. Umtauschmüllerei der Berechnung der Umsatzsteuer zugrunde zu legen ist, ist von dem Grundsatze auszugehen, daß für die Umsatzsteuer ein wirtschaftlicher Vorgang nicht in erster Linie nach der bürgerlich-rechtlichen Gestaltung, sondern wesentlich danach beurteilt werden muß, ob wirtschaftlich ein Leistungsaustausch vorliegt oder nicht. Die Umtauschmüllerei ist wirtschaftlich eine besondere Form der Lohnmüllerei; bei Abgabe von Getreide gegen Hingabe von Mehl ist daher nur der Mahllohn umsatzsteuerpflichtig; RFH. 24. 1. 25 (15, 282). Die Umtauschbäckerei ist auf dem Gebiete der Umsatzsteuer ebenso wie die Umtauschmüllerei zu behandeln; RFH. (Gutachten) 16. 7. 25 (17, 70).; desgl. die Umtauschspinnerei und -weberei RFH. 23. 10. 25 (17, 228). Landwirte, die als Mitglieder einer Gesellschaft von Rübenbauern zur Herstellung von Zucker vertraglich ihre Rübenernte unter Vorbehalt des Eigentumsrechts lediglich an den Rückständen, die ihnen infolgedessen anteilmäßig zurückgegeben werden, an die Gesellschaft gegen Entgelt liefern, liefern nicht auf Grund eines Werkvertrags, sondern eines Kaufvertrags und sind daher mit dem Gesamtgegenwert für die Rübenlieferungen umsatzsteuerpflichtig; RFH. 30. 11. 23, RStBl. 1924 S. 33.

Der Besteuerung ist stets dasjenige Entgelt zugrunde zu legen, das der Steuerpflichtige vereinnahmt. Eine Vereinnahmung liegt aber nicht vor, wenn zwei Betriebszweige eines juristisch einheitlichen Unternehmens miteinander abrechnen, so daß also z. B. eine Fabrik Waren, die sie von ihrem Lager an ihre eigenen Läden abgibt, diesen buchmäßig in Rechnung stellt. In einem solchen Falle liegt noch keine Vereinnahmung im Rechtssinne vor; der Gesamtbetrieb vereinnahmt tatsächlich erst, wenn die Ware durch das Ladengeschäft an einen Dritten verkauft und von diesem bezahlt worden ist (AusschB. II S. 49).

Nach § 7 der V. v. 16. 1. 25 (RGBl. S. 4) sind bei Sammelsendungen von Saatgut, Futter-, Einstreu- oder Dungmitteln auch die im eigenen Namen handelnden Vertreter der Landwirte, für welche die Lieferungen bestimmt sind, berechtigt, der Berechnung der Umsatzsteuer für ihre Lieferungen an die Landwirte lediglich die Vermittlungsgebühr zugrunde zu legen, wenn sich ihre Tätigkeit auf die bloße Aussonderung aus der Sammelsendung an die bei der Bestellung beteiligten Landwirte beschränkt.

B. Wenn der Veräußerer von der gelieferten Ware Zoll-, Verkehrs- oder Verbrauchsabgaben entrichtet hat und deren Ersatz verlangt, so ist der Betrag der Abgaben für die Steuerberechnung mitzurechnen, gleichviel ob sie in den Lieferungspreis hineinkalkuliert oder besonders in Rechnung gestellt sind; RFH. 7. 3. 22 (8, 174). Jedoch dürfen Spediteure, die für ihre Auftraggeber gemachten Zollausgaben vom Entgelt absetzen (AB. § 30 Abs. 2). Für die Fälle des § 17 Nr. 3, § 23 Abs. 1 Nr. 4 ist ausdrücklich vorgeschrieben, daß der auf den Gegenstand entfallende Eingangszoll dem Entgelt hinzuzurechnen ist, sofern er nicht bereits im Lieferungspreis enthalten ist. Bei Weinlieferungen hat der Käufer neben dem Kaufpreis für die Ware noch die vom Lieferer in Rechnung gestellte Weinsteuer zu entrichten; dieser Steuerbetrag bildet einen Teil des umsatzsteuerpflichtigen Gesamtentgelts; RFH. 23. 7. 19, AmtlMitt. S. 327; 23. 12. 19, RStBl. 1920 S. 159; 17. 3. 20, RStBl. 276. Das gleiche gilt für die Verbrauchsabgabe vom Branntwein, die Steuer auf alkoholfreie Getränke, die Kohlensteuer; Rschr. d. RSchA. v. 4. 11. 18, AmtlMitt. S. 125; Vfg. d. FM. v. 31. 12. 18, FMBl. 1919 S. 33; den Tabaksteuerbetrag, den ein Zigarettenhersteller entrichtet und in das von den Zigarettenabnehmern zu leistende Entgelt eingerechnet oder dem Abnehmer besonders in Rechnung gestellt hat; RFH. 28. 4. 25, RStBl. 110. Einen Teil des Entgelts bildet auch die an eine Gemeinde abzuführende Eintrittskartensteuer, die der steuerpflichtige Veranstalter von Theater- und Kinovorstellungen bei der Erhebung des Eintrittsgeldes auf die Besucher abwälzt; RFH. 23. 7. 19 (1, 140); 28. 1. 21, RStBl.

136; 11. 2. 21, RStBl. 177; 10. 11. 21 (7, 306); 24. 1. 22, RStBl. 126; sowie eine gemeindliche Beherbergungssteuer (Fremdensteuer), die der Vermieter dem Fremden in Rechnung stellt; RFH. 7. 8. 22 (8, 174); 22. 11. 22, RStBl. 1923 S. 46; 26. 10. 23 (13, 48). Die von Zündholzfabrikanten zur Herbeiführung eines Preisausgleichs zwischen in- und ausländischen Zündhölzern vom Verkaufspreis zu entrichtende Auflage bildet einen Teil des umsatzsteuerpflichtigen Entgelts; RFH. 29. 11. 21; RStBl. 1922 S. 74. Über die Umsatzsteuerpflicht im Salzhandel und die Berücksichtigung der auf dem Salz ruhenden Salzabgabe vgl. Rschr. d. RFM. v. 23. 7. 19, AmtlMittl. S. 141; Vfg. d. FM. v. 12. 4. 19, FMVBl. S. 280. Auch die Umsatzsteuer selbst ist, wenn der Leistende sie in den Preis hineingerechnet und auf den Empfänger abgewälzt hat oder wenn sie ausnahmsweise gesondert in Rechnung gestellt wird (vgl. § 12), bei der Berechnung der Steuer als Teil des Entgelts mitzurechnen; RFH. 17. 9. 19 (1, 167). Das gleiche gilt ferner für Fütterungskosten, Aufbewahrungskosten und sonstige Verwendungen, die der Veräußerer vor der Lieferung auf die veräußerte Ware gemacht hat. Auch Vermittlergebühren, die der Leistende aufgewendet und in den Leistungspreis hineingerechnet hat, können nicht für die Steuerberechnung in Abzug gebracht werden; so bilden die vom Erwerber im Kaufpreis übernommenen Mäklergebühren einen Teil des Entgelts; RFH. 16. 11. 20, RStBl. 1921 S. 10. Ebenso gehören Provisionen, die der Veräußerer für den Versand bekommt, zum steuerpflichtigen Entgelt (Auskunft d. FM. FMVBl. 1918 S. 354 Nr. 9).

C. Beförderungs- und Versicherungskosten, welche neben dem Leistungsentgelt in Rechnung gestellt werden, können insoweit bei der Steuerberechnung in Abzug gebracht werden, als durch sie die Auslagen des Leistungsverpflichteten für die Versendung und Versicherung ersetzt werden. Die Vorschrift ist auch auf die Spedition anzuwenden; den Spediteuren ist also gestattet von ihrem Entgelt denjenigen Teil abzuziehen, durch den sie die Auslagen für Versendung und Versicherung ersetzt erhalten. Hat aber der Leistungsverpflichtete für die Versendung keine Auslagen gehabt, vielmehr die Versendung durch eigene Betriebseinrichtungen vorgenommen, so ist diese Leistung bei der Versteuerung ebenso zu berücksichtigen, wie die Leistung selbst (Auskunft des FM. FMBl. 1918 S. 354 Nr. 9: vgl. Bissel, DStBl. 1921 S. 362). Auch Portoauslagen im Postverkehr gehören hierher, wenn sie z. B. vom Verwahrer hinsichtlich der von ihm verwahrten Wertpapiere bei Wahrnehmung der mit der Verwahrung zusammengehörigen Verwaltungstätigkeit aufgewendet werden: dies setzt aber voraus, daß sie als solche vom Leistungsverpflichteten dem Leistungsberechtigten in Rechnung gestellt werden; dagegen sind sie als Generalunkosten steuerpflichtig, wenn ihr Gesamtbetrag lediglich auf sämtliche beteiligte Kunden nach irgendeinem Schlüssel umgelegt wird; RFH. 4. 7. 22 (10, 90). Der sog. „Trägerlohn" (Zustellungsgebühr) ist bei der Lieferung von Zeitungen nicht als Teil des umsatzsteuerpflichtigen Entgelts, des Bezugspreises, anzusehen und daher nach Abs. 6 abzugsfähig, falls der Trägerlohn vom Zeitungsverleger dem Träger geschuldet wird und erstattet werden muß und der auf den Trägerlohn entfallende Betrag dem Zeitungsbezieher entweder neben dem eigentlichen Bezugspreis getrennt in Rechnung gestellt wird, oder die Höhe des Trägerlohns sich aus den Bezugsbedingungen zweifelsfrei ergibt; RFH. 4. 5. 23 (12, 190). Das von bahnamtlichen Rollfuhrunternehmern vereinnahmte Entgelt (Rollgeld) ist umsatzsteuerpflichtig; Steuerfreiheit nach Abs. 6 kommt nicht in Frage, da diese Vorschrift sich nicht auf den Fall bezieht, daß die Beförderung als solche den Gegenstand der Leistung darstellt; RFH. 19. 22. 22, RStBl. 140. Die Abzugsfähigkeit von Auslagen für die Beförderung ist nicht davon abhängig, daß die Beförderung nach § 2 Nr. 5 von der Besteuerung ausgenommen ist; Kaigebühren gehören im allgemeinen zu den Auslagen für die Beförderung; RFH. 17. 2. 25 (15, 320).

D. Auch die Vergütung für Warenumschließungen (z. B. Weinflaschen, Kisten) gehört zum steuerpflichtigen Entgelt, gleichviel ob das Entgelt in einer Summe oder nach Hauptgegenstand und Verpackung getrennt berechnet ist. Nur dann dürfen die Kosten für Warenumschließungen und Verpackungsmaterial vom Entgelt für die Lieferung gekürzt werden, wenn die Warenumschließung vom Lieferer zurückgenommen und das Entgelt um den auf sie entfallenden Teil gemindert wird. Diese Grundsätze gelten wie die anderen Vorschriften des allgemeinen Teils sowohl für die der allgemeinen wie für die der erhöhten Umsatzsteuer unterliegenden Lieferungen und Leistungen; RFH. 31. 3. 22 (9, 148). Die Rücksendung der Warenumschließung bildet keine steuerpflichtige Leistung.

E. Ist von vornherein dem Abnehmer ein Zahlungsziel gewährt und die Verzinsung der Schuld während dieses Zeitraums in den Preis eingerechnet, so ist der volle Lieferungspreis zu versteuern. Ist dem Abnehmer ein bestimmter Preis in Rechnung gestellt, jedoch die Gewährung eines Skontoabzugs bei Zahlung innerhalb bestimmter Frist zugestanden, so ist der wirklich gezahlte Preis maßgebend, also gegebenenfalls der nach Abzug des Skontos sich ergebende Betrag; vgl. Vfg. d. FM. v. 4. 2. 19, AmtlMitt. S. 65, FMBl. S. 190. Der dem Käufer gewährte Rabatt kann in Abzug gebracht werden.

F. Vertragsstrafen, die der Lieferer wegen nicht rechtzeitiger oder nicht ordnungsmäßiger Lieferung zahlen muß, können von dem zu leistenden Gegenwert nicht in Abzug gebracht werden; wohl aber sind Abzüge vom Kaufpreis, die als Folge nicht ordnungsmäßiger Lieferung gewährt werden, zu berücksichtigen. Wird für den Fall des Nichteintritts einer Bedingung, z. B. für den Fall der Nichteinhaltung eines Termins bei der Abnahme durch den Käufer, eine Kaufpreiserhöhung vereinbart, so ist gegebenenfalls auch der gezahlte Mehrpreis zu versteuern.

2. Berechnung des Entgelts in besonderen Fällen.

A. Beim Eigenverbrauch ist an Stelle des Entgelts der gemeine Wert der entnommenen Gegenstände maßgebend; dabei sind indessen nicht die Kleinhandelspreise zugrunde zu legen, sondern die Preise, die von Wiederkäufern gezahlt zu werden pflegen. Bei Ermittlung des steuerpflichtigen Eigenverbrauchs im Gastwirtsgewerbe haben, da es für die durch den Wirt für sich und seine Familie entnommenen Speisen und Getränke einen von Wiederverkäufern gezahlten Preis nicht gibt, als Entgelt für die vom Steuerpflichtigen entnommenen Gegenstände die Erstehungskosten zu gelten zuzüglich eines in Wiederveräußerungsbetrieben üblichen Zuschlags, der schätzungsweise auf einen bestimmten Prozentsatz, etwa 10 v. H., bemessen werden kann (Auskunft d. FM. FMBl. 1918 S. 353 Nr. 2; Rschr. d. RSchA. v. 5. 11. 18, AmtlMitt. S. 119.

B. Bei der Übertragung der mit dem Besitz eines Pfandscheins verbundenen Rechte (vgl. § 5 Abs. 2) wird für die Steuerberechnung dem Preis des Pfandscheins die Pfandsumme hinzugerechnet.

C. Ist die Steuerpflicht einer Lieferung von einer bestimmten Höhe des Entgelts abhängig (vgl. § 21 Nr. 4), so ist regelmäßig das Entgelt für die Lieferung jedes einzelnen Gegenstandes maßgebend. Nur wenn mehrere auf einmal entnommene Gegenstände eine wirtschaftliche Einheit bilden oder nach der Bestimmung des Lieferers nur zu einem Gesamtpreise gemeinsam lieferbar sind, ist dieser Gesamtpreis maßgebend. Was als wirtschaftliche Einheit zu gelten hat, ist nach den Anschauungen des Verkehrs zu entscheiden; die örtliche Gewohnheit, die tatsächliche Übung sowie die Zweckbestimmung und wirtschaftliche Zusammengehörigkeit oder Abhängigkeit der einzelnen Gegenstände sind zu berücksichtigen (§ 137 Abs. 2 RAbgO.).

3. **Austausch steuerpflichtiger Leistungen.** Werden steuerpflichtige Leistungen ausgetauscht, so ist die Abgabe doppelt zu entrichten. Das gleiche gilt, wenn für eine steuerpflichtige Leistung eine andere Leistung, welche gleichfalls die Steuerpflicht zu begründen geeignet ist, an Zahlungs Statt angenommen wird. Werden nach Übereinkunft bei Lieferung von Rohstoffen oder Halbfabrikaten an Verarbeiter dem Lieferer die bei der Verarbeitung entstehenden Abfälle zurückgeliefert, so liegt eine Verbindung zweier Umsatzgeschäfte vor, deren jedes für sich zu versteuern ist. Das gilt nicht nur dann, wenn für die Lieferung des Rohstoffs oder Halbfabrikats und der Abfälle je besondere Preise

vereinbart sind, sondern auch dann, wenn am Preise für den Rohstoff oder das Halbfabrikat je nach dem Umfange der zurückgelieferten Abfälle Preisabschläge gemacht werden: vgl. das zum WUStG. erlassene Rschr. d. RSchA. v. 28. 11. 17, AmtlMitt. 1918 S. 41, und Vfg. d. FM. vom gleichen Tage, FMBl. 1918 S. 26; Vfg. d. FM. v. 18. 2. 19, FMBl. S. 189, AmtlMitt. S. 146; RFH. 29. 9. 20, RStBl. 689. Über eine Ausnahme vgl. § 2 Nr. 11.

Wenn Landwirte Milch an eine Käseküche (Käsefabrik) liefern und von dieser zum Zwecke der Selbstversorgung Käse beziehen, so liegen wechselseitige Verkaufsgeschäfte mit Aufrechnung der Entgelte vor; RFH. 27. 3. 25, RStBl. 119. Dagegen ist in der Rücklieferung der nach allgemeiner Übung unberechneten Rübenschnitzel von der Zuckerfabrik an den Rübenlieferer nicht ein neben dem Hauptgeschäft über den Zuckerinhalt der Rüben zustandegekommener Umsatz der Schnitzel zu finden, weil der Lieferer nicht den von ihm mit der Rübe erzeugten Futterstoff durch Verkauf verwerten will, vielmehr schon bei der Erzeugung der Rüben von vornherein der Verbrauch dieses Stoffes, wie er bei der Zuckergewinnung übrig bleibt, in der Eigenwirtschaft beabsichtigt ist: RFH. 8. 5. 25 (16, 195).

Warenumtauschgeschäfte, bei denen — sei es infolge eines beim ersten Ankauf gemachten Vorbehaltes, sei es infolge besonderen Entgegenkommens des Verkäufers — ein Umtausch des ursprünglich gekauften Gegenstandes gegen einen anderen unter Anrechnung des Entgelts für den zurückgelieferten stattfindet, sind keine Tauschgeschäfte im Sinne des § 515 BGB. und des § 8 Abs. 8 des Ges. Denn zum Tausch gehört begriffsmäßig, daß der Vertragswille auf den Umsatz eines individuellen Wertes gegen einen anderen individuellen Wert gerichtet ist. Bei dem Kaufgeschäft mit nachfolgendem Umtausch hat aber die Leistung eines individuellen Wertes gegen Bezahlung eines Preises stattgefunden und der Wille der Vertragschließenden geht nur dahin, an Stelle des ursprünglichen Leistungsgegenstandes einen anderen zu setzen, für den der einmal gezahlte Preis die

Gegenleistung sein soll. Die Steuer ist in solchen Fällen nur einmal zu entrichten. Es kann auch vorkommen, daß der Umtausch der Waren nicht Zug um Zug erfolgt, sondern der ursprünglich gezahlte Kaufpreis dem Käufer gutgeschrieben und ihm das Recht vorbehalten wird, bei Gelegenheit statt des zurückgegebenen Gegenstandes einen anderen einzutauschen. In diesem Falle bedeutet die Gutschrift im Zweifel nicht die Anerkennung einer Geldforderung des anderen, die der Rückzahlung des Kaufpreises gleichzustellen wäre, sondern lediglich die Vormerkung des Umtauschanspruchs; denn die Absicht geht regelmäßig nur dahin, die Entnahme eines anderen Gegenstandes aus dem Geschäft zu gestatten, nicht aber dahin, einen Anspruch auf Barzahlung zu begründen. Die Sachlage ist rechtlich keine andere, als wenn ein Gutschein ausgestellt wird. Die Gutschrift und bei der späteren Entnahme eines anderen Gegenstandes die Lastschrift sind daher keine Rechtsvorgänge, die der Barzahlung gleichzustellen wären. Der gutgeschriebene Betrag darf bei der Entnahme des anderen Gegenstandes abgesetzt werden, einerlei ob die Entnahme in dem gleichen oder einem späteren Steuerabschnitt erfolgt. Ebenso ist zu verfahren, wenn nicht der Käufer den Umtausch vornimmt, sondern eine dritte Person, die den Gegenstand als Geschenk vom Käufer erhalten hat, da mindestens vom Standpunkt des Verkäufers aus nicht die Absicht eines Tauschgeschäfts unterstellt werden kann. Diese in einem Rschr. d. RSchA. v. 5. 6. 17, AmtlMitt. 1917 S. 130, entwickelten und vom FM. gebilligten (AVfg. v. 25. 6. 17, FMBl. S. 238) Grundsätze über den WUSt. bei Umtauschgeschäften werden entsprechend für die Umsatzsteuer zu gelten haben. Für den Begriff des Umtausches ist es aber wesentlich, daß die Lieferung des zweiten Gegenstandes in Erfüllung des alten Kaufvertrags bewirkt wird; wird lediglich auf den Kaufpreis ein gebrauchter Gegenstand gleicher Art an Zahlungs Statt hingegeben, so handelt es sich um ein neues Kaufgeschäft; RFH. 7. 8. 22, RStBl. 184.

4. **Die Umrechnung ausländischer Werte** hat nach § 31 AB. zu erfolgen.

§ 8a.

Die Anzeigenvermittler (Annoncenexpeditionen) sind befugt, der Berechnung der Umsatzsteuer lediglich die Vermittlungsgebühr zugrunde zu legen, die sie als Entgelt für zugewiesene Anzeigeneinrückungen erhalten, selbst wenn sie hierbei im eigenen Namen und für eigene Rechnung tätig gewesen sind.

Diese Vorschrift gilt bereits mit Wirkung vom 1. Januar 1921 ab.

1. Die vom Reichstagsausschuß bei Beratung des Ges. v. 8. 4. 22 beschlossene Bestimmung (AusschB. III S. 12 u. 87) bedeutet eine Sondervergünstigung für Anzeigenvermittler. Bisher hatten diese Umsatzsteuer vom Gesamtentgelt zu entrichten, das sie von den Bestellern der Anzeigen für die Besorgung der Anzeigen erhielten, nicht bloß von dem Betrage, der übrig blieb, wenn sie von ihrer Roheinnahme die Zahlungen an die Zeitungen abzogen (vgl. § 8 A. 1). Die Vorschrift beruht auf Billigkeitserwägungen, die aber auch für viele andere Berufe zutreffen.

§ 9.

Auf Antrag kann die Steuerstelle gestatten, daß die Steuer nicht nach den vereinnahmten Entgelten, sondern nach den Entgelten für die bewirkten Leistungen ohne Rücksicht auf die Vereinnahmung berechnet wird. Der Antrag kann auf einen von mehreren gesonderten Betrieben desselben Steuerpflichtigen beschränkt werden. Dem Antrag ist nur stattzugeben, wenn Bücher nach kaufmännischen Grundsätzen geführt werden.

Ist die Besteuerung nach den Entgelten für die bewirkten Leistungen gestattet, so finden die Vorschriften dieses Gesetzes mit der Maßgabe Anwendung, daß, soweit in ihnen von den vereinnahmten Entgelten gehandelt wird, an deren Stelle die Entgelte für die bewirkten Leistungen treten.

Einen Übergang von einer zur andern Versteuerungsart kann die Steuerstelle zur Sicherung des Steueraufkommens an Bedingungen knüpfen, über die der Reichsminister der Finanzen nähere Bestimmungen erläßt.

Eine Festsetzung der Versteuerungsart auf Grund des Umsatzsteuergesetzes vom 26. Juli 1918 (RGBl. S. 779) behält auch für dieses Gesetz ihre Wirkung.

1. Die Berechtigung des Steuerpflichtigen, der Steuer statt der Isteinnahme die Solleinnahme zugrunde zu legen, ist zugelassen, weil diese Versteuerungsart vielfach für Kaufmannschaft und Industrie trotz des regelmäßig damit verbundenen Zinsverlustes (da die Steuer für noch nicht vereinnahmte Entgelte entrichtet wird) und der Notwendigkeit, die Steuer auch für ausfallende Forderungsbeträge zahlen zu müssen, nach der Art ihrer Buchführung bequemer ist. Manche Unternehmen, die erst nach der Zahlung liefern, z. B. Werften, die schon längere Zeit vor Vollendung des Werks Vorschußzahlungen empfangen, können durch die Wahl dieser Versteuerungsart Zinsen ersparen, da sie die Steuer erst in dem Steuerabschnitt zu entrichten haben, in dem die Lieferung erfolgt ist. Diese Form der Versteuerung setzt aber die ausdrückliche Gestattung der Steuerstelle voraus, welche nur erteilt werden darf, wenn kaufmännische Bücher geführt werden. Für die Steuerberechnung ist maßgebend der Gesamtbetrag, den die Abnehmer dem Steuerpflichtigen für die in dem Steuerabschnitt bewirkten Leistungen nach Maßgabe der Verträge zu leisten verpflichtet sind, ohne Rücksicht darauf, ob und wann die Zahlungen wirklich eingehen. Geht eine Zahlung später nicht ein, so kann deshalb in dem folgenden Steuerabschnitt ein Abzug nicht gemacht werden. Ist dem Abnehmer die Gewährung eines Skontoabzugs für den Fall der Zahlung innerhalb bestimmter Frist zugestanden, so ist, falls am Ende des Steuerabschnitts noch nicht feststeht, ob die Zahlung innerhalb der Frist erfolgen wird, der volle vereinbarte Preis

ohne Abzug des Skontos der Steuerberechnung zugrunde zu legen. Ein Wechsel in der Versteuerungsart setzt gleichfalls Gestattung der Steuerstelle voraus (AB. § 137). Über das Verfahren bei Umrechnung ausländischer Werte vgl. § 31 Abs. 2 AB.; das dort vorgesehene Verfahren entspricht dem Gesetz; RFH. 9. 1. 25 (15, 310).

§ 10.

Die Steuerbeträge sind, soweit die Besteuerung nach Zeitabschnitten erfolgt (§ 33), auf volle Mark, in den übrigen Fällen auf volle zehn Pfennig nach unten abzurunden. Kleinere Beträge sind nicht zu erheben.

§ 11.

Die Steuer ist in den Fällen des § 1 Nr. 1 und 2 von demjenigen zu entrichten, der die gewerbliche oder berufliche Tätigkeit ausübt. Dabei werden die in mehreren Betrieben desselben Steuerpflichtigen vereinnahmten Entgelte zusammengerechnet.

Im Falle des § 1 Nr. 3 liegt die Entrichtung der Steuer dem Versteigerer ob, und zwar auch dann, wenn der Auftraggeber eine selbständige berufliche oder gewerbliche Tätigkeit ausübt. Er ist berechtigt, sich bei seinem Auftraggeber für die entrichteten Steuerbeträge schadlos zu halten.

Subjektive Steuerpflicht.

1. Steuerschuldner ist grundsätzlich derjenige, der die gewerbliche oder berufliche Tätigkeit ausübt. Im Falle eines Liquidations- oder Konkursverfahrens hat der Liquidator bezw. Konkursverwalter die Steuer zu entrichten, im Falle der Anordnung einer Geschäftsaufsicht (Bekanntm. v. 14. 12. 16, RGBl. S. 1363) die Aufsichtsperson. Die Tätigkeit des Konkursverwalters ist, da sie auf Veräußerung der Warenbestände der Konkursmasse gerichtet und

außerdem auf eine längere Dauer, nämlich bis zur Versilberung der Masse, berechnet ist, als eine planmäßige und nachhaltige, also als gewerbliche Tätigkeit im Sinne des § 1 anzusehen; beginnt die Versilberung der Masse mit Einzelverkäufen und endigt sie mit dem Verkauf des Restes des Warenlagers im ganzen, so ist auch dieser Verkauf umsatzsteuerpflichtig; RFH. 7. 11. 22 (10, 348). Träger der wirtschaftlichen Betätigung bei der Versilberung der Masse im Konkursverfahren ist nicht der Gemeinschuldner, sondern die vom Konkursverwalter vertretene Masse; RFH. 10. 1. 23, RStBl. 132.

Hinsichtlich des Einflusses, den die Konkurseröffnung auf die Steuerforderungen ausübt, ist zu unterscheiden zwischen vorkonkurslichen Steuerschulden und solchen, die nach Eröffnung des Konkursverfahrens entstehen. Vorkonkursliche Steuerschulden können nach konkursrechtlichen Grundsätzen nur durch Anmeldung beim Konkursgericht geltend gemacht werden; sodann ist das Ergebnis des Prüfungstermins abzuwarten; bleibt die Forderung im Prüfungstermin ohne Widerspruch, so gilt sie als festgestellt; erfolgt aber Widerspruch, so muß gemäß § 146 KO. die Feststellung der Forderung durch die zuständige Steuerbehörde erfolgen. Dagegen sind Steuerschulden, die nach der Konkurseröffnung entstanden sind (Masseschuld oder Massekosten), gegen den Konkursverwalter geltend zu machen; letzterenfalls greift § 85 RAbgO. Platz: RFH. 28. 9. 25 (17, 185).

Verkauft ein Angestellter Waren seines Geschäftsherrn im eigenen Namen, so haftet er für die Umsatzsteuer mit den von ihm verwalteten Mitteln des Geschäftsherrn; RFH. 28. 11. 24 (15, 116).

Über die Haftung der gesetzlichen Vertreter juristischer Personen für die Steuer vgl. § 84 RAbgO. Bei Personenvereinigungen, die keine eigene Rechtspersönlichkeit besitzen, haben die Vorstände oder Geschäftsführer und, soweit solche nicht vorhanden sind, die Mitglieder die Pflichten zu erfüllen, die den Personenvereinigungen wegen der Besteuerung auferlegt sind (§ 86 RAbgO.). Wird das Unternehmen im ganzen veräußert, so haftet der Erwerber neben dem Veräußerer als Gesamtschuldner für die laufenden und für die festgesetzten, aber noch nicht entrichteten Steuern (§ 96 RAbgO.), einerlei, ob er dem Veräußerer gegenüber die Passiva übernommen hat oder nicht. In letzterem Falle hat er, wenn er trotzdem die Steuer für die Zeit vor der Übernahme entrichten muß, einen Regreßanspruch gegen den Veräußerer. Als „laufend" gelten beim Erwerb eines Unternehmens nur diejenigen Beträge, die von den Umsätzen des Steuerabschnitts erhoben werden, in den der Erwerbstag fällt; RFH. 28. 6. 23 (12, 304). Der Erwerber haftet also für die Steuer, welche für die vor der Geschäftsübernahme eingegangenen Entgelte zu entrichten ist, nicht aber hinsichtlich der Steuer für später bei dem Veräußerer eingehende Entgelte. Diese nach Übergabe des Geschäfts eingehenden Entgelte sind vom Veräußerer nach näherer Anordnung der Steuerstelle nachträglich anzumelden. (§ 35 Abs. 1). Soweit in dem Erwerbspreis die Vergütung für Abtretung ausstehender Geschäftsforderungen enthalten ist, liegt in der Empfangnahme des Erwerbspreises der Eingang des Entgelts für die bereits bewirkten Leistungen (vgl. § 1 A. 1 IV). Zahlungen, die nach Übergabe des Geschäfts bei dem Rechtsnachfolger eingehen und sich als Entgelt für Leistungen seines Rechtsvorgängers darstellen, braucht er nicht zu versteuern, denn die Leistungen gelten nach dem vorher Gesagten bereits durch die dem früheren Betriebsinhaber für die Abtretung der ausstehenden Forderungen gewährten Entgelte als bezahlt; die bei dem Rechtsnachfolger eingehenden Zahlungen bilden also im Sinne des Gesetzes keine Zahlungen für im Betriebe des Geschäfts bewirkte Leistungen.

2. Im Falle der Besteuerung des nicht gewerblichen Umsatzes (§ 23 Nr. 3) ist die Steuer vom Lieferer oder sonstigen Leistungsverpflichteten nach Maßgabe des § 39 zu entrichten.

3. Im Falle der nach § 17 Nr. 3, § 23 Nr. 4 eintretenden Besteuerung der Einfuhr ist der erste inländische Erwerber der Steuerschuldner.

4. Bei Versteigerungen hat stets der Versteigerer die Steuer zu entrichten, auch wenn er die Versteigerung nicht im eigenen

Namen bewirkt; RFH. 11. 7. 22, RStBl. 278; 29. 11. 22, RStBl. 1923 S. 46. Auch ist es unerheblich, ob der Versteigerer selbst das Entgelt einzieht oder ob es nach den Versteigerungsbedingungen unmittelbar an den Auftraggeber zu entrichten ist. Der Auftraggeber kommt steuerrechtlich nicht in Betracht; er ist nicht steuerpflichtig und deshalb auch zur Einlegung eines Rechtsmittels nicht befugt; RFH. 4. 1. 22 (7, 348); 24. 1. 22 (8, 157); 24. 11. 22, RStBl. 1923 S. 46. Eine Ausnahme gilt nach § 3 der V. über Vergünstigungen bei der Körperschaftssteuer und Umsatzsteuer v. 16. 1. 25 (RGBl. S. 4) bei Versteigerungen von Getreide oder Futtermitteln an amtlichen Produktenbörsen; in diesen Fällen gilt als Lieferer nicht der versteigernde Kursmakler, sondern dessen Auftraggeber; die Steuerpflicht des Kursmaklers beschränkt sich auf die Vermittlungsgebühr. Nimmt das Gericht eine Versteigerung außerhalb der Zwangsvollstreckung vor (z. B. Mitversteigerung des Zubehörs in den Fällen des dritten Abschnitts des ZVG., vgl. § 1 A. 2), so wird man anzunehmen haben, daß nicht der Richter persönlich, der nur als Vertreter der Behörde handelt, sondern der Fiskus die Steuer schuldet. Dagegen sind die Gerichtsvollzieher ebenso wie die Notare persönlich als Steuerschuldner anzusehen, da sie, wenn sie auch Beamte sind, nicht wie der Richter eine Behörde repräsentieren. Der Versteigerer kann sich wegen der Steuerbeträge bei seinem Auftraggeber schadlos halten. Macht der Versteigerer aus dem privatrechtlichen Vertrage gegen den Unternehmer den Anspruch auf Schadloshaltung für die entrichteten Steuerbeträge geltend, so steht dem Unternehmer die Einrede zu, die Steuer sei zu Unrecht erhoben und der Versteigerer habe es schuldhaft unterlassen, seine Freistellung von der Steuer im Rechtsmittelverfahren herbeizuführen; RFH. 24. 1. 22 (8, 157). Ob der Versteigerer berechtigt ist, einen zur Deckung der Steuer ausreichenden Vorschuß von seinem Auftraggeber zu verlangen, richtet sich nach dem zwischen ihnen bestehenden Rechtsverhältnis. Regelmäßig wird ein Dienstvertrag oder Werkvertrag, der eine Geschäftsbesorgung zum Gegenstande hat, vorliegen und demnach der Beauftragte befugt sein, gemäß § 669 BGB. Vorschuß zu fordern. Gerichtsvollzieher können gemäß § 18 der Gebührenordnung die Übernahme einer Versteigerung — abgesehen von Versteigerungen im Wege der Zwangsvollstreckung — von der Zahlung eines zur Deckung der Steuer ausreichenden Vorschusses abhängig machen. Das gleiche gilt für die Notare in Preußen gemäß § 23 der Gebührenordnung für Notare (Lindemann, DNotV. 1921 S. 22). Auch das Amtsgericht kann in Preußen die Vornahme einer steuerpflichtigen Versteigerung von der Zahlung des Vorschusses abhängig machen (§ 6 Preuß. Gerichtskostenges.).

§ 12.

Bei Leistungen aus Verträgen, die nach dem Inkrafttreten dieses Gesetzes abgeschlossen sind, ist der Steuerpflichtige nicht berechtigt, die Steuer dem Leistungsberechtigten neben dem Entgelte ganz oder teilweise gesondert in Rechnung zu stellen, es sei denn, daß als Entgelt für eine Leistung gesetzlich bemessene Gebühren angesetzt werden. Der Abnehmer aus einem Lieferungsvertrag ist nicht berechtigt, das ihm von seinem Lieferer in Rechnung gestellte Entgelt um die bei der Weiterveräußerung des Gegenstandes fällige Steuer zu kürzen.

Auf eine Vereinbarung, die den vorstehenden Vorschriften entgegensteht, kann sich der Steuerpflichtige, im Falle des Abs. 1 Satz 2 der Abnehmer, nicht berufen.

Abwälzung.

Der Steuerpflichtige ist grundsätzlich befugt, die Steuer auf den Abnehmer abzuwälzen. Indessen ist das bereits in dem Gesetz v. 30. 5. 17 bezüglich des Warenumsatzstempels enthaltene Verbot, die Steuer dem Abnehmer ganz oder teilweise gesondert in Rechnung zu stellen, für die Umsatzsteuer wiederholt. Gesondert ist die Abgabe in Rechnung gestellt, wenn dem Preise ausdrücklich ein bestimmter Betrag als Betrag der Abgabe hinzugeschlagen wird oder wenn die Preisstellung zweifelsfrei erkennen läßt, daß in den Preis der Abgabebetrag in bestimmter Höhe eingerechnet worden ist. Ebenso ist die Rücküberwälzung derart, daß der Abnehmer die ihm bei der Weiterveräußerung zur Last fallende Steuer von dem von ihm zu entrichtenden Entgelt kürzt, verboten. Auf eine abweichende Vereinbarung kann sich der Steuerpflichtige, im Falle der Rücküberwälzung der Abnehmer, nicht berufen. Die dem Gesetz widersprechende Vereinbarung hat also als nicht geschrieben zu gelten, ohne daß im übrigen die Gültigkeit des Geschäfts dadurch berührt wird. Das auf Grund einer solchen Vereinbarung Gezahlte kann zurückgefordert werden, es sei denn, daß der Zahlende wußte, daß er zur Zahlung nicht verpflichtet war (§ 814 BGB.). Im übrigen bleibt Abwälzung und Rücküberwälzung, sofern die Steuer als solche nicht gesondert in die Erscheinung tritt, sondern nur bei der Preiskalkulation berücksichtigt ist, der freien Vereinbarung überlassen. Nur für den Versteigerer ist ausdrücklich bestimmt, daß er sich bei seinem Auftraggeber für den entrichteten Steuerbetrag schadlos halten darf; insoweit bedarf es also keiner besonderen Vereinbarung. Soweit für Waren Höchstpreise festgesetzt sind, dürfen diese auch durch die aufgeschlagene Umsatzsteuer nicht überschritten werden. Hat der Lieferant es infolge eines Irrtums über die Steuerpflicht unterlassen, die Steuer in den Verkaufspreis einzukalkulieren, so kann er hieraus einen Grund zur Anfechtung des Geschäfts nicht entnehmen. Übrigens bleibt die Umsatzsteuerpflicht auch dann bestehen, wenn bei einem Gewerbebetrieb die Steuer infolge behördlich vorgeschriebener Taxen nicht abgewälzt werden kann; RFH. 12. 5. 20, RStBl. 357; 7. 11. 22, RStBl. 1923 S. 46.

Da die Steuer auch von der auf den Abnehmer abgewälzten Steuer selbst zu entrichten ist (vgl. § 8 A. 1 A) muß der Preis, um die volle den Lieferer treffende Belastung abzuwälzen, nach der Formel $\frac{100 \cdot P}{100 - St}$ berechnet werden, wobei P den Preis der Leistung ohne Rücksicht auf die Steuer, St den Steuersatz in Prozenten bezeichnet.

Eine Ausnahme gilt, wenn als Entgelt für eine Leistung gesetzlich bemessene Gebühren angesetzt werden; in solchen Fällen darf die Umsatzsteuer dem Leistungsberechtigten neben den gesetzlichen Gebühren gesondert in Rechnung gestellt werden. Die Umsatzsteuer berechnet sich dann lediglich nach dem Gebührenbetrage; RFH. 4. 3. 21 (5, 93). Die Ausnahme kommt namentlich den Rechtsanwälten zugute, welche ohne sie zur Abwälzung der Umsatzsteuer überhaupt nicht in der Lage sein würden. Sie gilt aber nur, wenn gesetzlich bestimmte Gebühren zum Ansatz gelangen, also nicht, wenn ein vereinbartes Honorar oder wenn neben den gesetzlichen Gebühren vertraglich bestimmte Teuerungszuschläge berechnet werden (Popitz, DJZ. 1920 S. 813; Vogel, JW. 1921 S. 104; a. M. Landsberg, JW. 1921 S. 105, der im Falle der Vereinbarung von Teuerungszuschlägen nur den auf diese Zuschläge entfallenden Steuerbetrag für nicht abwälzbar erachtet.) Neben den Rechtsanwälten kommen sonstige Gewerbetreibende in Betracht, denen für ihre Leistungen Vergütungen zustehen, die gesetzlich auf einen bestimmten Betrag festgestellt sind, z. B. Ärzte, Zahnärzte, Apotheker, Hebammen, Bezirksschornsteinfeger, gewerbsmäßige Stellenvermittler (Gottschalk, DStBl. Jahrg. 3, S. 404). Unzulässig ist die gesonderte Inrechnungstellung der Umsatzsteuer bei Lieferungen zu sogenannten Markenpreisen — d. h. Preisen, die für gewisse Artikel in Vereinbarungen zwischen Fabrikant und Kleinhändler festgesetzt und meist auf den Gegenstand aufgedruckt sind — (Erl. d. RFM. v. 9. 2. 20, RStBl. 193; AB. § 29). Nicht erforderlich ist, daß die Gebühren durch ein Gesetz im engeren Sinne festgesetzt sind, es genügt die Feststellung durch eine öffentlich-rechtliche Norm.

Die Bestimmung verleiht nur die Befugnis zur offenen Abwälzung, ohne die Frage zu entscheiden, wer im Verhältnis des Leistungsberechtigten und -verpflichteten zueinander die Umsatzsteuer zu tragen hat. Diese zivilrechtliche Frage regelt sich nach den Vorschriften, die für das Rechtsverhältnis zwischen den genannten Personen maßgebend sind. Rechtsanwälte können stets Ersatz der Umsatzsteuer von ihrem Auftraggeber verlangen, auch wenn es sich um Pflichtverteidiger handelt (OLG. Celle 13. 4. 20, JW. 1920 S. 568; Popitz, DJZ. 1920 S. 814). Auch gehört die Umsatzsteuer zu den in Art. II d. G. v. 18. 12. 19 den Anwälten von der Staatskasse zu erstattenden Auslagen (über die Berechnung vgl. RG. v. 29. 6. 21 und 20. 5. 21, JW. 1921 S. 1090). Ebenso können Notare Ersatz der Umsatzsteuer von ihren Auftraggebern verlangen. Auch der vom Gericht zum Sachverständigen bestellte Bücherrevisor ist berechtigt, die von seinen Gebühren zu zahlende Umsatzsteuer gegenüber dem Gericht in Ansatz zu bringen; RG. 4. 10. 20, RpflBl. 1921 S. 13.

Über die Abwälzung in der Übergangszeit vgl. § 46 A. 2.

§ 13.

Die Steuer beträgt, soweit nicht in den folgenden Vorschriften (§§ 15 und 21) höhere Sätze vorgesehen sind, bei jedem steuerpflichtigen Umsatz 0,75 v. H. des Entgelts.

1. Der Satz der allgemeinen Umsatzsteuer ist, nachdem bereits das G. v. 10. 8. 25 (RGBl. I S. 241) eine Ermäßigung auf 1,25 v. H. vorgesehen hatte, durch § 9 des G. über Zolländerungen v. 17. 8. 25 (RGBl. I S. 261) auf 1 v. H. und durch Art. II § 3 d. G. v. 31. 3. 26 (RGBl. I S. 185) auf 0,75 v. H. gesenkt. Der ermäßigte Satz hat am 1. 4. 26 Geltung erlangt.

§ 14.

§ 14 ist durch § 57 Abs. 1 des Einkommensteuergesetzes v. 29. 3. 1920 (RGBl. S. 359) aufgehoben.

Vorbemerkung.

Die in den §§ 15—24 normierte erhöhte Umsatzsteuer (Hersteller- und Kleinhandelssteuer) ist durch das G. v. 31. 3. 26 (RGBl. I S. 185) mit Wirkung vom 1. 4. 26 ab beseitigt. Auch in diesen Fällen wird nunmehr nur die allgemeine Umsatzsteuer erhoben.

II. Herstellersteuer.

§ 15.

Die Steuer erhöht sich auf 7,5 v. H. des Entgelts bei der Lieferung der unter I und II bezeichneten Gegenstände durch denjenigen, der sie innerhalb seiner gewerblichen Tätigkeit herstellt oder gewinnt (Hersteller). Die erhöhte Steuerpflicht tritt nicht ein, wenn diese Gegenstände ihrer Beschaffenheit nach nicht für die Hauswirtschaft, sondern für den Gebrauch oder Verbrauch innerhalb einer gewerblichen oder beruflichen Tätigkeit bestimmt sind; dies ist dann nicht anzunehmen, wenn die Gegenstände der Befriedigung von Bedürfnissen zu dienen geeignet sind, die sowohl in der Hauswirtschaft wie bei Gelegenheit der Ausübung einer gewerblichen oder beruflichen Tätigkeit bestehen. Die erhöhte Steuerpflicht tritt ferner, unbeschadet der Vorschriften zu I Nr. 9 Ba, II Nr. 21 und 23, nicht ein, wenn die Gegenstände ihrer Beschaffenheit nach zur Errichtung eines Bauwerkes bestimmt sind. Von der erhöhten Steuer befreit sind Arzneimittel, mit Ausnahme der zu II Nr. 16 genannten, Verbandstoffe, Gegenstände der Kranken-, Säuglings- und Wochenpflege und Vorrichtungen, die zum Ausgleich körperlicher Gebrechen dienen.

I. Der erhöhten Steuer unterliegen mit Rücksicht auf den Stoff oder die Art der Bearbeitung:

1. Gegenstände aus oder in Verbindung mit Edelmetallen, soweit es sich nicht um die nach § 21 Abs. 1 Nr. 1 erhöht steuerpflichtigen Gegenstände des Juweliergewerbes oder der Gold- und Silber-

schmiedekunst handelt. Silberne Taschenuhren mit nur einem silbernen Deckel sind nicht erhöht steuerpflichtig;

2. Gegenstände aus unedlen Stoffen, die mit Platin, Gold oder Silber belegt (plattiert oder doubliert) oder platiniert, vergoldet oder versilbert sind, mit Ausnahme von Christbaumschmuck, Taschenuhren und den zu II Nr. 17 bezeichneten Gegenständen. Als unedler Stoff gilt auch eine Legierung mit nicht mehr als $^{500}/_{1000}$ Silbergehalt;

3. Halbedelsteine, einschließlich der synthetischen, und Gegenstände in Verbindung mit ihnen;

4. Nachahmungen der zu 3 genannten Stoffe sowie Gegenstände aus oder in Verbindung mit diesen Nachahmungen mit Ausnahme der Spielwaren und der zu II Nr. 17 bezeichneten Gegenstände. Glasperlen gelten nicht als Nachahmungen von Perlen;

5. Gegenstände aus oder in Verbindung mit Bernstein, Gagat (Jet), Korallen, Elfenbein, Meerschaum, Perlmutter oder Schildpatt;

6. Gegenstände aus Kupfer, Zinn oder Nickel oder aus Legierungen, die diese Metalle enthalten, sowie Gegenstände, die mit diesen Metallen oder ihren Legierungen belegt (plattiert) sind. Taschenuhren und Spielwaren dieser Art sowie Weckeruhren aus Messing sind nicht erhöht steuerpflichtig;

7. Gegenstände aus nichtschmiedbarem Kunstguß, aus anderem nichtschmiedbaren feinen Guß sowie Kunstschmiedearbeiten;

8. Gegenstände aus Ton (keramische Gegenstände) mit Ausnahme von Spielwaren:

a) aus Steinzeug mit Ausnahme von glatten und einfarbigen Geschirren und Platten für Wand- und Fußbodenbekleidung,

b) aus Steingut mit Ausnahme von Geschirren und Platten für Wand- und Fußbodenbekleidung, es sei denn, daß sie mit Metallmattfarben gemustert (dekoriert) oder mit Lüster- oder Metallüberzug versehen sind, sowie mit Ausnahme der ungemusterten Spülwaren,

c) aus Porzellan mit Ausnahme der Tafel- und Küchengeschirre, es sei denn, daß sie in künstlerischer Ausgestaltung oder mit Metallmattfarben gemustert (dekoriert) oder mit Lüster- oder Metallüberzug versehen sind;

9. Gegenstände aus Glas:

A. Hohlgläser, geschliffen, graviert, geätzt, gemustert, mattiert, bemalt, vergoldet, versilbert oder durch Auftragen oder Einbrennen von Farben gemustert;

B. Gegenstände aus Spiegel- oder Tafelglas:

a) Verglasungen von Fenstern und Türen mit Spiegelglas bei einem Flächeninhalte von mehr als 0,75 Quadratmeter,

b) Spiegelglas, belegt oder unbelegt, gefeldert (fazettiert) oder ungefeldert (unfazettiert), bei einem Flächeninhalte von mehr als 0,75 Quadratmeter; Spiegel aus bemaltem, vergoldetem, versilbertem oder durch Auftragen oder Einbrennen von Farben oder sonst gemustertem Spiegelglase,

c) Auflegeplatten für Möbel- und Zimmerausstattungen;

C. Gegenstände aus oder in Verbindung mit optischen Gläsern;

10. Gegenstände, die ganz oder teilweise aus Schmelzglas bestehen, soweit das Schmelzglas vergoldet, versilbert, bronziert oder durch Auftragen oder Aufbrennen von Farben gemustert ist;

11. Gegenstände der Inneneinrichtung aus Horn;

12. Gegenstände aus oder in Verbindung mit Leder:

a) aus Ganzleder hergestellte Bucheinbände, Sammel- oder Diplommappen mit Ausnahme von Andachtsbüchern. Die erhöhte Steuerpflicht erstreckt sich bei gleichzeitiger Lieferung auch auf das Buch und den Inhalt der Mappe,

b) Schuhe, deren Oberteile aus Seide, Brokat oder Samt hergestellt oder deren Schäfte ganz oder teilweise aus ganzen Lackbesätzen oder aus Sämischleder bestehen,

c) Handschuhe, mit Ausnahme solcher, die mit anderem Stoffe als Pelz gefüttert sind,

d) Gegenstände der Inneneinrichtung mit Bezügen aus Leder,

e) alle übrigen aus Leder hergestellten Gegenstände mit Ausnahme von Akten-, Geld- und Geldschein-, Pfeifen-, Schul-, Zigarren- und Zigarettentaschen aus glattem Rind-, Roß-, Schaf- oder nicht lackiertem Kalbleder, sowie mit Ausnahme von den unter II Nr. 8 und 9 genannten Gegenständen, von Puppen und Puppenbälgen, von Thermosflaschen und Uhrenarmbändern;

13. Gegenstände aus Holz mit Ausnahme der Spielsachen und der zu II Nr. 17 bezeichneten Gegenstände:

a) aus oder in Verbindung mit poliertem Ahorn- mit Amaranth-, mit poliertem Apfelbaum-, poliertem Birnbaum-, mit poliertem Buxbaum-, mit Eben-, mit poliertem Eschen-, mit Gelb-, Grenadille-, poliertem Hikory-, poliertem Kirschbaum-, mit Königs-, Korallen-, Mahagoni-, Mora-, Platanen-, poliertem Pflaumenbaum-, Pock-(Guajack-, Franzosen-), Polisander-(Palisander-, Polyrander-, Jacaranda-, Violett-), Redwood-, Rosen-, Tiek- (Teak-), Thuja-, Satin-, Schlangen-, Tee-, Zebra-, Zedern-, Zitronenholz sowie mit sonstigen Edelhölzern, welche der Regel nach bei der Verarbeitung poliert, lackiert oder mattiert (gewachst) werden; ferner aus massivem Nußbaumholz und alle massiv eichenen Kastenmöbel,

b) ohne Rücksicht auf die Holzart bei Bildhauer- und Bildschnitzerarbeit, bei feiner Schnitzarbeit, bei feiner Drechslerarbeit, bei Nachahmungen feiner Schnitzarbeiten, die durch Pressen, Brennen, Ätzen oder Stanzen oder durch Behandlung mit dem Sandgebläse hergestellt sind, bei eingelegter Arbeit, bei Bronzierung oder feiner Bemalung,

c) mit echtem Japanlack lackiert;

14. Gegenstände aus Korbgeflecht:

a) Gegenstände aus oder in Verbindung mit Peddigrohr,

b) aus anderem Rohr, wenn es sich um feine Flechtarbeiten, insbesondere vergoldete, versilberte, polierte, bronzierte, oder fein bemalte handelt, oder bei Verbindung mit Glas oder Erzeugnissen des Töpfergewerbes,

c) ohne Rücksicht auf die Rohrart: Flaschenservierkörbe, Hundehütten, Nähkörbe und Nähständer, Schirmkörbe für Wagen, Strandkörbe, Teewagen, Vogelbauer, Vorrichtungen zur Aufnahme von Blumen und Zeitungshalter;

15. Gegenstände der Inneneinrichtung in Verbindung mit Brokat, Samt, einschließlich Velvet und Velours, jedoch mit Ausnahme von Manchester- und Genu-Cord und einfachen Moquettestoffen; mit Plüsch, Seide, Gobelinstoff, handgefertigten Stoffen, Metallgespinsten, Gespinsten, die mit der Hand verziert sind, oder zugerichteten Schmuckfedern; in Verbindung mit Spitzen, Spitzenstoffen oder Stickereien in einer Breite von mehr als zwei Zentimetern. Diese Vorschrift findet auf die zu II Nr. 9, 22, 25 bis 31 genannten Gegenstände keine Anwendung.

II. Der erhöhten Steuer unterliegen ferner mit Rücksicht auf den Verwendungszweck die folgenden Gegenstände, soweit sie nicht bereits unter I fallen:

1. Schmucksachen aller Art, soweit sie nicht nach § 21 Abs. 1 Nr. 1 erhöht steuerpflichtig sind;

2. Bildwerke sowie Zier- und Schmuckgegenstände der Inneneinrichtung, einschließlich von Plastiken und Bildern, abgesehen von Photographien, die lediglich Personen darstellen. Zu den Zier- und

Schmuckgegenständen gehören auch Gegenstände, die an sich einem praktischen Gebrauche zu dienen geeignet sind, bei denen aber die Gebrauchsmöglichkeit hinter dem Zwecke äußerer Wirkung offensichtlich zurücktritt.

Der erhöhten Steuer unterliegen nicht Ansichtspostkarten, Bilder, soweit sie der Unterhaltung und Fortbildung der Jugend dienen, ferner Grabdenkmäler in schlichter Ausführung sowie Originalwerke der Plastik, Malerei und Graphik (§ 21 Abs. 1 Nr. 2). Zu den Originalwerken der Graphik gehören auch Radierungen, Holzschnitte, Kupferstiche und Künstlersteinzeichnungen;

3. Erzeugnisse des Buchdrucks auf besonderem Papier mit beschränkter Auflage sowie sonstige Papierwaren, die aus handgeschöpftem oder Bütten-, China-, Japan- oder Reispapier hergestellt sind;
4. photographische Handapparate sowie deren Bestandteile und Zubehör;
5. Handwaffen, deren Bestandteile und Zubehör sowie die für Handfeuerwaffen bestimmte Munition;
6. Flügel, Klaviere, Harmonien, Streich- und Zupfinstrumente sowie Vorrichtungen zur mechanischen Wiedergabe musikalischer Stücke oder deklamatorischer Vorträge (Klavierspielapparate, Sprechapparate, Phonographen, Orchestrions usw.) sowie deren Bestandteile und Zubehör; diese Gegenstände auch dann, wenn sie nicht zum Gebrauch in der Hauswirtschaft bestimmt sind;
7. Billarde und deren Zubehör; auch dann, wenn sie nicht zum Gebrauch in der Hauswirtschaft bestimmt sind;

8. Land-, Wasser- oder Luftfahrzeuge zur Personenbeförderung, wenn sie mit motorischer Kraft betrieben werden oder wenn sie nach ihrer Beschaffenheit für Vergnügungs- oder Sportzwecke bestimmt sind, sowie deren Bestandteile und Zubehör;

9. Kinder-, Sport-, Klapp- und Promenadenwagen, wenn sie vergoldete, versilberte, vermessingte oder vernickelte Eisenteile enthalten oder mit weißer oder elfenbeinfarbiger Lackierung versehen sind;

10. zugerichtete Felle zur Herstellung von Pelzwerk, mit Ausnahme gewöhnlicher Hasen-, Kanin-, Katzen-, Hunde- und Schaffelle, sowie Bekleidungs- und Inneneinrichtungsgegenstände aus oder in Verbindung mit Pelzwerk, mit Ausnahme gewöhnlicher Hasen-, Kanin-, Katzen-, Hunde- und Schafpelze;

11. Fächer;

12. Federboas;

13. Gura- und Samtvogelbälge und Teile hiervon; echte Paradies-, Kronen- und Stangenreiher, echte Straußen- und Marabufedern;

14. aus oder in Verbindung mit Kautschuk hergestellte Badehauben, Badewannen, Fußabstreicher, Reiseeinrichtungen, Schwammbeutel, Tabakbeutel, Mäntel, Umhänge;

15. Riech- oder Schönheitsmittel;

16. Geheimmittel;

17. Spazierstöcke, Schirme, Reitgerten und Peitschen aus oder in Verbindung mit Edelhölzern, insbesondere Macassa (Ebenholz), Kokobolo-, Jaca-

randa-, Celebes-, Schlangen-; Partridge-, Vera-, Violett-, Boulettrie-, Pock- (Guajak, Franzosen-), Palmira-, Greenhard-, Madagaskar-, Satin-, Palmenholz; mit wertvollen Hörnern, insbesondere Antilopen-, Brasil-, kanadisches Hirsch-, Nas-, Nilpferdhorn, oder wertvollen Rohren, insbesondere Jambis-, Nilgris-, Malakka-, Palmen-, Partridge-, Dragon-, Jokohamarohr, jedoch mit Ausnahme von Bambus-, Manilla-, Pfeffer- und Tonkingrohr;

18. Puppen, Puppenbälge oder Tiere aus Stoff aller Art, wenn sie größer oder länger als fünfundsechzig Zentimeter sind;

19. Stand-, Tisch- und Wanduhren aus oder in Verbindung mit Stein- oder Kunststein oder mit Erzeugnissen des Töpfergewerbes, ferner auch bei bloßer Verbindung mit den zu I Nr. 2 und Nr. 8 genannten Stoffen;

20. Beleuchtungsgegenstände sowie deren Bestandteile und Zubehör:

a) bei mehr als vier Leuchtstellen,

b) auch bei bloßer Verbindung mit den zu I Nr. 2 genannten Stoffen oder Bleiverglasung, ferner mit Seidenschirmen sowie aus oder in Verbindung mit Stein oder Kunststein oder mit Erzeugnissen des Töpfergewerbes oder in Verbindung mit Fransen aus Gespinsten aller Art oder glatten einfarbigen Perlfransen von mehr als je fünfzehn Zentimetern Länge; oder in Verbindung mit geraden Hohlglasstengeln, glatt oder gerieft, ohne Schliff, von mehr als fünfundzwanzig Zentimetern Länge; oder in

Verbindung mit sonstigen Glas- und Glasperlenbehängen;

21. Parkettäfelböden;

22. Teppiche, abgepaßt oder vom Stück, sofern die Decke aus Brokat, Samt, einschließlich von Velvet und Velours, Plüsch, Seide oder Wolle besteht. Der sogenannte Arminsterteppich und der sogenannte Tapestryteppich sind nicht erhöht steuerpflichtig;

23. Wandbekleidungen:
   a) aus Porzellan,
   b) aus Papier, das vergoldet, versilbert, bronziert oder gepreßt ist oder Brokat, Gobelin, Seide, Samt oder Leder nachahmt, sowie Künstlertapeten,
   c) aus anderen Stoffen mit Ausnahme von Ton-, Steinzeug- oder Steingutfliesen (I Nr. 8) und nicht getäfeltem Weichholz;

24. Koffer und Reisetaschen aus Rohrplatten, aus gepreßten Pflanzenfasern, soweit sie eine Länge von mehr als fünfundsechzig Zentimetern haben; Schrankkoffer;

25. Wäsche:
   a) Leibwäsche aus Seide, Halbseide oder Leinenbatist; aus anderen Stoffen in Verbindung mit Handspitzen, Handstickereien oder anderen handgefertigten Verzierungen bei einer Breite von mehr als vier Zentimetern oder in Verbindung mit Spitzen, Stickereien oder Verzierungen aller Art, wenn sie mehr als ein Fünftel der Gesamtfläche des Bekleidungsgegenstandes ausmachen; außerdem Schlafanzüge,

b) Korsetts aus Brokat, Samt, einschließlich von Velvet und Velours, Seide, Leinendamast, Stoffen mit damastähnlichen Gebilden; aus anderen Stoffen in Verbindung mit Handspitzen, Handstickereien oder anderen handgefertigten Verzierungen bei einer Breite von mehr als vier Zentimetern oder in Verbindung mit Spitzen, Stickereien oder Verzierungen aller Art, wenn sie mehr als ein Fünftel der Gesamtfläche ausmachen,

c) Bettwäsche aus Seide, Halbseide, Leinenbatist, Leinendamast oder Stoffen mit damastähnlichen Gebilden; aus anderen Stoffen in Verbindung mit Handspitzen, Handstickereien oder anderen handgefertigten Verzierungen bei einer Breite von mehr als vier Zentimetern oder in Verbindung mit Spitzen, Stickereien oder Verzierungen aller Art, wenn sie mehr als ein Fünftel der Fläche ausmachen,

d) Tischwäsche oder sonstige Haushaltungswäsche aus Seide, Halbseide, Leinenbatist, Leinendamast oder Stoffen mit damastähnlichen Gebilden; aus anderen Stoffen in Verbindung mit Handspitzen, Handstickereien oder anderen handgefertigten Verzierungen in einer Breite von mehr als vier Zentimetern oder in Verbindung mit Spitzen, Stickereien oder Verzierungen aller Art, wenn sie mehr als ein Fünftel der Fläche ausmachen.

Die erhöhte Steuerpflicht tritt nicht ein, wenn lediglich Buchstaben, Nummern oder Monogramme mit der Hand gestickt sind;

26. Oberbekleidung aus Brokat, Seidensamt, aus Seiden- oder Wollplüsch, aus feiner Seide (insbesondere Chiffon, Crêpe de chine, Crêpe Georgette, Schappevoile, Voileninon, Marquisette, Tüll), Leinenbatist oder Leinendamast; aus anderen Stoffen in Verbindung mit Metallgespinsten aller Art oder in Verbindung mit Handspitzen, Handstickereien oder sonstigen handgefertigten Verzierungen in einer Breite von mehr als vier Zentimetern oder in Verbindung mit Spitzen, Stickereien oder Verzierungen aller Art, die mehr als ein Fünftel der Gesamtfläche des Bekleidungsgegenstandes ausmachen; außerdem mit Seide gefütterte Oberbekleidung für Herren, wenn sich das Seidenfutter nicht nur auf das Ärmelfutter beschränkt;

27. sonstige Bekleidungsstücke:

a) Netz- und Wirkwaren aus Seide, aus anderen Stoffen in Verbindung mit Metallgespinsten oder in Verbindung mit Handspitzen, Handstickereien oder anderen handgefertigten Verzierungen in einer Breite von mehr als vier Zentimetern; oder in Verbindung mit Spitzen, Stickereien oder Verzierungen aller Art, sofern sie mehr als ein Fünftel der Fläche ausmachen,

b) Schleier, Gamaschen-, Kopf- und Umschlagetücher, Schale, Schirme und Schürzen aus Brokat, Seidensamt, Seiden- und Wollplüsch, Seide oder handgefertigten Stoffen; aus anderen Stoffen in Verbindung mit Handspitzen, Handstickereien oder anderen handgefertigten Verzierungen in einer Breite von mehr als vier Zentimetern; oder in Verbindung mit Spitzen, Stickereien oder sonstigen Verzierungen, sofern sie mehr als ein Fünftel der Gesamtfläche ausmachen; oder in Verbindung mit Metallgespinsten;

28. Bettdecken, Gardinen, Vorhänge aus Brokat, Samt, einschließlich Velvet und Velours, Plüsch, Seide oder handgefertigten Stoffen; aus anderen Stoffen gewebt, wenn sie auf je zweieinhalb Zentimeter im Geviert mehr als zwölf Kettenfäden aufweisen; Madraserzeugnisse; sonstige Erzeugnisse, die mit Lockerstich versehen sind, oder die mit der Maschine hergestellte Einzelzierstücke (Effekte, Motive) mit einem Durchmesser von mehr als dreißig Zentimetern enthalten, oder die in Verbindung mit Handspitzen, Handstickereien oder anderen handgefertigten Verzierungen in einer Breite von mehr als vier Zentimetern oder in Verbindung mit Metallgespinsten stehen, oder die mit verschiedenartig geformten Glasperlen oder Glasbehängen versehen sind;

29. andere Decken und Kissen aus Brokat, Samt, einschließlich Velvet und Velours, Plüsch, Seide, Halbseide, Leinenbatist, Leinendamast oder Stoffen mit damastähnlichen Gebilden; aus anderen Stoffen in Verbindung mit Metallgespinsten, Tressen, Spitzen, Stickereien aller Art oder einer sonstigen Verzierung, die mit der Hand hergestellt sind. Nicht erhöht steuerpflichtig sind Reisedecken aus Plüsch sowie Reise- und Steppdecken, die mit Wolle, Watte, Kapok oder Seegras gefüllt sind;

30. Gegenstände, die der Ausschmückung von Bekleidungsstücken oder Gegenständen der Inneneinrichtung zu dienen geeignet sind:

a) abgepaßte Bänder aller Art,

b) abgepaßte Handstickereien, Handspitzen oder sonstige handgefertigte Stücke bei einer Länge oder einem Durchmesser von mehr als dreißig Zentimetern; Handstickereien, handgefertigte Spitzen und Spitzenstoffe als Meterware in einer Breite von mehr als vier Zentimetern,

c) Tressenwaren (Flechtwaren) aller Art aus Seide bei einem Durchmesser oder einer Breite von mehr als vier Zentimetern sowie in Verbindung mit Metallfäden,

d) angefangene oder vorgezeichnete Handarbeiten in Verbindung mit Brokat, Samt, einschließlich Velvet oder Velours, Plüsch, Seide, Metallfäden oder Glasperlen;

31. Hüte, Hutformen und Mützen aus Brokat, Seide, Seidensamt, geklebten Federn; aus anderen Stoffen in Verbindung mit Sprungfedern, Handspitzen, Handstickereien oder anderen handgefertigten Stoffen, mit Gura- oder Samtvögeln oder Teilen davon, echten Paradies-, Kronen- oder Stangenreihern, echten Straußen- und Marabufedern; ferner Panama-, Manilla-, Bangkok- oder Florentinerhüte sowie mit der Hand genähte Hüte aus Strohgeflecht, das weniger als sechs Millimeter breit ist;

32. Pralinen, Fondants und mit Marzipan, Früchten, Saft oder Likören aller Art gefüllte Dessertbonbons.

Übersicht zu § 15:

1. Die Herstellersteuer.
2. Voraussetzungen der Steuerpflicht beim Hersteller.
   A. Lieferung durch den Hersteller.
   B. Hauswirtschaftliche Gegenstände.
   C. Gruppen luxussteuerpflichtiger Gegenstände.
      I. Mit Rücksicht auf den Stoff oder die Art der Bearbeitung.
      II. Mit Rücksicht auf den Verwendungszweck.

1. Bei der Luxussteuer sind nach der Form ihrer Erhebung zwei Arten zu unterscheiden, nämlich die Luxussteuer, die beim Hersteller (Herstellersteuer), und die Luxussteuer, die im Kleinhandel erhoben wird (Kleinhandelssteuer); über letztere vgl. §§ 21 ff. Für die Vorverlegung der Besteuerung zum Hersteller war die Erwägung maßgebend, daß bei der starken Differenzierung der Waren die Erhebung im Laden auf unüberwindliche Schwierigkeiten stößt.

Steuerpflichtig sind die Entgelte, die der Hersteller beim Absatz erzielt, und zwar seit dem 1. 10. 25 mit 7,5 v. H. (G. v. 10. 8. 25, RGBl. S. 241, Art. IV § 1 Nr. 6). Es wird sich also im allgemeinen nicht um die Kleinhandelspreise, sondern um die Wiederveräußerungspreise handeln. Selbstverständlich muß aber der Kleinhandelspreis der Besteuerung zugrunde gelegt werden, wenn der Hersteller neben seiner Werkstätte Ladengeschäfte unterhält und von diesen aus absetzt.

Die Herstellersteuer trifft den Hersteller bei den im Inland erfolgten Lieferungen ohne Rücksicht darauf, ob an Inländer oder Ausländer geliefert wird. Insbesondere sind Lieferungen an exterritoriale Personen nicht von der Herstellersteuer befreit. Lieferungen herstellersteuerpflichtiger Gegenstände an Angehörige der Besatzungsarmeen im besetzten oder unbesetzten Gebiet sind herstellersteuerpflichtig, gleichviel ob der Hersteller im besetzten oder unbesetzten Gebiet seinen Sitz hat; RFH. (Gutachten) 2. 7. 24 (14, 73).

2. Voraussetzungen für die Steuerpflicht beim Hersteller.

A. Es muß eine Lieferung durch den Hersteller vorliegen.

Nach § 5 Abs. 1 ist eine Leistung aus einem Vertrage über die Be- oder Verarbeitung einer Sache nur dann als eine Lieferung anzusehen, wenn der Unternehmer Stoffe, die er beschafft, verwendet und es sich hierbei nicht nur um Zutaten oder Nebensachen handelt. Ein Unternehmer, der mit den ihm vom Besteller gelieferten Stoffen ein Werk geleistet hat, unterliegt also nur der allgemeinen Umsatzsteuer; RFH. 24. 5. 21 (6, 29). Hersteller ist derjenige, welcher die Gegenstände innerhalb seiner gewerblichen Tätigkeit herstellt oder gewinnt (vgl. § 18).

B. Es muß sich um hauswirtschaftliche Gegenstände handeln. Hierzu gehören alle Gegenstände, die ihrer objektiven Beschaffenheit nach dazu dienen, die Familie im weitesten Sinne und bei allen Lebensmöglichkeiten zu unterhalten und zu versorgen. Den Gegensatz bilden die Gegenstände, die ihrer Beschaffenheit nach für den Gebrauch oder Verbrauch innerhalb einer gewerblichen oder beruflichen Tätigkeit bestimmt sind; diese bleiben von der erhöhten Steuer frei. Es sind also nicht erhöht steuerpflichtig, z. B. optische Gläser, die ihrer Beschaffenheit nach nur für wissenschaftliche oder gewerbliche Zwecke bestimmt sein können, Gegenstände aus Ton, die bei Bauten gebraucht werden (RFM. 18. 12. 19, AmtlMitt. S. 456), Feuerwehrgeräte (RFM. 6. 7. 20, RStBl. 481), Glocken für Bergwerke, Schiffahrtszwecke und Eisenbahnen (RFM. 13. 9. 20, RStBl. 570), handgefertigte Stickereien, die als Reisemuster besonders hergestellt und geliefert werden, RFH. 26. 10. 23 (13, 46), Metallbuchstaben aus Messing (RFM. 18. 5. 21, RStBl. 255). Soweit sich der Kreis der hauswirtschaftlichen Gegenstände mit dem Kreis der für gewerbliche Tätigkeit oder freien Beruf bestimmten Gegenstände schneidet, soweit also Gegenstände zwar in erster Linie für den persönlichen Bedarf bestimmt sind, aber auch gleiche Bedürfnisse im Erwerbsleben zu decken geeignet sind, tritt die Steuerpflicht ein, ohne daß es auf die subjektive Zweckbestimmung ankommt.

Eine Ausnahme von der erhöhten Steuerpflicht gilt für solche Gegenstände, die ihrer Beschaffenheit nach zur Errichtung eines erst herzustellenden Bauwerks bestimmt sind; nicht dazu gehören fertige Gebilde, die unter Umständen auch als Bauwerke anzusprechen wären, z. B. Grabdenkmäler: RFH. 28. 2. 22 (8, 266). Unter einem Bauwerk ist jede bauliche Anlage zu verstehen (z. B. auch Brücken, Mauern usw.), nicht bloß ein Gebäude. Die Ausnahme erstreckt sich aber nicht auf die unter I 9 B a und II 21 und 28 bezeichneten Gegenstände (Verglasungen von Fenstern und Türen mit Spiegelglas — vgl. RFM. 8. 11. 20, RStBl. 695 —, Wandbekleidungen). Ferner sind von der erhöhten Steuerpflicht ausgenommen Arzneimittel (mit Ausnahme der Geheimmittel), Verbandstoffe, Gegenstände der Kranken-, Säuglings- und Wochenpflege und Vorrichtungen, die zum Ausgleich körperlicher Gebrechen dienen. Als solche Vorrichtungen sind auch Augengläser jeder Art anzusehen.

C. Die Gegenstände müssen unter eine der unter I und II angegebenen Gruppen fallen. Für die Abgrenzung dieser Gruppen ist in erster Reihe die Aufzählung des § 15 maßgebend, wobei zu beachten ist, daß nach § 16 der RFM. mit Zustimmung des Reichsrats und eines aus 28 Mitgliedern bestehenden Ausschusses des Reichstags das Recht der authentischen Interpretation der Gesetzesbestimmungen hat. Darüber hinaus ist ihm durch § 16 in der Fassung des G. v. 10. 8. 25 die Befugnis eingeräumt, im § 15 bezeichnete Gegenstände von der Steuer zu befreien und im § 15 nicht genannte Gegenstände für herstellersteuerpflichtig zu erklären. Ferner kann durch ihn für bestimmte Gegenstände oder Gruppen von Gegenständen der Steuersatz herabgesetzt und abweichend von den allgemeinen Vorschriften des Gesetzes verbindlich bestimmt werden, was im Sinne dieser Bestimmungen als Lieferung und als Entgelt anzusehen ist. Als Direktive für diese zu erlassenden Bestimmungen enthält § 16 außerdem die Vorschrift, daß eine übermäßige Spezialisierung, eine Beeinträchtigung hochwertiger Qualitätsarbeit sowie die Besteuerung geringwertiger Gegenstände vermieden werden müsse. Nach den durch die AB. herbeigeführten Änderungen stellt sich nun die **Liste der nach § 15 erhöht steuerpflichtiger Gegenstände**, wie folgt:

I. Mit Rücksicht auf den Stoff oder die Art der Bearbeitung erhöht steuerpflichtige Gegenstände.

Nr. 1. Edelmetalle sind Gold, Silber (auch Tulametall), Platin und Platinmetalle; bei Platin, Platinmetall und Gold auch alle Legierungen, bei Silber nur solche mit mehr als $^{800}/_{1000}$ Silbergehalt. Bezüglich der Gegenstände aus oder in Verbindung mit Edelmetallen und der Gegenstände aus oder in Verbindung mit Edelsteinen und Perlen verbleibt es im allgemeinen bei der Erhebung der Luxussteuer im Kleinhandel (vgl. § 21 Abs. 1 Nr. 1). Nur diejenigen Gegenstände, die nicht im Juwelier-, Gold- oder Silberschmiedegewerbe üblicherweise hergestellt werden, unterliegen der Herstellersteuer. Es handelt sich hierbei insbesondere um Uhren und Griffe und Beschlagteile aller Spazierstöcken, Schirmen und Peitschen. Die in § 34 A III AB. bezeichneten Gegenstände, insbesondere silberne Taschenuhren aller Art, sind luxussteuerfrei. Schmucksachen aller Art, Tafelgeschirr und Bestecke aus Edelmetallen sind als Gegenstände des Juwelier-, Gold- und Silberschmiedegewerbes nach § 21 Abs. 1 Nr. 1 zu versteuern (AB. § 34). Über die Frage, wann Reparaturen an Gegenständen aus oder in Verbindung mit Edelmetallen luxussteuerpflichtig sind, vgl. AB. § 34 E.

Nr. 2. Gegenstände aus unedlen Stoffen, die mit Platin, Gold oder Silber auf mechanischem Wege belegt (plattiert oder doubliert) oder auf galvanischem Wege platiniert, vergoldet oder versilbert sind, sind nur dann luxussteuerpflichtig, wenn der Feingehalt an Platin, Gold oder Silber mehr als $^{25}/_{1000}$ beträgt; galvanisch versilberte Geräte sogar nur dann, wenn der Feingehalt an Silber mehr als $^{50}/_{1000}$ beträgt (AB. § 34 C I und II). Versilberte Bestecke aus unedlen Stoffen sowie Taschenuhren sind stets luxussteuerfrei (AB. § 34 C III und IV). Über Stielbrillen vgl. § 39 II 1 e der AB. über Reparaturen § 34 E. AB.

Nr. 3. Während Gegenstände aus oder in Verbindung mit Edelsteinen nach § 21 Nr. 1 im Kleinhandel zu versteuern sind, werden nach dem Gesetzestext Gegenstände aus oder in Verbindung mit Halbedelsteinen beim Hersteller erfaßt. Durch die AB. sind aber auch die Halbedelsteine und Gegenstände aus oder in Verbindung mit Halbedelsteinen der Kleinhandelssteuer unterstellt (vgl. AB. § 34 B I 2). Darüber, welche Steine als Edel- und Halbedelsteine anzusehen sind, vgl. § 34 B I 2 AB. Synthetische Edelsteine sind durch künstliche Wiederholung des natürlichen Entstehungsganges hergestellte Edelsteine.

Nr. 4. Nachahmungen von Edelsteinen, Halbedelsteinen und Perlen sowie Gegenstände aus oder in Verbindung mit diesen sind, sofern nicht Luxussteuerpflicht nach anderen Bestimmungen begründet ist, luxussteuerfrei. Werden Edel- oder Halbedelsteine durch Verwendung anderer Edel- oder Halbedelsteine nachgeahmt, z. B. Diamanten durch Bergkristall, so tritt Luxussteuerpflicht nach § 21 Abs. 1 Nr. 1 ein (AB. 34 D).

Nr. 5. Die Luxussteuerpflicht nach Nr. 5 ist beschränkt auf Gegenstände aus Bernstein, Korallen, Elfenbein, Meerschaum, Schildpatt und Schildkrot. Gegenstände in Verbindung mit diesen Stoffen sind wegen der Verbindung nicht luxussteuerpflichtig. Gegenstände aus Preßbernstein (Ambroid), Preßmeerschaum (Massa) und Nachahmungen sind luxussteuerfrei (AB. § 35).

Nr. 6. Nur die im § 36 I 1 AB. aufgeführten Gegenstände aus Kupfer, Zinn, Nickel oder deren Legierungen sind luxussteuerpflichtig. Die Luxussteuerpflicht ist auch dann gegeben, wenn die Gegenstände mit diesen Metallen plattiert (auf mechanischem Wege verbunden) sind, dagegen nicht, wenn sie auf chemischem Wege mit einem Überzug aus den genannten Metallen oder deren Legierungen versehen sind. Jedoch sind diese Gegenstände stets luxussteuerpflichtig, wenn sie mit Platin, Gold oder Silber belegt oder platiniert, vergoldet oder versilbert sind (AB. § 36 II). Über Reparaturen vgl. AB. § 36 III.

Nr. 7. Die Luxussteuerpflicht nach Nr. 7 ist durch § 37 AB. beseitigt.

Nr. 8. Von keramischen Gegenständen sind nur die in AB. § 38 I 1 (aus keramischen Stoffen aller Art) und 2 (aus Porzellan) aufgeführten der Luxussteuer unterworfen. Über Uhren mit Gehäusen aus Porzellan vgl. § 65 I 3 d, wegen der Beleuchtungskörper aus keramischen Stoffen § 66 II 2 und 3 AB.

Nr. 9. Als Glaswaren unterliegen nur Hohlgläser und Gegenstände aus oder in Verbindung mit optischen Gläsern unter den in § 39 I und II AB. näher bestimmten Voraussetzungen der Luxussteuer. Über luxussteuerfreie Lieferung von Hohlgläsern an solche Abnehmer, die die Hohlgläser mit Fassungen versehen, auf Bezugschein vgl. § 39 I 3 AB. Hersteller der optischen Gegenstände ist derjenige, der das optisch geformte Glas einfügt; nur bei Stielbrillen, Lupen und Lesegläsern ist derjenige luxussteuerpflichtig, der die Gestelle ohne Gläser liefert. Über Reparaturen vgl. § 39 II 3 AB.

Nr. 10. Die Gegenstände unter Nr. 10 sind luxussteuerfrei, wenn nicht die Luxussteuerpflicht nach anderen Bestimmungen begründet ist (AB. § 40).

Nr. 11. Für die unter Nr. 11 aufgeführten Gegenstände gilt das gleiche wie für Nr. 10 (AB. § 41).

Nr. 12. Gegenstände aus Leder sind nur dann luxussteuerpflichtig, wenn sie aus echtem Leder der in § 42 I AB. genannten Arten hergestellt sind. Gegenstände aus Leder anderer Art sowie aus Lederspalten sind stets luxussteuerfrei. Auch begründet die Verbindung von Gegenständen mit den luxussteuerpflichtigen Lederarten keine Luxussteuerpflicht. Über Reparaturen vgl. AB. § 42 IV.

Für Handschuhe gelten die besonderen Bestimmungen des § 42 a AB. Reparaturen an Handschuhen sind luxussteuerfrei.

Damenhandtaschen sind unter den in § 42 b AB. normierten Voraussetzungen luxussteuerpflichtig. Über Reparaturen an solchen vgl. unter III daselbst.

Die Luxussteuerpflicht für Schuhe und Stiefel ist in § 42 c AB. geregelt. Reparaturen sind luxussteuerfrei.

Für Koffer und Reisetaschen gilt § 70, für Möbel mit Lederbezug § 45, für Bekleidungsgegenstände § 72, Hüte und Mützen § 76, Wandbekleidungen aus Leder § 69, Ledertaschen §§ 50 II, 51 II Nr. 1, 52 III AB.

Nr. 13. Unter Nr. 13 fallen nur Möbel. Was unter Möbeln zu verstehen ist, bestimmt § 43 II AB. Möbel sind nur dann luxussteuerpflichtig, wenn sie aus den in AB. § 43 III genannten Holzarten hergestellt sind. Reparaturen an Möbeln sind luxussteuerfrei (AB. § 43 V).

Für Möbel, die mit Stoff, Leder oder Lederspalten bezogen, gepolstert oder sonst ausgestattet sind, gilt § 45 AB.

Särge sind nur in den in § 46 AB. bestimmten Fällen luxussteuerpflichtig.

Nr. 14. Nur die in § 44 AB. genannten Gegenstände aus Korbgeflecht sind luxussteuerpflichtig.

Nr. 15. Unter die in Nr. 15 genannten Gegenstände der Inneneinrichtung fallen nur mit den dort genannten Stoffen, Leder oder Lederspalten bezogene, gepolsterte oder sonst ausgestattete Sitz-, Ruhe- und Schlafmöbel. Für Möbel und Möbelteile, die mit Leder oder Lederspalten ausgestattet sind, gilt § 45 II 1 AB., für mit Geweben aus tierischen oder pflanzlichen Spinnstoffen ausgestattete Möbel § 45 II 2 AB. Der nach § 45 II Nr. 1 Satz 2 AB. abzugsfähige und daher nicht herstellersteuerpflichtige Teil des Entgelts ist auch nicht der allgemeinen Umsatzsteuer unterworfen; RFH. 27. 2. 25, RStBl. 102. Reparaturen an Ledermöbeln sind, wenn der Unternehmer von ihm selbst beschafftes Leder verwendet, luxussteuerpflichtig; alle anderen Reparaturen sind luxussteuerfrei (§ 45 III AB.).

II. Mit Rücksicht auf den Verwendungszweck erhöht steuerpflichtige Gegenstände.

Nr. 1. Die in Nr. 1 aufgeführten Gegenstände sind luxussteuerfrei, wenn nicht die Luxussteuerpflicht nach anderen Bestimmungen begründet ist (AB. § 47).

Nr. 2. Für die unter Nr. 2 aufgeführten Gegenstände gilt

das gleiche wie für Nr. 1. Jedoch sind als luxussteuerpflichtig durch § 48 a AB. bezeichnet die dort genannten Gegenstände aus Naturstein mit Ausnahme des Serpentins.

Nr. 3. Nur die Gegenstände des Buchdrucks sind luxussteuerpflichtig; die weiter genannten sonstigen Papierwaren sind luxussteuerfrei. Was als besonderes Papier anzusehen ist, bestimmt § 49 II 2 AB. Der Annahme einer beschränkten Auflage steht nicht entgegen, daß gleichzeitig Exemplare in üblicher Zahl auf anderem als besonderem Papier ausgegeben werden. Für alte Drucke gilt § 21 Abs. 1 Nr. 3.

Nr. 4. Als photographische Handapparate gelten nur solche mit einer Aufnahmefläche von nicht mehr als 50 qcm. Die Standapparate der Berufsphotographen fallen nicht darunter. Sind Apparate mit der bezeichneten beschränkten Aufnahmefläche deutlich als Standapparate erkennbar, indem sie ihrer Konstruktion nach zum Photographieren ohne Stativ im Regelfall ungeeignet sind, so sind sie luxussteuerfrei. Von Bestandteilen und Zubehörstücken sind luxussteuerpflichtig die in § 50 II AB., luxussteuerfrei die in § 50 III AB. bezeichneten. Über die luxussteuerfreie Lieferung von Bestandteilen und Zubehörstücken auf Bezugschein vgl. § 50 IV AB.

Nr. 5. Handwaffen aller Art sind luxussteuerpflichtig, auch Kinderluftgewehre und Kinderluftpistolen, Schlagringe, als Waffen hergerichtete Gummischläuche, Gummiknüppel. Das gleiche gilt für Bestandteile und Zubehörstücke, wenn sie als Fertigerzeugnisse anzusehen sind; Halberzeugnisse sind luxussteuerfrei. (AB. § 51 I und II.) Patronentaschen aus Leder sind herstellersteuerpflichtig; die Sonderbestimmung über die Steuerpflicht von Zubehörstücken von Handfeuerwaffen (§ 51 II AB.) geht der allgemeinen Bestimmung über die Besteuerung von Lederwaren (§ 42 AB.) vor. Für den Begriff des Zubehörs ist § 97 BGB. nicht maßgebend; insbesondere kommt es nicht darauf an, ob die Nebensache zur Zeit der Entstehung der Steuerforderung in einem ihrer Bestimmung entsprechendem räumlichen Verhältnis zur Hauptsache steht; RFH. 6. 11. 25 (17, 282). Munition ist luxussteuerpflichtig, wenn sie ein Fertigerzeugnis darstellt (AB. § 51 III). Luxussteuerfrei sind die in § 51 IV genannten Gegenstände. Alle Gegenstände der in Nr. 5 bezeichneten Art können an die Wehrmacht und öffentliche Verwaltungen zum dienstlichen Gebrauch ohne Verwendungsbescheinigung luxussteuerfrei abgegeben werden (AB. § 51 V).

Nr. 6. Als luxussteuerpflichtig kommen in Betracht:

Flügel, Klaviere, Harmonien gemäß § 52 I 1 AB.

Streich- und Zupfinstrumente und Ziehharmonikas unter den in § 52 I 2 bis 4 AB. bestimmten Voraussetzungen.

Vorrichtungen zur mechanischen Wiedergabe musikalischer Stücke oder deklamatorischer Vorträge gemäß § 52 I 5 AB.

Alle anderen Musikinstrumente sind luxussteuerfrei, auch Diktierapparate (§ 52 II AB.).

Nr. 7. Billards sind stets luxussteuerpflichtig; als luxussteuerpflichtige Zubehörstücke sind Billardstöcke, -bälle und -kegel anzusehen (§ 53 AB.).

Nr. 8. Nach Nr. 8 sind luxussteuerpflichtig:

a) Automobile gemäß § 54 A AB. Befreit von der Luxussteuer sind Lastkraftwagen und sogenannte Lieferungswagen, Kraftomnibusse zur gewerbsmäßigen Personenbeförderung, Krankenautomobile. Die Frage, ob ein Personenkraftwagen oder ein sog. Lieferungswagen verkauft ist, hängt davon ab, in welchem Zustand sich der Wagen zur Zeit des Verkaufs befunden hat; für den Begriff „Lieferungswagen" ist die Verkaufsauffassung maßgebend; RFH. 28. 4. 25, RStBl. 120.

b) Kraftfahrräder über drei Steuer-PS. § 54 B AB.

c) Personenfahrzeuge ohne motorische Kraft ohne Rücksicht auf Ausstattung. Befreit sind für den allgemeinen Verkehr eingerichtete Omnibusse und sogenannte Lieferungswagen, Krankenwagen und sogenannte Guts- und Landkraftwagen (§ 54 C AB.). Für Schlitten gilt § 54 C IV AB.

d) Wasserfahrzeuge mit Ausnahme derjenigen, die ihrer Bauart und Einrichtung nach ausschließlich zur gewerbsmäßigen

Personen- oder Sachenbeförderung zu dienen bestimmt sind (§ 54 D AB.).

e) Luftfahrzeuge mit Ausnahme der ausschließlich zur gewerbsmäßigen Beförderung von Personen oder Sachen bestimmten und der im öffentlichen Interesse verwendeten.

f) Von Fahrrädern nur Tandems und solche, die ganz vernickelt oder verkobaltet oder mit Verzierungen aus Nickel oder Kobalt am Rahmen oder an der Gabel ausgestattet sind (§ 54 F AB.).

Nr. 9. Die in Nr. 9 genannten Gegenstände und die ihnen gleichgestellten Puppenwagen sind nur unter den Voraussetzungen des § 55 I AB. luxussteuerpflichtig. Für Stubenwagen, Kinderkörbe, -wiegen, Puppenkörbe und -wiegen gilt § 55 II AB.

Nr. 10. Grundsätzlich unterliegen der Luxussteuer die für Rauchwaren bestimmten Felle, Schweife, Klauen und Köpfe der Pelztiere erst nach ihrer Zurichtung, dann aber ohne Rücksicht darauf, ob es sich um Halb- oder Fertigerzeugnisse handelt (§ 56 I und II AB.). Luxussteuerfrei sind die in § 56 III AB. genannten Fellarten. Über die Person des Steuerpflichtigen enthält § 56 V AB. Vorschriften. Über Reparaturen vgl. § 56 VI AB. Für Handschuhe gilt § 42 a, für Hüte § 76, für Schuhe und Stiefel § 42 c, für Teppiche § 68 AB.

Nr. 11. Fächer sind ohne Rücksicht auf den verwendeten Stoff luxussteuerpflichtig. Luxussteuerfrei sind Puppen- und Spielzeugfächer bis zur Länge von 12 cm sowie Fächergestelle § 57 AB.

Nr. 12. Außer Federboas sind auch Phantasieboas (Boas aus Stoffen aller Art) luxussteuerpflichtig (§ 58 AB.).

Nr. 13. Grundsätzlich tritt Luxussteuerpflicht erst nach Bearbeitung ein. Zu den in Nr. 13 genannten Vogelbälgen treten noch die Flamingovogelbälge. Echte Straußenfedern sind nur Federn mit durchgehenden Kielen. Über Luxussteuerpflicht von Zusammenstellungen von Federn vgl. § 59 II AB.

Nr. 14. Für Fußabstreicher gilt § 68, für Mäntel und Umhänge § 72 II 4 AB. Die übrigen in Nr. 14 genannten Gegenstände sind luxussteuerfrei (§ 60 AB.).

Nr. 15. Unter die luxussteuerpflichtigen Riech- und Schönheitsmittel fallen die in § 61 I AB. bezeichneten. Die ihrer objektiven Beschaffenheit nach als Gegenstände der Kranken-, Säuglings- und Wochenpflege erscheinenden Mittel sind luxussteuerfrei. Über luxussteuerfreie Lieferung von Büchsen, Dosen usw. an Hersteller von Riech- und Schönheitsmitteln vgl. § 61 V AB.

Nr. 16. Die unter Nr. 16 fallenden Geheimmittel definiert § 62 I AB. Die in das Arzneibuch für das Deutsche Reich aufgenommenen und unter der dort angewendeten Bezeichnung angebotenen sowie die in der medizinischen Wissenschaft und Praxis allgemein als Heilmittel anerkannten Zubereitungen und Stoffe sind keine Geheimmittel (§ 62 II AB.). Wenn die Voraussetzungen für die Verneinung der Geheimmitteleigenschaft unter II zutreffen, ist die Bejahung nach einem der Merkmale unter I ausgeschlossen; RFH. 24. 6. 25, RStBl. 156.

Nr. 17. Nach Nr. 17 sind luxussteuerpflichtig:

Griffe aller Art, wenn sie aus den in § 63 B 1 AB. bezeichneten Stoffen hergestellt sind;

Spazierstöcke, Schirmstöcke, Peitschen sowie Unterstöcke hierzu, wenn sie aus den in § 63 B 2 AB. bezeichneten Stoffen hergestellt sind.

Luxussteuerpflichtig ist der Hersteller, auch soweit es sich um Halberzeugnisse handelt. Über die weitere Verarbeitung luxussteuerpflichtiger und luxussteuerfreier Teile zu Fertigerzeugnissen vgl. § 63 C, über Reparaturen § 63 D AB.

Nr. 18. Die in Nr. 18 bezeichneten Gegenstände sind luxussteuerfrei; stets luxussteuerpflichtig sind aber sogenannte Zierpuppen (AB. § 64).

Nr. 19. Stand-, Tisch- und Wanduhren sind unter den in § 65 I AB. bestimmten Voraussetzungen luxussteuerpflichtig. Über Reparaturen vgl. § 65 II AB.

Nr. 20. Beleuchtungskörper aller Art für Innen- und Außenbeleuchtung sind luxussteuerpflichtig, wenn sie aus den in § 66 II 1 AB. bezeichneten Stoffen hergestellt sind; ohne Rücksicht auf den Stoff bei mehr als zehn Leuchtstellen; ferner **Klub- oder Ständerlampen** aus Stoffen aller Art (§ 66 II 2 und 3 AB.). **Bestandteile** und Zubehörstücke sind luxussteuerfrei. **Luxussteuerpflichtig** ist der **Hersteller**, auch wenn die **Beleuchtungskörper** noch nicht mit elektrischem Leitungsdraht, Glühlampenfassungen usw. versehen und wenn die Ständer zu Ständerlampen noch ungebeizt, ungewachst, unmattiert, unpoliert sind. Über **Reparaturen** und Umarbeitungen vgl. § 66 V AB.

Nr. 21. Parkettäfelböden sind luxussteuerfrei (§ 67 AB.).

Nr. 22. Teppiche aller Art, **Fußbodenbelag, Läuferstoffe, Fußbodendecken, Fußdecken** sind ohne Rücksicht auf Stoff und Herstellungsverfahren luxussteuerpflichtig. Luxussteuerfrei ist nicht abgepaßter **Kautschuk-** und **Linoleumbelag**, ferner **Fußdecken** in einer Größe von nicht mehr als 45 × 75 cm aus **Bast**, den sonstigen in § 68 II AB. bezeichneten **Pflanzenstoffen** und **Wachstuch**. **Hersteller** der Teppiche ist, wer sie in abgepaßter Form oder als **Meterware** herstellt.

Nr. 23. **Wand-** und **Deckenbekleidungen** sind luxussteuerpflichtig, wenn sie aus den in § 69 I AB. bezeichneten Stoffen hergestellt sind, gleichviel ob sie in Wohnräumen oder gewerblichen Räumen angebracht sind. **Luxussteuerpflichtig** ist der **Hersteller**; wer die **Verkleidung** anbringt, ist nur umsatzsteuerpflichtig. **Wand-** und **Deckenbekleidungen aus Geweben** sind nur luxussteuerpflichtig, wenn sie aus den in § 45 II 2 b AB. genannten Geweben hergestellt sind; luxussteuerpflichtig ist der **Weber**.

Nr. 24. Nur **Koffer** und **Reisetaschen** aus **Naturleder** (mit Ausnahme von Lederspalten) und Schrank- und **Kommodenkoffer** aus Stoffen aller Art sind luxussteuerpflichtig. Über **Reparaturen** vgl. § 70 III AB.

Nr. 25. **Wäsche** ist nur dann luxussteuerpflichtig, wenn sie aus **Naturseide, Seidenbrokat, Seidensammet, Seidenplüsch** hergestellt ist. Luxussteuerpflichtig ist der **Hersteller** des gebrauchsfertigen **Wäschestücks**. **Reparaturen** sind luxussteuerfrei. Über **Korsetts** vgl. § 71 a AB.

Nr. 26. Die in Nr. 26 und 27 b bezeichneten Bekleidungsstücke sind nur unter den in § 72 II AB. bestimmten Voraussetzungen luxussteuerpflichtig; die in § 72 III aufgeführten Gegenstände sind luxussteuerfrei. Luxussteuerpflichtig ist der Hersteller des gebrauchsfertigen Gegenstandes der Oberbekleidung, bei Hals-, Kopf- und Umschlagetüchern sowie bei bereits in der Meterware allseitig durch Webekanten und dergl. abgegrenzten Schalen der Hersteller der Meterware (§ 72 IV AB.). Reparaturen und Umarbeitungen sind luxussteuerfrei.

Nr. 27. Wirk-, Strick- und Netzwaren sind nur luxussteuerpflichtig, wenn sie aus Naturseide hergestellt sind; Reparaturen sind luxussteuerfrei (AB. § 73). Strümpfe und Socken sind nur unter den in § 73a AB. bestimmten Voraussetzungen luxussteuerpflichtig.

Unter die in Nr. 27 b genannten Schirme fallen nur Regen- und Sonnenschirme; nicht die gebrauchsfertigen Schirme, sondern die einzelnen Teile sind luxussteuerpflichtig unter den in § 73 b II und III AB. genannten Voraussetzungen. Über Reparaturen an Schirmen vgl. § 73 b V AB.

Nr. 28 und 29. Von Decken sind nur Steppdecken und Reisedecken unter den in § 74 I AB. angeführten Voraussetzungen luxussteuerpflichtig. Luxussteuerpflichtig ist der Hersteller des gebrauchsfertigen Gegenstandes. Reparaturen sind luxussteuerfrei.

Bei Gardinen, Übergardinen, Vorhängen, Decken und Kissen aus luxussteuerpflichtigen Möbel- und Behangstoffen (§ 45 II 2 b AB.) ist der Weber luxussteuerpflichtig (§ 74 V AB.).

Nr. 30. Die in Nr. 30 bezeichneten Gegenstände sind luxussteuerfrei (§ 75 AB.).

Nr. 31. Hüte, Hutformen (auch Halberzeugnisse), Mützen, Baretts sind nur unter den in § 76 II AB. aufgeführten Voraussetzungen luxussteuerpflichtig. Reparaturen, Umarbeitungen, Umpressungen sind luxussteuerfrei.

Nr. 32. Von den in Nr. 32 aufgeführten Gegenständen unterliegen nur die in § 77 AB. genannten der Luxussteuer; alle übrigen aus oder unter Verwendung von Zucker hergestellten Süßigkeiten sind luxussteuerfrei.

§ 16.

Mit Zustimmung des Reichsrats und eines aus 28 Mitgliedern bestehenden Ausschusses des Reichstags kann der Reichsminister der Finanzen nähere Bestimmungen über die Abgrenzung der herstellersteuerpflichtigen Gegenstände erlassen. Dabei können im § 15 bezeichnete Gegenstände von der Herstellersteuer befreit und im § 15 nicht genannte Gegenstände für herstellersteuerpflichtig erklärt werden. Auch muß eine übermäßige Spezialisierung und eine Beeinträchtigung hochwertiger Qualitätsarbeit sowie die Besteuerung geringwertiger Gegenstände vermieden werden. Ferner kann für bestimmte Gegenstände oder Gruppen von Gegenständen der Steuersatz auf weniger als 7,5 v. H. festgesetzt, auch abweichend von den allgemeinen Vorschriften dieses Gesetzes verbindlich bestimmt werden, was im Sinne dieser Bestimmungen als Lieferung und als Entgelt anzusehen ist.

Vor Erlaß der Bestimmungen sind sie einem, vom Reichswirtschaftsrat eingesetzten sachverständigen Ausschuß zur Begutachtung vorzulegen. Die Bestimmungen treten außer Kraft, soweit der Reichstag es verlangt.

1. Die vom Reichsrat auf Grund der früheren Fassung des § 16 getroffenen, in den §§ 32 bis 79 e der AB. enthaltenen Vorschriften sind noch in Kraft. Diese Bestimmungen haben Gesetzeskraft.

§ 17.

Die erhöhte Steuerpflicht der §§ 15, 16 umfaßt auch

1. die Entnahme aus dem eigenen Betriebe (§ 1 Nr. 2);

2. die Lieferung auf Grund einer Versteigerung (§ 1 Nr. 3), wenn der Versteigerer vom Hersteller beauftragt ist;
3. **das Verbringen von Gegenständen der in den §§ 15, 16 bezeichneten Art in das Inland. § 8 Abs. 3 findet entsprechende Anwendung. Steuerpflichtig ist der erste inländische Erwerber oder, wenn der Gegenstand nicht aus dem Ausland an einen inländischen Erwerber geliefert wird, derjenige, der den Gegenstand im Inland in Gewahrsam nimmt.**

1. Über Entnahme aus dem eigenen Betrieb vgl. § 1 A. 2.

2. Über Lieferungen auf Grund einer Versteigerung vgl. § 1 A. 3. Voraussetzung der erhöhten Steuerpflicht ist, daß der Versteigerer vom Hersteller (vgl. § 18) beauftragt ist; vgl. aber § 23 A. 3. Die Ausnahmen von der Umsatzsteuerpflicht bei Versteigerungen (vgl. § 1 A. 3 II) begründen auch hier Steuerfreiheit.

3. Besteuerung der Einfuhr. Bei den der Herstellersteuer unterworfenen Gegenständen greift eine Ausnahme von der Regel Platz, daß die Einfuhr ausländischer Waren im Inland steuerfrei ist, da andernfalls bei der Höhe der Steuer mit einer erheblichen Schädigung des Inlandhandels durch Einfuhr ausländischer Waren zu rechnen wäre. Handelt es sich um die Gegenstände der in den §§ 15, 16 bezeichneten Art, so greift die Steuerpflicht Platz, sobald sie ins Inland verbracht werden, gleichviel ob das Verbringen durch den Hersteller oder eine andere Person, durch einen Ausländer oder Inländer erfolgt und einerlei, ob es sich dabei um eine Lieferung d. h. um Erfüllung eines Veräußerungsvertrags handelt oder nicht; RFH. 28. 3. 22 (9, 48). Steuerpflichtig ist deshalb nicht nur die Einbringung von Sachen, die eine im Inland wohnende Person im Ausland käuflich erworben hat, sondern auch die Einbringung solcher Sachen, die

als Geschenk empfangen sind. Auch der ausländische Kaufmann, der Waren, die er im Inland verkaufen will, einführt, ist steuerpflichtig. Inland ist im Sinne des Zollrechts zu verstehen, umfaßt also nicht Freibezirke usw.; Erl. d. RFM. v. 18. 12. 19, AmtlMitt. 1919 S. 455.

Die Steuerbefreiung der ersten Umsätze nach der Einfuhr (vgl. § 2 Z. 1 A III) kommt den bei der Einfuhr mit der erhöhten Umsatzsteuer belasteten Gegenständen nicht zu; RFH. 11. 7. 22, RStBl. 253. Befreiung tritt ein in den § 12 lit. a bis i AB. bestimmten Fällen (Durchfuhr, Reisebedarf, Umzugsgut usw.). Über Anträge auf weitergehende Befreiungen entscheidet der RFM.

Die Steuer berechnet sich nach dem gemeinen Wert der ins Inland verbrachten Gegenstände zur Zeit ihrer Ankunft im Inland (vgl. Friesecke, DStBl. Jahrg. 4 S. 79) unter Zugrundelegung der Preise, die für Gegenstände der gleichen oder ähnlichen Art im Inland von Wiederverkäufern gezahlt zu werden pflegen (Großhandelspreis). Steuerschuldner ist der erste inländische Erwerber (vgl. RFM. 29. 7. 20, RStBl. 472) oder, wenn es sich nicht um Lieferung aus dem Ausland an einen inländischen Erwerber handelt, derjenige, der den Gegenstand im Inland zuerst in Gewahrsam nimmt (AB. § 16). Bringt ein Inländer oder Ausländer unter § 15 fallende Waren, die er bereits im Ausland in Gewahrsam genommen hat, ins Inland, so ist er der Steuerschuldner. Wer im Augenblick des Verbringens ins Inland die Ware in Besitz hat, nimmt sie im Inland zuerst in seinen Gewahrsam; RFH. 28. 3. 22 (9, 48).

Über die Mitwirkung der Zollstellen bei Erhebung der Steuer vgl. § 38 Abs. 3; AB. §§ 20, 21.

§ 18.

Als Hersteller im Sinne des § 15 gilt derjenige Unternehmer, der Rohstoffe oder Halberzeugnisse zu Gegenständen umgestaltet, die ihrer Beschaffenheit nach, ohne einer weiteren Bearbeitung oder Ver-

arbeitung zu bedürfen, zum unmittelbaren Gebrauch oder Verbrauche fertiggestellt sind. Eine Behandlung der Gegenstände durch Putzen, Umpackung und ähnliche äußere Einwirkung, die nur der Hebung der Verkäuflichkeit dient, gilt nicht als weitere Bearbeitung oder Verarbeitung.

Stellt ein Unternehmer auf Grund eines Bearbeitungs- oder Verarbeitungsvertrags einen Gegenstand für einen Besteller her, der Gegenstände dieser Art innerhalb seiner gewerblichen Tätigkeit weiterveräußert, so gilt als Hersteller der Besteller.

Der Reichsrat kann für bestimmte Bearbeitungs- und Verarbeitungsverfahren und bestimmte Arten von Gegenständen über die Anwendung der vorstehenden Vorschriften nähere Bestimmungen erlassen.

1. Hersteller ist im allgemeinen derjenige, welcher das für den Kleinhandel fertige Fabrikat schafft. Es scheiden also aus alle Gewerbetreibende, die Halbfabrikate und Waren, die noch wesentlich verändert, ergänzt, veredelt werden, herstellen. Dabei wird jedoch eine Behandlung durch Putzen, Umpacken und ähnliche äußere Einwirkungen, die nur der Behebung der Verkäuflichkeit dienen, nicht als weitere Bearbeitung oder Verarbeitung angesehen. An Stelle des Reichsrats ist nach Art. IV § 2 des G. v. 10. 8. 25 der RFM. mit Zustimmung des Reichsrats befugt, gemäß Abs. 3 nähere Bestimmungen zu erlassen; er kann die Vorschriften des Gesetzes nicht nur bei Zweifeln erläutern, sondern auch abändern; vgl. RFH. 8. 11. 22 (11, 6).

Wenn ein Unternehmer auf Grund eines Bearbeitungs- oder Verarbeitungsvertrags einen Gegenstand für einen Besteller herstellt, der ihn innerhalb seiner gewerblichen Tätigkeit weiter veräußert, so gilt der Besteller als Hersteller.

Zweifel darüber, wer als Hersteller angesehen ist, können sich namentlich ergeben bei Gegenständen, die aus verschiedenen Stoffen von mehreren Personen zusammengesetzt werden, sowie für Fälle, in denen am gleichen Gegenstand verschiedene Be- oder Verarbeitungsverfahren vorgenommen werden. Zur Behebung dieser Zweifel sind in den AB. nähere Bestimmungen getroffen (vgl. die Anm. 2 C zu § 15).

§ 19.

Wird ein Gegenstand von einem Unternehmer, der ihn nach seiner Herstellung oder seiner Einfuhr aus dem Ausland erworben hat, weiterbearbeitet oder verarbeitet (§ 18 Abs. 1), so ist die Lieferung des infolge der Bearbeitung oder Verarbeitung entstandenen Gegenstandes, wenn auch dieser seinerseits zu den in den §§ 15, 16 bezeichneten gehört, ebenfalls erhöht steuerpflichtig. Die Steuerstelle vergütet aber dem Bearbeiter oder Verarbeiter den Teil des von ihm bei der Beschaffung des bearbeiteten oder verarbeiteten Gegenstandes entrichteten Entgelts, der dem Unterschiede zwischen der nach den Steuersätzen des § 13 und des § 15 oder § 16 berechneten Steuer für die Lieferung an ihn entspricht; dies gilt auch, wenn der Hersteller die infolge der Bearbeitung oder Verarbeitung entstandenen Gegenstände in das Ausland ausführt. Der Antrag ist für den Steuerabschnitt (§ 33) gleichzeitig mit der Steuererklärung (§ 35) zu stellen. § 18 Abs. 3 findet entsprechende Anwendung.

Die Vorschrift regelt die Steuerpflicht für die Fälle, in denen der Herstellersteuer unterliegende Gegenstände nach ihrer Herstellung weiter be- oder verarbeitet werden, ohne daß dadurch eine Veränderung ihres Wesens stattfindet. Es wird z. B. an einer versilberten Schmucknadel nachträglich ein Halbedelstein angebracht oder es wird ein Spitzenkragen in ein Spitzenkleid eingenäht (Begr. I S. 61). Voraussetzung der Anwendbarkeit der Bestimmung ist aber, daß durch die Verarbeitung ein neuer, eine selbständige Einheit darstellender Gegenstand erzeugt ist; ein Unternehmer, der ein Motorrad mit einem Beiwagen lediglich verschraubt und in dieser Zusammensetzung weitergibt, kann wegen dieser Verarbeitung nicht als Hersteller eines neuen Gegenstandes erachtet werden: RFH. 5. 7. 21 (6, 242). In der Verwendung von Munition zum Einschießen von Handfeuerwaffen liegt keine Verarbeitung der Munition zu der verkaufsfertigen Handfeuerwaffe; auf die Munition findet § 19 Satz 2 keine Anwendung; RFH. 24. 1. 23 (11, 230). In den Fällen des Paragraphen bleibt die Lieferung des be- oder verarbeiteten Gegenstandes der erhöhten Steuer unterworfen; insoweit aber der be- oder verarbeitete Gegenstand in einem seiner Teile bereits früher der Luxussteuer unterlegen hat, soll der Be- oder Verarbeiter den Teil des von ihm bei der Beschaffung des Gegenstandes entrichteten Entgelts von der Steuerstelle vergütet erhalten, der dem Unterschied zwischen dem Satz der allgemeinen Umsatzsteuer und dem der Luxussteuer für die Lieferung an ihn entspricht. Voraussetzung des Vergütungsanspruchs ist nur, daß der bearbeitete oder verarbeitete Gegenstand bereits in unbearbeitetem oder unverarbeitetem Zustand erhöht umsatzsteuerpflichtig war, nicht auch, daß diese Umsatzsteuer von dem Lieferer entrichtet ist: RFH. 10. 6. 21 (6, 73). Über die Berechnung des zu vergütenden Teils des Entgelts vgl. AB. § 203; über die Art der Geltendmachung des Vergütungsanspruchs AB. § 196.

§ 20.

Dem Erwerber von Gegenständen der in den §§ 15, 16 bezeichneten Art vergütet die Steuerstelle auf Antrag nach näherer Bestimmung des Reichsrats 5 v. H. des von ihm beim Erwerb entrichteten Entgelts, wenn er nachweist, daß er

1. die Gegenstände im öffentlichen Interesse, insbesondere auch für kirchliche oder wissenschaftliche Zwecke, erworben hat, oder,

2. soweit es sich um Flügel, Klaviere, Harmonien, Streich- und Zupfinstrumente handelt, diese für Lehr- oder berufliche Zwecke erworben hat, oder,
3. soweit es sich um Orchestrions oder um selbsttätige Klavierspielapparate und deren Bestandteile und Zubehör handelt, diese zu gewerblichen Zwecken erworben hat,
4. soweit es sich um Fahrzeuge zur Personenbeförderung handelt, diese ausschließlich zur Ausübung des Fuhrhaltergewerbes erworben sind.

Für Gegenstände, die einem geringeren Steuersatz als 7,5 v. H. unterliegen, bestimmt der Reichsminister der Finanzen mit Zustimmung des Reichsrats den Vergütungssatz.

1. **Vergütung bei der Herstellersteuer wegen besonderer Verwendung.** Dem Erwerber von Gegenständen, die nach §§ 15, 16 der Herstellersteuer unterliegen, wird in bestimmten Fällen ein Teil der auf ihn abgewälzten Steuer, nämlich 5 v. H. des von ihm entrichteten Entgeltes, vergütet. Der Vergütungsanspruch beträgt 6 v. H. des entrichteten Entgelts, wenn der Vergütungsanspruch vor dem 1. 11. 25 bei einer Steuerbehörde des Reichs geltend gemacht ist (Übergangsbestimmungen v. 18. 8. 25, RGBl. S. 317 § 4). Dem RFM. mit Zustimmung des Reichsrats (Art. IV § 2 d. G. v. 10. 8. 25) steht die Befugnis zu, materiell-rechtliche Anordnungen über den Umfang des Vergütungsanspruchs zu treffen und den Vergütungsanspruch für solche Gegenstände zu bestimmen, die auf Grund der nach § 16 erlassenen Vorschriften einem geringeren Steuersatz als 7,5 v. H. unterliegen. Folgende Fälle kommen in Betracht:

A. Wenn Gegenstände der in §§ 15, 16 bezeichneten Art im öffentlichen Interesse, insbesondere auch für kirchliche oder wissenschaftliche Zwecke verwendet werden sollen. Dabei ist besonders an die Ankäufe für das Reich, die Länder, Gemeinden und sonstige öffentlich-rechtliche Korporationen, Anstalten und Stiftungen für ihre Einrichtungen gedacht. Ein öffentliches Interesse ist insbesondere gegeben, wenn die Gegenstände zum öffentlichen Dienst oder Gebrauch bestimmt sind. Dies trifft z. B bei Waffen, die erworben sind von der Militär- oder Polizeiverwaltung, den in Staats-, Gemeinde- oder Privatforstdienst befindlichen Personen — letzteren, wenn sie mit dem Forst- und Jagdschutz nach Maßgabe der Landesgesetze betraut sind — sowie sonstigen Personen oder Personenvereinigungen (z. B. Wach- und Schließgesellschaften), wenn sie nachweisen, daß die Führung von Waffen im öffentlichen Interesse liegt; ferner bei Turn- und Sportgeräten, die von Unterrichts- und Erziehungsanstalten oder solchen Vereinen erworben werden, deren Zweck die körperliche Ertüchtigung ihrer Mitglieder ist. Die Begünstigung des Erwerbs für kirchliche Zwecke (Altargeräte, Harmonien) ist auch auf Anschaffungen solcher Religionsgesellschaften anzuwenden, die nicht zu den in dem betreffenden Lande anerkannten Religionsgesellschaften gehören. Ferner ist ein öffentliches Interesse anerkannt, wenn der Erwerber nachweist, daß er den Gegenstand innerhalb einer wissenschaftlichen Betätigung verwenden will oder wenn ein Personenkraftfahrzeug durch einen Arzt oder Tierarzt erworben wird und dieser nachweist, daß ihm sonstige den Bedürfnissen seiner Praxis entsprechende Verkehrsmöglichkeiten nicht zur Verfügung stehen (AB. § 197 lit. a). Wenn ein Frauenarzt und Geburtshelfer zu Besuchen des Teils seiner Patienten, die er mit öffentlichen Verkehrsmitteln nicht erreichen kann, ein Kraftfahrzeug anschafft, so liegt eine Anschaffung im öffentlichen Interesse vor; es ist daher ein Vergütungsanspruch gegeben, selbst wenn er das Fahrzeug nun auch für den Besuch solcher Patienten benutzt, die er an sich mit öffentlichen Verkehrsmitteln erreichen konnte; RFH. 7. 11. 24 (15, 64)

B. Wenn bei Flügeln, Klavieren, Harmonien, Streich- und Zupfinstrumenten der Erwerber nachweist, daß er ohne das Instrument entweder seine Ausbildung für einen Beruf nicht betreiben kann und daß er diesen Beruf nach Abschluß der Ausbildung entgeltlich ausüben will, oder daß er selbst berufsmäßig gegen Entgelt Musikunterricht erteilt oder Leiter einer Lehranstalt ist und daß die genannten Musikinstrumente zum berufsmäßigen Unterricht oder in der Lehranstalt verwendet werden sollen (AB. § 197 lit. b). Wenn jemand ein gekauftes Klavier benutzt, um seine Kinder, die sich im Alter von 12 und 9 Jahren befinden, musikalisch ausbilden zu lassen, so liegt in der Regel kein Erwerb für Lehr- oder berufliche Zwecke vor; RFH. 11. 10. 21 (7, 81). Daß die entgeltliche Erteilung von Musikunterricht den ausschließlichen Beruf des Erwerbers darstellt, ist nicht erforderlich.

C. Wenn Orchestrions oder selbsttätige Klavierspielapparate zu gewerblichen Zwecken erworben werden; den genannten Instrumenten stehen ihre Bestandteile und Zubehörstücke (z. B. Platten, Walzen) gleich. Hierunter fällt namentlich der Erwerb solcher Instrumente durch Gast- und Schankwirte und Schausteller (AB. § 197 lit. c).

D. Der Vergütungsanspruch des Erwerbers eines luxussteuerpflichtigen Fahrzeugs zur Personenbeförderung ist nur dann gegeben, wenn die Fahrzeuge ausschließlich zur Ausübung des Fuhrhaltergewerbes erworben sind. Das gleiche gilt für die Bestandteile und Zubehör (AB. § 197 lit. d).

Als Fuhrhaltergewerbe im Sinne von § 20 Nr. 4 und § 24 Abs. 3 ist die gewerbsmäßige Personenbeförderung, nicht sonstige Transportunternehmen zu verstehen; RFH. 7. 11. 24 (15, 42).

2. Verfahren. Die näheren Bestimmungen trifft jetzt der RFM. mit Zustimmung des Reichsrats (G. v. 10. 8. 25 Art. IV § 2).

Über das behufs Erlangung der Vergütung einzuschlagende Verfahren vgl. AB. § 197 Abs. 2. Der Vergütungsanspruch ist im ordentlichen Rechtsmittelzuge nach § 223 RAbgO. verfolgbar; RFH. 23. 4. 20 (2, 271). Beschwerde gegen Abweisung eines Vergütungsanspruchs ist als Einspruch (§§ 218, 223 RAbgO.) zu behandeln; RFH. 6. 10. 20, RStBl. 623. Die Rechtsmittelbehörden sind, obwohl das Gesetz dem Antragsteller den Nachweis für die Voraussetzungen des Vergütungsanspruchs auferlegt, nach § 228 RAbgO. verpflichtet, den Sachverhalt von Amts wegen zu ermitteln; RFH. 24. 1. 22 (8, 157).

III. Kleinhandelssteuer.

§ 21.

Die Steuer erhöht sich auf 7,5 v. H. bei der Lieferung der folgenden Gegenstände im Kleinhandel:

1. Edelmetalle sowie Gegenstände des Juweliergewerbes oder der Gold- und Silberschmiedekunst aus oder in Verbindung mit Edelmetallen, wenn es sich nicht um eine bloße Belegung oder einen Überzug unedler Stoffe mit Edelmetallteilen handelt; Edelsteine, einschließlich der synthetischen, und Perlen sowie Gegenstände aus oder in Verbindung mit Edelsteinen und Perlen. Als unedler Stoff gilt auch eine Legierung mit nicht mehr als $^{500}/_{1000}$ Silber. Vorrichtungen, die zum Ausgleich körperlicher Gebrechen dienen, unterliegen der erhöhten Steuer nicht;
2. Originalwerke der Plastik, Malerei und Graphik; Radierungen, Holzschnitte und Kupferstiche gelten als Originalwerke.

   Von der erhöhten Steuer frei bleiben Originalwerke der Plastik, Malerei und Graphik deutscher lebender Künstler, wenn sie unmittelbar vom Künstler vertrieben werden. Bedient sich der Künstler der Vermittlung dritter Personen, so gelten diese als erhöht steuerpflichtige Lieferer mit dem gesamten vom Abnehmer entrichteten Entgelt, auch wenn sie im Namen des Künstlers aufgetreten sind.

   Die vorstehende Vorschrift findet auf Originalwerke der Plastik, Malerei und Graphik innerhalb der letzten fünf Jahre verstorbener Künstler entsprechende Anwendung, wenn sie nach dem Tode des Künstlers unmittelbar von seinem Ehegatten, seinen Abkömmlingen oder seinen Eltern vertrieben werden. Die Frist von fünf Jahren wird vom Abschluß des Umsatzgeschäfts über das Werk ab gerechnet;

3. Antiquitäten, einschließlich alter Drucke, und Gegenstände, wie sie aus Liebhaberei von Sammlern erworben werden, wenn diese Gegenstände nicht vorwiegend zu wissenschaftlichen Zwecken gesammelt zu werden pflegen;

4. Gebinde oder sonstige Herrichtungen aus Blumen und Pflanzen, wenn das Entgelt für die einzelne Lieferung, einschließlich der als Behälter oder zur Zusammenfassung oder Ausschmückung verwendeten Gegenstände, dreißig Mark überschreitet;

5. Reit- und Kutschpferde;

6. lebendes Wild.

§ 16 findet entsprechende Anwendung.

Übersicht zu § 21:

1. Die Kleinhandelssteuer.
2. Voraussetzungen der Steuerpflicht.
   A. Lieferung im Kleinhandel.
   B. Gruppen der erhöht steuerpflichtigen Gegenstände.
      I. Edelmetalle und Gegenstände des Juweliergewerbes.
      II. Originalwerke der Plastik, Malerei und Graphik.
      III. Antiquitäten und Sammelgegenstände.
      IV. Blumengebinde.
      V. Reit- und Kutschpferde.
      VI. Lebendes Wild.

1. Kleinhandelssteuer.

Neben der Luxussteuer, die beim Hersteller erhoben wird (§§ 15 ff.), ist die Luxussteuer im Kleinhandel beibehalten, teils weil bei manchen Gegenständen ein Hersteller fehlt, teils weil aus wirtschaftlichen Gründen die Belastung mancher Gegenstände mit der Herstellersteuer nicht tunlich erschien.

2. Voraussetzungen der Steuerpflicht.

A. Lieferung im Kleinhandel. Über den Begriff der Lieferung vgl. § 5, über den Begriff Kleinhandel § 22.

B. Gruppen der erhöht steuerpflichtigen Gegenstände. Für die Abgrenzung der im Kleinhandel luxussteuerpflichtigen Gegenstände gilt das zu § 15 A. 2 C Bemerkte, da die dem RFM. im § 16 zur Vereinfachung der Herstellersteuer eingeräumten Befugnisse auch hier gelten.

I. Der Kleinhandelssteuer nach Nr. 1 unterliegen Gegenstände aus oder in Verbindung mit Edelmetallen, soweit sie zu den Gegenständen des Juweliergewerbes oder der Gold- und Silberschmiedekunst gehören, ferner Edelsteine, Perlen, Halbedelsteine sowie Gegenstände aus oder in Verbindung mit solchen sowie die Edelmetalle — auch Bruchmetall; RFH. 13. 6. 22, RStBl. 282 — selbst (vgl. § 15 A 2 C I Nr. 1 und 3). Verkäufe von Blattgold und Blattsilber unterliegen nur der allgemeinen Umsatzsteuer (§ 79 AB.).

II. Als steuerlich privilegierte Kunstwerke sind nur solche anzusehen, die offensichtlich ihrer selbst, nicht des Gebrauchszwecks wegen da sind, es sei denn, daß es sich um Gegenstände, die dem Gottesdienst geweiht oder sonst der Allgemeinheit zu dienen bestimmt sind, handelt. Gegenstände dagegen, bei denen der Gebrauchszweck überwiegt oder die lediglich als Zier, sei es der Inneneinrichtung einer Wohnung, sei es einer Person, dienen sollen, sind als Originalwerke der Kunst, mögen sie auch künstlerisch hergestellt sein, nicht anzusehen; RFH. 13. 12. 22 (11, 110).

a) Werke der Malerei sind luxussteuerfrei, wenn sie vom Künstler eigenhändig signiert sind und die Lieferung durch den Künstler oder innerhalb von 20 Jahren nach seinem Tode aus seinem Nachlaß durch Ehegatten, Abkömmlinge oder Eltern oder innerhalb einer Ausstellung nach näherer Bestimmung des RFM. erfolgt (§ 79 a A AB.).

b) Werke der Graphik unterliegen nicht der Kleinhandelssteuer, sondern der Herstellersteuer unter den in § 79 a B I AB. aufgeführten Voraussetzungen. Die in § 79 a B II aufgeführten Werke sind luxussteuerfrei.

c) Werke der Plastik sind nur luxussteuerpflichtig, wenn es sich um figürliche Darstellungen (Figuren, Statuen, Büsten, Gruppen, Tiere) handelt und sie aus den in § 79 a C I 2 AB. aufgeführten Stoffen bestehen, und zwar unterliegen sie der Herstellersteuer, nicht der Kleinhandelssteuer. Grabkreuze, gebrochene Säulen usw. sind also keine luxussteuerpflichtigen Werke der Plastik. Die im § 79 a C III AB. bezeichneten Werke sind luxussteuerfrei. Für Rahmen gelten die Sonderbestimmungen in § 79 a D AB.

III. Sammelgegenstände, einschließlich der Antiquitäten und alten Drucke, unterliegen der Kleinhandelssteuer. Über den Begriff der Antiquität vgl. § 79 II AB. Es kommt darauf an, ob es sich um Gegenstände handelt, wie sie aus Liebhaberei von Sammlern erworben werden, und nicht darauf, ob sie im Einzelfall gerade von Sammlern aufgekauft werden; RFH. 26. 9. 22, RStBl. 352. Für Werke der Malerei, Graphik und Plastik, die nach dem Jahre 1850 hergestellt sind, gelten die Bestimmungen unter II. Über alte Drucke vgl. § 79 b III AB. Als sonstige Sammelgegenstände kommen in Betracht: Münzen, Medaillen, Plaketten, Briefmarken, Siegel, Siegelstempel, Wappen, Autogramme, Erinnerungen an geschichtliche oder sonstige hervorragende Persönlichkeiten, Waffen, Trachten, ethnographische Gegenstände usw., gleichviel, ob der Gegenstand wissenschaftlich auswertbar ist oder nicht. Eine alte italienische Meistergeige ohne eine von der Neuzeit abweichende Form und ohne besondere äußere Ausschmückung, aber mit hervorragendem Tone gilt nicht als Antiquität mit Sammelwert; RFH. 3. 2. 25 (15, 340). Dagegen ist zu den Sammelgegenständen gerechnet ein Album, das Papiergeldscheine aus der Kriegs- und Inflationszeit enthält und den Aufdruck trägt: „Aus Deutschlands schwerster Zeit; Deutsche Zahlungsmittel 1914--1924"; RFH. 27. 5. 25, RStBl. 180.

Luxussteuerfrei sind Sammlungen naturwissenschaftlicher Art (§ 79 b IV AB.).

IV. Luxussteuerpflichtig sind nur Bindereien (also namentlich Sträuße, Kränze, Kreuze, Kronen, Blumenkörbe, Kissen und ähnliche Gebilde) von frischen Blumen, auch in Verbindung mit anderen Pflanzen oder Pflanzenteilen, wenn sie den vom RFM. festgesetzten Richtpreis überschreiten. Luxussteuerfrei sind dagegen Topfpflanzen, in andere Behältnisse eingesetzte Pflanzen mit Wurzeln, auch wenn sie verziert sind, und lose und nur lose zusammengefaßte Schnittblumen (§ 79 c AB.). Künstliche Blumen sind als solche nicht luxussteuerpflichtig, sofern nicht etwa wegen ihres Stoffes nach § 15 Luxussteuerpflicht eintritt; RFM. 17. 8. 20, RStBl. 515.

V. Pferde aller Art sind luxussteuerpflichtig, wenn sie nach ihrer Beschaffenheit zum Reiten und Kutschieren gebraucht werden können; als Reit- und Kutschpferde gelten Pferde nach dem 31. 12. des Jahres, in dem sie das 4. Lebensjahr vollenden, wenn das Entgelt den vom RFM. festgesetzten, im Reichsanzeiger veröffentlichten Gebrauchsrichtpreis überschreitet. Die Luxussteuer wird nur insoweit erhoben, als sie aus der Hälfte des den Gebrauchsrichtpreis übersteigenden Betrags gedeckt werden kann. Kaltblutschläger unterliegen nicht der Luxussteuer; ferner nicht Pferde, die von staatlichen Gestüten oder eingetragenen Zuchtverbänden erworben oder veräußert werden unter den in § 79 d 3 AB. bezeichneten Voraussetzungen.

VI. Lieferung von lebendem Wild ist luxussteuerfrei (§ 79 e AB.).

§ 22.

Eine Lieferung im Kleinhandel im Sinne des § 21 liegt nicht vor, wenn die Gegenstände zur gewerblichen Weiterveräußerung, sei es in derselben Beschaffenheit, sei es nach vorheriger Bearbeitung oder Verarbeitung für eigene oder fremde Rechnung erworben werden.

Nimmt der Steuerpflichtige bei der Lieferung der

im § 21 genannten Gegenstände die Befreiung von dem erhöhten Steuersatze für sich in Anspruch, weil die Gegenstände zur gewerblichen Weiterveräußerung geliefert worden seien, so muß er sich von dem Erwerber nachweisen lassen, daß sie in dem Unternehmen, für das der Erwerb stattfindet, eine solche Verwendung finden können. Der Nachweis muß nach näherer Bestimmung des Reichsrats durch Vorlegung einer behördlichen Bescheinigung, die gebühren- und stempelfrei auszustellen ist, geführt werden. Der Lieferer braucht bei der einzelnen Bestellung oder Entnahme die Vorlegung der Bescheinigung nicht zu verlangen, wenn er mit dem Abnehmer in ständigen Geschäftsbeziehungen steht und ihm Inhalt und Geltungsdauer der Bescheinigung bekannt sind.

Wird gegen die vorstehenden Vorschriften verstoßen, so sind die Lieferungen ohne Rücksicht darauf, ob eine Lieferung im Kleinhandel im Sinne des § 21 vorliegt oder nicht, mit 15 v. H. steuerpflichtig.

1. **Lieferung im Kleinhandel.** Da von der erhöhten Steuer nur der letzte Umsatz unmittelbar an den Verbraucher erfaßt werden soll, ist ihr nur die Lieferung im Kleinhandel unterworfen worden. Der Begriff des Kleinhandels wird nur negativ dahin abgegrenzt, daß der Erwerb zum Zweck der Weiterveräußerung, sei es in derselben Beschaffenheit, sei es nach vorheriger Veredelung, kein Kleinhandel ist, gleichviel ob der Erwerb für eigene oder fremde Rechnung erfolgt. Zum Kleinhandel gehört also abweichend von dem sonstigen Sprachgebrauch nicht nur die Veräußerung durch den Ladenbesitzer, sondern auch die unmittelbar von der Fabrik oder von dem Großhandelsgeschäft an einen Verbraucher erfolgende Veräußerung. Eine Lieferung im Kleinhandel liegt ferner vor, wenn der Erwerb zu anderen Zwecken als zur gewerblichen Weiterveräußerung erfolgt, demnach auch dann, wenn die Gegenstände im Gewerbebetrieb des Erwerbers

gebraucht oder verbraucht werden; RFH. v. 2. 10. 19 (1, 195). Erfolgt der Erwerb nicht, um den Gegenstand als solchen weiterzuveräußern, sondern, um ihn als wesentlichen Bestandteil einem Gebäude einzufügen und demnächst das ganze Gebäude zu veräußern, so liegt Lieferung im Kleinhandel vor. Es unterliegt deshalb die Lieferung eines Werkes der Plastik an einen Bauunternehmer, welcher das Kunstwerk in ein Bauwerk einfügen und zusammen mit diesem veräußern will, der erhöhten Steuer. Dagegen kommt bei der weiteren Übertragung des Grundstücks seitens des Bauunternehmers an den Bauherrn eine erhöhte Steuer wegen des dem Bauwerk eingefügten plastischen Werkes nicht mehr in Frage.

Die Kleinhandelssteuer wird ohne Rücksicht darauf erhoben, ob die Gegenstände etwa bei einem früheren Umsatz bereits der Herstellersteuer unterlegen haben. Ist z. B. eine goldene Uhr nach § 15 I 1 bereits versteuert worden und wird sie vom Juwelier mit Edelsteinen besetzt, so tritt nochmals Luxussteuerpflicht, nunmehr im Kleinhandel, ein. Eine Vergütung in der Art, wie sie § 19 für die Herstellersteuer vorsieht, ist nicht gegeben (§ 78 AB.).

2. Verfahren bei Befreiung vom erhöhten Steuersatz. Von der Besteuerung nach § 21 darf nur abgesehen werden, wenn die im Abs. 2 vorgesehenen Sicherungsvorschriften beobachtet sind. Die näheren Bestimmungen trifft jetzt der RFM. mit Zustimmung des Reichsrats (G. v. 10. 8. 25, Art. IV § z). Über Form und Inhalt der beizubringenden behördlichen Bescheinigung vgl. § 201 AB. Die Gültigkeitsdauer der Bescheinigung ist auf das laufende Kalenderjahr zu beschränken. Ist der Erwerber nicht selbst Weiterveräußerer, sondern erwirbt es nur für einen solchen, so hat er außer dieser Bescheinigung noch eine Erklärung seines Auftraggebers beizubringen, nach der er berechtigt ist, für den Weiterveräußerer die zu bezeichnenden Gegenstände zu erwerben. Die vorgeschriebene behördliche Bescheinigung kann durch einen Nachweis anderer Art über Umsatz an Wiederverkäufer nicht ersetzt werden; RFH. 23. 4. 19, AmtlMitt. S. 193: 12. 5. 20,

RStBl. 354; 26. 5. 20, RStBl. 364. Dies gilt auch für Lieferungen ins besetzte Gebiet; RFM. 21. 10. 19, AmtlMitt. S. 392. Die beteiligten Firmen können sich die Handhabung der Vorschriften dadurch erleichtern, daß der Lieferer nicht bei jeder einzelnen Bestellung oder Entnahme die Vorlegung der Bescheinigung verlangt, wenn er mit dem Abnehmer in ständigen Geschäftsbeziehungen steht und ihm Inhalt und Geltungsdauer der Bescheinigung bekannt sind; jedoch hat sich der Lieferer beim ersten Geschäftsverkehr in jedem Kalenderjahr von der Erneuerung der Bescheinigung zu überzeugen.

Über Zuständigkeit und Verfahren der Umsatzsteuerämter vgl. §§ 204, 205 AB.

Die Wiederverkäuferbescheinigung hat nur für Waren der im § 21 bezeichneten Art Bedeutung, für die nach § 15 zu besteuernden Lieferungen kommt sie nicht in Betracht; Erl. d. RFM. v. 8. 1. 20, RStBl. 65.

§ 23.

Die erhöhte Steuerpflicht des § 21 umfaßt auch

1. die Entnahme aus dem eigenen Betriebe (§ 1 Nr. 2). Ist für die Steuerpflicht einer Lieferung die Höhe des Entgelts maßgebend, so ist bei der Schätzung des Wertes des entnommenen Gegenstandes (§ 8 Abs. 3) zur Feststellung der Steuerpflichtigkeit von dem Preise auszugehen, der am Orte und zur Zeit der Entnahme von Personen, welche die Gegenstände nicht zur gewerblichen Weiterveräußerung erwerben, gezahlt zu werden pflegt (Kleinhandelspreis);
2. die Lieferung auf Grund einer Versteigerung (§ 1 Nr. 3), es sei denn, daß die versteigerten Gegenstände zur gewerblichen Weiterveräußerung erworben werden. Weist derjenige, der in einer

Versteigerung den Zuschlag erhalten hat, dem Versteigerer in der im § 22 Abs. 2 vorgeschriebenen Form nach, daß er zur gewerblichen Weiterveräußerung erworben hat, so hat er Anspruch auf eine Ermäßigung des Zuschlagpreises um den Unterschied der Steuersätze der §§ 13 und 21;

3. die entgeltliche Lieferung im Inland durch Personen, die keine gewerbliche Tätigkeit ausüben, und außerhalb einer Versteigerung, sofern die Lieferung die im § 15 unter I Nr. 1, 3, unter II Nr. 6, 8, 10, 22 und im § 21 Nr. 1, 2 und 3 bezeichneten Gegenstände betrifft. Steuerpflichtig ist der Lieferer; mit ihm haftet der Abnehmer für die Erfüllung der Steuerpflicht;

4. die entgeltliche Lieferung in oder aus dem Ausland an eine Person, die ihren Wohnsitz oder gewöhnlichen Aufenthalt zur Zeit der Lieferung im Inland hat. Die Steuerpflicht tritt ein, sobald der Gegenstand ins Inland gelangt, ohne Rücksicht darauf, ob der Lieferer ein Unternehmer ist oder nicht. Steuerpflichtig ist der erste inländische Erwerber des Gegenstandes.

In den Fällen der Nr. 3 und 4 tritt völlige Steuerbefreiung ein, wenn der Gegenstand zur gewerblichen Weiterveräußerung erworben wird und der Erwerber dies bei Nr. 3 dem Lieferer, bei Nr. 4 der Steuerstelle in der im § 22 Abs. 2 vorgeschriebenen Form nachweist.

Übersicht zu § 23:

1. Entnahme aus dem eigenen Betrieb.
2. Lieferung auf Grund einer Versteigerung.
3. Besteuerung des nichtgewerblichen Umsatzes.
4. Besteuerung der Einfuhr.

1. **Über Entnahme aus dem eigenen Betrieb** vgl. § 1 A. 2. Für die Steuerberechnung ist auch hier der gemeine Wert maßgebend, bei der Schätzung ist aber, abweichend von § 8 Abs. 3, von dem am Ort und zur Zeit der Entnahme üblichen Kleinhandelspreise auszugehen.

2. **Über Lieferung auf Grund einer Versteigerung** vgl. § 1 A. 3. Da es sich bei der Steuerpflicht gemäß § 21 nur um eine Erhöhung handelt, so begründen die Ausnahmen von der allgemeinen Umsatzsteuerpflicht bei Versteigerungen (vgl. § 1 A. 3 II) auch hier Steuerfreiheit. Werden die versteigerten Gegenstände zur gewerblichen Weiterveräußerung erworben, so greift nur die allgemeine Umsatzsteuer Platz. Der Versteigerer hat, wenn er den im § 22 vorgeschriebenen Nachweis führt, Anspruch auf Ermäßigung des Zuschlagpreises um den Unterschied zwischen erhöhter und allgemeiner Umsatzsteuer (§ 203 AB.). Vgl. § 202 AB. Hat der Versteigerer die Steuer bezahlt, so ist die Heranziehung des Abnehmers zur Steuer auch dann unzulässig, wenn die Steuerbehörde dem Versteigerer die Steuer erstattet hat; RFH. 7. 3. 22 (8, 280).

3. **Besteuerung des nichtgewerblichen Umsatzes.** Für einzelne, der Luxusbesteuerung unterworfene Gegenstände ist mit der allgemeinen Regel, daß private Verkäufe von der Umsatzsteuer frei bleiben (vgl. § 1 A. 1 I B) gebrochen. Auch die durch einen Privatmann und die durch einen Gewerbetreibenden außerhalb des Kreises seines Gewerbebetriebs (RFH. 14. 3. 22 — 9, 94) im Inland erfolgende Lieferung dieser Gegenstände ist zu versteuern. Die Anwendung der Bestimmung ist keineswegs auf Fälle beschränkt, die einer gewerblichen Tätigkeit ähnlich sind; RFH. 2. 12. 21, RStBl. 1922 S. 35. Der Veräußerer eines Personenkraftwagens ist nach dieser Bestimmung luxussteuerpflichtig, auch wenn ihm das Fahrzeug zur Ausübung seiner beruflichen Tätigkeit gedient hat; RFH. 11. 2. 21, RStBl. 180; 29. 11. 21 (7, 298). Die erhöhte Steuer ist aber dann nicht zu entrichten, wenn der Liefernde Gewerbetreibender ist und sein Gewerbe auf die Veräußerung von Gegenständen der gleichen

Art gerichtet ist; RFH. 29. 11. 21 (7, 298); 5. 5. 22 (10, 101). Man darf auch nicht den Gewerbebetrieb einer Person für die Zwecke der hier in Rede stehenden Besteuerung in einzelne Teile zerlegen. Soweit also ein Gewerbetreibender neben der Vermietung von Kraftwagen auch den Handel mit Kraftwagen betreibt, ist der Verkauf eines Kraftwagens, der im Fuhrgeschäft Verwendung gefunden hatte oder zu diesem Zweck angeschafft war, kein Hilfsgeschäft, das der Privatluxussteuer unterliegt; RFH. 18. 10. 22, RStBl. 852.

Der Kreis dieser der erhöhten Umsatzbesteuerung auch bei nichtgewerblichem Umsatz unterliegenden Gegenstände ist durch § 2 der zweiten Verordnung des Reichspräsidenten über wirtschaftlich notwendige Steuermilderungen v. 10. 11. 24 (RGBl. S. 737) eingeengt. Es kommen nunmehr nach § 23 Abs. 1 Nr. 3 in Verbindung mit §§ 34, 52, 54, 56, 68 und 79 AB. noch in Betracht: Edelmetalle, Gegenstände aus oder in Verbindung mit solchen, Gegenstände des Juweliergewerbes, der Gold- und Silberschmiedekunst, Edelsteine und Perlen (§ 15 I Nr. 1, § 21 Nr. 1), Halbedelstein (§ 15 I Nr. 3), Flügel, Klaviere (Privatverkäufe von zum Spielen völlig unbrauchbaren Klavieren sind nicht erhöht steuerpflichtig; RFH. 18. 3. 21, RStBl. 239). Harmonien, Streich- und Zupfinstrumente, mechanische Spiel- und Sprechapparate (§ 15 II Nr. 6), luxussteuerpflichtige Personenfahrzeuge (§ 15 II Nr. 8), Pelzwerk (§ 15 II Nr. 10), Teppiche (§ 15 II Nr. 22), Originalwerke der Plastik, Malerei und Graphik (§ 21 Nr. 2), Antiquitäten und Sammelgegenstände (§ 21 Nr. 3). Vgl. § 179 AB. Die Erweiterungen und Beschränkungen, die der RFM. auf Grund der ihm nach § 21 Abs. 2, § 16 zustehenden Ermächtigung zum § 21 Abs. 1 Nr. 1 bis 3 für die Kleinhandelssteuer anordnet, gelten auch für die nach § 23 Abs. 1 Nr. 3 erhöht umsatzsteuerpflichtigen Privatverkäufe; RFH. 4. 10. 21 (7, 68).

Steuerschuldner ist der Lieferer. Mit ihm haftet aber auch der Abnehmer für die Erfüllung der Steuerpflicht als Gesamtschuldner; RFH. 20. 9. 22, RStBl. 816. Die Vorschriften der RAbgO. für die Steuerpflichtigen gelten sinngemäß auch für ihn (§ 79 Abs. 2 RAbgO.). Über die Art der Steuerentrichtung vgl. § 39.

Steuerfreiheit tritt ein, wenn der Erwerb zur gewerblichen Weiterveräußerung erfolgt und der Erwerber die im § 22 Abs. 2 bezeichnete Bescheinigung vorlegt (§ 180 AB.). Diese Vorlegung ist aber nur möglich bei Gegenständen der im § 21 bezeichneten Art; sie kommt nicht in Frage für die unter § 15 fallenden, beim Hersteller luxussteuerpflichtigen Gegenstände; die Privatverkäufer sind also, soweit sie letztere Gegenstände verkaufen, dem Hersteller gleichzuachten (Erl. d. RFM. v. 9. 2. 20, RStBl. 194); RFH. 26. 11. 20 (4, 62); 17. 12. 20, RStBl. 1921 S. 63; 14. 1. 21, RStBl. 108; 15. 4. 21 (5, 190); 22. 4. 21 (5, 213); 6. 5. 21, RStBl. 268. Daraus ergibt sich die Notwendigkeit, auch den § 17 Nr. 2 entsprechend anzuwenden; die erhöhte Steuerpflicht tritt also auch dann ein, wenn die im § 23 Abs. 1 Nr. 3 bezeichnete Person die Gegenstände durch einen Versteigerer veräußern läßt; RFH. 15. 4. 21 (5, 190). Die Vorschrift des § 23 Abs. 1 Nr. 3 findet auch Anwendung, wenn gewerbliche Unternehmen gelegentlich gebrauchte Gegenstände der daselbst bezeichneten Art, auf die sich ihr Gewerbebetrieb nicht erstreckt, versteigern lassen; RFH. 15. 4. 21 (5, 190). Die Befreiung von der Steuerpflicht tritt nur ein, wenn die Wiederveräußererbescheinigung tatsächlich vorgelegt wird; die Vorlegung muß vor Ablauf von 14 Tagen nach der Zahlung, spätestens jedoch bei Ausstellung der Empfangsbescheinigung geschehen; RFH. 10. 11. 21 (7, 238).

Leistungen, die sich aus Anlaß der vermögensrechtlichen Auseinandersetzung zwischen den Ländern und den landesfürstlichen Häusern infolge der Staatsumwälzung vollziehen, oder bereits vollzogen haben, sind von der Luxussteuer befreit, die im § 23 Abs. 1 vorgesehen ist (§ 27 f AB.).

4. **Besteuerung der Einfuhr.** Auch bei den der Luxusbesteuerung im Kleinhandel unterworfenen Gegenständen greift eine Ausnahme (vgl. § 17 A. 3) von der Regel Platz, daß die Einfuhr ausländischer Waren steuerfrei ist. Handelt es sich um Gegenstände der im § 21 bezeichneten Art, so sind nicht nur Liefe-

rungen aus dem Ausland, sondern auch Lieferungen im Ausland an eine Person, welche zur Zeit der Lieferung im Inlande wohnt oder sich gewöhnlich aufhält, steuerpflichtig, sobald die Waren ins Inland gelangen. Kauft z. B. eine im Deutschen Reich wohnhafte Person auf einer Reise in der Schweiz einen Perlenschmuck, so ist dieser bei der Verbringung ins Inland zu versteuern. Diese besondere Besteuerung der aus dem Ausland eingebrachten Luxusgegenstände greift auch dann Platz, wenn bei dem Lieferer die allgemeine Voraussetzung der Steuerpflicht, daß er zu den im § 1 Nr. 1 bezeichneten Personen gehört, nicht erfüllt ist. Steuerpflichtig ist deshalb auch die Einbringung von Sachen, die eine im Inland wohnende oder gewöhnlich aufhaltsame Person im Ausland von einer Privatperson erworben hat. Die Voraussetzung, daß es sich um eine gegen Entgelt ausgeführte Lieferung handeln muß, bleibt aber in Geltung. Die Einbringung von Sachen, die ererbt oder als Geschenk empfangen sind, ist steuerfrei. Das Künstlervorrecht des § 21 Abs. 1 Nr. 2 Abs. 2 kommt im Falle des § 23 Abs. 1 Nr. 4 auch dem Erwerber zugute; RFH. 8. 5. 25 (16, 193). Der Begriff „Inland" ist im Sinne des Zollrechts zu verstehen (vgl. § 17 A. 3). Steuerfreiheit tritt ein, wenn der Gegenstand zur gewerblichen Weiterveräußerung erworben ist und der Erwerber die im § 22 Abs. 2 bezeichnete Bescheinigung der Steuerstelle vorlegt (§ 12 Abs. 2 AB.). Über die Mitwirkung der Zollstellen bei Erhebung der Steuer vgl. § 38 Abs. 3; §§ 20, 21 AB.

Der gegenüber dem früheren Recht ermäßigte Steuersatz von $7^1/_2$ v. H. greift Platz, wenn die Lieferung nach dem 30. 9. 25 erfolgt ist (Übergangsbestimmungen v. 18. 8. 25, RGBl. S. 317 § 2).

§ 24.

Dem Erwerber von Gegenständen der im § 21 bezeichneten Art vergütet die Steuerstelle auf Antrag nach näherer Bestimmung des Reichsrats den Teil des von ihm beim Erwerb entrichteten Entgelts, der dem Unterschiede zwischen der Steuer nach § 13 und § 21

für die Lieferung an ihn entspricht, wenn er nachweist, daß er

1. die Gegenstände im öffentlichen Interesse, insbesondere auch für kirchliche oder wissenschaftliche Zwecke, erworben hat, oder,
2. soweit es sich um die im § 21 Abs. 1 Nr. 1 bezeichneten Gegenstände handelt, sie für technische oder Heilzwecke erworben hat, oder,
3. soweit es sich um die im § 21 Nr. 5 bezeichneten Gegenstände handelt, diese ausschließlich oder überwiegend der Ausübung seines Gewerbes oder Berufs dienen und nicht ihrer Beschaffenheit nach die Absicht äußerer Wirkung im Vordergrunde steht.

Wird nachgewiesen, daß die Gegenstände in einer nach der vorstehenden Vorschrift zur Vergütung Anlaß gebenden Art verwendet werden sollen, so kann nach näherer Bestimmung des Reichsrats die Steuerstelle dem Lieferer gestatten, die Steuer nur nach dem Steuersatze des § 13 in Ansatz zu bringen.

Die Vorschriften der Abs. 1 und 2 finden in den Fällen des § 23 Abs. 1 Nr. 3 und 4 entsprechende Anwendung, und zwar im Falle des § 23 Abs. 1 Nr. 3 auch bei den Musikinstrumenten, die für Lehr- oder berufliche Zwecke erworben werden; sowie bei Fahrzeugen zur Personenbeförderung, wenn sie der Ausübung des Fuhrhaltergewerbes dienen. Die Vergütung (Abs. 1) oder die Steuerbefreiung (Abs. 2) umfaßt dabei den gesamten Steuerbetrag.

Die Steuerstelle vergütet ferner die nach § 23 Abs. 1 Nr. 5 entrichtete Steuer, wenn die dort genannten Gegenstände von demjenigen, der die Steuer entrichtet hat, oder dessen Erben wieder in das Inland gebracht werden.

Übersicht zu § 24:

1. Teilweise Vergütung der Kleinhandelssteuer.
2. Genehmigung zur Lieferung von Luxusgegenständen zum allgemeinen Steuersatz.
3. Gänzliche Vergütung der Luxussteuer und völlige Befreiung.
4. Vergütung der Ausfuhrsteuer bei Kunstwerken und Antiquitäten.

1. **Teilweise Vergütung der im Kleinhandel erhobenen Luxussteuer.** In gewissen Fällen wird dem Erwerber der der Kleinhandelssteuer unterliegenden Gegenstände der Unterschied zwischen der allgemeinen Umsatzsteuer und der erhöhten Steuer für die Lieferung an ihn vergütet. Dabei wird angenommen, daß der Erwerber die auf ihn abgewälzte Luxussteuer im Entgelt mitentrichtet hat; der Nachweis, daß diese Abwälzung tatsächlich erfolgt ist, ist aber nicht Voraussetzung der Vergütung. Ein Vergütungsanspruch ist nicht gegeben, wenn feststeht, daß der Lieferer die Luxussteuer nicht an die Steuerstelle abgeführt hat; RFH. 18.1.24 (13, 162).

Über die Berechnung des zu vergütenden Teiles des Entgelts vgl. § 203 AB.

A. Die Vorschrift der Nr. 1 entspricht wörtlich der Bestimmung in § 20 Nr. 1 (vgl. § 20 A. 1 A).

Ein öffentliches Interesse liegt hier besonders vor, wenn die in Nr. 1 bis 3 aufgeführten Gegenstände für öffentliche Sammlungen, wenn Pferde von öffentlichen Gestüten im Interesse der heimatlichen Pferdezucht, erworben werden (§ 198 Abs. 1 a AB.). Über Befreiung von der Luxussteuer bei Lieferungen an die Wehrmacht und deren Angehörige vgl. RFM. v. 29.10.20, RStBl. 644; über Bescheinigungsverfahren bei luxussteuerpflichtigen Leistungen an Reichswasserschutz, technische Nothilfe, staatliche Polizei RFM. v. 4.2.21, RStBl. 130.

B. Bei Edelmetallen sowie Gegenständen der Gold- und Silberschmiedekunst aus oder in Verbindung mit Edelmetallen und bei Edelsteinen erfolgt Erstattung der bezeichneten Differenz, wenn die Gegenstände für technische oder Heilzwecke erworben werden. Vgl. auch die Befreiungsvorschriften in § 34 A III 5 und § 34 B III AB.

C. Bei Reit- und Kutschpferden erfolgt Vergütung, wenn sie ausschließlich oder wenigstens überwiegend der Ausübung des Berufs oder Gewerbes oder der Zucht dienen und ihrer Beschaffenheit nach nicht die Absicht äußerer Wirkung im Vordergrund steht. Die Vergütung ist also ausgeschlossen, wenn der Erwerber zwar ein Reit- oder Kutschpferd für seinen Beruf oder sein Gewerbe braucht, sich aber ein besonders hochwertiges, gut aussehendes Tier anschafft (vgl. § 21 A. 2 V). Die Vergütung findet namentlich statt bei Landwirten, wenn die Beaufsichtigung des Wirtschaftsbetriebs infolge der Größe des Guts, der Lage der Wirtschaftsbetriebe zueinander, der Entfernungen von der Bahnstation oder von der Einkaufs- und Absatzstelle die Anschaffung eines oder mehrerer Pferde oder eines oder mehrerer Gespanne, je nach der tatsächlichen Lage des einzelnen Falles, erforderlich macht. Diejenigen Pferde, die darüber hinaus angeschafft werden, z. B. für den gesellschaftlichen Verkehr oder zum Besuch der Stadt zu anderen als geschäftlichen Zwecken, fallen nicht hierunter. Bei Gewerbetreibenden und Angehörigen freier Berufe ist der Vergütungsanspruch gegeben, insoweit das Pferd zu Geschäfts- oder Berufszwecken, aber nicht, wenn es vorzugsweise zu Vergnügungsritten oder -fahrten des Inhabers und seiner Familienmitglieder, in der Regel auch nicht, wenn es zu der Fahrt von der Wohnung zu den Geschäftsräumen verwendet wird (§ 198 Abs. 1 c AB.).

2. Genehmigung zur Lieferung von Luxusgegenständen nach dem Steuersatz von 1 v. H. An Stelle der Vergütung nach A. 1 kann auf Antrag eines Kauflustigen die vorherige Genehmigung zur Lieferung unter Ansatz lediglich der allgemeinen Umsatzsteuer treten. Die Gestaltung erfolgt durch die Steuerstelle nach näheren Bestimmungen, die der RFM. mit Zustimmung des Reichsrats trifft (G. v. 10. 8. 25, Art. IV § 2). Der Antragsteller hat nachzuweisen, daß bei ihm die Voraussetzungen für eine Verwendung zu den in A. 2 erörterten Zwecken vorliegen. Über das Verfahren vgl. § 199 AB.; RFH. 29. 11. 21 (7, 298).

3. Gänzliche Vergütung der Kleinhandelssteuer oder völlige Befreiung tritt ein, wenn bei der Besteuerung des nichtgewerblichen Umsatzes gemäß § 23 Nr. 3 oder bei der Besteuerung der Einfuhr nach § 23 Nr. 4 die in A. 1 zu A, B und C erörterten Voraussetzungen vorliegen. Im Falle der Besteuerung des nichtgewerblichen Umsatzes kommt als fernerer Vergütungs- oder Befreiungsgrund noch hinzu bei Musikinstrumenten der Erwerb für Lehr- oder berufliche Zwecke (vgl. § 20 Nr. 2), bei Fahrzeugen zur Personenbeförderung die Verwendung zur Ausübung des Fuhrhaltergewerbes; vgl. § 200 AB.

4. Vergütung der Ausfuhrsteuer bei Kunstgegenständen und Antiquitäten. Durch die nach der zweiten Verordnung des Reichspräsidenten über wirtschaftlich notwendige Steuermilderungen v. 10. 11. 24 (RGBl. S. 737) gestrichene Vorschrift in § 23 Abs. 1 Nr. 5 war für erhöht steuerpflichtig erklärt das Verbringen von Originalwerken im Sinne von § 21 Nr. 2, von Antiquitäten (§ 21 Nr. 3) und solchen sonstigen im § 21 Nr. 3 genannten Gegenständen, die für die Geschichte, die Kulturgeschichte oder die Urgeschichte der Pflanzen- und Tierwelt von Bedeutung sind, in das Ausland, es sei denn, daß der Hersteller am Tage des Verbringens ins Ausland noch nicht 50 Jahre tot war, oder, wenn ein Hersteller nicht bekannt war, seit der Herstellung noch nicht 50 Jahre verflossen waren; die Steuerpflicht trat auch dann ein, wenn ein Lieferungsgeschäft mit der Ausfuhr nicht verbunden war und wenn der Ausführende nicht zu den Personen gehörte, welche eine selbständige gewerbliche oder berufliche Tätigkeit ausüben. Diese Steuer wird im vollen Betrag vergütet, wenn der Steuer nach § 23 Abs. 1 Nr. 5 unterworfen gewesene Gegenstände von der gleichen Person, die die Steuer entrichtet hat, wieder in das Inland gebracht worden sind. Eine Vergütung wird namentlich in allen Fällen erfolgen, in denen solche Gegenstände nur zu Ausstellungszwecken ins Ausland gebracht sind. Der Antrag auf Vergütung kann auch von den Erben der Person, die die Steuer entrichtet hat, gestellt werden. Zinsen der gezahlten Steuer werden nicht vergütet (vgl. § 200 AB.).

IV. Umsatzsteuer auf Leistungen besonderer Art.

§§ 25 bis 29.

Die §§ 25 bis 29, welche eine erhöhte Steuer auf Leistungen besonderer Art vorsahen, — Beherbergungssteuer, Verwahrungssteuer, Steuer für Vermietung von Reittieren, Anzeigensteuer —, sind durch das G. v. 10. 8. 25 (RGBl. S. 241) Art. IV § 1 Nr. 13 gestrichen. Diese Leistungen sind von der erhöhten Umsatzsteuer befreit, wenn das Entgelt nach dem 31. 7. 25 vereinnahmt ist; für diese Entgelte ist die allgemeine Umsatzsteuer zu entrichten (Übergangsbestimmungen v. 18. 8. 25, RGBl. S. 317 § 3).

V. Überwachung der Steuerpflichtigen.

§ 30.

Die Steuerpflichtigen haben innerhalb zweier Wochen nach dem Beginn ihrer Tätigkeit hiervon der Steuerstelle Anzeige zu erstatten. In ihr ist anzugeben, ob die im § 15 bezeichneten Gegenstände hergestellt oder die im § 21 bezeichneten Gegenstände im Kleinhandel umgesetzt oder Leistungen der im § 25 und § 26 bezeichneten Art ausgeführt werden. Die Anzeige ist innerhalb zweier Wochen zu ergänzen, wenn der Betrieb auf die Herstellung der im § 15 bezeichneten Gegenstände oder auf den Kleinhandel der im § 21 bezeichneten Gegenstände oder auf die im § 25 und § 26 bezeichneten Leistungen erstreckt wird.

Wer eine steuerpflichtige Tätigkeit bei dem Inkrafttreten dieses Gesetzes bereits ausübt, hat innerhalb des Monats Januar 1920 der Steuerstelle anzuzeigen, wenn er die im § 15 bezeichneten Gegenstände herstellt oder die im § 21 bezeichneten Gegenstände im Kleinhandel

umsetzt oder die Leistungen der im § 25 bezeichneten Art ausführt.

Die vorstehenden Vorschriften finden auf Angehörige der freien Berufe keine Anwendung.

1. **Anzeigepflicht** (§ 130 AB.). Wer eine steuerpflichtige Tätigkeit beginnt, hat innerhalb von zwei Wochen nach dem Beginn der Steuerstelle Anzeige zu erstatten. In der Anzeige ist anzugeben, ob die Voraussetzungen für die erhöhte Steuer gemäß §§ 15, 21 vorliegen. Die erhöhte Steuer auf die in §§ 25, 26 bezeichneten Leistungen ist durch G. v. 10. 8. 25 beseitigt; die hierauf bezüglichen Bestimmungen sind gegenstandslos geworden. Treten nachträglich die Voraussetzungen der Steuerpflicht gemäß §§ 15, 21 ein, so ist die Anzeige binnen zwei Wochen zu ergänzen.

2. **Befreiungen.** Von der Anzeigepflicht befreit sind die im § 106 Abs. 2 AB. bezeichneten Unternehmen (§ 130 Abs. 4 AB.), ferner Angehörige der freien Berufe. Zu den freien Berufen sind vorwiegend solche Tätigkeiten zu zählen, die in ihrer letzten Wurzel auf Geistesprinzipien zurückgehen, die, wie die reinen Wissenschaften, Religion und Kunst, um ihrer selbst willen, ohne Rücksicht auf die wirtschaftliche Auswirkung ihrer Ergebnisse betrieben werden können. Dazu gehört die freie wissenschaftliche, künstlerische oder schriftstellerische Tätigkeit, die Tätigkeit der Ärzte, Tierärzte, wissenschaftlich gebildeter Lehrer, der Rechtsanwälte und Notare. Auch der Betrieb eines Laboratoriums durch einen Handelschemiker ist als freier Beruf anzusehen; RFH. 30. 10. 20 (3, 316). Dagegen sind zu den freien Berufen nicht zu zählen solche Berufe, die sich ausschließlich aus den Bedürfnissen des wirtschaftlichen Lebens heraus entwickelt haben und deren Ergebnisse kein wissenschaftliches Interesse erreichen können, das über die unmittelbaren praktischen Interessen der Wirtschaftszweige hinausgeht, denen diese Berufe dienen; deshalb scheiden gewerbliche Hilfsberufe wie die der Buchsachverständigen aus dem Begriff der freien Berufe aus; RFH. 9. 7. 19 (1, 129). Auch

die Tätigkeit eines Rechtskonsulenten gehört nicht zu den freien Berufen; RFH. 28. 1. 21 (5, 6).

§ 31.

Die Steuerpflichtigen sind verpflichtet, zur Feststellung der Entgelte Aufzeichnungen zu machen. Der Reichsrat trifft hierüber nähere Bestimmungen; sie treten außer Kraft, wenn der Reichstag es verlangt. Aus den Aufzeichnungen muß zu ersehen sein, wie sich die vereinnahmten Entgelte auf die Gruppen von Umsätzen, für die verschiedenartige Steuersätze bestehen (§§ 13, 15, 21, 25, 26, 27), verteilen.

Die zur Entrichtung der erhöhten Steuersätze nach den §§ 15 und 21 Verpflichteten haben für die Gegenstände, bei deren Lieferung die erhöhte Steuerpflicht in Betracht kommen kann, ein Steuerbuch und ein Lagerbuch zu führen. In das Steuerbuch müssen die Lieferungen nach Gegenstand, Betrag des Entgelts und Tag der Lieferung und Zahlung eingetragen werden; in den Fällen, in denen die erhöhte Steuer nach den Vorschriften des Gesetzes nicht zu entrichten ist, muß der Grund aus dem Steuerbuche zu ersehen sein; insbesondere ist im Falle des § 22 Abs. 2 auf die vom Wiederveräußerer vorgelegte Bescheinigung zu verweisen. Aus dem Lagerbuche muß der Bestand der Gegenstände bei Beginn jedes Steuerabschnitts (§ 33) und der tägliche Ein- und Ausgang zu entnehmen sein.

Nähere Bestimmungen über die in Abs. 2 und 3 angeordnete Buchführung erläßt der Reichsrat; er bestimmt nach Anhörung der amtlichen Berufsvertretungen, unter welchen Voraussetzungen die Bücher miteinander verbunden werden können und von der Buchführung ganz oder teilweise entbunden werden kann.

Übersicht zu § 31:

1. Allgemeine Buchführungspflicht.
2. Erweiterte Buchführungspflicht.
3. Verletzung der Buchführungspflicht.
4. Aufbewahrungspflicht.

1. Allgemeine Buchführungspflicht. Grundsätzlich hat jeder Steuerpflichtige die Pflicht zur Buchführung. Die näheren Bestimmungen über die Buchführungspflicht trifft jetzt der RFM. mit Zustimmung des Reichsrats (G. v. 10. 8. 25 Art. IV § 2). Bei der Buchführung sind folgende Bestimmungen der RAbgO. (§ 161 Abs. 2 bis 7) zu beachten: Die Eintragungen in die Bücher sollen fortlaufend, vollständig und richtig bewirkt werden. Der Steuerpflichtige soll sich einer lebenden Sprache und der Schriftzeichen einer solchen bedienen. Geschäftsbücher sollen keine Konten enthalten, die auf einen falschen oder erdichteten Namen lauten. Die Bücher sollen, soweit es geschäftsüblich ist, gebunden und Blatt für Blatt oder Seite für Seite mit fortlaufenden Zahlen versehen sein. An Stellen, die der Regel nach zu beschreiben sind, sollen keine leeren Zwischenräume gelassen werden. Der ursprüngliche Inhalt einer Eintragung soll nicht mittels Durchstreichens oder auf andere Weise unleserlich gemacht, es soll nicht radiert, auch sollen solche Veränderungen nicht vorgenommen werden, deren Beschaffenheit es ungewiß läßt, ob sie bei der ursprünglichen Eintragung oder erst später vorgenommen sind. In Bücher soll, wo dies geschäftsüblich ist, mit Tinte eingetragen werden. Trägt der Steuerpflichtige nach vorläufigen Aufzeichnungen ein, so soll er diese aufbewahren. Belege sollen mit Nummern versehen und gleichfalls aufbewahrt werden. Kasseneinnahmen und -ausgaben sollen im geschäftlichen Verkehr mindestens täglich aufgezeichnet werden (§ 88 AB.). Nach § 89 AB. haben die Steuerpflichtigen sämtliche vereinnahmten Entgelte fortlaufend in ein Buch einzutragen; eine Buchführung, bei der die Lieferungen ohne Rücksicht auf die Vereinnahmung eingetragen werden, entspricht nicht diesen Voraussetzungen; eine solche Buchführung kommt lediglich im Falle des § 9 in Frage: RFH. 23. 8. 23, RStBl. 215.

Wer nach anderen Gesetzen Bücher und Aufzeichnungen zu führen hat, die für die Besteuerung von Bedeutung sind, hat die Verpflichtungen, die ihm nach diesen Gesetzen obliegen, auch im Interesse der Besteuerung zu erfüllen (§ 163 RAbgO.). Gesetzliche Vorschriften über Buchführung finden sich namentlich im HGB. (§§ 38 ff.). Weitere gesetzliche Vorschriften über Buchführung enthält § 19 des Weingesetzes vom 7. April 1909 (RGBl. S. 393) für diejenigen, welche Trauben zur Weinbereitung, Traubenmaische, Traubenmost oder Weine gewerbsmäßig in Verkehr bringen oder gewerbsmäßig Wein zu Getränken weiterverarbeiten. Ferner kommt noch in Betracht die Verpflichtung zur Buchführung auf Grund gewerberechtlicher Bestimmungen, z. B. auf eine Grund des § 8 des Stellenvermittlergesetzes vorgeschriebene Pflicht der Stellenvermittler zur Führung eines Geschäftsbuchs (§ 92 AB.).

Über die Buchführung der Rechtsanwälte und Notare vgl. §§ 107 ff. AB., über die Buchführung der Patentanwälte §§ 112 ff. AB., über die Buchführung beim steuerfreien Zwischenhandel § 93a AB.

2. Eine **erweiterte Buchführungspflicht** ist für solche Personen vorgeschrieben, welche Luxusgegenstände herstellen oder im Kleinhandel vertreiben. Um die buchmäßige Scheidung zwischen Gegenständen, die der allgemeinen Steuer, und solchen, die der erhöhten Steuer unterworfen sind, zu ermöglichen, muß über die letzteren ein Lagerbuch und ein Steuerbuch geführt werden. Das Lagerbuch muß so geführt werden, daß täglich festgestellt werden kann, welcher Bestand an erhöht steuerpflichtigen Waren in der Niederlassung vorhanden ist. Diese Feststellung ergänzt dann das Steuerbuch, aus dem die einzelnen Verkäufe der erhöht steuerpflichtigen Waren zu entnehmen sind. Über die Buchführungspflicht der luxussteuerpflichtigen Betriebe im einzelnen vgl. §§ 94 ff. AB. Die erweiterte Buchführungspflicht solcher Personen, die nach § 25 oder § 26 erhöht steuerpflichtige Leistungen ausführen, ist mit der Streichung dieser Bestimmungen fortgefallen.

3. Die **Verletzung der Buchführungspflicht** wird mit einer Ordnungsstrafe bis zu 10000 ℳ geahndet (§ 377 RAbgO.).

Die Verletzung bloßer Sollvorschriften (vgl. A. 1) zieht aber keine Ordnungsstrafe nach sich (§ 377 Satz 2 RAbgO.). Sind überhaupt keine Aufzeichnungen gemacht, so sind nicht etwa nur die Sollvorschriften über den äußeren Zustand der Bücher verletzt, vielmehr ist gegen die Mußvorschrift über die Buchführung verstoßen, also die Ordnungsstrafe verwirkt (Mrozek, DStBl. Jahrg. 3 S. 147).

Ferner tritt, wenn der Steuerpflichtige Bücher oder Aufzeichnungen, die er nach dem Gesetz zu führen hat, dem Finanzamt nicht vorlegen kann, der Nachteil ein, daß das FA. die Besteuerungsgrundlagen schätzt. Über Ziel und Wesen dieser Schätzung vgl. RFH. 29. 11. 21 (7, 259). Auch eine Buchführung, die zwar dem Formvorschriften des UStG. nicht entspricht, sachlich aber richtig ist, darf nicht zum Nachteil des Steuerpflichtigen unberücksichtigt gelassen werden; RFH. 13. 7. 23, RStBl. 272. Hat der Steuerpflichtige für einen Teil des Steuerabschnitts Aufzeichnungen geführt, für einen anderen, zeitlich nicht unerheblichen Teil des gleichen Steuerabschnitts aber der Aufzeichnungspflicht nicht genügt, so muß für den ganzen Steuerabschnitt geschätzt werden; RFH. 9. 7. 23 (12, 280). Ist die Schätzung notwendig geworden, weil der Steuerpflichtige schuldhaft der Buchführungspflicht nicht genügt hat, und ist dies im Steuerbescheide festgestellt, so ist wegen der Höhe der Schätzung nur die Beschwerde an das LFA. zulässig, welches endgültig entscheidet (§ 210 RAbgO.). Die Steuerbehörde ist nicht verpflichtet, eine Schätzung zu unterlassen, weil der Steuerpflichtige sich zur eidesstattlichen Versicherung erbietet; RFH. 28. 1. 21, RStBl. 136.

4. **Aufbewahrungspflicht.** Die Steuerpflichtigen haben ihre Bücher, Aufzeichnungen und, soweit sie für die Besteuerung von Bedeutung sind, auch die Geschäftspapiere, also namentlich Lieferscheine und Quittungen, zehn Jahre aufzubewahren. Die Frist läuft vom Schlusse des Kalenderjahres an, in dem die letzte Eintragung in die Bücher und Aufzeichnungen gemacht ist oder die Geschäftspapiere entstanden sind (§ 162 Abs. 8 RAbgO.). Verletzung der Aufbewahrungspflicht zieht die in Abs. 3 bezeichneten Ordnungsstrafen nach sich.

§ 32.

Wer eine gewerbliche oder berufliche Tätigkeit im Sinne des § 1 Nr. 1 ausübt, unterliegt der Steueraufsicht.

Ergeben sich bei Ausübung der Aufsicht Tatsachen, die die Annahme zulassen, daß bei einem Unternehmen der Eingang der Steuer für den laufenden Steuerabschnitt gefährdet ist, so kann die Steuerstelle die Leistung einer Sicherheit verlangen. Gegen den Bescheid, der die Sicherheit festsetzt, ist die Verwaltungsbeschwerde an die Oberbehörde, die endgültig entscheidet, gegeben.

1. **Steueraufsicht.** Alle nach § 1 Nr. 1 steuerpflichtigen Personen sind der Steueraufsicht unterstellt. Sie unterliegen also den §§ 193 ff. RAbgO. Insbesondere sind die Finanzämter befugt, in den steuerpflichtigen Betrieben Nachschau zu halten (§ 196 RAbgO.). Den Aufsichtsbeamten ist jede für die Steueraufsicht oder zu statistischen Zwecken erforderliche Auskunft über den Betrieb zu erteilen, auch sind ihnen bei ihren Amtshandlungen die Hilfsmittel (Geräte, Beleuchtung usw.) zu stellen und die nötigen Hilfsdienste zu leisten. Den Oberbeamten des Aufsichtsdienstes sind die Geschäftsbücher und die Schriftstücke über Herstellung und Absatz von steuerpflichtigen Erzeugnissen auf Erfordern zur Einsicht vorzulegen (§ 197 RAbgO.). Zwecks Prüfung, ob die vorgeschriebenen Bücher, Aufzeichnungen und Verzeichnisse geführt werden, können die Beamten des FA. oder die von ihnen nach § 206 RAbgO. beauftragten Personen die Geschäftsräume in den üblichen Geschäftsstunden betreten. Die Steuerpflichtigen und ihre Angestellten haben ihnen jede Auskunft und Nachweisung zu erteilen, deren sie für die Prüfung bedürfen, und ihnen alle für die Prüfung in Betracht kommenden Schriftstücke zur Einsicht vorzulegen (§ 398 RAbgO.). Das FA. darf in Ausübung der Steueraufsicht Prüfungen von Büchern, Aufzeichnungen und Verzeichnissen nicht nur in den Geschäfts-

räumen des Steuerpflichtigen vornehmen, sondern überall da, wo der Steuerpflichtige während der Ausübung der Geschäftstätigkeit seine Geschäftsbücher untergebracht hat; insbesondere ist das FA. befugt, die Prüfung der Kontrollbücher, die die Viehhändler zu führen haben, auch auf der Landstraße, auf Messen und Märkten und bei ähnlichen Gelegenheiten vorzunehmen: RFH. (Gutachten) 23. 9. 25, RStBl. 211. Die Vorschriften über die Steueraufsicht sind allein oder im wesentlichen im Interesse des Fiskus gegeben: sie müssen aber unter billiger Wahrung und Schonung der wirtschaftlichen Interessen der Steuerpflichtigen angewendet werden. Da bei derartigen Vorschriften die Möglichkeit eines Mißbrauchs besteht, hat der Steuerpflichtige das Recht, nach dem Zweck der vorgeschriebenen Maßnahmen zu fragen und ihn zu erfahren, um gegebenenfalls seine Interessen bei ihrer Durchführung zu wahren; RFH. 21. 9. 23, RStBl. 443. Die Steueraufsicht gibt dem FA. nicht das Recht, von einem Steuerpflichtigen unentgeltliche Übereignung der von ihm hergestellten medizinischen Mittel zu verlangen, damit sie auf ihre Nichtzugehörigkeit zu den Geheimmitteln untersucht werden: RFH. 10. 10. 24 (14, 294). Vgl. hierzu §§ 114 ff. AB. und RFH. 26. 9. 22, RStBl. 352. Über die Steueraufsicht beim Straßenhandel vgl. §§ 117 ff. AB.

2. **Sicherheitsleistung** kann angeordnet werden, wenn Tatsachen festgestellt werden, die die Annahme zulassen, daß bei einem Unternehmen der Eingang der Steuer für den laufenden Steuerabschnitt gefährdet ist. Für die Leistung der Sicherheit gelten §§ 109 ff. RAbgO. Der Bescheid, durch den Sicherheitsleistung angeordnet wird, ist nur mit der Verwaltungsbeschwerde anfechtbar.

§ 32 a.

Die Steuer wird in den Fällen § 1 Nr. 1 und 2 nach dem Gesamtbetrage der Entgelte berechnet, die der Steuerpflichtige im Laufe eines Steuerabschnitts für seine Leistungen vereinnahmt hat.

Werden die Bücher auf wertbeständiger Grundlage geführt, so ist die Steuer in **Goldmark** zu **berechnen**. Der **Reichsminister** der Finanzen **erläßt nähere Bestimmungen darüber**, welche **Rechnungseinheiten** für die **Buchführung** als wertbeständig gelten und wie sie in **Goldmark** umzurechnen sind.

Werden die Bücher nicht auf wertbeständiger Grundlage geführt, so ist die Steuer nach dem Durchschnitt des Dollarkurses im Steuerabschnitt auf Goldmark umzurechnen; umfaßt der Steuerabschnitt **mehrere Monate**, so ist das Mittel der Monatsdurchschnitte der Umrechnung zugrunde zu legen. Der Reichsminister der Finanzen gibt den Umrechnungssatz unmittelbar nach Abschluß des Steuerabschnitts bekannt.

1. Der **Steuerabschnitt** bestimmt sich nach § 38.

2. Über **Buchführung auf wertbeständiger Grundlage** im Sinne des Reichssteuerrechts bestimmt die V. des RFM. v. 24. 4. 25 (RGBl. S. 36):

§ 1. Soweit nach der V. über Buchführung auf wertbeständiger Grundlage nach Art. I § 32 der Zweiten Steuernotverordnung v. 25. 1. 24 (RGBl. S. 35) und nach den Durchführungsbestimmungen zu Art. IV der Zweiten Steuernotverordnung v. 9. 1. 24 (RGBl. S. 26) Bücher als auf wertbeständiger Grundlage geführt gelten, wenn sie in Goldmark (Gegenwert von $^{10}/_{42}$ des nordamerikanischen Dollars), in Billmark (1 Billion Papiermark) oder in Rentenmark geführt werden, tritt an die Stelle dieser Rechnungseinheiten die Reichsmark.

§ 2. Sind für die Vornahme der Buchungen Umrechnungen aus einer anderen Währung in die wertbeständige Währung erforderlich, in der die Bücher geführt werden, so kann die Umrechnung entweder unverzüglich bei der einzelnen Buchung oder am Schlusse jedes Kalendermonats vorgenommen werden. Bei unverzüglicher Umrechnung ist der zur Zeit des gebuchten Vorgangs maßgebende Mittelkurs zugrunde zu legen, der am letzten Börsennotiztage nach den amtlichen Berliner Kursen für die Auszahlung berechnet ist. Die Umrechnung am Schlusse des Kalendermonats ist nach den Umrechnungssätzen vorzunehmen, die vom Reichsminister der Finanzen für das Gebiet der Umsatzsteuer allmonatlich festgesetzt werden."

VI. Steuerberechnung und Veranlagungsverfahren.

§ 33.

Der Steuerabschnitt beträgt ein Kalenderjahr und, wenn sich die steuerpflichtige Tätigkeit nicht auf das ganze Kalenderjahr erstreckt, den entsprechenden Teil des Kalenderjahrs. An Stelle des Kalenderjahrs tritt das Wirtschaftsjahr, das für die Einkommensermittlung bei der Einkommensteuer oder Körperschaftsteuer maßgebend ist. Bei der erhöhten Steuer der §§ 15, 21, 25 und 26 beträgt der Steuerabschnitt ein Kalendervierteljahr und, wenn sich die steuerpflichtige Tätigkeit nicht auf das ganze Kalendervierteljahr erstreckt, den entsprechenden Teil des Kalendervierteljahrs. Nach näherer Bestimmung des Reichsministers der Finanzen kann die Steuerstelle anordnen, daß die Steuerabschnitte (Satz 1 bis 3) kürzer bemessen werden, und auf Antrag gestatten, daß auch in den Fällen der §§ 15, 21, 25 und 26 die Steuerberechnung nach Kalenderjahren erfolgt.

Für die Fälle des § 1 Nr. 3 bestimmt der Reichsrat, unter welchen Voraussetzungen die Besteuerung nach Steuerabschnitten oder für jede einzelne Versteigerung zu erfolgen hat.

In den Fällen der § 17 Nr. 3, § 23 Abs. 1 Nr. 3 bis 5, § 25 Abs. 2 und § 26 Abs. 5 wird die Steuer für jeden einzelnen steuerpflichtigen Rechtsvorgang berechnet. Nach näherer Bestimmung des Reichsministers der Finanzen kann die Steuerstelle gestatten, daß in den Fällen der § 17 Nr. 3, § 23 Abs. 1 Nr. 4 die Steuer für die in bestimmten Zeitabschnitten eintretenden steuerpflichtigen Rechtsvorgänge gemeinsam berechnet wird. Übt im Falle des § 23 Abs. 1 Nr. 5 der Verbringer eine gewerbliche oder berufliche Tätigkeit aus, so wird die Steuer gleichzeitig mit derjenigen für die Lieferungen im Inland nach Abs. 2 berechnet.

1. **Steuerabschnitt.** Für die allgemeine Umsatzsteuer ist grundsätzlich als Steuerabschnitt das Kalenderjahr bestimmt, indessen tritt nach dem durch § 32 des Steuerüberleitungsgesetzes v. 29. 5. 25 (RGBl. S. 75) eingefügten Satz 2 des Abs. 1 an dessen Stelle das Wirtschaftsjahr, das für die Einkommensermittlung bei der Einkommensteuer oder Körperschaftsteuer maßgebend ist. Danach ist also Steuerabschnitt

a) für Einkommensteuerpflichtige, die Einkünfte aus Land- und Forstwirtschaft beziehen, — auch wenn sie daneben Einkünfte anderer Art haben —, das Wirtschaftsjahr v. 1. 7. bis 30. 6.; als Wirtschaftsjahr in diesem Sinne gilt auch das Wirtschaftsjahr, für das regelmäßig Abschlüsse in der Zeit v. 24. 6. bis 6. 7. einschließlich auf einen anderen Tag als den 30. 6. gemacht werden;

b) für Gewerbetreibende, die Handelsbücher nach den Vorschriften des HGB. zu führen verpflichtet sind oder ohne Verpflichtung tatsächlich führen, das Wirtschaftsjahr für das sie regelmäßige Abschlüsse machen, — auch wenn sie neben dem Einkommen aus Gewerbebetrieb Einkünfte anderer Art haben;

c) für die übrigen Einkommensteuerpflichtigen das Kalenderjahr.

Hat ein Einkommensteuerpflichtiger mehrere Betriebe mit verschiedenen Wirtschaftsjahren, so ist Steuerabschnitt das Wirtschaftsjahr, das als letztes im Kalenderjahr endigt.

Für körperschaftsteuerpflichtige Körperschaften und Vermögensmassen ist Steuerabschnitt, wenn sie Handelsbücher nach den Vorschriften des HGB. zu führen verpflichtet sind oder ohne Verpflichtung tatsächlich führen, das Wirtschaftsjahr, für das sie jährlich Abschlüsse machen; wenn diese Voraussetzungen nicht gegeben sind, die Steuerpflichtigen aber Einkünfte aus Land- und Forstwirtschaft beziehen, das Wirtschaftsjahr v. 1. 7. bis 30. 6.; sonst das Kalenderjahr.

Steuerabschnitt für die erhöhte Steuer der §§ 15, 21 ist das Kalendervierteljahr.

In allen Fällen kann die Steuerstelle nach näherer Bestimmung des RFM. kürzere Steuerabschnitte bestimmen oder für die erhöhte Steuer Berechnung nach Kalenderjahren zulassen (§ 138 AB.).

Für die Steuerberechnung maßgebend ist der Gesamtbetrag der in einem Steuerabschnitt vereinnahmten Entgelte. Betreibt jemand mehrere steuerpflichtige Unternehmen, z. B. neben einem Ladengeschäft auch Landwirtschaft, so sind die Entgelte in sämtlichen Betrieben zusammenzurechnen (§ 11 Abs. 1 Satz 2). Unerheblich ist es, ob für die vom gleichen Inhaber betriebenen Unternehmen verschiedene Firmen bestehen. In gleicher Weise sind bei einer Gemeinde, die mehrere umsatzsteuerpflichtige Betriebe hat, die sämtlichen Zahlungen, die in den einzelnen Betrieben eingegangen sind, zusammenzurechnen. Maßgebend ist lediglich, daß die Zahlung im Laufe des Steuerabschnitts eingegangen ist; wann die Lieferung erfolgt ist oder ob die Lieferung im Falle der Vorauszahlung noch aussteht, ist daneben unbeachtlich; RFH. 30. 6. 20 (3, 158). Ob die Zahlung im Inland oder im Ausland, z. B. auf ausländisches Bankkonto oder an den Betriebsinhaber gelegentlich eines Aufenthalts im Ausland erfolgt, ist gleichgültig. Über den Zeitpunkt des Eingangs der Zahlung vgl. § 1 A. 1 IV. Abschlagszahlungen oder Teilzahlungen, die bei ihrer Leistung aus dem Vermögen des Bestellers ausscheiden und in das Vermögen des Unternehmers übergehen, bilden für diesen die Vereinnahmung eines Teils des Entgelts. Unerheblich ist dabei, ob der Unternehmer verpflichtet ist, dem Besteller unter bestimmten vertraglichen Voraussetzungen die Teilzahlungen zurückzugewähren; denn ein solches bedingtes persönliches Rückforderungsrecht ändert nichts daran, daß das Geleistete endgültig in das Vermögen des Empfängers übergeht. Unerheblich ist auch die Bezeichnung der Teil- oder Abschlagszahlung als „Sicherheitsleistung"; RFH. 6. 10. 23, RStBl. 431. Für die Frage, ob die Vorschüsse eines Rechtsanwalts im voraus gewährte Zahlungen sind oder nur dazu dienen, die künftige Zahlung zu sichern, ist die Verkehrsauffassung der beteiligten Kreise maßgebend. Danach pflegt der Vorschuß in der Buchführung der Rechtsanwälte als durchlaufender Posten geführt und erst nach Erledigung des Auftrags endgültig vereinnahmt zu werden; er gilt also mit der Einzahlung noch nicht als verdient und ist nicht umsatzsteuerpflichtig; RFH. (Gutachten) 10. 11. 20 (3, 351).

2. **Für die Versteuerung der Lieferungen auf Grund von Versteigerungen** (§ 1 Nr. 3) gelten die §§ 156 ff. AB. Danach ist die Steuererklärung regelmäßig vom Versteigerer innerhalb eines Monats nach jeder Versteigerung einzureichen. Das Umsatzsteueramt kann gewerbsmäßigen Versteigerern auf Antrag die Versteuerung nach Maßgabe des § 33, also in Jahresabschnitten bei den der allgemeinen Umsatzsteuer unterliegenden Gegenständen, in Vierteljahrsabschnitten bei Luxusgegenständen gestatten. Über die Versteuerung, wenn bei Versteigerungen auf Zahlungsfrist die Entgelte nicht innerhalb eines Monats vereinnahmt werden; vgl. RFH. 28. 1. 21 (4, 289).

Die nach Abs. 2 zulässigen Bestimmungen trifft der RFM., der zu ihrem Erlaß der Zustimmung des Reichsrats bedarf (Art. IV § 2 b. G. v. 10. 8. 25, RGBl. S. 241).

3. **Besteuerung jedes einzelnen Rechtsvorgangs** erfolgt bei Verbringung von Gegenständen, die der Luxussteuer beim Hersteller unterliegen ins Inland, bei Versteuerung des nichtgewerblichen Umsatzes der im § 23 Nr. 3 bezeichneten Luxusgegenstände

und bei Lieferung der im Kleinhandel luxussteuerpflichtigen Gegenstände ins Inland. Doch kann in den Fällen der steuerpflichtigen Einfuhr luxussteuerpflichtiger Gegenstände das Umsatzsteueramt die gemeinsame Berechnung der steuerpflichtigen Rechtsvorgänge in bestimmten Zeitabschnitten gestatten (vgl. § 19 AB.).

4. **Zusammentreffen der Veranlagung zur allgemeinen und zur erhöhten Umsatzsteuer.** Die allgemeine und die erhöhte Umsatzsteuer stehen derartig miteinander im Zusammenhang, daß im Veranlagungs- und Rechtsmittelverfahren die schon veranlagte allgemeine Umsatzsteuer bei der Festsetzung einer auf dieselben Entgelte entfallenden erhöhten Umsatzsteuer und eine veranlagte erhöhte Umsatzsteuer bei der Festsetzung der allgemeinen Umsatzsteuer berücksichtigt werden müssen; RFH. 29. 11. 22 (11, 228).

§ 34.

Hat der Steuerpflichtige Entgelte in dem gleichen Steuerabschnitt, in dem sie vereinnahmt wurden, zurückgewährt, so kann er sie von der Gesamtheit der im Steuerabschnitte vereinnahmten Entgelte **absetzen**.

Hat der Steuerpflichtige Entgelte in einem späteren Steuerabschnitt, als sie vereinnahmt wurden, zurückgewährt, so kann er den entsprechenden Betrag von dem steuerpflichtigen Gesamtbetrage der Entgelte desjenigen Steuerabschnitts, in dem die Rückgewährung erfolgt, **absetzen**.

1. **Abrechnung steuerpflichtiger Entgelte.** Der Steuerpflichtige kann Entgelte, die in dem gleichen Steuerabschnitt, in dem ihre Entrichtung erfolgte, zurückgezahlt werden (z. B. wegen Rückgängigmachung des Geschäfts oder nachträglich bewilligten Preisnachlasses), ohne weiteres von dem Gesamtbetrag der von ihm vereinnahmten Entgelte absetzen. Einer gesonderten Angabe der zurückgezahlten Entgelte in der Erklärung bedarf es in diesem Falle nicht. Sind dagegen Entgelte oder Teile von solchen erst in einem späteren Steuerabschnitt, als in dem sie entrichtet sind,

zurückgezahlt worden, so muß die Absetzung unter gesonderter Angabe der Entgelte in der Erklärung ersichtlich gemacht werden (§ 35 Abs. 4 Nr. 4). Eine Zurückgewährung des Entgelts liegt in allen Fällen vor, in denen die Rückzahlung erfolgt, weil die Beteiligten im wirtschaftlichen Sinn das Lieferungsgeschäft oder seine Entgeltlichkeit ganz oder teilweise haben aufheben wollen. Dies trifft auch für die sogenannte „Umsatzsteuervergütung" zu, die Lieferanten ihren Abnehmern konditionsmäßig nach der Höhe der getätigten Umsätze gewähren; RFH. 7. 11. 22, RStBl. 1923 S. 47. Als eine Rückgewährung ist es auch anzusehen, wenn der Verkäufer Warenumschließungen zurücknimmt und einen Teil des vereinnahmten Entgelts zurückerstattet (Begr. I S. 67). Über die Art der Berechnung, wenn die abgesetzten Beträge nach einem geringeren Steuersatz versteuert sind; vgl. RFM. v. 27. 2. 21, RStBl. 165. Der Steuerpflichtige hat keinen Anspruch auf Verzinsung des Betrags, um den sich die Steuer ermäßigt; RFH. 21. 2. 23, SRtBl. 189.

Ist die Besteuerung nach Leistungen gemäß § 9 gestattet, so findet die Vorschrift in der Weise Anwendung, daß an Stelle der vereinnahmten Entgelte die vereinbarten Entgelte für die bewirkten Leistungen treten.

Die Vorschrift ist als der Ausdruck eines allgemeinen Grundgedankens des Gesetzes aufzufassen, daß überall da, wo die abgegebene Steuererklärung mit der Höhe der schließlich vereinnahmten Entgelte nicht in Übereinstimmung steht, dem Steuerpflichtigen die Möglichkeit gegeben ist, eine der richtigen Höhe der Vereinnahmung entsprechende Änderung vorzunehmen. Das gilt z. B., wenn der Kaufpreis in ausländischer Währung berechnet ist, nach dem vereinbarten Entgelte die Steuer entrichtet wird (§ 19) und der Kurs an dem für die Steuerberechnung maßgebenden Tage höher war als an dem Zahlungstage; Vfg. d. RFM. v. 20. 8. 20, RStBl. 251. Ist zur Zeit der Zurückgewährung des Entgelts eine Absetzung nicht mehr möglich, weil z. B. das Unternehmen inzwischen eingestellt ist, so hat Erstattung der früher eingehobenen Steuer einzutreten; RFH. 26. 4. 21, RStBl. 254.

§ 35.

Fällt in den Fällen des § 33 Abs. 1 Satz 1 und 2 der Steuerabschnitt mit dem Kalenderjahre zusammen oder endet er in der zweiten Hälfte eines Kalenderjahrs, so wird die Umsatzsteuer nach Ablauf dieses Kalenderjahrs veranlagt.

Endet in den Fällen des § 33 Abs. 1 Satz 2 der Steuerabschnitt in der ersten Hälfte eines Kalenderjahrs, so wird die Umsatzsteuer nach Ablauf des ersten Kalenderhalbjahrs veranlagt.

Der Steuerpflichtige hat der Steuerstelle im Falle des Abs. 1 im Januar, im Falle des Abs. 2 im Juli, in den Fällen des § 17 Nr. 2 und 3 und § 23 Abs. 1 Nr. 2 und 4 nach Eintritt des steuerpflichtigen Vorgangs, in allen übrigen Fällen innerhalb eines Monats nach Ablauf des Steuerabschnitts (§ 33 Abs. 1 Satz 3 und 4) eine Steuererklärung abzugeben. Die Steuerstelle kann auf Antrag die Frist verlängern, sie kann die Fristverlängerung von einer Sicherheitsleistung abhängig machen. Hat der Steuerpflichtige seine Tätigkeit eingestellt und sind die Entgelte für seine Leistungen noch nicht vollständig eingegangen, so haben nach näherer Anordnung der Steuerstelle Nachanmeldungen stattzufinden.

Die Steuererklärung hat, wenn sie sich auf einen Steuerabschnitt bezieht (§ 33 Abs. 1 und 2), zu enthalten:

1. die Gesamtheit der vereinnahmten Entgelte, einschließlich der für steuerfreie Leistungen; nach Maßgabe der näheren Bestimmungen des Reichsrats können hiervon Ausnahmen zugelassen werden;
2. die für steuerpflichtige Leistungen vereinnahmten Entgelte;

3. die Trennung dieser Entgelte, je nachdem sie Leistungen betreffen, die unter die §§ 13, 15, 21, 25, 26 und 27 fallen; gilt für diese ein kürzerer Steuerabschnitt und ist daher über sie eine Steuererklärung bereits abgegeben, so sind sie nochmals in der Steuererklärung für das ganze Kalenderjahr gesondert aufzuführen;
4. die nach § 34 Abs. 2 zurückgewährten Entgelte;
5. die nach den §§ 19 und 19 a beantragten Vergütungen.

Der Reichsminister der Finanzen kann nähere Bestimmungen über den Inhalt und die Form der Steuererklärung erlassen.

1. **Regelmäßige Form der Steuererklärung.** Die Steuererklärung ist auf dem vom Reichsrat vorgeschriebenen Formular (§§ 189 ff. AB.) abzugeben,

a) falls Steuerabschnitt das Kalenderjahr ist oder das in der zweiten Hälfte eines Kalenderjahrs endende Wirtschaftsjahr, im Januar;
b) falls Steuerabschnitt das in der ersten Hälfte eines Kalenderjahrs endende Wirtschaftsjahr ist, im Juli;
c) sonst innerhalb eines Monats nach Ablauf des Steuerabschnitts.

Sie muß die im § 35 Abs. 4 bezeichneten Erklärungen enthalten. Ist die Steuererklärung nach Leistungen gestattet (§ 9), so treten an die Stelle der vereinnahmten die vereinbarten Entgelte.

2. **Steuererklärung in besonderen Fällen.** Die Steuererklärung ist alsbald nach dem steuerpflichtigen Rechtsvorgang abzugeben:

bei Lieferung der der Hersteller- oder Kleinhandelssteuer unterliegenden Gegenstände auf Grund einer Versteigerung;
bei steuerpflichtiger Einfuhr solcher Gegenstände.

§ 86.

Die Steuerstelle setzt die Steuer in Goldmark fest und erteilt dem Steuerpflichtigen einen Bescheid.

Sind auf die Steuer für den Steuerabschnitt nach § 87 Voranmeldungen abgegeben oder Vorauszahlungen festgesetzt worden, so beschränkt sich die Steuerabforderung (Abs. 1) auf den Unterschiedsbetrag zwischen den Steuern, die auf Voranmeldungen und festgesetzte Vorauszahlungen entfallen, und dem aus den steuerpflichtigen Umsätzen des ganzen Steuerabschnitts ermittelten Gesamtsteuerbetrage. Deckt sich der Gesamtsteuerbetrag mit den Voranmeldungen und festgesetzten Vorauszahlungen, so genügt eine Mitteilung hierüber.

Ist die Voraussetzung des § 32 a Abs. 2 nicht für den ganzen Steuerabschnitt gegeben gewesen, so ist zur Ermittlung des Unterschiedsbetrags zunächst der Gesamtsteuerbetrag abweichend von § 32 a Abs. 3 in Papiermark zu berechnen. Hiervon sind die Voranmeldungen und festgesetzten Vorauszahlungen in Papiermark abzusetzen; dabei ist bei Buchführung auf wertbeständiger Grundlage der auf Goldmark lautende Steuerbetrag nach dem Durchschnitt des Dollarkurses im Vorauszahlungsabschnitt in Papiermark umzurechnen. Der Unterschiedsbetrag ist in Anwendung des § 32 a Abs. 3 umzurechnen und in Goldmark festzusetzen.

Übersteigt der Gesamtsteuerbetrag die Voranmeldungen und festgesetzten Vorauszahlungen um mehr als 20 v. H., so erhöht sich die Steuer um 10 v. H. des Unterschiedsbetrags.|

Im Falle des § 33 Abs. 1 Satz 3 kann nach Abschluß eines Kalenderjahrs für den gesamten Umfang des

abgelaufenen Jahres oder bei vorheriger Einstellung der Tätigkeit nach der Einstellung für den Umfang des verflossenen Teiles des Jahres eine Steuerveranlagung vorgenommen werden.

1. **Steuerbescheid.** Die jetzige Fassung des § 36 beruht auf Art. IV § 1 Nr. 9 der Zweiten Steuernotverordnung und § 32 des Steuerüberleitungsgesetzes v. 29. 5. 25.

Die Festsetzung der Steuer erfolgt jetzt in Reichsmark. Über den Inhalt des Steuerbescheids und seine Zustellung vgl. §§ 158 ff. AB.

Soweit es sich um erhöht steuerpflichtige Gegenstände gemäß §§ 15, 21 handelt, kann nach Ablauf eines Kalenderjahrs oder im Falle vorheriger Einstellung der Tätigkeit für den Teil eines Jahres eine Neuveranlagung erfolgen. Die sonst nach § 212 RAbgO. für eine Neuveranlagung erforderlichen Voraussetzungen brauchen in diesen Fällen nicht vorzuliegen (vgl. § 163 AB.).

Eine Neuveranlagung aus dem Grunde, daß bei einer Nachprüfung durch die Aufsichtsbehörde Fehler aufgedeckt werden, deren Berichtigung eine höhere Veranlagung rechtfertigt (§ 212 Abs. 3 RAbgO.), ist bei der Umsatzsteuer nicht zulässig (Art. 3 d. G. v. 8. 4. 22.).

2. **Rechtsmittel.** Gegen die Entscheidung der Steuerstelle ist der Einspruch gegeben. Über ihn entscheidet das FA. Gegen die Einspruchsentscheidung des FA. ist Berufung zulässig, über welche das Finanzgericht entscheidet. Gegen die Berufungsentscheidung des Finanzgerichts findet die Rechtsbeschwerde an den RFH. statt (§ 218 RAbgO.). Gegen die Festsetzung der Umsatzsteuerschuld für den Steuerabschnitt und die Einforderung des Unterschieds zwischen dem Jahresbetrag und den Voranmeldungen und festgesetzten Vorauszahlungen hat der Steuerpflichtige die ordentlichen Rechtsmittel des Berufungsverfahrens; RFH. 3. 2. 25, RStBl. 102. Die Umsatzsteuererhöhung nach § 36 Abs. 4 ist kein Teil der Steuerforderung; die Festsetzung der Erhöhung ist daher kein Steuerbescheid und nur im Beschwerde-

verfahren nach § 224 RAbgO. anfechtbar; RFH. 6. 7. 23 (12, 294). Das gleiche gilt bezüglich eines im Steuerbescheid auferlegten Zuschlags zur Steuer gemäß § 170 Abs. 2 RAbgO.; Erl. d. RFM. v. 12. 4. 20, RStBl. 279.

§ 87.

Der Steuerpflichtige hat binnen zehn Tagen nach Ablauf jedes Kalendervierteljahrs eine Voranmeldung, in der er die in dem abgelaufenen Kalendervierteljahre vereinnahmten Entgelte nach Maßgabe des § 85 bezeichnet, abzugeben und gleichzeitig eine diesen Entgelten entsprechende Vorauszahlung zu leisten. Dies gilt nicht, soweit der Steuerabschnitt kürzer als ein Kalendervierteljahr ist und die für die innerhalb des Kalendervierteljahrs liegenden Steuerabschnitte geschuldeten Steuern bis zu dem im Satz 1 bezeichneten Zeitpunkte fällig geworden sind.

Steuerpflichtige mit einer gewerblichen oder beruflichen Tätigkeit von erheblicherem Umfang haben binnen zehn Tagen nach Ablauf jedes Monats eine Voranmeldung über die im abgelaufenen Monat vereinnahmten Entgelte abzugeben und gleichzeitig eine diesen Entgelten entsprechende Vorauszahlung zu leisten. Der Reichsminister der Finanzen bestimmt, welche Steuerpflichtigen dieser Verpflichtung unterliegen.

Auf die Berechnung der Vorauszahlungen finden die Vorschriften des § 32 a Abs. 2 und 3 entsprechende Anwendung. Der Reichsminister der Finanzen kann anordnen, daß der Vorauszahlungsabschnitt in Unterabschnitte von je einer oder zwei Wochen zerlegt und für jeden Unterabschnitt ein besonderer Umrechnungssatz der Vorauszahlung zugrunde gelegt werden darf.

Die Voranmeldung gilt als Steuererklärung, die Vorauszahlung ist Steuer im Sinne der Reichsabgabenordnung. Gibt der Steuerpflichtige bis zum Ablauf der Vorauszahlungsfrist eine Voranmeldung nicht ab oder zahlt er nicht gleichzeitig mit der Voranmeldung den ihr entsprechenden Steuerbetrag, so setzt die Steuerstelle die Vorauszahlung fest; das gleiche gilt für den Fall, daß die Vorauszahlung den vereinnahmten Entgelten nicht entspricht. Der Reichsminister der Finanzen bestimmt die näheren Grundsätze, nach denen die Vorauszahlungen festzusetzen sind. Das Berufungsverfahren hiergegen ist ausgeschlossen; die Befugnis des Steuerpflichtigen zur Einlegung der Beschwerde (§§ 224, 281 der Reichsabgabenordnung) bleibt unberührt.

1. Vorauszahlungen. Die Vorauszahlungspflicht ist durch die Zweite Steuernotverordnung neu geregelt. Soweit nicht der Steuerabschnitt kürzer als ein Kalendervierteljahr ist und nicht die für die innerhalb des Kalendervierteljahrs liegenden Steuerabschnitte geschuldeten Steuern schon innerhalb zehn Tagen nach Ablauf des Kalendervierteljahrs fällig geworden sind, hat Voranmeldung und Vorauszahlung innerhalb dieser zehn Tage zu erfolgen. Für Steuerpflichtige mit gewerblicher oder beruflicher Tätigkeit erheblicheren Umfangs kann der RFM. eine kürzere Voranmeldungs- und Vorauszahlungspflicht normieren (zehn Tage nach Ablauf jedes Monats).

Die Aufforderung des FA. zur Abgabe einer Voranmeldung, die nach § 37 Abs. 4 als Steuererklärung gilt, ist berechtigt, wenn auch nach Voranmeldungen für vorhergegangene Zeitabschnitte, die das FA. nicht beanstandet hat, nur steuerfreie Umsätze getätigt worden waren; RFH. 9. 1. 25, RStBl. 59.

2. Versäumnisfolgen. Unterbleibt die vorgeschriebene Voranmeldung, so setzt das FA. den Betrag der Vorauszahlung nach Maßgabe der vom RFM. bestimmten näheren Grundsätze fest.

Der geschätzte Betrag wird dem Steuerpflichtigen mit achttägiger Zahlungsfrist bekanntgemacht. Gegen die Festsetzung der Vorauszahlung ist das Berufungsverfahren ausgeschlossen und nur die Beschwerde nach §§ 224, 281 RAbgO. gegeben. Dagegen ist gegen Beschwerdeentscheidungen der Landesfinanzämter über die Aufforderung zur Abgabe einer Voranmeldung Rechtsbeschwerde an den RFH. gegeben; RFH. 2. 7. 24 (14, 142). Nicht rechtzeitig eingegangene Vorauszahlungen werden beigetrieben. Für sie ist gemäß Art. XVIII § 1 der Zweiten Steuernotverordnung ein Verzugszuschlag zu entrichten, über dessen Höhe, Berechnung und Erhebung der RFM. Bestimmungen trifft. Zurzeit beträgt der Zuschlag für jeden auf den Zeitpunkt der Fälligkeit folgenden angefangenen halben Monat $^3/_4$ v. H. des Rückstandes (Vierte V. über Verzugszuschläge v. 10. 10. 25, RGBl. S. 385). Bestrafung des Steuerpflichtigen mit der Ordnungsstrafe des § 377 RAbgO. ist zulässig.

Nicht genügende Vorauszahlungen ziehen weitere Rechtsnachteile bei der endgültigen Veranlagung nach sich. Übersteigt die veranlagte Steuer nach Maßgabe der vom RFM. bestimmten näheren Grundsätze den Gesamtbetrag der Vorauszahlungen um mehr als 20 v. H., so erhöht sich die Steuer um 10 v. H. des überschießenden Betrags. Der Zuschlag ist in der Weise zu berechnen, daß ihm der Unterschiedsbetrag zwischen der Summe der Vorauszahlungen und dem Betrage der endgültigen Veranlagung verringert um 20 v. H. der Summe der Vorauszahlungen zugrunde zu legen ist: RFH. (Gutachten) 19. 10. 22 (10, 227).

§ 37 a.

Die gemäß § 36 für einen Steuerabschnitt festgesetzte Steuerschuld ist innerhalb eines Monats nach Bekanntgabe des Steuerbescheids zu entrichten, soweit sie die gemäß § 37 auf die Steuerschuld des Steuerabschnitts abgegebenen Voranmeldungen oder festgesetzten Vorauszahlungen übersteigt (Abschlußzahlung).

Die Vorschrift des Abs. 1 gilt entsprechend im Falle des § 36 Abs. 5 mit der Maßgabe, daß an die Stelle des Steuerabschnitts das Kalenderjahr tritt und außer den Voranmeldungen und festgesetzten Vorauszahlungen die auf die Steuerabschnitte des Kalenderjahrs bezüglichen Abschlußzahlungen abzuziehen sind.

1. Die Steuerschuld, soweit sie die vorschriftsmäßig abgegebenen Voranmeldungen oder die festgesetzten Vorauszahlungen übersteigt, wird mit Ablauf eines Monats nach der Bekanntgabe des Steuerbescheids fällig; wird sie nicht rechtzeitig bezahlt, so treten Verzugszuschläge gemäß § 37 A. 2 hinzu.

Vorbemerkung zu §§ 38—40.

Die erhöhte Umsatzsteuer (Hersteller- und Kleinhandelssteuer) ist durch das G. v. 31. 3. 26 (RGBl. I S. 185) mit Wirkung vom 1. 4. 26 ab beseitigt. Demgemäß sind auch die §§ 38—40 durch das genannte Gesetz gestrichen worden.

§ 38.

In den Fällen des § 17 Nr. 3, § 23 Abs. 1 Nr. 4 läuft die Frist des § 35 von dem Eintritt der Steuerpflicht ab. In der Erklärung ist die Art des Gegenstandes und die Höhe des Entgelts anzugeben.

Gibt der Erwerber über die Höhe des Entgelts keine ausreichenden Aufklärungen, so kann der Reichsminister der Finanzen nach näherer Bestimmung des Reichsrats den Gegenstand zu dem vom Erwerber angegebenen Entgelt oder, wenn der Erwerber die Angabe verweigert, zum gemeinen Werte übernehmen. Mit Erlaß des Bescheids, in dem die Steuerstelle die Übernahme erklärt, ist der Gegenstand für den Reichsfiskus beschlagnahmt; die Beschlagnahme hat die Wirkung eines Veräußerungsverbots. Das Eigentum geht auf den Reichsfiskus über, sobald der Bescheid unanfechtbar geworden ist.

Ist die Steuerstelle nicht gleichzeitig für die Zollabfertigung zuständig, so hat die Zollstelle, welche die

Gegenstände zum freien Verkehr des Inlandes abfertigt, der Steuerstelle von dem Eingang der Gegenstände unverzüglich Kenntnis zu geben; sie kann von demjenigen, der den Gegenstand ins Inland einbringt, Sicherstellung des Steuerbetrags in seiner voraussichtlichen Höhe verlangen. In die Zollquittung ist ein Hinweis aufzunehmen, daß der Gegenstand umsatzsteuerpflichtig ist und die Steuerstelle zur Überwachung der Steuerentrichtung benachrichtigt wird.

1. Bei Besteuerung der Einfuhr von Luxusgegenständen (§ 17 Nr. 3, § 23 Nr. 4) beginnt die einmonatige Frist zur Abgabe der Steuererklärung mit der Verbringung des Gegenstandes ins Inland. Durch die Vorschrift des Abs. 2 soll der zu niedrigen Deklaration oder der Weigerung jeder Erklärung bei der Einfuhr luxussteuerpflichtiger Waren vorgebeugt werden. Die näheren Bestimmungen trifft an Stelle des Reichsrats der RFM. mit Zustimmung des Reichsrats (Art. IV § 2 d. G. v. 10. 8. 25, RGBl. I S. 241).

§ 39.

In den Fällen des § 23 Abs. 1 Nr. 3, § 25 Abs. 2 und § 26 Abs. 5 ist die Steuer vom Lieferer oder sonstigen Leistungsverpflichteten zu dem Empfangsbekenntnis über die Zahlung zu entrichten. Er ist verpflichtet, ein schriftliches Empfangsbekenntnis binnen zweier Wochen nach dem Empfange der Zahlung zu erteilen. Bei Teilzahlungen ist für jede Teilzahlung ein Empfangsbekenntnis zu erteilen und dazu die entsprechende Steuer zu entrichten. Das Empfangsbekenntnis muß den Namen des Lieferers oder sonstigen Leistungsverpflichteten, den Gegenstand oder die Art der Leistung nach seiner handelsüblichen Bezeichnung, den Betrag des Entgelts, den Tag der Zahlung und den Steuerbetrag enthalten.

Die Steuer wird entrichtet, indem zu der Bescheinigung Vordrucke, die vor dem Gebrauch abgestempelt sind, oder Stempelmarken nach näherer Anordnung des

Reichsrats verwendet werden. Der Reichsminister der Finanzen bestimmt, ob und unter welchen Voraussetzungen die Steuer ohne Verwendung von Stempelzeichen entrichtet werden kann.

Ist die Steuer von dem Lieferer oder dem sonstigen Leistungsverpflichteten nicht entrichtet worden, so hat der Empfänger des Empfangsbekenntnisses binnen zweier Wochen nach dem Tage des Empfanges und jedenfalls vor der weiteren Aushändigung des Empfangsbekenntnisses die Steuer durch Verstempelung (Abs. 2) des Empfangsbekenntnisses zu entrichten. Erhält derjenige, der das Entgelt entrichtet hat, kein Empfangsbekenntnis, so hat er der Steuerstelle innerhalb eines Monats nach der Zahlung des Entgelts hiervon Mitteilung zu machen. Die Mitteilung muß die im Abs. 1 für das Empfangsbekenntnis vorgeschriebenen Angaben enthalten; zu ihr ist die Steuer in der im Abs. 2 bezeichneten Art zu entrichten.

Nimmt im Falle des § 23 Abs. 1 Nr. 3 der Erwerber Steuerbefreiung nach § 23 Abs. 2 für sich in Anspruch, so hat er die im § 22 Abs. 2 vorgeschriebene Bescheinigung dem Lieferer vorzulegen; dieser hat auf dem Empfangsbekenntnisse Namen und Wohnort des Erwerbers unter Angabe der Bescheinigung zu vermerken und eine Abschrift des Empfangsbekenntnisses als Ausweis gegenüber der Steuerstelle zurückzubehalten.

Wer aus einem unter § 23 Abs. 1 Nr. 3, § 25 Abs. 2 oder § 26 Abs. 5 fallenden Umsatzgeschäfte zahlungspflichtig ist, kann in einem Rechtsstreit gegenüber dem Anspruch auf Entrichtung des Entgelts den Einwand der Tilgung nur geltend machen, wenn er nachweist, daß die Steuer für die Lieferung oder die sonstige

Leistung entrichtet worden ist oder die Lieferung nach § 23 Abs. 2 in Verbindung mit der Vorschrift des Abs. 4 steuerfrei war.

Die Vorschriften der §§ 12, 36 bis 38 finden auf die Besteuerung gemäß Abs. 1 bis 3 keine Anwendung.

Übersicht zu § 39:

1. Quittungspflicht.
2. Entrichtung der Steuer.
3. Rechtsnachteil bei Nichtentrichtung der Steuer.
4. Abwälzung.
5. Rechtsmittel.

Die Besteuerung des nichtgewerblichen Umsatzes ist völlig abweichend von der sonstigen Umsatzbesteuerung nach Art eines Stempels gestaltet. Die erhöhte Besteuerung gemäß § 25 Abs. 2 und § 26 Abs. 5 ist weggefallen.

1. **Quittungspflicht.** Der steuerpflichtige Lieferer hat binnen zwei Wochen nach dem Empfang der Zahlung dem Zahlenden ein schriftliches Empfangsbekenntnis zu erteilen, welches die im Abs. 1 Satz 4 bezeichneten Angaben enthalten muß. Bei Teilzahlungen ist ein Empfangsbekenntnis für jede Teilzahlung zu erteilen. Das schriftliche Empfangsbekenntnis ist dem Zahlenden auszuhändigen. Wird das Empfangsbekenntnis gerichtlich oder notariell aufgenommen, so hat der Lieferer binnen der vorgeschriebenen Frist Sorge zu tragen, daß dem Zahlenden eine Ausfertigung der versteuerten gerichtlichen oder notariellen Urkunde ausgehändigt wird. Auch wenn gemäß § 23 Abs. 2 Steuerbefreiung eintritt, weil der Gegenstand zur gewerblichen Weiterveräußerung erworben und die im § 22 Abs. 2 bezeichnete Bescheinigung vorgelegt wird, ist ein Empfangsbekenntnis zu erteilen, welches in diesem Fall enthalten muß den Namen des Lieferers oder sonstigen Leistungsverpflichteten, die handelsübliche Bezeichnung des Gegenstandes oder der Art der Leistung, den Betrag des Entgelts, den Tag der Zahlung und den Steuerbetrag, Namen und Wohnort des Erwerbers und eine Angabe

der vorgelegten Bescheinigung. In diesem Falle hat der Lieferer eine Abschrift des Empfangsbekenntnisses zurückzubehalten (§ 183 AB.).

2. **Entrichtung der Steuer.** Die Steuer wird durch Barzahlung oder dadurch entrichtet, daß zu der schriftlichen Empfangsbescheinigung Stempelmarken, welche von den Postanstalten vertrieben werden, verwendet werden; Erl. d. RFM. v. 15. 1. 20, RStBl. 66; § 184 AB. Ist die Steuer von dem zunächst verpflichteten Lieferer nicht entrichtet worden, so greift eine subsidiäre Steuerpflicht Platz:

a) Ist eine nichtversteuerte Quittung ausgestellt, so hat der Empfänger der Quittung binnen zwei Wochen nach dem Empfang und jedenfalls vor weiterer Aushändigung des Empfangsbekenntnisses die Steuer durch Barzahlung oder Verstempelung der Quittung zu entrichten (§§ 185, 191 ff. AB.). Unter dem Empfänger des Empfangsbekenntnisses ist derjenige zu verstehen, dem das Empfangsbekenntnis ausgehändigt wird, einerlei, ob dies der Quittungsadressat oder sein Bevollmächtigter ist. Den bloßen Boten wird man aber nicht als Empfänger des Empfangsbekenntnisses anzusehen haben; er ist nur sein Übermittler.

b) Ist überhaupt keine Quittung erteilt, so hat derjenige, der das Entgelt entrichtet hat, binnen eines Monats nach der Zahlung der Steuerstelle eine Mitteilung zu machen, die die für das Empfangsbekenntnis vorgeschriebenen Angaben zu enthalten hat und zu der die Steuer in gleicher Weise wie zu dem Empfangsbekenntnis zu entrichten ist (§ 185 Abs. 2 AB.). Die Steuer ist in den Fällen zu a und b unter Zugrundelegung des Steuersatzes von 7½ v. H. nach dem im Empfangsbekenntnis oder in der Mitteilung angegebenen Betrag zu bemessen ohne Rücksicht darauf, daß in diesem Betrage nicht, wie es bei Entrichtung der Steuer gemäß § 39 Abs. 2 der Fall sein würde, die fällige Umsatzsteuer als Teil des vom Erwerber gezahlten Entgelts mitenthalten ist; RFM. v. 18. 6. 19, AmtlMitt. S. 329.

3. Solange für ein steuerpflichtiges Geschäft die Steuer nicht entrichtet ist, droht dem Zahlungspflichtigen der in Abs. 5 vor-

mierte eigenartige **Rechtsnachteil**, daß in einem Rechtsstreit gegenüber dem Anspruch auf Entrichtung des Entgelts sein Einwand der Tilgung unbeachtet zu bleiben hat. Erst wenn er nachweist, daß die Steuer, wenn auch verspätet, entrichtet ist oder daß ein Fall der Steuerbefreiung vorliegt, wird er mit dem Einwand der Tilgung gehört. Mit Rücksicht auf den Zweck der Bestimmung, auf den Zahlungspflichtigen einen Druck zur nachträglichen Entrichtung der Steuer auszuüben, wird man nicht nur den Einwand der Tilgung im engeren Sinn, sondern jede Art der Verteidigung gegenüber dem Anspruch auf Zahlung, welcher sich auf die Behauptung der geleisteten Zahlung stützt, also auch die auf die Tatsache des Erlöschens der Schuld durch Bewirkung der geschuldeten Leistung nach § 362 BGB. und § 826 BGB. gestützte exceptio doli generalis ohne den Nachweis der Steuerentrichtung für unbeachtlich zu halten haben (Lindemann, R. 1918 Sp. 356). Der Ausschluß des Einwandes der Tilgung gegenüber dem Anspruch auf Zahlung bewirkt übrigens nicht, daß auch die Klage des Zahlungspflichtigen der doppelt gezahlt hat, auf Rückerstattung der zweiten Zahlung unzulässig wäre (Lindemann, R. 1918 Sp. 357).

4. **Abwälzung.** Das Abwälzungsverbot des § 12 gilt hier nicht. Im Verhältnis der Beteiligten zueinander hat nach bürgerlichem Recht, wenn nicht das Gegenteil vereinbart oder aus der Natur des Schuldverhältnisses zu entnehmen ist, der Zahlende die Steuer zu tragen. Dies wird man allerdings aus § 369 BGB., wonach der Schuldner die Kosten der Quittung zu tragen hat, nicht folgern können, da § 369 nur die im Interesse des Schuldners auf dessen Verlangen ausgestellte Quittung (vgl. § 368 BGB.) im Auge hat; indessen folgt es aus § 270 BGB., wonach der Schuldner Geldzahlungen im Zweifel auf seine Kosten dem Gläubiger zu übermitteln hat. Unter die in dieser Vorschrift, die nicht nur für Distanzzahlungen, sondern auch im Platzverkehr gilt (RGZ. 78, 137), bezeichneten Kosten der Zahlung fällt auch die Umsatzsteuer, da das Steuergesetz gerade die Zahlung für Warenlieferung als den steuerpflichtigen Vorgang ansieht. Ist die Steuer gemäß

Abs. 2 entrichtet, so kann Ersatz von dem Lieferer nicht beansprucht werden. Die nach Abs. 6 getrennt in Rechnung gestellte Umsatzsteuer bildet keinen Teil des umsatzsteuerpflichtigen Entgelts im Sinne des § 8, braucht also ihrerseits nicht mitversteuert zu werden; RFH. 4. 3. 21 (5, 93).

8. Nicht anwendbar sind auf die Besteuerung des nichtgewerblichen Umsatzes die Vorschriften der §§ 36 bis 38 über das Veranlagungsverfahren. Der Rechtsweg vor den ordentlichen Gerichten ist ausgeschlossen, auch soweit es sich um Rückforderung bezahlter Steuer handelt (§ 227 RAbgO.). Es findet gemäß § 220 RAbgO. Einspruch gegen die Entscheidung des FA. statt; gegen dessen Einspruchsentscheidung sind Berufung und Rechtsbeschwerde gegeben (vgl. § 36 A. 2).

§ 40.

Wer in einer Druckschrift, die zur Verbreitung bestimmt ist, Verkaufsangebote von Gegenständen der im § 23 Abs. 1 Nr. 3 bezeichneten Art macht, ohne in dem Angebote seinen Namen und seine Wohnung anzugeben, hat Namen und Wohnung dem Verleger der Druckschrift gleichzeitig mit der Erteilung des Auftrags mitzuteilen.

Der Verleger der Druckschrift darf Veröffentlichungsaufträge der im Abs. 1 genannten Art nur annehmen, wenn ihm von dem Auftraggeber Name und Wohnung mitgeteilt werden.

Ist ein Verleger nicht vorhanden, so tritt an seine Stelle der Drucker der Druckschrift.

Der Verleger der Druckschrift oder im Falle des Abs. 3 der Drucker hat nach näherer Bestimmung des Reichsrats der Steuerstelle, in deren Bezirk die Druckschrift erscheint, das Verkaufsangebote ohne Namens- und Wohnungsangabe enthaltende Stück der Druckschrift

unmittelbar nach seiner Ausgabe abzuliefern und dabei Namen und Wohnung der Auftraggeber zu bezeichnen.

Die Steuerstelle hat unverzüglich diejenigen Steuerstellen zu benachrichtigen, die für den Wohnort der Auftraggeber zuständig sind.

Die Bestimmung verfolgt den Zweck, den steuerpflichtigen Privatverkäufen von Luxusgegenständen auf die Spur zu kommen, wenn die Anzeigen solcher Verkäufe in den Zeitungen unter Chiffreadressen erfolgen.

1. Verpflichtungen der Beteiligten.

A. Verpflichtungen des Offerenten. Jeder, der in einer zur Verbreitung bestimmten Druckschrift Gegenstände, die beim Privatverkauf der Sonderbesteuerung unterliegen, zum Verkauf offeriert, ohne in dem Angebot Namen und Wohnung anzugeben, muß Namen und Wohnung dem Druckschriftverleger gleichzeitig mit dem Auftrage mitteilen. Zuwiderhandlungen werden nach § 43 Abs. 2 bestraft (vgl. § 43 A. 4).

B. Verpflichtungen des Verlegers oder Druckers. Der Verleger oder in seiner Ermangelung der Drucker darf Druckaufträge, welche Verkaufsangebote der im Privatverkehr luxussteuerpflichtigen Gegenstände (§ 23 Nr. 3) betreffen und ohne Namen und Wohnung des Offerenten veröffentlicht werden sollen, nur annehmen, wenn ihm der Auftraggeber die unter A bezeichneten Angaben macht. Der Verleger oder Drucker hat das das Verkaufsangebot enthaltende Stück der Druckschrift der Steuerstelle, in deren Bezirk die Druckschrift erscheint, unmittelbar nach Ausgabe abzuliefern und Namen und Wohnung des Auftraggebers zu bezeichnen. Zuwiderhandlungen werden nach § 43 Abs. 2 bestraft.

2. Verfahren der Steuerstelle. Die Steuerstelle, welcher die zu 1 B bezeichnete Mitteilung zugeht, benachrichtigt unverzüglich die Steuerstelle, die für den Wohnort desjenigen, der den Druckauftrag erteilt hat, zuständig ist, um sie in den Stand zu setzen, nachzuforschen, ob die Steuer entrichtet ist.

§ 41.

§ 41 ist durch die zweite Verordnung des Reichspräsidenten über wirtschaftlich notwendige Steuermilderungen vom 10. November 1924 (RGBl. S. 737) gestrichen.

§ 42.

Bei Steuerpflichtigen, die eine gewerbliche Tätigkeit ausüben, ist für die Veranlagung diejenige Steuerstelle zuständig, in deren Bezirk das Gewerbe betrieben wird.

Bei Steuerpflichtigen, die eine berufliche Tätigkeit ausüben, sowie in den Fällen des § 1 Nr. 3, § 17 Nr. 3, § 23 Abs. 1 Nr. 3 bis 5, § 25 Abs. 2 und § 26 Abs. 5 ist die Steuerstelle des Wohnsitzes oder Aufenthalts des Steuerpflichtigen zuständig.

Für die örtliche Zuständigkeit der Steuerstelle ist maßgebend, ob der Steuerpflichtige eine gewerbliche Tätigkeit ausübt oder nicht. Vgl. hierzu § 127 AB.

1. Übt der Steuerpflichtige eine gewerbliche Tätigkeit aus, so ist für seine Veranlagung die Steuerstelle zuständig, in deren Bezirk das Gewerbe betrieben wird. Bei mehreren Niederlassungen oder Geschäftsstellen eines rechtlich in einer Hand befindlichen Unternehmens ist für die Zuständigkeit stets der Sitz der Leitung des Unternehmens entscheidend (§ 53 RAbgO.), einerlei, ob an dem Orte des Sitzes auch ein Betrieb stattfindet oder nicht; nicht ist maßgebend, wo das Unternehmen seinen Sitz im handelsrechtlichen Sinne hat; RFH. 27. 4. 23, RStBl. 816. Betriebe einer Gemeinde sind, auch wenn sie außerhalb dieser Gemeinde liegen, von dem Umsatzsteueramt in der Gemeinde, der sie gehören und von deren Zentralbehörde sie einheitlich geleitet werden, zu veranlagen.

2. Übt der Steuerpflichtige keine gewerbliche, aber eine berufliche Tätigkeit aus oder handelt es sich um die Besteuerung von Lieferungen auf Grund einer Versteigerung, um steuer-

pflichtige Einfuhr von Luxusgegenständen (§ 17 Nr. 3, § 23 Abs. 1 Nr. 4) oder eine Besteuerung des nichtgewerblichen Umsatzes (§ 23 Abs. 1 Nr. 3), so ist der Wohnsitz des Steuerpflichtigen oder, wenn dieser im Inland keinen Wohnsitz hat (§ 51 RAbgO.), sein Aufenthaltsort für die Zuständigkeit maßgebend. Der Begriff „Aufenthalt" ist rein tatsächlich zu verstehen; es genügt Verweilen an einem Ort; RFH. 26. 11. 29 (4, 48).

VII. Straf-, Übergangs- und Schlußvorschriften.

§ 48.

Die Hinterziehung der Umsatzsteuer wird mit einer Geldstrafe bis zum zwanzigfachen Betrage der hinterzogenen Steuer oder mit Gefängnis bestraft.

Wer den Vorschriften des § 40 Abs. 1 bis 4 zuwiderhandelt, wird mit einer Geldstrafe bis zu fünfhundert Mark bestraft.

Die Festsetzung einer Ordnungsstrafe unterbleibt bei Unterlassung der Aufzeichnung (§ 31) und bei nicht ordnungsmäßiger Aufzeichnung, wenn die Zuwiderhandlungen aus Gründen, die in der Person des Verpflichteten oder in der Art seines Geschäftsbetriebs liegen, entschuldbar erscheinen.

Übersicht zu § 48:

1. Steuerhinterziehung.
   A. Tatbestand.
   B. Strafe.
2. Steuergefährdung.
3. Steuerhehlerei.
4. Verletzung der Pflichten bei Aufgabe von Chiffreofferten.
5. Ordnungsstrafen.

1. Steuerhinterziehung.

A. Tatbestand. Der Hinterziehung der Umsatzsteuer macht sich schuldig, wer zum eigenen Vorteil oder zum Vorteil eines anderen nicht gerechtfertigte Steuervorteile erschleicht oder vorsätzlich bewirkt, daß Steuereinnahmen verkürzt werden (§ 359 Abs. 1 RAbgO.). Erschleichen eines nicht gerechtfertigten Steuervorteils kann namentlich durch Vorspiegelung der nicht vorhandenen Voraussetzungen eines Vergütungsanspruchs begangen werden. Erschleichen setzt immer ein vorsätzliches Handeln voraus. Handeln „zum eigenen Vorteil oder zum Vorteil eines anderen" fordert die auf die Erreichung dieses Enderfolgs gerichtete Absicht (Broslauer, JW. 1920 S. 733).

Der Hinterziehung der Umsatzsteuer macht sich ferner schuldig, wer Sachen, für die ihm Steuerbefreiung oder Steuervorteile gewährt sind, zu einem Zwecke verwendet, der der Steuerbefreiung oder dem Steuervorteil nicht entspricht und es zum eigenen Vorteil oder zum Vorteil eines anderen vorsätzlich unterläßt, dieses dem FA. rechtzeitig anzuzeigen.

Zur Vollendung des Delikts genügt es, daß infolge der Tat ein geringerer Steuerbetrag festgesetzt oder ein Steuervorteil zu Unrecht gewährt oder belassen ist. Unerheblich ist es, ob der Steuerbetrag aus anderen Gründen hätte ermäßigt werden müssen oder ob der Vorteil aus anderen Gründen hätte beansprucht werden können.

Eine Steuerumgehung gemäß § 5 RAbgO. ist nur dann als Steuerhinterziehung strafbar, wenn die Verkürzung der Steuereinnahme oder die Erzielung der ungerechtfertigen Steuervorteile dadurch bewirkt wird, daß der Täter vorsätzlich Pflichten verletzt, die ihm im Interesse der Ermittlung einer Steuerpflicht obliegen (§ 359 Abs. 4 RAbgO.).

Der Versuch der Steuerhinterziehung ist strafbar (§ 360 RAbgO.); ebenso Beihilfe und Begünstigung.

B. Als S t r a f e ist wahlweise Geldstrafe von 3 RM. bis zum Zwanzigfachen der hinterzogenen Steuer oder Gefängnis angedroht. Soweit der Betrag der Steuerverkürzung oder des Steuervorteils nicht festgestellt werden kann, ist auf Geldstrafe von 3 bis zu 10 000 RM. zu erkennen; beruht die Tat auf Gewinnsucht, so kann die Geldstrafe auf 100 000 RM. erhöht werden (V. über Vermögensstrafen und Bußen v. 6. 2. 24, RGBl. S. 44).

Wenn auf Geldstrafe von mehr als 5000 RM. erkannt wird, kann im Strafurteil angeordnet werden, daß die Bestrafung auf Kosten des Verurteilten bekanntzumachen ist (§ 363 RAbgO.). Wird auf Gefängnis von mindestens drei Monaten erkannt, so kann zugleich auf Verlust der bürgerlichen Ehrenrechte erkannt werden (§ 364 RAbgO.). Bei Verurteilung ist stets auf Einziehung der steuerpflichtigen Erzeugnisse, hinsichtlich deren die Hinterziehung begangen ist oder auf Erlegung des Wertes nach Maßgabe des § 365 RAbgO. zu erkennen.

Über die Untersagung der Fortsetzung des Betriebs oder Berufs durch das LFA. vgl. § 366 RAbgO., über die Bestrafung des Rückfalls § 369 RAbgO.

Die für die vollendete Tat angedrohte Strafe gilt auch für den Versuch; die Geldstrafe ist nach der Steuerverkürzung oder dem Steuervorteil zu bemessen, die bei Vollendung der Tat eingetreten wären (§ 360 Abs. 2 RAbg.O). Beihilfe oder Begünstigung, die jemand seines Vorteils wegen begeht, wird ebenso wie die Steuerhinterziehung bestraft (§ 361 RAbgO.). Für eine nicht des eigenen Vorteils wegen begangene Begünstigung gilt § 257 StGB.

Die Umwandlung einer nicht beitreibbaren Geldstrafe in Freiheitsstrafe richtet sich nach § 29 StGB. in der Fassung der V. v. 6. 2. 24 (RGBl. S. 44).

2. **Steuergefährdung.** Wegen Steuergefährdung wird bestraft, wer fahrlässig als Steuerpflichtiger oder als Vertreter oder bei Wahrnehmung der Angelegenheiten eines Steuerpflichtigen bewirkt, daß Steuereinnahmen verkürzt oder Steuervorteile zu Unrecht gewährt oder belassen werden. Eine Steuerumgehung (§ 5 RAbgO.) ist nur dann als Steuergefährdung zu bestrafen, wenn der Täter vorsätzlich oder fahrlässig Pflichten verletzt, die ihm im Interesse der Ermittlung einer Steuerpflicht obliegen und dadurch die Verkürzung der Steuereinnahmen oder die Gewährung der ungerechtfertigten Steuervorteile bewirkt wird. Die Steuergefährdung wird mit einer Geldstrafe bestraft, die im Höchstbetrage halb so hoch ist wie die für die Steuer hinter-

ziehung angedrohte Geldstrafe (§ 367 RAbgO.). Ein Versuch dieses Vergehens ist nicht strafbar (ObLG. 16. 3. 22, Bayr. RpflZ. 182).

3. **Steuerhehlerei.** Wegen Steuerhehlerei wird bestraft, wer seines Vorteils wegen Gegenstände, von denen er weiß oder den Umständen nach annehmen muß, daß Steuern für sie im Sinne der A. 1 hinterzogen sind, kauft oder sonst an sich bringt, verheimlicht, absetzt oder zu ihrem Absatz mitwirkt (§ 368 RAbgO.). Erforderlich ist, daß die Umstände durch ihr Vorhandensein dem Täter die Überzeugung aufgedrängt haben, daß für die Gegenstände Umsatzsteuer hinterzogen sei; es reicht nicht aus, daß der Täter die Steuerhinterziehung nach den vorliegenden Umständen, wenn er sie in Erwägung gezogen hätte, hätte annehmen müssen. Der erstrebte Vorteil braucht kein Vermögensvorteil zu sein. Die Strafe der Steuerhehlerei ist gleich der für die Steuerhinterziehung angedrohten Strafe.

4. **Verletzung der Pflichten bei Aufgabe von Chiffreofferten** (§ 40). Die Zuwiderhandlung kann vorsätzlich oder fahrlässig begangen werden. Straffrei bleibt aber, wer aus unverschuldetem Irrtum über das Bestehen oder die Anwendbarkeit von Bestimmungen des UStG. die Tat für erlaubt gehalten hat (§ 358 RAbgO.). Der Versuch ist nicht strafbar. Die Strafbarkeit der Teilnahme und Begünstigung richtet sich nach dem StGB. (Proskauer, JW. 1920 S. 733).

Der Höchstbetrag der Geldstrafe ist auf 10 000 RM. erhöht und kann, wenn die Tat auf Gewinnsucht beruht, weiter auf 100 000 RM. erhöht werden (§§ 27, 27 a StGB. in der Fassung der V. v. 6. 2. 24 (RGBl. S. 44). Die Umwandlung einer nicht beitreibbaren Geldstrafe richtet sich nach § 29 StGB. in der Fassung der genannten V.

5. **Ordnungsstrafen.** Für die Verhängung von Ordnungsstrafen gilt § 377 RAbgO. Der Höchstbetrag der Ordnungsstrafe ist durch V. d. RFM. v. 20. 11. 25 (RGBl. S. 389) auf 10 000 RM. festgesetzt; ihr Mindestbetrag ist 1 RM.

Verschulden des Täters ist nicht Voraussetzung seiner Strafbarkeit; die Ordnungsstrafe wird aber nicht verhängt, wenn festgestellt wird, daß Strafausschließungsgründe vorliegen oder die Zuwiderhandlung auf einem unabwendbaren Zufall beruht. Ein besonderer Strafausschließungsgrund ist bei Unterlassung der Aufzeichnung (§ 31) und nicht ordnungsmäßiger Aufzeichnung vorgesehen. Die Bestrafung hat nämlich zu unterbleiben, wenn die Zuwiderhandlung nach der Person des Verpflichteten oder der Art seines Geschäftsbetriebes entschuldbar erscheint.

Die an die Stelle einer uneinbringlichen Geldstrafe tretende Ersatzfreiheitsstrafe darf nur in Haft von höchstens sechs Wochen bestehen; sie darf nur in vollen Tagen bemessen werden; im übrigen richtet sich ihr Maß nach freiem Ermessen der Behörde, die sie festsetzt (Art. II d. V. v. 6. 2. 24, RGBl. S. 44).

§ 44.

Länder und Gemeinden (Gemeindeverbände) dürfen von dem Inkrafttreten dieses Gesetzes ab Steuern vom Warenumsatz nicht mehr erheben.

Länder und Gemeinden (Gemeindeverbände) dürfen keine Steuern mehr vom Entgelte für die Gewährung eingerichteter Schlaf- und Wohnräume in Gasthöfen, Pensionen oder Privathäusern erheben.

1. Jede Sonderbesteuerung des Umsatzes sowie die Beherbergungssteuer in den Ländern und Gemeinden ist beseitigt und darf nicht mehr eingeführt werden. Gewerbesteuern nach anderen Merkmalen als nach dem Umsatz, z. B. nach dem Ertrag, dem Anlege- und Betriebskapital, der Zahl der Arbeiter bleiben unberührt.

Ebenso sind Landessteuern nicht ausgeschlossen, die nicht auf den Umsatz, d. h. auf die zur Ausführung eines schuldrechtlichen Vertrages vorgenommenen dinglichen Erfüllungshandlungen gelegt sind, sondern auf den Abschluß schuldrechtlicher Veräußerungsverträge; demgemäß ist Tarifstelle 32 c (jetzt Tarifstelle 7) des preußischen Stempelgesetzes hinsichtlich der Besteuerung der Veräußerungsverträge über bewegliche Sachen nicht beseitigt; RG. 22. 11. 21 (103, 206).

§ 45.

Die Ausführungsbestimmungen zu diesem Gesetz erläßt der Reichsminister der Finanzen mit Zustimmung des Reichsrats.

§ 46.

Dieses Gesetz tritt am 1. Januar 1920 in Kraft. Als erstes Kalenderjahr im Sinne des § 33 gilt das Kalenderjahr 1920.

Mit Ablauf des 31. Dezember 1919 tritt das Umsatzsteuergesetz vom 26. Juli 1918 (RGBl. S. 779) außer Kraft, unbeschadet der Durchführung des Erhebungsverfahrens für die Zeit bis zum 31. Dezember 1919.

Ist nach diesen Gesetze eine Steuer für eine Lieferung oder sonstige Leistung zu entrichten, die nach dem Umsatzsteuergesetze vom 26. Juli 1918 steuerfrei war oder einem niedrigeren Satze unterlag, so ist für die Steuerpflicht und die Höhe des Steuersatzes nur dann dieses Gesetz maßgebend, wenn sowohl die Vereinnahmung als auch die Lieferung oder sonstige Leistung nach dem 31. Dezember 1919 liegen.

Diese Vorschrift tritt mit dem 31. Dezember 1920 außer Kraft.

Sind für Leistungen aus Verträgen, die vor dem Inkrafttreten des Gesetzes abgeschlossen sind, Entgelte nach diesem Zeitpunkt zu entrichten, so ist der Abnehmer mangels abweichender Vereinbarung verpflichtet, dem Lieferer einen Zuschlag zum Entgelt in Höhe der auf die Leistung entfallenden Steuer zu leisten. Dabei ist jedoch der Betrag abzuziehen, der bei einer Weitergeltung des Umsatzsteuergesetzes vom 26. Juli 1918 auf das Entgelt entfallen wäre, es sei denn, daß der Vertrag unter § 42 Abs. 6 des genannten Gesetzes fällt. Der Preiszuschlag bildet keinen Grund zur Vertragsaufhebung.

Art. 4 d. Ges. v. 8. April 1922:

Dieses Gesetz tritt am 1. Januar 1922 in Kraft.

Ist nach diesem Gesetz eine Steuer für eine Lieferung zu entrichten, die nach dem Umsatzsteuergesetze vom 24. Dezember 1919 steuerfrei war oder einem niedrigeren Satze unterlag, so richtet sich die Höhe des Steuersatzes nur dann nach dem gegenwärtigen Gesetze, wenn sowohl die Vereinnahmung als auch die Lieferung oder sonstige Leistung nach dem 31. Dezember 1921 liegen.

Die Vorschrift des Abs. 2 tritt mit dem 31. Dezember 1922 außer Kraft.

Die Nachprüfung der im Artikel 1 Nr. 7 dieses Gesetzes vorgesehenen Voraussetzungen für die Steuerbefreiung im Berufungsverfahren ist ohne Rücksicht darauf zulässig, ob eine Entscheidung nach § 3 Nr. 3 des Umsatzsteuergesetzes in der Fassung vom 24. Dezember 1919 ergangen ist. Dies gilt nicht für Umsätze der Kalenderjahre 1920 und 1921, soweit die Entscheidung unanfechtbar ist.

§ 46 Abs. 5 des Umsatzsteuergesetzes vom 24. Dezember 1919 findet entsprechende Anwendung, es bleiben aber bis zum 30. Juni 1920 bewirkte Umsätze in das Ausland von der Besteuerung ausgenommen, wenn der Lieferer nachweist, daß der Vertrag über die Lieferung in das Ausland vor dem Inkrafttreten dieses Gesetzes mit fester Preisvereinbarung abgeschlossen worden ist. Der Reichsrat ist ermächtigt, nähere Bestimmungen über die Art des Nachweises zu erlassen.

Übergangsbestimmungen zu Art. IV des Ges. v. 10. August 1925 v. 18. August 1925 (RGBl. I S. 317):

§ 1.

Ist eine Umsatzsteuer für eine Lieferung oder sonstige Leistung zu entrichten, die nach den vor dem 1. Oktober 1925 geltenden Vorschriften einem Steuersatze von $1^1/_2$ oder 10 v. H. unterlag, so richtet sich die Höhe des Steuersatzes dann nach der Vorschrift des Artikel IV § 1 Nr. 4 des Gesetzes zur Änderung der Verkehrsteuern und des Verfahrens in der Fassung des § 9 des Gesetzes über Zolländerungen und nach den Vorschriften des Artikel IV § 1 Nr. 6, 12 des Gesetzes zur Änderung der Verkehrsteuern und des Verfahrens, wenn bei der Versteuerung nach vereinnahmten Entgelten die Vereinnahmung, bei der Versteuerung nach Leistungen die Lieferung oder sonstige Leistung nach dem 30. September 1925 liegt. Maßgebend ist die Versteuerungsart, die für den Steuerpflichtigen am 1. September 1925 gilt.

§ 2.

Das Verbringen von Gegenständen des § 15 des Umsatzsteuergesetzes (§ 17 Nr. 3) oder die Lieferung von Gegenständen des § 21 des Umsatzsteuergesetzes (§ 23 Abs. 1 Nr. 4) ins Inland unterliegt dem Steuersatze von siebenundeinhalb vom Hundert, wenn das Verbringen oder die Lieferung nach dem 30. September 1925 erfolgt.

§ 5.

Beträgt die allgemeine Umsatzsteuer oder die Herstellersteuer und die Kleinhandelssteuer eines Unternehmens für Leistungen aus Verträgen, die vor dem 15. August 1925 abgeschlossen worden sind, nach § 1 nur eins oder siebenundeinhalb vom Hundert, oder sind nach § 3 Leistungen aus Verträgen, die vor dem 15. Juli 1925 abgeschlossen worden sind, nur nach den Sätzen der allgemeinen Umsatzsteuer steuerpflichtig, so ist der Steuerpflichtige mangels abweichender Vereinbarung verpflichtet, dem Empfänger der Leistung einen Nachlaß vom Entgelt zu gewähren, der der Minderung der auf die Leistung entfallenden Umsatzsteuer infolge der Herabsetzung des Steuersatzes oder infolge der Befreiung von der erhöhten Umsatzsteuer entspricht. Der Anspruch auf Preisnachlaß bildet keinen Grund zur Vertragsaufhebung.

Übergangsbestimmungen des Gesetzes über Steuermilderungen zur Erleichterung der Wirtschaftslage vom 31. März 1926 (RGBl. I S. 185).

§ 5.

Beträgt die Umsatzsteuer eines Unternehmers für Leistungen aus Verträgen, die vor dem Inkrafttreten dieses Gesetzes abgeschlossen sind, nach § 3 nur 0,75 v. H. oder sind nach § 4 Leistungen aus solchen Verträgen von der erhöhten Umsatzsteuer befreit, so ist er verpflichtet, dem Empfänger der Leistung einen Nachlaß vom Entgelt zu gewähren, der der Minderung der auf die Leistung entfallenden Umsatzsteuer entspricht. Dieser Anspruch bildet keinen Grund zur Vertragsaufhebung. Entgegenstehende Vereinbarungen sind insoweit nichtig.

1. Der Übergang von der alten zur neuen Umsatzsteuer vollzieht sich in der Weise, daß Stichtag der 1. 4. 26 ist. Der ermäßigte Satz der allgemeinen Umsatzsteuer von 0,75 v. H. und die Befreiung von der Hersteller- und Kleinhandelssteuer tritt ein, wenn bei der Versteuerung nach vereinnahmten Entgelten die Vereinnahmung, bei Versteuerung nach Leistungen die Lieferung oder sonstige Leistung nach dem 31. 3. 26 liegt. Maßgebend ist d e

Versteuerungsart, die für den Steuerpflichtigen am 1. 3. 26 gilt (Übergangsheft. v. 31. 3. 26 — RGBl. 191 — § 1). Die Versteuerung der Einfuhr von Luxusgegenständen nach § 17 Nr. 3, § 23 Abs. 1 Nr. 4 fällt fort, wenn das Verbringen oder Lieferung nach dem 31. 3. 26 erfolgt ist (a. a. O. § 2).

2. **Abwälzung in der Übergangszeit.** Während nach der Vorschrift des § 46 Abs. 5, die für die Überleitung des UStG. von 1918 in das von 1919, des letzteren in das von 1922 und auch für die Überleitung in die Bestimmungen der Zweiten Steuernotverordnung galt, dem Veräußerer ermöglicht wurde, auch bei zur Zeit des Inkrafttretens der neuen Gesetze laufenden Verträgen die Abgabe auf den Abnehmer abzuwälzen, durch Aufstellung der Verpflichtung zur Leistung eines Preiszuschlags, sieht die Vorschrift in § 5 der Übergangsbestimmungen v. 18. 8. 25 und Art. II § 5 d. G. v. 31. 3. 26 eine Verpflichtung zum Preisnachlaß vor mit Rücksicht auf die seit Abschluß des Vertrags eingetretene Ermäßigung der Sätze der Umsatzsteuer und den Fortfall der erhöhten Umsatzsteuer. Der Anspruch auf Preisnachlaß ist nach dem G. v. 18. 8. 25 hinsichtlich der allgemeinen Umsatzsteuer, der Hersteller- und Kleinhandelssteuer nur gegeben, wenn der Vertrag vor dem 15. 8. 25 abgeschlossen ist, bei den früher erhöht steuerpflichtigen Leistungen der §§ 25 bis 29, wenn der Vertrag vor dem 15. 7. 25 abgeschlossen ist. Nach dem G. v. 31. 3. 26 ist Voraussetzung des Preisnachlasses, daß der Vertrag vor dem 1. 4. 26 abgeschlossen ist. Die Vorschrift bezieht sich nur auf solche Verträge, bei denen ein fester Preis vereinbart ist, nicht aber auf solche, bei denen der Preis erst am Tage der Lieferung vereinbart wird — Verträge mit sogenannten gleitenden Preisen oder „freibleibend" abgeschlossene Verträge.

Die a b w e i c h e n d e V e r e i n b a r u n g, welche die kraft Gesetzes eintretende Verpflichtung zum Preisnachlaß ausschließt, sieht nicht voraus, daß gerade für den Fall der Herabsetzung oder Aufhebung eine Parteivereinbarung getroffen ist; auch wenn die Parteien zur Zeit des Vertragsschlusses mit einer Herabsetzung oder Aufhebung nicht gerechnet haben, ist die Verpflichtung zum Preisnachlaß ausgeschlossen, wenn nach dem aus dem Gesamtinhalt der Vereinbarungen ersichtlichen Willen der Beteiligten ein geringeres als das vertragsmäßig vorgesehene Entgelt für den Unternehmer unter keinen Umständen gezahlt werden sollte.

§ 47.

Soweit § 8 des Umsatzsteuergesetzes vom 26. Juli 1918 eine erhöhte Steuerpflicht von zehn vom Hundert bei Lieferung im Kleinhandel vorsieht, bleibt diese erhöhte Steuerpflicht bis zum 31. Dezember 1920 für die nach § 15 steuerpflichtigen Gegenstände aufrechterhalten, die sich bereits am 31. Dezember 1919 im Besitze des steuerpflichtigen Kleinhandelsbetriebs befanden und im Laufe des Kalenderjahrs 1920 von diesem veräußert werden.

1. Diese Bestimmung hat nur noch Bedeutung für die Überleitung des UStG. von 1918 in das von 1919. Bis zum 31. 12. 20 galt die erhöhte Steuerpflicht von 10 v. H. bei Lieferung im Kleinhandel nach § 8 des UStG. von 1918 für die nach § 15 des Ges. v. 1919 steuerpflichtigen Gegenstände weiter, wenn sich diese Gegenstände bereits am 31. Dezember 1919 im Besitze des steuerpflichtigen Kleinhandelsbetriebs befanden und im Laufe des Kalenderjahres 1920 von diesem veräußert wurden (§ 47). Diese Bestimmung ist aufgenommen worden, weil ohne sie das gesamte Lager des Kleinhandels an solchen Gegenständen umsatzsteuerfrei geworden wäre, für die die erhöhte Steuer nicht mehr bei Lieferung im Kleinhandel, sondern beim Hersteller erhoben wird (AusschB. II S. 52). Vgl. hierzu Erl. d. RFM. v. 13. 12. 19, AmtlMitt. S. 473. Ihre Anwendung entfiel und die Besteuerung mit 15 v. H. nach § 15 trat ein, wenn in dem Kleinhandelsbetrieb gleichzeitig die Gegenstände hergestellt worden waren; Erl. d. RFM. v. 9. 1. 20, RStBl. 69; 3. 4. 21, RStBl. 225. Über die Möglichkeit, den gesamten Bestand an derartigen Gegenständen, ohne Rücksicht auf den Absatz, in einer Summe zu versteuern, vgl. § 209 AB.

B. Ausführungsbestimmungen[1])

zum Umsatzsteuergesetz vom 24. Dezember 1919 in der Fassung des Abänderungsgesetzes vom 8. April 1922.

(Bekanntm. d. RFM. v. 6. Mai 1922 — RZBl. S. 189 —, v. 23. September 1922 — RZBl. S. 897 —, v. 9. Juni 1923 — RMBl. S. 525 —, v. 21. Februar 1924 — RMBl. S. 63 —, v. 11. August 1924 — RMBl. S. 274 —, v. 22. Oktober 1925 — RMBl. S. 63 —, v. 24. Dezember 1925 — RMBl. S. 1435 —.)

(Die dem AB. beigefügten Muster sind nicht abgedruckt.)

A. Allgemeine Bestimmungen.

I. Persönliche Steuerbefreiungen.

1. Hausgewerbetreibende und Heimarbeiter.

§ 1. In der Hausindustrie sind nur diejenigen Erwerbstätigen umsatzsteuerpflichtig, die selbständig tätig sind (also die Hausgewerbetreibenden, nicht die Heimarbeiter). Steht ein rechtlich selbständiger Hausgewerbetreibender überwiegend mit bestimmten Unternehmern (Verlegern) in festem Geschäftsverkehr und beschäftigt er selbst nicht mehr als einen Arbeitnehmer, so wird er für die Umsatzsteuer insoweit nicht als selbständig behandelt, als es sich um seine Leistungen und Lieferungen für diese Unternehmer handelt. Das gleiche gilt für Hausgewerbetreibende, die zwei Arbeitnehmer beschäftigen,

---

[1]) Die im Text nur mit der Nummer angezogenen Paragraphen sind diejenigen dieser Bestimmungen; die mit dem Zusatze „des Gesetzes" angezogenen sind diejenigen des Umsatzsteuergesetzes v. 24. Dez. 1919 in der abgeänderten Fassung. AO. bedeutet Reichsabgabenordnung.

sofern diese zusammen jährlich nicht mehr als 300 Tage arbeiten (Saisonarbeiter). Die Ehefrau, die minderjährigen Abkömmlinge und die Eltern des Hausgewerbetreibenden gelten nicht als Arbeitnehmer im Sinne dieser Bestimmung, wenn sie zu seinem Haushalt gehören.

§ 2. Für die beim Hersteller erhobene Luxussteuer (§ 16 des Gesetzes) wird auf Grund des § 18 Abs. 3 des Gesetzes bestimmt, daß allgemein nicht der Hausgewerbetreibende, sondern der Unternehmer (Verleger) luxussteuerpflichtig ist; soweit der Hausgewerbetreibende unmittelbar an dritte Personen liefert, ist er luxussteuerpflichtig.

2. Dozenten und wissenschaftliche Vorträge.

§ 3. Von der Umsatzsteuer sind befreit:

1. Lehrer an Universitäten und anderen Hochschulen, auch wenn sie nicht Beamte oder Angestellte sind, wegen der Vorträge wissenschaftlich belehrender Art, die sie an den genannten Anstalten oder auf Grund einer Veranstaltung durch sonstige öffentlich-rechtliche Körperschaften halten;
2. öffentlich-rechtliche Körperschaften wegen derjenigen Entgelte, die sie für die Veranstaltung der Vorträge zu 1 vereinnahmen, insofern die Entgelte lediglich oder vorwiegend zum Ersatz der Unkosten (für Licht, Heizung u. dergl.) und zur Erhaltung der Einrichtung (Zahlung der Gehälter und Honorare an die Vortragenden) dienen.

§ 4. Der Reichsminister der Finanzen ist ermächtigt:

1. die Steuerbefreiung gemäß § 3 Nr. 1 auf weitere Dozentenkreise und auf diejenigen Vorträge der Dozenten auszudehnen, die sie auf Grund einer Veranstaltung durch nicht öffentliche Vereinigungen (z. B. von Vereinen für die Abhaltung von Vorträgen an Volkshochschulen) oder Privatpersonen halten;

2. die Steuerbefreiung gemäß § 3 Nr. 2 auf nicht öffentlich-rechtliche Veranstaltungen und Privatpersonen auszudehnen.

§ 5. Künstlerische Darbietungen fallen nicht unter die vorstehenden Bestimmungen.

§ 5a. (1) Von der Umsatzsteuer sind befreit Lieferungen und sonstige Leistungen von Blinden, wenn

1. die Blinden als Arbeitgeber nicht mehr als zwei Arbeitnehmer beschäftigen,
2. die Voraussetzungen der Steuerbefreiung durch amtliche Fürsorgestellen bescheinigt sind. Der Reichsminister der Finanzen erläßt nähere Bestimmungen über die Stellen, die als amtliche Fürsorgestellen zu gelten haben, und über den Inhalt der Bescheinigung.

(2) Im Sinne des Abs. 1 Nr. 1 gelten die Ehefrau, die minderjährigen Abkömmlinge und die Eltern des Hausgewerbetreibenden nicht als Arbeitnehmer, wenn sie zu seinem Haushalt gehören.

3. Befreiung öffentlich-rechtlicher Körperschaften.

a) Post-, Telegraphen- und Fernsprechverkehr (§ 3 Nr. 1 des Gesetzes).

§ 6. (1) Die Befreiung des Reichs (und der Länder) wegen des öffentlichen Post-, Telegraphen- und Fernsprechverkehrs bezieht sich auf diejenigen Leistungen der betreffenden Verwaltungen, die innerhalb des bezeichneten Aufgabenkreises gelegen sind. Hierzu gehören auch die Kraftwagenlinien der deutschen Reichspost. Haben diese Verwaltungen noch andere Aufgaben übernommen, so sind sie insoweit umsatzsteuerpflichtig; das gilt z. B. von der Anlage von Privatfernsprechleitungen (Haustelephon), der Übernahme von Installationsarbeiten und dem Verkauf von Fernsprechapparaten für solche Leitungen; ferner für den Betrieb der Reichsdruckerei.

(2) Beförderungsunternehmungen sind nur wegen derjenigen Leistungen befreit, die sie zugunsten der Post auf Grund gesetzlicher Vorschriften auszuführen haben. Das gilt von der Gestellung und Überlassung von Eisenbahnwagen, Eisenbahnabteilen und Eisenbahnplätzen sowie von Räumlichkeiten innerhalb der Bahnhofgebäude für die Post. Posthalter, die Fuhrwerke für die Post zu stellen haben, sind umsatzsteuerpflichtig.

b) Reichsgesetzblatt und Gesetzsammlungen.

§ 7. Von der Umsatzsteuer befreit sind die Behörden des Reichs und der Länder, soweit sie das Reichsgesetzblatt, die Gesetzsammlungen oder Amtsblätter verwalten. Die Anzeigensteuer nach § 26 Abs. 1 Nr. 1 des Gesetzes bleibt unberührt.

c) Schlachthöfe, Gas-, Elektrizitäts- und Wasserwerke, Desinfektionsanstalten (§ 3 Nr. 2 des Gesetzes).

§ 8. (1) Die Befreiung des Reichs, der Länder und Gemeinden (Gemeindeverbände) wegen der Schlachthöfe, der Gas-, Elektrizitäts- und Wasserwerke bezieht sich nur auf diejenigen Leistungen, die regelmäßig mit diesen Betrieben verbunden sind. Umsatzsteuerpflichtig sind daher: bei Schlachthöfen Vieh- und Eisverkäufe; bei Gas- und Elektrizitätswerken Verkäufe von Beleuchtungs- und Heizkörpern sowie Installationsarbeiten, die sich nicht auf die Leitungen, sondern auf die Beleuchtungs- und Heizkörper beziehen. Umsatzsteuerfrei sind insbesondere auch der Verkauf von Koks und Teer, die Vermietung der Meßapparate und die auf die Leitungen bezüglichen Installationsarbeiten. Öffentlich-rechtliche Zweckverbände werden wie Kommunalverbände behandelt, privatrechtliche

Gesellschaften, selbst wenn lediglich Kommunalverbände Mitglieder sind, jedoch nicht.

(2) Die Befreiung wird auf Desinfektionsanstalten der Länder, Gemeinden und Gemeindeverbände ausgedehnt.

d) Lebens- und Futtermittelverkäufe der Länder, Gemeinden usw.

§ 9. (1) Steuerfrei sind Länder und Gemeinden (Gemeindeverbände) wegen der Lieferung von Gegenständen zur Versorgung der Bevölkerung mit Lebensmitteln oder Futtermitteln, es sei denn, daß sie die Gegenstände im eigenen Betriebe erzeugen oder unmittelbar an die Verbraucher absetzen. Der Reichsminister der Finanzen kann den Gemeindeverbänden solche Versorgungsgesellschaften (Bezirkszentralen) gleichstellen, die unter wesentlicher Beteiligung von Gemeinden (Gemeindeverbänden) zur Versorgung der Bevölkerung der Gemeinden (Gemeindeverbände) mit Lebens- oder Futtermitteln errichtet sind; Gleichstellungen, die unter der Geltungsdauer des Gesetzes über einen Warenumsatzstempel vom 26. Juni 1916 oder des Umsatzsteuergesetzes vom 26. Juli 1918 erfolgt sind, gelten auch für das neue Gesetz.

(2) Die Bestimmung im Abs. 1 gilt nur für die Dauer der Aufrechterhaltung der Zwangswirtschaft für Lebens- und Futtermittel.[1]) Der Reichsminister der Finanzen bestimmt den Zeitpunkt, in dem die Bestimmung allgemein außer Kraft tritt.

(3) Abgesehen von dem Falle des Abs. 1 unterliegen die Länder und Gemeinden (Gemeindeverbände) beim Vertrieb von Lebensmitteln oder sonstigen Bedarfsgegenständen für die Bevölkerung der Umsatzsteuer.

---

[1]) Die Zwangswirtschaft ist Ende März 1922 bis auf die Getreideumlage und die Milchversorgung, soweit sie von Gemeinden auf Grund der VO. v. 30. April 1921 (RGBl. S. 498) noch geregelt wird, aufgehoben.

4. Steuerfreiheit gemeinnütziger oder wohltätiger Unternehmen (§ 3 Nr. 3 des Gesetzes).

§ 10. (1) Unternehmen oder einzelne Zweige von Unternehmen sind gemeinnützig, wenn sie unmittelbar der Förderung der Allgemeinheit zu dienen bestimmt sind und tatsächlich dienen.

(2) Eine unmittelbare Förderung der Allgemeinheit liegt nicht vor, wenn die Leistungen eines Unternehmens nur den Interessen bestimmter Personen oder eines engeren Kreises von solchen oder in erster Linie Erwerbs- oder sonstigen eigenwirtschaftlichen Zwecken dienen.

(3) Allgemeinheit können auch Personenkreise sein, die örtlich, beruflich, nach Stand, Religionsbekenntnis oder nach mehreren dieser Merkmale abgegrenzt sind. Ein Personenkreis ist jedoch nicht als Allgemeinheit anzuerkennen, wenn er durch ein engeres Band, wie Zugehörigkeit zu einer Familie, einem Familienverband, einem Verein mit geschlossener oder auf eine beschränkte Anzahl abgestellter Mitgliederzahl, durch Anstellung an einer bestimmten Anstalt und dergl. fest abgeschlossen ist, oder wenn infolge seiner Abgrenzung nach mehreren der vorstehend bezeichneten Merkmale die Zahl der in Betracht kommenden Personen dauernd überhaupt nur eine kleine sein kann.

§ 10 a. Als Förderung der Allgemeinheit hat, unbeschadet der Bestimmung im § 10 Abs. 3, in der Regel zu gelten die Förderung der Wissenschaft, Kunst, Religion, Erziehung, Volks- und Berufsbildung, Denkmalspflege, Heimatpflege und Heimatkunde, die Förderung der öffentlichen Gesundheitspflege, der Jugendpflege und der körperlichen Ertüchtigung des Volkes durch Leibesübungen (Turnen, Spiel, Sport). Hierzu gehören auch die von den Ländern oder Gemeinden im öffentlichen Interesse geführten oder aus öffentlichen Mitteln unterhaltenen Theater.

§ 10b. Wohltätige Unternehmen sind solche, die der Wohlfahrtspflege von Personen zu dienen bestimmt sind und tatsächlich dienen. Die Leistungen müssen die Befriedigung von Bedürfnissen für ein menschenwürdiges Dasein, für die leibliche und geistige Entwicklung bezwecken, wie sie sich der Leistungsempfänger nach seiner sozialen Lage oder seiner körperlichen Beschaffenheit aus eigenen Mitteln in gleicher Weise nicht selbst verschaffen kann, und für das Unternehmen mit Opfern verbunden sein. Hierzu gehören auch Wohlfahrtseinrichtungen gewerblicher Unternehmen, sofern die Leistungen nicht in der Hauptsache als Maßnahme zur Erhaltung der Arbeitskraft der Angestellten und Arbeiter anzusehen sind, wie es z. B. bei Kasinos und Kantinen für Angestellte und Arbeiter, bei Badeanstalten in solchen Betrieben, in denen die Reinigung vor Verlassen der Arbeitsstätte geboten erscheint, der Fall ist. Derartige Einrichtungen können demnach in der Regel nicht als ausschließlich wohltätig angesehen werden. Vgl. auch § 10e.

§ 10c. (1) Von Gesellschaften und Stiftungen sowie von sonstigen Personenvereinigungen und Zweckvermögen betriebene Unternehmen können auch bei Verteilung eines Reingewinns gemeinnützig oder wohltätig sein. Voraussetzung ist jedoch:

A. bei Personenvereinigungen, daß

1. der an die Mitglieder zu verteilende Reingewinn satzungsmäßig und tatsächlich auf eine jährlich höchstens 10 v. H.[1]) betragende Verzinsung der eingezahlten Einlagen der Mitglieder beschränkt und ferner sichergestellt ist, daß den Mitgliedern sonstige Vermögensvorteile nicht zugewandt werden. Ausgenommen sind Vorteile, die innerhalb des auf die Förderung der Allgemeinheit gerichteten Zweckes der Vereinigung liegen, insbesondere die Benutzung der

[1]) Vgl. jetzt § 3 Anm. 4, oben S. 101.

Räume und Einrichtungen und die Teilnahme an den Veranstaltungen der Vereinigung, die den auf die Förderung der Allgemeinheit gerichteten Bestrebungen dienen;

2. sichergestellt ist, daß die Mitglieder im Falle ihres Ausscheidens oder bei Auflösung der Personenvereinigung nicht mehr als die eingezahlten Einlagen[1]) zurückerhalten und daß im Falle der Auflösung der Personenvereinigung oder des Wegfalles der Gemeinnützigkeit oder Wohltätigkeit das über die eingezahlten Einlagen hinaus vorhandene Vermögen für gemeinnützige oder wohltätige Zwecke verwendet wird;

3. nicht eine Begünstigung einzelner Personen durch unverhältnismäßig hohe Vergütungen, Entschädigungen oder Gehälter oder durch sonstige Verwaltungsausgaben, die nicht durch den Zweck der Vereinigung bedingt sind, erfolgt;

B. bei Zweckvermögen, daß

1. durch die Satzung oder Verfassung vorgeschrieben und tatsächlich sichergestellt ist, daß im Falle des Erlöschens oder der Auflösung das vorhandene Vermögen zu gemeinnützigen oder wohltätigen Zwecken verwendet wird und

2. die zu A Nr. 3 bezeichneten Voraussetzungen gegeben sind.

(2) Zu den Personenvereinigungen gehören auch die öffentlich-rechtlichen Personenvereinigungen, insbesondere Körperschaften des öffentlichen Rechts.

§ 10 d. Als gemeinnützig oder wohltätig sind beim Vorliegen der Voraussetzungen des § 10 c in jedem Falle anzusehen:

a) Personenvereinigungen jeder Art für Unternehmen zur Förderung des Kleinwohnungsbaues, wenn sie auf Grund

---

[1]) Vgl. jetzt § 8 Anm. 4, oben S. 101.

der Verordnung vom 12. Juni 1921 zur Ausführung des § 59 des Einkommensteuergesetzes (RGBl. S. 595) als gemeinnützige Vereinigungen oder Gesellschaften zur Förderung des Kleinwohnungsbaues anerkannt sind. Für die nach Ablauf des Jahres 1923 entstandenen Unternehmen dieser Art bildet die Anerkennung nach Maßgabe der Verordnung vom 22. April 1922 auf Grund des § 10 des Körperschaftssteuergesetzes (RGBl. S. 181) die Voraussetzung für die Steuerbegünstigung;

b) sonstige von den zuständigen Landesbehörden gegründete oder anerkannte gemeinnützige Siedlungsunternehmen im Sinne des Reichssiedlungsgesetzes vom 11. August 1919 (RGBl. S. 1429);

c) Stiftungen und sonstige Zweckvermögen, wenn sie rechtsfähig sind sowie stiftungs- oder satzungsmäßig und tatsächlich ausschließlich die Förderung des Kleinwohnungsbaues nach Maßgabe der zu a bezeichneten Verordnungen bezwecken.

§ 10 e. (1) Die ausschließlich gemeinnützigen oder wohltätigen Unternehmen sind nur für die Umsätze von der Steuer befreit, die den gemeinnützigen oder wohltätigen Zwecken, d. h. den Empfängern der gemeinnützigen oder wohltätigen Leistungen, unmittelbar zugute kommen und bei denen die vereinnahmten Entgelte unter dem Durchschnitt derjenigen Entgelte bleiben, die von Erwerbsunternehmen für gleichartige Leistungen verlangt werden. Einnahmen für Umsätze anderer Art bleiben umsatzsteuerpflichtig, auch wenn die vereinnahmten Entgelte dazu bestimmt sind, ein Unternehmen zu gemeinnütziger oder wohltätiger Betätigung instand zu setzen, dabei aber die Preise nach Maßgabe der Marktlage bestimmt werden. Dies gilt z. B. für die Einnahmen aus gewerblichen Nebenbetrieben, Bierbrauereien usw., aus dem Verkauf landwirtschaftlicher Produkte, die in einem Fürsorgeheim, im sogenannten Zwischenbetrieb von Siedlungsgesellschaften und gemeinnützigen Bauvereinigungen usw. gewonnen werden, für das Plätten, Nähen von Wäsche in einem Magdalenenheim und dergl.

(2) Die Heranziehung einzelner Leistungen oder bestimmter Gruppen von Leistungen zur Umsatzsteuer ist auch bei einem einheitlichen gemeinnützigen oder wohltätigen Unternehmen oder bei einem gemeinnützigen usw. Betriebszweig eines Unternehmens nicht ausgeschlossen, wenn für die Leistungen die Befreiungsvoraussetzungen nicht gegeben sind. Bei öffentlichen oder diesen gleichgestellten Krankenhäusern, Heil- und Pflegeanstalten und bei sonstigen Einrichtungen, für deren Benutzung die Entgelte nach Klassen abgestuft sind, können diejenigen Leistungen (z. B. in der sogenannten ersten Klasse) steuerpflichtig bleiben, bei denen die Pflegesätze nicht hinter den Entgelten zurückbleiben, die ähnliche Privatunternehmungen bei gleichen Leistungen zu fordern pflegen.

§ 10 f. (1) Eine förmliche Anerkennung der Unternehmen als gemeinnützig oder wohltätig findet nicht statt. Unternehmen, die auf die Steuerbefreiung Anspruch zu haben glauben, sind somit gleichwohl zur Abgabe von Umsatzsteuererklärungen verpflichtet; sie haben in der Erklärung die Entgelte, die für steuerpflichtig oder für steuerfrei gehalten werden, je gesondert anzugeben. Die Finanzämter sind nach näherer Anordnung des Landesfinanzamts berechtigt, Unternehmen, bei denen erfahrungsgemäß sämtliche oder bestimmte Leistungen als gemeinnützig oder wohltätig zu gelten haben, von der Verpflichtung zur Abgabe einer Steuererklärung zu befreien oder die Beschränkung der Steuererklärung auf die Entgelte für die nicht gemeinnützigen oder wohltätigen Leistungen zuzulassen, solange das Geschäftsgebaren keine Änderung erfährt. Die Finanzämter haben sich in angemessenen Zeiträumen darüber zu unterrichten, ob diese Voraussetzung zutrifft. Derartige Unternehmen sind in einer besonderen Liste zu führen, in die Datum und Ergebnis der Prüfung einzutragen sind.

(2) Die Prüfung, ob und für welche Leistungen die Voraussetzungen für die Steuerbefreiung gegeben sind, hat im geordneten Veranlagungsverfahren zu erfolgen; Nachprüfung findet im Berufungsverfahren (§ 218 AO.) statt. Die Finanzämter haben vor der Entscheidung über die Steuerpflicht die von den Landeszentralbehörden als zuständig bezeichneten Behörden über die Frage der Steuerbefreiung nach § 3 Nr. 3 des Gesetzes gutachtlich zu hören.

(3) Die Entscheidungen nach § 3 Nr. 3 des Gesetzes in der Fassung vom 24. Dezember 1919 verlieren ihre Wirksamkeit. Dies gilt jedoch nicht für die Jahre 1920 und 1921, soweit eine nach § 3 Nr. 3 des Gesetzes vom 24. Dezember 1919 ergangene Entscheidung vor dem 1. Januar 1922 unanfechtbar geworden ist.

5. Steuerfreiheit nichtöffentlicher Schulen und Erziehungsanstalten (§ 3 Nr. 4 des Gesetzes).

§ 10 g. (1) Nichtöffentliche Schulen und Erziehungsanstalten (§ 3 Nr. 4 des Gesetzes) aller Art, also auch Fach- und Gewerbeschulen, sind mit ihren Unterrichts- und Erziehungsleistungen umsatzsteuerfrei, wenn sie

1. der staatlichen Aufsicht unterliegen,
2. ihre Betriebe nur mit Zuschüssen aus öffentlichen Mitteln, aus Stiftungen, aus staatlich genehmigten Sammlungen oder aus Mitteln von Fachverbänden aufrechterhalten können und diese Zuschüsse 25 v. H. der Gesamtausgaben für Schul- und Erziehungszwecke übersteigen; der Reichsminister der Finanzen ist befugt, auch andere Arten von Zuschüssen gleichzustellen.

(2) Einnahmen für Umsätze anderer Art bleiben umsatzsteuerpflichtig, auch wenn die vereinnahmten Entgelte dafür bestimmt sind, die Schulen oder Erziehungsanstalten zu ihrer Zweckbestimmung instand zu setzen, dabei aber die Preise nach Maßgabe der Marktlage bestimmt werden (vgl. § 10 e Abs. 1 Satz 3).

(3) § 10 f Abs. 1 Satz 2 bis 5 findet entsprechende Anwendung.

II. Sachliche Befreiungen.

I. Ein- und Ausfuhr.

a) Einfuhr.

1. Allgemein.

§ 11. A. Von der allgemeinen Umsatzsteuer sind nach § 2 Nr. 1 a und 1 b des Gesetzes ausgenommen:

I. Umsätze aus dem Ausland (Einfuhr). Ausland im Sinne des § 2 Nr. 1 des Gesetzes ist grundsätzlich staatsrechtlich, nicht zollrechtlich zu verstehen; die Zollausschüsse und Freibezirke gehören nicht zum Ausland. Zum Ausland gehören die auf Grund des Friedensvertrages an Belgien, Frankreich, Polen und die Tschechoslowakei abgetretenen Gebiete, das Danziger und Memeler Gebiet und das Gebiet Schleswigs nördlich der festgesetzten Grenzlinie; gleich dem Ausland im Sinne des Gesetzes ist auch das Saarbecken zu behandeln.

2. Verlängerte Einfuhr.

II. Umsätze eingeführter Gegenstände, wenn die folgenden unter 1 bis 5 aufgeführten Voraussetzungen erfüllt sind:

1. die Gegenstände müssen in der Freiliste 1 a (Anlage 1) stehen;
2. die Umsätze müssen erfolgen
   a) in oder aus den Zollausschlüssen und Freibezirken;

b) in oder aus dem gebundenen Verkehr des Inlands. Hierher gehören auch Privatlager ohne amtlichen Mitverschluß oder fortlaufende Konten;

c) in oder aus Seehafenplätzen, soweit die in der Freiliste 1 a aufgeführten Gegenstände zollfrei sind und die Einfuhr auf dem Seeweg erfolgt. Die Voraussetzung der Zollfreiheit ist für den Seehafen Königsberg solange nicht erforderlich, als Königsberg keinen Freihafen besitzt. Dabei sind als ein Einfuhrseehafen anzusehen

aa) die Unterweser- und Unterelbeseehäfen,

bb) jeder Ostseehafen in Verbindung mit einem anderen Ostseehafen oder mit den Unterelbe- und Unterweserseehäfen,

cc) die Häfen an der Kieler Föhrde,

dd) die Seehäfen an der unteren Oder,

ee) die Seehäfen östlich der Weichsel.

Die Voraussetzung der Einfuhr auf dem Seeweg ist für die Seehäfen östlich der Weichsel nicht erforderlich (vgl. jedoch Nr. 5);

d) in oder aus inländischen Lagern aller Art und allerorts, also nicht nur an Seehafenplätzen, sofern die in der Freiliste 1 a aufgeführten Gegenstände zollfrei und die Lager durch den Reichsminister der Finanzen zugelassen worden sind. Die Zulassung erfolgt nur auf Antrag (vgl. Muster 2) und unter der Bedingung, daß der eingeführte Gegenstand ohne Zwischenlagerung — bei seewärtiger Einfuhr ohne andere Zwischenlagerung als im Einfuhrseehafenplatz — zu dem Inlandslager gebracht und die Festhaltung der ausländischen Eigenschaft des Gegenstandes bei der Aufnahme und bei der Lagerung sichergestellt wird;

3. die Umsätze dürfen nicht im Kleinhandel (B II) stattfinden,
4. eine Bearbeitung oder Verarbeitung (B III) darf nicht erfolgt sein,
5. die Herkunft der Gegenstände aus dem Auslande muß sichergestellt sein (B IV).

Den Umsätzen von Gegenständen, die aus dem Ausland in die dem Zollausland gleichstehenden Gebiete oder Läger geliefert sind, stehen die Umsätze solcher Gegenstände gleich, die aus dem Ausland in die Gebiete oder Läger ohne Lieferung verbracht sind.

3. Erste Umsätze nach der Einfuhr.

III. Umsätze eingeführter Gegenstände, wenn die folgenden unter 1 bis 5 aufgeführten Voraussetzungen erfüllt sind:

1. die Gegenstände müssen in der Freiliste 1 b (Anlage 1) stehen,
2. es muß sich um den ersten Umsatz nach der Einfuhr oder, soweit die Gegenstände auch in der Freiliste 1 a stehen, um den ersten Umsatz nach den gemäß II umsatzsteuerfreien Umsätzen handeln,
3. der Umsatz darf nicht im Kleinhandel (B II) stattfinden,
4. eine Bearbeitung oder Verarbeitung (B III) darf nicht erfolgt sein,
5. die Herkunft der Gegenstände aus dem Ausland muß sichergestellt sein (B IV).

4. Lieferung und Verbringen.

B. I. Als Umsätze im Sinne des § 2 Nr. 1 a und Nr. 1 b des Gesetzes gelten nur Lieferungen einschließlich der Werklieferungen. Die Bestimmungen zu A finden daher keine Anwendung

1. auf sonstige Leistungen, z. B. auf Grund eines reinen

Werkvertrages, einer Miete oder eines Beförderungsvertrages. Das Entgelt unterliegt in diesen Fällen der Umsatzsteuer:

2. auf das bloße Verbringen von Gegenständen in das Inland (z. B. von Ware, die ein ausländischer Unternehmer seiner inländischen Verkaufsstätte zugehen läßt). Die ersten Umsätze nach dem Verbringen sind daher umsatzsteuerpflichtig, während das Verbringen selbst, außer im Falle des § 17 Nr. 3 des Gesetzes, umsatzsteuerfrei ist. Nicht als Verbringen, sondern als Einfuhr gilt es, wenn
   a) die Gegenstände in Kommission oder Konsignation für einen ausländischen Kommittenten oder Konsignanten übernommen werden;
   b) ein Unternehmer (§ 1 Nr. 1 des Gesetzes) von ihm selbst gezogene Gegenstände der Urerzeugung oder im Ausland oder auf hoher See gekaufte und dort übernommene Waren ins Inland bringt;
   c) auf dem Meere einschließlich der Dreimeilenzone und im Bodensee erzielte Fänge der Fischerei in das Inland verbracht werden.

3. Begriff des Großhandels.

II. Die Umsätze erfolgen außerhalb des Kleinhandels, wenn die Gegenstände zur gewerblichen Weiterveräußerung für eigene oder fremde Rechnung erworben werden. Dabei kommt es auf die einzelne Lieferung an; es genügt nicht schon, daß das Unternehmen, das den Umsatz ausführt, überwiegend im Großhandel veräußert. Großhandel im Sinne des § 2 Nr. 1 a und Nr. 1 b des Gesetzes ist auch der Verkauf an einen Unternehmer, der zwar verbraucht, dies aber in seinem Betriebe bei der Herstellung anderer Gegenstände oder zur Bewirkung gewerblicher Leistungen tut.

6. Bearbeitung und Verarbeitung.

III. Die Wesensart des Gegenstandes muß gewahrt bleiben. Sie wird durch eine Bearbeitung oder Verarbeitung des Gegenstandes, die über die Zwecke der Sortierung, Reinigung und Erhaltung hinausgeht, aufgehoben. Als Bearbeitung oder Verarbeitung im Sinne dieser Bestimmung ist nicht anzusehen, wenn

1. Bettfedern und Kapock trocken oder auf nassem Wege gereinigt, sortiert und gemischt werden,

1 a. Borsten, Borstenersatzstoffe aus Horn, Piassava, Grenelle, Lusa, Fiber, Espartogras, Zekaton oder ähnliche Faserstoffe, getrocknete Teile exotischer Pflanzen aller Art gewaschen, gebleicht, gefärbt oder zugerichtet werden,

2. Drogen oder Gewürze zu handelsüblicher Ware zerkleinert, geschnitten, gemahlen oder pulverisiert werden,

3. Erze vorläufig aufbereitet werden. Bei Erzen sowie Raffinier- und Verhütungsmaterialien gilt, soweit und solange deren metallische Endprodukte bei ihrer Einfuhr zollfrei sind, z. B. Blei, Kupfer, Zink, Zinn, auch Verhüttung, Raffinierung und Elektrolysierung nicht als Bearbeitung oder Verarbeitung,

3 a. Fischabfälle zur Herstellung von Fischmehl sterilisiert, getrocknet oder gemahlen werden;

3 b. Fischleber oder Fischmehl zur Gewinnung von Thran, Öl oder Fett extrahiert werden,

4. Fleisch durch Pökeln, Trockensalzen, Räuchern, Kurantschneiden (schlechte Spitzen und Ecken ausschneiden) oder Gefrieren behandelt wird,

5. Gerbstoffe und Farbhölzer gemahlen oder extrahiert werden,

5 a. Gerste- oder Haferkleie miteinander gemischt werden,

5 b. Buchweizen oder Hirse gemahlen, geschält oder geschnitten wird,

5c. Hanf gehechelt wird,

5d. Gerste zu Graupen, Grütze, Gerstenfutter verarbeitet wird,

5e. Hafer geschält, gedörrt, gewalzt, geschnitten oder gemahlen wird,

5f. Hafer, Gerste, Hirse, Mais und Hülsenfrüchte zu Futtermitteln geschrotet, untereinander, mit ausländischem Fischmehl oder Fleischmehl zur Herstellung von Futtermitteln gemischt werden,

5g. Hartweizen zu Hartgrieß verarbeitet wird,

6. Heringe gesalzen werden,

7. Holz in der Längs- oder Querrichtung geschnitten, mit der Axt oder Säge bearbeitet, zu Furnieren geschnitten oder gehobelt, gespundet oder gekehlt wird, oder wenn Holzmasten (Telegraphenstangen, Licht- und Leitungsmasten) geschält und zyanisiert (konserviert) oder wenn Eisenbahnschwellen aus Holz getränkt werden,

7a. Hülsenfrüchte oder Hirse geschält werden,

8. Kabelseide gewaschen oder gewunden wird,

9. geraspelte Kokosnüsse mit Stärke gemischt werden,

10. ungekochter Leim gekocht wird,

11. Kaffee geschält wird,

12. Lumpen (Hadern) gerissen, gewaschen, karbonisiert oder gefärbt werden,

12a. Mais zur Herstellung von Stärke und Futtermitteln zermalmt wird,

13. Mineralöle gereinigt, gemischt, destilliert oder raffiniert werden; als Mischung gilt auch die Mischung mit fetten Ölen und verseiften Produkten, sofern hierbei der Anteil des Mineralöls mehr als 50 v. H. beträgt,

14. Ölsaaten und Ölfrüchte geschlagen (gepreßt, extrahiert) werden, und zwar auch dann, wenn die gewonnenen Er-

zeugnisse vor dem ersten Umsatz weiterverarbeitet werden, vorausgesetzt, daß diese Verarbeitung nicht über eine Veredelung (Spaltung, Mischung, Raffination, Härtung, Kochen, Bleichung, Desodorisierung) sowie über das Mahlen von Kuchen und die Gewinnung von Fettsäuren hinausgeht,

15. Reis geschält, gebrochen, poliert oder glasiert oder zu Reisgrieß oder Reismehl (einschließlich Reisfuttermehl) verarbeitet wird,

15 a. Rohzucker oder Melasse zu Verbrauchszucker verarbeitet wird. Soweit der Verarbeitungsvorgang von der Verarbeitung inländischen Rohzuckers oder inländischer Melasse technisch nicht vollständig getrennt werden kann, ist die umsatzsteuerfrei bleibende Menge Verbrauchszucker aus der verarbeiteten Menge ausländischen Rohzuckers (ausländischer Melasse) unter Zugrundelegung eines Ausbeutesatzes von 90 v. H. für Rohzucker und von 37 v. H. für Melasse zu berechnen,

15 b. Rüböl oder Leinöl, das durch einen nach § 11 A II befreiten Umsatz bezogen ist, gekocht, gemischt, gebleicht oder gereinigt wird; bei Vermischen mit Mineralölen darf der Anteil des Mineralöls nicht über 50 v. H. hinausgehen,

16. Qualitäten uransaurer Salze mit einem Urangehalt von etwa 72 und 82 v. H. miteinander gemischt werden,

16 a. Schellack gereinigt oder gereinigt und gebleicht wird,

17. Schmalz gekocht und filtriert wird,

18. nicht chargierfähiges Schrott auf chargierfähige Größe zerkleinert wird,

19. Stuhlrohr durch Spalten und Hobeln zugerichtet wird, oder wenn Rohrstöcke gefräst werden,

20. Tabak oder Kakao fermentiert werden,

20 a. Tee verschiedener ausländischer Sorten gemischt wird,

21. nach Nr. 2, 4, 5, 6, 7 und 8 unter A der Ausführungsbestimmungen vom 9. Juli 1909 (RGBl. S. 549 ff.) zu §§ 4, 11, 12 des Weingesetzes vom 9. Juli 1909 (RGBl. S. 393 ff.) verfahren[1]) sowie wenn Wein umgefüllt oder abgestochen, mit anderen ausländischen Weinen gemischt

---

[1]) Die in Betracht kommenden Bestimmungen haben folgenden Wortlaut:

2. die Verwendung von frischer, gesunder, flüssiger Weinhefe (Drusen), um Mängel von Farbe oder Geschmack des Weines zu beseitigen. Der Zusatz darf nicht mehr als einhundertundfünfzig Raumteile auf eintausend Raumteile Wein betragen; ein Zusatz von Zucker ist hierbei nicht zulässig;

4. das Schwefeln, sofern hierbei nur kleine Mengen von schwefliger Säure oder Schwefelsäure in die Flüssigkeiten gelangen. Gewürzhaltiger Schwefel darf nicht verwendet werden;

5. die Verwendung von reiner gasförmiger oder verdichteter Kohlensäure oder der bei der Gärung von Wein entstehenden Kohlensäure, sofern hierbei nur kleine Mengen des Gases in den Wein gelangen;

6. die Klärung (Schönung) mittels nachgenannter technisch reiner Stoffe:
   a) in Wein gelöster Hausen-, Stör- oder Welsblase,
   b) Gelatine,
   c) Tannin bei gerbstoffarmem Weine bis zur Höchstmenge von 100 Gramm auf 1000 Liter in Verbindung mit den unter a, b genannten Stoffen,
   d) Eiweiß,
   e) Käsestoff (Kasein), Milch,
   f) spanischer Erde,
   g) mechanisch wirkender Filterdichtungsstoff (Asbest, Zellulose und dergleichen);

7. die Verwendung von ausgewaschener Holzkohle und gereinigter Knochenkohle;

8. das Behandeln der Korkstopfen und das Ausspülen der Aufbewahrungsgefäße mit aus Wein gewonnenem Alkohol oder reinem, mindestens 90 Raumprozente Alkohol ent-

wird oder wenn Spirituosen mit anderen ausländischen Spirituosen gemischt werden,

22. Wolle oder Baumwolle sortiert, gewaschen, karbonisiert oder gekämmt wird.

(2) Die Steuervergünstigung tritt nicht ein bei Umsätzen von Gegenständen, die gelegentlich der Bearbeitung oder Verarbeitung im Sinne des Abs. 1 gewonnen werden, aber nicht das Ziel dieser Bearbeitung oder Verarbeitung sind (Nebenprodukte, Abfälle).

IV. Der Anspruch auf Steuerfreiheit ist nur gegeben, wenn der Unternehmer durch seine Buchführung den Nachweis, daß die Voraussetzungen der Steuerfreiheit vorliegen, sicherstellt (vgl. § 18).

C. Der Reichsminister der Finanzen ist zu einer Einschränkung und Erweiterung der Ausnahmen unter B III befugt.

§ 12. Verbringen von Luxusgegenständen des § 15 und Lieferung von Luxusgegenständen des § 21 des Gesetzes in das Inland. (§ 17 Nr. 3 und § 23 Abs. 1 Nr. 4 des **Gesetzes**).

(1) Die Luxussteuerpflicht nach § 17 Nr. 3 des Gesetzes tritt auch dann ein, wenn eine Lieferung nicht vorliegt. Es genügt also: die Versendung aus dem Auslande lediglich mit der Absicht, die Gegenstände im Inland zum Verkaufe zu stellen, sowie für eine Ausstellung auch dann, wenn von vornherein die Absicht besteht, die Gegenstände nach Schluß der Ausstellung wieder ins Ausland zurückzuschaffen; Schenkung an im Inland wohnende Personen; Versendung ins Inland infolge eines

---

haltenden Sprit, wobei jedoch der Alkohol nach der Anwendung wieder tunlichst zu entfernen ist; bei dem Versand in Fässern nach tropischen Gegenden auch der Zusatz von solchem Alkohol bis zu einem Raumteil auf einhundert Raumteile Wein zur Haltbarmachung.

Erbfalles; Einbringen der Gegenstände bei der Einreise oder Übersiedelung ins Inland, und zwar auch, wenn sie vorausgeschickt oder nachgesandt werden. Befreit sind jedoch:

a) Gegenstände für die Messen zu Breslau, Frankfurt a. M., Königsberg, Leipzig und Köln, sofern — neben der etwa für den Zoll in Betracht kommenden Sicherheit — für den Eingang der Luxussteuer Sicherheit geleistet wird (§ 20). Der Reichsminister der Finanzen ist ermächtigt, die gleiche Vergünstigung für Gegenstände des übrigen inländischen Meß- und Marktverkehrs zu gewähren und sie auf das Rückbringen von Gegenständen, die auf ausländischen Messen und Märkten nicht verkauft sind, auszudehnen.

b) Gegenstände, die gemäß §§ 113, 114, 116, 117 [1]) des Vereinszollgesetzes vom 1. Juli 1869 ins Inland verbracht werden,

---

[1]) Die §§ 113, 114, 116, 117 und 118 des Vereinszollgesetzes haben folgenden Wortlaut:

§ 113. Vereinsländische Erzeugnisse oder Fabrikate, welche außer dem Meß- und Marktverkehr auf Bestellung zum Kommissionsverkauf, zur Ansicht, zu öffentlichen Ausstellungen oder zum vorübergehenden Gebrauch nach dem Ausland gesandt sind und von dort zurückkommen, können vom Eingangszolle freigelassen werden, sofern kein Zweifel darüber besteht, daß dieselben Waren wieder eingehen, welche ausgegangen sind.

§ 114. Die Freilassung vom Eingangszolle kann auch erfolgen, wenn Gegenstände aus dem Auslande zu öffentlichen Ausstellungen oder zum vorübergehenden Gebrauch eingehen und demnächst wieder ausgeführt werden.

§ 116. In bezug auf den kleinen Grenzverkehr können nach Maßgabe des örtlichen Bedürfnisses besondere Erleichterungen angeordnet werden.

§ 117. Inländische Strandgüter von Schiffen, welche nach dem Auslaufen verunglücken, bleiben, wenn die Tatsache vollständig nachgewiesen ist, frei vom Eingangszolle.

§ 118. Der Bundesrat (jetzt Reichsrat) wird ferner darüber Bestimmung treffen, ob und unter welchen Bedingungen auch in den Fällen, in denen bei Wahrung der zollrechtlichen Vorschriften Zollfreiheit gegeben ist, sofern in gleicher Weise wie für die Zollgefälle (§ 45, VZG.) auch für die Luxussteuer Sicherheit geleistet wird,

c) Gegenstände aller Art bei der Durchfuhr gemäß § 15,
d) gebrauchte Kleidungsstücke und Wäsche im Sinne des § 6 Nr. 3 des Zolltarifgesetzes vom 25. Dezember 1902,
e) gebrauchte Gegenstände von Anziehenden (Umzugsgut) zur eigenen Benutzung im Sinne des § 6 Nr. 4 a. a. O.,
f) Reisebedarf und Reisegerät im Sinne des § 6 Nr. 6 a. a. O.,
g) Fahrzeuge und Pferde im Sinne des § 6 Nr. 8 a. a. O.,
h) Musterkarten und Muster im Sinne des § 6 Nr. 10 a. a. O.,
i) Särge und Urnen im Sinne des § 6 Nr. 14 a. a. O.

Erscheint eine Befreiung bei einem Gegenstande geboten, der nach § 6 a. a. O. auf besondere Erlaubnis vom Zolle befreit werden kann, so bedarf es zur Befreiung von der Luxussteuer eines Antrags gemäß § 108 AO.; die Entscheidung hierüber wird dem Landesfinanzamt übertragen. Zur Entscheidung der Anträge auf weitergehende Befreiungen bleibt der Reichsminister der Finanzen zuständig. In Fällen, in denen die Befreiung vom Zoll gemäß § 118 des Vereinszollgesetzes aus Billigkeitsrücksichten bewilligt werden kann, steht dieselbe Befugnis für die Umsatzsteuer dem Landesfinanzamt zu.

(2) Die Luxussteuerpflicht nach § 23 Abs. 1 Nr. 4 des Gesetzes setzt eine entgeltliche Lieferung von Luxusgegenständen der im § 21 des Gesetzes bezeichneten Art in oder aus dem Ausland an eine Person voraus, die ihren Wohnsitz oder ge-

---

in anderen als den oben (§§ 111 bis 117) erwähnten Fällen für die aus dem freien Verkehr des Zollvereins nach dem Auslande gesandten Gegenstände beim Wiedereingange oder für die vom Auslande eingegangenen Gegenstände beim Wiederausgange aus Billigkeitsrücksichten ein Zollerlaß gewährt werden darf.

wöhnlichen Aufenthalt zur Zeit der Lieferung im Inland hat. Die Luxussteuerpflicht tritt nicht ein, wenn der Gegenstand zur gewerblichen Weiterveräußerung erworben wird und der Erwerber dies dem Finanzamt in der im § 22 Abs. 2 des Gesetzes (§ 201) vorgeschriebenen Form nachweist; jedoch unterliegt der auf diesen Umsatz folgende erste Umsatz im Inland der allgemeinen Umsatzsteuer. Über den Vergütungsanspruch im Falle des § 24 Abs. 3 des Gesetzes vgl. § 17 Nr. 1.

(3) Sowohl im Falle des § 17 Nr. 3 wie des § 23 Abs. 1 Nr. 4 des Gesetzes kommt es nicht auf die Person des Absenders oder des Einführenden an; es ist gleichgültig, ob sie Unternehmer sind oder nicht. Die Luxussteuerpflicht tritt ein, sobald der Gegenstand ins Inland gelangt ist.

b) Ausfuhr.

1. Befreiung von der Steuerpflicht; Buchführungspflicht.

§ 13. (1) Sowohl von der allgemeinen Umsatzsteuer als auch von der Luxussteuer sind nach § 2 Nr. 1 c des Gesetzes ausgenommen Umsätze in das Ausland (Ausfuhr), und zwar gleichgültig, ob die Ausfuhr durch den Hersteller, durch einen an der Herstellung nicht beteiligten Unternehmer (Ausfuhrhändler) oder bei den im § 23 Abs. 1 Nr. 3 des Gesetzes aufgeführten Gegenständen durch eine Privatperson erfolgt. Als Umsatz in das Ausland gilt nach § 2 Nr. 1 c Abs. 2 des Gesetzes nicht bereits die Lieferung an den ausführenden Unternehmer, und zwar auch dann nicht, wenn der Lieferer in eigenem oder fremdem Namen unmittelbar in das Ausland versendet. Wegen des Vergütungsanspruchs bei Lieferung in das Ausland vgl. § 17 Nr. 3.

(2) Der Anspruch auf Steuerfreiheit ist nur gegeben, wenn der Unternehmer durch seine Buchführung den Nachweis sicherstellt, daß die Voraussetzungen der Steuerfreiheit vorliegen (vgl. § 18).

3. Steuerpflicht nach § 23 Abs. 1 Nr. 5 des Gesetzes.

§ 14 ist durch Streichung des § 23 Abs. 1 Nr. 5 gegenstandslos geworden.

c) Durchfuhr.

§ 15. (1) Von der Besteuerung sind, auch im Falle des § 12 Abs. 1, ausgenommen: Umsätze vom Ausland in das Ausland, auch wenn der Gegenstand durch einen Gebietsteil des Inlandes hindurchgebracht wird. Erfolgen Zwischenumsätze, so ist eine steuerfreie Durchfuhr nicht mehr gegeben, es sei denn, daß die Zwischenumsätze nach den Vorschriften des § 2 Nr. 1 a und 1 b des Gesetzes (§ 11) von der Steuer befreit sind.

(2) In den Fällen, in denen die Einfuhr luxussteuerpflichtig ist (§ 17 Nr. 3 und § 23 Abs. 1 Nr. 4 des Gesetzes), setzt die Steuerfreiheit der Durchfuhr voraus, daß die im Vereinszollgesetze vom 1. Juli 1869 enthaltenen Vorschriften über Überwachung der Durchfuhr gewahrt sind.

d) Veredelungsverkehr.

§ 15 a. (1) Beim aktiven Veredelungsverkehr (Veredelung im Inland) ist bei der Eingangsabfertigung der unveredelten Ware die Luxussteuer nicht zu erheben.

(2) Die Wiederausfuhr der im Eigenveredelungsverkehre veredelten Waren ist nach Maßgabe des § 13 von der Steuer befreit. Die Umsatzsteuerpflicht des Werklohns beim Lohnveredelungsverkehre bleibt unberührt.

e) Steuerpflichtige Personen, Vergütungsansprüche, Buchführung, Steuerberechnung und Veranlagungsverfahren.

1. Steuerpflichtige Personen.

§ 16. Steuerpflichtig sind

1. im Falle des § 12 Abs. 1 (§ 17 Nr. 3 des Gesetzes) der erste inländische Erwerber, wenn ein Lieferungsgeschäft

aus dem Ausland vorliegt, in allen übrigen Fällen derjenige, der den Gegenstand im Inland in Gewahrsam nimmt. Das wird in der Regel der Verbringer selbst sein, der den Gegenstand im Augenblicke des Verbringens ins Inland im Gewahrsam hat (der Reisende bei Reisegut, der Spediteur, an den das Gut adressiert ist, usw.);

2. im Falle des § 12 Abs. 2 (§ 23 Abs. 1 Nr. 4 des Gesetzes) der erste inländische Erwerber;
3. im Falle des § 14 Abs. 1 (§ 23 Abs. 1 Nr. 5 des Gesetzes) der Verbringer.

2. Vergütungsansprüche.

§ 17. Ein Vergütungsanspruch, auf dessen Geltendmachung §§ 204 ff. entsprechende Anwendung finden, steht zu

1. in den Fällen des § 12 Abs. 1 und 2 dem Steuerpflichtigen unter den Voraussetzungen des § 20 und des § 24 Abs. 1 bis 3 des Gesetzes (vgl. §§ 197, 198);
2. im Falle des § 14 Abs. 1 demjenigen, der die Luxussteuer entrichtet hat, oder dessen Erben, wenn sie den Gegenstand wieder in das Inland gebracht haben (vgl. § 200 Abs. 3).
3. (1) Im Falle des § 4 des Gesetzes dem Unternehmer, der im Inland erworbene oder gegen Entrichtung der Luxussteuer in das Inland verbrachte oder gelieferte Gegenstände ohne vorherige Bearbeitung oder Verarbeitung (vgl. § 11 B III Abs. 1 Satz 1 und 2) in das Ausland geliefert hat.[1]) Er erhält auf Antrag bei dem für ihn zuständigen Finanzamt einen Betrag von 2,5 v. H. oder 5 v. H. oder 15 v. H. von dem Teile des vereinnahmten (vereinbarten)

---

[1]) § 17 Nr. 3 Abs. 1 Satz 1 stellt fest, daß die in § 11 B III Abs. 1 aufgeführten Vorgänge für die Frage des Vergütungsanspruchs nach § 4 nicht in Betracht kommen. RFH. 6. 11. 1925, RStBl. 218.

Entgelts vergütet, der nach Abzug einer Summe übrigbleibt, die der Gewinn- und Unkostenspanne im Verhältnis zum Einkaufspreis entspricht. Der Reichsminister der Finanzen bestimmt den Hundertsatz des der Vergütung zugrunde zu legenden Betrages vom vereinnahmten (vereinbarten) Entgelt und stellt Grundsätze darüber auf, inwieweit das Entgelt, insbesondere bei Cif-Geschäften, um einen nicht vergütungsfähigen Teil zu kürzen ist. Er ist ferner berechtigt, die Vergütung auch Unternehmern zu gewähren, die eine unwesentliche Bearbeitung oder Verarbeitung der Gegenstände über die Zwecke der Sortierung, Reinigung und Erhaltung hinaus vornehmen.

(2) Der Antrag ist innerhalb sechs Monaten nach Schluß des Kalendervierteljahrs für alle im abgelaufenen Kalendervierteljahr entstandenen Vergütungsansprüche zu stellen; jedoch steht es dem Antragsteller frei, einen kürzeren Zeitraum, mindestens aber einen Kalendermonat zu wählen. Der gewählte Zeitabschnitt darf im Laufe des Kalenderjahrs nur mit Zustimmung des zuständigen Finanzamts geändert werden.

(3) Der Antragsteller hat nach Anleitung des Musters 2 a darzutun,

1. daß und wann er die Gegenstände unmittelbar in das Ausland geliefert hat,
2. daß er sie im Inland erworben oder, bei luxussteuerpflichtigen Gegenständen, gegen Entrichtung der Luxussteuer in das Inland verbracht oder aus dem Ausland eingeführt hat,
3. daß die Lieferung der Gegenstände an ihn nicht nach § 2 Nr. 1 a und 1 b des Gesetzes oder wegen Vorliegens einer Händlerbescheinigung nach § 23 Abs. 1 Nr. 4 Abs. 2 des Gesetzes umsatzsteuerfrei war, und daß er

eine Bearbeitung oder Verarbeitung über die Abgrenzung des Abs. 1 hinaus nicht vorgenommen hat,

4. welches Entgelt er bei der Lieferung in das Ausland vereinnahmt (vereinbart) hat. Ist das Entgelt in ausländischer Währung vereinnahmt (vereinbart), so sind die Vergütungsbeträge zunächst in der ausländischen Währung zu berechnen und nach dem für den Monat der Entstehung des Vergütungsanspruchs geltenden, vom Reichsminister der Finanzen festzusetzenden Goldmarkumrechnungskurs auf Goldmark umzurechnen. Ist das Entgelt in inländischer Währung vereinnahmt (vereinbart), so findet für die Berechnung der Vergütungsbeträge § 32 a Abs. 3 des Gesetzes entsprechende Anwendung.

(4) Für die Nachweise zu Abs. 3 Nr. 1, 2, 4 genügt die Bezugnahme auf die ordnungsmäßige kaufmännische Buchführung unter Hinweis auf die in Frage kommenden Teile der Buchführung. Wegen des Nachweises zu 3 genügt eine entsprechende Versicherung nach bestem Wissen und Gewissen. Die Befugnis der Finanzämter zu weiteren Ermittlungen bleibt vorbehalten. Ergeben sich die nach Abs. 3, 4 erforderlichen Nachweise nicht aus der ordnungsmäßigen kaufmännischen Buchführung des Antragstellers oder aus anderen Unterlagen, so ist der Antrag abzuweisen.

3. Buchführungspflicht.

§ 18. (1) Der Anspruch auf Steuerfreiheit nach § 11 (Einfuhr, § 2 Nr. 1 a und b des Gesetzes) oder nach § 13 (Ausfuhr; § 2 Nr. 1 c des Gesetzes) ist nur gegeben, wenn in der Buchführung des Unternehmers enthalten sind:

1. im Falle des § 11:

a) die Gegenstände nach ihrer handelsüblichen Bezeichnung,

b) Name (Firma) und Wohnort (Sitz) des ausländischen Lieferers,

c) der Tag der Einfuhr,

d) die Eingangszollstelle,

e) die Nummer der Händlerbescheinigung (§ 22 Abs. 2 des Gesetzes) im Falle des § 12 Abs. 2,

f) der Tag der weiteren Lieferung ins Inland,

g) die Angabe, ob es sich um einen Fall des § 11 A I, II, III und um welchen es sich handelt,

h) Name (Firma) und Wohnort (Sitz) des Abnehmers,

i) das vereinnahmte, im Falle der Versteuerung nach den Entgelten für die bewirkten Leistungen (Solleinnahme, § 9 Abs. 1 des Gesetzes) das vereinbarte Entgelt,

k) im Falle der Versteuerung nach den vereinnahmten Entgelten: der Tag der Vereinnahmung;

2. im Falle des § 13:

a) die Gegenstände nach ihrer handelsüblichen Bezeichnung,

b) Name (Firma) und Wohnort (Sitz) des inländischen Lieferers und des ausländischen Erwerbers,

c) der Tag der Lieferung in das Ausland,

d) das vereinnahmte, im Falle der Versteuerung nach den Entgelten für die bewirkten Leistungen (Solleinnahme, § 9 Abs. 1 des Gesetzes) das vereinbarte Entgelt,

e) im Falle der Versteuerung nach den vereinnahmten Entgelten: der Tage der Vereinnahmung.

(2) Der Unternehmer hat in den Voranmeldungen und in der Steuererklärung auf die Teile seiner Buchführung hinzuweisen, aus denen sich die im Abs. 1 Nr. 1 a bis k und Nr. 2 a bis e erforderten Nachweise ergeben. Im Falle des § 11 hat er weiter zu versichern, daß eine über die Bestimmung des § 11 B III hinausgehende Bearbeitung oder Verarbeitung nicht stattgefunden hat und daß die Veräußerung nicht im Kleinhandel erfolgt ist.

(3) Die Finanzämter sind berechtigt, zuverlässige Unternehmer von den Hinweisen und der Versicherung nach Abs. 2 in den Fällen des § 11 oder des § 13 oder in beiden Fällen zu befreien.

§ 19. (1) In den Fällen des § 17 Nr. 3, § 23 Abs. 1 Nr. 4 und 5 des Gesetzes wird die Steuer für jeden einzelnen luxussteuerpflichtigen Rechtsvorgang berechnet. Das Finanzamt kann denjenigen Steuerpfichtigen, die zu den nach § 1 Nr. 1 des Gesetzes bezeichneten Personen gehören (Gewerbetreibenden), auf Antrag für die Dauer eines Kalenderjahrs gestatten, die Steuer für steuerpflichtige Leistungen in bestimmten Zeitabschnitten gemeinsam zu berechnen. Demjenigen, der als Gewahrsamsinhaber im Sinne des § 17 Nr. 3 des Gesetzes steuerpflichtig ist, ist diese Vergünstigung nicht zu gewähren.

(2) Übt im Falle des § 23 Abs. 1 Nr. 5 des Gesetzes der Verbringer eine gewerbliche Tätigkeit aus, so ist die Steuer gleichzeitig mit derjenigen für seine Lieferungen im Inland nach § 33 Abs. 2 des Gesetzes zu berechnen.

(3) Der Steuerpflichtige hat dem Finanzamt innerhalb eines Monats nach Eintritt des steuerpflichtigen Vorgangs oder nach Ablauf des Steuerabschnitts (vgl. Abs. 1) eine Steuererklärung abzugeben. Die allgemeinen Vorschriften über den Inhalt dieser Erklärung (§ 35 Abs. 2 des Gesetzes) finden mit der Maßgabe Anwendung, daß in einer Steuererklärung, die nur den steuerpflichtigen Rechtsvorgang betrifft, der Tag der Ein- oder Ausfuhr (des Verbringens in das In- oder Ausland), die handelsübliche Bezeichnung des Gegenstandes, das entrichtete oder vereinbarte Entgelt und in Ermangelung eines solchen der gemeine Wert anzugeben sind (vgl. Muster 7).

(4) Gibt der Verbringer von Gegenständen im Sinne des § 17 Nr. 3 des Gesetzes binnen fünf Tagen seit Überschreiten der Grenze eine Steuererklärung über die eingebrachten Gegen-

stände ab, so soll das Finanzamt binnen weiteren drei Tagen den Steuerbescheid erteilen. Im übrigen gelten die allgemeinen Vorschriften über den Steuerbescheid (§ 36 Abs. 1 des Gesetzes).

(5) Zuständig ist in den Fällen des § 17 Nr. 3, § 23 Abs. 1 Nr. 4 und 5 des Gesetzes das Finanzamt des Wohnsitzes oder Aufenthaltsorts des Steuerpflichtigen, im Falle des Abs. 2 das Finanzamt, in dessen Bezirk die gewerbliche Tätigkeit stattfindet (vgl. § 127). Hat der Steuerpflichtige im Falle des § 23 Abs. 1 Nr. 5 des Gesetzes weder Wohnsitz noch Aufenthaltsort im Inland, so ist das Finanzamt des Grenzübergangsorts zuständig. Für den Gewahrsamsinhaber nach § 17 Nr. 3 des Gesetzes ist das Finanzamt desjenigen Ortes zuständig, an dem er zum ersten Male nach Überschreiten der Grenze Aufenthalt nimmt, es sei denn, daß der Steuerpflichtige bei der Abfertigung auf der Zollstelle einen anderen Ort bezeichnet, bei dessen Finanzamt er (z. B. infolge längeren Aufenthalts oder aus anderen Gründen) seine Steuererklärung abgeben will. Der Steuerpflichtige hat hierbei den Aufenthalt möglichst genau zu bezeichnen (Straße, Hausnummer, Hotel).

f) Mitwirkung der Zollstellen.

1. Sicherheitsleistung.

§ 20. (1) In den Fällen des § 17 Nr. 3, § 23 Abs. 1 Nr. 4 des Gesetzes hat die Zollstelle von demjenigen, der den Gegenstand ins Inland einbringt, vor der Aushändigung Sicherstellung des Steuerbetrags zu verlangen. Von dem Verlangen der Sicherheitsleistung kann abgesehen werden, wenn der Verbringer sich selbst oder einen Dritten als Erwerber oder, sofern im Falle des § 17 Nr. 3 des Gesetzes der Gegenstand nicht an einen inländischen Erwerber geliefert wird, als denjenigen bezeichnet, der den Gegenstand im Inland in Gewahrsam nimmt, und wenn gegen die Glaubhaftigkeit dieser Angaben sowie gegen die Zuverlässigkeit und Zahlungsfähigkeit des Verbringers oder des Dritten Bedenken nicht bestehen. Die Sicherheitsleistung ist so hoch zu bemessen, daß eine Steuernachzahlung nicht in Frage kommen kann. Ist sie in Geld geleistet, so hat der Steuerpflichtige nur den die Sicherheit übersteigenden Betrag seiner Steuerschuld an das Finanzamt zu zahlen, das sich im übrigen die Sicherheit von der Zollstelle überweisen zu lassen hat. Bezahlt der Steuerpflichtige die Steuer an das Finanzamt, so hat dieses die Zollstelle umgehend zwecks Freigabe der nicht in Geld geleisteten Sicherheit in Kenntnis zu setzen.

(2) Abs. 1 gilt sinngemäß bei dem Verbringen in das Ausland gemäß § 23 Abs. 1 Nr. 5 des Gesetzes. Die Sicherheit ist in diesem Falle von dem Verbringer oder, wenn dieser nicht bekannt ist oder im Ausland wohnt, von dem Absender oder Gewahrsamsinhaber zu leisten. Abs. 1 gilt ferner sinngemäß für das Verbringen der Ware ins Inland beim aktiven Veredelungsverkehr. Das Rückbringen der Ware ins Inland beim passiven Veredelungsverkehr (Veredelung im Ausland) ist luxussteuerfrei; der inländische Unternehmer, der die im Ausland veredelte Ware veräußert, ist als Hersteller nach §§ 15, 18 des Gesetzes luxussteuerpflichtig.

2. Benachrichtigungspflicht.

§ 21. (1) Von den Umsätzen in das Inland nach § 17 Nr. 3 und § 23 Abs. 1 Nr. 4 des Gesetzes hat die Zollstelle, die die Gegenstände zum freien Verkehr abfertigt, noch am Tage der Abfertigung, von dem Verbringen in das Ausland nach § 23 Abs. 1 Nr. 5 des Gesetzes die Zollstelle, der das Verbringen der Gegenstände bekannt wird, unverzüglich dem zuständigen Finanzamt eine Mitteilung zu übersenden, aus der, soweit angängig, die handelsübliche Benennung des Gegenstandes, der Tag der Ein- und Ausfuhr, der Vor- und Zuname nebst Wohnort und Straße, Firma und Sitz des Steuerpflichtigen, der Bestimmungsort und die Höhe der geleisteten Sicherheit ersichtlich sein müssen (vgl. Muster 8). Zur Feststellung des zuständigen Finanzamts hat die Zollstelle denjenigen, dem sie die eingegangenen Gegenstände zum freien Verkehr aushändigt, um eine Auskunft über den Erwerber oder Gewahrsamsinhaber zu ersuchen. Wird die Auskunft nicht erteilt, so ist die Mitteilung an das für den Gewahrsamsinhaber zuständige, im Falle des § 19 Abs. 5 Satz 3 und 4 an das auf Grund der Angaben des Steuerpflichtigen zuständige Finanzamt zu richten. Beim Verbringen in das Ausland ist die Mitteilung dem für den Absender zuständigen Finanzamte zu übersenden, wenn der Verbringer in das Ausland seinen Wohnsitz im Ausland hat oder nicht bekannt ist. Im Falle der Leistung von Sicherheit ist das Finanzamt zu ersuchen, Nachricht zu geben, sobald der ganzen oder teilweisen Rückgabe der Sicherheit nichts mehr im Wege steht. Beim aktiven Veredelungsverkehr hat der Unternehmer dem Zollamt bei der Wiederausfuhr einen ausgefüllten Vordruck nach Muster 7 a zu übergeben, in dem er die zur Veredelung eingeführte Ware nach Menge und Beschaffenheit, den ausländischen Besteller und das für die Veredelung vereinnahmte Entgelt — beim Lohnveredelungsverkehr den Werklohn — angibt, sowie erklärt, er werde diesen Betrag in seiner nächsten Umsatzsteuererklärung zur Versteuerung anmelden. Das Zollamt übersendet den Vordruck unter Rückgabe der wegen der Luxussteuer etwa geleisteten Sicherheit an das für den Unternehmer zuständige Finanzamt.

(2) Das Finanzamt hat der Zollstelle den Eingang der Mitteilung unverzüglich unter Angabe der Nummer der Eintragung in die Liste E (vgl. § 25) zu bestätigen (vgl. Muster 8).

(3) In den Zollquittungen, abgesehen von solchen für gestundete Abgaben, oder in den Begleitscheinen II ist ein Hin-

weis aufzunehmen, daß der Gegenstand zu den nach § 17 Nr. 3 oder § 23 Abs. 1 Nr. 4 des Gesetzes luxussteuerpflichtigen Sachen gehört, und daß das Finanzamt zwecks Durchführung der Steuerveranlagung benachrichtigt worden ist.

(4) Die Zollstelle hat die Sicherheit unverzüglich nach Eingang der Mitteilung des Finanzamts über die Zahlung der Steuer zurückzugeben.

g) Mitwirkung der Polizei.

§ 22. Die Ortspolizeibehörde soll tunlichst alle diejenigen von Gasthöfen, Pensionen usw. als Neuankömmlinge gemeldeten Personen, von denen sie weiß oder vermutet, daß es sich um ausländische Kaufleute handelt, die sich zum Abschluß von Geschäften im Ort aufhalten, möglichst bald dem Finanzamte mitteilen.

h) Besondere Tätigkeit der Finanzämter.

1. Erinnerungspflicht.

§ 23. (1) Gibt der Steuerpflichtige die Erklärung gemäß § 19 Abs. 3 nicht innerhalb eines Monats nach der zollamtlichen Abfertigung ab, so ist er an die Verpflichtung hierzu und an die Einzahlung der Steuer an das Finanzamt zu erinnern.

(2) Im Falle des § 21 Abs. 1 und des § 22 hat das Finanzamt dem Steuerpflichtigen binnen 24 Stunden nach Kenntnis eine Mitteilung nach Anleitung des Musters 9 zugehen zu lassen, daß es ihm freisteht, binnen fünf Tagen seit Überschreiten der Grenze eine Steuererklärung abzugeben, wodurch er den Vorteil habe, binnen weiteren drei Tagen den Steuerbescheid zu erhalten und unverzüglich darauf die Sicherheit zurückzuerhalten, soweit sie durch die Zahlung freigeworden ist oder den im Steuerbescheid geforderten Steuerbetrag etwa überschreitet.

(3) Die Finanzämter der Orte mit lebhaftem Reiseverkehr sollen zur Erledigung der Aufgaben im Abs. 2 einen besonderen Schnelldienst einrichten.

2. Übernahme zum gemeinen Werte.

§ 24. Gibt der Erwerber oder der sonstige Steuerpflichtige in den Fällen des § 17 Nr. 3, § 23 Abs. 1 Nr. 4 des Gesetzes keine ausreichende Erklärung über die Höhe des Entgelts ab, oder ergibt sich bei nachträglicher Prüfung, daß die Angaben nicht glaubhaft sind und das Entgelt zu niedrig angegeben ist, so kann der Gegenstand zu dem vom Erwerber angegebenen Wert oder, wenn der Erwerber die Angabe verweigert, zum gemeinen Wert übernommen werden. Die Schätzung des gemeinen Werts erfolgt nach § 210 AO. Zuständig für die Übernahme ist das Landesfinanzamt. Gegen seinen Bescheid ist die Beschwerde bei dem Reichsminister der Finanzen gegeben.

§ 25. (Ist gestrichen.)

2. Edelmetalle (§ 2 Nr. 3 des Gesetzes).

Edelmetalle, Edelmetallegierungen.

§ 26. (1) Die Befreiungsvorschrift des § 2 Nr. 3 des Gesetzes betrifft Edelmetalle und Edelmetallegierungen, sofern sie weder als Fertigfabrikate noch als solche Halbfabrikate anzusehen sind, die ohne weitere wesentliche Veränderung ihrer Zusammensetzung oder Form dem Fertigfabrikat oder einem anderen Halbfabrikat eingefügt werden können.

(2) Steuerfrei sind danach außerhalb des Kleinhandels bei Vorlegung der Weiterveräußerungsbescheinigung (§ 22 des Gesetzes):

a) Umsätze von Reichsgold- und Reichssilbermünzen. Jedoch unterliegen Münzen dieser Art, die innerhalb eines gewerblichen Betriebes außerhalb des Kleinhandels ihres

Sammelwertes wegen oder als Antiquitäten umgesetzt werden, der allgemeinen Umsatzsteuer;

b) **Umsätze** von Edelmetallerzen, Produkten der Edelmetallverhüttung, **Edelmetall und Edelmetallegierungen** in Zainen, Körnern, Barren, Blättchen sowie Blechen, Drähten, Röhren und Scharnieren, ohne Rücksicht darauf, ob sie fassoniert oder gemustert oder nicht fassoniert oder ungemustert sind;

c) **Umsätze** von Abfallmetall (Rückständen, Gekrätz, Schliffen, Kehrgold u. ä.), von Blattgold, Blattsilber sowie den zur Platinierung, Vergoldung und Versilberung erforderlichen Massen; hierunter sind nicht nur feste Massen oder solche in Pulverform, sondern auch flüssige zu verstehen; ferner Umsätze von Bruchmetall, zerbrochenen, zerschnittenen oder sonst unbrauchbar gemachten Edelmetallwaren;

d) **Umsätze von chemischen Verbindungen** von Edelmetallen und Edelmetallegierungen, wie Platin-, Gold- und Silbersalzen, insbesondere auch von Silbernitrat, proteinsaurem Silber, Eiweißsilber, Platin-, Gold- und Silberchlorid, Silberoxyd und deren Doppelsalze.

Der Vorlage einer Weiterveräußerungsbescheinigung (§ 22 des Gesetzes) bedarf es in den Fällen a und b nicht, wenn als Erwerber von Gegenständen zu a und b in gemünztem oder ungemünztem Zustand ein Bank- oder Kreditunternehmen der im § 106 Abs. 2 genannten Art auftritt. § 11 B II findet auf den Begriff des Kleinhandels entsprechende Anwendung.

(3) Wegen der Umsatzsteuerpflicht oder der Luxussteuerpflicht von Halberzeugnissen und Fertigfabrikaten aus Edelmetallen vgl. § 34 A I und B I.

(4) **Wegen der Befreiung der Lieferung von Edelmetallen, Edelmetallegierungen** und Amalgamen an **Zahnärzte und Zahntechniker** vgl. § 34 B III.

(5) Edelmetalle sind Platin, Platinmetalle, Gold und Silber (vgl. auch § 34 A I).

3. Leistungen der Sozialversicherung und der Reichsversorgung (§ 2 Nr. 9 des Gesetzes).

§ 27. Umsatzsteuerfrei sind:

1. die Lieferungen und sonstigen Leistungen der Krankenkassen (§ 225 der Reichsversicherungsordnung vom 19. Juli 1911), der knappschaftlichen Krankenkassen (§ 495) und der Ersatzkassen (§ 503) sowie der Berufsgenossenschaften und der sonstigen Träger der Gewerbe-, landwirtschaftlichen und See-Unfallversicherung (§§ 623, 956, 1118), weiter der Versicherungsanstalten für die Alters- und Invaliditätsversicherung (§§ 1326, 1360 a. a. O.), der Reichsversicherungsanstalt für Angestellte (§ 96 des Gesetzes vom 20. Dezember 1911), ferner der Ämter der Reichsversorgung der Militärpersonen und ihrer Hinterbliebenen nach dem Gesetz vom 12. Mai 1920 (RGBl. S. 989), soweit die Lieferungen und sonstigen Leistungen an die Versicherten oder Versorgungsberechtigten erfolgen;
2. die Lieferungen und sonstigen Leistungen, die von den in Nr. 1 genannten Versicherungsträgern auf Grund des fünften Buches der Reichsversicherungsordnung untereinander oder anderen Verpflichteten gegenüber ausgeführt werden;
3. (1) Hilfeleistungen, soweit die Entgelte für sie von reichsgesetzlichen Krankenkassen (§ 225 der Reichsversicherungsordnung), knappschaftlichen Krankenkassen, Krankenkassen der selbständigen Handwerker und Gewerbetreibenden oder Ersatzkassen (§§ 503 ff. der Reichsversicherungsordnung) zu zahlen sind, und zwar:

   a) ärztliche Hilfeleistungen,

b) ähnliche Hilfeleistungen im Sinne der §§ 122, 123 der Reichsversicherungsordnung,

c) Lieferungen von Arzneimitteln durch Apothekenbesitzer oder -Verwalter oder, soweit es sich um die dem freien Verkehr überlassenen Arzneimittel handelt, durch andere Personen, die solche feilhalten (§ 375 der Reichsversicherungsordnung),

d) Lieferungen von Heilmitteln, die zur Krankenpflege dienen, z. B. von Prothesen, Bruchbandagen, Verbandstoffen und dergl.

(2) Die Umsatzsteuerbefreiung gilt sowohl dann, wenn die Tätigkeit der Krankenkassen auf Grund eigener Verpflichtung gegenüber den Versicherten erfolgt, als auch dann, wenn sie auf Ersuchen eines anderen Versicherungsträgers geleistet wird.

4. Beherbergung, Beköstigung und Naturalentlohnung von Arbeitnehmern (§ 2 Nr. 10 des Gesetzes).

§ 27 a. (1) Umsatzsteuerfrei sind die als Vergütung für geleistete Dienste gewährten Sachleistungen, soweit sie in Beherbergung, Beköstigung und den üblichen Naturalleistungen bestehen. Die Empfänger der Sachleistungen müssen innerhalb der gewerblichen Tätigkeit des Leistenden beschäftigte Angestellte oder Arbeiter sein.

(2) Sachleistungen an Familienangehörige sind grundsätzlich als Eigenverbrauch (§ 1 Nr. 2 des Gesetzes) steuerpflichtig. Befreit sind nur Leistungen an Familienangehörige, sofern diese das 16. Lebensjahr überschritten haben, in der gewerblichen Tätigkeit des Unternehmers voll beschäftigt und der Versicherungspflicht unterstellt sind. Unter Familienangehörigen sind die Ehefrau, die Abkömmlinge und die Eltern des Unternehmers zu verstehen. Die Frage, ob die im Betriebe tätigen,

über 16 Jahre alten Familienangehörigen als vollbeschäftigte Arbeiter oder Angestellte zu gelten haben, ist von Fall zu Fall zu prüfen. Bei der Prüfung ist ein strenger Maßstab anzulegen; es genügt weder gelegentliche Mitarbeit noch ständige Mitarbeit, die nicht die volle Arbeitskraft des Familienangehörigen in Anspruch nimmt. So sind nicht vollbeschäftigt im Sinne dieser Bestimmung die Frau oder die Tochter, die zugleich das Hauswesen besorgen, die Tochter oder der Sohn, die sich zugleich auf ein Examen vorbereiten oder ein Handwerk betreiben. Bei der Prüfung werden die Betriebe Anhaltspunkte geben, die ausschließlich mit fremden Arbeitskräften arbeiten. Es geht nicht an, bei Betrieben gleicher Größe und gleicher Art, je nachdem sie mit eigenen Familienangehörigen oder fremden Hilfskräften arbeiten, eine verschiedene Zahl von vollbeschäftigten Arbeitnehmern anzunehmen.

5. Beherbergung, Beköstigung und Naturalleistungen zu Zwecken der Erziehung und Ausbildung (§ 2 Nr. 10 a des Gesetzes).

§ 27 b. Nach § 2 Nr. 10 a des Gesetzes ist steuerfrei die Gewährung von Beherbergung, Beköstigung und der üblichen Naturalleistungen durch Personen und Anstalten, soweit sie Personen unter 18 Jahren für Erziehungs- und Ausbildungszwecke außerhalb des Wohnsitzes der Eltern bei sich aufnehmen. Zweck der Vorschrift ist, Personen zu entlasten, die gezwungen sind, ihre Kinder oder Kinder, deren Erziehung ihnen obliegt, in Schulen aller Art (Gymnasien, Realschulen, Fortbildungs- oder Fachschulen, mit Internaten verbundene Haushaltungsschulen und dergl.) oder in gewerblichen Unternehmen außerhalb ihres Wohnsitzes für den künftigen Beruf ausbilden zu lassen. Die Steuerbefreiung erstreckt sich auf die Entgelte für Beherbergung, Beköstigung und die üblichen Naturalleistungen, soweit es sich um Personen unter 18 Jahren handelt, die außerhalb des Wohnsitzes ihrer Eltern oder Erziehungsberechtigten zu Erziehungs- oder Ausbildungszwecken gleichgültig, welcher Art, nicht nur vorübergehende Aufnahme bei diesen Erziehungs- oder Ausbildungsanstalten finden. Als solche kommen natürliche und juristische Personen, auch bloße Personenvereinigungen in Betracht, wie Pensionate, Erziehungsheime, Lehrlingsheime, Genossenschaftshäuser und dergl. Die Befreiung entfällt, sofern die Lebenshaltung der Zöglinge in dem Unternehmen über die in einem einfachen bürgerlichen Haushalt übliche hinausgeht.

6. Befreiung bestimmter Umsätze von Eingetragenen Genossenschaften (§ 2 Nr. 11 des Gesetzes).

§ 27 c. (1) Als Rückvergütungen im Sinne des § 2 Nr. 11 des Gesetzes gelten die Beträge, die auf Grund von Beschlüssen der Generalversammlung als Rückvergütungen (Warenrabatte) und nicht etwa als Kapitaldividende für das abgelaufene Geschäftsjahr gewährt werden.

(2) § 2 Nr. 11 des Gesetzes ist auch auf Molkereigenossenschaften anzuwenden, die zufolge zwangswirtschaftlicher Vorschriften ihren Geschäftsbetrieb auf Nichtmitglieder ausdehnen. Hierbei sind Zwangskunden und Zwangslieferer der Molkereigenossenschaften wie Genossen im Sinne des § 2 Nr. 11 des Gesetzes zu behandeln.

7. Zwischenhandel (§ 7 des Gesetzes).

§ 27 d. Die sogenannten Wein- und Hopfenkommissionäre in den Wein- und Hopfengebieten sind befugt, der Berechnung der Umsatzsteuer lediglich die Vermittlungsgebühren zugrunde zu legen, sofern sie auch bei eigentlichen Kommissionsgeschäften für den gleichen Steuerabschnitt von dem Vorrecht des § 7 des Gesetzes keinen Gebrauch machen.

8. Sonstige Befreiungen sachlicher Art.

§ 27 e. Von der allgemeinen Umsatzsteuer sind ausgenommen:

1. die Charterverträge und die Vermietung von Seeschiffen für den Seeverkehr,
2. die entgeltliche Hingabe von Sprengstoffen durch Bergwerksunternehmen an ihre Arbeiter zum Gebrauch innerhalb ihres Betriebs.

§ 27 f. Von der Luxussteuer nach § 23 Abs. 1 Nr. 3 des Gesetzes sind Lieferungen befreit, die sich aus Anlaß der vermögensrechtlichen Auseinandersetzung zwischen den Ländern und den landesfürstlichen Häusern infolge der Staatsumwälzung vollziehen oder bereits vollzogen haben.

III. Steuermaßstab.

1. Verbot der offenen Abwälzung.

§ 28. § 12 des Gesetzes verbietet die offene Abwälzung der Umsatzsteuer. Will der Steuerpflichtige die Steuer auf den Abnehmer abwälzen, so muß er sie in das Entgelt für seine Lieferung oder sonstige Leistung einrechnen. Da die Umsatzsteuer von dem gesamten Entgelt zu berechnen ist, von dem Entgelt also die eingerechnete Steuer nicht abgesetzt werden darf, so kann die Einrechnung der Steuer in das Entgelt, wenn sie restlos erfolgen soll, nicht lediglich durch Zuschläge zu den Grundpreisen in Höhe der Steuersätze (1,5, 2, 5, 10, 15 v. H.) erfolgen, es bedarf vielmehr eines Zuschlags, der sich auf Grund der Formel: Grundpreis mal 100 geteilt durch 100 weniger p berechnet; dabei bedeutet p den Hundertsatz der Steuer.[1])

---

[1]) Die Zuschläge ergeben sich auch aus der Formel: 100 mal p geteilt durch 100 weniger p.

Der zur Abwälzung erforderliche Preisaufschlag beträgt nach dieser Formel für die Steuersätze von

1,5 v. H.	1,523 v. H.
2 v. H.	2,041 v. H.
5 v. H.	5,263 v. H.
10 v. H.	11,1 v. H.
15 v. H.	17,647 v. H.

2. Ausnahmen vom Verbot der offenen Abwälzung.

§ 29. (1) Die Steuer neben dem Entgelt getrennt in Rechnung zu setzen, ist nur zulässig:

1. im Falle der Übergangsvorschrift des § 46 Abs. 5 des Gesetzes,
2. wenn der Steuerpflichtige eine Privatperson ist (§ 23 Abs. 1 Nr. 3, § 25 Abs. 2 und § 26 Abs. 5 des Gesetzes),
3. wenn als Entgelt für eine Leistung gesetzlich bemessene Gebühren anzusetzen sind (§ 12 Abs. 1 Satz 1 des Gesetzes). In Betracht kommen die Gebühren für Rechtsanwälte, Notare und Patentanwälte, die Taxen für approbierte Ärzte und Zahnärzte sowie für Apotheken, soweit diese Arzneien nach der deutschen Arzneitaxe abgeben, die Gebühren für Bezirkshebammen, für Bezirksschornsteinfeger und dergl., soweit diese Steuerpflichtigen die in den Gesetzen vorgesehenen Sätze anwenden. Höchstpreise sind nicht als gesetzlich bemessene Gebühren anzusehen. Ebenso berechtigen Markenpreise, d. h. Preise, die für bestimmte Gegenstände durch Vereinbarung zwischen Hersteller oder Großhändler und Kleinhändler festgesetzt sind, den Kleinhändler nicht, die Umsatzsteuer getrennt in Rechnung zu stellen.

(2) In den Fällen des Abs. 1 ist die Umsatzsteuer kein Teil des steuerpflichtigen Entgelts und wird daher in das steuerpflichtige Entgelt nicht eingerechnet (§ 28).

(3) Unzulässig ist es, auf Rechnungen Bemerkungen zu machen, wie: Die Umsatzsteuer in Höhe von .... v. H. ist eingerechnet.

3. Durchlaufende Posten.

§ 80. (1) Wegen der Abzüge, die Rechtsanwälte, Notare und Patentanwälte für durchlaufende Posten machen können, vgl. § 107 Abs. 2 und § 112 Nr. 1.

(2) Spediteure können Zollauslagen, die sie für ihre Auftraggeber machen, von dem Entgelt absetzen.

4. Umrechnung ausländischer Werte.

§ 81. (1) Ausländische Werte (§ 8 Abs. 9 des Gesetzes) sind auf Goldmark nach dem Kurse umzurechnen, den der Reichsminister der Finanzen für den Monat, in dem die Vereinnahmung oder, bei Versteuerung nach § 9 des Gesetzes, die Leistung erfolgt, festsetzt. Ergibt bei der Versteuerung nach § 9 des Gesetzes die Umrechnung nach dem Goldmarkkurse des Monats der Vereinnahmung einen anderen Betrag als die Umrechnung nach dem Goldmarkkurse des Monats der Leistung, so kann der Steuerpflichtige nach § 34 des Gesetzes den Unterschied absetzen, sofern das vereinnahmte Entgelt geringer ist. Ist das vereinnahmte Entgelt höher, so muß er den Mehrbetrag in die Voranmeldung oder in die Steuererklärung für den Steuerabschnitt, in dem die Vereinnahmung erfolgt ist, aufnehmen.

(2) Ist in den Fällen des § 17 Nr. 3 und § 23 Abs. 1 Nr. 4 des Gesetzes das von dem Steuerpflichtigen verausgabte Entgelt für die Steuerpflicht maßgebend, so entscheidet der Zeitpunkt der Entrichtung des Entgelts.

B. Luxussteuer beim Hersteller und im Kleinhandel.

§ 32. Die in den §§ 34 bis 79 e gegebenen Bestimmungen ergehen auf Grund von § 16 und § 21 Abs. 2 des Gesetzes. Soweit in den §§ 34 bis 79 e gegenüber den Vorschriften des Gesetzes Erweiterungen, Einschränkungen oder Befreiungen von der Luxussteuerpflicht enthalten sowie Verschiebungen zwischen der Hersteller- und der Kleinhandelsluxussteuer vorgenommen sind, erfolgen die Bestimmungen auf Grund von § 16 Abs. 1, § 21 Abs. 2 des Gesetzes oder § 108 Abs. 2 AO.; soweit in ihnen nähere Bestimmungen über den Begriff des Herstellers und über die Zulässigkeit oder den Ausschluß von Vergütungen getroffen sind, stützen sie sich auf § 18 Abs. 3 und § 19 des Gesetzes.

§ 33.[1]) Soweit die Bestimmungen der §§ 34 bis 79 die Luxusgegenstände abgrenzen, ohne daß gegenüber dem Gesetz eine Erweiterung stattfindet, der Steuerpflichtige aber auch bei Anwendung der erforderlichen Sorgfalt bisher von der Ansicht der Luxussteuerfreiheit der Gegenstände ausgehen konnte, kann dem Steuerpflichtigen die Luxussteuer erlassen werden, wenn er nachweist, daß er die von ihm in der Zeit vom 1. Januar 1920 bis zum 1. Juli 1920 vereinnahmten Entgelte ohne Rücksicht auf die Luxussteuer bemessen hat. Für den Erlaß ist das Landesfinanzamt zuständig; der Reichsminister der Finanzen kann nähere Bestimmungen erlassen.

§ 34. A I. Edelmetalle im Sinne von § 15 I Nr. 1 sowie § 21 Abs. 1 Nr. 1 des Gesetzes und der nachstehenden Bestimmungen sind Platin, Platinmetall, Gold und Silber; zu letzterem gehört auch Tulametall (zu vgl. § 26 Abs. 5). Unter

---

[1]) Die Bestimmung hat keine Geltung mehr für die nachstehenden Ausführungsbestimmungen, sie bezieht sich nur auf die Ausführungsbestimmungen in der Fassung vom 12. Juni 1920.

Edelmetallen sind bei Platin, Platinmetall und Gold auch alle Legierungen zu verstehen. Silberlegierungen gelten nur bei mehr als $^{500}/_{1000}$ Silbergehalt als Edelmetallegierungen mit nicht mehr als $^{500}/_{1000}$ Silbergehalt sind als unedle Stoffe anzusehen (zu vgl. unter C). Edelmetalle als solche sind im Kleinhandel luxussteuerpflichtig (zu vgl. auch unten unter B III sowie §§ 26 und 79).

II. Gegenstände aus oder in Verbindung mit Edelmetallen unterliegen dann der Herstellersteuer nach § 15 I Nr. 1 des Gesetzes, wenn sie nicht zu den Gegenständen des Juweliergewerbes oder der Gold- und Silberschmiedekunst gehören (zu vgl. unter B). Unter die Herstellersteuer fallen Uhren aller Art aus oder in Verbindung mit Edelmetallen, wie z. B. Taschenuhren, Armbanduhren (sog. Kalotten), Uhrenarmbänder (mit Bändern oder Ketten aller Art versehene Kalotten), Stand-, Tisch-, Wand- und Weckeruhren. Sind hingegen Uhren mit Edelsteinen, Perlen, Halbedelsteinen verziert, so gilt die Bestimmung unter B I Nr. 2. Ferner sind Griffe sowie Beschlagteile aller Art zu Spazierstöcken, Schirmen oder Peitschen aus Edelmetall beim Hersteller luxussteuerpflichtig, und zwar auch dann, wenn sie mit Edelsteinen, Perlen oder Halbedelsteinen verziert sind.

III. Luxussteuerfrei sind:

1. Brillen, Klemmer, Brillen- und Klemmergestelle aus oder in Verbindung mit Edelmetallen (wegen der Stielbrillen zu vgl. § 39 II Nr. 1 e),
2. silberne Taschenuhren aller Art,
3. Füllfederhalter mit goldenen Federn und Ersatzfedern dazu,
4. Gespinstwaren aus echten Edelmetallfäden,
5. Gegenstände aus oder in Verbindung mit Edelmetallen, die ausschließlich technischen Zwecken dienen oder zur Unter-

suchung, Behandlung, Linderung, Heilung oder zum Ausgleich körperlicher Gebrechen bestimmt sind, wie z. B. Diamantwerkzeuge (Diamantbohrer, Diamantsägen, Glaserdiamanten und dergl.), Operationsgeräte, Platinbrennstifte, Platintiegel, zahnärztliche und zahntechnische Gebrauchsgegenstände, Zahnprothesen.

IV. Der Lieferer von luxussteuerpflichtigen Armbanduhren (Kalotten) kann diese an Großhändler von Kalotten oder an Hersteller von Uhren luxussteuerfrei, also nur mit der allgemeinen Umsatzsteuer belastet, liefern, wenn ihm der Abnehmer eine Bescheinigung vorlegt, nach der er zum luxussteuerfreien Bezuge dieser Gegenstände berechtigt ist. Ferner kann bei Vorlegung einer solchen Bescheinigung der Lieferer von luxussteuerpflichtigen Uhrgehäusen diese an Hersteller von Uhren luxussteuerfrei liefern. Diese Bescheinigung wird vom Finanzamt nur ausgestellt, wenn der Antrag von einem Fachverbande befürwortet wird, der sich gegenüber dem Reichsminister der Finanzen zur Mitwirkung bereit erklärt. Die Mitwirkung des Fachverbandes erfolgt unter der Voraussetzung, daß er sich verpflichtet, nur solche Anträge zu befürworten, bei denen nach Art der Unternehmen ein Mißbrauch ausgeschlossen ist, er seine Mitglieder überwacht, Verstöße gegen die getroffene Regelung untsr Vertragsstrafe stellt und Zuwiderhandlungen dem Finanzamt anzeigt. Ferner hat der Verband seine Mitglieder zu verpflichten, Lieferungen von Kalotten oder Uhrgehäusen an Privatpersonen oder an solche Unternehmer, die keine Bezugsbescheinigung vorlegen, zur Luxussteuer anzumelden. Auf die Bezugsbescheinigung finden die für die Wiederveräußerungsbescheinigung gemäß § 22 des Gesetzes gegebenen Bestimmungen (§ 201) entsprechende Anwendung. Die Bezugsbescheinigung ist auch bei der Beschaffung von Kalotten oder Uhrgehäusen aus dem Auslande wirksam; hier hat gemäß § 23 Abs. 2 des Gesetzes der Einführende die Bezugsbescheinigung zur Erlangung der Luxussteuerbefreiung dem Finanzamt vorzulegen.

B. I. Der Kleinhandelsluxussteuer nach § 21 Abs. 1 Nr. 1 des Gesetzes unterliegen:

1. Gegenstände aus oder in Verbindung mit Edelmetallen, soweit sie zu den Gegenständen des Juweliergewerbes oder der Gold- und Silberschmiedekunst gehören. Hierzu rechnen alle Gegenstände, die von den Juwelieren hergestellt zu werden pflegen, auch dann, wenn die Herstellung tatsächlich in einer Fabrik erfolgt ist. Hierunter fallen z. B. Bestecke, Beleuchtungskörper (zu vgl. § 66 II Nr. 1 a), Ehrenzeichen, Feuerzeuge, Fingerhüte, Geschirre, Medaillen, Orden, Ordensketten, Plaketten, Portemonnaies, Schalen, Schneidwaren, Vasen. Auch Münzen (Denkmünzen, Münzen seltener Art), die nicht nach ihrem aufgeprägten Werte abgesetzt werden, unterliegen der Kleinhandelsluxussteuer (zu vgl. auch § 26 Abs. 2 unter a). Ist der Gegenstand bereits nach § 15 des Gesetzes luxussteuerpflichtig gewesen und wird er in einen nach § 21 Abs. 1 Nr. 1 des Gesetzes luxussteuerpflichtigen Gegenstand eingefügt oder mit ihm verbunden, so tritt die Luxussteuerpflicht nach § 21 Abs. 1 Nr. 1 nochmals ein; ein Vergütungsanspruch nach § 19 des Gesetzes (§ 198) besteht hier nicht.
2. Edelsteine, Perlen, Halbedelsteine (§ 15 I Nr. 3 des Gesetzes) sowie Gegenstände aus oder in Verbindung mit Edelsteinen, Perlen, Halbedelsteinen. Synthetische Steine stehen den echten Steinen gleich. Auch Doubletten und rekonstruierte Steine gehören hierher.
   a) Als Edelsteine gelten z. B.: Diamant, Korund (Saphir, Rubin und andere Abarten), Chrysoberyll (Alexandrit, Chrysoberyllkatzenauge), Spinell, echter Topas (Aquamarin-Topas), Beryll (Smaragd, Aquamarin, Aqua-

marin-Chrysolith, Goldberyll), Zirkon (Hyazinth), Opal, Turmalin, Chrysolith (Peridot, Olivin), Dichroit, Cyanit, Sapparé, Dioptas, Diopsid, Vesuvian, Türkis.

b) Als Halbedelsteine gelten z. B.: Quarz (Amethyst, Bergkristall, Rauchtopas, Zitrin, Rosenquarz, Katzenauge), Jaspis, Chalzedon (Karneol, Plasma, Chrysopras, Achat), Feldspate (Adular, Mondstein, Amazonenstein, Labradorit), Lasurstein (Lapislazuli), Nephrit, Jadeit, Onix, Spodumen (Kunzit, Hiddenit, Lithiumsmaragd), Hämatit, Lepidolith, Obsidian, Lava, Flußspat, Malachit, Atlasspat, Aragonit, Rumesit, Granat (Pyrop), Almandin.

c) Zu den Perlen gehören auch die Japanperlen.

II. Luxussteuerfrei sind Lieferungen von

1. technischen Diamanten, d. h. zu technischen Zwecken bestimmte Rohdiamanten, in gefaßtem oder ungefaßtem Zustande, vorausgesetzt, daß der Unternehmer andere als technische Diamanten, also zur Herstellung von Schmuckgegenständen oder zur Verwendung als Schmuckdiamanten geeignete Diamanten, nicht umsetzt und kaufmännische Bücher führt,

2. Rubinen, Saphiren, Achaten und Granaten, sofern sie ihrer Beschaffenheit nach die Verwendung für Schmucksachen ausschließen (z. B. Steine für Uhren und Laufwerke).

III. Der Lieferer von Edelmetallen, Edelmetallegierungen und Amalgamen ist befugt, diese an Zahnärzte, Studierende der Zahnheilkunde und Zahntechniker zum Gebrauche bei ihrer Tätigkeit luxussteuerfrei, also nur mit der allgemeinen Umsatzsteuer belastet, zu liefern, wenn ihm der Abnehmer eine Bescheinigung vorlegt, nach der er zum luxussteuerfreien Bezuge dieser Gegenstände berechtigt ist. Diese Bescheinigung wird vom Finanzamt nur ausgestellt, wenn der Antrag von einem Fachverbande befürwortet wird, der sich gegenüber dem Reichsminister der Finanzen zur Mitwirkung bereit erklärt. Die Mitwirkung des Fachverbandes erfolgt unter der Voraussetzung, daß er sich verpflichtet, nur solche Anträge zu befürworten, bei denen ein Mißbrauch ausgeschlossen ist, er seine Mitglieder überwacht, Verstöße gegen die getroffene Regelung unter Vertragsstrafe stellt und Zuwiderhandlungen dem Finanzamt anzeigt. Auf die Bezugsbescheinigung finden die für die Wiederveräußerungsbescheinigung gemäß § 22 des Gesetzes gegebenen Bestimmungen (§ 201) entsprechende Anwendung.

C. I. Gegenstände aller Art aus unedlen Stoffen, die mit Platin, Gold oder Silber auf mechanischem Wege belegt (plattiert oder doubliert) oder auf galvanischem Wege platiniert, vergoldet oder versilbert sind (§ 15 I Nr. 2 des Gesetzes), auch wenn sie mit Schmelzglas (Emaille) in Verbindung stehen (§ 15 I Nr. 10 des Gesetzes), unterliegen nur dann der Luxussteuer, wenn der Feingehalt an Platin, Gold oder Silber mehr als $^{25}/_{1000}$ beträgt.

II. Galvanisch versilberte G e r ä t e aller Art unterliegen jedoch nur dann der Luxussteuer, wenn der Feingehalt an Silber mehr als $^{80}/_{1000}$ beträgt.

III. Bestecke aller Art aus unedlen Stoffen, die mit Silber belegt oder galvanisch versilbert sind, sind ohne Rücksicht auf den Feingehalt an Silber luxussteuerfrei.

IV. Taschenuhren aus den unter I genannten Stoffen sind ohne Rücksicht auf den Feingehalt an Edelmetall luxssteuerfrei.

V. Die in § 36 I und II, § 46 und § 66 II Nr. 1 b genannten Gegenstände sind ohne Rücksicht auf den Feingehalt an Edelmetall stets luxussteuerpflichtig.

VI. Für Stielbrillen gelten die besonderen Bestimmungen des § 39 II Nr. 1 e.

D. Nachahmungen von Edelsteinen, Halbedelsteinen oder Perlen sowie Gegenstände aus oder in Verbindung mit diesen (§ 15 I Nr. 4) sind luxussteuerfrei, wenn nicht die Luxussteuerpflicht auf Grund anderer Bestimmungen begründet ist (z. B. auf Grund der Bestimmungen unter C). Werden Edelsteine oder Halbedelsteine dadurch nachgeahmt, daß andere Edelsteine oder Halbedelsteine verwendet werden, z. B. Diamanten aus Bergkristall hergestellt, so tritt die Luxussteuerpflicht nach § 21 Abs. 1 Nr. 1 des Gesetzes ein.

E. Reparaturen an Gegenständen aus oder in Verbindung mit Edelmetallen, Edelsteinen, Perlen, Halbedelsteinen oder aus den in C I genannten Stoffen sind luxussteuerfrei. Verwendet hierbei der Unternehmer von ihm selbst beschaffte Edelmetalle, Edelsteine, Perlen oder Halbedelsteine, so ist die Reparatur luxussteuerpflichtig. Die Verwendung von durch den Unternehmer selbst beschafften Edelsteinen und Halbedelsteinen der unter **B II** Nr. 2 genannten Art macht die Reparatur hingegen nicht luxussteuerpflichtig. Lötungen, galvanische Vergoldungen und Versilberungen sind stets luxussteuerfrei.

§ 35. I. Von den in § 15 I Nr. 5 des Gesetzes genannten Gegenständen unterliegen nur solche der Luxussteuer, die hergestellt sind aus

1. Bernstein,
2. Korallen,
3. Elfenbein,
4. Meerschaum,
5. Schildpatt oder Schildkrot.

II. Gegenstände in Verbindung mit diesen Stoffen sind wegen dieser Verbindung nicht luxussteuerpflichtig (zu vgl. aber § 39 II Nr. 1 e). Gegenstände aus Preßbernstein (Ambroid), Preßmeerschaum (Massa) oder Nachahmungen der unter I genannten Stoffe sind luxussteuerfrei.

§ 36. I. 1. Nach § 15 I Nr. 6 des Gesetzes sind nur die nachstehend genannten Gegenstände aus Kupfer, Zinn, Nickel oder deren Legierungen luxussteuerpflichtig:

Abräumkörbe,
Anzündlampen,
Blumenampeln,
Blumengitter,
Blumenhalter,
Blumenkrippen,
Blumenschalen,
Blumenschalengarnituren,
Blumenständer (Palmenständer),
Blumentische,
Blumentöpfe,
Bowlen,
Bowlenheber,
Briefbeschwerer,
Brieflöscher,
Briefmarkenkasten,
Brieföffner,
Falzbeine,
Federschalen,
Flaschen- (Burgunder-) Gestelle,
Fruchtkühler,
Gongs,
Heizkörpervorhänge,
Humpen,
Kaminschirme,
Kartenhalter,
Kassetten,
Likörbecher,
Likörgestelle,
Palmenkübel,
Parfümflakons,
Parfümgestelle,
Petschafte,
Pokale,
Rauchverzehrlampen,
Rauchständer,
Rauchtische,
Schmuckkästen,
Schmuckschalen,
Schreibzeuge,
Sektkühler,
Sektkühlerständer,
Tafelaufsätze,
Teetische,
Vasen aller Art,
Verdampfschalen,
Visitenkartenschalen,
Visitenkartenschalenständer,
Vogelkäfige, Papageikäfige,
Wandbrunnen (Zierbrunnen),
Wandteller mit Ausnahme von Zinntellern,
Waschtischgarnituren, d. h. Waschbecken und Waschkrüge,
Weinkühler,
Weinkühlerständer,

Ziertische,
Zigarettenkasten,
Zigarrenkasten,
Zigarrenlampen,
Zimmersäulen.

2. Als Legierungen von Kupfer, Zinn, Nickel kommen namentlich folgende in Frage:

Bronze aller Art,
Messing,
Tombak,
Alfenide,
Alpacca,
Argentan,
Neusilber,
Nickelin,
Packfong,
Weißkupfer,
Manganin,
Phosphor- und Siliziumkupfer,
Britanniametall,
Chinasilber.

Die Luxussteuerpflicht ist auch dann gegeben, wenn die Gegenstände mit Kupfer, Zinn, Nickel oder deren Legierungen belegt (plattiert), d. h. auf mechanischem Wege mit dünnen Platten verbunden sind. Die Stärke der Platten und die Art und Weise, in der die Platten auf dem Grundmetall angebracht sind (z. B. durch Aufschweißen, Anlöten, Auflegen, Einhämmern), ist für die Luxussteuerpflicht ohne Belang. Dagegen sind nicht luxussteuerpflichtig solche Gegenstände, die lediglich verkupfert, verzinnt oder vernickelt, d. h. auf chemischem (elektrolytischem) Wege mit einem Überzug aus den genannten Metallen oder ihren Legierungen versehen sind.

3. Sind die unter Nr. 1 aufgeführten Gegenstände aus den unter Nr. 2 genannten Metallen und Metallegierungen und anderen Stoffen zusammengesetzt, so sind sie nach § 6 Abs. 1 des Gesetzes dann luxussteuerpflichtig, wenn die nach Nr. 2 luxussteuerpflichtigen Metalle oder Metallegierungen oder die mit diesen belegten Teile den wertvolleren Bestandteil bilden.

II. Die unter I Nr. 1 genannten Gegenstände sind ohne Rücksicht auf den zu ihrer Herstellung verwendeten Stoff stets auch dann luxussteuerpflichtig, wenn sie mit Platin, Gold oder Silber belegt (plattiert oder doubliert) oder platiniert, vergoldet oder versilbert sind, und zwar ohne Rücksicht auf den Feingehalt an Edelmetall (zu vgl. § 34 C V).

III. Reparaturen an den unter I genannten Gegenständen sind luxussteuerfrei. Die Bestimmung in § 34 E Satz 2 und Satz 4 findet entsprechende Anwendung.

§ 37. Die in § 15 I Nr. 7 des Gesetzes genannten Gegenstände aus nicht schmiedbarem Kunstguß, aus anderem nichtschmiedbarem feinen Guß sowie Kunstschmiedearbeiten sind luxussteuerfrei, wenn nicht die Luxussteuerpflicht auf Grund anderer Bestimmungen begründet ist (z. B. auf Grund von § 66 II Nr. 2, § 79 a C I Nr. 2 c, § 79 b II Nr. 2 b).

§ 38. I. Von keramischen Gegenständen (§ 15 I Nr. 8 des Gesetzes unterliegen nur die folgenden der Luxussteuer:

1. aus keramischen Stoffen aller Art:

Bilderrahmen,
Blumenampeln,
Blumenkrippen,
Blumenkübel,
Blumenständer,
Bowlen,
Kandelaber (zu vgl. auch § 66 II Nr. 3),
Konsole,
Lithophanien,
Papierkörbe,
Plaketten,
Rauchverzehrlampen,
Säulen (Ziersäulen),
Schirmständer,
Spiegelrahmen,
Tafelaufsätze,
Tische aller Art,
Toilettentischeinrichtungen sowie die dazugehörigen Teile: Flakons, Haarnadelschalen, Ringständer, Zerstäuber,
Vasen aller Art,
Wandteller,

2. aus Porzellan:

Figuren aller Art (zu vgl. § 79 a C I Nr. 1),

Gemälde (die Bestimmung in § 79 a unter A Satz 2 bleibt unberührt),

Küchen-, Tafel-, Waschgeschirre aller Art, wenn sie verziert (bemalt, gemustert) sind und der Verkaufspreis des verzierten Gegenstandes mehr als das Vierfache des Verkaufspreises des Gegenstandes in unverziertem Zustande beträgt. Bei der Lieferung von Servicen ist gemäß § 8 Abs. 5 des Gesetzes von dem Verkaufspreise des ganzen Services und nicht von dem des einzelnen Teiles auszugehen. Als Verkaufspreis gilt der Preis, den der Hersteller (einschließlich seines Unternehmergewinns) dem Abnehmer in Rechnung stellt. Bowlen, Tafelaufsätze, Vasen aus Porzellan sind nach den Bestimmungen unter Nr. 1 schlechthin luxussteuerpflichtig.

II. Wegen der Uhren mit Gehäusen aus Porzellan zu vgl. § 65 I Nr. 3 d, wegen der Beleuchtungskörper aus keramischen Stoffen zu vgl. § 66 II Nr. 2 und 3.

§ 89. Von den in § 15 I Nr. 9 des Gesetzes genannten Gegenständen aus Glas unterliegen nur Hohlgläser und Gegenstände aus oder in Verbindung mit optischen Gläsern unter den Voraussetzungen von I und II der Luxussteuer.

I. 1. Hohlgläser aller Art sind nur dann luxussteuerpflichtig, wenn sie bearbeitet sind und der Verkaufspreis des bearbeiteten Hohlglases mehr als das Vierfache des Verkaufspreises des Hohlglases in unbearbeitetem Zustande beträgt.[1]) Als Be-

---

[1]) Wenn eine Glasraffinerie Rohhohlglas frei ab Hütte gekauft hat, so ist sie nicht berechtigt, bei der Vergleichung des Verkaufspreises des Hohlglases in unbearbeitetem Zustand mit dem Verkaufspreis des bearbeiteten Hohlglases dem Verkaufspreis ab Hütte ihre allgemeinen Unkosten (Fracht, Verpackung, Anfuhr usw.)

arbeitung kommt das Schleifen, Gravieren, Mattieren, Ätzen und das Bemalen einschließlich des Vergoldens und Versilberns in Betracht. Als Verkaufspreis gilt der Preis, den der Hersteller (einschließlich seines Unternehmergewinns) dem Abnehmer in Rechnung stellt.

2. Die Luxussteuerpflicht tritt nochmals ein, wenn nach Nr. 1 luxussteuerpflichtige Hohlgläser mit Fassungen aus Stoffen aller Art versehen werden. Hohlgläser, die zwar an sich luxussteuerfrei sind, weil sie Halberzeugnisse darstellen (z. B. Hohlgläser mit Matt- oder Montagerand), aber in einem nach Nr. 1 die Luxussteuerpflicht begründenden Umfange bearbeitet sind, werden luxussteuerpflichtig, sobald sie mit Fassungen aus Stoffen aller Art versehen werden. Besteht die Fassung aus oder in Verbindung mit Edelmetallen, Edelsteinen, Perlen oder Halbedelsteinen, so sind Hohlgläser stets, und zwar nach § 34 B im Kleinhandel, luxussteuerpflichtig.

3. Der Lieferer von nach Nr. 1 luxussteuerpflichtigen Hohlgläsern ist befugt, diese an solche Abnehmer luxussteuerfrei, also nur mit der allgemeinen Umsatzsteuer belastet, zu liefern, die die Hohlgläser mit Fassungen aus Stoffen aller Art versehen, wenn ihm der Abnehmer eine Bescheinigung vorlegt, nach der er zum luxussteuerfreien Bezuge dieser Gegenstände berechtigt ist. Diese Bescheinigung wird vom Finanzamt nur ausgestellt, wenn der Antrag von einem Fachverbande befürwortet wird, der sich gegenüber dem Reichsminister der Finanzen zur Mitwirkung bereit erklärt. Die Mitwirkung des Fachverbandes erfolgt unter der Voraussetzung, daß er sich verpflichtet, nur solche Anträge zu befürworten, bei denen nach Art der Unternehmen ein Mißbrauch ausgeschlossen ist, er seine

---

hinzuzurechnen. Bezieht sie das Rohhohlglas von einem Zwischenhändler, so kommt als Verkaufspreis des Hohlglases in unbearbeitetem Zustand der Preis in Betracht, zu dem die Hütte das Glas an den Zwischenhändler abgibt: RFH. 1. 5. 25, RStBl. 208

Mitglieder überwacht, Verstöße gegen die getroffene Regelung unter Vertragsstrafe stellt und Zuwiderhandlungen dem Finanzamt anzeigt. Auf die Bezugsbescheinigung finden die für die Wiederveräußerungsbescheinigung gemäß § 22 des Gesetzes gegebenen Bestimmungen (§ 201) entsprechende Anwendung. Die Bezugsbescheinigung ist auch bei der Beschaffung von Hohlgläsern aus dem Auslande wirksam: hier hat gemäß § 23 Abs. 2 des Gesetzes der Einführende die Bezugsbescheinigung zur Erlangung der Luxussteuerbefreiung dem Finanzamt vorzulegen.

II. 1. Von den Gegenständen aus oder in Verbindung mit optischem Glas sind nur die folgenden luxussteuerpflichtig:

a) Opern- und Ferngläser aller Art,

b) Handfernrohre in einer Länge von nicht mehr als vierundvierzig Zentimetern,

c) Skioptikons und Projektionsapparate mit Kondensoren in einem Durchmesser von nicht mehr als einhundert Millimetern,

d) Stereoskope, Schönseher und andere zur Betrachtung von Bildern dienende Vorrichtungen aller Art, mit Ausnahme der Stereoskope für Schielende (d. s. Stereoskope mit geteilten Bildern, die durch besondere Vorrichtungen zueinander verstellt werden können).

e) Stielbrillen (Lorgnons, Lorgnetten, Lünetten), Lupen und Lesegläser (gefaßte Brenngläser), wenn sie aus oder in Verbindung mit Edelmetallen, Edelsteinen, Perlen, Halbedelsteinen oder den in § 35 I genannten Stoffen hergestellt sind.

2. Als Hersteller gilt derjenige, der das optisch geformte Glas in die Gegenstände einfügt. Bei den unter Nr. 1 e genannten Gegenständen ist derjenige luxussteuerpflichtig, der die Gestelle ohne Gläser liefert; werden die Gegenstände mit

den Gläsern geliefert, so umfaßt die Luxussteuerpflicht auch diese; bei der Verwendung von Edelmetallen, Edelsteinen, Perlen oder Halbedelsteinen ist der Kleinhändler, im übrigen der Hersteller luxussteuerpflichtig.

3. Reparaturen an Gegenständen aus oder in Verbindung mit optischem Glas sind luxussteuerfrei. Die Bestimmung in § 34 E Satz 2 und Satz 4 findet entsprechende Anwendung.

§ 40. Die in § 15 I Nr. 10 des Gesetzes genannten Gegenstände sind luxussteuerfrei, wenn nicht die Luxussteuerpflicht auf Grund anderer Bestimmungen begründet ist (zu vgl. insbes. auch § 34 C).

§ 41. Die in § 15 I Nr. 11 des Gesetzes genannten Gegenstände der Inneneinrichtung aus Horn sind luxussteuerfrei, wenn nicht die Luxussteuerpflicht auf Grund anderer Bestimmungen begründet ist (z. B. auf Grund von § 66 II Nr. 2).

§ 42. 1. Gegenstände aller Art aus Leder (§ 15 I Nr. 12 des Gesetzes) sind nur dann luxussteuerpflichtig, wenn sie aus echtem (Natur-) Leder der nachgenannten Arten hergestellt sind:

Alligatorleder,
Antilopenleder,
Capsaffianleder,
Eidechsleder,
Fischotterleder,
Froschleder,
Geschliffene Kalb- und Rindleder aller Art,
Krokodilleder,
Mochachairleder,
Schlangenleder,
Schweinsleder in jeder — farbigen wie naturellen — Zurichtung,
Seehundleder.

II. Gegenstände in Verbindung mit diesen Lederarten sind wegen dieser Verbindung nicht luxussteuerpflichtig.

III. Gegenstände aus Leder anderer als der unter I genannten Arten sowie aus Lederspalten aller Art sind ohne Rücksicht auf Pressung, Narbung und Fütterung luxussteuerfrei.

IV. Reparaturen an den unter I genannten Gegenständen sind luxussteuerfrei. Die Bestimmung in § 34 E Satz 2 und Satz 4 findet entsprechende Anwendung.

V. Für Handschuhe, Damenhandtaschen, Koffer und Reisetaschen, Möbel mit Lederbezug, Bekleidungsgegenstände, Hüte und Mützen, Schuhe, Wandbekleidungen aus Leder sowie Ledertaschen für photographische Handapparate, Stative, Kassetten für die Aufnahme von Waffen, Streich- und Zupfinstrumenten sowie Ziehharmonikas gelten die besonderen Bestimmungen in §§ 42 a, 42 b, 70, 45, 72, 76, 42 c, 69, 50 II, 51 II Nr. 1, 52 III.

§ 42 a. I. Handschuhe aller Art sind nur dann luxussteuerpflichtig, wenn sie hergestellt sind aus:

1. Leder, Naturseide (§ 71 II Nr. 1) oder Kunstseide aller Art bei einer Länge von mehr als einunddreißig Zentimetern, gemessen von der Spitze des Mittelfingers bis zum Saumrand, oder
2. aus Leder und Stoffen aller Art mit Fütterung, mit Pelz oder Besatz aus Pelz; die Fütterung oder der Besatz mit den in § 56 III Nr. 1 und 2 genannten luxussteuerfreien Pelzarten hat die Luxussteuerpflicht nicht zur Folge; oder
3. aus Pelz mit Ausnahme der in § 56 III Nr. 1 und 2 genannten luxussteuerfreien Pelzarten.

II. Reparaturen an Handschuhen aller Art sind luxussteuerfrei.

§ 42 b. I. Damenhandtaschen aller Art sind nur dann luxussteuerpflichtig, wenn sie hergestellt sind aus:

1. Leder der in § 42 I genannten Arten, oder
2. Naturseide (§ 71 II Nr. 1), Kunstseide, Plüsch oder Sammet aller Art, oder
3. handgewebten (d. h. auf dem Handwebstuhl, nicht auf dem Jaquardstuhl gewebten) handgenähten, handgehäkelten oder handgestrickten Perlplatten (Perlhandtaschen).

Luxussteuerpflichtig sind schon die Perlplatten der vorgenannten Art (Perlhandtaschen ohne Bügel, Futter, Schnur, Kette und dergl.); der Weiterverarbeiter hat einen Vergütungsanspruch nach § 19 des Gesetzes.

II. Wegen der Damenhandtaschen aus oder in Verbindung mit Edelmetallen, Edelsteinen, Perlen, Halbedelsteinen, aus den in § 34 C I und § 35 I genannten Stoffen zu vgl. §§ 34 und 35.

III. Reparaturen an Damenhandtaschen sind luxussteuerfrei. Die Bestimmung in § 34 E Satz 2 und Satz 4 findet entsprechende Anwendung.

§ 42 c. I. Schuhe und Stiefel aller Art für Männer, Frauen und Kinder sind nur dann luxussteuerpflichtig, wenn die Schäfte hergestellt sind:

1. ganz aus Lackleder,
2. aus Leder oder Stoffen aller Art mit Lackringbesatz (d. h. wenn der Schaft im Vorderfuß und hinten an der Ferse mit Lack besetzt ist, ohne Rücksicht darauf, ob der Besatz aus einem Stück besteht),
3. ganz aus feinfarbigem, d. h. anderem als braun (in allen Tönungen) oder schwarz gefärbtem Oberleder aller Art,[1])

[1]) Für die Luxussteuerpflicht von Schuhwerk, das ganz aus feinfarbigem Oberleder hergestellt ist, ist es belanglos, ob die

4. ganz aus sammetartigem Oberleder aller Art,
5. ganz aus Seidenbrokat, Naturseide (§ 71 II Nr. 1 und 2) oder Kunstseide aller Art, oder
6. aus Pelzwerk, oder wenn die Schuhe oder Stiefel mit Pelzfutter oder Pelzbesatz versehen sind. Die Verwendung der in § 56 III Nr. 1 und 2 genannten luxussteuerfreien Pelzarten hat die Luxussteuerpflicht nicht zur Folge.

II. Reparaturen an Schuhen und Stiefeln aller Art sind luxussteuerfrei.

§ 43. I. Unter die Gegenstände aus Holz im Sinne von § 15 I Nr. 13 des Gesetzes fallen nur Möbel. Auf andere Gegenstände aus Holz aller Art finden die Vorschriften des § 15 I Nr. 13 des Gesetzes und die nachfolgenden Bestimmungen keine Anwendung; diese Gegenstände sind luxussteuerfrei, wenn nicht auf Grund besonderer Bestimmungen die Luxussteuerpflicht begründet ist (zu vgl. z. B. §§ 46, 63, 66).

II. Unter Möbel im Sinne dieser Bestimmungen sind zu verstehen:

1. Schrankmöbel aller Art, wie z. B.
Akten-, Arznei-, Ausstellungs-, Bücher-, Büro-, Geld-, Geräte-, Geschirr-, Gewehr-, Gläser-, Kleider-, Laden-, Likör-, Museums-, Pfeiler-, Rauch-, Sammlungs-, Speise-, Stiefel-, Stollen-, Vitrinen-, Vorrats-, Wasch-, Wäsche-, Werkzeugschränke,
2. kasten- und truhenartige Möbel, wie z. B.
Bücher-, Dielen-, Geld-, Geschirr-, Gilden-, Innungs-, Instrumenten-, Prunk-, Sammlungs-, Verbands-, Vorrats-, Wäsche-, Werkzeug-, Zunftkästen und -truhen,

---

Färbung schon bei dem unverarbeiteten Leder oder erst beim fertigen Schuhwerk angebracht worden ist; RFH. 8. 5. 1925, DStBl. 771.

3. Sitz-, Ruhe- und Schlafmöbel aller Art, wie z. B.
Bänke, Banketts, Bettgestelle, Chaiselongues, Hocker, Klappsitze, Puffs, Sofas, Stühle,

4. Tische aller Art, wie z. B.
Abfertigungs-, Arbeits-, Ausstellungs-, Beisatz-, Blumen-, Eß-, Laden-, Lazarett-, Nacht-, Näh-, Präsidenten-, Pult-, Rasier-, Rauch-, Redner-, Schach-, Schreib-, Schreibmaschinen-, Sitzungssaal-, Spiel-, Tee-, Toiletten-, Tresor-, Verhandlungs-, Wasch-, Zeichen-, Zier-, Klapp- und fahrbare Tische,

5. Zier- und Kleinmöbel aller Art wie z. B.
Akten-, Bilder-, Blumen-, Bücher-, Büsten-, Figuren-, Kassetten-, Kübel-, Lampen-, Mappen-, Noten-, Vasenständer, Lesepulte, Mal-, Zeichenstaffeleien, Regale aller Art, Hängeschränkchen, Vogelbauer, Wandborde, Haken-, Hutleisten, Handtuch-, Kleider-, Stock- und Schirmständer, Schuhschemel, Stiefelknechte,

6. Spiegel aller Art mit Holzrahmen, wie z. B.
Flur-, Friseur-, Garderoben-, Kamin-, Pfeiler-, Rasier-, Salon-, Trumeau- und Wandspiegel,

7. Uhrengehäuse aller Art ,wie z. B.
Kamin-, Konsol-, Schrank-, Stand-, Tisch- und Wanduhrengehäuse; diese gelten auch dann als Fertigerzeugnisse, wenn ein Uhrwerk in ihnen noch nicht angebracht ist.

Als Möbel im Sinne dieser Bestimmungen gelten auch solche, die nach ihrer Beschaffenheit zur Einfügung in ein Bauwerk bestimmt sind.

III. 1. Möbel sind nur dann luxussteuerpflichtig, wenn sie in ihrer Außenseite aus einer oder mehreren der nachgenannten Holzarten hergestellt sind, und zwar ohne Rücksicht auf die Art ihrer Ausführung, insbesondere ohne Rücksicht auf

Verfeinerungsarbeiten (Bildhauer-, Bildschnitzarbeiten, Intarsien und dergl.):

Amaranthholz,
Apfelbaumholz,
Birnbaumholz,
Buchsbaumholz,
Ebenholz,
Erika- (Bruyère-) Holz,
Gelbholz,
Grenadilleholz,
Hikoryholz,
Jakarandaholz,
Königsholz,
Kokosholz,
Korallenholz,
Mahagoniholz,
Moraholz,
Olivenholz,
Padouk- (Paybuck-) Holz,
Pflaumenbaumholz,
Platanenholz,
Pock- (Guajak-, Franzosen-) Holz,
Polisander- (Palisander-, Polyxander-) Holz,
Redwoodholz,
Rosenholz,
Satin- (Domingosatin-) Holz,
Schlangenholz,
Sykomoreholz,
Teeholz,
Tiek- (Teak-) Holz,
Thujaholz,
Veilchenholz,
Veraholz,
Vicadoholz,
Violettholz,
Zebraholz,
Zedernholz,
Zitronenholz.

2. Ob die Außenseite aus den vorgenannten Hölzern massiv oder furniert hergestellt ist, ist steuerlich belanglos. Sind an der Außenseite des Möbels außer den unter 1 genannten Arten von Holz noch andere Holzarten verwendet, so ist die Luxussteuerpflicht nur dann begründet, wenn das Flächenausmaß (einschließlich aller Verzierungsarbeiten, Gesimse und dergl.) der Hölzer der unter 1 genannten Arten größer ist als der anderen Holzarten. Sind die unter 1 genannten Holzarten als Blindholz (d. h. als unter dem Furnier liegendes Holz) oder im Innern des Möbels verwendet, so wird dadurch die Luxussteuerpflicht nicht herbeigeführt.

IV. Luxussteuerpflichtig ist der Hersteller der Möbel, auch wenn sie ungebeizt, ungewachst, unmattiert oder unpoliert geliefert werden; das Beizen, Wachsen, Mattieren oder Polieren wird als eine nur der Hebung der Verkäuflichkeit dienende äußere Einwirkung im Sinne von § 18 Abs. 1 des Gesetzes angesehen.

V. Reparaturen an Möbeln sind luxussteuerfrei.

VI. Wegen der Möbel, die mit Stoff, Leder oder Lederspalten bezogen, gepolstert oder sonst ausgestattet sind, zu vgl. § 45.

§ 44. I. Von den in § 15 I Nr. 14 des Gesetzes genannten Gegenständen aus Korbgeflecht sind nur die nachstehend genannten Gegenstände luxussteuerpflichtig:

1. ohne Rücksicht auf die Art des Korbgeflechts und seine Bearbeitung:

Anrichtetische,	Katzenhütten,
Bilderrahmen,	Korbwaren aller Art mit Musikeinsatz,
Büfetts,	Kredenzen,
Büstenständer (Ständer für Büsten, Vasen und dergl.),	Kübelständer,
Fensterkasten,	Ofenschirme,
Flaschenservierkörbe (Burgunderkörbe),	Schränke aller Art,
Flurgarderoben,	Schreibtische,
Gebäckständer,	Teeständer,
Gondeln,	Teewagen,
Hundehütten,	Vitrinen,
Kastenmöbel aller Art (Möbel, die einen Kasten haben),	Vogelkäfige,
	Wandspiegel.

2. aus Peddigrohr:

Blumenkrippen,	Blumentische,
Blumenständer,	Topfständer.

II. Wegen der Gegenstände aus Korbgeflecht, die mit Stoff, Leder oder Lederspalten bezogen, gepolstert oder sonst ausgestattet sind, zu vgl. § 45; wegen der Kinder-, Sport-, Klapp-, Promenaden- und Puppenwagen zu vgl. § 55; wegen der Ständerlampen zu vgl. § 66 II Nr. 3.

§ 45. I. 1. Unter die in § 15 I Nr. 15 des Gesetzes genannten Gegenstände der Inneneinrichtung aus oder in Verbindung mit den dort genannten Stoffen, Leder oder Lederspalten fallen nur mit solchen Stoffen, Leder oder Lederspalten bezogene, gepolsterte oder sonst ausgestattete Sitz-, Ruhe- und Schlafmöbel (§ 43 II Nr. 3) aus Holz, Korbgeflecht und anderen Stoffen aller Art.

2. Gestelle zu diesen Möbeln aus Holz der in § 43 III Nr. 1 genannten Art sind bereits beim Anfertiger der Gestelle luxussteuerpflichtig; ihnen stehen gleich Korbmöbel, die mit Stoffen bezogen, gepolstert oder sonst ausgestattet werden; sie sind bereits beim Hersteller des Korbmöbels luxussteuerpflichtig, wenn sie unter die in § 44 I Nr. 1 genannten luxussteuerpflichtigen Korbwaren fallen (z. B. Gondeln).

II. 1. Möbel und Möbelteile, die mit Leder oder Lederspalten aller Art bezogen, gepolstert oder sonst ausgestattet sind, sind ohne Rücksicht darauf, aus welchen Stoffen das Gestell hergestellt ist, stets luxussteuerpflichtig. Luxussteuerpflichtig ist der Hersteller des gebrauchsfertigen, mit Leder bezogenen, gepolsterten oder sonst ausgestatteten Möbels oder Möbelteils mit dem für die Lieferung vereinnahmten Entgelt; von diesem Entgelt kann er, wenn er das Leder selbst beschafft hat, einen vom Reichsminister der Finanzen zu bestimmenden Prozentsatz abziehen, der einen Ausgleich für die Kosten der Polsterung und des Gestells enthält. Als gebrauchsfertig gelten die Möbel auch dann, wenn Teile hiervon, z. B. die Füße, noch nicht gebeizt sind, oder wenn sie ohne Möbelrollen geliefert werden. Werden zur Herstellung dieser Möbel luxussteuerpflichtige Gestelle oder Korbmöbel (zu vgl. unter I Nr. 2) verwendet, so hat der Lieferer des gepolsterten Möbels einen Vergütungsanspruch nach § 19 des Gesetzes, wenn er die Gestelle oder die Korbmöbel erworben hat.

2. Für Möbel der unter I Nr. 1 genannten Art, die mit Geweben aus tierischen oder pflanzlichen Spinnstoffen bezogen, gepolstert oder sonst ausgestattet sind, gilt folgendes:

a) Luxussteuerpflichtig sind nur die Gestelle aus Holz der in § 43 III Nr. 1 genannten Art oder die Korbmöbel der in § 44 I Nr. 1 genannten Art, und zwar beim Hersteller der Gestelle oder der Korbmöbel; Gestelle aus Holz anderer Art oder in § 44 I Nr. 1 nicht genannte Korbmöbel sind luxussteuerfrei.

b) Luxussteuerpflichtig sind Möbel- und Behangstoffe, wenn sie in Kette oder Schuß Naturseide aller Art (§ 71 II Nr. 1) — ohne Rücksicht auf das Mengenverhältnis zu den übrigen Spinnstoffen — enthalten. Luxussteuerpflichtig ist der Hersteller der Möbel- oder Behangstoffe (Weber). Möbel- und Behangstoffe anderer Art sind luxussteuerfrei.

c) Der Lieferer des mit Möbel- oder Behangstoff bezogenen, gepolsterten oder sonst ausgestatteten Möbels ist nur umsatzsteuerpflichtig. Er hat daher keinen Vergütungsanspruch nach § 19 des Gesetzes, und zwar auch dann nicht, wenn er das Möbel in das Ausland liefert (§ 19 Satz 2 Halbsatz 2 und Satz 4 des Gesetzes). Nur dann, wenn der Lieferer des mit Möbel- oder Behangstoff bezogenen, gepolsterten oder sonst ausgestatteten Möbels zugleich Hersteller des nach den Bestimmungen unter a) oder b) luxussteuerpflichtigen Gestells, Korbmöbels oder Möbel- oder Behangstoffes ist, ist er mit dem gesamten, für die Lieferung des Möbels vereinnahmten Entgelt luxussteuerpflichtig; von diesem Entgelt kann er, wenn er die Möbel- oder Behangstoffe selbst beschafft hat, einen vom Reichsminister der Finanzen zu bestimmenden Prozentsatz abziehen, der einen Ausgleich für die Kosten der Polsterung und des Gestells enthält, auch hat er in diesem Falle stets einen Vergütungsanspruch nach § 19 des Gesetzes, wenn er zur Herstellung des Möbels luxussteuerpflichtige Möbel- oder Behangstoffe verwendet hat, die er erworben hat.

III. Reparaturen an den unter II Nr. 1 genannten Möbeln sind, wenn der Unternehmer von ihm selbst beschafftes Leder hierzu verwendet, luxussteuerpflichtig, an den unter II Nr. 2 genannten Möbeln dagegen stets luxussteuerfrei.

IV. Für Sitz-, Ruhe- und Schlafmöbel, die nicht mit Stoffen, Leder oder Lederspalten bezogen, gepolstert oder sonst ausgestattet sind, gelten die Bestimmungen in §§ 43 bis 44.

§ 46. Särge aller Art sind nur in folgenden Fällen luxussteuerpflichtig:

1. aus oder in Verbindung mit Edelmetallen, Edelsteinen, Perlen oder Halbedelsteinen, und zwar nach § 21 Abs. 1 Nr. 1 des Gesetzes im Kleinhandel,
2. aus den in § 34 C 1 genannten Stoffen ohne Rücksicht auf den Feingehalt an Edelmetall (zu vgl. § 34 C V),
3. aus den in §§ 35 I und 36 I Nr. 2 genannten Stoffen,
4. aus den in §§ 43 III Nr. 1 genannten Holzarten.

§ 47. Die in § 15 II Nr. 1 des Gesetzes genannten Gegenstände sind luxussteuerfrei, wenn nicht die Luxussteuerpflicht auf Grund anderer Bestimmungen begründet ist (z. B. auf Grund von §§ 34, 35).

§ 48. Die in § 15 II Nr. 2 des Gesetzes genannten Gegenstände sind luxussteuerfrei, wenn nicht die Luxussteuerpflicht auf Grund anderer Bestimmungen begründet ist (z. B. auf Grund von §§ 48 a, 79 a).

§ 48 a. I. Luxussteuerpflichtig sind die nachgenannten Gegenstände aus Naturstein aller Art mit Ausnahme des Serpentins (z. B. aus Alabaster, Basalt, Granit, Marmor, Porphyr):

Briefmarkenkasten,	Vasen aller Art,
Kartenhalter,	Zierbrunnen,
Schmuckschalen,	Ziertische,
Schreibzeuge,	Ziersäulen,
Tafelaufsätze,	Zierständer.

II. Andere Gegenstände aus Naturstein sind luxussteuerfrei, wenn nicht die Luxussteuerpflicht auf Grund anderer Bestimmungen begründet ist (zu vgl. § 66 II Nr. 2).

§ 49. I. Von den Gegenständen des § 15 II Nr. 3 des Gesetzes sind nur die Erzeugnisse des Buchdrucks luxussteuerpflichtig; die dort weiter genannten sonstigen Papierwaren werden von der Luxussteuer befreit.

II. 1. Die Erzeugnisse des Buchdrucks unterliegen der Luxussteuer, wenn der Druck auf besonderem Papier, Leder, Lederpergament (Eselshaut) oder Seide aller Art erfolgt und das Erzeugnis in beschränkter Auflage erschienen ist. Zu ihnen gehören Bücher aller Art, Musiknoten, Kalender, Land-, See- und andere wissenschaftlichen Zwecken dienende Karten und dergl. Als Anhalt dafür, ob ein mit Bildern ausgestattetes Buch als Buch im vorstehenden Sinne anzusehen ist, kann die Aufnahme des Buches in die wöchentlichen Verzeichnisse des Börsenvereins der deutschen Buchhändler in Leipzig gelten; im übrigen beurteilt sich ihre Luxussteuerpflicht nach § 79 a. Andachtsbücher (Bibeln, Gebet-, Gesangbücher) sind luxussteuerfrei.

2. Als b e s o n d e r e s P a p i e r gilt handgeschöpftes Büttenpapier (ein mit der Hand vermittels eines Schöpf-

rahmens geschöpftes Papier), Chinapapier, Japanpapier (Japankupferdruck-, Japanseiden- und Japanschreibpapier) sowie Reispapier (ein aus dem gepreßten und dünn geschnittenen Mark von Palmen oder der Reispflanze gewonnenes Papier).

3. Der Annahme einer beschränkten Auflage steht nicht entgegen, wenn gleichzeitig Exemplare in einer der Üblichkeit entsprechenden Anzahl auf anderem als dem unter 2 genannten Papier ausgegeben werden.

III. Soweit die Erzeugnisse des Buchdrucks als alte Drucke im Sinne von § 21 Abs. 1 Nr. 3 des Gesetzes anzusehen sind, tritt die Luxussteuerpflicht nicht beim Hersteller, sondern erst im Kleinhandel ein (vgl. § 79 b III).

§ 50. I. Als photographische Handapparate im Sinne von § 15 II Nr. 4 des Gesetzes gelten nur solche mit einer Aufnahmefläche von nicht mehr als einhundertfünfzig Quadratzentimetern. Die Standapparate der Berufsphotographen fallen nicht hierunter. Sind Apparate mit einer Aufnahmefläche von nicht mehr als einhundertfünfzig Quadratzentimetern deutlich als Standapparate erkennbar, indem sie ihrer Konstruktion nach zum Photographieren ohne Stativ im Regelfalle ungeeignet sind (sog. Stativkameras), so sind sie luxussteuerfrei.

II. Luxussteuerpflichtig sind folgende Bestandteile und Zubehörstücke:

Objektive mit einer Brennweite bis einschließlich siebzehn Zentimetern, wenn ihre größte relative Öffnung zwischen 1:4,1 und 1:9,9 liegt, oder, falls die Brennweite (f, F) oder die relative Öffnung nicht aufgraviert ist, wenn der freie vom Fassungsrand nicht verdeckte Durchmesser der äußeren Linsenfläche dreißig Millimeter oder kleiner ist; Gelbscheiben, andere Filter- und Vorsatzlinsen bis zum freien Durchmesser von dreißig Millimetern; Kassetten mit der

Aufnahmegröße bis zu zehnmal fünfzehn Zentimetern; Ledertaschen für Handapparate, für Stative sowie für Kassetten; Schlitzverschlüsse vor der Platte mit einer größten Öffnung von nicht mehr als zehnmal fünfzehn Zentimetern; Zentralverschlüsse mit einer größten Öffnung von nicht mehr als fünfundzwanzig Millimetern; Teletuben bis zum äußeren Rohrdurchmesser von fünfzig Millimetern.

III. Luxussteuer f r e i sind die nachstehenden Bestandteile und Zubehörstücke:

Auslöser, Balgen (Kamerakörper), Beschagteile, Kameragehäuse, Laufböden, Libellen, Platten und Filme, Standarten, Stative aller Art und die dazu gehörigen Kugelgelenke, Kameraneiger, Stativköpfe, Stativteller, Sucher, Visierscheiben, Vorrichtungen und Stoffe zum Entwickeln, Vergrößern und Vervielfältigen.

IV. Der Hersteller der unter II genannten luxussteuerpflichtigen Bestandteile und Zubehörstücke ist befugt, diese Gegenstände an Hersteller photographischer Handapparate und Bedarfsartikel luxussteuerfrei, also nur mit der allgemeinen Umsatzsteuer belastet, zu liefern, wenn ihm der Abnehmer eine Bescheinigung vorlegt, nach der er zum luxussteuerfreien Bezuge dieser Gegenstände berechtigt ist. Diese Bescheinigung wird vom Finanzamt nur ausgestellt, wenn der Antrag von der Deutschen Gesellschaft für Mechanik und Optik in Berlin befürwortet wird. Die Mitwirkung dieses Fachverbandes erfolgt unter der Voraussetzung, daß er sich verpflichtet, nur solche Anträge zu befürworten, bei denen nach Art der Unternehmen ein Mißbrauch ausgeschlossen ist, seine Mitglieder überwacht, Verstöße gegen die getroffene Regelung unter Vertragsstrafe stellt und Zuwiderhandlungen dem Finanzamt anzeigt. Auf die Bezugsbescheinigung finden die für die Wiederveräußerungsbescheinigung gemäß § 22 des Gesetzes gegebenen

Bestimmungen (§ 201) entsprechende Anwendung. Die Bezugsbescheinigung ist auch bei der Beschaffung von nach der Bestimmung unter II luxussteuerpflichtigen Bestandteilen und Zubehörstücken aus dem Auslande wirksam; hier hat gemäß § 23 Abs. 2 des Gesetzes der Einführende die Bezugsbescheinigung zur Erlangung der Luxussteuerbefreiung dem Finanzamt vorzulegen.

§ 51. I. Nach § 15 II Nr. 5 des Gesetzes sind Handwaffen aller Art luxussteuerpflichtig, insbesondere Flinten, Büchsen, Teschings, Revolver und Pistolen, einschließlich der Luftgewehre, Luftpistolen aller Art, auch Kinderluftgewehre und Kinderluftpistolen, Säbel, Degen, einschließlich der Stockdegen, Hirschfänger, Florette, Schläger, Saufedern, Dolche, Schlagringe, als Waffen hergerichtete Gummischläuche, aus gepreßtem Weichkautschuk — mit oder ohne Gewebeeinlagen — hergestellte Gummiknüppel (sog. Lebensverteidiger).

II. 1. Bestandteile und Zubehörstücke zu Handwaffen unterliegen selbständig der Luxussteuer, wenn sie als Fertigerzeugnisse anzusehen sind. Dies gilt insbesondere von Klingen, Degengriffen, Scheiden, Tragevorrichtungen, Schalldämpfern, Zielstöcken, Zielstäben, Zielfernrohren, Dioptern sowie von Taschen und Kasten aus Leder für die Aufnahme von Waffen.

2. Sind die Bestandteile oder Zubehörstücke als Halberzeugnisse anzusehen, so sind sie luxussteuerfrei. Hierzu rechnen insbesondere Läufe, Hähne, Schäfte, Ansatzstücke und Reservemagazine für Revolver und Pistolen.

III. Munition, die für Handfeuerwaffen bestimmt ist, ist dann luxussteuerpflichtig, wenn sie ein Fertigerzeugnis darstellt, wie z. B. die mit Schrot und Zündhütchen versehenen gebrauchsfertigen Patronen. Zur Munition gehören auch Bolzen für Luftgewehre. Die zur Herstellung von Munition bestimmten Bestandteile selbst, wie Hülsen, Zündhütchen, Pfropfen, Blättchen, Schrot, Kugeln und Pulver, sind luxussteuerfrei.

IV. Luxussteuerfrei sind:

1. Gegenstände zum Reinigen der Waffen und Scheiben,
2. Schreckschußmittel, wie Knallkorke, Knallkörper und dergl.,
3. Apparate zur Betäubung oder Tötung von Schlachtvieh und die dazu gehörigen Patronen.

V. Gegenstände der in § 15 II Nr. 5 des Gesetzes genannten Art können an die Wehrmacht sowie an öffentliche Verwaltungen, die die Ausrüstungsstücke für den dienstlichen Gebrauch benötigen, luxussteuerfrei, also nur mit der allgemeinen Umsatzsteuer belastet, geliefert werden, ohne daß es einer Verwendungsbescheinigung bedarf.

§ 52. I. Von den in § 15 II Nr. 6 des Gesetzes genannten Gegenständen sind luxussteuerpflichtig:

1. Flügel, Klaviere (Pianinos) und Harmonien aus den in § 43 III Nr. 1 genannten Holzarten. Sie sind auch dann beim Hersteller luxussteuerpflichtig, wenn sie noch nicht poliert, nicht justiert oder noch nicht gestimmt sind. Bestandteile hiervon, wie z. B. Klaviaturen, Klavierleuchter, Saiten, Stimmnägel, Stifte sind luxussteuerfrei.

   Klaviere, die nach ihrem Ausmaß oder ihrer Ausstattung zur Verbindung mit mechanischen Klavierspielapparaten bestimmt sind, unterliegen, wenn sie ihrer Beschaffenheit nach zur unmittelbaren Verwendung als Klaviere nicht geeignet sind, für sich nicht der Luxussteuer.

   Reparaturen von Flügeln, Klavieren oder Harmonien sind nur dann luxussteuerpflichtig, wenn die Eisenplatte, der Resonanzboden, die Mechanik, die Klaviatur oder der Umbau neu ersetzt werden.

2. Streichinstrumente (Geigen, Violinen, Violas, Violoncellos, Bratschen). Sie unterliegen nur dann der Luxussteuer, wenn sie
   a) in Verbindung mit Edelmetall stehen, oder
   b) mit Schnitzarbeiten aller Art am Halse, Kopfe, mit Ausnahme der Schnecke, am Boden, an der Decke, den Zargen oder dem Saitenhalter ausgestattet sind.
   Bestandteile und Zubehörstücke, wie Bogen, Wirbel, Stege, Saiten, Dämpfer, Stimmgabeln, Stimmpfeifen und dergl., sind luxussteuerfrei. Luxussteuerpflichtig sind aber Bogen dann, wenn sie an der Schraube oder am Zwickel mit Gold verziert oder mit Fröschen aus oder in Verbindung mit Elfenbein oder Schildpatt ausgestattet sind.
3. Zupfinstrumente (Gitarren, Lauten, Mandolinen, Harfen ohne Pedale, Zithern aller Art). Sie unterliegen nur dann der Luxussteuer, wenn sie
   a) ganz aus massivem Polisander- (Palisander-, Polyzander-), Jacaranda- oder Mahagoniholz hergestellt sind, oder
   b) mit vergoldeter oder versilberter Mechanik oder mit Griffen aus oder in Verbindung mit Elfenbein, Perlmutter oder Goldfisch ausgestattet oder
   c) mit geschnitzten Menschen-, Tier-, Engels-, Teufels- oder Fratzenköpfen verziert sind.
   Wegen der Bestandteile und Zubehörstücke gilt die Bestimmung unter Nr. 2 b Satz 2 und Satz 3 entsprechend.
4. Ziehharmonikas (Akkordeons, Bandoneons, Konzertinas). Sie sind nur dann luxussteuerpflichtig, wenn die Kastengestelle aus massivem Polisander- (Palisander-, Polizander-), Jacaranda- oder Mahagoniholz hergestellt sind.

5. Vorrichtungen zur mechanischen Wiedergabe musikalischer Stücke oder deklamatorischer Vorträge:

a) Klavierspielapparate sind ohne Rücksicht auf die Art des Antriebs (z. B. Pianola, Phonola, Ducanola, Estrella, Pianist, Virtuos, Mignon, Dea, Duca, Premier) luxussteuerpflichtig, ferner Paninstrumente, selbsttätige Harmonien, Orgeln, Geigen und Klaviere mit selbsttätigen Begleitinstrumenten;

b) Sprechapparate (Phonographen, Grammophone);

c) Orchestrions;

d) sonstige mechanische Spielapparate, z. B. Drehorgeln, Leierkasten, Spieldosen. Spieldosen von geringem Umfange, die lediglich bestimmte Stücke spielen, sind als Kinderspielzeug anzusehen und, auch bei Einfügung in Puppen und Tiere, luxussteuerfrei;

e) von Bestandteilen und Zubehörstücken zu mechanischen Musik- und Sprechapparaten sind nur Platten, Walzen, Notenrollen sowie Stifte und Nadeln aus anderen Stoffen als Stahl luxussteuerpflichtig. Motore, Laufwerke, Schalltrichter, Schalldosen, Tonarme, Stifte aus Stahl und Nadeln aus Stahl sind luxussteuerfrei.

II. Luxussteuerfrei sind die nicht unter 1 aufgeführten Musikinstrumente, wie z. B. Schlag- und Blasinstrumente, Orgeln, Mundharmonikas, Okarinas, Xylophone, Tubaphone, Glockenspiele, Schellenbäume, Taktierstäbe, Kontrabässe und dergl. Diktierapparate sind gleichfalls luxussteuerfrei.

III. Behältnisse (Kasten, Etuis) für Streich- und Zupfinstrumente sowie Ziehharmonikas (vgl. I Nr. 2, 3, 4) sind nur dann luxussteuerpflichtig, wenn sie aus Leder aller Art hergestellt oder mit Leder aller Art bezogen sind.

§ 53. 1. Nach § 15 II Nr. 7 des Gesetzes sind Billards ohne Rücksicht auf die Art und Größe luxussteuerpflichtig.

II. Als luxussteuerpflichtige Zubehörstücke der Billards sind Billardstöcke, Billardbälle und Billardkegel anzusehen.

§ 54. Die Luxussteuerpflicht der in § 15 II Nr. 8 des Gesetzes genannten Gegenstände wird wie folgt geregelt:

A. Automobile.

I. 1. Luxussteuerpflichtig ist die Lieferung von

a) Automobilen,

b) Chassis,

c) Karosserien.

2. Die Lieferung sonstiger einzelner Bestandteile oder Zubehörteile ist luxussteuerfrei. Unter Chassis ist das vollständige Wagengestell, einschließlich der Räder und aller übrigen Bestandteile und Zubehörteile, unter Karosserie der vollständige Aufbau, einschließlich aller Bestandteile und Zubehörteile, zu verstehen; jedoch sind unter Chassis und Karosserie im Sinne dieser Bestimmung nicht zu verstehen: Bereifung, Kilometerzähler, Licht- und Anlasseranlagen, Signalinstrumente.

II. Bei der Lieferung von Chassis und Karosserien ist mit dem bei der Lieferung vereinnahmten Entgelt luxussteuerpflichtig, wer das Chassis oder die Karosserie so gebrauchsfähig macht, daß es einer weiteren Bearbeitung oder Verarbeitung nicht mehr bedarf (§ 18 des Gesetzes). Wird jedoch die Karosserie im Rohbau geliefert, so ist bereits mit ihrer Lieferung die Luxussteuerpflicht begründet. Von dem Entgelt kann der Kaufpreis der nach der Bestimmung zu I luxussteuerfreien Bestandteile und Zubehörteile abgezogen werden. Bei der Lieferung von fertigen Automobilen können außerdem die Kosten der Montierungsarbeiten mit einem bestimmten Prozentsatz und, wenn der Lieferer Chassis oder Karosserie oder beide Bestandteile gekauft hat, deren Kaufpreis abgezogen werden, und zwar gleichgültig, ob die gekauften Gegenstände gebraucht oder neu waren. Die näheren Bestimmungen über die Höhe des Prozentsatzes der Montierungskosten und über die Buchführung trifft der Reichsminister der Finanzen nach Anhörung des Vereins Deutscher Motorfahrzeug-Industrieller in Berlin, des Deutschen Automobilhändlerverbandes in Berlin, der Vereinigung Deutscher Wagen- und Karosseriefabriken in Berlin-Lichterfelde und des Zentralverbandes der Arbeitgeber Deutscher Wagen- und Karosseriefabriken in Berlin-Charlottenburg. Es ist unzulässig und nach §§ 359 ff. der Reichsabgabenordnung strafbar, über die vorstehenden Bestimmungen hinaus Entgelte für einzelne Teile gesondert in Rechnung zu stellen.

III. Reparaturen an Chassis oder Karosserien sind luxussteuerpflichtig, soweit das für die gesamten Arbeitskosten und den Sachaufwand vereinnahmte Entgelt 30 v. H. des Neuwerts des Chassis oder der Karosserie übersteigt. Für die Berechnung des Neuwerts sind diejenigen Preise maßgebend, die halbjährlich vom Reichsminister der Finanzen nach Anhörung des Vereins Deutscher Motorfahrzeug-Industrieller und der Vereinigung Deutscher Wagen- und Karosseriefabriken festgelegt werden. Die Luxussteuer für diese Reparaturen wird nur von 75 v. H. des Gesamtentgelts berechnet.

IV. Von der Luxussteuer befreit sind:

1. Lastkraftwagen und sog. Lieferungswagen,
2. Kraftomnibusse, die ihrer Bauart und Einrichtung nach der gewerbsmäßigen Personenbeförderung zu dienen bestimmt sind,
3. Krankenautomobile, die ihrer Bauart und Einrichtung nach ausschließlich der Beförderung von Kranken zu dienen bestimmt sind.

Das gleiche gilt für Chassis und Karosserien für die zu 1 bis 3 genannten Kraftwagen.

V. Weist ein Unternehmer nach, daß er ein Chassis oder eine Karosse erworben und nach Verbindung mit einer Karosserie oder einem Chassis das Automobil ins Ausland geliefert hat, so liegt hierin keine weitere Bearbeitung oder Verarbeitung im Sinne des § 19 des Gesetzes.

VI. Bei Lösung der Steuerkarte (§ 7 des Kraftfahrzeugsteuergesetzes) hat der Antragsteller eine Versicherung in zweifacher Ausfertigung (A und B) darüber auszugeben, von wem er das Automobil erworben hat. Auf der Urkunde A ist noch anzugeben, welche Veränderung an dem Chassis oder der Karosserie (unter Mitteilung der Unternehmen und der Preise) seit der letzten Lösung der Steuerkarte und, falls eine solche noch nicht gelöst ist, innerhalb der letzten sechs Monate erfolgt ist und ob, von wem und zu welchem Preise er eine weitere Karosserie in dieser Frist erworben hat. Die für die Ausstellung der Steuerkarte zuständige Steuerstelle hat die Ausfertigung A an das Finanzamt des Veräußerers, die Ausfertigung B an diesen selbst zu senden mit der von ihm zu beantwortenden Frage, ob er luxussteuerpflichtig war oder wer sonst, und welches Entgelt er bezahlt hat. Die Antwort des Veräußerers geht unmittelbar an das Finanzamt des Veräußerers, das auf Grund der Angaben in den beiden Versicherungen die für die übrigen luxussteuerpflichtigen Personen zuständigen Finanzämter zu unterrichten hat. Die näheren Bestimmungen trifft der Reichsminister der Finanzen.

VII. Die zu II aufgeführten Verbände sowie der Verband Deutscher Fabrikanten von Beleuchtungs- und Signalinstrumenten für Kraftfahrzeuge in Berlin sind nach den von ihnen abgegebenen Erklärungen verpflichtet, für die Befolgung der vorstehenden Bestimmungen durch ihre Mitglieder Sorge zu tragen und Fälle, in denen die Möglichkeit der Hinterziehung besteht, bei dem zuständigen Finanzamt anzuzeigen.

B. Kraftfahrräder.

Kraftfahrräder über drei Steuer-PS. sind luxussteuerpflichtig. Die Bestimmungen zu A finden entsprechende Anwendung.

C. Personenfahrzeuge ohne motorische Kraft.

I. Personenfahrzeuge, die nicht mit motorischer Kraft betrieben werden, sind ohne Rücksicht auf ihre Ausstattung luxussteuerpflichtig.

II. Von der Luxussteuer befreit sind:

1. für den allgemeinen Verkehr eingerichtete Omnibusse und sog. Lieferungswagen;
2. Krankenwagen im Sinne von A IV 3;
3. sog. Guts- und Landwagen, sofern sie die einfachste Konstruktion aufweisen und nicht mit besonderem Aufwand ausgestattet sind; als besondere Ausstattung gilt insbesondere die Anbringung von Lackleberkotflügeln, Lackleberverdecken, Lederpolsterung, silbernen, versilberten, plattierten oder vernickelten Beschlägen, Veloursteppichen, Schirm- oder Stockkörben. Der Reichsminister der Finanzen kann nähere Bestimmungen erlassen, welche Guts- oder Landwagen als luxussteuerfrei anzusehen sind.

III. Die Bestimmungen zu A I 2, II, III und VII finden mit der Maßgabe Anwendung, daß für die Berechnung des Neuwerts die Durchschnittspreise maßgebend sind, die vom Reichsminister der Finanzen nach Anhörung der Vereinigung Deutscher Wagen- und Karosseriefabriken in Berlin-Lichterfelde festgelegt worden sind.

IV. 1. Die vorstehenden Bestimmungen finden bei Schlitten entsprechende Anwendung.

2. Handschlitten, insbesondere Rodelschlitten, Skeletons, Bobsleighs, Hörnerschlitten gelten nicht als Personenfahrzeuge im Sinne des § 15 II Nr. 8 des Gesetzes. Das gleiche gilt

von Fahrzeugen, die als Spielsachen dienen (sog. Blitzwagen, fliegende Holländer usw.).

D. Wasserfahrzeuge.

I. Wasserfahrzeuge sind ohne Rücksicht auf ihre Ausstattung luxussteuerpflichtig.

II. Von der Luxussteuer befreit sind Wasserfahrzeuge, die ihrer Bauart und Einrichtung nach ausschließlich zur gewerbsmäßigen Beförderung von Personen oder von Sachen zu dienen bestimmt sind.

III. Wasserfahrzeuge ohne motorische Kraft, die der Luxussteuer unterliegen, sind insbesondere Yachten, Segelboote, die ihrer Bauart nach nicht nur zur Beförderung von Gütern bestimmt sind, Ruderboote, die ihrer Bauart nach nicht lediglich als Beiboote dienen, insbesondere auch Gondeln und andere Boote zu Vergnügungsfahrten auf Teichen und Seen sowie Wasserfahrräder.

IV. Die Bestimmungen zu A I, II und III finden mit der Maßgabe entsprechende Anwendung, daß unter der Karosserie eines Wasserkraftfahrzeugs das Boot ohne Maschinenanlage, aber mit Steuerung, ohne Klappverdeck, Segel und Pläne zu verstehen ist, und daß für die Berechnung des Neuwerts die Durchschnittspreise maßgebend sind, die halbjährlich vom Reichsminister der Finanzen nach Anhörung des Vereins der Flußschiffwerften Deutschlands in Hamburg festgelegt werden; die Verpflichtung zu A VII trifft den vorgenannten Verein.

E. Luftfahrzeuge.

I. Luftfahrzeuge sind ohne Rücksicht auf ihre Ausstattung luxussteuerpflichtig.

II. Von der Luxussteuer befreit sind Luftfahrzeuge, die

1. ausschließlich zur gewerbsmäßigen Beförderung von Personen oder Sachen zu dienen bestimmt sind,

2. im öffentlichen Interesse verwendet werden. Eine Verwendung im öffentlichen Interesse liegt insbesondere vor, wenn sich das Luftfahrzeug noch im Stadium der Ausprobung befindet oder zu wissenschaftlichen oder Lehrzwecken verwendet wird. Die Entscheidung hierüber trifft der Reichsminister der Finanzen nach Anhörung des Verbandes Deutscher Luftfahrzeugindustrieller.

III. Die Bestimmungen zu A I 2, II, III und VII finden entsprechende Anwendung mit der Maßgabe, daß für die Berechnung des Neuwerts die Durchschnittspreise maßgebend sind, die vom Reichsminister der Finanzen nach Anhörung des Verbandes Deutscher Luftfahrzeug-Industrieller festgelegt werden.

F. Fahrräder.

I. Von Fahrrädern unterliegen nur die nachgenannten der Luxussteuer:

1. sog. Tandems,
2. Fahrräder, die ganz vernickelt oder verkobaltet oder mit Streifen oder sonstigen Verzierungen aus Nickel oder Kobalt am Rahmen oder an der Gabel ausgestattet sind.

II. Bestandteile und Zubehörteile von Fahrrädern sind luxussteuerfrei mit Ausnahme von Azetylenlaternen, die mit einer Zentrallinse oder mit einem größeren Reflektor als einhundert Millimeter Glasdurchmesser oder mit einem Selbstzünder versehen sind.

§ 55. I. Den in § 15 II Nr. 9 des Gesetzes genannten Kinder-, Sport-, Klapp- und Promenadenwagen werden Puppenwagen gleichgestellt. Diese Wagen sind nur dann luxussteuerpflichtig, wenn

1. der Korb aus Geflechten aller Art hergestellt und mit einem Wulstrand aus Peddigrohr versehen ist oder

2. der Korb oder Kasten weiß oder elfenbeinfarbig lackiert ist oder
3. das Untergestell, die Federn oder die Radreifen (Felgen) ganz vergoldet, versilbert, vernickelt, verkobaltet oder vermessingt sind.

II. Stubenwagen (Kinderwagen ohne Federn), Kinderkörbe, Kinderwiegen, Puppenkörbe und Puppenwiegen sind nur unter den Voraussetzungen von I Nr. 1 oder Nr. 3 luxussteuerpflichtig.

§ 56. I. Der Luxussteuer nach § 15 II Nr. 10 des Gesetzes unterliegen die für Rauchwaren bestimmten Felle, Schweife, Klauen und Köpfe der Pelztiere nicht bereits in rohem Zustande, sondern erst nach ihrer Zurichtung. Als Zurichtung gilt die Behandlung der Felle, die sie zur Verwendung für Pelzwaren geeignet macht, wie z. B. das Gerben (Zurichten), Färben, Scheren, Maschinieren, Rupfen oder die elektrische Behandlung.

II. Die Luxussteuer umfaßt sowohl Halberzeugnisse, z. B. zugerichtete, aber noch nicht verarbeitete Felle, Pelzfutter wie Fertigerzeugnisse, z. B. Bekleidungsstücke und Inneneinrichtungsgegenstände. Zu den Bekleidungsstücken gehören insbesondere Gegenstände der Oberbekleidung im Sinne von § 72 I, einschließlich der Kragen, ferner Boas, Muffe und dergl. Zu den Gegenständen der Inneneinrichtung rechnen Kissen, Fußsäcke, Pelzdecken und dergl.

III. Luxussteuerfrei sind:

1. Hunde-, Schaf-, Lamm- und Schmaschenfelle. Zu den Schaf- und Lammfellen rechnen nicht Tibet, Karakul, Persianer, Halbpersianer, Schiras, Salzfelle, Astrachan, Krimmer, Slink, Mufflon, Angora, Breitschwanz; diese sind stets luxussteuerpflichtig;
2. Hasen-, Kanin-, Katzen-, Zickel- und Ziegenfelle. Als solche gelten alle Oberhaarfelle dieser Tierarten, auch

wenn sie gefärbt sind; sie werden aber dann luxussteuerpflichtig, wenn sie eine über die gewöhnliche Zurichtung hinausgehende Veredlung durch Scheren, Maschinieren, Rupfen, elektrische Behandlung und dergl. erfahren haben. Ginster-, Wild-, Angora-, Tiger-, chinesische Busch-, Zibetkatzen- und Ziegenfelle sind stets luxussteuerpflichtig.

IV. Die unter II genannten Bekleidungsstücke und Inneneinrichtungsgegenstände aus luxussteuerfreiem Pelz der in III Nr. 1 und 2 genannten Arten sind luxussteuerfrei. Gegenstände aus Pelz anderer Arten sind luxussteuerpflichtig. Bestehen die Gegenstände aus luxussteuerpflichtigem Pelz und anderen an sich luxussteuerfreien Stoffen, so unterliegen sie der Luxussteuer dann, wenn der Pelz den wertvolleren Bestandteil bildet, und zwar ohne Rücksicht darauf, ob der Pelz am Äußeren des Gegenstandes oder als Futter verwendet ist. Die Luxussteuerpflicht ist auch dann begründet, wenn die Gegenstände aus luxussteuerpflichtigem oder luxussteuerfreiem Pelz und anderen luxussteuerpflichtigen Stoffen bestehen und diese letzteren den wertvolleren Bestandteil bilden (zu vgl. auch § 72 II). Dagegen sind die Gegenstände in Verbindung mit luxussteuerpflichtigem Pelz nur wegen dieser Verbindung nicht luxussteuerpflichtig.

V. 1. Die Luxussteuer bei zugerichteten Fellen hat derjenige Unternehmer zu entrichten, der als erster die Felle nach der Zurichtung liefert. Der Zurichter ist dann nicht luxussteuerpflichtig, wenn er lediglich im Werklohn für einen Unternehmer tätig ist. Luxussteuerpflichtig ist in diesem Falle gemäß § 18 Abs. 2 des Gesetzes der Unternehmer, der das zugerichtete Fell in den Verkehr bringt. Die Luxussteuerpflicht tritt auch dann ein, wenn das zugerichtete Fell an einen Unternehmer geliefert wird, der es zu einem Bekleidungsstück oder Inneneinrichtungsgegenstand verarbeiten will; diesem Unternehmer steht der Vergütungsanspruch nach § 19 des Gesetzes zu. Der

Lieferer von zugerichteten Fellen ist jedoch befugt, an solche Unternehmer sowie an Händler mit Pelzen und Pelzwaren Felle luxussteuerfrei, also nur mit der allgemeinen Umsatzsteuer belastet, zu liefern, wenn ihm der Abnehmer eine Bescheinigung vorlegt, nach der er zum luxussteuerfreien Bezuge zugerichteter Felle berechtigt ist. Diese Bescheinigung wird vom Finanzamt nur ausgestellt, wenn der Antrag von einem Fachverbande befürwortet wird, der sich gegenüber dem Reichsminister der Finanzen zur Mitwirkung bereit erklärt. Die Mitwirkung des Fachverbandes erfolgt unter der Voraussetzung, daß er sich verpflichtet, nur solche Anträge zu befürworten, bei denen nach Art der Unternehmen ein Mißbrauch ausgeschlossen ist, er seine Mitglieder überwacht, Verstöße gegen die getroffene Regelung unter Vertragsstrafe stellt und Zuwiderhandlungen dem Finanzamt anzeigt. Ferner hat der Verband seine Mitglieder zu verpflichten, Lieferungen von zugerichteten Fellen an Privatpersonen oder solche Unternehmer, die keine Bezugsbescheinigung vorlegen, zur Luxussteuer anzumelden, auch wenn sie die zugerichteten Felle selbst erst erworben haben. Auf die Bezugsbescheinigung finden die für die Wiederveräußerungsbescheinigung gemäß § 22 des Gesetzes gegebenen Bestimmungen (§ 201) entsprechende Anwendung. Die Bezugsbescheinigung ist auch bei der Beschaffung der Felle aus dem Auslande wirksam; hier hat gemäß § 23 Abs. 2 des Gesetzes der Einführende die Bezugsbescheinigung zur Erlangung der Luxussteuerbefreiung dem Finanzamt vorzulegen.

2. Befassen sich die Mitglieder des Fachverbandes mit der Weiterverarbeitung zugerichteter Felle (wie z. B. die Fachverbände der Kürschner, Konfektionäre), so hat der Fachverband seine Mitglieder dazu anzuhalten, die Weiterverarbeitung von zugerichteten Fellen, die ihnen von Privatkunden übergeben werden, nur dann zu übernehmen, wenn der Privatkunde nachweist, daß das Fell bereits von der Luxussteuer erfaßt ist.

Dieser Nachweis ist entweder durch Vorlegung des Bescheids des Finanzamts oder durch eine Auskunft des Unternehmers, bei dem der Privatkunde das Fell erworben hat, oder, wenn der Privatkunde das Fell als Jagdbeute oder durch eigene Zucht gewonnen hat, durch eine entsprechende schriftliche Erklärung des Privatkunden zu erbringen. Wird der Nachweis nicht erbracht, so ist das Mitglied des Fachverbandes nur dann berechtigt, das Fell zur Bearbeitung zu übernehmen, wenn das Mitglied von dem Werte des daraus hergestellten Gegenstandes die Luxussteuer entrichtet.

3. Die Bestimmungen unter Nr. 1 und 2 finden auf Halberzeugnisse, wie Pelzfutter und dergl., entsprechende Anwendung, nicht aber auf Fertigerzeugnisse, wie Bekleidungsstücke und Inneneinrichtungsgegenstände.

VI. Reparaturen einschließlich von Umarbeitungen an nach den Bestimmungen unter IV luxussteuerpflichtigen Bekleidungsstücken und Inneneinrichtungsgegenständen aus Pelz sind luxussteuerfrei. Werden die vorgenannten Gegenstände vergrößert und verwendet hierzu der Unternehmer von ihm selbst beschafftes luxussteuerpflichtiges Pelzwerk, so ist das für die Reparatur vereinnahmte Entgelt luxussteuerpflichtig.

VII. Für Handschuhe, Hüte, Schuhe und Stiefel sowie Teppiche aller Art gelten die besonderen Bestimmungen der §§ 42 a, 76, 42 c, 68.

§ 57. 1. Unter Fächern im Sinne des § 15 II Nr. 11 des Gesetzes sind sowohl Handfächer wie Schmuckfächer zu verstehen. Sie sind ohne Rücksicht auf den zu ihrer Herstellung verwendeten Stoff luxussteuerpflichtig. Es fallen insbesondere hierunter:

1. Handfächer, ganz oder teilweise aus Straußenfedern oder anderen Schmuckfedern, aus Seide, Hand- oder Maschinenspitzen, -spitzenstoffen, -stickereien aller Art, aus Papier, Horn, Gazegeweben, getrockneten Palmblättern;

2. sog. Handventilatoren aus Stoffen aller Art;
3. Scherzartikel aus Gespinststoffen aller Art, Papier oder anderen Stoffen in Handfächerform;
4. Schmuckfächer aller Art, wie z. B. sog. japanische Fächer (Klappfächer und nicht zusammenlegbare fächerförmige Gegenstände aus mit buntem Papier überklebten Bambusrohrgestellen), Radfächer.

II. Puppenfächer und als Spielzeug für Kinder dienende Fächer, je bis zu einer Länge von zwölf Zentimetern, sind ohne Rücksicht auf den zu ihrer Herstellung verwendeten Stoff luxussteuerfrei.

III. Fächergestelle sind als Halberzeugnisse luxussteuerfrei.

§ 58. I. Nach § 15 II Nr. 12 des Gesetzes sind luxussteuerpflichtig: Boas aller Art aus natürlichen Federn aller Art (Straußen-, Reiher-, Gänse-, Hahnen-, Enten-, Putenfedern usw.).

II. Außer Federboas unterliegen auch sog. Phantasieboas (Boas aus Stoffen aller Art) der Luxussteuer. Wegen der Boas aus Pelz zu vgl. § 56 II.

§ 59. I. 1. Die nach § 15 II Nr. 13 des Gesetzes und den nachstehenden Bestimmungen unter 2. luxussteuerpflichtigen Schmuckfedern und Vogelbälge unterliegen nicht in rohem, sondern erst in bearbeitetem (zugerichtetem, zubereitetem, gefärbtem, gekräuseltem) Zustande der Luxussteuer.

2. Den Gura- und Sammetvogelbälgen werden die Flamingovogelbälge gleichgestellt. Auch Teile dieser Vogelbälge, wie Flügel, Köpfe, Schwänze oder einzelne Federn sind luxussteuerpflichtig.

3. Unter echten Straußenfedern werden die Federn mit durchgehenden Kielen verstanden, nicht die sog. gerissenen oder geschnittenen Teile von Federn (Gestecke).

II. Luxussteuerpflichtig sind auch Zusammenstellungen von Federn der in § 15 II Nr. 13 des Gesetzes genannten Art (sog. Federphantasien). Von der Luxussteuer sind ausgenommen Zusammenstellungen aus

1. nicht mehr als drei zusammengeklebten, zusammengenähten oder auf sonstige Weise zusammengefügten, vom Kiel gerissenen Straußfederteilen oder Straußfederabfällen,
2. zusammengeklebten, zusammengenähten oder auf sonstige Weise zusammengefügten Gänse-, Enten-, Hühner- oder Putenfedern.

Eine Verbindung mit nicht mehr als drei Paradies- oder Stangenreiherstielen, je in einer Länge von nicht mehr als fünfunddreißig Zentimetern, oder mit nicht mehr als drei Kronenreiherstielen, je in einer Länge von nicht mehr als achtzehn Zentimetern, macht die Zusammenstellungen unter 1 und 2 nicht luxussteuerpflichtig.

§ 60. I. Die in § 15 II Nr. 14 des Gesetzes genannten Badehauben, Badewannen, Reiseeinrichtungen, Schwammbeutel und Tabakbeutel aus oder in Verbindung mit Kautschuk sind luxussteuerfrei.

II. Für Fußabstreicher sowie Mäntel und Umhänge aus oder in Verbindung mit Kautschuk gelten die besonderen Bestimmungen in § 68 und § 72 II Nr. 4.

§ 61. I. Unter die luxussteuerpflichtigen Riech- und Schönheitsmittel im Sinne von § 15 II Nr. 15 des Gesetzes fallen folgende Gegenstände:

1. Fette, Salben, Creme, Öle, und zwar:
   a) wohlriechende Fette, insbesondere Pomaden, in loser und fester Form (Stangenpomaden),
   b) wohlriechende Salben und Creme aller Art,
   c) wohlriechende fette Öle aller Art (mineralische, pflanz-

liche oder tierische). Zu den Ölen sind namentlich das Haaröl und die flüssigen sog. Brillantinen zu rechnen, das sind Zubereitungen mit Harz-, Glyzerin- oder Fettgehalt, die dazu dienen, die Haare zu formen, glänzend und geschmeidig zu machen;

2. Parfümerien und kosmetische Mittel mit und ohne Äther- oder Weingeistgehalt:
   a) als Parfümerien kommen insbesondere alle alkoholhaltigen oder alkoholfreien Duftmittel, wie Kölnisches Wasser, Blütendüfte, alle Wasserparfüms sowie die mit anderen Lösungsmitteln als Alkohol oder Wasser, wie z. B. Benzylbenzoat, hergestellten Riechmittel in Frage;
   b) unter kosmetischen Mitteln sind Mittel zur Reinigung, Pflege, Färbung oder Verschönerung der Haut, des Haares, der Nägel oder zur Reinigung und Pflege der Mundhöhle zu verstehen, wie insbesondere Puder aller Art, Haarfärbemittel, Haarentfettungspuder, Enthaarungspulver;

3. wohlriechende oder zur Verbreitung von Wohlgeruch dienende äther- oder weingeisthaltige (Essenzen, Extrakte, Tinkturen) und Wässer. Hierunter fallen insbesondere Zubereitungen, wie die sog. Toilettenwässer, die dem Bade- oder Waschwasser zugesetzt werden, um es wohlriechend zu machen;

4. wohlriechender Essig (sog. Toiletteessig);

5. wohlriechende Salze. Hierher gehören das mit flüchtigen Ölen oder anderen Riechstoffen versetzte Hirschhornsalz (Prestonsalz), die mit flüchtigen Ölen oder anderen Riechstoffen versetzten Mischungen von Salmiak und Kalk (sog. englisches Salz), die sog. Badesalze, die dem Bade- oder Waschwasser zugesetzt werden;

6. Schminken aller Art, Räucher- und Schminkpapier, Trockenparfüms. Riechstifte, Duftträger, Schönheitspflaster, Glimmerkristalle zum Einstreuen in die Haare, Puderquasten;
7. alle zur Schönheitspflege dienenden Mittel und Vorrichtungen (Apparate), z. B. Bartbinden, Riechkissen, auch soweit sie nicht als Geheimmittel nach § 15 II Nr. 16 des Gesetzes (zu vgl. § 62) zu behandeln sind. Scheren, Messer, Feilen, Apparate und ähnliche Gegenstände zur Pflege der Hand oder zum Rasieren sowie Haarnetze aus Stoffen aller Art sind luxussteuerfrei.

II. Von den unter I genannten Gegenständen sind luxussteuerfrei:

1. Salben, Creme, Pomaden, Brillantinen, Haaröle, mit und ohne wohlriechende Zutaten, die an Fettstoffen (Fett, Harz, Glyzerin oder dergl.) mehr als 30 v. H. enthalten;
2. Kopf- (Kopfwasch-), Mund- und Zahnwässer, Zahnpulver, Zahnpasten, Zahncreme, Zahnseifen- und Kopfwaschpulver.

III. Zu den luxussteuerpflichtigen Riech- und Schönheitsmitteln gehören nicht:

1. alle natürlichen (tierischen oder pflanzlichen) und künstlichen Riechstoffe. Hierunter sind die auf Grund ihrer geruchlichen Eigenschaften zur Bereitung von Riech- und Schönheitsmitteln dienenden Rohstoffe zu verstehen. Zu den natürlichen Riechstoffen gehören namentlich die von Ambra, Bibergeil, Bisam (Moschus) und der Zibetkatze gewonnenen sowie die aus Pflanzen gezogenen, wie Benzoe, Perubalsam, Styrax; zu den künstlichen Riechstoffen rechnen insbesondere Vanillin, Kumarin, Heliotropin, Benzylazetat, Jonon;
2. Seifen aller Art, insbesondere auch Feinseifen.

IV. Nach § 15 Abs. 1 Satz 4 des Gesetzes sind Riech- und Schönheitsmittel insoweit luxussteuerfrei, als sie ihrer objektiven Beschaffenheit nach als Gegenstände der Kranken-, Säuglings- oder Wochenpflege anzusehen sind. Hierzu gehören insbesondere Wundpulver, Säuglingspuder, Wund- und Kinderstreupulver (Puder und Pulver ohne wohlriechende Zusätze), Schweißverhinderungs- und Schweißeinschränkungsmittel (Schweißpuder, Fußstreupulver), Frostcreme (Creme zur Heilung oder Linderung der Frostkrankheit).

V. Der Lieferer von nach §§ 34 C I, 36, 38 und 39 luxussteuerpflichtigen Büchsen, Dosen, Flaschen und Töpfen ist befugt, diese Gegenstände an Hersteller von Riech- und Schönheitsmitteln luxussteuerfrei, also nur mit der allgemeinen Umsatzsteuer belastet, zu liefern, wenn ihm der Abnehmer eine Bescheinigung vorlegt, nach der er zum luxussteuerfreien Bezuge dieser Gegenstände berechtigt ist. Diese Bescheinigung wird vom Finanzamt nur ausgestellt, wenn der Antrag von einem Fachverbande befürwortet wird, der sich gegenüber dem Reichsminister der Finanzen zur Mitwirkung bereit erklärt. Die Mitwirkung des Fachverbandes erfolgt unter der Voraussetzung, daß er sich verpflichtet, nur solche Anträge zu befürworten, bei denen nach Art der Unternehmen ein Mißbrauch ausgeschlossen ist, er seine Mitglieder überwacht, Verstöße gegen die getroffene Regelung unter Vertragsstrafe stellt und Zuwiderhandlungen dem Finanzamt anzeigt. Auf die Bezugsbescheinigung finden die für die Wiederveräußerungsbescheinigung gemäß § 22 des Gesetzes gegebenen Bestimmungen (§ 201) entsprechende Anwendung.

Die Bezugsbescheinigung ist auch bei der Beschaffung von den in Satz 1 genannten Büchsen, Dosen, Flaschen und Töpfen aus dem Auslande wirksam; hier hat gemäß § 23 Abs. 2 des Gesetzes der Einführende die Bezugsbescheinigung zur Erlangung der Luxussteuerbefreiung dem Finanzamte vorzulegen.

§ 62. I. Unter den in § 15 II Nr. 16 des Gesetzes angeführten Geheimmitteln sind Stoffe oder Zubereitungen zu verstehen, die zur Verhütung, Heilung oder Linderung von Krankheiten, Leiden oder Körperschäden aller Art, zur Vermehrung oder Verminderung körperlicher Leistungen oder zur Förderung oder Erleichterung der Geburt bei Menschen oder Tieren bestimmt sind, wenn

1. ihre Bestandteile nach Art und Menge dem Erwerber gegenüber geheim gehalten werden, oder
2. die Mittel in der vorgeschriebenen oder üblichen Anwendung geeignet sind, gesundheitsschädlich zu wirken, insbesondere auch dadurch, daß sie von dem Gebrauch geeigneter Heilmittel oder ärztlicher Hilfe abhalten, oder
3. die Mittel zur Ausbeutung oder zur Irreführung durch die Art ihrer Ankündigung oder Anpreisung

dienen können.

II. Nicht als Geheimmittel sind solche Zubereitungen oder Stoffe anzusehen, die in das Arzneibuch für das Deutsche Reich aufgenommen sind und unter der dort angewandten Bezeichnung angeboten werden sowie diejenigen, die in der medizinischen Wissenschaft und Praxis als Heilmittel allgemeine Anerkennung gefunden haben.

III. Vor der Veranlagung von nach den Bestimmungen unter I und II Luxussteuerpflichtigen sind durch Vermittelung des Reichsministers der Finanzen das Reichsgesundheitsamt, die Staatliche Nahrungsmittel-Untersuchungsanstalt in Berlin, der Deutsche Ärztevereinsbund, der Vereinsbund Deutscher Zahnärzte, der Reichsverband Deutscher Tierärzte, der Deutsche Apothekerverein, der Deutsche Drogistenverband von 1873 E. V., der Verband der Fabrikanten von Markenartikeln E. V., der Verband der chemisch-pharmazeutischen Groß-Industrie E. V., der Zentralverband der chemisch-technischen Industrie E. V., der Verband pharmazeutischer Fabriken E. V. gutachtlich zu hören.

§ 63. A. Unter die in § 15 Nr. 17 des Gesetzes genannten Gegenstände fallen Spazierstöcke und Schirmstöcke aller Art sowie Peitschen aller Art (Bogen-, Hunde-, Schlagpeitschen, Dressur-, Fahr-, Reitgerten, Reitstöcke), Unterstöcke und Griffe aller Art hierzu.

B. Die unter A genannten Gegenstände sind nur in folgenden Fällen luxussteuerpflichtig:

1. Griffe aller Art, wenn sie hergestellt sind aus:
   a) Edelmetall, auch wenn sie mit Edelsteinen, Perlen oder Halbedelsteinen verziert sind (§ 34 A II Satz 4), oder
   b) den in § 34 C I genannten Stoffen mit dem dort genannten Feingehalt an Edelmetall, oder
   c) den in § 35 I genannten Stoffen sowie aus Nashorn, Nilpferdhaut, Nilpferdzahn, Caphorn, hellem Brasilhorn und hellem Bombayhorn.
2. Spazierstöcke, Schirmstöcke, Peitschen sowie Unterstöcke hierzu, wenn sie hergestellt sind aus:
   a) Edelmetall, auch wenn sie mit Edelsteinen, Perlen oder Halbedelsteinen verziert sind;
   b) folgenden Holzarten (Stamm- oder Knüppelholz):

Boulettrieholz,	Partridgeholz,
Celebesholz,	Pock- (Guajak-, Franzosen-) holz,
Ebenholz aller Art,	Satinholz,
Greenhardholz,	Schlangenholz,
Jacarandaholz,	Veraholz,
Kokoboloholz,	Violettholz,
Palmenholz,	
Palmiraholz,	

c) folgenden Stammhölzern:

Alaba-, Amaranth-, Ankiroba-, Bilinga-, schwedischem Birken-, westindischem und türkischem Buchsbaum-, Ceylonreben-, Dileba-, Ebano-, deutschem Eichen-, Eisen-, Fernambuk- (Picado-), Grenadille-, Guajacan-, Hunt-, Korallen-, Madagaskarreben-, Nicaragua-, afrikanischem Oliven-, Padouk (Payduck), Polisander- (Palisander-, Polyxander-), Piment-, Platanen-, Robinia-, Rosen-, Rüster-, Surinand-, Tiek- (Teak-), Thuja-, Vogelaugenahorn-, Weißdorn-, Zedern-, Zitronenholz,

d) folgenden Knüppelhölzern:

Bengalo-, Birkenkeulen-, Braunhasel-, Ginster-, Kissiwena-, Lianen-, Lindidorn-, Mehadia-, Orange-, Piment-, Silberhasel-, Weinrebenholz,

e) folgenden Rohrarten:

Dragon-, Jambis-, Jokohama-, Madagaskar-, Malakkanaturrohr bei einer Schußlänge von über vierzig Zentimetern, Nilgherris-, Palmen-, Partridge-, Pfeffer- und Tokkosrohr.

Unter Stammhölzern im Sinne der vorstehenden Bestimmungen ist das aus den Holzstämmen geschnittene Holz, unter Knüppelholz das aus Ast-, Wurzel- oder Bruchholz geschnittene Holz zu verstehen.

3. Die Luxussteuerpflicht von Beschlagteilen aus Edelmetall richtet sich nach der Bestimmung in § 34 A II Satz 4.

C. Luxussteuerpflichtig ist der Hersteller der unter A genannten Gegenstände, auch soweit sie als Halberzeugnisse anzusehen sind (wie z. B. die Griffe und Unterstöcke). Hat der Lieferer eines fertigen Spazierstockes, Schirmstockes oder Peitsche die Gegenstände in allen Teilen selbst hergestellt, von denen einer oder mehrere nach den Bestimmungen unter B luxussteuerpflichtig sind, so ist das gesamte Entgelt luxussteuerpflichtig. Hat hingegen der Lieferer eines fertigen Spazierstockes und dergl. einen luxussteuerpflichtigen Bestandteil hiervon (z. B. den Griff) hergestellt, einen anderen luxussteuerpflichtigen oder luxussteuerfreien Bestandteil (z. B. den Unterstock) aber erworben, so ist das vereinnahmte Entgelt abzüglich des Kaufpreises für den erworbenen Bestandteil luxussteuerpflichtig; ein Vergütungsanspruch nach § 19 des Gesetzes ist in diesem Falle nicht gegeben, und zwar auch dann nicht, wenn die Gegenstände in das Ausland geliefert werden (§ 19 Satz 2 Halbsatz 2 und Satz 4 des Gesetzes). Die näheren Bestimmungen über die dabei einzuhaltende Buchführung trifft der Reichsminister der Finanzen. Eine Luxussteuerpflicht ist dann nicht begründet, wenn der Lieferer eines fertigen Spazierstockes und dergl. alle Bestandteile hiervon, die nach den Bestimmungen unter B luxussteuerpflichtig waren, erworben und sie zu einem fertigen Spazierstock und dergl. verarbeitet hat, ferner, wenn er luxussteuerpflichtige Bestandteile erworben und sie mit selbst hergestellten, nicht luxussteuerpflichtigen Bestandteilen zu einem fertigen Spazierstock und dergl. verarbeitet hat. Ein Vergütungsanspruch nach § 19 des Gesetzes besteht in diesen Fällen nicht, und zwar auch dann nicht, wenn die Gegenstände in das Ausland geliefert werden (§ 19 Satz 2 Halbsatz 2 und Satz 4 des Gesetzes).

D. Reparaturen an den unter A genannten Gegenständen sind luxussteuerfrei. Die Bestimmung in § 34 E Satz 2 und Satz 4 findet entsprechende Anwendung.

§ 64. I. Die in § 15 II Nr. 18 des Gesetzes genannten Puppen, Puppenbälge und Tiere aus Stoffen aller Art in allen Größen sind luxussteuerfrei.

II. Sog. Zierpuppen (Teewärmer, Vitrinen-, Salonpuppen und dergl.) sind ohne Rücksicht auf die Größe und den zu ihrer Herstellung verwendeten Stoff luxussteuerpflichtig (zu vgl. aber auch § 79 a C III).

§ 65. I. Die in § 15 II Nr. 19 des Gesetzes genannten Stand-, Tisch- oder Wanduhren (Zimmeruhren) sind nur dann luxussteuerpflichtig, wenn sie hergestellt sind:

1. aus oder in Verbindung mit Edelmetallen (zu vgl. § 34 A II),
2. in Verbindung mit Edelsteinen, Perlen oder Halbedelsteinen, und zwar nach § 21 Abs. 1 Nr. 1 im Kleinhandel (§ 34 A II und B I Nr. 2),
3. mit einem Gehäuse aus
   a) den in § 34 C I genannten Stoffen mit dem dort angegebenen Feingehalt an Edelmetall,
   b) den in § 35 I genannten Stoffen,
   c) Bronze aller Art (§ 36 I Nr. 2),
   d) Porzellan aller Art,
   e) Hohlglas, da durch Bearbeitung die in § 39 I Nr. 1 genannte Wertsteigerung erfahren hat,
   f) Leder der in § 42 I genannten Arten,
   g) Holz der in § 43 III Nr. 1 genannten Arten,
   h) Naturstein aller Art, mit Ausnahme des Serpentins.

II. Reparaturen an Zimmeruhren sind luxussteuerfrei; die Bestimmung in § 34 E Satz 2 und Satz 4 findet entsprechende Anwendung.

III. Wegen der Taschenuhren, Armbanduhren, Uhrenarmbänder zu vgl. § 34 A II.

§ 66. I. Unter Beleuchtungsgegenständen im Sinne des § 15 II Nr. 20 des Gesetzes sind Beleuchtungskörper aller Art für Innen- und Außenbeleuchtung zu verstehen, insbesondere Hänge- und Zuglampen, Kronen, Laternen, Leuchter, Lyren, Hänge- und Zugpendel, Kipp-, Tisch- (Schreibtisch-, Küchen-,

Klavier-, Nachttisch-, Notenpult-) Lampen, Wand- und Zuglampen sowie Wandarme.

II. Beleuchtungsköper sind nur in folgenden Fällen luxussteuerpflichtig:

1. ohne Rücksicht auf die Leuchtstellen, wenn sie hergestellt sind
   a) aus oder in Verbindung mit Edelmetallen, Edelsteinen, Perlen oder Halbedelsteinen, und zwar nach § 21 Abs. 1 Nr. 1 des Gesetzes im Kleinhandel,
   b) aus unedlen Stoffen, die mit Platin, Gold oder Silber belegt (plattiert oder doubliert) oder platiniert, vergoldet oder versilbert sind, und zwar ohne Rücksicht auf den Feingehalt an Edelmetall (zu vgl. § 34 C V),
   c) aus den in § 35 I genannten Stoffen;
2. ohne Rücksicht auf den zu ihrer Herstellung verwendeten Stoff bei mehr als zehn Leuchtstellen. Auf die Luxussteuerpflicht ist es ohne Einfluß, ob alle Leuchtstellen die gleiche Lichtart haben;
3. Klub- oder Ständerlampen aus Stoffen aller Art (z. B. Holz, Geflechten, Metallen und dergl.), sowie Kandelaber aus keramischen Stoffen (zu vgl. § 38 I Nr. 1).

III. Bestandteile und Zubehörstücke zu Beleuchtungskörpern sind luxussteuerfrei. Die Luxussteuerpflicht von Lampengläsern (Glocken, Kugeln, Schalen, Schirmen, Zylindern und dergl.) beurteilt sich nach § 39 I Nr. 1.

IV. Luxussteuerpflichtig ist der Hersteller der Beleuchtungskörper, und zwar ohne Rücksicht darauf, ob sie mit elektrischem Leitungsdraht, Glühlampenfassungen, Schirmen und dergl. versehen sind. Ständer aus Holz zu Ständerlampen sind auch dann beim Hersteller luxussteuerpflichtig, wenn sie ungebeizt, ungewachst, unmattiert oder unpoliert geliefert werden.

V. Reparaturen und Umarbeitungen (z. B. Einrichtungen für andere Lichtquellen) an Beleuchtungskörpern aller Art sind luxussteuerfrei. Wird hingegen bei Umarbeitungen die Zahl der vorhandenen Brennstellen auf über zehn vermehrt, so ist das hierfür vereinnahmte Entgelt stets luxussteuerpflichtig.

Die Bestimmung im § 34 E Satz 2 und Satz 4 findet entsprechende Anwendung.

§ 67. Die in § 15 II Nr. 21 des Gesetzes genannten Parkettäfelböden aller Art sind luxussteuerfrei.

§ 68. I. Zu den Teppichen im Sinne von § 15 II Nr. 22 des Gesetzes gehören Teppiche aller Art (Fußboden-, Wandteppiche), Fußbodenbelag, Läuferstoffe, Fußbodendecken, Fußdecken (Vorlagen, Vorleger, Abstreicher), abgepaßt oder als Meterware. Sie sind ohne Rücksicht darauf, aus welchem Stoff und nach welchem Verfahren sie hergestellt sind, luxussteuerpflichtig. Nicht abgepaßter Kautschuk- und Linoleumbelag aller Art ist luxussteuerfrei; abgepaßter Kautschuk und abgepaßtes Linoleum, auch Kautschuk- und Linoleumläuferstoffe, unterliegen in allen Arten und Größen der Luxussteuer.

II. Luxussteuerfrei sind Fußdecken (Vorlagen, Vorleger, Abstreicher) in einer Größe von nicht mehr als fünfundvierzig mal fünfundsiebzig Zentimetern aus Bast, Baumwurzeln, Binsen, Ginster, Gras (Seegras), Holz, Holzspan, Holzwolle, Kokos, Schilf, Stroh, Typha und Wachstuch.

III. Als Hersteller der Teppiche gilt derjenige, der sie in abgepaßter Form oder als Meterware anfertigt.

IV. Ausländische Teppiche aus Stoffen aller Art unterliegen nach § 17 Nr. 3 des Gesetzes der Luxussteuer beim Verbringen in das Inland (zu vgl. § 12).

V. Sind Teppiche als Antiquitäten im Sinne vom § 21 Abs. 1 Nr. 3 des Gesetzes anzusehen, so sind sie im Kleinhandel luxussteuerpflichtig (zu vgl. § 79 b II Nr. 2 b).

§ 69. I. Wandbekleidungen (§ 15 II Nr. 23 des Gesetzes) sind nur dann luxussteuerpflichtig, wenn sie hergestellt sind aus:

1. Leder oder Lederspalten aller Art,
2. Linkrusta aller Art,
3. gepreßtem Papier, das Leder oder Linkrusta nachahmt, wenn das Gewicht von einem Quadratmeter Papier zweihundert Gramm übersteigt,
4. Papier, dessen Grund vollständig vergoldet, versilbert oder bronziert ist (z. B. Tekko-, Salubra-, Metaxin- und Brokatelletapeten),
5. Papier in Verbindung mit Wolle oder Seidenstaub, oder aus sonstigen Stoffen aller Art, die Brokat, Gobelin, Sammet oder Seide nachahmen.

II. Auch Deckenbekleidungen aus den unter I Nr. 1 bis 5 genannten Stoffen sind luxussteuerpflichtig.

III. Nach den Bestimmungen unter I oder II luxussteuerpflichtige Wand- oder Deckenbekleidungen sind nicht nur dann luxussteuerpflichtig, wenn sie in Wohnräumen angebracht werden, sondern auch dann, wenn sie in gewerblichen Zwecken dienenden Räumen und dergl. verwendet werden.

IV. Luxussteuerpflichtig ist der Hersteller der unter I und II genannten Gegenstände; derjenige, der die Verkleidung an den Wänden oder Decken anbringt, ist nur umsatzsteuerpflichtig.

V. Wand- und Deckenbekleidungen aus Geweben sind nur dann luxussteuerpflichtig, wenn sie aus den in § 45 II Nr. 2 b genannten Geweben hergestellt sind. Luxussteuerpflichtig ist der Hersteller des Gewebes (Weber); derjenige, der die Verkleidung aus diesen Geweben an den Wänden oder Decken anbringt, ist nur umsatzsteuerpflichtig.

VI. Für Wandteppiche gelten die besonderen Bestimmungen des § 68.

§ 70. I. Von den in § 15 II Nr. 24 des Gesetzes genannten Koffern und Reisetaschen sind nur die folgenden luxussteuerpflichtig:

1. Koffer und Reisetaschen aller Art aus Naturleder aller Art mit Ausnahme von Lederspalten,
2. Schrank- und Kommodenkoffer aus Stoffen aller Art.

II. Wegen der Reisekoffer und Reisetaschen aus oder in Verbindung mit Edelmetallen, Edelsteinen, Perlen oder Halbedelsteinen, aus den in §§ 34 C I und 35 I genannten Stoffen zu vgl. §§ 34 und 35.

III. Reparaturen an Koffern und Reisetaschen sind luxussteuerfrei; die Bestimmung in § 34 E Satz 2 und Satz 4 findet entsprechende Anwendung.

§ 71. I. Unter Wäsche im Sinne von § 15 II Nr. 25 ist Wäsche aller Art, wie Bett-, Haus-, Küchen-, Leib- und Tischwäsche zu verstehen. Auch Taschentücher, Schlaf- und Morgenanzüge (Pyjamas) sowie Teile hiervon, Korsettschoner, Untertaillen, Unterziehblusen, Schlupfhosen (Kulotten), weiße Futter- und Unterkleider sowie weiße Unter- und Taillenröcke fallen hierunter.

II. Wäsche ist nur dann luxussteuerpflichtig, wenn sie hergestellt ist aus

1. Geweben aus Naturseide aller Art (sowohl Rohseide und Feinseide, wie Abfallseide, d. h. Florett-, Schapp-, Bouretteseide, Seidenshoddy), auch gemischt mit Kunstseide,
2. Seidenbrokat, einem Gewebe aus Naturseide aller Art (Nr. 1), auch gemischt mit Kunstseide, mit eingewebten Metallgespinsten oder Metallfäden aller Art,
3. Seidensammet, einem Sammetgewebe, bei dem die Kette, der Pol und der Schuß aus Naturseide aller Art (Nr. 1), auch gemischt mit Kunstseide, bestehen,

4. Seidenplüsch, einem Plüschgewebe, bei dem die Kette, der Pol und der Schuß aus Naturseide (Nr. 1), auch gemischt mit Kunstseide, bestehen.

III. Luxussteuerpflichtig ist der Hersteller des gebrauchsfertigen Wäschestücks.

IV. Reparaturen an Wäsche sind luxussteuerfrei.

§ 71 a. Zu Korsetts im Sinne von § 15 II Nr. 25 b des Gesetzes rechnen Korsetts aller Art sowie Büstenhalter und Leibchen. Diese Gegenstände sind nur unter den Voraussetzungen von § 71 II luxussteuerpflichtig.

§ 72. I. Zu den Gegenständen der Oberbekleidung im Sinne von § 15 II Nr. 26 und 27 b des Gesetzes rechnen Bekleidungsstücke für Männer, Frauen und Kinder, wie z. B. Anzüge, Blusen, Gamaschen, Gürtel, Hals-, Kopf- und Umschlagetücher, Hosen, Jacken, Jacketts, Joppen, Jumper, Kleider, Kostüme (Jackenkleider), Kragen, Mäntel, Paletots, Röcke, Schals, Schürzen, Umhänge, bunte Futter- und Unterkleider sowie bunte Unter- und Taillenröcke, Westen aller Art.

II. Die unter I genannten Gegenstände sind nur dann luxussteuerpflichtig, wenn sie hergestellt sind aus:

1. einem oder mehreren der in § 71 II Nr. 1 bis 4 genannten Gewebe,
2. Chenille aus Naturseide (§ 71 II Nr. 1) auch gemischt mit Kunstseide,
3. imprägnierten Geweben aus Naturseide aller Art (§ 71 II Nr. 1), auch gemischt mit Kunstseide,
4. Geweben aus Naturseide aller Art (§ 71 II Nr. 1), auch gemischt mit Kunstseide, in Verbindung mit Kautschuk,
5. Pelz (zu vgl. § 56 IV und unten unter III Nr. 1),
6. Leder oder Lederspalten aller Art (zu vgl. aber auch unten unter III Nr. 3 und 4).

Bestehen Gegenstände der Oberbekleidung aus einem oder mehreren der unter Nr. 1 bis 6 genannten luxussteuerpflichtigen Stoffe und anderen luxussteuerfreien Stoffen und bilden die erstgenannten Stoffe den wertvolleren Bestandteil, so ist die Luxussteuerpflicht ohne Rücksicht darauf begründet, ob die unter Nr. 1 bis 6 genannten Stoffe am Äußeren des Bekleidungsstücks oder als Futter verwendet sind.

III. Von den Gegenständen der Oberbekleidung aus den unter II genannten Stoffen sind luxussteuerfrei:

1. Gegenstände der Oberbekleidung aus den in § 56 III Nr. 1 und 2 genannten luxussteuerfreien Pelzarten (zu vgl. § 56 IV Satz 1),
2. Kragenschoner, Krawatten und Schlipse,
3. Gamaschen aus Leder oder Lederspalten aller Art,
4. Hosen für Männer oder Frauen aus Leder oder Lederspalten aller Art sowie andere Gegenstände der Oberbekleidung für Männer aus Schafleder,
5. Schleier (Hut- oder Putzschleier) aus Stoffen aller Art,
6. Uniformen für die Angehörigen der Reichswehr und für die im Dienste des Reichs oder in unmittelbarem oder mittelbarem Dienste eines Landes angestellten Beamten sowie für Angehörige von Feuerwehren, wenn die Uniformen sich im Rahmen der einfachsten Ausstattung halten und den bestehenden Bestimmungen über die Beschaffenheit der Gegenstände entsprechen,
7. Gegenstände, die zur Amtstracht der Geistlichen, Ministranten und kirchlichen Bediensteten sowie der sonstigen Religionsdiener und deren Gehilfen gehören (z. B. Paramente, Talare, Halskrausen, Bäffchen, Meßgewänder, Rauchmäntel, Vela, Dalmatiken, Stolen, Chorhemden, Alben) ohne Rücksicht auf die Ausführung und die zu ihrer Herstellung verwendeten Stoffe.

IV. Luxussteuerpflichtig ist der Hersteller des gebrauchsfertigen Gegenstandes der Oberbekleidung. Bei Hals-, Kopf- und Umschlagetüchern sowie Schalen, die so angefertigt werden, daß sie bereits im Stoffganzen, in der Meterware, allseitig durch Webekanten und dergl. abgegrenzt sind, ist der Hersteller der Meterware luxussteuerpflichtig.

V. Reparaturen einschließlich von Umarbeitungen an Gegenständen der Oberbekleidung sind luxussteuerfrei. Für Reparaturen einschließlich von Umarbeitungen an Gegenständen der Oberbekleidung aus Pelz (II Nr. 5) gilt die Bestimmung des § 56 VI.

VI. Für Handschuhe, Strümpfe und Socken, Hüte, Schirme gelten die besonderen Bestimmungen in §§ 42 a, 73 a, 76, 73 b.

§ 73. I. Wirk-, Strick- und Netzwaren aller Art (§ 15 II Nr. 27 a des Gesetzes) sind nur dann luxussteuerpflichtig, wenn sie aus Naturseide aller Art (§ 71 II Nr. 1), auch gemischt mit Kunstseide, hergestellt sind.

II. Reparaturen an den unter I genannten Gegenständen sind luxussteuerfrei.

III. Die Bestimmungen in § 72 III Nr. 2, 6 und 7 finden entsprechende Anwendung.

IV. Für Handschuhe, Strümpfe und Socken gelten die besonderen Bestimmungen der §§ 42 a und 73 a.

§ 73 a. Strümpfe und Socken aller Art (gewirkt, gestrickt, gewebt) sind nur dann luxussteuerpflichtig, wenn sie

1. aus Naturseide aller Art (§ 71 II Nr. 1), auch gemischt mit Kunstseide, hergestellt oder
2. derart zusammengesetzt sind, daß das Mittelstück aus Naturseide, auch gemischt mit Kunstseide, besteht, der Rand, die Ferse, Sohle, Spitze oder sonstige Teile aus Wolle oder Baumwolle hergestellt sind.

§ 73 b. I. Unter die in § 15 II Nr. 27 b des Gesetzes genannten Schirme fallen nur Regen- und Sonnenschirme. Luxussteuerpflichtig sind nicht die gebrauchsfertigen Schirme, sondern die einzelnen Teile hiervon (Griffe, Beschlagteile, Unterstöcke, Schirmseide) unter den unter II und III genannten Voraussetzungen.

II. Als Schirmseide im Sinne der Bestimmung unter I gelten nur die unerschwerten (unter pari gefärbten), stranggefärbten Gewebe aus reiner Naturseide in einer Breite von nicht mehr als sechzig Zentimetern mit zwei festen Webekanten. Luxussteuerpflichtig ist der Hersteller der Schirmseide (Weber).

III. Die Luxussteuerpflicht von Griffen, Beschlagteilen und Unterstöcken zu Schirmen beurteilt sich nach den Bestimmungen unter §§ 34 A II Satz 4, 63 A und B.

IV. Wenn der Lieferer eines gebrauchsfertigen Schirmes alle Bestandteile hiervon, die nach den Bestimmungen unter II und III beim Hersteller luxussteuerpflichtig waren, erworben und sie zu einem gebrauchsfähigen Schirm verarbeitet hat, ist er nur umsatzsteuerpflichtig, ferner wenn er beim Hersteller luxussteuerpflichtige Bestandteile erworben und sie mit selbsthergestellten, nicht luxussteuerpflichtigen Bestandteilen zu einem gebrauchsfertigen Schirm verarbeitet hat; ein Vergütungsanspruch nach § 19 des Gesetzes besteht in diesen Fällen nicht, und zwar auch dann nicht, wenn die Schirme ins Ausland geliefert werden (§ 19 Satz 2 Halbsatz 2 und Satz 4 des Gesetzes). Hat jedoch der Lieferer eines gebrauchsfertigen Schirmes ihn in allen Teilen selbst hergestellt, von denen einer oder mehrere nach den Bestimmungen unter II oder III luxussteuerpflichtig sind, so ist das gesamte Entgelt luxussteuerpflichtig; hat er einen luxussteuerpflichtigen Bestandteil hiervon (z. B. den Griff) hergestellt, einen anderen luxussteuerpflichtigen oder luxussteuerfreien Bestandteil (z. B. den Unterstock) aber erworben, so ist das vereinnahmte Entgelt abzüglich des Kaufpreises für den erworbenen Bestandteil luxussteuerpflichtig; ein Vergütungsanspruch nach § 19 des Gesetzes ist in diesem Falle nicht gegeben, und zwar auch dann nicht, wenn die Schirme in das Ausland geliefert werden (§ 19 Satz 2 Halbsatz 2 und Satz 4 des Gesetzes). Die näheren Bestimmungen über die dabei einzuhaltende Buchführung trifft der Reichsminister der Finanzen.

V. Reparaturen an Schirmen sind luxussteuerfrei. Die Bestimmung in § 34 E Satz 2 und Satz 4 finden entsprechende Anwendung.

§ 74. I. Von den in § 15 II Nr. 28 und 29 des Gesetzes genannten Gegenständen sind, vorbehaltlich der Bestimmung zu V, nur die folgenden unter den nachstehend im einzelnen angeführten Voraussetzungen luxussteuerpflichtig:

1. Steppdecken (d. h. durch Nähen abgesteppte gefüllte Decken aus Gespinstwaren), wenn
   a) der Überzug aus Naturseide, auch gemischt mit Kunstseide (§ 71 II Nr. 1) oder Seidenbrokat (§ 71 II Nr. 2) besteht, oder
   b) die Füllung aus Eiderdaunen besteht ohne Rücksicht auf die Art des Stoffes des Überzugs;
2. Reisedecken aus Seiden-, Woll- oder Mohairsammet oder -plüsch.

II. Luxussteuerpflichtig ist der Hersteller des gebrauchsfertigen Gegenstandes.

III. Reparaturen an den unter I genannten Gegenständen sind luxussteuerfrei.

IV. Für Gegenstände der unter I genannten Art aus Pelz, insbesondere auch für Reparaturen, gelten die Bestimmungen des § 56.

V. Soweit Gardinen, Übergardinen, Vorhänge, Decken und Kissen aller Art aus den in § 45 II Nr. 2 b genannten Stoffen hergestellt sind, ist der Hersteller des Gewebes (Weber) luxussteuerpflichtig; im übrigen sind die Gegenstände luxussteuerfrei.

§ 75. Die in § 15 II Nr. 30 des Gesetzes genannten Gegenstände sind luxussteuerfrei.

§ 76. I. Unter Hüte, Hutformen und Mützen im Sinne von § 15 II Nr. 31 des Gesetzes fallen Hüte, Hutformen (nicht ausgerüstete, ungarnierte Hüte), Mützen (Hauben, Häubchen), Baretts aller Art für Männer, Frauen und Kinder.

II. Von den unter I genannten Gegenständen sind nur luxussteuerpflichtig:

1. solche, die hergestellt sind aus
   a) einem oder mehreren der in § 71 II Nr. 1 bis 4 genannten Gewebe,
   b) geklebten Federn,
   c) Pelz, mit Ausnahme der in § 56 III Nr. 1 und 2 genannten luxussteuerfreien Arten,
   d) Leder und Lederspalten aller Art,
   e) mit der Hand oder Maschine genähten, echten Roßhaarborten, Liseree- oder Pedalstrohgeflechtborten, wenn die Borten nicht breiter als vier Millimeter sind;
2. Panama-, Manila-, Bangkok- oder Florentinerhüte (auch als Hutstumpen, d. h. nicht ausgerüstete Hüte).

III. Luxussteuerpflichtig ist der Hersteller der Hüte, Hutformen oder Mützen. Auch Hutformen, die als Halberzeugnisse anzusehen sind, unterliegen der Luxussteuer.

IV. Reparaturen, Umarbeitungen, Umpressungen von den unter I genannten Gegenständen sind luxussteuerfrei. Für Hüte aus Pelz (II Nr. 1 c) gilt die Bestimmung in § 56 VI Satz 2.

§ 77. I. Von den in § 15 II Nr. 32 des Gesetzes genannten Gegenständen unterliegen nur die nachgenannten der Luxussteuer:

1. Pralinen. Hierunter ist jedes Erzeugnis aus Schokolade oder Kakao zu verstehen, das nicht in Form von Riegeln, Tafeln, Broten, Kuchen, Stangen oder Eiern gestaltet ist und das mit Früchten, Nüssen, Mandeln, Marzipan, Marzipanersatz, Nußmasse, Nugatmasse, Sahnenmasse, Krokant, Kernen, Säften, Marmeladen, Gelees oder Likören aller Art gefüllt ist;
2. überzogene oder glasierte Dessertfondants, wenn sie mit den in Nr. 1 genannten Stoffen gefüllt sind.

II. Luxussteuerfrei sind hiernach alle übrigen aus oder unter Verwendung von Zucker hergestellten Süßigkeiten, insbesondere auch Keks, Honigkuchen, Makronen, Schokolade in Tafeln oder Riegeln, Zuckercremepralinen und Karamelbonbons.

§ 78. Die Luxussteuer nach § 21 des Gesetzes wird bei der Lieferung der dort genannten Gegenstände im Kleinhandel, also bei der Lieferung vom Gewerbetreibenden unmittelbar an den Verbraucher, erhoben. Die Luxussteuer muß bei jeder Lieferung dieser Gegenstände erhoben werden, wenn nicht in dem in den §§ 200 ff. geregelten Verfahren der Nachweis erbracht ist, daß der Umsatz tatsächlich außerhalb des Kleinhandels erfolgt ist. Die Luxussteuer nach § 21 des Gesetzes wird ohne Rücksicht darauf erhoben, ob die Gegenstände etwa bei einem früheren Umsatz bereits der Luxussteuer beim Hersteller nach § 15 des Gesetzes unterlegen haben. Ist z. B. eine goldene Uhr nach § 15 I Nr. 1 des Gesetzes bereits versteuert worden und wird sie vom Juwelier mit Edelsteinen besetzt, so tritt nochmals die Luxussteuerpflicht, nunmehr im Kleinhandel, nach § 21 des Gesetzes ein. Eine Vergütung in der Art, wie sie § 19 des Gesetzes für die Herstellersteuer vorsieht, ist nicht gegeben (zu vgl. auch § 34 B I Nr. 1).

§ 79. Der Kleinhandelsluxussteuer nach § 21 Abs. 1 Nr. 1 des Gesetzes unterliegen Gegenstände aus oder in Verbindung mit Edelmetallen, soweit sie zu den Gegenständen des Juweliergewerbes oder der Gold- und Silberschmiedekunst gehören, ferner Edelsteine, Perlen, Halbedelsteine sowie Gegenstände aus oder in Verbindung mit Edelsteinen, Perlen oder Halbedelsteinen (zu vgl. des näheren § 34 B I) sowie die Edelmetalle selbst (zu vgl. § 34 A I). Verkäufe von Blattgold und Blattsilber unterliegen nur der allgemeinen Umsatzsteuer, wenn die Voraussetzungen des § 22 des Gesetzes nicht erfüllt werden.

§ 79 a. A. Werke der Malerei (§ 21 Abs. 1 Nr. 2 des Gesetzes). Werke der Malerei unterliegen der Luxussteuer im Kleinhandel. Luxussteuerfrei sind Werke, die der anfertigende Künstler eigenhändig signiert hat, wenn eine der folgenden Voraussetzungen vorliegt:

1. die Lieferung durch den Künstler erfolgt,
2. die Lieferung innerhalb von zwanzig Jahren nach dem Tode des Künstlers aus dessen Nachlaß durch seinen Ehegatten, seine Abkömmlinge oder seine Eltern erfolgt,
3. die Lieferung innerhalb einer Ausstellung nach näherer Bestimmung des Reichsministers der Finanzen erfolgt.

B. Werke der Graphik (§ 15 II Nr. 2 und § 21 Abs. 1 Nr. 2 des Gesetzes).

I. Werke der Graphik unterliegen der Luxussteuer beim Hersteller (Verleger). Sie sind nur dann luxussteuerpflichtig, wenn eine der folgenden Voraussetzungen vorliegt:

1. der Druck auf besonderem Papier, Leder, Lederpergament (Eselshaut) oder Seide aller Art erfolgt; als besonderes Papier gilt handgeschöpftes Büttenpapier (ein mit der Hand vermittels eines Schöpfrahmens geschöpftes Papier), echtes Chinapapier, echtes Japanpapier (Japankupferdruck-,

Japanseiden- und Japanschreibpapier) sowie Reispapier (ein aus dem gepreßten und dünn geschnittenen Mark von Palmen oder der Reispflanze gewonnenes Papier);

2. das Erzeugnis in beschränkter Auflage erschienen ist und die Abdrucke laufend numeriert sind; der Annahme einer beschränkten Auflage steht nicht entgegen, wenn gleichzeitig Exemplare in einer der Üblichkeit entsprechenden Anzahl auf anderem als dem unter 1 genannten Papier ausgegeben werden;

3. es sich um Probedrucke oder um Zustandsdrucke (Drucke von der unfertigen Platte) handelt und wenn die Probedrucke oder Zustandsdrucke als solche bezeichnet sind;

4. es sich um Drucke mit der Marke (Remarquedrucke) oder um Drucke vor der Schrift (avant la lettre) handelt.

II. Luxussteuerfrei sind:

1. Werke, die der Künstler allein oder mit Hilfskräften angefertigt hat und Entwürfe zu diesen Werken, wenn eine der unter A Nr. 1 bis 3 genannten Voraussetzungen vorliegt, und wenn der Künstler die Werke eigenhändig signiert hat;

2. außerdem nicht mehr als fünf Probe- (Zustands-) drucke und nicht mehr als zehn Auflagedrucke derselben Platte,

wenn die Probe- (Zustands-) drucke als solche bezeichnet und die Auflagedrucke numeriert sind, und

wenn die Drucke von dem entwerfenden Künstler eigenhändig signiert sind, und

wenn der Hersteller die Drucke dem Künstler liefert und den Nachweis dieser Lieferung durch seine Buchführung sicherstellt. Die näheren Bestimmungen über die Art der Buchführung erläßt der Reichsminister der Finanzen.

C. Werke der Plastik (§ 15 II Nr. 2 und § 21 Abs. 1 Nr. 2 des Gesetzes).

I. **Werke der Plastik** sind nur luxussteuerpflichtig:

1. wenn es sich um figürliche Darstellungen (Figuren, Statuen, Büsten, Gruppen, Tiere) handelt, und
2. wenn sie bestehen aus
   a) einem der in § 34 C I genannten Stoffe mit dem dort angegebenen Feingehalt an Edelmetall oder aus einem der in § 35 I angeführten Stoffe, oder
   b) anderen tierischen oder pflanzlichen Schnitz- oder Formerstoffen, oder
   c) Metallen aller Art, oder
   d) Natur- oder Kunststein.

§ 6 Abs. 1 des Gesetzes findet Anwendung. Dagegen gehören nicht zu den Werken der Plastik im Sinne der vorstehenden Bestimmungen plastisch ausgestaltete, sog. kunstgewerbliche Gegenstände, d. h. Gegenstände, die auch einem hauswirtschaftlichen Gebrauche dienen können (z. B. Aschenschalen, Tintenfässer).

II. Werke der Plastik unterliegen der Luxussteuer beim **Hersteller**.

III. Luxussteuerfrei sind:

1. Werke, die der Künstler allein oder mit Hilfskräften angefertigt hat, wenn eine der unter A 1 bis 3 genannten Voraussetzungen vorliegt,
2. die vom Künstler allein oder mit Hilfskräften angefertigten Entwürfe und Modelle, wenn eine der unter A Nr. 1 bis 3 genannten Voraussetzungen vorliegt,
3. außerdem das Werk, zehn Abgüsse oder sonstige Vervielfältigungen des Werkes, wenn sie der Hersteller dem Künstler liefert und den Nachweis dieser Lieferung durch seine Buchführung sicherstellt. Die näheren Bestimmungen über die Art der Buchführung erläßt der Reichsminister der Finanzen.

IV. Wegen der Werke der Plastik aus oder in Verbindung mit Edelmetallen, Edelsteinen, Perlen, Halbedelsteinen und aus keramischen Stoffen gelten die besonderen Bestimmungen der §§ 34 und 38.

D. Sonderbestimmungen für Rahmen.

1. a) Luxussteuerpflichtig sind auch fertige leere Rahmen aller Art (für Bilder und Spiegel), wenn sie den halbjährlich am 1. April und 1. Oktober vom Reichsminister der Finanzen nach Anhörung des Verbandes Deutscher Rahmen-, Bilder- und Spiegelfabrikanten in Berlin, des Verbandes der Glaserinnungen Deutschlands und der Vergolderinnungen in Berlin und München festgesetzten Richtpreis überschreiten.

b) Für Rahmen aller Art aus oder in Verbindung mit Edelmetallen, Edelsteinen, Perlen oder Halbedelsteinen, aus den in §§ 34 C I, 35 I, 38 und 44 genannten Stoffen gelten die besonderen Bestimmungen der §§ 34, 35, 38 und 44.

2. Luxussteuerpflichtig ist der Hersteller (Verleger) des Bildblattes oder des fertigen leeren Rahmens. Ist der Lieferer des eingerahmten Bildes zugleich Hersteller (Verleger) des luxussteuerpflichtigen Bildblattes und des luxussteuerpflichtigen fertigen leeren Rahmens oder einer der beiden Gegenstände, so ist das gesamte Entgelt luxussteuerpflichtig; der Lieferer hat aber einen Vergütungsanspruch nach § 19 des Gesetzes, wenn er das Bildblatt oder den Rahmen erworben hat und dieser Gegenstand luxussteuerpflichtig ist. Hat der Lieferer des eingerahmten Bildes das Bildblatt und den Rahmen erworben, so ist er nicht luxussteuerpflichtig, auch wenn der Lieferungspreis den Richtpreis des Rahmens überschreitet.

3. Gerahmte Spiegel sind nur unter der Voraussetzung von § 43 III Nr. 1 luxussteuerpflichtig.

§ 79 b. Sammelgegenstände (§ 21 Abs. 1 Nr. 3 des Gesetzes).

I. Sammelgegenstände unterliegen der Luxussteuer im Kleinhandel. Zu den Sammelgegenständen gehören auch Antiquitäten und alte Drucke.

II. Antiquitäten.

1. Der Begriff der Antiquität im Sinne dieser Bestimmungen setzt voraus, daß der Gegenstand nicht in der Gegenwart oder der jüngsten Vergangenheit hergestellt ist, und daß er neben seinem Material- oder Gebrauchswert einen Sammelwert hat. Ein weit zurückliegendes Alter ist nicht erforderlich, insbesondere gehören auch Gegenstände aus der Biedermeierzeit zu den Antiquitäten. In neuerer Zeit angebrachte Ergänzungen und Reparaturen ändern nichts an dem Charakter eines Gegenstandes als Antiquität. Der besondere Sammelwert scheidet die als Antiquitäten anzusehenden Gegenstände von solchen, die lediglich dem Trödelhandel unterliegen. Sind sich bei einem Gegenstande, der objektiv als Antiquität anzusehen ist, aber lediglich als Gebrauchsgegenstand veräußert wird, Veräußerer wie Erwerber des besonderen Sammelwerts des Gegenstands nicht bewußt und prägt sich diese Unkenntnis im Preise aus, so kann eine nach § 21 Abs. 1 Nr. 3 des Gesetzes luxussteuerpflichtige Lieferung nicht angenommen werden.

2. a) Dem Gegenstande nach umfaßt der Begriff der Antiquität Gebrauchs- und Ausschmückungsgegenstände aller Art. Es kommt auch nicht darauf an, ob der Gegenstand zum praktischen Gebrauch oder lediglich zur Ausschmückung erworben wird sowie ob er wissenschaftlich auswertbar ist. Die im einzelnen Falle vorhandene wissenschaftliche Verwendung kann

lediglich zu einer Vergütung nach § 24 des Gesetzes Anlaß geben.

b) Insbesondere können als Antiquitäten in Betracht kommen: Möbel, Hausgeräte (einschließlich von Wagen, Schlitten, Krippen), Handwerkszeug und Gewerbeabzeichen, kirchliche Gerätschaften, Keramiken aller Art (Porzellan, Fayence, Majolika, Terrakotta, Steingut, Steinzeug, Hafnergeschirr), Gläser, Gegenstände aus Schmiedeeisen, Gußeisen (z. B. Ofenplatten), Messing, Kupfer, Zinn, Bronze, Schmelzwerk (Emaille) und Elfenbein, weiter Bucheinbände, Lederarbeiten, Holzschnitzereien, Lackarbeiten, Textilien (Spitzen, Borten, Stickereien, Kostüme, Stoffe, liturgische Gewänder, Teppiche, Gobeline, Verdüren, Wandbespannungen u. ä.).

c) Für Werke der Malerei, Graphik und Plastik, die nach dem Jahre 1850 hergestellt sind, gelten die besonderen Bestimmungen des § 79 a.

III. Alte Drucke.

Auf dem Gebiete des Buchhandels sind als Antiquitäten und als Gegenstände, wie sie aus Liebhaberei von Sammlern erworben werden, anzusehen:

1. gedruckte und geschriebene Bücher bis zum Jahre 1500 einschließlich,
2. Bücher, Karten, Zeitschriften, Zeitungen, Einblattdrucke und dergl., die vor dem Jahre 1832 erschienen sind, und deren Wert am 1. August 1914 fünfzig Mark überstieg. Maßgebend für die Wertbemessung ist der letzte Vorkriegskatalog des Antiquars oder, wenn eine Kataloganzeige nach dem 1. Januar 1910 nicht vorhanden ist, der am 1. August 1914 übliche Preis,
3. nach dem Jahre 1831 erschienene Erstausgaben der Klassiker, der Romantiker und noch lebender Schriftsteller, sowie Erzeugnisse des Buchdrucks der in § 15 II Nr. 3 des Ge-

setzes bezeichneten Art (vgl. § 49 III), wenn sie ihres Sammelwertes wegen höher bezahlt werden, als es ihrem ursprünglichen Preise und der Güte ihrer Ausstattung entspricht.

Auf den Inhalt der Bücher, insbesondere ob er wissenschaftlich auswertbar ist, kommt es nicht an.

IV. Sonstige Sammelgegenstände.

Als sonstige Sammelgegenstände im Sinne des § 21 Abs. 1 Nr. 3 des Gesetzes sind z. B. Münzen, Medaillen, Plaketten, Briefmarken, Siegel, Siegelstempel, Wappen, Autogramme, Erinnerungen an geschichtliche oder sonstige hervorragende Persönlichkeiten, Waffen, Trachten, ethnographische Gegenstände usw. anzusehen. Es kommt nicht darauf an, ob der Gegenstand wissenschaftlich auswertbar ist. Die im einzelnen Falle vorhandene wissenschaftliche Verwendung kann lediglich zu einer Vergütung nach § 24 des Gesetzes Anlaß geben. Sammlungen naturwissenschaftlicher Art, z. B. Gestein-, Mineralien-, Schmetterlings-, Käfer- und Eiersammlungen sowie Herbarien sind luxussteuerfrei. Die Bestimmung zu II 2 c findet entsprechende Anwendung.

§ 79 c. Nach § 21 Abs. 1 Nr. 4 des Gesetzes sind luxussteuerpflichtig nur Bindereien von frischen Blumen aller Art, auch in Verbindung mit anderen Pflanzen oder Pflanzenteilen, und Bindereien von frischen Pflanzenteilen, wenn sie den halbjährlich am 1. April und 1. Oktober vom Reichsminister der Finanzen nach Anhörung des Verbandes Deutscher Gartenbaubetriebe und des Verbandes Deutscher Blumengeschäftsinhaber festgesetzten Richtpreis überschreiten. Unter Bindereien sind namentlich Blumensträuße, Kränze, Kreuze, Kronen, Blumenkörbe, Kissen und ähnliche Gebinde zu verstehen. Luxussteuerfrei sind hingegen Topfpflanzen und in andere Behältnisse aller Art eingesetzte Pflanzen mit Wurzeln, auch wenn sie verziert (z. B. mit Manschetten) sind, sowie lose und nur lose, mithin nicht zu einer Binderei zusammengefaßte Schnittblumen.

§ 79d. Nach § 21 Abs. 1 Nr. 5 des Gesetzes sind Pferde aller Art luxussteuerpflichtig, wenn sie nach ihrer Beschaffenheit zum Reiten und Kutschieren gebraucht werden können. Als Reit- und Kutschpferde gelten Pferde nach dem 31. Dezember des Jahres, in dem sie das 4. Lebensjahr vollenden, wenn das Entgelt für das einzelne Pferd den Gebrauchsrichtpreis überschreitet. Der Gebrauchsrichtpreis wird vierteljährlich vom Reichsminister der Finanzen nach Anhörung des Reichsministers für Ernährung und Landwirtschaft, dreier vom Reichsausschuß der deutschen Landwirtschaft benannten Vertreter und je eines Vertreters des Reichsverbandes Deutscher Pferdehändler, des Reichsverbandes für Zucht und Prüfung deutschen Halbbluts, der obersten Behörde für Vollblutzucht und Rennen und der obersten Behörde für Traberzucht und Rennen festgelegt; die Veröffentlichung des Gebrauchsrichtpreises wird im Reichsanzeiger für das Deutsche Reich erfolgen. Bei der Bemessung des Gebrauchsrichtpreises ist davon auszugehen, daß er den für das gewöhnliche Gebrauchspferd durchschnittlich angelegten Preisen entspricht. Die Luxussteuer wird nur insoweit erhoben, als sie aus der Hälfte des den Gebrauchsrichtpreis übersteigenden Betrags gedeckt werden kann; jedoch darf sie nicht hinter der allgemeinen Umsatzsteuer, die auf das Entgelt entfallen würde, zurückbleiben.

2. Kaltblutschläger unterliegen nicht der Luxussteuer.

3. Pferde, die von staatlichen Gestüten oder eingetragenen Zuchtverbänden erworben oder veräußert werden, unterliegen nur der allgemeinen Umsatzsteuer, wenn sie zur Zucht Verwendung finden, wenn dies der erwerbende Teil dem Veräußerer schriftlich erklärt und wenn bei Veräußerung durch

Gestüt oder eingetragenen Zuchtverband der Veräußerer die pflichtgemäße Überzeugung hat, daß die Verwendung zu Zuchtzwecken tatsächlich stattfindet. Der Veräußerer hat die Erklärung zu seinen Geschäftspapieren (Belegen) zu nehmen. Als eingetragene Zuchtverbände gelten solche, die von der Landeszentralbehörde als Vollblut- oder Halbblutzuchtverbände anerkannt sind oder werden. Die Landeszentralbehörden haben dem Reichsminister der Finanzen alljährlich ein Verzeichnis der anerkannten Zuchtverbände einzureichen und auf dem laufenden zu erhalten. Der Reichsminister der Finanzen ist befugt, die Vergünstigung auch auf andere Verbände auszudehnen.

4. Ohne Einfluß auf die Luxussteuerpflicht ist, ob der Erwerber das Pferd tatsächlich zum Reiten oder Kutschieren verwenden will oder ob er das Pferd für seinen landwirtschaftlichen Betrieb, für seine Fuhrhalterei oder sonst zu gewerblichen oder beruflichen Zwecken anschafft. Diese in der Person des Erwerbers gelegenen Gesichtspunkte können nur in dem Vergütungsverfahren nach § 24 Abs. 1 Nr. 3 des Gesetzes berücksichtigt werden (vgl. § 198).

§ 79 e. Die Lieferung von lebendem Wild (§ 21 Abs. 1 Nr. 6 des Gesetzes) ist luxussteuerfrei.

C. Erhöhte Umsatzsteuer auf bestimmte Leistungen.

§§ 80 bis 87 sind infolge Streichung der erhöhten Umsatzsteuer auf bestimmte Leistungen (§§ 25 bis 29) gegenstandslos geworden.

D. Überwachung der Steuerpflichtigen.

I. Aufzeichnungs- und Buchführungspflicht.

1. Aufzeichnungs- und Buchführungspflicht bei der allgemeinen Umsatzsteuer.

Aufzeichnungen und Buchführung der Steuerpflichtigen:

a) im allgemeinen.[1])

§ 88. (1) Die Aufzeichnungs- und Buchführungspflicht ist durch § 162 der RAbgO. (AO.) vom 13. 12. 19 (RGBl. S. 1993) geregelt, der wie folgt lautet:

„Wer nach den Steuergesetzen Bücher zu führen oder Aufzeichnungen zu machen hat, soll die folgenden Vorschriften beachten. Die Eintragungen in die Bücher sollen fortlaufend, vollständig und richtig bewirkt werden. Der Steuerpflichtige soll sich einer lebenden Sprache und der Schriftzeichen einer solchen bedienen.

Geschäftsbücher sollen keine Konten enthalten, die auf einen falschen oder erdichteten Namen lauten.

Die Bücher sollen, soweit es geschäftsüblich ist, gebunden und Blatt für Blatt oder Seite für Seite mit fortlaufenden Zahlen versehen sein.

An Stellen, die der Regel nach zu beschreiben sind, sollen keine leeren Zwischenräume gelassen werden. Der ursprüngliche Inhalt einer Eintragung soll nicht mittels Durchstreichens oder auf andere Weise unleserlich gemacht, es soll nicht radiert, auch sollen solche Veränderungen nicht vorgenommen werden, deren Beschaffenheit es ungewiß läßt, ob sie bei der ursprünglichen Eintragung oder erst später vorgenommen sind.

---

[1]) Die Vorschriften in §§ 88 bis 90 gelten nicht nur für Kaufleute im Sinne des Handelsgesetzbuchs, sondern für alle Steuerpflichtigen; RFH. 30. 9. 25, RStBl. 211.

In Bücher soll, wo dies geschäftsüblich ist, mit Tinte eingetragen werden. Trägt der Steuerpflichtige nach vorläufigen Aufzeichnungen ein, so soll er diese aufbewahren. Belege sollen mit Nummern versehen werden und gleichfalls aufbewahrt werden.

Kasseneinnahmen und -ausgaben sollen im geschäftlichen Verkehr mindestens täglich aufgezeichnet werden.

Die Bücher, Aufzeichnungen und, soweit sie für die Besteuerung von Bedeutung sind, auch die Geschäftspapiere sollen zehn Jahre aufbewahrt werden; die Frist läuft vom Schlusse des Kalenderjahrs an, in dem die letzte Eintragung in die Bücher und Aufzeichnungen gemacht ist oder die Geschäftspapiere entstanden sind.

Das Finanzamt kann prüfen, ob die Bücher und Aufzeichnungen fortlaufend, vollständig und formell und sachlich richtig geführt werden."

(2) Die Aufbewahrungspflicht (§ 162 Abs. 8 AO.), die bisher sechs Jahre betrug, ist somit auf zehn Jahre ausgedehnt worden.

(3) Die Aufzeichnungs- und Buchführungspflicht bleibt auch bestehen, wenn ein steuerpflichtiges Unternehmen infolge besonderer Verhältnisse der deutschen Steuerhoheit vorübergehend ganz oder teilweise entzogen ist.

§ 89. (1) Der Aufzeichnungspflicht ist genügt, wenn:

1. sämtliche Entgelte, die der Steuerpflichtige für seine Leistungen erhält, erforderlichenfalls getrennt nach den für die Versteuerung in Betracht kommenden verschiedenen Steuersätzen, fortlaufend in ein Buch eingetragen werden,
2. am Schlusse jedes Kalenderjahrs der Gesamtbetrag der vereinnahmten Entgelte ohne Rücksicht auf ihre Verwendung zu Anschaffungen usw. ermittelt wird und

3. weder bei der Eintragung der einzelnen Entgelte noch bei der Zusammenzählung am Schlusse des Kalenderjahrs die geschäftlichen oder häuslichen Ausgaben vorher abgezogen werden.

(2) Pflegt der Steuerpflichtige vor der Ermittlung des Betrags der vereinnahmten Entgelte aus der Kasse Beträge zur Bestreitung von Ausgaben zu entnehmen, so hat er über diese Ausgaben Aufzeichnungen zu führen, die ihm und dem nachprüfenden Finanzamt die Ermittelung der vereinnahmten Entgelte ohne Abzug der Ausgaben gestatten. Ebenso müssen die aus den Einnahmen bestrittenen geschäftlichen Ausgaben erforderlichenfalls durch Einkaufsbücher usw. nachgewiesen werden.

(3) Die Eintragungen haben sich auch auf den Eigenverbrauch (§ 1 Nr. 2 des Gesetzes) vorbehaltlich der in den §§ 90, 91 vorgesehenen Ausnahmen zu erstrecken.

b) Ausnahmen bei Betrieben bis zu 600 000 Mk. Entgelten und bei landwirtschaftlichen Betrieben.

§ 90. In Unternehmen, bei denen die Gesamtheit der vereinnahmten Entgelte im vorhergehenden Kalenderjahre nicht mehr als 600 000 Mark betragen hat und kein Anlaß zu der Annahme besteht, daß die Entgelte im laufenden Kalenderjahre diesen Betrag übersteigen werden, ist eine abweichend von der Regel des § 162 Abs. 7 AO. (§ 88) nur am Schlusse jeder Woche erfolgende Eintragung der vereinnahmten Entgelte nicht als Verletzung der Aufzeichnungspflicht zu betrachten. In solchen Unternehmen sowie in allen landwirtschaftlichen Betrieben kann der Eigenverbrauch (§ 1 Nr. 2 des Gesetzes) von der laufenden Eintragung in das Buch ausgenommen werden und am Schlusse jedes Kalenderjahrs in einem geschätzten Betrage der Gesamtheit der Entgelte hinzugerechnet werden.

c) bei kleinen landwirtschaftlichen Betrieben.

§ 91. (1) Für landwirtschaftliche Betriebe, bei denen die Gesamtheit der vereinnahmten Entgelte im vorhergehenden Kalenderjahre nicht mehr als 600 000 Mark betragen hat und kein Anlaß zu der Annahme besteht, daß die Entgelte im laufenden Kalenderjahre diesen Betrag übersteigen werden, können, soweit bisher gewohnheitsmäßig bei Unternehmen dieser Art Aufzeichnungen nicht gemacht zu werden pflegten, die Finanzämter den Mangel von Aufzeichnungen als nicht auf einem Verschulden des Steuerpflichtigen beruhend ansehen.

(2) Die Ermächtigung gilt bis Ende des Jahres 1924. Die Betriebe sind auf den Wegfall der Begünstigung, die nach Ablauf dieser Frist nur mit Genehmigung des Reichsministers der Finanzen weitergewährt werden darf, rechtzeitig hinzuweisen.

d) bei bereits nach anderen Gesetzen usw. verpflichteten Betrieben.

§ 92. (1) Die Buchführungspflicht solcher Steuerpflichtiger, die bereits nach anderen Gesetzen oder Rechtsverordnungen zur Buchführung verpflichtet sind, richtet sich gemäß § 163 AO. nach diesen Vorschriften, wenn sie über die Bestimmungen der §§ 88 bis 91 hinausgehen. Insbesondere kommen hier die Verpflichtung der Führung von Handelsbüchern nach §§ 38 ff. des Handelsgesetzbuchs, die Verpflichtung der Buchführung auf Grund gewerberechtlicher Bestimmungen und der Buchführung auf Grund von Verbrauchsabgabengesetzen in Betracht.

(2) Die Finanzämter haben auf die Erfüllung der weitergehenden Buchführungspflicht nur insoweit durch Anordnungen oder Straffestsetzungen hinzuwirken, als die Erfüllung der weitergehenden Vorschriften für eine ordnungsmäßige Nachweisung und Feststellung der Umsatzsteuer von Bedeutung ist.

e) bei öffentlichen Behörden, Gerichtsvollziehern usw.

§ 93. Bei Unternehmen, die von öffentlichen Behörden geleitet werden, Gerichtsvollziehern und sonstigen Versteigerungsbeamten bestimmt sich der Umfang der Buchführungspflicht nach den von den zuständigen Behörden erlassenen Bestimmungen. Wegen der Notare vgl. §§ 109 bis 111 und 113.

f) beim steuerfreien Zwischenhandel (§ 7 des Gesetzes).

§ 93 a. Der Unternehmer, der die Steuerfreiheit nach § 7 des Gesetzes in Anspruch nimmt, hat gemäß §§ 31, 32 des Gesetzes die Entgelte, die er für die nach § 7 des Gesetzes umsatzsteuerfreien Lieferungen vereinnahmt, getrennt von den Entgelten für seine sonstigen Leistungen zu buchen; die Buchung hat zu enthalten den Gegenstand nach der handelsüblichen Bezeichnung und nach Menge, Gewicht oder Stückzahl, Name (Firma) und Wohnort (Sitz) des Lieferers und des Abnehmers, Tag der etwaigen Absendung des Gegenstandes an den Abnehmer, das vereinnahmte Entgelt, den Hinweis auf die entsprechenden Belege und einen Vermerk über die Abwicklung der Lieferung an den Abnehmer (z. B. durch Umkartierung, selbständiges Abholen des Abnehmers, Verteilung, Zuleitung durch Besitzdiener oder selbständige Beförderung durch Abnehmer auf Grund eines besonderen oder lediglich eines Beförderungsvertrags). Als Anleitung dient Muster 10. Führt der Unternehmer kaufmännische Bücher, so ist ausreichend, wenn sich aus den Büchern ohne weiteres (z. B. durch Unterstreichen mit roter Tinte oder durch entsprechenden Zusatz) ergibt, für welche Entgelte Umsatzsteuerfreiheit nach § 7 des Gesetzes beansprucht wird.

2. Buchführungspflicht bei der Luxussteuer.

Buchführungspflicht der luxussteuerpflichtigen Betriebe:

a) im allgemeinen.

§ 94. (1) Für Steuerpflichtige, die Lieferungen der im § 15 des Gesetzes bezeichneten Gegenstände als Hersteller oder Lieferungen der im § 21 des Gesetzes genannten Luxusgegenstände im Kleinhandel ausführen oder unter § 47 des Gesetzes fallen, besteht die weitergehende Buchführungspflicht des § 31 Abs. 2 des Gesetzes, für letztere der Natur der Sache nach nur hinsichtlich des Steuerbuchs (§§ 101 bis 105). Diese Verpflichtung trifft Unternehmer, die als Hersteller der im § 15 des Gesetzes genannten Gegenstände steuerpflichtig sind, ohne Rücksicht darauf, ob die Gegenstände an Groß- oder Kleinhändler oder an den Verbraucher unmittelbar abgegeben werden, und weiter auch Steuerpflichtige, welche die im § 21 des Gesetzes genannten Luxusgegenstände im Großhandel vertreiben (§ 22 des Gesetzes).

(2) Die im § 31 Abs. 2 des Gesetzes vorgeschriebenen besonderen Bücher (Lagerbuch und Steuerbuch) sind im Gegensatze zu der allgemeinen Buchführungspflicht des § 31 Abs. 1 des Gesetzes bei jeder Niederlassung des steuerpflichtigen Unternehmens zu führen. Durch die Verpflichtung zu ihrer Führung wird das Unternehmen von der allgemeinen Buchführung des § 31 Abs. 1 des Gesetzes nicht entbunden.

(3) Die Buchführung hat sich auch auf die nach § 5 Abs. 1 des Gesetzes steuerpflichtigen Leistungen (Ausbesserungsarbeiten usw.) zu erstrecken.

(4) Die wegen der Erhebung der erhöhten Umsatzsteuer nach § 8 des bisherigen Gesetzes vom 26. Juli 1918 geführten Bücher können weiter verwendet werden, wenn sie den veränderten Verhältnissen angepaßt werden könned.

b) Befreiungen.

§ 95. (1) Das Lager- und das Steuerbuch sind an Stelle oder zur Ergänzung der sonstigen Buchführung zu führen.

(2) Die im § 31 Abs. 2 des Gesetzes vorgeschriebenen Bücher (Lagerbuch und Steuerbuch) können auch mit den sonst vom Steuerpflichtigen geführten Büchern verbunden werden, vorausgesetzt, daß die für die Luxussteuer in Betracht kommenden Eintragungen aus den übrigen Buchungen mühelos heraus-

gefunden werden können. Auch die Vereinigung von Lagerbuch und Steuerbuch durch Übernahme der wesentlichen Angaben beider in ein Buch ist zulässig.

§ 96. (1) Die Notwendigkeit zur Führung eines Lagerbuchs besteht nicht, wenn der Steuerpflichtige luxussteuerpflichtige Gegenstände nur auf Bestellung herstellt und nach der Fertigstellung abliefert, ohne sie vorher auf Lager zu nehmen.

(2) Will ein Hersteller oder Händler darüber hinaus von der Führung des besonderen Lagerbuchs für die Lieferung von Luxusgegenständen entbunden sein, so hat er dies bei dem zuständigen Finanzamt unter Angabe von Gründen zu beantragen. Dem Antrag ist nur stattzugeben, wenn keine Bedenken gegen die Zuverlässigkeit der Unternehmer bestehen und im übrigen ordnungsmäßige Bücher im Sinne der §§ 88, 89, 92 und 95 geführt werden.

(3) Im allgemeinen wird von der Führung des Lagerbuchs nur entbunden werden können, wenn die erforderlichen Angaben (§/99) aus den sonstigen Büchern des Steuerpflichtigen zweifelsfrei entnommen werden können.

§ 97. (1) Will ein Unternehmer von der Führung des Steuerbuchs entbunden werden, so hat er dies bei dem zuständigen Finanzamt zu beantragen. Einen derartigem Antrag ist nur stattzugeben, wenn keinerlei Gefahr besteht, daß dadurch die Feststellung der steuerpflichtigen Beträge verdunkelt werden kann, und die sonstigen Geschäftsbücher des Antragstellers die Lieferungen, vereinbarten Entgelte und die eingegangenen Zahlungen in einer die Berechnung der Steuer sicherstellenden Weise ergeben.

(2) Diese Voraussetzung kann insbesondere dann als erfüllt gelten, wenn in den sonstigen Aufzeichnungen die luxussteuerpflichtigen oder erhöht steuerpflichtigen Lieferungen usw. in besonderen Spalten getrennt nachgewiesen oder durch Unter-

streichen in andersfarbiger Tinte kenntlich gemacht sind. Ebenso müssen Lieferungen ins Ausland ohne weiteres als solche kenntlich sein.

(3) Bei Unternehmen, die neben den im § 21 des Gesetzes genannten Luxusgegenständen noch sonstige Gegenstände führen oder bei denen neben dem Vertrieb im Kleinhandel auch der Vertrieb im Großhandel erfolgt, wird mit besonderer Sorgfalt zu prüfen sein, ob ohne Gefährdung des Steueraufkommens die Führung des Steuerbuchs nachgelassen werden kann.

§ 98. Die Befreiungen (§§ 95 bis 97) können auch auf einzelne Niederlassungen eines Unternehmens beschränkt werden. Sie sind in der Umsatzsteuerrolle bei dem Eintrag des Steuerpflichtigen zu vermerken.

Lagerbuch.

§ 99. (1) Die Einrichtung des Lagerbuchs hat mit der Aufnahme und Vortragung des Lagerbestandes zu beginnen. Bei Beginn eines Unternehmens muß der Lagerbestand getrennt nach der Art der luxussteuerpflichtigen Gegenstände festgestellt und im Lagerbuch am Tage des Beginns vorgetragen werden.

(2) Bei Unternehmen, die bei Inkrafttreten des Gesetzes bereits bestehen, ist der am 1. Januar 1920 vorhandene Lagerbestand zu ermitteln. Die Aufnahme des Lagerbestandes muß spätestens am 1. März 1920 beendet sein. Bis zum Schlusse der Bestandsaufnahme müssen über die inzwischen erfolgten Zu- und Abgänge besondere Anschreibungen geführt werden, die sodann in das Lagerbuch zu übernehmen sind.

(3) Die Bestandsaufnahme ist zu Beginn eines jeden Kalenderjahrs zu wiederholen. Das Finanzamt kann für die Beendigung eine Frist bestimmen. Die Bestimmung des Abs. 2 findet in diesem Falle entsprechende Anwendung.

(4) Ausnahmsweise kann die jährliche Feststellung des Lagerbestandes durch die Oberbehörde zu einem anderen Zeit-

punkt zugebilligt werden, wenn die gesonderte Feststellung im steuerlichen Interesse dem Steuerpflichtigen nach seinen geschäftlichen Einrichtungen unverhältnismäßige Mühe verursacht.

(5) Nach Eintragung des Lagerbestandes ist täglich der Eingang und Ausgang an Luxusgegenständen derart einzutragen, daß jederzeit ein Abschluß und die Feststellung der verschiedenartigen Gegenstände, die im Lager vorhanden sein müssen, möglich ist. Gegenstände, die auf Bestellung angefertigt werden und unmittelbar nach der Fertigstellung ohne vorherige Lagerung dem Besteller übergeben werden, brauchen nicht in das Lagerbuch eingetragen zu werden. Das Muster 11 dient lediglich als Anleitung; es wird einer anderen Einrichtung, die nach Lage des Einzelfalls angebracht sein kann, nicht vorgegriffen.

§ 100. (1) Bei der Eintragung des Lagerbestandes und den täglichen Eintragungen der Ab- und Zugänge sind die einzelnen Gegenstände derart zu bezeichnen, daß erkenntlich ist, zu welcher der im § 15 I und II oder im § 21 des Gesetzes genannten Warengattungen sie gehören.

(2) Die Gegenstände sind im allgemeinen so zu bezeichnen, daß ein Identitätsnachweis möglich ist. Gleichartige Gegenstände sind der Zahl oder ihrem sonstigen handelsüblichen Maßstab nach aufzuführen; insbesondere ist bei Stapelwaren oder bei Gegenständen, die im einzelnen keinen erheblicheren Wert haben und in größerer Anzahl veräußert zu werden pflegen, eine zusammenfassende Aufführung zulässig.

Steuerbuch.

§ 101. (1) Das Steuerbuch ist für jeden, nach § 33 des Gesetzes in Betracht kommenden Steuerabschnitt besonders zu führen. Die Eintragung hat für jeden Gegenstand, für den das Entgelt vereinnahmt wird, tunlichst unter Hinweis auf die Eintragung im Lagerbuche, soweit ein solches geführt wird, gesondert zu erfolgen. Dabei findet § 100 Abs. 2 Anwendung. Die Eintragung ist am Tage der Vereinnahmung des Entgelts, spätestens bei Geschäftsschluß, vorzunehmen. Als Anleitung dient das Muster 12; es soll hierdurch einer weiteren Ausgestaltung des Steuerbuchs und der Anpassung an die Bedürfnisse der einzelnen Betriebe nicht vorgegriffen werden.

(2) Erfolgt die Lieferung vor dem Tage der Vereinnahmung, so wird es zweckmäßig sein, die Spalten 1 bis 6 (Muster 12) bereits am Tage der Lieferung und die übrigen Spalten sodann am Tage der Zahlung auszufüllen. Es ist auch zulässig, über Lieferungen, für die der Kaufpreis gestundet wird, besondere Aufzeichnungen zu machen und die Eintragung im Steuerbuch erst bei der Vereinnahmung zu bewirken. Die gesonderten Aufzeichnungen müssen bei dem Steuerbuch aufbewahrt werden.

(3) Aus dem Steuerbuch müssen die Bezeichnung des Gegenstandes, der Nachweis im Lagerbuche, der Tag der Lieferung, der Betrag des bei der erhöht steuerpflichtigen Lieferung oder Leistung vereinbarten Entgelts, das im Falle der Versteuerung gemäß § 9 Abs. 1 des Gesetzes der Steuerberechnung zugrunde zu legen ist, der Tag und der Betrag der sonst der Berechnung der Steuer zugrunde zu legenden Zahlungen hervorgehen; eine besondere Spalte für Bemerkungen ist vorzusehen.

(4) Am Schlusse eines jeden Steuerabschnitts sind die Spalten des Steuerbuches über die in der Umsatzsteuererklärung anzugebenden Entgelte aufzurechnen. Im Falle der Steuerentrichtung gemäß § 9 Abs. 1 des Gesetzes bedarf es der Angaben über die Vereinnahmung nicht.

§ 102. (1) Zu beachten ist, daß im Steuerbuch auch die Einnahmen für Ausbesserungsarbeiten erhöht steuerpflichtiger Gegenstände nachzuweisen sind, soweit die verwendeten Stoffe nicht lediglich als Zutaten oder Nebensachen gelten können (§ 5 des Gesetzes).

(2) Die Beträge haben auch den für die Steuer gemachten Aufschlag mit zu umfassen (vgl. § 12 des Gesetzes).

§ 103. Bei Teilzahlungen ist die Eintragung bei der ersten Teilzahlung vorzunehmen. Die folgenden Teilzahlungen können, wenn sie in denselben Steuerabschnitt, wie die erste Zahlung fallen, unter der Nummer der ersten Eintragung durch Ausfüllung der Spalten über den Tag und den Betrag der Zahlung nachgetragen werden. Soweit sie in einem späteren Steuerabschnitt erfolgen, bedarf es einer vollständigen Neueintragung unter entsprechendem Vermerk in den Vermerkungsspalten der ersten und jeder späteren Eintragung. Vor der Lieferung vereinnahmte Zahlungen (Anzahlungen) sind am Tage der Vereinnahmung zu buchen.

§ 104. (1) Wird eine bereits bezahlte Lieferung rückgängig gemacht, so ist dies in der Bemerkungsspalte bei der Eintragung über die rückgängig gemachte Lieferung unter Angabe des Tages zu bemerken und das zurückgewährte Entgelt unter Bezugnahme auf die Eintragung über die rückgängig gemachte Lieferung am Schlusse des Steuerabschnitts, in dem die Rückzahlung des Entgelts erfolgt ist, von der Gesamtheit der im Steuerabschnitte vereinnahmten Entgelte abzusetzen.

(2) Findet ein Umtausch statt, so sind für den in Umtausch gegebenen Gegenstand die vorgeschriebenen Eintragungen (§ 101) zu machen, bei der Eintragung über den zurückgenommenen Gegenstand der Umtausch zu vermerken und das für diesen vereinnahmte und eingetragene Entgelt unter entsprechender Anwendung des Abs. 1 abzusetzen.

§ 105. (1) Abgesehen von den bereits in den §§ 103 und 104 behandelten Eintragungen, hat der Steuerpflichtige in der Bemerkungsspalte zu vermerken, welche Lieferungen er zum allgemeinen Steuersatz ausgeführt hat, weil es sich um unmittelbare Umsätze in das Ausland handelt (§ 13 Satz 2 des Gesetzes), oder weil der Erwerber eine amtliche Bezugsbescheinigung vorgelegt hat, die ihn zum Bezuge gewisser Waren ohne Belastung mit der Luxussteuer berechtigt. Entsprechendes gilt für den nach § 21 des Gesetzes steuerpflichtigen Kleinhändler wegen der Umsätze in das Ausland (§ 13 Satz 2 des Gesetzes) und der Lieferungen, die er an Wiederverkäufer auf Grund der genau zu bezeichnenden Bescheinigungen nach § 22 des Gesetzes oder an steuerbegünstigte Erwerber (§ 24 Abs. 2 des Gesetzes) zum allgemeinen Steuersatze von 2 v. H. abgegeben hat.

(2) Die nach dem Steuersatze des § 13 des Gesetzes steuerpflichtigen Entgeltbeträge können auch in besonderen Spalten nachgewiesen werden.

3. Buchführungspflicht bei der erhöhten Umsatzsteuer auf bestimmte Leistungen.

§ 106. (1) Auf die nach § 25 und § 26 des Gesetzes für Leistungen besonderer Art erhöht steuerpflichtigen Personen finden nur §§ 101 bis 105 sinngemäß Anwendung; aus den Aufzeichnungen muß die Art der Leistung und gegebenenfalls der Grund der Befreiung von der erhöhten Steuer ersichtlich sein. Die Landesfinanzämter können besondere Muster vorschreiben.

(2) Die Reichsbank, Banken und Bankiers, die dem Zentralverbande des Deutschen Bank- und Bankiergewerbes, Sparkassen, die dem Deutschen Sparkassenverbande, und Kreditvereine im Sinne des Genossenschaftsgesetzes vom 14. 6. 98 (RGBl. S. 810), die Revisionsverbänden angehören, der Deutsche Zentralgiroverband Berlin und die dem Deutschen Zentralgiroverbande angeschlossenen Girozentralen sowie die Banken im Sinne des § 9 Abs. 1 des Gesetzes gegen die Kapitalflucht vom 24. 12. 20 in der Fassung des Gesetzes vom

4. 7. 21 (RGBl. 1921 S. 33, 808), d. h. Banken, die zum Betrieb von Depot- und Depositengeschäften berechtigt sind, sind von der besonderen Buchführungspflicht entbunden, sofern aus den Handelsbüchern der Betrag der der erhöhten Umsatzsteuer nach § 25 Abs. 1 Nr. 2 des Gesetzes unterliegenden Entgelte zu ersehen ist.

4. Buchführungspflicht der Rechtsanwälte, Notare und Patentanwälte.

Bestimmungen für Rechtsanwälte.

§ 107. (1) Aus der Buchführung der Rechtsanwälte muß ersichtlich sein der Gesamtbetrag

1. der im Steuerabschnitte vereinnahmten Entgelte,
2. der umsatzsteuerpflichtigen Entgelte.

(2) Zu den umsatzsteuerpflichtigen Entgelten gehören außer den gesetzlichen und vertraglich vereinbarten Gebühren, einschließlich der Pauschalgebühren, auch die Unkosten-, insbesondere die Aufwandsentschädigungen, zu den Aufwandsentschädigungen auch die von dem Auftraggeber für den Steuerpflichtigen an Dritte (Hotels, Verkehrsmittel und dergl.) gezahlten Beträge. Zu den umsatzsteuerpflichtigen Entgelten gehören nicht die durchlaufenden Posten, d. h. diejenigen Beträge, die der Steuerpflichtige für seinen Auftraggeber in dessen Namen und für dessen Rechnung vereinnahmt und verausgabt, z. B. ausgelegte Prozeß- und Stempelkosten, Zahlungen an Prozeßgegner. Sofern Kostenvorschüsse als solche gebucht werden, werden sie erst mit der Erledigung des Auftrages oder mit der Abrechnung der Sache umsatzsteuerpflichtig. Die Umsatzsteuerpflicht umfaßt bei den Entgelten, die nicht in gesetzlich bemessenen Gebühren bestehen, auch die in die Entgelte gemäß § 12 des Gesetzes eingerechnete Umsatzsteuer.

(3) Zur Erleichterung der Steueraufsicht sollen die vereinnahmten Entgelte getrennt nach gesetzlichen und vertraglich

vereinnahmten Gebühren, Unkostenentschädigungen, durchlaufenden Posten und sonstigen etwa noch in Betracht kommenden Beträgen unter Angabe der Sache, in der die Entgelte vereinnahmt sind, und des Datums der Vereinbarung aufgezeichnet sein. Gemäß § 34 des Gesetzes zurückgewährte Entgelte sollen besonders kenntlich gemacht werden. Die Aufzeichnungen können in der allgemeinen Buchführung oder in besonderen Büchern enthalten sein.

(4) Die Vermutung des § 208 AO. haben auch diejenigen Bücher der Anwälte für sich, die statt der Aufzeichnung der täglichen Einnahmen nur diejenigen Beträge enthalten, die auf Grund der Schlußabrechnung in jeder einzelnen Sache in dieser Sache vereinnahmt worden sind. Erstreckt sich eine Sache auf längere Zeit als auf das laufende und das folgende Kalenderjahr, so ist eine vorläufige Abrechnung zum 31. Dezember spätestens jedes zweiten Kalenderjahrs anzufertigen und in das Umsatzsteuerbuch einzutragen; als Anleitung dient das Muster 13.

(5) Üben mehrere Rechtsanwälte die Praxis gemeinschaftlich aus (Anwaltssozietäten), so sind sie auf Antrag zur Abgabe einer gemeinschaftlichen Steuererklärung bei dem Finanzamt zuzulassen, in dessen Bezirk die Tätigkeit ausgeübt wird. Anwaltssozietäten können das Pauschalverfahren des § 108 nur einheitlich wählen.

§ 108. (1) Von den Erfordernissen des § 107 ist befreit, wer seinem Reineinkommen aus anwaltlicher Tätigkeit einen Zuschlag von 50 v. H. hinzusetzt und der Umsatzsteuer den Gesamtbetrag ohne näheren Nachweis unterwirft. Als Reineinkommen gilt das bei der Veranlagung der Einkommensteuer endgültig festgestellte Einkommen aus anwaltlicher Tätigkeit.

(2) Wegen der Pflicht der Voranmeldung und Vorauszahlung vgl. § 143 a Abs. 4.

Bestimmungen für Notare.

§ 109. Die Buchführungspflicht der Notare beschränkt sich auf die Aufzeichnung der Entgelte für diejenigen Leistungen des Notars, die sich nicht als ein Ausfluß seiner öffentlich-rechtlichen Tätigkeit darstellen. Steuerpflichtig sind daher die Entgelte für Erteilung von Rat und Auskunft, Abfassung von Gutachten, Entwürfe von Urkunden, Testamentsvollstreckungen usw., soweit diese Leistungen nicht als Teil der Urkundentätigkeit des Notars anzusehen sind. Nicht steuerpflichtig sind die Entgelte für Beurkundungen und Beglaubigungen, Erteilung vollstreckbarer Ausfertigungen notarieller Urkunden, Hinterlegung und Auszahlung von Geldern, Stellung von Anträgen an Gerichte und andere Behörden auf Grund der von dem Notar vorgenommenen Beurkundungen, Einlegung von Beschwerden und weiteren Beschwerden, in denen der Notar Anträge bei dem Gericht erster Instanz gestellt hat, die Tätigkeit des Notars als Verwahrers von Aktien zum Zwecke der Beteiligung an Generalversammlungen (§ 255 Abs. 2 a HGB.) und dergl.

§ 110. (1) Auf die Buchführungspflicht der Notare findet § 107 entsprechende Anwendung.

(2) Von den Erfordernissen des Abs. 1 ist befreit, wer 20 v. H. seines Reineinkommens aus der gesamten notariellen umsatzsteuerpflichtigen und nicht umsatzsteuerpflichtigen Tätigkeit ohne näheren Nachweis der Umsatzsteuer unterwirft. § 108 Abs. 1 Satz 2 und Abs. 2 findet entsprechende Anwendung.

Bestimmungen für Rechtsanwälte, die zugleich Notare sind.

§ 111. Auf die Buchführung der Rechtsanwälte, die zugleich Notare sind, finden die §§ 107, 108 Abs. 2, § 109 entsprechende Anwendung. § 108 Abs. 1 und § 110 Abs. 2 finden auf diejenigen Rechtsanwälte und Notare entsprechende Anwendung, die in ihrer Buchführung und ihrer Steuererklärung zwischen dem Einkommen aus anwaltlicher und notarieller Tätigkeit derart unterscheiden, daß bei jedem vereinnahmten und abgesetzten Posten ersichtlich ist, ob er aus der einen oder der anderen Tätigkeit stammt.

Sonderbestimmungen für Patentanwälte.

§ 112. Auf die Buchführung der Patentanwälte finden §§ 107, 108 mit folgender Maßgabe entsprechende Anwendung:

1. Als durchlaufende Posten im Sinne des § 107 Abs. 2 kommen ferner insbesondere in Betracht: für die Erlangung, Aufrechterhaltung, Umschreibung oder Anfechtung von gewerblichen Schutzrechten gezahlte Gebühren, z. B. die an den ausländischen Vertreter gezahlten Vertretungsgebühren, die aus einem Lizenzvertrag über ein gewerbliches Schutzrecht für den Lizenzgeber vereinnahmten oder für den Lizenznehmer verausgabten Beträge.

2. Nicht zu den durchlaufenden Posten gehören Entgelte, die auf Grund eines im Inland erteilten Auftrages vereinnahmt sind, mag auch die Ausführung des Auftrages im Ausland liegen.

3. Die Vermutung des § 208 AO. (§ 107 Abs. 4) gilt auch für Abrechnungen, die in kürzeren Zeiträumen, z. B. bei dem Verkehre zwischen inländischem Patentanwalt und ausländischem Patentanwalt, in der Regel vierteljährlich, stattfinden, sofern die Aufzeichnungen über die Abrechnung die Unterscheidungen gemäß § 107 Abs. 3 aufweisen.

Übergangsbestimmungen für Rechtsanwälte, Notare und Patentanwälte.

§ 113. (1) Für Leistungen, für die ein Auftrag vor dem 1. Januar 1920 erteilt worden ist, gilt folgendes: Jeder Rechtsanwalt, Notar und Patentanwalt hat ein besonderes, durchlaufend numeriertes Verzeichnis dieser Sachen anzulegen und neben jede Sache nach pflichtmäßigem Ermessen diejenige Liquidation zu setzen, die er billigerweise aufgestellt haben würde, wenn am 1. Januar 1920 der Auftrag durch Kündigung des Auftraggebers oder des Steuerpflichtigen selbst erloschen wäre. In den Steuererklärungen der Steuerabschnitte, in denen die Entgelte tatsächlich vereinnahmt werden, muß in dem Gesamtbetrage der in jedem Steuerabschnitte vereinnahmten Gebühren auch der auf diese Sachen vereinnahmte Betrag voll enthalten sein; davon gesondert ist der im Verzeichnis berechnete, auf die Zeit vor dem 1. Januar 1920 entfallende Betrag anzugeben; um diesen Betrag ist das nach §§ 107, 108, 110 bis 112 ermittelte Reineinkommen aus anwaltlicher oder notarieller Tätigkeit zu verringern. Diese Verringerung ist nur für das Kalenderjahr 1920 zulässig und nur insoweit, als in diesem Jahre der im Verzeichnis berechnete, auf die Zeit vor dem 1. Januar 1920 entfallende Betrag vereinnahmt wird.

(2) Von der Aufzeichnungspflicht nach Abs. 1 sind befreit Rechtsanwälte und Patentanwälte, die ihrem im Kalenderjahre 1920 erzielten gesamten Reineinkommen aus anwaltlicher Tätigkeit 25 v. H. hinzusetzen und den gesamten Betrag der Umsatzsteuer unterwerfen, Notare, die von ihrem im Kalenderjahre 1920 erzielten gesamten notariellen (umsatzsteuerpflichtigen und nicht umsatzsteuerpflichtigen) Reineinkommen 10 v. H. der Umsatzsteuer unterwerfen.

(3) Im Falle des Abs. 2 ist eine Absetzung von Entgelten die auf Grund von vor dem 1. Januar 1920 erteilten Aufträgen vereinnahmt sind, in den auf das Kalenderjahr 1920 folgenden Jahren unzulässig.

(4) Die Frist für die Abgabe der Steuererklärung (§ 35 des Gesetzes) bleibt unberührt.

II. Steueraufsicht.

1. Allgemeine Steueraufsicht.

Prüfung der Unternehmen und Aufsicht über sie.

§ 114. (1) Die Prüfung steuerpflichtiger Betriebe und die Steueraufsicht über Personen, die eine gewerbliche oder berufliche Tätigkeit im Sinne des § 1 Nr. 1 des Gesetzes ausüben (§ 32 des Gesetzes), kann sowohl im Rahmen der Ermittlungen bei Nachprüfung einer Steuererklärung (§ 147) oder im Neuveranlagungs- oder Berichtigungsverfahren (§§ 212, 213 AO.), als auch unabhängig von einer einzelnen Steuerforderung im Laufe eines Steuerabschnitts ausgeführt werden. Die systematische Prüfung der Betriebe ist nach näherer Anordnung des Landesfinanzamts durchzuführen.

(2) Prüfung und Aufsicht erstrecken sich auf das gesamte Geschäftsgebaren der Steuerpflichtigen, soweit es für die Entrichtung der Steuer von Bedeutung ist. Im übrigen gelten die §§ 193, 195 bis 199 und 204 bis 209 AO. Dem Ermessen des Finanzamtes bleibt es überlassen, ob es seinen Beauftragten (§ 206 AO.) vorher anmelden will.

§ 115. (1) Bei der Prüfung und Aufsicht kommen nach Maßgabe der AO. insbesondere folgende Maßnahmen in Betracht:

1. der gelegentliche Besuch der Gewerbsräume des Steuerpflichtigen zur Prüfung, ob der tatsächliche Geschäftsbetrieb mit der Anzeige (§ 30 des Gesetzes) übereinstimmt, die planmäßige Durchsicht der Schriftstücke des Steuerpflichtigen, die sich auf die steuerpflichtigen Lieferungen und sonstigen Leistungen beziehen, also der Geschäftsbücher, insbesondere der im § 31 des Gesetzes vorgeschriebenen Aufzeichnungen und Bücher, des Schriftwechsels mit den Kunden des Steuerpflichtigen und mit denjenigen, von denen er Waren bezieht. Das Finanzamt entscheidet nach seinem Ermessen, ob es die Schriftstücke in den Geschäfts-

räumen des Steuerpflichtigen einsehen oder deren Vorlegung bei der Amtsstelle verlangen will (vgl. § 207 AO.). Die Einsichtnahme soll auf Wunsch des Steuerpflichtigen oder des von ihm nach § 193 AO. bestellten Betriebsleiters tunlichst in seiner Wohnung oder in seinen Geschäftsräumen erfolgen, insbesondere soll möglichst die Vorlegung solcher Bücher bei der Amtsstelle nicht verlangt werden, die der Steuerpflichtige zur Aufrechterhaltung eines laufenden ordnungsmäßigen Betriebs seines Unternehmens nicht entbehren kann. Zur Vorlegung der Bücher usw. sind die Steuerpflichtigen und diejenigen Angestellten verpflichtet, die mit deren Verwahrung oder deren Bearbeitung betraut sind. Der Steuerpflichtige hat Vorsorge zu treffen, daß die Bücher usw. auch in seiner Abwesenheit eingesehen werden können;

2. die Inanspruchnahme anderer Personen gemäß §§ 177 bis 188 AO. In Frage kommt insbesondere die — erforderlichenfalls eidliche — Vernehmung von Auskunftspersonen, auch von Kunden, Lieferanten und Sachverständigen, und die Einsichtnahme in Schriftstücke anderer Personen als der Steuerpflichtigen. Die Einreichung derartiger Schriftstücke kann nur verlangt werden unter bestimmter Bezeichnung der Rechtsvorgänge, auf die sie sich beziehen. In Betracht kommen z. B. Schriftstücke, die sich im Besitze von Lieferanten oder von Kunden des Steuerpflichtigen befinden und sich auf den Geschäftsverkehr mit diesem beziehen (z. B. Quittungen, Bestellungen u. ä.). Die Beeidigung der Auskunftspersonen und die Vorlegung von Schriftstücken kann nur mit Genehmigung des Landesfinanzamts verlangt werden;

3. das Betreten der Geschäftsräume des Steuerpflichtigen gemäß § 198 AO. Es kann insbesondere zu dem Zwecke geschehen, um entweder die Schriftstücke (Nr. 1) ein-

zusehen oder um nachzuprüfen, ob die Lagerbestände sich in Übereinstimmung mit den Büchern (§§ 99 ff.) befinden, oder um zu beobachten, ob der Steuerpflichtige im laufenden Geschäftsverkehre die Vorschriften der §§ 22, 31 des Gesetzes innehält. Der Aufenthalt in den Geschäftsräumen soll sich auf die hierzu erforderliche Zeit beschränken. Das Betreten der Geschäftsräume ist ohne Einwilligung des Steuerpflichtigen nur zulässig in den üblichen Geschäftsstunden, in denen die Räume entweder dem Publikum zugängig sind oder, insbesondere soweit es sich um Lagerräume und Fabrikationsstätten handelt, der Steuerpflichtige oder seine Angestellten in ihnen tätig sind.

(2) Während des Aufenthalts in Geschäftsräumen ist, soweit möglich, zu vermeiden, daß das Publikum auf die Vornahme der Prüfung aufmerksam wird oder eine Unterbrechung oder Störung des Geschäftsbetriebs eintritt. Der Beauftragte (§ 206 AO.) soll sich dem Steuerpflichtigen oder seinen Angestellten gegenüber auf Verlangen über seinen Auftrag durch eine mit Amtsstempel oder Siegelabdruck versehene Ausfertigung des ihm erteilten allgemeinen oder besonderen Auftrags ausweisen; Beamte des äußeren Dienstes in Dienstkleidung bedürfen des Ausweises nicht. Der Steuerpflichtige hat dem Beauftragten die erforderlichen Hilfsmittel (Geräte, Beleuchtung) und einen angemessenen Raum oder Arbeitsplatz zur Erledigung seiner Obliegenheiten zur Verfügung zu stellen (§ 197 AO.).

(3) Die Maßnahmen zu Abs. 1 Nr. 1 bis 3 können durch Androhung und Festsetzung von Ordnungsstrafen erzwungen werden. Die näheren Vorschriften enthält § 202 AO.

§ 116. (1) Das Finanzamt kann sich nach § 206 AO. bei der Prüfung und Aufsicht (§§ 32 ff. des Gesetzes) der Hilfe von **Vertretern und** Angestellten von Verbänden und Interessenvertretungen des Betriebs- oder Berufskreises, dem der Steuerpflichtige angehört, bedienen. Diese Mithilfe wird insbesondere bei Prüfungen in den Geschäftsräumen des Steuerpflichtigen in möglichst weitem Umfang in Anspruch zu nehmen sein.

(2) Die Finanzämter oder die Landesfinanzämter haben sich mit den Verbänden und Interessenvertretungen ihres Bezirks in Verbindung zu setzen und mit ihnen zu vereinbaren, in welcher Form die Mithilfe geschehen soll und welche Personen die Verbände und Vertretungen zur Verfügung stellen. Als Verbände und Interessenvertretungen kommen nicht nur die amtlichen Vertretungen des betreffenden Berufsstandes (Landwirtschaftskammer, Handelskammer, Handwerkskammer, Ärztekammer, Anwaltskammer, Apothekerkammer) in Betracht, sondern auch die auf freier Selbstverwaltung beruhenden sonstigen Verbände. Vor allem wird auf die Mithilfe von Fachverbänden Wert zu legen sein. Organisationen, die in erster Linie dem wirtschaftlichen Kampfe dienen, z. B. Kartelle, Trusts, sind nicht zu beteiligen. Der Vorläufige Reichswirtschaftsrat hat in seinem Gutachten über den Gesetzentwurf von 1921, betreffend Abänderung des Umsatzsteuergesetzes vom 24. 12. 19, ausgeführt, daß er in der tätigen Mitarbeit aller Organe des Wirtschaftslebens, insbesondere der wirtschaftlichen Verbände, ein Hauptmittel für die Verbesserung der Erfassung der Steuer sieht.

(3) Bei der Erteilung eines einzelnen Auftrags hat das Finanzamt zu erwägen, ob der Besuch der von ihm für die Prüfung in Aussicht genommenen Person mit Rücksicht auf den Verband, den sie vertritt, oder auf deren eigene geschäftliche Betätigung dem Steuerpflichtigen nicht wirtschaftlichen Schaden bereiten kann. Soweit tunlich, hat das Finanzamt dem Steuerpflichtigen von der Person, die es beauftragen will, unter Bezeichnung des Verbandes, dem jene angehört, vor dem Besuch ohne nähere Zeitangabe (§ 114 Abs. 3) Mitteilung zu machen.

(4) Hat der Steuerpflichtige gegen die Persönlichkeit oder gegen den Verband Einwendungen zu erheben, so findet § 206 Abs. 2 AO. Anwendung.

(5) Das Finanzamt hat den Beauftragten vor jedem einzelnen Auftrag auf seine Verpflichtung zur Verschwiegenheit und zur Wahrung des Geschäfts- und Berufsgeheimnisses (§ 206 Abs. 1 AO.) hinzuweisen.

2. Die Steueraufsicht beim Straßenhandel.

Sicherstellung der Steuer beim Straßenhandel.

§ 117. Wer ohne Begründung einer gewerblichen Niederlassung oder außerhalb seiner gewerblichen Niederlassung von Haus zu Haus oder auf öffentlichen Wegen, Straßen, Plätzen oder an anderen öffentlichen Orten innerhalb einer selbständig von ihm ausgeübten Tätigkeit Lieferungen oder sonstige Leistungen gegen Entgelt ausführt, hat gemäß § 32 des Gesetzes in Verbindung mit §§ 195 ff. AO. den Eingang der Steuer durch Anzahlung sicherzustellen. Die angezahlten Beträge sind im Einnahmebuch (§ 160) zu vereinnahmen.

Befreiung von der Sicherstellung.

§ 118. Von der Verpflichtung, eine Anzahlung (§ 117) zu leisten, sind befreit:

1. der Handel mit Zeitungen und Zeitschriften,
2. wer an einem Markte im Sinne der §§ 64 ff. der Reichsgewerbeordnung in den Grenzen der Marktordnung teilnimmt und lediglich selbstgewonnene Erzeugnisse der Land- und Forstwirtschaft, des Garten- und Obstbaues, der Geflügel- und Bienenzucht sowie der Jagd und Fischerei feilbietet,
3. wer innerhalb des Gemeindebezirks seiner gewerblichen Niederlassung Lieferungen oder sonstige Leistungen im Sinne des § 117 ausführt und Bücher nach kaufmännischen Grundsätzen oder Aufzeichnungen im Sinne der §§ 89 ff. führt,

4. Mitglieder von Verbänden der am Handel nach § 117 beteiligten Gewerbe nach näherer Anordnung des Reichsministers der Finanzen. Als Verbände im Sinne dieser Bestimmungen gelten nur die vom Reichsminister der Finanzen ausdrücklich anerkannten Fachverbände.

Höhe der Anzahlung; Steuerheft.

§ 119. (1) Die Höhe der Anzahlung wird durch das Finanzamt (§ 125) nach vorherigem Gehör des Steuerpflichtigen unter Berücksichtigung der wirtschaftlichen Verhältnisse festgesetzt. Die Finanzämter haben nach näherer Anweisung des zuständigen Landesfinanzamts die Anzahlung derart zu bemessen, daß nach den Verhältnissen des Einzelfalls die Lösung von Nachtragsheften (§ 120) nach Möglichkeit vermieden wird. Die Anzahlung muß mindestens 5000 Mark betragen; der Reichsminister der Finanzen ist zu einer Änderung dieser Zahl in Anpassung an die Veränderung des Geldwerts ermächtigt.

(2) Die Anzahlung hat bei Anmeldung des Beginns der Tätigkeit (§ 30 des Gesetzes) oder bei Beginn des Steuerabschnitts zu erfolgen. Als Steuerabschnitt gilt das Kalendervierteljahr.

(3) Das Finanzamt bestätigt dem Umsatzsteuerpflichtigen den Empfang der Anzahlung durch Aushändigung eines Heftes nach Anleitung von Muster 14 (Steuerheft). Die Aushändigung kann ferner nach näherer Bestimmung des Landesfinanzamts von der Erstattung der Selbstkosten abhängig gemacht werden.

(4) In das Steuerheft hat der Steuerpflichtige täglich nach Beendigung der Geschäftsausübung die Tages- (oder Nacht-) Einnahme (Losung) einzutragen; dabei dürfen auch zur Bestreitung von Ausgaben unmittelbar verwendete Einnahmebeträge nicht gekürzt werden. Die Losungen sind täglich zusammenzuzählen, so daß jederzeit feststeht, wie hoch die Gesamtsumme der Entgelte im bisherigen Verlaufe des Steuerabschnitts ist. Der Lieferungen ausführende Steuerpflichtige

hat ferner am ersten Werktage jeder Woche die Waren, mit denen er den Verkauf beginnt, sowie etwaige Ergänzungen des Bestandes im Laufe der Verkaufszeit nach Art und Menge unter Angabe seiner Lieferfirma einzutragen. Ist an einzelnen Tagen nicht gehandelt worden, so ist der Grund anzugeben.

(5) Der Steuerpflichtige hat das **Heft stets** bei sich zu führen und auf Verlangen den Beamten der Polizei-, Eisenbahn- und Finanzverwaltung vorzuzeigen.

(6) Wird der Inhaber des Heftes durch einen Dritten vertreten, so können die Landesfinanzämter, wo ein Bedürfnis dazu besteht, anordnen, daß der Vertreter sich außer durch das Heft durch eine besondere Bescheinigung mit seinem Lichtbild auszuweisen hat. Diese Bescheinigung ist jedem Straßenhändler auf Antrag durch das zuständige Finanzamt gegen Entrichtung der Selbstkosten nach folgendem Muster auszustellen:

Bescheinigung.

D...... Inhaber...... dieser Bescheinigung, Herr — Frau ....,
vertritt Herrn — Frau ....
vorübergehend in der Ausübung des Straßenhandels.

Die gesamte während der Vertretung erzielte Einnahme wird durch das mitvorgezeigte Steuerheft nachgewiesen.

................., den .... 19........

Lichtbild.

....
(Unterschrift des Unternehmers.)

....
(Unterschrift des Inhabers der Bescheinigung.)

....
(Unterschrift des Steuerbeamten.)

Nachtragsheft.

§ 120. (1) Sobald die Summe der innerhalb des Steuerabschnitts vereinnahmten Entgelte den Betrag des der Höhe der Anzahlung entsprechenden Umsatzes überschreitet, hat sich der Steuerpflichtige vom Finanzamt ein Nachtragsheft, gegebenenfalls ein zweites oder weiteres Nachtragsheft nach § 119 aushändigen zu lassen. Soweit das Steuerheft jedoch noch Raum für Einträge bietet, kann seine Gültigkeit über die Dauer eines Vierteljahrs hinaus verlängert werden.

(2) Das Finanzamt nimmt das alte Heft oder vorhergehende Nachtragsheft an sich und trägt auf die erste Seite des zur Ausgabe kommenden Nachtragshefts die Summe der bisher in dem Steuerabschnitte vereinnahmten Entgelte ein.

Steuerbescheid.

§ 121. Der Steuerpflichtige hat binnen zweier Wochen nach Schluß des Steuerabschnitts das Heft oder das letzte Nachtragsheft dem Finanzamt vorzulegen. Das Finanzamt setzt die Steuer fest und erteilt dem Steuerpflichtigen einen Bescheid nach Muster 15, der in das Heft einzufügen ist. Beträgt die danach zu entrichtende Steuer weniger als den Betrag der Anzahlung, so erstattet das Finanzamt dem Steuerpflichtigen den im voraus zuviel gezahlten Betrag. Der erstattete Betrag ist im Einnahmebuch (§ 160) nachzuweisen. Eine Verrechnung auf die Anzahlung für den nächsten Steuerabschnitt ist zulässig. In diesem Falle ist der Betrag erforderlichenfalls im Sollbuch und im Einnahmebuch wieder zu vereinnahmen. Ergibt sich bei der Prüfung der Umsätze, daß die danach festzusetzende Steuer den Betrag der Anzahlung überschreitet, so hat das Finanzamt in dem Bescheide den noch zu entrichtenden Steuerbetrag festzusetzen. Es kann ein ausgestelltes Heft bis zur Entrichtung des geschuldeten Steuerbetrags zurückbehalten und die Ausstellung eines neuen Heftes von der Entrichtung abhängig machen.

§ 122. (1) Weist der Steuerpflichtige bei Aushändigung des Heftes nach, daß er zur Anzahlung nicht oder nur bei Beeinträchtigung seiner dringendsten Lebensbedürfnisse imstande ist, so kann ihm das Finanzamt die Anzahlung stunden, jedoch nicht über den Steuerabschnitt hinaus. Ist die Steuer nach Ablauf des Steuerabschnitts nicht entrichtet, so ist dem Steuerpflichtigen die Aushändigung eines Heftes für den nächsten Steuerabschnitt zu versagen.

(2) Verliert der Steuerpflichtige sein Heft, so hat er sich umgehend ein neues aushändigen zu lassen. Die Ausstellung erfolgt beim ersten Verluste ohne nochmalige Anzahlung gegen Erstattung der Kosten, auch der Kosten einer etwa nötig werdenden Kraftloserklärung. Wiederholt sich der Verlust, so ist der für die Aushändigung eines neuen Steuerhefts festgesetzte Betrag (§ 119 Abs. 2) noch einmal zu entrichten. Das Recht des Finanzamts, die vereinnahmten Entgelte des Steuerpflichtigen zu schätzen, bleibt unberührt. Bei wiederholtem Verluste wird hiervon weitgehendster Gebrauch zu machen sein. Ersatzhefte sind als solche kenntlich zu machen.

(3) Verlegt der Steuerpflichtige den Betrieb seines Gewerbes in den Bezirk eines anderen Finanzamtes, so hat er sein Heft unverzüglich dem nunmehr zuständigen Finanzamte zur Beglaubigung vorzulegen, es aber im übrigen fortzuführen. Das nunmehr zuständige Finanzamt hat hiervon alsbald dem bisher zuständigen unter Angabe der Nummer (§ 125) Mitteilung zu machen. Das alte Finanzamt hat etwaige steuerlich verwertbare Kenntnisse dem neuen unverzüglich zu übermitteln. Eine Abrechnung zwischen den beiden Ämtern findet nicht statt.

§ 123. Gewerbetreibende, die nach § 118 Nr. 3 und Nr. 4 von der Verpflichtung zur Leistung einer Anzahlung befreit sind sowie Angestellte von Inhabern einer gewerblichen Niederlassung, die im Auftrag oder Namen des Unternehmers außerhalb der gewerblichen Niederlassung Lieferungen ausführen, haben eine Bescheinigung hierüber bei sich zu führen. Die Bescheinigung ist im Falle des § 118 Nr. 3 vom Finanzamt, im Falle des § 118 Nr. 4 von dem zuständigen Verband auszustellen. In der Bescheinigung, für die Muster 16 als Anleitung dient, ist außerdem ausdrücklich zu bestätigen, daß der namentlich zu bezeichnende Inhaber eines Steuerhefts nicht bedarf. Die Gültigkeitsdauer der Bescheinigung ist auf das Kalenderjahr beschränkt. Der Reichsminister der Finanzen ist zu einer Änderung der Frist ermächtigt.

Strafbestimmungen.

§ 124. Wer die vorstehenden Bestimmungen nicht befolgt, macht sich einer Steuerzuwiderhandlung gemäß §§ 356 ff. AO. schuldig. Das gilt nicht nur, wenn ein nach § 117 Steuerpflichtiger seinen Betrieb nicht anmeldet oder die Anzahlung unterläßt, sondern auch, wenn er das Steuerheft nicht bei sich führt, die Einnahmen nicht täglich aufzeichnet, oder wenn er die Beantragung eines Nachtragsheftes unterläßt, obwohl der vorgeschriebene Betrag (§ 120) überschritten ist. Von der Befugnis des § 366 Abs. 2 AO. ist weitgehender Gebrauch zu machen.

Zuständigkeit.

§ 125. (1) Zuständig ist das Finanzamt, in dessen Bezirk der Steuerpflichtige seine selbständige Tätigkeit ausübt. Übt er sie in dem Bezirke mehrerer Finanzämter aus, so ist das Amt seines Wohnsitzes oder Aufenthaltes zuständig.

(2) Für jeden Straßenhändler des Bezirkes ist bei Anlegung der Umsatzsteuerliste und des Sollbuchs ein Konto in diesen Büchern anzulegen, auf dessen Führung die Bestimmungen in § 154 und § 159 a sinngemäß anzuwenden sind. Bei neu hinzukommenden Steuerpflichtigen ist das Konto alsbald nach Bekanntwerden zu eröffnen. Die Ausstellung und

der Verlust von Steuerheften sind in der Bemerkungsspalte der Steuerliste, die Ausstellung von Bescheinigungen nach § 119 Abs. 6 und § 123 in der Steuerrolle zu vermerken. Die Anzahlungen sind buchmäßig wie sonstige Vorauszahlungen zu behandeln. Im Falle des Bedürfnisses kann für die Straßenhändler eine besondere Abteilung im Sollbuch und in der Steuerliste eingerichtet werden.

§ 125 a. Soweit Gewerbetreibende Gegenstände der im § 21 Abs. 1 Nr. 1 des Gesetzes bezeichneten Art innerhalb der von ihnen selbständig ausgeübten gewerblichen Tätigkeit unter den Voraussetzungen des § 117 gegen Entgelt liefern, haben sie ein Steuerheft über den Umsatz dieser Gegenstände zu führen (Juwelensteuerheft, vgl. Muster 14 a). Damit entfällt die Verpflichtung zur Führung der Steuer- und Lagerbücher nach §§ 94 ff. Die Anzahlung muß mindestens 500 000 Mark betragen. Der Reichsminister der Finanzen ist zu einer Änderung dieses Betrags in Anpassung an die Veränderung des Geldwerts ermächtigt. Die Bestimmung des § 118 Nr. 3 findet keine Anwendung, jedoch § 118 Nr. 4.

E. Das Verfahren.

I. Zuständigkeit.

Steuerstellen.

§ 126. (1) Für die Verwaltung, Feststellung und Erhebung der Umsatzsteuer sind die Finanzämter zuständig.

(2) Als Finanzämter gelten bis auf weiteres die nach Reichs- oder Landesrecht unter der Herrschaft des Umsatzsteuergesetzes vom 26. Juli 1918 für die Besteuerung einschließlich des Hebungs-, Kassen- und Beitreibungsverfahrens sowie für das Verwaltungsstrafverfahren als untere Behörden zuständigen und die zu deren Unterstützung berufenen Amtsstellen (Umsatzsteuerämter).

(3) Soweit die Besteuerung im Sinne des Abs. 2 bisher Gemeinden und Gemeindeverbänden übertragen war, haben diese auch weiterhin bis zu einem vom Reichsminister der Finanzen zu bestimmenden Zeitpunkt die Geschäfte der Finanzämter gegen eine nach § 22 Abs. 2 AO. von ihm mit Zustimmung des Reichsrats festzusetzende Entschädigung wahrzunehmen (zu vgl. § 177).

(4) Oberbehörden sind die Landesfinanzämter.

(5) Bis zu dem vom Reichsminister der Finanzen zu bestimmenden Zeitpunkt (Abs. 2) bleiben auch die nach Landesrecht zur Regelung des Verkehrs zwischen Gemeindebehörden und Steuerbehörden getroffenen besonderen Anordnungen in Kraft.

Örtliche Zuständigkeit.

§ 127. (1) Die örtliche Zuständigkeit der Finanzämter (§ 126) bestimmt sich nach § 42 des Gesetzes in Verbindung mit § 53 AO. Danach ist für gewerbliche Unternehmen das Finanzamt zuständig, in dessen Bezirk das Unternehmen betrieben wird. Bei mehreren Niederlassungen oder Geschäftsstellen eines rechtlich in einer Hand befindlichen Unternehmens hat die Veranlagung für das gesamte Unternehmen einheitlich durch das Finanzamt des Sitzes der Leitung des Unternehmens zu erfolgen; das trifft z. B. zu für Betriebe in Badeorten während der Saison (Pensionen, Verkaufsstellen, Frisierläden, Gasthöfe) und bezieht sich auch auf freie Berufe (z. B. Ärzte und Zahnärzte in Badeorten) sowie auf luxussteuerpflichtige Betriebe. Maßgebend für die Zuständigkeit sind die Verhältnisse am Schlusse des Steuerabschnitts.

(2) Kommen die Bezirke mehrerer Finanzämter in Betracht, so ist dasjenige Amt zuständig, in dessen Bezirk sich der Sitz des Unternehmens befindet. Erst wenn es hieran fehlt, ist gemäß § 51 AO. das Finanzamt des Wohnsitzes (Aufenthalts)

im Sinne der §§ 62, 63 AO. zuständig, und zwar bei einem Steuerpflichtigen, der seinen Wohnsitz im Ausland hat, der Wohnsitz (Aufenthalt) des nach § 71 AO. ernannten Vertreters.

(3) Das Finanzamt des Wohnsitzes (Aufenthalts) im Sinne der §§ 51, 52, 62, 63 AO. ist gemäß § 42 des Gesetzes weiter zuständig für Steuerpflichtige, die eine berufliche Tätigkeit ausüben. Das gleiche gilt in den Fällen der §§ 1 Nr. 3, 17 Nr. 2 und 23 Abs. 1 Nr. 2 des Gesetzes, wenn der Versteigerer nicht zu den im § 1 Nr. 1 des Gesetzes genannten Personen gehört, sowie beim Verbringen luxussteuerpflichtiger Gegenstände der im § 15 des Gesetzes bezeichneten Art ins Inland (§ 17 Nr. 3 des Gesetzes), bei der Einfuhr luxussteuerpflichtiger Gegenstände der im § 21 des Gesetzes bezeichneten Art (§ 23 Abs. 1 Nr. 4 des Gesetzes), endlich bei der entgeltlichen Lieferung der im § 23 Abs. 1 Nr. 3 des Gesetzes bezeichneten Gegenstände im Inlande, beim Verbringen von Gegenständen der im § 23 Abs. 1 Nr. 5 des Gesetzes bezeichneten Art ins Ausland außerhalb einer gewerblichen Tätigkeit sowie bei Leistungen der im § 25 Abs. 1 Nr. 1 und § 26 des Gesetzes bezeichneten Art außerhalb einer gewerblichen Tätigkeit (§ 25 Abs. 2 und § 26 Abs. 5 daselbst).

(4) Wird ein Unternehmen aus dem Bezirk eines Finanzamts in den eines anderen verlegt, so hat das bisher zuständige Finanzamt dem zuständig werdenden Finanzamt von der Verlegung gemäß § 168 a unverzüglich Mitteilung zu machen. Das bisher zuständige Finanzamt (Veranlagungsstelle) hat, wenn die Verlegung zu einer Zeit erfolgt, in der für einen Steuerabschnitt das Steuerfestsetzungsverfahren schwebt, diese Veranlagung durchzuführen (§ 59 AO.). Das Kartenblatt der Umsatzsteuerrolle und die Veranlagungsakten sind in diesem Falle nach Fertigstellung der Steuerberechnung zu übersenden.

(5) Hat ein Finanzamt, ohne zuständig zu sein, das Steuerfestsetzungsverfahren begonnen, aber noch nicht abgeschlossen,

so hat es, sobald es von seiner Unzuständigkeit Kenntnis erhält, die Sache an das zuständige Finanzamt abzugeben. Im übrigen gilt § 61 Abs. 1 AO., wonach Handlungen eines Finanzamts nicht deshalb unwirksam sind, weil das Finanzamt unzuständig war.

(6) Für die Veranlagung und Erhebung der von Unternehmen der Länder und des Reichs zu entrichtenden Umsatzsteuer sind diejenigen Finanzämter zuständig, in deren Bezirk sich der Sitz der einzelnen selbständigen Betriebe befindet. Sitz der Leitung eines Betriebs ist der Ort, an dem die Verwaltung wirtschaftlich geführt wird. Was als selbständiger Betrieb im Sinne dieser Bestimmungen und welcher Ort als Sitz der Leitung des Betriebs anzusehen ist, ist im Zweifel durch Befragung der Zentralbehörde, der der Betrieb untersteht, festzustellen.

(7) Die unter der Herrschaft des Umsatzsteuergesetzes vom 26. Juli 1918 von den obersten Landesfinanzbehörden getroffenen Bestimmungen über die Zuständigkeit für die Veranlagung staatlicher und Reichsbetriebe behalten Gültigkeit, solange die tatsächlichen Verhältnisse keine Nachprüfung und Änderung erforderlich machen.

II. Ermittlung der Steuerpflichtigen und Überwachung der Anmeldung.

Allgemeine Maßnahmen zur Ermittlung der Steuerpflichtigen.

§ 128. (1) Zur gleichmäßigen und gerechten Durchführung des Gesetzes ist es notwendig, daß die Finanzämter eine möglichst vollständige Liste der steuerpflichtigen Personen besitzen (Umsatzsteuerrolle, § 131). Der Anlegung sind außer den bereits vorhandenen Listen die nach § 30 des Gesetzes vorgeschriebenen Anzeigen, die nach Maßgabe von § 127 Abs. 4, § 168 a eingehenden Überweisungsschreiben anderer Finanzämter und die Mitteilungen von Landesbehörden (§ 129) zugrunde zu legen.

(2) Es ist besonders zu beachten, daß eine subjektive Steuerbefreiung bei einem Mindestentgelte bis zu 3000 Mark nicht mehr eintritt. Somit ist jedermann, der seine landwirtschaftlichen Erzeugnisse ganz oder teilweise gewerbsmäßig gegen Entgelt veräußert, in die Liste aufzunehmen, ebenso wie jeder selbständige Handwerker oder Kleingewerbetreibende, der Entgelte für Leistungen oder Lieferungen vereinnahmt. Es empfiehlt sich, die Mithilfe von örtlichen Interessenten- und Berufsvertretungen unter Berufung auf § 32 des Gesetzes und § 191 AO. in Anspruch zu nehmen.

(3) Es ist zu beachten, daß nicht nur Personen, die ihr Gewerbe angemeldet haben, umsatzsteuerpflichtig sind, sondern alle Personen, die nachhaltig eine gewerbliche Tätigkeit ausüben. Diese Voraussetzung wird auch bei der großen Anzahl von Gelegenheitsgeschäftemachern und Schiebern gegeben sein, deren Ermittlung und steuerliche Erfassung im besonderen Interesse aller soliden Gewerbetreibenden liegt; das gleiche gilt von Angestellten, Arbeitern, Gesellen und Lehrlingen, die nebenbei selbständige Geschäfte machen.

(4) Auch auf die vollständige Erfassung der den freien Berufen angehörigen Steuerpflichtigen ist hinzuwirken. Dabei ist an die Berufsvertretungen, die Kreisärzte, Kreistierärzte und die freien Vereinigungen der sonst in Betracht kommenden Berufe wegen Auskunftserteilung heranzutreten, da diese Personen zur Anzeigeerstattung nach § 30 des Gesetzes nicht verpflichtet sind.

(5) Bei den Ermittlungen, die von den Finanzämtern mit größtem Nachdruck zu betreiben sind, ist auf enge Fühlung mit den Fachverbänden und Berufsvertretungen besonderer Wert zu legen. Auch Adreßbücher, Telephonverzeichnisse, Mitgliederverzeichnisse der Fachverbände u. ä. sind heranzuziehen.

§ 129. Zur Erfassung der nach §§ 13, 15, 21, 25, 26 und 27 des Gesetzes steuerpflichtigen Unternehmen ist ein Zusammenarbeiten mit den Landesbehörden, insbesondere den Polizeibehörden, und den zur Bekämpfung des Wuchers und der Preistreiberei befaßten Behörden erforderlich. Die von den Gerichten eingehenden Mitteilungen sind gleichfalls zu verwerten.

Anzeigen und Mitteilungen über das Bestehen und die Art des Unternehmens.

§ 130. (1) Die Anzeigen und Ergänzungen hierzu nach § 30 des Gesetzes sind innerhalb zweier Wochen nach dem Beginn eines Unternehmens oder nach Ausdehnung auf die Herstellung der im § 15 des Gesetzes, auf den Kleinhandel der im § 21 des Gesetzes genannten Gegenstände oder auf die in §§ 25, 26 und 27 des Gesetzes genannten besonderen Leistungen an das für das Unternehmen örtlich zuständige Finanzamt zu richten. Werden sie einem Finanzamt erstattet, in dessen Bezirk sich zwar eine Niederlassung oder Geschäftsstelle des Unternehmens, aber nicht der Sitz seiner Leitung befindet, so hat dieses Finanzamt sie unverzüglich an das zuständige Finanzamt weiterzugeben. In solchen Fällen soll, auch wenn durch die Einreichung bei dem nichtzuständigen Finanzamt die Anzeige oder die ergänzende Mitteilung dem zuständigen Finanzamt nicht fristgemäß zugeht, von einer Bestrafung abgesehen werden.

(2) Die Finanzämter haben auf die Verpflichtung zur fristmäßigen Anzeigeerstattung in den für amtliche Bekanntmachungen der unteren Verwaltungsbehörden bestimmten Zeitungen hinzuweisen und die Aufforderung periodisch zu wiederholen.

(3) Die Anzeigen und Ergänzungen hierzu sind schriftlich oder mündlich bei dem Finanzamt zu erstatten. Sie haben zu enthalten: Vor- und Zuname (Firma), Wohnort (Sitz der

Leitung) nebst Straße und Hausnummer des Steuerpflichtigen, Art der Tätigkeit des Steuerpflichtigen und die Bezeichnung der Gegenstände, die in dem Unternehmen umgesetzt werden, nach ihrer handelsüblichen Benennung, oder die Art der Leistungen, die es ausführt. Werden Luxusgegenstände der im § 15 des Gesetzes bezeichneten Art hergestellt oder solche der im § 21 des Gesetzes genannten Art im Kleinhandel veräußert, so sind sie in der Anzeige nach der Reihenfolge und den Bezeichnungen der §§ 15, 21 des Gesetzes aufzuführen.

(4) Von der Anzeigepflicht sind befreit:

a) Angehörige der freien Berufe,

b) die in § 106 Abs. 2 genannten Unternehmen.

Umsatzsteuerrolle.

§ 131. Jedes Finanzamt hat über die Unternehmen, für die es hinsichtlich der Veranlagung zur Umsatzsteuer nach Steuerabschnitten zuständig ist (§ 127), ein Personen- und Firmenverzeichnis (Umsatzsteuerrolle) zu führen, das zur schnellen und sicheren Auffindung der Steuerpflichtigen in der Umsatzsteuerliste dient und die für die einzelnen Steuerpflichtigen wesentlichen Merkmale (§ 132 Abs. 2 und 3) enthält.

(2) Die Umsatzsteuerrolle ist auf Grund der dem Finanzamt zugehenden Anzeigen und Ergänzungen hierzu (§ 130), der Anzeigen und Mitteilungen anderer Behörden (§ 127 Abs. 4 und § 129) und der sonstigen selbständigen Ermittlungen (§ 128) in Form einer Sammlung von Kartenblättern anzulegen. Zur restlosen Erfassung aller Steuerpflichtigen ist zu beachten, daß nicht nur Industrielle und Warenkaufleute, sondern alle Personen, die sonstige gewerbliche oder berufliche Leistungen ausführen, der Umsatzsteuer unterliegen. Steuerpflichtig und in die Umsatzsteuerrolle aufzunehmen sind hiernach z. B. auch Gasthausbetriebe, Beförderungsunternehmen, soweit sie nicht durch § 2 Nr. 5 des Gesetzes ausgenommen sind, das Ver-

wahrungs- und Lagerungsgewerbe, das Vergnügungsgewerbe, Wäschereien, Handwerksbetriebe aller Art, insbesondere auch, insoweit sie Reparaturen, Installationen und ähnliches ausführen, die freien Berufe, wie Rechtsanwälte, Notare, Patentanwälte, Privatlehrer, Ärzte, Zahnärzte, Schriftsteller, Architekten und Künstler. Insbesondere ist auch auf eine vollständige Erfassung der Unternehmen, die Luxusgegenstände herstellen oder im Kleinhandel vertreiben, sowie der nach §§ 25, 26 des Gesetzes für Leistungen besonderer Art erhöht steuerpflichtigen Unternehmen Bedacht zu nehmen.

Kartenblatt für Umsatzsteuerrolle.

§ 132. (1) Jeder nach Steuerabschnitten zu veranlagende Steuerpflichtige erhält in der Umsatzsteuerrolle (Kartensammlung) ein besonderes Kartenblatt nach Muster 19. Die Kartenblätter sind fortlaufend zu numerieren, aber nach den Namen der Steuerpflichtigen zu ordnen. Die Nummer des Kartenblatts bedeutet das Aktenzeichen, unter dem die Akten des Steuerpflichtigen beim Finanzamt für die ganze Dauer des Bestehens seiner Umsatzsteuerpflicht geführt werden, und das, sofern nicht besondere Gründe die Anlegung eines neuen Kartenblatts erfordern, für alle Jahre das gleiche bleibt, im Gegensatz zu der jährlich wechselnden Nummer der Umsatzsteuerliste (§ 154) und des Sollbuchs (§ 159 a). Um bei Anlegung von Kartenblättern für neu hinzukommende Steuerpflichtige zu wissen, welche laufende Kartenblattnummer an der Reihe ist, wird das Finanzamt eine geeignete Kontrolle anzulegen haben.

(2) Der Steuerpflichtige erhält auch dann nur e i n Kartenblatt, wenn er nach mehreren Steuerarten (§§ 13, 15, 21, 25, 26 des Gesetzes) steuerpflichtig ist. In diesem Falle sind in das Kartenblatt die erforderlichen Steuermerkmale für jede Steuerart aufzunehmen. Zur Hervorhebung der in Frage kommenden

Steuerart sind von den am Kopfe des Kartenblatts befindlichen Unterscheidungszeichen (U 1 für die allgemeine Umsatzsteuer gewerblicher Unternehmen, U 2 für die allgemeine Umsatzsteuer wegen selbständiger beruflicher Tätigkeit, L h für die Hersteller luxussteuerpflichtiger Gegenstände, L k für den Kleinhandel mit Luxusgegenständen, L 1 für die Unternehmen, die für Leistungen von besonderer Art erhöht steuerpflichtig sind) die jeweils zutreffenden zu unterstreichen. Auch kann die Anbringung eines blauen Striches in der rechten oberen Ecke des Kartenblatts bei solchen Steuerpflichtigen, bei denen Steuerfreiheit nach § 2 des Gesetzes vorkommt, angebracht sein. Entsprechend kann ein roter Strich hervorheben, daß der Steuerpflichtige steuerfreie Umsätze nach § 7 des Gesetzes ausführt. Die augenfällige Kenntlichmachung sonstiger Merkmale ist zulässig.

(3) Aus dem Kartenblatte muß in jedem Falle zu ersehen sein: Vor- und Zuname, Wohnort, Straße und Hausnummer des Steuerpflichtigen, Firma und Sitz der Leitung des Unternehmens (gegebenenfalls auch Name und Wohnung des Inhabers, Geschäftsführers), Art des Gewerbebetriebs oder der beruflichen Tätigkeit unter Hervorhebung der Gegenstände oder Leistungen, um deren Besteuerung es sich handelt (gegebenenfalls getrennt nach den verschiedenen Steuerarten), die gewählte Art der Versteuerung (ob nach Ist- oder nach Solleinnahmen), wesentliche sonstige steuerliche Merkmale (z. B. Zahl der Zimmer bei Gasthöfen, Zahl der Arbeiter und Angestellten, Größe der bewirtschafteten Flächen bei Landwirten, die in- und ausländischen Niederlassungen, Nebentätigkeit bei selbständigen Berufen), schließlich für eine Reihe von Jahren die Nummern der Umsatzsteuerlisten, der etwaigen Bezugs- und Händlerbescheinigung, die Art der Ausübung der Steueraufsicht und der Buch- und Betriebsprüfungen, das Vorkommen von Steuerbefreiungen nach §§ 2 und 7 des Ge-

setzes. Bei Anlegung des Kartenblatts ist auch ersichtlich zu machen, ob es sich um ein vollständig neues Unternehmen handelt oder ob und von welchem Geschäftsvorgänger der Betrieb übernommen worden ist. Im letzteren Falle ist die Nummer der Umsatzsteuerrolle anzugeben, unter der der Geschäftsvorgänger bisher geführt worden ist.

(4) Für Steuerpflichtige, für die nur Fälle der Einzelversteuerung anhängig werden (Einzelversteigerungen nach § 1 Nr. 3 des Gesetzes, Privatverkäufe nach § 23 Abs. 1 Nr. 3 a. a. O., Einfuhr und Ausfuhr luxussteuerpflichtiger Gegenstände nach § 17 Nr. 3 und § 23 Abs. 1 Nr. 4 und 5 a. a. O., Vermietungen möblierter Zimmer nach § 25 Abs. 2 a. a. O. durch Privatpersonen und Übernahme von Anzeigen nach § 26 Abs. 5 a. a. O. durch Privatpersonen), wird im allgemeinen die Anlegung eines besonderen Kartenblatts nur dann geboten sein, wenn derartige Einzelversteuerungen bei demselben Steuerpflichtigen wiederholt zu erwarten sind (wegen Einfuhr und Ausfuhr von Luxusgegenständen durch inländische Unternehmen, die derartige Gegenstände gewerbsmäßig ein- und ausführen, vgl. § 19 Abs. 1 und 2). In der Regel wird es genügen, wenn die Fälle der Einzelversteuerungen in einem fortlaufenden Verzeichnis festgehalten werden, in das die Namen der Steuerpflichtigen nach der Buchstabenfolge, der Paragraph des Gesetzes und die Nummer der Steuerliste eingetragen werden.

Fortführung und Löschen der Kartenblätter.

§ 183. (1) Die Kartenblätter sind unter Nachtragung der eingehenden Anzeigen über Betriebsänderungen und der sonst dem Finanzamt bekannt werdenden steuerlichen Merkmale auf dem laufenden zu erhalten.

(2) Bei Beendigung des Betriebs ist auf dem Kartenblatte zu vermerken, ob gänzliche Einstellung oder Übergang auf

einen Geschäftsnachfolger (z. B. Aufgehen in ein anderes Unternehmen im Wege der Betriebskonzentration) vorliegt. Im letzteren Falle ist die für den Geschäftsnachfolger geltende Nummer der Umsatzsteuerrolle ersichtlich zu machen. Bei Betriebsverlegung in den Bezirk eines anderen Finanzamts ist die Nummer der Umsatzsteuerrolle zu vermerken, unter der der Steuerpflichtige bei dem nunmehr zuständigen Finanzamt geführt wird.

(3) In den Fällen des Abs. 2 ist das in Frage kommende Kartenblatt nach Erledigung der erforderlichen Einträge durch Durchkreuzen auf beiden Seiten zu löschen. Die Löschung darf nur auf schriftliche Verfügung des Finanzamtsvorstehers oder eines von ihm beauftragten Beamten und unter Angabe dieser Verfügung sowie des Namens des löschenden Beamten erfolgen. Die gelöschten Kartenblätter sind, soweit die Löschung wegen Betriebsverlegung in den Bezirk eines anderen Finanzamts erfolgt, dem zuständig werdenden Finanzamt mit der Überweisungsmitteilung (§ 127 Abs. 4, § 168 a) zu übersenden, im übrigen in alphabetischer Reihenfolge geordnet für sich aufzubewahren (Abgangsrolle). Über die abgegebenen Kartenblätter ist ein fortlaufendes Verzeichnis zu führen, in das in alphabetischer Folge die Namen der Steuerpflichtigen, das neue Finanzamt, der Tag der Überweisung und die Nummer der letzten Umsatzsteuerliste einzutragen sind (Überweisungsrolle).

§ 134. Soweit die bisher geführten Umsatzsteuerrollen den Bestimmungen der §§ 131 bis 133 nicht entsprechen, können sie mit Genehmigung des Landesfinanzamts für eine Übergangszeit, die sich nicht über den 31. Dezember 1923 hinaus erstrecken darf, weitergeführt werden. Gegen die Weiterführung von Namenslisten nach Muster 20 oder 21 ist, wo das Bedürfnis dafür besteht, nichts einzuwenden.

§§ 135, 136 sind gestrichen.

III. Versteuerungsart und Steuerabschnitt.

Wechsel in der Versteuerungsart.

§ 137. (1) Will ein Steuerpflichtiger statt der Steuerentrichtung nach dem im Steuerabschnitte vereinnahmten Entgelt die Besteuerung nach dem Entgelte für die im Steuerabschnitte bewirkten Leistungen (§ 9 Abs. 1 des Gesetzes) vornehmen, so hat er unter Darlegung der Gründe für die Abweichung von der Regel des Gesetzes und unter Angabe, ob die Änderung dauernd oder nur für einen bestimmten Zeitraum begehrt wird, bei dem Finanzamt einen schriftlichen Antrag zu stellen. Die Genehmigung ist nur zu erteilen, wenn es sich um Unternehmen handelt, in denen die Bücher nach kaufmännischen Grundsätzen geführt werden; sie soll nicht erteilt werden, wenn die Entgelte unmittelbar nach Ausführung der Lieferung oder Leistung vereinnahmt werden. Den im § 106 Abs. 2 genannten Unternehmen ist die Entrichtung der Steuer nach dem Entgelt für die bewirkten Leistungen (§ 9 Abs. 1 des Gesetzes) allgemein gestattet.

(2) Hat der Steuerpflichtige zunächst nach den vereinnahmten Entgelten versteuert, so ist die Genehmigung an die Bedingung zu knüpfen, daß er Entgelte, die für in früheren Steuerabschnitten bewirkte Leistungen noch eingehen, in dem Steuerabschnitte des Einganges versteuert.

(3) Die Genehmigung zum Übergang von der auf Antrag zugestandenen Versteuerung nach Leistungen zu derjenigen nach den vereinnahmten Entgelten ist nur unter der Bedingung zu erteilen, daß der Steuerpflichtige diejenigen Entgelte, die in früheren Steuerabschnitten vereinnahmt sind, während die Leistung erst in einem Steuerabschnitte nach dem Wechsel der Besteuerungsart erfolgt, in dem ersten Steuerabschnitte nach dem Wechsel zur Versteuerung bringt.

(4) Der Betrag der im Falle des Abs. 2 und 3 nachträglich

zu versteuernden Entgelte ist in den Erklärungen neben dem Gesamtbetrage der sonstigen zu versteuernden, auf die Leistungen entfallenden Entgelte besonders aufzuführen.

(5) Bei Änderung der Besteuerungsart gegenüber dem bisherigen Umsatzsteuergesetze sind die alten Umsätze stets besonders aufzuführen.

Bemessung der Steuerabschnitte.

§ 188. (1) Von der Befugnis der Abkürzung der Steuerabschnitte (§ 33 Abs. 2 letzter Satz des Gesetzes) ist insbesondere bei kleineren, der Luxussteuer unterliegenden Unternehmen, erforderlichenfalls nach Benehmen mit den Interessentenverbänden, weitgehender Gebrauch zu machen. Ebenso ist auf Antrag in entgegenkommender Weise die Besteuerung nach Kalenderjahren für Unternehmen, die wegen Leistungen besonderer Art nach dem Gesetze mit Ablauf eines Vierteljahrs erhöht steuerpflichtig sind, zu gestatten.

(2) Für die im § 106 Abs. 2 genannten Unternehmen wird der Steuerabschnitt wegen der Verwahrungssteuer nach § 25 Abs. 1 Nr. 2 des Gesetzes allgemein auf ein Kalenderjahr ausgedehnt.

IV. Veranlagung und Umsatzsteuererklärung.

1. Umsatzsteuererklärungen.

Art und Form der Umsatzsteuererklärungen.

§ 189. (1) Bei den im § 35 des Gesetzes vorgeschriebenen Erklärungen der Steuerpflichtigen über die Gesamtheit der vereinnahmten Entgelte sind, abgesehen von den Fällen der §§ 156, 157 nach der Länge der Steuerabschnitte folgende Arten zu unterscheiden:

1. bei der allgemeinen Umsatzsteuer oder im Falle des § 33 Abs. 2 letzter Halbsatz des Gesetzes ausnahmsweise auch

bei der Luxussteuer und der erhöhten Steuer der §§ 15, 21, 25 und 26 des Gesetzes (§ 138 Abs. 2):

a) die Erklärung für ein Kalenderjahr,

b) die Erklärung für einen kürzeren Zeitraum als ein Kalenderjahr im Falle besonderer Anordnung durch das Finanzamt (§ 33 Abs. 2 Satz 3 des Gesetzes) oder der Einstellung eines gewerblichen Unternehmens oder einer beruflichen Tätigkeit, die der allgemeinen Umsatzsteuer unterliegen, vor Ablauf des Steuerabschnitts;

2. bei der Luxussteuer und der erhöhten Steuer nach §§ 15, 21, 25, 26 und 27 des Gesetzes:

a) die Erklärung für ein Kalendervierteljahr,

b) die Erklärung für einen kürzeren Zeitraum als ein Kalendervierteljahr im Falle besonderer Anordnung durch das Finanzamt (§ 33 Abs. 2 Satz 3 des Gesetzes) oder der Einstellung eines derartigen Unternehmens innerhalb des ordnungsmäßigen Steuerabschnitts.

(2) Die Erklärungen, in denen alle Fragen dem Vordrucke entsprechend zu beantworten sind, sind zur Vermeidung eines Steuerzuschlags bis zu 10 v. H. der festgesetzten Steuer (§ 170 AO.) innerhalb der gesetzlichen oder durch das Finanzamt zugebilligten Fristen (§ 35 Abs. 1 des Gesetzes) abzugeben. Somit sind in der Regel die Erklärungen zu 1 a im Monat Januar des auf den Steuerabschnitt folgenden Kalenderjahrs abzugeben, diejenigen zu 1 b und 2 b innerhalb eines Monats nach Ablauf des festgesetzten Zeitraumes und diejenigen zu 2 a in dem auf jedes den Steuerabschnitt bildenden Vierteljahr folgenden Kalendermonat (also immer Januar, April, Juli und Oktober). Bei einem nichtzuständigen Finanzamt eingegangene Erklärungen sind von diesem an das zuständige Finanzamt weiterzugeben.

(3) Die angemessene Verlängerung der Frist zur Abgabe der Erklärung, gebegenenfalls gegen Sicherheitsleistung (§ 35 Abs. 1 Satz 2 des Gesetzes), kann durch das Finanzamt erfolgen, wenn der Steuerpflichtige glaubhaft macht, daß ihm die Abgabe der Erklärung innerhalb der vorgeschriebenen Frist nicht möglich ist. Die Verlängerung ist tunlichst auf einen Monat zu beschränken. Vgl. auch § 145 Abs. 2. Der Steuerpflichtige hat jedoch, wenn er nach Jahresabschnitten veranlagt wird, seinen Umsatz zu schätzen und bis zum Ablauf der gesetzlichen Steuererklärungsfrist den entsprechenden Steuerbetrag zu entrichten. Ist die auf Grund der Steuererklärung berechnete Steuer höher, so ist der Unterschied bei Abgabe der Steuererklärung nachzuzahlen (vgl. § 157 b Abs. 1). Der Steuerpflichtige ist hierauf bei Bewilligung der Fristverlängerung hinzuweisen.

(4) Die Erklärungen zu Nr. 1 a und b sind erstmalig für die Zeit vom 1. Januar 1920 oder vom späteren Beginne des Unternehmens ab bis zum Jahresschluß oder dem Schlusse des besonders festgesetzten kürzeren Zeitraums oder dem Zeitpunkt der früheren Einstellung, die zu Nr. 2 a und b für das erste Vierteljahr 1920 oder dessen Teil abzugeben.

(5) Kommt für ein Unternehmen neben der Besteuerung nach den erhöhten Steuersätzen der §§ 15, 21, 25, 26, 27 des Gesetzes mit Rücksicht auf die Art der Umsätze grundsätzlich und nicht nur unter besonderen Voraussetzungen an Stelle des erhöhten Steuersatzes die Besteuerung nach § 13 des Gesetzes in Frage, so sind getrennte Erklärungen für die in Betracht kommenden oder besonders festgesetzten Steuerabschnitte abzugeben; in der Erklärung für das Kalenderjahr oder den sonstigen längsten Steuerabschnitt sind die im Steuerabschnitt vereinnahmten Gesamtentgelte nachzuweisen; auch sind die auf Grund früherer Erklärungen bereits versteuerten Entgelte nochmals aufzuführen. Auf Antrag kann das Finanzamt ge-

statten, daß die nach den Sondersteuererklärungen zum allgemeinen Steuersatze steuerpflichtigen Entgelte gleichzeitig mit der Sondersteuer veranlagt werden.

§ 140. Die Erklärung muß im Falle des § 139 Abs. 1 Nr. 1 a und b folgende Angaben enthalten:

1. die Gesamtheit der in dem Steuerabschnitt vereinnahmten Entgelte einschließlich der nachstehend unter 2 bis 5 und 7 genannten. Im Falle der nach § 9 Abs. 1 des Gesetzes zugestandenen Versteuerungsart tritt an die Stelle der vereinnahmten Entgelte die Gesamtheit der vereinbarten Entgelte für die im Steuerabschnitt bewirkten Leistungen (Abs. 2 a. a. O.);
2. diejenigen Entgelte, die nach § 2 Nr. 1 a, b und c des Gesetzes wegen der Herkunft oder der Bestimmung der Gegenstände von der allgemeinen Umsatzsteuer befreit sind;
3. Entgelte für Umsätze, die der Steuerpflichtige sonst für steuerfrei erachtet (§§ 2, 3 des Gesetzes);
4. Entgelte für Umsätze, bei denen der unmittelbare Besitz nicht übertragen worden ist (§ 7 des Gesetzes);
5. die zurückgezahlten, in einem früheren Steuerabschnitt versteuerten Entgelte (§ 34 Abs. 2 des Gesetzes);
6. die Gesamtheit der hiernach für den Steuerabschnitt verbleibenden steuerpflichtigen Entgelte. Dieser Betrag ergibt sich, indem von dem Betrage zu 1 die Beträge zu 2 bis 5 abgezogen werden;
7. diejenigen Entgelte, die bereits nach §§ 15, 21, 25, 26, 27 des Gesetzes zur Entrichtung der erhöhten Umsatzsteuer nach vierteljährlichen oder kürzeren Steuerabschnitten angemeldet sind, und zwar getrennt nach der Art der Umsätze;
8. Angaben gemäß § 17 Nr. 3 und § 19 a des Gesetzes;
9. die Höhe der für den Steuerabschnitt bereits geleisteten Vorauszahlungen unter Beifügung der Zahlkarten-

abschnitte oder der erhaltenen Quittungen, oder unter Angabe des Tages der Zahlung und der Buchungsnummern.

§ 141. (1) Die Erklärung muß im Falle des § 139 Abs. 1 unter 2 a und b folgende Angaben enthalten:

1. die Gesamtheit der in dem Steuerabschnitte für die Lieferung von luxussteuerpflichtigen Gegenständen (§§ 15, 21 des Gesetzes) oder für erhöht steuerpflichtige Leistungen (§§ 25, 26 und 27 des Gesetzes) vereinnahmten Entgelte, einschließlich der nachstehend unter 2 bis 5 genannten. § 140 Nr. 1 Satz 2 findet Anwendung;
2. die Entgelte für Umsätze, die der Steuerpflichtige für steuerfrei erachtet (§§ 2, 3 des Gesetzes);
3. diejenigen Entgelte, die nach § 13 Satz 2 des Gesetzes wegen der Bestimmung der Lieferung zur Ausfuhr zum allgemeinen Steuersatz steuerpflichtig sind;
4. die Entgelte für Umsätze der im § 21 des Gesetzes bezeichneten Gegenstände im Kleinhandel an gewerbliche Weiterveräußerer (§ 22 des Gesetzes) und der im § 15 des Gesetzes bezeichneten Gegenstände, die auf Bezugschein abgegeben worden sind;
5. die zurückgezahlten, in einem früheren Steuerabschnitte versteuerten Entgelte (§ 34 Abs. 2 des Gesetzes);
6. die Gesamtheit der hiernach für den Steuerabschnitt verbleibenden steuerpflichtigen Entgelte. Hierbei ist im Falle des § 21 des Gesetzes anzugeben, wieviel Entgelte entfallen auf Gegenstände,
   a) deren Lieferung dem Steuersatze von 15 v. H. unterliegt,
   b) für die wegen der Lieferung zu besonderen Zwecken gemäß § 24 Abs. 2 des Gesetzes nach der vom Er-

werber vorgelegten Bescheinigung des Finanzamts lediglich der Satz von 2 v. H. anzuwenden ist.

Im Falle des § 26 Abs. 1 des Gesetzes muß ersichtlich sein, welche Entgelte auf die von der erhöhten Steuer befreiten Ankündigungen entfallen; der Rest ist in die nach dem Satze von 4 v. H., den Staffelsätzen des § 27 des Gesetzes oder dem Satze von 5 v. H. steuerpflichtigen Beträge zu zerlegen. Im Falle des § 25 Nr. 1 des Gesetzes sind die Beträge ersichtlich zu machen, die auf nicht erhöht steuerpflichtige Übernachtung und Vermietungen sowie gegebenenfalls auf Beköstigung entfallen; im Falle des § 25 Nr. 2 des Gesetzes endlich der Betrag, der auf Verwahrungen (Depots) für nach der gleichen Gesetzesvorschrift selbst erhöht steuerpflichtige Unternehmen entfällt;

7. wegen teilweiser Vergütung nach § 19 des Gesetzes die Entgelte, die bei der Beschaffung luxussteuerpflichtiger Gegenstände der im § 15 des Gesetzes bezeichneten Art zur Weiterbearbeitung oder -verarbeitung aufgewendet worden sind, wenn die Entgelte für die durch die Bearbeitung entstandenen Gegenstände der gleichen Art als luxussteuerpflichtig unter Nr. 1 aufgeführt sind.

(2) Die Erklärung hat im Falle des § 33 Abs. 4 Satz 2, 3 des Gesetzes außerdem zu enthalten die Entgelte für die gemäß § 17 Nr. 3 des Gesetzes beim Verbringen in das Inland steuerpflichtigen Gegenstände der im § 15 des Gesetzes bezeichneten Art und für die gemäß § 23 Abs. 1 Nr. 4 des Gesetzes bei der Einfuhr steuerpflichtigen Luxusgegenstände der im § 21 des Gesetzes bezeichneten Art sowie für die nach § 23 Abs. 1 Nr. 5 des Gesetzes in das Ausland verbrachten Gemälde usw., wenn dem Steuerpflichtigen die Einzelanmeldung erlassen ist und das Finanzamt die Versteuerung nach Steuerabschnitten gemeinsam mit den sonstigen Umsätzen gestattet hat.

§ 142. Bei den im Januar 1921 für die allgemeine Umsatzsteuer oder bei besonderer Genehmigung auch für die Luxussteuer, im April, Juli, Oktober 1920, Januar 1921 für die Luxussteuer und für die erhöhte Umsatzsteuer auf Leistungen bestimmter Art (§§ 15, 21, 25 des Gesetzes) abzugebenden Erklärungen sind außerdem getrennt aufzuführen:

1. Entgelte für Umsätze, die nach § 46 Abs. 3 und 4 des Gesetzes nur mit den Sätzen des alten Umsatzsteuergesetzes (0,5 und 10 v. H.) zu versteuern sind;
2. Entgelte, die der für 1920 weitergeltenden erhöhten Steuer des § 8 des alten Umsatzsteuergesetzes gemäß § 47 des neuen Gesetzes unterliegen.

Bestimmungen für die Banken.

§ 142 a. Von den Formvorschriften des § 35 des Gesetzes (§§ 139 ff.) ist befreit, wer von seinem Gesamteinkommen an Provisionen aus Bankgeschäften aller Art, abzüglich der nach § 25 Abs. 1 Nr. 2 des Gesetzes der erhöhten Umsatzsteuer unterworfenen Beträge, 8 v. H. der allgemeinen Umsatzsteuer unterwirft, sofern er die Gesamtsumme der Einnahmen aus Provisionen angibt und gleichzeitig anführt, aus welchen Gruppen von Provisionsgewinnen sich diese Summe zusammensetzt. Die Höhe der einzelnen Gruppen von Provisionsbeträgen braucht also nicht angegeben zu werden. Zu den nichtsteuerpflichtigen Provisionen gehören Provisionen aus Umsätzen von Effekten, Devisen, Coupons, Wechseln, Avalen, die die Bank im eigenen Namen übernimmt und verkauft, Provisionen für Prolongationen, Inkassi, Einnahmen aus dem Kreditverkehr, aus Konto-Korrent (Einzelprovisionen, Umsatzprovisionen aus Diskonto- und Lombardgeschäften, Zahlungs- und Überweisungsverkehr). Zur Erleichterung der Arbeit der Finanzämter und zum besseren Verständnis sollen die Banken etwa geführte besondere Bezeichnungen von Provisionskonten durch die allgemein üblichen Bezeichnungen erläutern.

§ 143. (1) Die Erklärung ist im Falle des § 139 Abs. 1 Nr. 1 a und b nach Anleitung der Muster 22 und 23, im Falle des § 139 Abs. 1 Nr. 2 a und b nach Anleitung der Muster 24 bis 29 zu gestalten.

(2) Die Landesfinanzämter können unter Berücksichtigung der örtlichen Verhältnisse, insbesondere für die Veranlagung landwirtschaftlicher Betriebe sowie für kleinere und kleinste Betriebe aller Art, an Stelle der alle Möglichkeiten der Veranlagung berücksichtigenden Muster die Verwendung von Vordrucken einfacher Art in möglichst gekürzter Form als Umsatzsteuererklärung anordnen. In derartige Umsatzsteuererklärungen einfachster Art ist jedoch ein Vermerk aufzunehmen, daß beim Vorkommen von Auslands- und Zwischenhandelsgeschäften sowie von sonstigen Umsätzen, die für steuerfrei erachtet werden (§§ 2, 3 und 7 des Gesetzes), anderweite Vordrucke zu benutzen sind, die auf Verlangen vom Finanzamt abgegeben werden. Muster 22 a dient als Anleitung für eine derartig gekürzte Erklärung.

(3) Vordrucke nach den vereinfachten Mustern sind nur dann auszuhändigen, wenn es nach Lage der Verhältnisse ausgeschlossen erscheint, daß ein ungekürzter Vordruck gebraucht wird.

(4) Vordrucke für die Erklärungen sind den Steuerpflichtigen bis zu zwei Stück kostenlos zu verabfolgen. Mehr als zwei Stück werden nur gegen Ersatz der Herstellungskosten abgegeben. Das Landesfinanzamt kann bestimmen, daß den in die Steuerrolle beziehentlich Namensliste eingetragenen Steuerpflichtigen vor Schluß jedes Steuerabschnitts zwei Vordrucke kostenlos zuzustellen sind.

(5) Die Erklärungen können auch mündlich bei dem Finanzamt erfolgen. In diesem Falle ist der in Betracht kommende Vordruck von dem Beamten den Angaben des Steuerpflichtigen entsprechend auszufüllen und von dem Steuerpflichtigen und dem Beamten des Amtes zu unterschreiben.

Voranmeldungen zur Entrichtung von Vorauszahlungen.

§ 148 a. (1) Ist der Steuerabschnitt länger als ein Kalendervierteljahr (vgl. §§ 138, 139), so hat der Steuerpflichtige innerhalb eines Monats nach Ablauf jedes Kalendervierteljahrs, also im April, Juli, Oktober und Januar, bei der zuständigen Finanzkasse eine Voranmeldung abzugeben. Die Finanzämter (Veranlagungsstellen) haben spätestens Ende März jedes Jahres Aufforderungen zur Abgabe von Voranmeldungen nach Anleitung von Muster 74 zu erlassen. Die Aufforderung nach Muster 74 gilt als Verfügung im Sinne des § 299 Abs. 4 AO.; die Bekanntgabe gilt als erfolgt, wenn die Aufforderung der Post übergeben oder durch Boten ausgehändigt worden ist. Nach Ermessen des Finanzamts kann den Aufforderungen ein Voranmeldungsvordruck nach Muster 74 a oder nach Muster 74 b beigefügt werden. Soweit den Aufforderungen Vordrucke zu Voranmeldungen nach Muster 74 a oder Muster 74 b beigelegt werden, sind auf den Vordrucken vom Finanzamt die Nummern der Umsatzsteuerrolle, der Umsatzsteuerliste und tunlichst auch des Sollbuchs einzusetzen, unter denen der Steuerpflichtige beim Finanzamt und bei der Finanzkasse geführt wird.

(2) In der Voranmeldung (vgl. Muster 74 a und 74 b) hat der Steuerpflichtige den Gesamtbetrag der im abgelaufenen Kalendervierteljahr vereinnahmten steuerpflichtigen Entgelte nach Maßgabe des § 35 des Gesetzes anzugeben. Gleichzeitig mit der Abgabe der Voranmeldung hat er den sich hieraus errechnenden Steuerbetrag als Vorauszahlung abzuführen. Ist keine Vorauszahlung zu leisten, z. B. weil steuerpflichtige Entgelte nicht vereinnahmt worden sind, so liegt eine entsprechende Mitteilung an die Finanzkasse innerhalb der Frist im Interesse des Steuerpflichtigen, da Zwangsmaßnahmen hierdurch vermieden werden. Eine Erinnerung zur Abgabe der Voranmeldungen erfolgt nicht (vgl. Abs. 7 und § 157 a Abs. 7).

(3) Die Voranmeldungen gelten als Steuererklärungen im Sinne der Abgabenordnung. Die Vorschriften der §§ 356 ff. AO. finden daher Anwendung, wenn eine Voranmeldung unterblieben ist oder unrichtige Angaben enthält.

(4) Die Abgabe einer Voranmeldung ist nicht erforderlich, wenn der Steuerabschnitt ein Kalendervierteljahr oder weniger beträgt. In diesen Fällen ist die Vorauszahlung, wenn die Veranlagung nicht im ersten Monat nach Ablauf des Kalendervierteljahrs durchgeführt wird, bis zum Ende dieses Monats in Höhe des Betrags zu leisten, der sich aus der Steuererklärung (§ 35 des Gesetzes) ergibt.

(5) Rechtsanwälte, Notare und Patentanwälte sind von den Voranmeldungen und Vorauszahlungen im Sinne von § 37 des Gesetzes befreit, wenn sie vierteljährliche Vorauszahlungen in Höhe von 20 vom Hundert der für das vorhergehende Jahr veranlagten Umsatzsteuer entrichten. Hat die Veranlagung noch nicht stattgefunden, so richtet sich die Höhe der Vorauszahlung nach dem für das Vorjahr in der Steuererklärung angegebenen Umsatz. Der Reichsminister der Finanzen ist berechtigt, den Hundertsatz in dem Maße zu vervielfältigen, daß die Geldentwertung ausgeglichen wird. Die Befreiung besteht, gleichgültig, ob Pauschalierung gewählt wird oder nicht. Sie beschränkt sich jedoch auf die Entgelte aus den anwaltschaftlichen Berufsgeschäften. Hinsichtlich der übrigen vereinnahmten Entgelte gelten die Bestimmungen der Abs. 1 bis 4.

(6) Die Vergünstigung des Abs. 5 gilt entsprechend für die im § 106 Abs. 2 genannten Unternehmen.

(7) Wegen des Verfahrens beim Ausbleiben einer Voranmeldung und Vorauszahlung vgl. § 157 a Abs. 3 ff.

§ 144. (1) Zwischen dem 1. und 10. Januar jedes Jahres haben die Landesfinanzämter oder nach deren Anweisung die Finanzämter die Steuerpflichtigen zur Abgabe der Erklärung über die allgemeine Umsatzsteuer in den für amtliche Bekanntmachungen der unteren Verwaltungsbehörden bestimmten Tagesblättern öffentlich aufzufordern. Die Landesfinanzämter können anordnen, daß die Aufforderung außerdem in sonst üblicher Weise bekanntgemacht wird. In der Aufforderung sind die Steuerpflichtigen über ihre Pflicht zur Abgabe der Erklärung unter Hinweis auf die Strafvorschriften des Gesetzes und der Reichsabgabenordnung zu belehren, und es ist ihnen hierbei bekanntzugeben, wo Vordrucke für die Erklärung zur Abgabe an die Steuerpflichtigen bereitgehalten werden. Auf die Verpflichtung zur Abgabe von vierteljährlichen Voranmeldungen bei Versteuerung nach Kalenderjahren (§ 143 a Abs. 1) sowie auf die Verpflichtung zur Leistung von Nachzahlungen bei Abgabe der Steuererklärung (§ 157 b) ist besonders hinzuweisen.

(2) Als Anleitung für die öffentliche Aufforderung dient das Muster 30, das unter entsprechender Abänderung zu den dann in Betracht kommenden Zeiten auch als Aufforderung zur Entrichtung der Luxussteuer und der Steuer für erhöht steuerpflichtige Leistungen verwendet werden kann.

(3) Es wird sich empfehlen, den in die Umsatzsteuerliste eingetragenen Personen und Firmen kurz vor Ablauf der für sie in Frage kommenden Steuerabschnitte Vordrucke zur Steuererklärung zu übersenden, nachdem zuvor die Nummer der Umsatzsteuerrolle und -liste auf dem Vordruck vermerkt worden ist; auch kann es zweckmäßig sein, den nach den erhöhten Sätzen steuerpflichtigen Personen bei Abgabe der Erklärung für einen abgelaufenen Steuerabschnitt bereits Vordrucke für die nächste Erklärung auszuhändigen.

Überwachung des Eingangs der Voranmeldungen und Erklärungen.

§ 145. (1) Der rechtzeitige Eingang der Voranmeldungen ist von der Finanzkasse an der Hand des Sollbuchs, der rechtzeitige Eingang der Steuererklärungen von dem Finanzamt an der Hand der Umsatzsteuerrolle zu überwachen (vgl. § 143 a und 155 Abs. 1).

(2) Ist innerhalb der Abgabefrist eine Erklärung nicht eingegangen, so ist der Steuerpflichtige an die Einreichung zu erinnern.

(3) Wegen nicht rechtzeitiger Abgabe der Voranmeldung vgl. § 143 a Abs. 1.

§ 146. (1) Die Abgabe der Erklärungen kann nötigenfalls gemäß § 202 AO. durch wiederholte Geldstrafen bis zu 500 000 Mark im Einzelfalle, die im Falle des Unvermögens in Haftstrafe umzuändern sind, erzwungen werden. Die Festsetzung des Zwangsmittels muß vorher schriftlich angedroht werden.

(2) Gleichzeitig mit der etwaigen Strafandrohung oder Straffestsetzung ist dem Säumigen eine angemessene weitere Frist zur Abgabe der Erklärung zu setzen.

(3) Die Geldstrafe kann solange wiederholt werden, bis der Steuerpflichtige der Verpflichtung zur Abgabe der Erklärung nachgekommen ist.

(4) Durch die fortgesetzte Weigerung des Steuerpflichtigen, eine Erklärung abzugeben, wird seine Veranlagung auf Grund schätzungsweiser Ermittlungen nicht gehindert.

(5) Das Finanzamt hat außerdem nach § 170 Abs. 2 AO. im Steuerbescheide (§ 158) einen Zuschlag bis zu 10 v. H. der endgültig festgesetzten Steuer einzufordern. Der Zuschlag ist auf volle zehn Mark nach unten abzurunden. Von der Festsetzung eines Zuschlags ist abzusehen, wenn die Umstände des Einzelfalls die Versäumnis entschuldbar erscheinen lassen. Wird die Steuer im Rechtsmittel- oder Neuveranlagungsverfahren anderweit festgesetzt, so erhöht oder ermäßigt sich der Zuschlag entsprechend.

(6) Eine Erhöhung der Steuer gemäß § 37 Abs. 6 des Gesetzes (§ 157 a Abs. 8) unterliegt dem Zuschlage nicht.

2. Feststellung des Steuererklärungssolls.

Feststellung des Steuererklärungssolls.

§ 148 a. (1) Das Finanzamt hat bei Eingang einer Steuererklärung für ein Kalenderjahr zur Überwachung der nach § 37 Abs. 4 des Gesetzes gleichzeitig, spätestens bis zum 31. Januar fälligen Nachzahlung (§ 157 b) den sich nach der Steuererklärung ergebenden Steuerbetrag zu berechnen und als Steuererklärungssoll der Kasse mitzuteilen. Die Mitteilung kann für die Erklärungen, die in den Monaten Januar und Februar abgegeben werden, in Form fortlaufender Nachweisungen erfolgen. Für diejenigen Steuerpflichtigen, denen Fristverlängerung wegen Abgabe der Steuererklärung über den Monat Februar hinaus gewährt ist (§ 139), hat die Mitteilung alsbald nach Eingang der Steuererklärung zu geschehen. Die Mitteilung ist auf der Steuererklärung zu vermerken. Wegen der vorläufig zu leistenden Nachzahlung nach Schätzung vgl. § 139 Abs. 3 und § 157 b, wegen der Sollstellang im Sollbuch vgl. § 159 a Abs. 3, und wegen der Überwachung des Eingangs der Nachzahlung vgl. § 159 b.

(2) Ist der Steuerabschnitt das Kalendervierteljahr oder ein kürzerer Zeitabschnitt, so ist eine entsprechende Mitteilung nach Ablauf des ersten Monats jedes Kalendervierteljahrs in den Fällen erforderlich, in denen die Steuer nicht im ersten Monat nach Ablauf des Kalendervierteljahrs veranlagt worden ist. Diese Mitteilungen können ebenfalls in Form von Nachweisungen (Abs. 1) erfolgen. Sie dienen zur Überwachung der gemäß § 37 Abs. 2 des Gesetzes nach der Steuererklärung zu leistenden Vorauszahlungen. Wegen der Sollstellung der mitgeteilten Vorauszahlungsschuld und Überwachung der Zahlung vgl. § 159 b Abs. 1.

Prüfung der Erklärungen.

§ 147. (1) Das Finanzamt hat die Angaben in der Erklärung an der Hand der Umsatzsteuerrolle und unter Benutzung aller anderen ihm bekannten Tatsachen auf ihre Richtigkeit und Vollständigkeit zu prüfen und dabei auch das Vorhandensein der Unterschrift des Steuerpflichtigen festzustellen.

(2) Für die Prüfung kommen insbesondere folgende Maßnahmen in Betracht:

1. die Einholung weiterer Auskünfte von dem Steuerpflichtigen gemäß §§ 172, 173 AO. Hierbei wird insbesondere nach der Zusammensetzung derjenigen Entgelte gefragt werden können, die der Steuerpflichtige als steuerfrei ansieht oder auf die nach seiner Auffassung § 7 des Gesetzes zur Anwendung kommt;
2. die Einsichtnahme in die auf die steuerpflichtigen Leistungen bezüglichen Bücher und Geschäftspapiere des Steuerpflichtigen (§ 174 AO.);
3. die Aufforderung an andere nicht als Steuerpflichtige beteiligte Personen, insbesondere an die Angestellten, Kunden und Lieferanten der Steuerpflichtigen, zur Auskunft gemäß § 177 AO. und mit Genehmigung des Landesfinanzamts die Einsichtnahme in deren Bücher ubd Schriftstücke, soweit sie für die Veranlagung der Steuerpflichtigen in Betracht kommen;
4. die Vornahme einer Prüfung des Geschäftsgebahrens des Steuerpflichtigen innerhalb seiner Geschäftsräume (§ 175 AO.);
5. die Einholung von Auskünften von Reichs-, Staats- und Gemeindebehörden (§ 177 Abs. 3 AO.). Hierbei kommen neben den Ortsbehörden insbesondere die staatlichen und gemeindlichen Steuerbehörden in Betracht. Vor allem werden die Akten über die Einkommensteuer und die Ge-

werbesteuer des Steuerpflichtigen einzusehen sein. Von der Verpflichtung zur Verschwiegenheit tritt Befreiung nach Maßgabe des § 181 AO. ein;

6. die Erhärtung einzelner Tatsachen, die der Steuerpflichtige behauptet, durch Versicherung an Eides Statt mit Genehmigung des Landesfinanzamts (§§ 176, 184 in Verbindung mit § 209 AO.);

7. die Anhörung von Zeugen und Sachverständigen, insbesondere auch von Angestellten, gemäß §§ 177 ff. in Verbindung mit § 209 AO.

(3) Die Maßnahmen zu 1 bis 4 können durch Androhung von Strafen gemäß § 202 AO. erzwungen werden (vgl. § 146 Abs. 1 bis 3).

(4) Bei der Prüfung ist auch besonders darauf zu achten, ob Unternehmen, die Luxusgegenstände der im § 21 des Gesetzes genannten Art im Kleinhandel umsetzen, Lieferungen an Erwerber, die sich als Weiterveräußerer (§ 201) ausgewiesen haben, und Umsätze von Blumen, deren Entgelt unter dem jeweiligen Richtpreise bleibt und die daher nicht als steuerpflichtige Luxusgegenstände anzusehen sind, in der nach § 35 Abs. 1 des Gesetzes abzugebenden Erklärung über die der allgemeinen Umsatzsteuer unterliegenden Entgelte nachgewiesen haben. Das gleiche gilt für die Erklärungen der nach § 25 Abs. 1 Nr. 1 und 2, §§ 26 und 27 des Gesetzes steuerpflichtigen Unternehmen hinsichtlich der auf nicht erhöht steuerpflichtige Ankündigungen, Vermietungen und Beherbergungen einschließlich Beköstigung sowie auf Verwahrungen zugunsten steuerpflichtiger Verwahrer entfallenden Entgelte (vgl. § 141 Nr. 6 Abs. 2).

(5) Bei der Anhörung von Sachverständigen sind in erster Linie Vertreter und Angestellte von Verbänden und Interessenvertretungen des Betriebs- oder Berufszweigs, dem der Steuerpflichtige angehört, heranzuziehen (§ 191 AO.).

(6) Auf jeder Erklärung über den Gesamtbetrag der Entgelte ist von dem mit der Führung der Steuerliste beauftragten Beamten zu vermerken, unter welcher Nummer das steuerpflichtige Unternehmen in der Umsatzsteuerrolle und in der Umsatzsteuerliste des in Frage kommenden Jahres eingetragen ist. Sonstige Eintragungs-, Prüfungs- und Erledigungsvermerke, nach Art der auf Seite 4 des Musters 22 am Schlusse angegebenen, können von den Landesfinanzämtern je nach den örtlichen Bedürfnissen angeordnet oder zugelassen werden.

Schätzung.

§ 148. (1) Wenn das Finanzamt die Besteuerungsgrundlagen nach der Erklärung und nach seinen Ermittlungen nicht feststellen oder berechnen kann, so sind sie nach § 210 AO. zu schätzen; dabei sind alle Umstände zu berücksichtigen, die für die Schätzung von Bedeutung sind.

(2)Veranlagung im Wege der Schätzung hat insbesondere zu erfolgen, wenn

1. ein Steuerpflichtiger eine Steuererklärung trotz besonderer Aufforderung und etwaiger Zwangsmaßnahmen (§ 202 AO.) nicht abgegeben hat,
2. die Besteuerungsgrundlagen nicht festgestellt oder errechnet werden können,
3. der Steuerpflichtige Schätzungsangaben an Stelle einer ziffermäßigen Umsatzberechnung gemacht hat.

(3) Vor Einleitung des Schätzungsverfahrens wird nach dem Ermessen des Finanzamts zu versuchen sein, die Höhe der steuerpflichtigen Entgelte vermittels der Maßnahmen des § 147 festzustellen. Die Schätzung muß sich auf sachlichen Unterlagen aufbauen und soll mit einer Begründung versehen werden.

(4) Es steht im Ermessen des Finanzamts, ob es die Schätzungen auf Grund eigener Erfahrung und Ermittlung

oder nach Anhörung von Sachverständigen (vgl. § 147 Abs. 5) vornehmen will. Ausgangspunkte können, wenn der Umsatz selbst nicht unmittelbar festgestellt werden kann, der Ertrag oder das gewerbliche Einkommen des Unternehmens bilden. Die Einsichtnahme der Akten über die Veranlagung zur Einkommensteuer wird zweckmäßig sein. Auch die festgesetzten Umsätze ähnlicher Unternehmen sind zum Vergleiche heranzuziehen.

(5) Es kann weiter zweckmäßig sein, bei kleinen, insbesondere landwirtschaftlichen und einfachen gewerblichen Betrieben, soweit kein Buchführungszwang besteht oder keine Aufzeichnungen vorhanden sind, die Umsatzsteuer auf Grund von Normaleinnahmebeträgen festzusetzen, die das Finanzamt für seinen Bezirk oder das Landesfinanzamt für die Bezirke mehrerer Finanzämter im Benehmen mit Berufsvertretungen usw. zu ermitteln haben.

§ 149. (1) Die Kosten einer Schätzung trägt der Steuerpflichtige, wenn das Ergebnis der Schätzung den vom Steuerpflichtigen angegebenen Betrag um mehr als ein Drittel überschreitet, es sei denn, daß die Abweichung entschuldbar erscheint (zu vgl. auch § 205 Abs. 3 AO.).

(2) Die Entscheidung, ob die Kosten der Schätzung dem Steuerpflichtigen zur Last zu legen sind, ist erst zu erlassen, nachdem die Steuerpflicht auf Grund der Schätzung festgestellt worden ist. Gegen die Entscheidung über die Kosten ist innerhalb eines Monats die Beschwerde an das Landesfinanzamt gegeben, das endgültig entscheidet.

§ 150. (1) Unterliegt der Steuerpflichtige der Steuer auf die Umsätze von Luxusgegenständen als Hersteller oder im Kleinhandel (§§ 15, 21 des Gesetzes) oder der erhöhten Steuer für Leistungen besonderer Art (§ 25 Abs. 1, §§ 26 und 27 des Gesetzes), so kann sich das Schätzungsverfahren sowohl auf den eigentlichen Steuerabschnitt (das Vierteljahr oder dessen Teil im Falle des § 33 Abs. 2 des Gesetzes) als auch auf ein mehrere aufeinanderfolgende Steuerabschnitte umfassendes Kalenderjahr erstrecken. In vielen Fällen wird erst nach Ablauf des Kalenderjahrs die Möglichkeit vorliegen, Unterlagen für eine ordnungsmäßige Schätzung, insbesondere durch den Vergleich des Ergebnisses der einzelnen Steuerabschnitte und des Ergebnisses bei ähnlichen Betrieben, zu gewinnen.

(2) Die Prüfung, ob das Schätzungsverfahren im Falle des Abs. 1 für ein Kalenderjahr einzuleiten ist, soll möglichst innerhalb dreier Monate nach Schluß des Kalenderjahres abgeschlossen werden.

(3) Nach dem Ergebnis des gesamten Ermittlungsverfahrens ist über die Einleitung des Strafverfahrens Entschließung zu fassen. Ein Strafverfahren kommt insbesondere in Betracht, wenn ein Steuerpflichtiger eine Erklärung gar nicht abgibt oder in ihr oder bei den später von ihm geforderten Auskünften unrichtige Angaben macht oder schuldhafterweise Aufzeichnungen oder Bücher nicht oder unvollständig geführt hat. Insbesondere sind auch die §§ 360, 367 AO. über die Strafbarkeit des Versuchs und die fahrlässige Steuerverkürzung zu beachten.

Rechtshilfe.

§ 151. (1) Bei der Veranlagung haben sich die Finanzämter und die sonstigen Reichs- usw. Behörden Beistand zu leisten. Außerdem sind die berufsständischen Vertretungen zur Beistandsleistung verpflichtet. Diese Anordnung enthält § 191 AO., der wie folgt lautet:

Die Reichs-, Staats- und Gemeindebehörden, die Beamten und Notare sowie die Verbände und Vertretungen von Betrieben und Berufszweigen haben den Finanzämtern jede zur Durchführung der Besteuerung und der den Finanzämtern obliegenden Prüfung und Aufsicht dienliche Hilfe zu leisten, insbesondere Einsicht in ihre Bücher, Verhandlungen, Listen und Urkunden zu gewähren. Die Unverletztbarkeit des Post-, Telegraphen- und Fernsprechgeheimnisses bleibt unberührt.

Schuldbuchverwaltungen, Postscheckämter, Sparkassen und Banken, die die Stellung von Behörden haben, fallen nicht unter diese Vorschrift.

(2) Durch § 192 AO. ist weiter angeordnet, daß sämtliche Behörden und Beamten — ohne Verletzung des unberührt bleibenden Post-, Telegraphen- und Fernsprechgeheimnisses — Steuerzuwiderhandlungen, die sie dienstlich erfahren, den Finanzämtern mitzuteilen haben.

§ 152. Bei der Steuerermittlung kommen die gleichen Maßnahmen in Betracht, die in den §§ 115, 116 für die Steueraufsicht vorgesehen sind.

Steuerberechnung.

§ 153. (1) Nach Abschluß der Ermittlungen ist die Steuer, sofern nicht besondere Berechnungsbogen erforderlich sind, im Abschnitt B der Steuererklärung unter Abrundung auf volle 10 Mark nach unten zu berechnen, der veranlagte Umsatzsteuerbetrag einschließlich etwaiger Zuschläge nach § 37 Abs. 6 des Gesetzes und § 170 AO. in die Umsatzsteuerliste für den in Frage kommenden Steuerabschnitt (§ 154) zu übertragen und die Nummer, unter der die Eintragung erfolgt ist, auf der Steuerberechnung zu vermerken. Von dem Veranlagungsergebnis ist der Einkommensteuerstelle nach Anleitung von Muster 73 Kenntnis zu geben, ebenso von etwaigen Abänderungen der Steuerfestsetzung im Rechtsmittelverfahren oder durch Neuveranlagung. Die Anschreibung des Veranlagungsergebnisses und seiner Änderungen in den Umsatzsteuerzähllisten und -zählblättern hat nach Maßgabe der hierüber ergangenen besonderen Anweisungen im unmittelbaren Anschluß an die Feststellung zu erfolgen. Das Nähere wegen der Eintragungen in die Umsatzsteuerliste vgl. § 154.

(2) Im Veranlagungsverfahren können Randbemerkungen, Zusätze, Abänderungen und andere Vermerke auf den Steuererklärungen selbst eingetragen werden. Derartige Bemerkungen haben auf den Vordrucken in farbiger Tinte oder in Buntstift, bei größeren Vermerken unter Beifügung des Namenszeichens sowie des Datums zu erfolgen. Die Zusätze müssen so angebracht sein, daß keinesfalls späterhin Zweifel über die ursprünglichen Eintragungen des Steuerpflichtigen entstehen können.

Umsatzsteuerliste.

§ 154. (1) Für jedes Kalenderjahr wird eine Umsatzsteuerliste bei der Veranlagungsstelle nach Muster 31 in Buchform geführt. Sie ist auf Grund der Umsatzsteuerrolle und der Umsatzsteuerliste für das vorhergehende Kalenderjahr bis zum 1. Januar des Jahres, auf dessen Umsätze sie sich bezieht, unter Ausfüllung der Spalten 1 bis 3 aufzustellen, indem für jeden Steuerpflichtigen, der nach der Umsatzsteuerrolle und nach der vorjährigen Umsatzsteuerliste nach Steuerabschnitten zu veranlagen ist, ein Konto eingerichtet wird. Nach der Veranlagung ist bei dem Konto in den die Steuerschuld betreffenden Spalten der veranlagte Steuerbetrag, einschließlich etwaiger Zuschläge nach § 170 Abs. 2 AO. und § 37 Abs. 6 des Gesetzes, einzutragen. Jede Veränderung dieser Steuerschuld — durch Rechtsmittelentscheidungen (Einspruchs-, Berufungs-, Rechtsbeschwerdeentscheidung), Neuveranlagungen usw. — ist in zeitlicher Reihenfolge unter der ursprünglichen Eintragung mit Angabe der die Neufestsetzung enthaltenden Verfügung (Einspruchsentscheidung, Neuveranlagung usw.) einzutragen, und zwar nicht mit dem sich gegenüber der ursprünglichen Eintragung ergebenden Minder- oder Mehrbetrag, sondern mit dem nunmehr geltenden vollen Betrage des Steuersolls. Bei Anlegung der Konten ist darauf Bedacht zu nehmen, daß für diese späteren Eintragungen genügender Raum vorhanden ist. Bei den Steuerpflichtigen mit mehreren Veranlagungsabschnitten innerhalb des Kalenderjahrs (§ 139 Abs. 1 Nr. 1 b und Nr. 2) ist außerdem zu berücksichtigen, daß für jeden Steuerabschnitt (Vierteljahr, Monat) gegebenenfalls mehrere Eintragungen untereinander erforderlich werden können. Soweit derartige Steuerpflichtige gleichzeitig für gewisse Arten von Umsätzen nach jährlichen Steuerabschnitten versteuern (§ 139 Abs. 1 Nr. 1 a, z. B. Hersteller luxussteuerpflichtiger und nichtluxussteuerpflichtiger Gegenstände), erhalten sie in ihrem Konto einen Abschnitt a für den Jahressteuerabschnitt und besondere Abschnitte (b, c) für die kürzeren Steuerabschnitte (Vierteljahr, Monat usw.).

(2) Die Reihenfolge der Eintragungen (nach den Anfangsbuchstaben, nach örtlichen Bezirken, nach Steuerarten u. a.) bestimmt der Vorsteher des Finanzamts. Dieser ist auch berechtigt, die Anlegung der Liste in verschiedenen selbständigen Abteilungen (nach Steuerarten, nach örtlichen Bezirken usw.) anzuordnen, wenn dies aus örtlichen Gründen geboten erscheint. Insbesondere kann die Anlegung einer besonderen Abteilung für Einzelversteuerungen, für die ein Konto erst bei Eintritt der Steuerpflicht anzulegen ist, zweckmäßig sein (Einzelversteigerungen nach § 1 Nr. 3 des Gesetzes, Privatverkäufe nach § 23 Abs. 1 Nr. 3 des Gesetzes, Einfuhr und Ausfuhr luxussteuerpflichtiger Gegenstände nach § 17 Nr. 3 und § 23 Abs. 1 Nr. 4 und 5 des Gesetzes, Vermietungen möblierter Zimmer nach § 25 Abs. 2 des Gesetzes durch Privatpersonen und Übernahmen von Anzeigen nach § 26 Abs. 5 des Gesetzes durch Privatpersonen). Wegen Veranlagung der Ein- und Ausfuhr luxussteuerpflichtiger Gegenstände nach Steuerabschnitten vgl. § 19 Abs. 1 und 2. Die Anlegung einer besonderen Abteilung für die Straßenhändler (Juwelenhändler)

kann zweckmäßig sein. Für neuhinzukommende Steuerpflichtige ist in jedem Falle genügend Raum (nach jedem Buchstaben, Bezirk, in jeder Abteilung usw.) offenzuhalten. Die Aufnahme infolge Betriebsverlegung aus einem anderen Finanzamtsbezirke hat nach § 168 a zu erfolgen.

§ 155. (1) Die Umsatzsteuerliste dient zur Aufnahme aller steuerpflichtigen Fälle eines Kalenderjahrs, zur Überwachung des rechtzeitigen Einganges der Steuererklärungen sowie zur Festhaltung des Veranlagungsergebnisses und seiner Änderungen. Alle Eintragungen in die Umsatzsteuerliste sind mit größter Sorgfalt und deutlich zu bewirken. Rasuren sind nicht zulässig; nötig werdende Änderungen sind vielmehr stets so auszuführen, daß der abgeänderte Eintrag leserlich bleibt.

(2) Die Fristverlängerungen für die Einreichung der Erklärungen, die Erinnerungen zur Einreichung der Erklärungen und der Eingang der Steuererklärungen sind unter Angabe der Steuerart und des Steuerabschnitts in den dafür vorgesehenen Spalten einzutragen.

(3) Die Voranmeldungen, die abgesandten Aufforderungsschreiben zur Entrichtung von Vorauszahlungen (Muster 75), das Steuererklärungssoll (§ 37 Abs. 4 des Gesetzes) und die eingegangenen Vorauszahlungen sowie Nachzahlungen und Abschlußzahlungen sind nicht in die Umsatzsteuerliste aufzunehmen. Bei Eintragung der veranlagten Steuerbeträge sind diese nicht um die bereits entrichteten Vorauszahlungen sowie Nachzahlungen und Abschlußzahlungen zu kürzen. Bei der veranlagten Steuer ist ersichtlich zu machen, an welchem Tage der Steuerbescheid (die Neuveranlagung usw.) zur Kasse gegangen und von da zurückgelangt ist und unter welcher Nummer des Sollbuchs der veranlagte Betrag zum Soll gestellt worden ist (§ 158 Abs. 3, § 159 b Abs. 1). Es ist darauf zu achten, daß jedem Eintrag in die Umsatzsteuerliste über Veranlagungen und

Änderungen der Veranlagungen ein entsprechender Eintrag im Sollbuch gegenübersteht.

(4) Für neuhinzukommende Steuerfälle bleibt die Umsatzsteuerliste bis zum 1. März des zweiten auf das Jahr des Umsatzes folgenden Jahres offen. Später bekanntwerdende Fälle werden wie Fälle des Jahres der Feststellung behandelt. Bei eingetragenen Fällen vorkommende Änderungen bezüglich der Höhe der Steuer werden auch nach dem vorstehend erwähnten Zeitpunkt bei dem ursprünglichen Eintrag nachgetragen.

(5) Löschungen dürfen in der Umsatzsteuerliste nur unter den gleichen Voraussetzungen vorgenommen werden wie Löschungen in der Umsatzsteuerrolle (§ 133 Abs. 3). Die Löschung geschieht durch Eintragung eines entsprechenden Vermerkes in der Bemerkungsspalte unter Beifügung der Unterschrift des eintragenden Beamten. Der Wegfall der Steuerpflicht ist der Kasse mitzuteilen. Die Mitteilung wird Beleg zum Sollbuch). Wegen der Überweisungen bei Betriebsverlegung vgl. § 168 a.

(6) In der Bemerkungsspalte sind ferner die Anschreibungen in den Umsatzsteuerzähllisten und -zählblättern sowie die Vergütungen, zu denen die versteuerten Umsätze Anlaß gegeben haben, zu vermerken (zu vgl. § 162 Abs. 1).

Sonderbestimmungen für Versteigerer, Notare usw.

§ 156. (1) Zur vollständigen Erfassung der Versteigerungen wird sich eine Durchsicht des Anzeigenteils der Zeitungen und Fachzeitschriften empfehlen. Zu beachten ist, daß Versteigerungen auch dann steuerpflichtig sind, wenn die Auftraggeber als solche überhaupt nicht umsatzsteuerpflichtig sind oder wegen der in Betracht kommenden Lieferungen von der Umsatzsteuer befreit sind.

(2) Bei Versteigerungen (§ 1 Nr. 3, § 17 Nr. 2, § 23 Nr. 2 des Gesetzes) ist gemäß § 35 des Gesetzes die Erklärung vom Versteigerer innerhalb eines Monats nach jeder Versteigerung

bei dem für den Versteigerer zuständigen Finanzamt einzureichen. Sie hat die Gesamtheit der in der Versteigerung vereinnahmten Entgelte in entsprechender Anwendung der Bestimmungen der §§ 140 ff. zu enthalten. Sind Luxusgegenstände versteigert worden, so sind Angaben für diese getrennt von den Angaben für die der allgemeinen Umsatzsteuer unterliegenden Gegenstände zu machen. Die Steuer ist gleichzeitig mit der Abgabe der Erklärungen zu entrichten.

(3) Das Finanzamt kann gewerbsmäßigen Versteigerern auf ihren Antrag die Versteuerung in Anwendung des § 33 des Gesetzes, also in Jahresabschnitten bei den der allgemeinen Umsatzsteuer unterliegenden Gegenständen und in Vierteljahresabschnitten bei Luxusgegenständen der in §§ 15, 21 des Gesetzes bezeichneten Art gestatten. Derartige Versteigerer sind in die Umsatzsteuerrolle (§ 131) aufzunehmen. Das gleiche kann das Landesfinanzamt für Gerichte, Notare, Gerichtsvollzieher und sonstige Versteigerungsbeamte, wie z. B. solche von staatlichen und Gemeindeforstverwaltungen, zulassen.

§ 157. (1) Die Erklärung über die vereinnahmten Entgelte ist nach Anleitung des Musters 37, das nach örtlichen Bedürfnissen geändert werden kann, in zweifacher Ausfertigung abzugeben. Nach der Berechnung des Steuerbetrags, die zweckmäßigerweise in der Erklärung zu erfolgen haben wird, erhält der Versteigerer eine Ausfertigung mit der von dem Finanzamt oder der Kassenstelle unter Beidrückung des Amtssiegels unterschriftlich vollzogenen Berechnung unter Vorbehalt der Nachprüfung als Empfangsbekenntnis über den eingezahlten Betrag zurück.

(2) Vordrucke sind bei dem Finanzamt bis zu zwei Stück im Einzelfalle kostenlos erhältlich. Die Erklärung kann an Amtsstelle auch mündlich abgegeben werden. § 143 Abs. 4 Satz 2 gilt entsprechend.

(3) Das Finanzamt erteilt dem Versteigerer einen besonderen Bescheid (§ 158) nur dann, wenn die Prüfung der Erklärung, für die § 147 als Anhalt zu dienen hat, zu einer Nachveranlagung führt; andernfalls gilt die erteilte Berechnung als Steuerbescheid im Sinne des § 220 AO.

(4) Im Falle des § 33 Abs. 2 des Gesetzes greift das in den §§ 139 ff. vorgeschriebene Verfahren Platz.

(5) Hat die Lieferung von Luxusgegenständen der im § 21 des Gesetzes bezeichneten Art im Wege der Versteigerung als nicht im Kleinhandel erfolgt zu gelten (§ 22 Abs. 2, § 23 Nr. 2 des Gesetzes), so ist nach den §§ 201 ff. zu verfahren. Es ist davon auszugehen, daß das Meistgebot, zu dem der Zuschlag erfolgt, die Luxussteuer mit enthält, es sei denn, daß nach den Versteigerungsbedingungen nur Wiederveräußerer als Erwerber zugelassen waren.

3. Vorauszahlungen und Einziehung des Steuerbetrags.

a) Pflichten des Steuerpflichtigen.

§ 157 a. (1) Innerhalb eines Monats nach Ablauf jedes Kalendervierteljahrs hat der Steuerpflichtige auf Grund seiner Voranmeldungspflicht (§ 143 a) eine Vorauszahlung zu leisten (§ 37 Abs. 2 des Gesetzes).

1. Ist der Steuerabschnitt das Kalendervierteljahr oder ein kürzerer Steuerabschnitt (erhöhte Umsatzsteuer oder allgemeine Umsatzsteuer im Falle der Verkürzung des Steuerabschnitts nach § 33 Abs. 2 Satz 3 des Gesetzes), und ist die Steuer innerhalb eines Monats nach Ablauf des Kalendervierteljahrs, in das der Steuerabschnitt fällt, veranlagt und fällig geworden, so tritt an die Stelle der Vorauszahlungspflicht die Pflicht zur Entrichtung der Steuer selbst. Liegt diese Voraussetzung jedoch nicht vor, ist also die Steuer innerhalb Monatsfrist noch nicht veranlagt

und fällig geworden, so ist die Vorauszahlung in Höhe des Betrages zu leisten, der sich aus der Steuererklärung ergibt. Diese Fälle werden die Regel bilden, da die Steuererklärung für den Steuerabschnitt gleichfalls erst innerhalb eines Monats nach Ablauf des Steuerabschnitts (§ 35 des Gesetzes) abzugeben ist, die Veranlagung und Zufertigung des Steuerbescheids innerhalb dieses Monats somit nur ausnahmsweise möglich sein wird.

2. Ist der Steuerabschnitt länger als ein Kalendervierteljahr (allgemeine Umsatzsteuer oder erhöhte Umsatzsteuer im Falle der Verlängerung des Steuerabschnitts nach § 33 Abs. 2 Satz 3 des Gesetzes, vgl. jedoch § 143 a Abs. 4 und 5), so ist Vorauszahlung nach Maßgabe der Voranmeldung oder der Berechnung des Finanzamts (§ 143 a Abs. 2) zu leisten. Da die Voranmeldung und Vorauszahlung schon innerhalb eines Monats nach Ablauf jedes Kalendervierteljahrs zu erfolgen haben, die Steuererklärung aber erst innerhalb eines Monats nach Ablauf des Steuerabschnitts, der in diesem Falle länger als ein Kalendervierteljahr ist, abzugeben ist, besteht für den Steuerpflichtigen die Pflicht zur Voranmeldung und Vorauszahlung nach Ablauf des ersten Kalendervierteljahrs stets, wenn der Steuerabschnitt mehr als die ersten drei Kalendermonate beträgt. Die gleiche Pflicht besteht auch für das zweite Kalendervierteljahr stets, wenn der Steuerabschnitt mehr als die ersten sechs Kalendermonate beträgt, weiterhin für das dritte Kalendervierteljahr stets, wenn der Steuerabschnitt mehr als die ersten neun Kalendermonate beträgt und für das vierte Kalendervierteljahr stets, wenn der Steuerabschnitt mit dem Kalenderjahr zusammenfällt. Voranmeldung und Vorauszahlung kommen nur dann nicht in Frage, wenn der Steuerpflichtige den geschuldeten Steuerbetrag innerhalb des Monats nach Ablauf des

Steuerabschnitts gemäß § 37 Abs. 1 des Gesetzes hat entrichten können. Das ist bei Steuerabschnitten von sechs, neun oder zwölf Monaten möglich, wird aber aus den gleichen Gründen wie zu 1 selten sein.

b) Aufgaben der Finanzkasse.

(2) Die Überwachung des rechtzeitigen Eingangs der Voranmeldungen und der Vorauszahlungen liegt der Finanzkasse ob. Die Verbuchung der aus den rechtzeitig eingegangenen Voranmeldungen sich ergebenden Vorauszahlungsschuld und der eingegangenen Vorauszahlungen im Sollbuch, die Feststellung der nicht rechtzeitig abgegebenen Voranmeldungen und der rückständigen Vorauszahlungen sowie deren Beitreibung haben nach § 159 a Abs. 3 und 4 und § 159 b Abs. 1, 2 und 4 zu erfolgen.

(3) Hat ein Steuerpflichtiger nach dem Sollbuch für ein Vierteljahr weder eine Voranmeldung abgegeben noch eine Vorauszahlung geleistet, so hat die Kasse die für das Vierteljahr geschuldete Vorauszahlung auf ein Viertel des für das vorangegangene Kalenderjahr veranlagten Steuer festzusetzen und vom Steuerpflichtigen unter Gewährung einer achttägigen Zahlungsfrist mit einer Zahlungsaufforderung nach Muster 75 abzufordern (§ 37 Abs. 3 des Gesetzes). Wegen eines Vermerkes über die für das vorangegangene Kalenderjahr veranlagte Steuer in der Bemerkungsspalte des Sollbuchs vgl. § 159 a Abs. 8.

(4) Hat im Falle des Abs. 3 die gewerbliche oder berufliche Tätigkeit im vorangegangenen Kalenderjahre nicht bestanden oder ist die Veranlagung für das vorangegangene Kalenderjahr zu der Zeit, zu der die Abforderung einer Vorauszahlung nach Muster 75 erforderlich wird, noch nicht erfolgt, so hat die Kasse die geschuldete Vorauszahlung, nötigenfalls im Benehmen mit dem Finanzamt, zu schätzen. Die Veranlagung für das

Vorjahr wird in der Regel dann noch nicht durchgeführt sein, wenn es sich um die Festsetzung einer Vorauszahlung für das erste Kalendervierteljahr handelt. Sofern in diesen Fällen der Kasse das Steuererklärungssoll für das abgelaufene Kalenderjahr bereits bekannt ist (vgl. § 146 a Abs. 1), ist bei der Schätzung von diesem Steuererklärungssoll auszugehen.

(5) Wird die Festsetzung einer Vorauszahlung für das vierte Kalendervierteljahr erforderlich, so ist diese in Höhe der nach der Steuererklärung geschuldeten Nachzahlung (§ 157 b) anzufordern, sofern die Steuererklärung für das abgelaufene Kalenderjahr bereits abgegeben und der Kasse somit das Steuererklärungssoll bereits bekannt ist.

(6) Wird die Abforderung einer Vorauszahlung bei einem Steuerpflichtigen erforderlich, der nach Vierteljahrsabschnitten oder kürzeren Zeitabschnitten versteuert, aber nicht bis zum Ende des ersten Monats nach Ablauf des Vierteljahrs veranlagt werden konnte, so ist bei Festsetzung der Vorauszahlungsschuld gemäß § 37 Abs. 3 des Gesetzes von der sich aus der Steuererklärung ergebenden Steuer auszugehen (vgl. § 146 a Abs. 2).

c) **Folgen der Nichterfüllung der Pflichten zu a.**

(7) In allen Fällen, in denen wegen unterlassener Abgabe einer Voranmeldung die Festsetzung einer Vorauszahlung erforderlich wird, ist wegen Einleitung des Strafverfahrens Entschließung zu fassen. Das gleiche gilt, wenn nach den Verhältnissen zu vermuten ist, daß die Angaben in der Voranmeldung zu niedrig sind (vgl. § 143 a Abs. 3). Für nicht fristgemäß geleistete Vorauszahlungen sind Verzugszuschläge nach § 168 von der Kasse zu berechnen. Bleibt die Aufforderung nach Muster 75 zur Entrichtung einer Vorauszahlung erfolglos, so ist der festgesetzte Betrag ohne weitere Mahnung beizutreiben.

(8) Ergibt sich bei der am Schlusse des Steuerabschnitts vorgenommenen Veranlagung, daß die festgesetzte Steuer

den Gesamtbetrag der vom Steuerpflichtigen bis zum Ablauf des ersten Monats nach Schluß des Steuerabschnitts entrichteten Vorauszahlungen (Vorauszahlungen im Sinne von § 37 Abs. 2 und 3 des Gesetzes und Nachzahlungen im Sinne von § 37 Abs. 4 a. a. O.) um mehr als 20 vom Hundert dieser Vorauszahlungen übersteigt, so hat das Finanzamt die im Steuerbescheide festgesetzte Steuer um 10 vom Hundert zu erhöhen (§ 37 Abs. 6 des Gesetzes). Der Zuschlag ist von dem Betrage zu berechnen, der sich ergibt, wenn von dem Unterschiede zwischen veranlagter Steuer und der Summe der maßgebenden Vorauszahlungen 20 vom Hundert dieser Vorauszahlungen abgezogen werden. Ein etwaiger Zuschlag ist hierbei unberücksichtigt zu lassen. In den Fällen, in denen die Vorauszahlung im pauschalierten Betrage zu leisten ist (§ 143 a Abs. 5 und 6), ist ein Zuschlag nach § 37 Abs. 6 des Gesetzes nur dann zu erheben, wenn Vorauszahlungen überhaupt nicht oder nicht in der festgesetzten Höhe geleistet worden sind.

(9) Das Finanzamt hat zur Berechnung dieser Steuererhöhung für jeden nach Kalenderjahren zu veranlagenden Steuerpflichtigen im Februar jeden Jahres an Hand des Sollbuchs festzustellen, ob und in welcher Höhe bis zum 31. Januar Vorauszahlungen im Sinne von § 37 Abs. 2, 3 und 4 des Gesetzes für das abgelaufene Jahr geleistet worden sind. Es hat zu diesem Zweck Anfang Februar das Sollbuch von der Kasse für kurze Zeit anzufordern und den Gesamtbetrag der bis 31. Januar eingegangenen Zahlungen in der Bemerkungsspalte der Steuerliste bei jedem Steuerpflichtigen zu vermerken. Entsprechende Feststellung hat für die nach Kalendervierteljahren oder kürzeren Zeitabschnitten zu veranlagenden Steuerpflichtigen im zweiten Monat eines jeden Kalendervierteljahrs über die bis zum Ende des ersten Monats des abgelaufenen Kalendervierteljahrs geleisteten Vorauszahlungen zu erfolgen, sofern die Veranlagung nicht bis zum Ablauf des ersten Monats

des neuen Vierteljahrs erfolgt ist. Hat ein Steuerpflichtiger überhaupt keine Vorauszahlung geleistet, so ist — unbeschadet der Einleitung des Strafverfahrens (vgl. Abs. 7 und § 143 a Abs. 3) — die Steuer um 10 vom Hundert des vollen veranlagten Betrags zu erhöhen.

(10) Wird die Steuer im Rechtsmittel- oder Neuveranlagungsverfahren anderweit festgesetzt, so ermäßigt oder erhöht sich der Zuschlag entsprechend.

(11) Ergibt sich bei der Veranlagung am Schlusse des Steuerabschnitts, daß die Vorauszahlungen höher sind als die festgesetzte Steuer einschließlich etwaiger Zuschläge nach § 170 Abs. 2 AO. und § 37 Abs. 6 des Gesetzes, so ist nach § 159 b Abs. 3 zu verfahren.

Nachzahlungen.

§ 157 b. (1) Ist der Steuerabschnitt das Kalenderjahr, so hat der Steuerpflichtige bei Abgabe der Steuererklärung, spätestens bis zum 31. Januar des auf das Veranlagungsjahr folgenden Jahres, den etwa vorhandenen Unterschied zwischen dem sich aus der Steuererklärung ergebenden Steuerbetrag und der Summe der für die Umsätze des Veranlagungsjahrs geleisteten Vorauszahlungen an die Finanzkasse zu entrichten (§ 37 Abs. 4 des Gesetzes). Wegen der Feststellung und Eintragung der sich aus der Steuererklärung ergebenden Steuer im Sollbuch vgl. § 146 a, § 159 a Abs. 3 und § 159 b Abs. 1.

(2) Ist im Falle des Abs. 1 für die Abgabe der Steuererklärung Fristverlängerung gewährt, so ist die Nachzahlung gleichwohl bis zum 31. Januar zu leisten. Der Steuerpflichtige hat den sich nach seinem Jahresumsatze voraussichtlich ergebenden Steuerbetrag zu schätzen und der Finanzkasse mitzuteilen. Ergibt sich bei Abgabe der Steuererklärung eine höhere Steuer als die auf Grund der Schätzung angenommene,

so ist der Mehrbetrag gleichzeitig mit Abgabe der Steuererklärung zu entrichten.

(3) Für nicht rechtzeitig entrichtete Nachzahlungen sind Verzugszuschläge nach Maßgabe von § 168 zu berechnen.

Umsatzsteuerbescheid.

a) Inhalt.

§ 158. (1) Über das Ergebnis der Veranlagung in den Fällen der §§ 153, 157 Abs. 4 ist dem Steuerpflichtigen je nach der Art seines Unternehmens ein Umsatzsteuerbescheid nach Anleitung der Muster 38 bis 42 zu erteilen. Der Bescheid hat gemäß § 211 AO. zu enthalten:

den Betrag der Umsatzsteuer,

die Berechnungsgrundlage der angeforderten Steuer,

eine Belehrung über die Rechtsmittel unter Angabe der Rechtsmittelfristen und Bezeichnung der Behörde, bei denen die Rechtsmittel einzulegen sind,

die Anweisung zur Entrichtung der noch geschuldeten, aber noch nicht fällig gewesenen Umsatzsteuer (Abschlußzahlung) innerhalb zweier Wochen nach Bekanntgabe des Bescheids, sofern eine Abschlußzahlung nach Anrechnung der Vorauszahlungen und Nachzahlung noch erforderlich ist. Soweit Steuer bereits vor Zustellung des Steuerbescheids fällig war, aber noch nicht entrichtet ist (rückständige Vorauszahlungen und Nachzahlung), ist gleichzeitig an ihre sofortige Entrichtung zu erinnern. Zu diesen Feststellungen ist vom Finanzamt im Steuerbescheid ersichtlich zu machen, welche Beträge zur veranlagten Steuer hinzutreten (Zuschläge nach § 170 Abs. 2 AO. und Steuererhöhungen nach § 37 Abs. 6 des Gesetzes) und von der Kasse zu vermerken, welche Beträge auf die festgesetzte Steuer in Anrechnung zu bringen sind (die bis zum Tage der Absendung des Steuerbescheids eingegangenen Vorauszahlungen nach

§ 37 Abs. 2 und 3 des Gesetzes, die etwa darüber hinaus geleisteten Vorauszahlungen sowie die Nachzahlungen gemäß § 37 Abs. 4 des Gesetzes) und welcher Teil der Restschuld bereits vor Absendung des Steuerbescheids fällig war, einen Hinweis auf die Verpflichtung zur Zahlung von Verzugszuschlägen nach Artikel III § 1 des Gesetzes über die Berücksichtigung der Geldentwertung in den Steuergesetzen vom 20. März 1923 für den bereits vor Absendung des Steuerbescheids fällig gewesenen Teil der Restschuld und für den übrigen Teil der Restschuld, soweit dieser nicht innerhalb zweier Wochen nach Bekanntgabe des Steuerbescheids entrichtet wird.

die Bezeichnung der zur Empfangnahme der Zahlung zuständigen Kassenstelle und die für bargeldlose Einzahlung erforderlichen Angaben.

(2) In dem Steuerbescheid ist anzugeben, in welchen Punkten bei der Festsetzung der steuerpflichtigen Gesamtentgelte von der Umsatzsteuererklärung oder der unter Vorbehalt bewirkten Festsetzung der Steuer abgewichen worden ist. Eine Begründung der Abweichung ist nicht erforderlich.

(3) Die Angaben des Bescheids sind sodann in die in Frage kommende Umsatzsteuerliste (§§ 153 ff.) zu übernehmen. Das Landesfinanzamt kann nach örtlichen Verhältnissen anordnen, daß sie vorher von einem zweiten Beamten nachzuprüfen sind. Der Steuerbescheid ist vor Absendung der Kasse zur Ergänzung des Sollbuchs vorzulegen. Diese ergänzt den Steuerbescheid durch Eintragung der bis zum Tage der Absendung des Steuerbescheids eingegangenen Vorauszahlungen, der eingegangenen Nachzahlung und des danach noch zu zahlenden oder zuviel gezahlten Betrags, wobei bei dem noch zu entrichtenden Betrage der Teil anzugeben ist, der bereits vor Absendung des Steuerbescheids als Vorauszahlung oder Nachzahlung fällig

war. Gleichzeitig vermerkt die Kasse auf dem Bescheid die Nummer des Sollbuchs und nach erfolgter Zustellung den Tag des Ablaufs der Zahlungsfrist für die Abschlußzahlung in der dafür bestimmten Spalte des Sollbuchs. Das gleiche Verfahren findet bei allen die Steuerfestsetzung ändernden oder bestätigenden Verfügungen Anwendung. Geht aus einer Rechtsmittelentscheidung ein Soll nicht hervor, so hat das Finanzamt die Höhe des neuen Solls durch eine entsprechende Verfügung festzusetzen. Der Vorsteher des Finanzamts ist mit Genehmigung des Landesfinanzamts berechtigt, die Ergänzung und Fortschreibung des Sollbuchs statt durch Zuleitung der Steuerbescheide usw. an die Kasse auf andere hinreichend sichere Art vornehmen zu lassen (Sollkontrolle).

b) Zustellung.

§ 159. (1) Der Umsatzsteuerbescheid ist dem Steuerpflichtigen oder seinem gesetzlichen oder bevollmächtigten Vertreter zuzustellen; dabei sind die Vorschriften der §§ 83 ff. AO. zu beachten.

(2) Die Steuerbescheide sind nach § 211 Abs. 3 AO. verschlossen zuzustellen. Die Zustellungen können in jedem Falle durch eingeschriebenen Brief erfolgen und sind bis zum Erlaß einer Zustellungsordnung gemäß §§ 70 bis 72 AO. nach den Vorschriften und Verwaltungsbestimmungen des früheren Landesrechts zu erledigen. Vgl. § 9 der Einführungsverordnung zur AO.

Umsatzsteuersollbuch.

§ 159 a. (1) Zur Überwachung des rechtzeitigen Einganges der Voranmeldungen und der ihnen entsprechenden Vorauszahlungen (§ 37 Abs. 2, 3 des Gesetzes), der Nachzahlungen gemäß Steuererklärung (§ 37 Abs. 4 des Gesetzes) und der veranlagten Steuer (Abschlußzahlung) sowie zur Überwachung der ordnungsmäßigen Verbuchung der eingegangenen

Beträge im Einnahmebuch ist bei der Kasse für jedes Kalenderjahr nach Muster 42a ein Sollbuch in Buchform zu führen. Es ist von der Kasse in den Spalten 1 bis 3 bis zum 1. Januar desjenigen Jahres, auf dessen Umsätze es sich bezieht, aufzustellen. Im Sollbuch erhält jeder Steuerpflichtige ein Konto, das für die bei Aufstellung des Sollbuchs bekannten, nach Steuerabschnitten zu veranlagenden Steuerpflichtigen bei Anlegung des Sollbuchs, für die Fälle der Einzelversteuerungen (§ 132 Abs. 4) und der Erstattungen (Vergütungen) bei der Festsetzung der Steuerschuld beziehungsweise der Erstattung anzulegen ist. Als Grundlage für die Aufstellung dient das Sollbuch für das vorhergehende Kalenderjahr. Die darin eingetragenen Fälle von Einzelversteuerungen und Erstattungen sind in das neue Sollbuch jedoch nicht zu übernehmen. Für die im Laufe des Jahres hinzukommenden Steuerpflichtigen, die nach Steuerabschnitten zu veranlagen sind, ist das Sollbuchkonto alsbald nach Bekanntwerden des Falles zu eröffnen.

(2) Für die Reihenfolge der Eintragungen der Steuerpflichtigen ist § 154 Abs. 2 mit der Maßgabe anzuwenden, daß zweckmäßig die für die Umsatzsteuerliste gewählte Art der Reihenfolge der Eintragungen und die etwaige Anlegung einer besonderen Abteilung für Einzelversteuerungen auch auf das Sollbuch anzuwenden ist. Für nach der Aufstellung des Sollbuchs hinzukommende Steuerpflichtige ist bei jeder Abteilung (Buchstaben, örtlichen Bezirk usw.) genügend Raum zu lassen. Bei Hinzutritt von Steuerpflichtigen, für die bisher ein anderes Finanzamt zuständig war, hat die Eintragung im Sollbuch nach Maßgabe von § 168a Abs. 2 zu erfolgen.

(3) Bei den nach Jahresabschnitten zu veranlagenden Steuerpflichtigen ist in ihren Konten zunächst als Vorauszahlungssoll jedes Vierteljahr der durch die Voranmeldung angebotene Betrag in Spalte 7 des Sollbuchs unter gleichzeitiger Ausfüllung der Spalten 4 bis 6 in zeitlicher Reihen-

folge untereinander nachzuweisen. Geht keine Voranmeldung ein, so erfolgt die Eintragung der Vorauszahlungsschuld auf Grund des von der Kasse abzusendenden Aufforderungsschreibens (zu vergleichen §§ 143 a, 157 a und 159 b Abs. 1) ebenfalls in den Spalten 4 bis 7 des Sollbuchs. In die Spalten 4 bis 6 und 8 des Sollbuchs ist unter dem letzten Eintrag das nach der Steuererklärung für das abgelaufene Kalenderjahr geschuldete Steuersoll (Steuererklärungssoll nach § 37 Abs. 4 des Gesetzes) einzutragen, sobald es der Kasse vom Finanzamt mitgeteilt worden ist (§ 146 a Abs. 1). Ist für die Abgabe der Steuererklärung Fristverlängerung über den 31. Januar hinaus gewährt, so ist zunächst das vom Steuerpflichtigen geschätzte Soll und darunter nach Abgabe der Steuererklärung das aus dieser sich ergebende Steuererklärungssoll nach der Mitteilung des Finanzamts einzutragen. Nach Eingang des Steuerbescheids wird unter dem letzten Eintrag das veranlagte Steuersoll (einschließlich Zuschläge nach § 170 Abs. 2 AO. und § 37 Abs. 6 des Gesetzes) unter Ausfüllung der Spalten 4 bis 6 und 8 eingetragen. Jede Veränderung dieser Steuerschuld — durch Rechtsmittelentscheidungen (Einspruchs-, Berufungs-, Rechtsbeschwerdeentscheidung), Neuveranlagung usw. ist in zeitlicher Reihenfolge unter der ursprünglichen Eintragung mit Bezeichnung der die Neufestsetzung enthaltenden Verfügung (Einspruchsentscheidung, Neuveranlagung usw.) in den Spalten 4 bis 6 und 8 einzutragen, und zwar nicht mit dem sich gegenüber der ursprünglichen Eintragung ergebenden Minder- oder Mehrbetrag, sondern mit dem nunmehr geltenden vollen Betrag des Steuersolls. Bei Anlegung der Konten ist darauf Bedacht zu nehmen, daß für diese späteren Eintragungen genügend Raum vorhanden ist.

(4) Bei den Steuerpflichtigen mit mehreren Veranlagungsabschnitten innerhalb des Kalenderjahrs (§ 139 Abs. 1 Nr. 1 b und Nr. 2) sind im Sollbuchkonto Unterabteilungen für jeden

Steuerabschnitt zu bilden. Kommt für den Steuerpflichtigen (z. B. für einen Hersteller luxussteuerpflichtiger und nichtluxussteuerpflichtiger Gegenstände) auch Veranlagung nach Jahressteuerabschnitten in Betracht, so erhält sein Sollbuchkonto einen Abschnitt a für den Jahressteuerabschnitt und einen Abschnitt b für die Vierteljahrssteuerabschnitte. In denjenigen Fällen, in denen ein zum allgemeinen Steuersatze Steuerpflichtiger im Laufe des Jahres auch erhöht steuerpflichtig wird, erhält seine bisherige Sollbuchnummer den Zusatz a und das für ihn für die Vierteljahrssteuerabschnitte neu anzulegende Konto (an der für Nachträge vorgesehenen Stelle) dieselbe Sollbuchnummer mit dem Zusatz b. Innerhalb der Unterkonten erfolgt die Ausfüllung der Sollspalten (Spalten 7 und 8) nach Maßgabe von Abs. 3 auf Grund der der Kasse zugehenden Steuerbescheide, Voranmeldungen usw. Hat die Veranlagung nach Vierteljahren zu geschehen, wird sie aber nicht im ersten Monat nach Ablauf des Veranlagungsvierteljahrs ausgeführt, so ist als Vorauszahlungsschuld zunächst der Betrag zum Soll zu stellen, der sich aus der in diesem Falle als Voranmeldung geltenden Steuererklärung ergibt und den die Veranlagungsstelle der Kasse mitzuteilen hat. Bei jedem Vierteljahrskonto ist Raum für Änderungen auf Grund von Neuveranlagungen oder Rechtsmittelentscheidungen zu lassen. Letztere sind jeweils unterhalb der Eintragungen nachzuweisen, auf die sie sich beziehen.

(5) Nach Aufstellung des Sollbuchs ist von dem Kassenaufsichtsbeamten oder einem anderen, vom Finanzamtsvorsteher bestimmten, an der Kassenführung nicht beteiligten Beamten zu prüfen, ob sämtliche Konten aus dem Sollbuch des Vorjahrs, soweit diese nicht bereits infolge Betriebseinstellung oder Betriebsverlegung erledigt sind oder Einzelversteuerungen oder Erstattungsfälle (Vergütungen) betrafen, richtig übernommen sind, und zu prüfen, ob Übereinstimmung mit der bei der Ver-

anlagungsstelle angelegten Umsatzsteuerliste besteht. Während der Dauer der Offenhaltung des Sollbuchs findet gelegentlich der Geschäfts- und Kassenprüfungen eine ständige stichprobenweise Prüfung der Fortschreibung im Sollbuch statt.

§ 159 b. (1) Die Kasse hat an Hand des Sollbuchs für die rechtzeitige Entrichtung und gegebenenfalls Beitreibung der Vorauszahlungen (§ 37 Abs. 2 des Gesetzes), der Nachzahlungen (§ 37 Abs. 4 des Gesetzes) und der Abschlußzahlungen (nach den Steuerbescheiden bestehende Restschuld, § 158 Abs. 1) zu sorgen. Von ihr sind zu diesem Zwecke die angeforderten Vorauszahlungen (Muster 75), jedes Steuererklärungssoll und jedes Veranlagungssoll sowie alle eine Änderung der Veranlagung herbeiführenden Verfügungen nach Maßgabe von § 159 a Abs. 3 und 4 alsbald nach Feststellung oder Mitteilung in den Spalten 4 bis 8 des Sollbuchs einzutragen. Außerdem hat die Kasse, sobald eine Voranmeldung (vgl. Muster 74 a und 74 b) eingeht, die sich daraus ergebende Vorauszahlungsschuld in den Spalten 4 bis 7 zum Soll zu stellen. Ferner ist das der Kasse vom Finanzamt gemäß § 146 a Abs. 2 mitgeteilte Steuererklärungssoll als Vorauszahlungsschuld in den Spalten 4 bis 6 und 8 zum Soll zu stellen. Nach dem Sollbuch ist von der Kasse nach Ablauf des ersten Monats jedes Kalendervierteljahrs zu prüfen, welche Steuerpflichtigen, die nach Steuerabschnitten veranlagt werden, für das abgelaufene Vierteljahr Voranmeldungen noch nicht abgegeben und Vorauszahlungen noch nicht geleistet haben. Die säumigen Steuerpflichtigen sind sodann unverzüglich mit Muster 75 zur Vorauszahlung aufzufordern. In denjenigen Fällen, in denen zwar eine Voranmeldung bei der Kasse eingegangen ist, die Vorauszahlung aber nicht fristgemäß oder in ungenügender Höhe erfolgt, hat die Kasse die Beitreibung herbeizuführen.

(2) Die Ausfüllung der Spalten 10 bis 12 des Sollbuchs (Istspalten) hat laufend, entsprechend den geleisteten Zahlungen

und Erstattungen, und in Übereinstimmung mit den Buchungen im Einnahmebuch zu erfolgen. Ferner sind alsbald nach Eingang einer Niederschlagungsverfügung oder einer Verfügung über Billigkeitserlaß die Spalte 13 und 14 auszufüllen. Die Summe der Zahlungen (abzüglich der Erstattungen) und der Erlasse (einschließlich der Niederschlagungen) ergibt für jeden Steuerpflichtigen den jeweiligen Stand der Erfüllung seines Solls (Spalte 15).

(3) Ergibt sich bei der Veranlagung am Schlusse des Steuerabschnitts, daß die veranlagte Steuer einschließlich Zuschläge nach § 170 Abs. 2 AO. und § 37 Abs. 6 Ges. den Gesamtbetrag der für die Zuschlagsberechnung maßgebenden Vorauszahlungen einschließlich Nachzahlung (§ 37 Abs. 4 Ges.) nicht erreicht, so ist der Unterschiedsbetrag von der Kasse zu erstatten, sofern die Erstattung nicht nach § 164 Abs. 1 zu unterbleiben hat. Hat der Steuerpflichtige andere, bereits fällige Steuern nicht gezahlt oder beantragt er Anrechnung auf künftig fällig werdende Steuern, so hat die Erstattung insoweit zunächst durch Verrechnung auf diese Steuern zu erfolgen.

(4) Der Einzahlung der in Rückstand gebliebenen Umsatzsteuer ist besondere Aufmerksamkeit zu schenken. Wegen der Rückstände sowie der fällig gewordenen Verzugszuschläge vgl. § 168. Auch ist auf rechtzeitigen Eingang der gestundeten Beträge und bewilligten Teilzahlungen zu achten. Die zur Beitreibung der rückständigen Steuern geeigneten oder erforderlichen Maßnahmen sind rechtzeitig zu treffen. Für uneinbringliche Beträge ist die Niederschlagung herbeizuführen. Wegen Unterbrechung der Verjährung von Zahlungsrückständen vgl. § 124 AO. Ist das letztgültige Steuersoll eines Steuerpflichtigen bei Zusammenrechnung der gezahlten und der niedergeschlagenen oder erlassenen Beträge erfüllt, so ist das Konto in geeigneter Weise als erledigt zu kennzeichnen, sofern nicht noch ein Rechtsmittel schwebt.

(5) Das Sollbuch ist für Eintragungen, die sich auf neue oder bereits eingetragene Steuerfälle desjenigen Jahres beziehen, für welches das Sollbuch geführt wird, bis zum 31. März des zweiten auf dieses Jahr folgenden Jahres offenzuhalten.

(6) Nach Ablauf dieser Frist ist das Sollbuch abzuschließen. Alle unerledigten Konten sind in eine Restnachweisung aufzunehmen. Als unerledigt gelten diejenigen Konten, deren Soll nicht durch Zahlung — unter Berücksichtigung der bei anderen Kassen erhobenen Beträge (§ 168 a) —, Niederschlagung oder Erlaß erfüllt ist, und alle Konten, bezüglich deren noch Rechtsmittel schweben. Zu diesem Zwecke hat das Finanzamt der Kasse rechtzeitig mitzuteilen, für welche Steuerfestsetzungen des betreffenden Kalenderjahrs Rechtsmittel noch schweben. In die Restspalte (Sp. 16) des Sollbuchs ist zwar das rückständig gebliebene Soll einzutragen, in die Restnachweisung, die unter Verwendung des entsprechend zu überschreibenden Musters des Sollbuchs zu führen ist, sind jedoch das letzte, der Kasse bekanntgewordene Soll (Spalte 7 oder 8) und die Einzahlungen zu übernehmen. Gegebenenfalls ist zu vermerken, daß ein Rechtsmittel schwebt. In die Restnachweisung sind ferner die für die richtige Berechnung der Verzugszuschläge nötigen Angaben (vgl. Spalten 18 bis 21 des Sollbuchs) zu übertragen. Die Richtigkeit der Übertragungen ist vom Kassenaufsichtsbeamten oder einem anderen, vom Vorsteher des Finanzamts zu bestimmenden, an der Kassenführung nicht beteiligten Beamten im Sollbuch und in der Restnachweisung zu bescheinigen. Für die Restnachweisung gelten die für die Führung des Sollbuchs getroffenen Bestimmungen sinngemäß. Sie sind abzuschließen am 31. März des dritten Jahres, das auf das der Veranlagung zugrundeliegende Jahr folgt. Zu dieser Zeit noch nicht erledigte Posten sind in die dann zu eröffnende Restnachweisung für das nächste Jahr unter Trennung

nach den Kalenderjahren, aus welchen die Reste herrühren, zu übertragen. Die Richtigkeit der Übertragung ist vom Kassenaufsichtsbeamten oder einem an der Kassenführung nicht beteiligten anderen Beamten auf der alten und der neuen Nachweisung zu bescheinigen. Die abgeschlossene Restnachweisung ist zur Prüfung einzusenden.

(7) Nach Abschluß des Sollbuchs hat der Kassenaufsichtsbeamte oder ein anderer vom Vorsteher des Finanzamts zu bestimmender, an der Kassenführung nicht beteiligter Beamter bei Abgabe der im Abs. 6 erwähnten Bescheinigung gleichzeitig zu prüfen und zu bescheinigen, daß im Sollbuch alle Steuerpflichtigen, die nach § 159 a Abs. 5 in ihm enthalten sein müssen, aufgeführt sind und bei jedem Konto das letzte gültige Soll richtig angegeben ist. Nach Abgabe dieser Bescheinigungen darf das Sollbuch nicht mehr zur Kasse zurückgelangen, sondern ist mit den Belegen zur Prüfung einzusenden.

(8) In der Bemerkungsspalte sind u. a. zu vermerken die Mahnungen, Beitreibungen, Vorauszahlungsaufforderungen nach Muster 75, Stundungen, Überweisungen nach § 168 a und die für das vorangegangene Kalenderjahr veranlagte Steuer (zur Berechnung der Verzugszuschläge im Falle des § 37 Abs. 5 des Gesetzes und der Vorauszahlungsschuld im Muster 75 gemäß § 157 a Abs. 3).

(9) Der Reichsminister der Finanzen bestimmt, ob und welche Spalten des Sollbuchs aufzurechnen sind.

§ 160. (1) Über die Erhebung der Umsatzsteuer ist bei der Kasse für jedes Vierteljahr des Rechnungsjahrs ein Einnahmebuch nach Anleitung von Muster 43 zu führen. Es ist am Ende eines jeden Kalendermonats aufzurechnen und am Ende des Vierteljahrs abzuschließen. Abweichungen in der Führung des Einnahmebuchs sind mit Genehmigung des Landesfinanzamts zulässig.

(2) Im Einnahmebuche sind alle im Laufe des Vierteljahrs eingehenden Umsatzsteuerbeträge einschließlich der Vorauszahlungen und Nachzahlungen nach der Zeitfolge der Zahlungen zu verbuchen, ohne Rücksicht darauf, aus welchen Veranlagungsabschnitten sie herrühren. Eine Ausnahme besteht nur für die auf Grund des Umsatzsteuergesetzes vom 26. Juli 1918 aufkommenden Steuerbeträge. Diese sind getrennt von den übrigen Umsatzsteuereinnahmen, gegebenenfalls in einem besonderen Einnahmebuche nach Muster 16 der Ausführungsbestimmungen zu dem genannten Gesetze, zu verbuchen. Im Einnahmebuche sind außerdem alle Herauszahlungen (Erstattungen, Vergütungen), die für nicht fristgemäß entrichtete Beträge eingegangenen Verzugszuschläge nach Artikel III § 1 des Geldentwertungsgesetzes vom 20. März 1923 (RGBl. I S. 198), Zinsen für gestundete Beträge, die gezahlten Zinsen für erstattete Steuer sowie die in Umsatzsteuersachen entstandenen Mahn- und Vollstreckungsgebühren in den dafür vorgesehenen Spalten zu verbuchen.

(3) Der Reichsminister der Finanzen bestimmt den Zeitpunkt, von dem ab die Einnahmebücher nach dem neuen Muster zu führen sind. Bis zu diesem Zeitpunkt ist der Anhang zum Einnahmebuche nach dem bisherigen Muster 44 zu führen.

§ 161 ist gestrichen.

§ 162. (1) Die zu erstattenden oder zu vergütenden Beträge sind gegen Empfangsbescheinigung, die als Beleg zum Einnahmebuche zu nehmen ist, herauszuzahlen. Zugleich sind die Vergütungen in der Umsatzsteuerliste des Steuerabschnitts, für den die Steuer vereinnahmt worden war, bei der Ordnungsnummer des Steuerpflichtigen einzutragen (§ 154) oder dem Finanzamt, bei dem sie vereinnahmt sind, unverzüglich mitzuteilen, sofern das der Vergütung zugrunde liegende Entgelt 100 000 Mark übersteigt (§ 154). Bei Rückzahlung von

Beträgen bis zu 1000 Mark[1]) durch Postanweisung bedarf es **keiner** Empfangsbestätigung; die Auszahlung ist durch den Posteinlieferungsschein oder das Postbuch zu belegen.

(2) Die Zurückzahlung erfolgt auf schriftliche Anweisung des Finanzamts durch dessen Kasse. Die Anweisung ist vorher von einem Rechnungsbeamten mit der Bescheinigung der rechnerischen Feststellung zu versehen. Mit der Vollziehung dieser Bescheinigung wird die Verantwortung für die Richtigkeit aller zahlenmäßigen Angaben übernommen. Die rechnerische Prüfung hat sich hiernach nicht nur auf die eigentliche rechnerische Feststellung der Anweisung und ihrer Unterlagen, sondern auch auf eine Prüfung der den Berechnungen zugrunde liegenden Zahlen- sowie sonstigen Angaben (unter anderem Buchung der Steuer, Wahrung der Antragsfrist) nach den maßgebenden Vorschriften, Beweisstücken und Unterlagen aller Art mit zu erstrecken.

(3) Die Bescheinigung der rechnerischen Richtigkeit ist mit „Festgestellt“ und, wenn mit roter Tinte kenntlich zu machende Änderungen in Zahlen vorgenommen sind, mit „Festgestellt auf .... Mark .... Pfennig“ unter Namensbeischrift und Dienstbezeichnung des prüfenden Beamten abzugeben. Auf Unterlagen der Anweisung genügt, wenn die Zahlen nicht geändert sind, der Prüfungsvermerk „F“ mit dem Anfangsbuchstaben der Rechnungsbeamten.

Nach- und Neuveranlagung (Nacherhebung).

§ 163. (1) Wenn innerhalb der Verjährungsfrist neue Tatsachen oder Beweismittel bekannt werden, die eine höhere

---

[1]) Der Reichsminister der Finanzen hat sich neuerdings damit einverstanden erklärt, daß künftig bei Zahlungen durch Postanweisung seitens der Kassen des Reichs der Posteinlieferungsschein allgemein bis zu dem Höchstbetrage, der auf eine Postanweisung versandt werden darf, als gültiger Rechnungsbeleg angesehen wird.

Veranlagung rechtfertigen, und im Falle des § 36 Abs. 2 des Gesetzes hat Neuveranlagung stattzufinden (§ 212 Abs. 1, 2 AO.).

(2) Eine Neu- oder Nachveranlagung ist nicht mehr zulässig, wenn seit dem Schlusse des Kalenderjahrs, in dem der Steueranspruch entstanden ist (§ 122 Abs. 1 AO.), fünf Jahre, bei hinterzogenen Beträgen zehn Jahre, verstrichen sind; der Bescheid über eine Neu- oder Nachveranlagung muß bis zu diesem Zeitpunkt erlassen sein.

(3) Gegen den Bescheid über eine Neu- oder Nachveranlagung stehen dem Steuerpflichtigen dieselben Rechtsmittel zu, wie gegen den Umsatzsteuerbescheid. Die Nach- und Neuveranlagung kann unterbleiben, wenn der einzuziehende Betrag das Sechsfache des Portos für einen Fernbrief bis zu zwanzig Gramm voraussichtlich nicht überschreitet. Hierbei sind mehrere Beträge, die auf Grund von Nachforderungen von demselben Steuerpflichtigen (§ 79 AO.) gleichzeitig eingezogen werden können, zusammenzurechnen.

Rückzahlung.

§ 164.[1]) (1) Soweit die Umsatzsteuer infolge eines Rechenfehlers oder eines anderen offenbaren Versehens der Steuerstelle zu Unrecht bezahlt worden ist, hat eine Rückzahlung auf Antrag des Steuerpflichtigen und, wenn die Überhebung voraussichtlich mehr als das Sechsfache des Portos für einen Fernbrief bis zu zwanzig Gramm beträgt, auch von Amts wegen durch das Finanzamt zu erfolgen. Sind an denselben Steuerpflichtigen (§ 79 AO.) gleichzeitig mehrere Beträge zu er-

[1]) § 164 bildet nur eine Ergänzung zu § 74 Abs. 3 RAO., wonach offenbare Unrichtigkeiten in einem Steuerbescheid jederzeit, also auch nach Eintritt der Rechtskraft, berichtigt werden können, nach der Richtung, daß die Umsatzsteuerämter auf rechtzeitig gestellten Antrag derartige Unrichtigkeiten zu berichtigen haben; bei Ablehnung des Antrags ist nur die Beschwerde an das LFA zulässig; dieses entscheidet endgültig: RFH. 7. 2. 23, RStBl. 132.

statten, so sind die Beträge hierbei zusammenzurechnen. Soweit die Umsatzsteuer zu Unrecht gezahlt worden ist (§§ 128, 129 AO.), hat eine Erstattung zu erfolgen, wenn der Anspruch auf Erstattung im Falle des § 128 AO. bis zum Schluß des Jahres, das auf die Berichtigung folgt, im Falle des § 129 AO. bis zum Ablauf des dritten Kalenderjahres, das auf die Entrichtung folgt, geltend gemacht wird. Die zu erstattenden Beträge sind auf volle Mark nach oben abzurunden.

(2) Nach § 132 AO. erhöhen sich die nach §§ 128, 129 AO. einschließlich etwa entrichteter Zinsen zurückzuzahlenden Steuerbeträge, wenn sie mehr als 300 Mark betragen, um die vom Tage der Entrichtung an mit 5 v. H. zu berechnenden Zinsen, wenn die Zinsbeträge im Einzelfalle einhundert Mark oder mehr betragen. Soweit Steuerpflichtige die Erstattung von Zinsbeträgen unter 100 Mark ausdrücklich beantragen, ist dem Antrage mit den sich aus § 132 AO. ergebenden Einschränkungen zu entsprechen. Die Zeit, für welche die Zinsen berechnet werden, ist auf volle Monate von der Fälligkeit an abzurunden; angefangene Monate sind nicht zu rechnen. Die zu erstattenden Zinsen sind auf volle Mark nach oben abzurunden.

Berichtigungsverfahren.

§ 165. Eine Herabsetzung der Steuerforderung im Berichtigungsverfahren hat einzutreten, wenn bei einer Nachprüfung durch die Aufsichtsbehörde vor Ablauf der Verjährungsfrist Fehler aufgedeckt werden, deren Berichtigung eine Herabsetzung der Steuer rechtfertigen (§ 213 AO.). Die Berichtigung hat zu unterbleiben, wenn der zu erstattende Betrag mehr als das Sechsfache des Portos für einen Fernbrief bis zu zwanzig Gramm voraussichtlich nicht überschreiten würde (§ 215 AO.). Mehrere für denselben Steuerpflichtigen in Betracht kommende Beträge sind hierbei zusammenzurechnen. Wird die Berichtigung einer Steuerfestsetzung vom Steuerpflichtigen beantragt, so ist ein etwa zu erstattender Betrag auch dann zurückzuzahlen, wenn er weniger als das Sechsfache des Briefportos beträgt.

Billigkeitserlaß.

§ 165 a. (1) Eine unanfechtbar gewordene Veranlagung zur Umsatzsteuer kann außer in den Fällen der §§ 164, 165 im übrigen nur auf Antrag im Wege des Billigkeitserlasses gemäß § 108 AO. zugunsten des Steuerpflichtigen geändert werden. Zur Ablehnung oder, soweit der in Betracht kommende Steuerbetrag im einzelnen Fall das Fünfzigfache des Portos für einen Fernbrief bis zu zwanzig Gramm nicht überschreite, zur Bewilligung derartiger Anträge auf Erlaß oder Erstattung von Umsatzsteuer sind die Landesfinanzämter nach Maßgabe der vom Reichsminister der Finanzen gegebenen Richtlinien zuständig.

(2) Die Landesfinanzämter haben eine Liste über die von ihnen bewilligten und abgelehnten Anträge mit Namen, Beruf und Wohnsitz des Antragstellers, dem in Frage stehenden Betrage und der Entscheidung aufzustellen und jeweils bis zum 15. des ersten Monats jedes Vierteljahrs dem Reichsminister der Finanzen einzureichen. Fehlanzeigen sind nicht erforderlich.

(3) Der Reichsminister der Finanzen ist berechtigt, Steuerpflichtigen allgemein nachzulassen, für Leistungen, die in der Zeit vom 1. Januar 1922 bis zum 8. April 1922 bewirkt worden sind, die Umsatzsteuer nur in Höhe von 1,5 vom Hundert der vereinnahmten Entgelte zu entrichten, soweit nachweislich

a) als Entgelt für die umsatzsteuerpflichtigen Leistungen gesetzlich bemessene Gebühren in Ansatz gekommen sind und
b) die Umsatzsteuer nur in Höhe von 1,5 vom Hundert dieser Gebühren berechnet worden ist.

(4) Unter den Voraussetzungen des Abs. 3 ermäßigt sich für 1922 der Zuschlag des § 108 Abs. 1 auf 47 vom Hundert, der des § 110 Abs. 2 auf 19 vom Hundert.

Abstandnahme von der Steuerfestsetzung und Niederschlagung der Steuer.

§ 166. (1) Die Festsetzung der Steuer kann nach näherer Anordnung des Landesfinanzamts unterbleiben, wenn der einzuziehende Betrag das Sechsfache des Portos für einen Fernbrief bis zu zwanzig Gramm voraussichtlich nicht überschreitet und die Kosten der Festsetzung und Einziehung außer Verhältnis zu dem einzuziehenden Betrage stehen. Etwa gleichzeitig festzusetzende Beträge desselben Steuerschuldners sind hierbei zusammenzurechnen.

(2) Zur Niederschlagung von Umsatzsteuerbeträgen wegen Uneinbringlichkeit (§ 107 AO.) sind die Finanzämter zuständig. Übersteigt die Steuer, deren Niederschlagung beabsichtigt ist, den Betrag des Hundertfachen des Portos für einen Fernbrief zu zwanzig Gramm, so ist die Zustimmung des Landesfinanzamts erforderlich. Die Niederschlagung darf nur dann erfolgen, wenn keine Aussicht auf Einziehung der geschuldeten Beträge mehr vorhanden ist oder die Kosten der Beitreibung außer Verhältnis zu der Steuerforderung stehen. Die Niederschlagung ist in der Umsatzsteuerliste zu vermerken.

(3) Außerdem sind die niedergeschlagenen Beträge in ein besonderes Verzeichnis aufzunehmen, für das die in einem besonderen Aktenstücke zu sammelnden Niederschlagungsbeschlüsse als Grundlage dienen. Auf Grund dieses Verzeichnisses ist von Zeit zu Zeit festzustellen, ob Aussicht besteht, den niedergeschlagenen Betrag innerhalb der Verjährungsfrist nachträglich einziehen zu können.

Stundung.

§ 167. (1) Die Finanzämter können Stundung der Steuer bis zu einem Jahre gewähren, wenn die sofortige Einziehung mit erheblichen Härten für den Steuerpflichtigen verbunden ist. Für eine längere Zeit bedarf es der Zustimmung des Landesfinanzamts. Die Stundung hat in der Regel nur gegen Sicherheitsleistung und unter Berechnung von Zinsen (§ 105 Abs. 2 AO.) zu erfolgen.

(2) Das Finanzamt kann außerdem die Entrichtung der Steuer in Teilbeträgen (§ 106 AO.) gestatten.

Verzugszuschläge für rückständig gebliebene Steuer.

§ 168. Für nicht rechtzeitig entrichtete Umsatzsteuerbeträge (Vorauszahlungen, Nachzahlungen, Abschlußzahlungen, Zuschläge nach § 37 Abs. 6 des Gesetzes und § 170 Abs. 2 AO., nicht aber Umsatzsteuerstrafen) sind von der Kasse Verzugszuschläge nach Artikel III § 1 des Gesetzes über die Berücksichtigung der Geldentwertung in den Steuergesetzen vom 20. März 1923 (RGBl. I S. 198) zu berechnen, wenn der Rückstand mehr als 10 000 Mark beträgt. Zum Nachweis der Rückstände und der nicht abgedeckten Verzugszuschläge dienen die Spalten 18 bis 21 des Sollbuchs. Im übrigen vgl. Artikel III § 1 a. a. O. und die dazu ergangenen Anweisungen sowie § 37 Abs. 5 des Gesetzes.

Überweisung bei Betriebsverlegung.

§ 168 a. (1) Sobald das Finanzamt davon Kenntnis erhält, daß ein gewerbliches oder berufliches Unternehmen seines Bezirkes in den Bezirk eines anderen Finanzamts verlegt worden ist, hat es seiner Finanzkasse hiervon Mitteilung zu machen. Schwebt wegen einer Veranlagung des Verzogenen noch ein Rechtsmittel, so ist dies in der Mitteilung zu erwähnen. Die Kasse hat von den für das Unternehmen auf die verschiedenen Veranlagungsabschnitte angelegten Sollbuchkonten (§ 159 a), soweit sie wegen noch nicht erfolgter Veranlagung, wegen Nichterfüllung des Solls oder wegen eines schwebenden Rechtsmittels noch nicht erledigt sind, je eine vollständige Abschrift in doppelter Ausfertigung unter Verwendung des Musters für das Sollbuch zu fertigen. Handelt es sich um einen Steuerpflichtigen, der nach Vierteljahrsabschnitten oder nach kürzeren Zeitabschnitten veranlagt wird, so ist eine vollständige Kontenabschrift auch dann zu fertigen, wenn die Unterkonten für einzelne Vierteljahre vollständig erledigt sind. Die Betriebsverlegung und die Überweisung sind bei den in Frage kommenden Sollbuchkonten zu vermerken. Die Abschriften sind von dem bisher zuständigen Finanzamt zusammen mit der Mitteilung nach § 127 Abs. 4, mit den Umsatzsteuerakten (§ 169), dem Kartenblatte der Umsatzsteuerrolle (§ 132) und mit Auszügen aus den Umsatzsteuerlisten für diejenigen Jahre, hinsichtlich deren die Veranlagung oder die Steuererhebung noch nicht zu Ende geführt ist, dem zuständig werdenden Finanzamt zu übersenden. Eine Übersendung der bereits eingezahlten Beträge in bar oder durch Überweisung an die neue Kasse hat nicht zu erfolgen.

(2) Das zuständig gewordene Finanzamt hat nach Eingang der Mitteilung und Anlagen (Abs. 1) den Steuerpflichtigen in seine Umsatzsteuerrolle und in die Umsatzsteuerlisten derjenigen Jahre, für die die Veranlagung und die Steuererhebung noch nicht vollständig erledigt sind, unter Angabe der Nummern des bisherigen Finanzamts aufzunehmen und die Übernahme des Steuerpflichtigen dem bisher zuständigen Finanzamt unter Angabe der Nummern der Umsatzsteuerrolle und Umsatzsteuerlisten, unter denen der Steuerpflichtige bei ihm eingetragen worden ist, zu bestätigen. Die Abschriften der Sollbuchkonten sind der Finanzkasse zuzuleiten. Diese hat für jeden Steuerabschnitt das überwiesene Soll und Ist in das Sollbuch für die in Frage kommenden Steuerabschnitte zu übernehmen und den Steuerpflichtigen unter Angabe der neuen Nummer des Sollbuchs von der Übernahme zu benachrichtigen. Eine Ausfertigung der Sollbuchabschriften ist von der zuständig gewordenen Kasse als Beleg zum Sollbuch zu nehmen, die andere Ausfertigung unter Bestätigung des übernommenen Soll-

und Istbetrags sowie unter Angabe der neuen Sollbuchnummer der bisher zuständigen Finanzkasse zurückzusenden. Diese hat die Doppelschrift als Beleg zu ihrem Sollbuch zu nehmen.

(3) Überweisungen aus Restnachweisungen finden nicht statt.

(4) In den Fällen der Einzelversteuerungen (§ 132 Abs. 4) ist sinngemäß zu verfahren.

V. Sonstige Obliegenheiten der Umsatzsteuerbehörden.

§ 169. (1) Für jeden in die Umsatzsteuerrolle und -listen aufgenommenen Steuerpflichtigen, der nach Steuerabschnitten veranlagt wird, sind besondere Akten anzulegen. In diese sind alle auf die Steuerfestsetzung bezüglichen Unterlagen (wie Umsatzsteuererklärung, Anträge und sonstige Schriftstücke, Steuerberechnungen) nach der Zeitfolge geordnet aufzunehmen. Über die Einzelversteuerungen (vgl. § 132 Abs. 4) sind in entsprechender Weise Sammelakten anzulegen.

(2) Die Akten sind derart zu führen, daß die Ermittlungen, die der Veranlagung vorhergegangen sind, nach dem Inhalt nachgeprüft werden können.

Sachliche und rechnerische Prüfung der Bücher und Veranlagungsakten.

§ 170. (1) Die Umsatzsteuerrolle, die Umsatzsteuerliste, das Umsatzsteuersollbuch und das Umsatzsteuereinnahmebuch sowie die Umsatzsteuerveranlagungsakten unterliegen der Prüfung durch das Landesfinanzamt. Die Prüfung ist eine sachliche und eine rechnerische. Die sachliche Prüfung hat sich darauf zu erstrecken, daß bei der Ermittlung der steuerpflichtigen Fälle und bei der Feststellung der Steuerschuld der Abgabepflichtigen nach den bestehenden Gesetzen und Vorschriften unter Beachtung der maßgebenden Verwaltungsgrundsätze verfahren worden ist, die rechnerische darauf, daß die geschuldeten Beträge eingezogen und richtig zur Reichskasse geflossen sind.

(2) Die Prüfung kann eingeschränkt werden. Der Umfang der Einschränkung wird vom Rechnungshof des Deutschen Reichs im Einvernehmen mit dem Reichsminister der Finanzen bestimmt.

(3) Die sachliche Prüfung umfaßt die Umsatzsteuerrolle und die Umsatzsteuerlisten sowie die Umsatzsteuerveranlagungsakten. Das Landesfinanzamt bestimmt, ob sie bei ihm oder am Sitze des Finanzamts vorzunehmen ist.

(4) Zum Zwecke der rechnerischen Prüfung ist das Sollbuch alsbald nach Abgabe der im § 159 b Abs. 6 und 7 vorgesehenen Bescheinigungen, das Einnahmebuch alsbald nach seinem Abschluß mit den dazugehörigen Belegen über Erstattungen usw. an das Landesfinanzamt einzusenden. Das gleiche gilt für etwaige Restnachweisungen (§ 159 b Abs. 6).

(5) Über die Prüfung ist vom Landesfinanzamt eine Niederschrift aufzunehmen. Die darin enthaltenen Bemerkungen sind dem Finanzamt zur Beantwortung zu übersenden. Über die endgültige Erledigung der Bemerkungen entscheidet das Landesfinanzamt. Soweit auf Grund der Prüfung Steuerbeträge nachgefordert oder zur Erstattung angewiesen worden sind, hat das Finanzamt (die Finanzkasse) in der Prüfungsverfügung zu bescheinigen, in welchem Sollbuch und unter welcher Nummer diese Beträge zum Soll gestellt worden sind.

Anlegung, Aufbewahrung und Vernichtung der Bücher und Veranlagungsakten.

§ 171. (1) Die Umsatzsteuerliste und das Sollbuch sind in der Regel fest zu binden. Soweit die Bücher nicht fest eingebunden werden, sind sie mit einer Schnur zu durchziehen, deren Enden mit dem Amtsstempel anzusiegeln oder mit einer Marke, die den Amtssiegel trägt, zu befestigen sind. Wegen Anlegung und Führung der Veranlagungsakten vgl. § 169.

(2) Die Umsatzsteuerliste, das Sollbuch und das Einnahmebuch sind nach ihrem Abschluß noch sechs Jahre aufzubewahren und können dann ausgeschieden und vernichtet werden. Bei den Umsatzsteuerlisten gilt hierbei als Tag des Abschlusses das Ende des auf das Jahr des Umsatzes folgenden Jahres.

(3) Die Veranlagungsakten der Steuerpflichtigen können nach Ablauf des sechsten Jahres, das auf das Jahr des Wegfalls der Steuerpflicht (Betriebseinstellung, Tod usw.) folgt, ausgeschieden und vernichtet werden.

(4) Bei Vernichtung ist streng darauf zu achten, daß der Inhalt der Bücher und Akten nicht von Unbefugten verwendet werden kann.

§ 172. (1) Für die Feststellung einer Steuerzuwiderhandlung sowie des Strafmaßes, für die Einleitung und Durchführung des Strafverfahrens sind die §§ 355 bis 422 AO. maßgebend, soweit nicht die Sondervorschriften des § 43 des Gesetzes in Betracht kommen. Die Finanzämter können von Einleitung und Durchführung einer Untersuchung absehen, wenn eine Hinterziehung nicht in Frage kommt, das Verschulden des Täters geringfügig ist und die verkürzte Steuer das Dreißigfache des Portos für einen Fernbrief bis zu zwanzig Gramm nicht übersteigt (§ 443 Abs. 2 AO.). Durch den Einstellungsbeschluß ist gleichzeitig die Nacherhebung des Steuerbetrags anzuordnen.

(2) Die Ausfertigung des Strafbescheids steht dem Finanzamt zu, wenn es auf keine andere als auf Geldstrafe oder darauf erkennen will, daß die Verurteilung auf Kosten des Verurteilten bekanntgemacht werden soll.

(3) Für die Zustellung der Strafbescheide findet § 159 entsprechende Anwendung.

(4) Über Beschwerden gegen Strafbescheide, die binnen einer Woche bei dem Finanzamt, das den Bescheid erlassen hat,

einzulegen sind, entscheidet das zuständige Landesfinanzamt unter Erteilung eines Beschwerdebescheids. Abs. 3 gilt entsprechend.

(5) Dem Finanzamt liegt weiter die Vollstreckung vollstreckbarer Straf- und Beschwerdebescheide ob gemäß §§ 423 bis 425 AO. Wird ein gerichtliches Verfahren erforderlich, so finden die §§ 426 bis 442 AO. Anwendung.

§ 173. Für die Niederschlagung von Strafverfahren und den Erlaß von Strafen nach zurückgewiesener Beschwerde ist der Reichsminister der Finanzen zuständig (§ 443 Abs. 1 AO.).

Kosten.

§ 174. (1) Die Kostenfrage für das Rechtsmittelverfahren ist in den §§ 285 bis 297 AO. geregelt.

(2) Das Steuerermittlungsverfahren ist mit den im § 216 AO. vorgesehenen Ausnahmen kosten-, gebühren- und stempelfrei.

(3) Danach hat der Steuerpflichtige die Kosten der Ermittlung zu tragen, wenn das bei der Prüfung seiner Steuererklärung durch das Finanzamt ermittelte Ergebnis das seinen Angaben entsprechende Ergebnis um mehr als ein Drittel übersteigt, soweit die Abweichung nicht nach § 205 Abs. 3 AO. entschuldbar erscheint. Dem Steuerpflichtigen fallen nach § 206 Abs. 2 AO. weiter die Kosten für von ihm in Ablehnung der Sachverständigen und Prüfungsbeamten des Finanzamts zur Prüfung seines Geschäftsbetriebs herangezogene Sachverständige zur Last.

(4) Zu den Kosten des Verfahrens ist auch die Postgebühr zu rechnen, welcher die Sendungen der Finanzämter an die Steuerpflichtigen unterliegen. Sie fällt daher diesen nicht zur Last. Dagegen haben die Steuerpflichtigen die Postgebühr für die von ihnen an die bezeichneten Behörden zu richtenden Sendungen zu tragen. Von den Steuerpflichtigen in zu ge-

ringem Betrag oder überhaupt nicht entrichtete oder verwendete Postgebühren sind von dem Finanzamt durch Vermittlung der Postanstalten nachträglich einzuziehen.

§ 175. Die Landesfinanzämter werden ermächtigt, im Ermittlungsverfahren über den Betrieb eines Steuerpflichtigen gemäß §§ 177 bis 188 AO. zur Auskunftserteilung herangezogenen dritten Personen oder zur Abgabe eines Gutachtens veranlaßten Sachverständigen auf Antrag eine den örtlichen und persönlichen Verhältnissen im Einzelfall angemessene Entschädigung für Aufwand und Zeitverlust zu gewähren.

§ 176. (1) Das Verfahren über die Ablieferung der vereinnahmten Beträge und deren Verrechnung mit der Reichshauptkasse ist vorläufig durch die §§ 43 und 45 ff. des Entwurfs einer Anweisung für die Finanzkassen und durch die §§ 9, 31 und 38 des Entwurfs einer Anweisung für die Oberfinanzkassen geregelt.

(2) Für die Beteiligung der Länder sowie der Gemeinden am Steueraufkommen und für das bei der Verteilung einzuhaltende Verfahren sind die §§ 41 ff. des Landessteuergesetzes vom 31. März 1920 (RGBl. S. 402) und die Ausführungsbestimmungen dazu maßgebend; zu vergleichen Bekanntmachung des Reichsministers der Finanzen vom 25. September 1920 (Zentralblatt für das Deutsche Reich S. 1469).

Verwaltungskostenvergütung.

§ 177. (1) Gemeinden und Gemeindeverbände, die mit der Verwaltung der Umsatzsteuer beauftragt werden, erhalten eine angemessene Entschädigung nach Maßgabe des § 22 Abs. 2 AO. Werden Gemeinden (Gemeindeverbände) zur Mitwirkung bei der Veranlagung herangezogen, ohne mit der vollen Veranlagung betraut zu sein, so können sachliche und persönliche Aufwendungen ersetzt werden. Zu vergleichen wegen der Festsetzung der Entschädigungen die Bekanntmachung des Reichsministers der Finanzen vom 10. Dezember 1920 (Zentralblatt für das Deutsche Reich 1920 S. 1682).

Statistik.

§ 178. (1) Wegen Aufstellung einer Statistik über die Ergebnisse der Umsatzsteuerveranlagungen erläßt der Reichsminister der Finanzen besondere Anweisungen.

(2) Bestimmungen wegen der Umsatzsteuerstatistik für die Übergangszeit sind im § 207 a getroffen.

F. Bestimmungen für bestimmte besondere Verfahrensarten.

I. Die Luxussteuerpflicht und erhöhte Umsatzsteuerpflicht von Privatpersonen.

1. Steuerpflicht.

Steuerpflicht beim Verkauf aus privater Hand
(§ 28 Abs. 1 Nr. 3 des Gesetzes).

§ 179. (1) Personen, die außerhalb ihrer gewerblichen Tätigkeit und außerhalb einer Versteigerung im Inland einen der nachbezeichneten Gegenstände gegen Entgelt an einen Dritten liefern, haben eine Luxussteuer von 15 vom Hundert des Entgelts zu entrichten. Es kommen in Betracht die im § 34 A I, II, B I, C I, II, V, § 35 I und §§ 52, 54, 56, 68, 79 a A und 79 b genannten Gegenstände. Wegen der näheren Abgrenzung dieser Gegenstände vergleiche die genannten Bestimmungen.

(2) Neben dem Lieferer haftet der Abnehmer für die Erfüllung der Steuerpflicht als Gesamtschuldner (§ 95 Abs. 1 AO.).

(3) Außerhalb ihrer gewerblichen Tätigkeit im Sinne des Abs. 1 liefern diejenigen Personen, die keine gewerbliche Tätigkeit ausüben oder zwar eine gewerbliche Tätigkeit ausüben, bei denen aber diese gewerbliche Tätigkeit andere Liefe-

rungen umfaßt, als die Lieferung des in Betracht kommenden Gegenstandes. Wenn z. B. ein Fabrikant, der sich ausschließlich mit der Herstellung von Automobilen befaßt, einen ihm gehörigen gebrauchten Flügel an einen Dritten veräußert, unterliegt die Lieferung der Luxussteuer und dem in den nachfolgenden Sonderbestimmungen geregelten Verfahren.

Befreiung von der Steuer im Falle der Lieferung an einen gewerblichen Weiterveräußerer oder bei Erwerb zu besonderen Zwecken (§ 23 Abs. 2, § 24 Abs. 3, § 39 Abs. 4 des Gesetzes).

§ 180. (1) Eine Befreiung von der Steuer bei der Lieferung der Gegenstände des § 179 tritt nach den Bestimmungen des Abs. 2 und Abs. 3 ein, und zwar

a) im Falle der Veräußerung an einen gewerblichen Weiterveräußerer,

b) beim Vorliegen bestimmter Verwendungszwecke beim Erwerber.

(2) a) Für die Befreiung im Falle des Abs. 1 a kommen lediglich in Betracht die in §§ 79 a und 79 b genannten Werke der Malerei, Sammelgegenstände, Antiquitäten und alten Drucke, ferner gemäß § 21 Abs. 1 Nr. 1 des Gesetzes Edelmetalle sowie Gegenstände des Juweliergewerbes oder der Gold- und Silberschmiedekunst aus oder in Verbindung mit Edelmetallen, wenn es sich nicht um eine bloße Belegung oder einen Überzug unedler Stoffe mit Edelmetallteilen handelt; Edelsteine und Halbedelsteine, einschließlich der synthetischen, und Perlen sowie Gegenstände aus oder in Verbindung mit Edelsteinen und Perlen.

b) Für die Befreiung im Falle des Abs. 1 b kommen alle Gegenstände des § 179 in Betracht.

(3) Voraussetzung der Steuerbefreiung bei der Veräußerung der Gegenstände des Abs. 2 a ist, daß der Dritte sie zur gewerb-

lichen Weiterveräußerung erwirbt und er dem Lieferer seine Eigenschaft als Wiederveräußerer in der im § 22 Abs. 2 des Gesetzes (§ 201) vorgeschriebenen Form nachweist. Danach hat die Bescheinigung zu enthalten: Vor- und Zuname (Firma), Wohnort (Sitz) nebst Straße und Hausnummer des Antragstellers, genaue Bezeichnung der Gegenstände, den Grund der Befreiung, Gültigkeitsdauer und laufende Nummer der Bescheinigung, einen Vermerk, daß Mißbrauch Bestrafung nach der Reichsabgabenordnung zur Folge hat und die Lieferung ohne Rücksicht darauf, ob eine Lieferung im Kleinhandel vorliegt oder nicht, mit 15 v. H. steuerpflichtig macht. Tag und Ort der Ausstellung und Unterschrift nebst Stempelaufdruck der ausstellenden Behörde. Der Stempelaufdruck darf nicht vorgedruckt sein, sondern ist in jedem Einzelfalle von dem zuständigen Beamten vorzunehmen. Die Bescheinigung ist stempel- und gebührenfrei zu erteilen. Der Erwerber hat im Gegensatze zu der beim Handel unter Gewerbetreibenden geltenden Vorschrift im Falle des Ankaufs aus privater Hand dem Lieferer die Bescheinigung auch dann vorzulegen, wenn diesem ihr Inhalt und ihre Geltungsdauer bekannt sind. Der Lieferer hat die Bescheinigung insbesondere darauf zu prüfen, ob in dem Unternehmen des Dritten die Weiterveräußerung derjenigen Gegenstände betrieben wird, um deren Lieferung es sich handelt, ob die Bescheinigung noch gültig und nicht von einem Finanzamt ausgestellt ist, das außerhalb der Grenzen des jetzigen Deutschen Reichs liegt.

(4) Die Steuerbefreiung gemäß Abs. 1 b tritt ein, wenn die in Abs. 2 b genannten Gegenstände im öffentlichen Interesse (vgl. § 197), insbesondere auch für kirchliche oder wissenschaftliche Zwecke, die Musikinstrumente auch für Lehr- oder berufliche Zwecke (§ 197 Abs. 1 b) erworben werden, die Fahrzeuge für Personenbeförderung ausschließlich im Fuhrhaltergewerbe verwendet werden (§ 197 Abs. 1 d), die im § 21 Abs. 1

Nr. 1 bezeichneten Gegenstände für technische oder Heilzwecke erworben werden. Der Erwerber hat dem Finanzamt (z. B. durch Hinweis auf seinen Beruf oder durch Bescheinigung der Ortspolizeibehörde) nachzuweisen, daß die vorstehenden Voraussetzungen vorliegen. Das Finanzamt bestätigt ihm diesen Nachweis auf Wunsch in doppelter Ausfertigung. In der Bestätigung muß eine genaue Bezeichnung der Gegenstände enthalten sein (§ 183 Abs. 2). Der Erwerber hat die Bestätigung des Finanzamts dem Lieferer zu übergeben. Ist die Steuer bereits entrichtet, so tritt Vergütung nach § 200 ein.

(5) Ein anderweiter Steuerbefreiungsgrund ist nicht gegeben. Es ist also insbesondere für das Bestehen der Steuerpflicht gleichgültig, aus welchen sonstigen Gründen die Veräußerung geschieht, ob sie mit oder ohne Gewinn oder mit Verlust erfolgt, und ob die Gegenstände neu oder gebraucht sind. Bei den in Abs. 2 nicht genannten Gegenständen (d. h. bei den aus § 15 des Gesetzes übernommenen Gegenständen) ist insbesondere auch der Verkauf an Weiterveräußerer luxussteuerpflichtig; § 23 Abs. 2 des Gesetzes findet auf diese Gegenstände keine Anwendung.

§§ 181, 182 haben infolge Streichung der §§ 25 bis 29 des Umsatzsteuergesetzes ihre Bedeutung verloren.

2. Sonstige Pflichten.

Pflichten des Leistungsverpflichteten.

a) Quittungszwang.

§ 188. (1) Der Lieferer oder sonstige Leistungsverpflichtete in den Fällen der §§ 179, 181, 182 (Übernehmer der Anzeige, Vermieter) hat dem Leistungsberechtigten (Erwerber, Besteller, Mieter) eine Quittung binnen zweier Wochen nach Empfang der Zahlung zu erteilen. Die Quittung muß den Namen des Lieferers oder sonstigen Leistungsverpflichteten, den Gegenstand oder die Art der Leistung nach der handelsüblichen Bezeichnung, den Betrag des Entgelts, den Tag der Zahlung und in Abweichung von dem im Gesetz ausgesprochenen Verbot der offenen Steuerabwälzung den Steuerbetrag enthalten. Auch soll sie die beabsichtigte Art der Entrichtung des Steuerbetrags angeben (Muster 45). Sie ist zum Ausweis gegenüber der Steuerstelle während zehn Jahren aufzubewahren. Die Frist läuft vom Schlusse des Kalenderjahres an, in dem die Quittung vollzogen ist.

(2) Der Gegenstand ist im Falle des § 179 so genau zu bezeichnen, daß über sein Aussehen keinerlei Zweifel bestehen und er von Gegenständen anderer Art unterschieden werden kann. Das ist besonders dann erforderlich, wenn der Lieferer noch andere Gegenstände gleicher Art besitzt und die Gefahr besteht, daß die Quittung auf Gegenstände bezogen werden kann, für deren Veräußerung sie nicht ausgestellt ist. Z. B. genügt nicht die Bezeichnung: ein Perserteppich; es sind vielmehr Art, Größe, möglichst auch Grundfarben hinzuzufügen. Bei Gold- und Silbersachen und Uhren sollen Feingehalt und Firma (Schutzmarke), gegebenenfalls das Stempelzeichen (Gesetz v. 16. Juni 1884 und Bekanntmachung v. 7. Januar 1886 — RGBl. 1884 S. 120, 1886 S. 1 —) angegeben werden.

(3) Ist die Lieferung gemäß § 180 steuerfrei, so hat der Lieferer auf der Quittung Name und Wohnung des Erwerbers und bei Veräußerung an einen gewerblichen Weiterveräußerer die Nummer der Weiterveräußerungsbescheinigung, unter Hervorhebung, daß sich diese auf den gelieferten Gegenstand erstreckt, zu vermerken. Er hat eine Abschrift der Quittung mit diesem Vermerk sowie im Falle der Veräußerung zu einem steuerbegünstigten Zweck (§ 180 Abs. 1 b) die Bestätigung des Finanzamtes (§ 180 Abs. 4) zum Ausweis gegenüber der Steuerstelle während zehn Jahren aufzubewahren (Muster 46). Die Frist läuft vom Schluß des Kalenderjahrs an, in dem die Quittung ausgestellt ist. Die Pflicht, die Abschrift zurück-

zubehalten, besteht auch dann, wenn die Quittung mit dem Vermerke dem Finanzamt eingereicht und von diesem nach Eintragung in die Umsatzsteuerliste (§ 190) zurückgegeben worden ist.

(4) Abs. 2 findet auf die Fälle der §§ 181, 182 entsprechende Anwendung (Muster 47).

(5) Die Steuerbeträge sind auf volle zehn Mark nach unten abzurunden, kleinere Beträge werden nicht erhoben.

(6) Bei Teilzahlungen ist für jede Teilzahlung eine Quittung zu erteilen, für die die vorstehenden Grundsätze gelten.

b) Steuerentrichtung.

§ 184. (1) Die Entrichtung der Steuer in den Fällen der §§ 179, 181 und 182 geschieht weder auf Grund einer Steuererklärung, noch nach bestimmten Steuerabschnitten, noch in Verbindung mit dem sonst im Umsatzsteuergesetze vorgeschriebenen Steuerberechnungs- und Veranlagungsverfahren, vielmehr gleichzeitig mit der Ausstellung der Quittung (oder Teilquittung) über die Zahlung (oder Teilzahlung) des Entgelts.

(2) Sie erfolgt durch den Lieferer oder den sonstigen Leistungsverpflichteten durch:

a) Barzahlung oder

b) Verwendung von Stempelmarken.

(3) Die Landesfinanzämter können anordnen, daß die Entrichtung ausschließlich durch Barzahlung zu erfolgen hat.

(4) Amtlich gestempelte Vordrucke zu Quittungen werden nicht ausgestellt.

(5) Die Barzahlung ist an das für den Lieferer oder sonstigen Leistungsverpflichteten (§ 183 Abs. 1) zuständige Finanzamt unter Einreichung der Quittung zu leisten. Ist die Quittung nicht miteingereicht, so fordert das Finanzamt die Quittung oder, falls behauptet wird, daß sie nicht mehr

beigebracht werden kann, eine neue Ausfertigung ein. Ist das Finanzamt, an das die Zahlung geleistet ist, unzuständig, so hat es trotzdem den Betrag anzunehmen, sendet aber die eingegangenen Schriftstücke und Beträge an die zuständige Stelle, die ihrerseits die vorstehenden Aufgaben ausführt.

(6) Die Verwendung der Stempelmarken geschieht gemäß § 191 durch Entwertung durch den Lieferer oder den sonstigen Leistungsverpflichteten. Soweit eine Beurkundung oder Anfertigung eines Entwurfs mit nachfolgender Unterschriftsbeglaubigung über einen nach §§ 179, 181, 182 umsatzsteuerpflichtigen Vorgang von Behörden oder Beamten einschließlich der Notare vorgenommen wird, haben diese die Steuer durch Markenverwendung zu entrichten. Die Pflicht dieser Behörden und Beamten beschränkt sich auf die Prüfung, ob der Steuersatz richtig berechnet ist und die Höhe der Entwertung diesem Satze entspricht. Die verstempelte Quittung kann dem Finanzamt zwecks Aufnahme in die Umsatzsteuerliste UP (§ 190) übersandt werden.

(7) Das Finanzamt trägt die Barzahlung oder im Falle der Übersendung der verstempelten Quittung die erfolgte Entwertung unter Angabe, von wem diese vorgenommen ist, in die Liste ein, vereinnahmt den Barbetrag im Einnahmebuch (§ 160) unter Hinweis auf die Liste, vermerkt unter Angabe der Listennummer und Beifügung des Amtsstempels den Eingang der Steuer auf der Quittung und sendet die Quittung dem Lieferer oder sonstigen Leistungsverpflichteten zurück; die Rücksendung ist möglichst zu beschleunigen (Muster 45 bis 47).

Pflichten des Leistungsberechtigten.

§ 185. (1) Der Abnehmer oder sonstige Leistungsberechtigte hat sich beim Empfange der Quittung (§ 183) darüber zu vergewissern, ob die Steuer auf eine der im § 184 bezeichneten Arten entrichtet ist. Ist das nicht oder nicht vollständig der

Fall, so hat er binnen zweier Wochen nach dem Empfang, jedenfalls vor der weiteren Aushändigung der Quittung, die Steuer im Wege des § 184 ganz oder in der Resthöhe selbst zu entrichten.

(2) Erhält der Abnehmer oder sonstige Leistungsberechtigte keine Quittung, so hat er dem Finanzamt innerhalb eines Monats nach der durch ihn bewirkten Zahlung des Entgelts hiervon Mitteilung zu machen. Die Mitteilung muß die im § 183 Abs. 1 aufgeführten Angaben enthalten (Muster 48 und 49). Gleichzeitig hat der Leistungsberechtigte die Steuer gemäß § 184 zu entrichten. § 183 Abs. 1 Satz 4 und § 184 Abs. 6 finden entsprechende Anwendung.

Folgen bei Nichtabgabe der Quittung oder Nichtentrichtung der Steuer.

a) In strafrechtlicher Beziehung.

§ 186. (1) Wer gegen die Vorschriften der §§ 179 bis 185 verstößt, macht sich einer Steuerzuwiderhandlung gemäß § 359 AO., nicht etwa nur der Zuwiderhandlung gegen § 377 AO., schuldig und unterliegt daher einer Geldstrafe bis zum zwanzigfachen Betrage der hinterzogenen Steuer oder einer gegebenenfalls auf Kosten des Verurteilten bekanntzumachenden Gefängnisstrafe, sowie dem Verluste der bürgerlichen Ehrenrechte.

b) In steuerlicher Beziehung.

(2) Weist der Steuerpflichtige durch Vorlegung der mit dem Vermerke nach § 184 Abs. 6 versehenen Quittung oder Mitteilung nach, daß er die Steuer entrichtet hat oder gibt er bei Verlust der Urkunde die entsprechende Nummer der Umsatzsteuerliste zutreffend an, so muß das Finanzamt den Nachweis führen, wenn es behauptet, die Steuerleistung beziehe sich auf eine andere Leistung als auf die in der Urkunde (Umsatzsteuerliste) bezeichnete. Hat der Steuerpflichtige die

Stempelmarken selbst entwertet oder vermag er weder die Urkunden beizubringen noch die Nummer der Umsatzsteuerliste anzugeben, so muß er die Annahme des Finanzamts entkräften, daß die Leistung noch nicht versteuert ist. Mißlingt ihm dieser Nachweis, so gilt die Steuerzahlung als nicht erfolgt.

c) In zivilprozessualer Beziehung.

(3) Wer aus einem unter §§ 179, 181, 182 fallenden Umsatzgeschäfte zahlungspflichtig ist, kann in einem Rechtsstreit gegenüber dem Anspruch auf Entrichtung des Entgelts den Einwand der Tilgung nur geltend machen, wenn er nachweist, daß die Steuer für die Lieferung oder die sonstige Leistung entrichtet worden ist oder die Lieferung nach § 179 in Verbindung mit § 180 steuerfrei war. Der Nachweis gilt durch Vorlegung einer der im Abs. 2 bezeichneten Urkunden als erbracht.

3. Pflichten der Behörden zur Sicherung des Steueraufkommens.

Allgemeines.

a) Belehrung des Publikums.

§ 187. (1) Das Publikum ist in weitestem Umfange über die Steuerpflicht aufzuklären. Die Möglichkeit einer ordnungsmäßigen Entrichtung der Steuer ist in jeder Weise zu erleichtern.

(2) Der Aufklärung des Publikums dienen folgende Maßnahmen:

a) Jeder Aufforderung zur Abgabe einer Einkommensteuererklärung ist ein Abdruck der Zusammenstellung der Bestimmungen über die Luxus- und erhöhte Umsatzsteuerpflicht von Privatpersonen (Muster 50) beizufügen.

b) Die Finanzbehörden haben Steuerpflichtige, die sie zu Rücksprachen, Anfragen und dergl. aufsuchen auf die genannten Bestimmungen hinzuweisen und ihnen auf Wunsch einen Abdruck derselben auszuhändigen. Auch bei Vorträgen, die Finanzbeamte in dienstlicher Eigenschaft halten, ist nach Möglichkeit auf die Bestimmungen hinzuweisen.

c) Die Landesfinanzämter haben zu geeigneten Zeitpunkten, mindestens aber zweimal im Jahre, in der Presse kurz in einer für den Laien möglichst verständlichen Form auf die Bestimmungen sowie darauf hinzuweisen, daß sie unentgeltlich bei den Finanzämtern zu erhalten sind.

b) Erleichterung bei der Steuerentrichtung.

§ 188. Die Steuerentrichtung wird außer durch die Bestimmung des § 184 Abs. 5 dadurch erleichtert, daß Stempelmarken vorrätig zu halten sind: bei den Postanstalten, nach näherer Bestimmung des Reichspostministers, und nach der Bestimmung der Landesfinanzämter bei denjenigen nach den örtlichen Verhältnissen noch in Betracht kommenden Finanzämtern, die bereits vor dem 1. Januar 1920 Stempelmarken vorrätig hatten. Die Landesfinanzämter haben über die vorrätig zu haltenden Wertklassen zu entscheiden und die Führung eines Stempelzeichenbuchs über die Einnahme und Ausgabe der Stempelmarken anzuordnen.

Ermittlungspflicht.

§ 189. (1) Das Finanzamt hat sich eine möglichst umfassende Kenntnis von dem Vorhaben und der Ausführung der nach §§ 179, 181, 182 steuerpflichtigen Vorgänge zu verschaffen. Diesem Zwecke dienen die eigenen Ermittlungen des Finanzamts und die Mitteilungen von Außenstehenden.

(2) Unter den eigenen Ermittlungen kommt insbesondere die tägliche Durchsicht der Presse des Bezirkes (Lesedienst) auf Kauf-, Verkauf-, Tausch-, Miet- und Vermietangebote in Betracht. Falls der Lesedienst unverhältnismäßig viel Kräfte gebrauchen würde, wie das in Großstädten der Fall sein wird, genügen möglichst umfangreiche und das Wesentliche treffende

Stichproben, deren Ergiebigkeit sich mit wachsender Vertrautheit mit dem Anzeigenmarkt steigern wird; mit der etwa erforderlich werdenden Auswahl der Zeitungen ist von Zeit zu Zeit zu wechseln.

(3) Befindet sich der Wohnsitz oder Aufenthalt der Anzeigenden im Bezirke des Finanzamts, so hat es demjenigen, der den Kauf oder Abschluß des Mietvertrags vorhat, eine Anfrage, wann, wie und mit wem der Vertrag geschlossen ist, ob, wann, wie und in welcher Höhe die Steuer entrichtet ist oder ob und warum die Leistung steuerfrei war, sowie eine Aufforderung zur Zahlung der Steuer unter Übersendung der Bestimmungen (§ 187 Abs. 2 a) zugehen zu lassen (Muster 51, 52). Das Finanzamt hat, falls keine Antwort eingeht, die Nachforschungen, ob der Vertrag zustande gekommen ist, nach einem bestimmten Zeitpunkt durch schriftliche Anfrage (Muster 53, 54) oder durch Entsendung eines geeigneten Vertreters zu wiederholen. Die endgültige Überzeugung, ob der fragliche Gegenstand noch bei dem Anzeigenden ist oder ob die Räume vermietet sind, wird es sich nur durch persönlichen Augenschein verschaffen können, von dessen gewandter Durchführung, gegebenenfalls durch dritte nichtbeamtete Personen, denen eine besondere Ermittlungsprämie zugebilligt werden kann (Abs. 8), der Erfolg abhängt. Die Muster 53 und 54 können je nach den örtlichen Verhältnissen von den Finanzämtern geändert werden. Erweist sich auf Grund häufiger Anzeigen einer und derselben Person, daß bei ihr eine gewisse Nachhaltigkeit und daher eine gewerbliche Tätigkeit vorliegt, so hat das Amt den Steuerpflichtigen in die Liste der Gewerbetreibenden aufzunehmen. Zur Ermittlung, ob Nachhaltigkeit vorliegt, kann eine Kartothek, die die Namen der Anzeigenden enthält, dienlich sein.

(4) Befindet sich der Wohnsitz oder Aufenthaltsort des Anzeigenden oder des im Verlaufe der Nachforschungen ermittelten Steuerpflichtigen nicht im Bezirke des Finanzamts, so über-

sendet es den Zeitungsausschnitt an das zuständige Finanzamt (Muster 55).

(5) Von Mitteilungen Außenstehender kommen außer sonstigen Anzeigen in Betracht:

1. die Mitteilungen von Verlegern der Druckschriften oder der Drucker gemäß § 40 Abs. 4 des Gesetzes. Diese haben möglichst spätestens an dem auf die Ausgabe der Druckschrift folgenden Werktag dem Finanzamt, in dessen Bezirk die Druckschrift erscheint, die Verkaufsangebote, die eine Namens- und Wohnungsangabe nicht enthalten, mitzuteilen (Muster 56). Die Mitteilung enthält Namen (Vornamen, Firma), Wohnung (Straße, Hausnummer, Sitz) des Auftraggebers und die Unterschrift des Verlegers (Druckers). Die Unterschrift eines leitenden Angestellten genügt. Die Mitteilung kann ferner den Hinweis auf die Unterlagen nach Abs. 4 enthalten. Eine entsprechende Mitteilungspflicht hinsichtlich der Kaufangebote besteht nicht. Diesen im Einzelfalle nachzugehen, ist Sache des Finanzamts.

   Wer der Mitteilungspflicht zuwiderhandelt, wird mit einer Geldstrafe bis zu 500 Mark bestraft. Eine derartige Zuwiderhandlung liegt auch vor, wenn sich die seitens eines Mitteilungsverpflichteten angegebenen Namen und Wohnungen so häufig als falsch erweisen, daß dies nur mit einer nicht ausreichenden Prüfung der Angaben des Auftraggebers durch den Mitteilungsverpflichteten erklärt werden kann. Außerdem kann eine strafrechtliche Verfolgung wegen Beihilfe in Betracht kommen. Die Ordnungsstrafe wird nicht verhängt, wenn in dem überreichten Auftraggeberverzeichnis angegeben ist, auf Grund welcher schriftlichen Unterlagen sich der Mitteilungsverpflichtete die Überzeugung von der Richtigkeit der Angaben des Auftraggebers verschafft hat (Militärpaß, Mietspapiere,

Abonnementsquittung usw.). Ist der Auftrag schriftlich eingegangen, so liegt hierin eine genügende Unterlage im Sinne dieser Bestimmung, sofern der Auftrag Name und Wohnung des Auftraggebers enthält und die Angebote an dieselbe Adresse übersandt werden sollen;

2. die Mitteilungen anderer Finanzämter gemäß § 40 Abs. 5 des Gesetzes (Muster 55);
3. die Mitteilungen der Justizbehörden;
4. die Mitteilungen anderer Behörden auf Grund des § 192 AO.; die Polizeibehörden sollen die ihnen zur Kenntnis gelangenden Aftermietsverhältnisse unter Angabe der Namen und Wohnung des Aftermieters und -vermieters sowie des Beginns der Aftermiete dem zuständigen Finanzamt mitteilen (Muster 57). Die gleiche Mitteilungspflicht besteht bezüglich der zur Kenntnis der Zulassungsbehörde gelangenden Verkäufe von Kraftwagen (Muster 58);
5. die Mitteilungen der Hauseigentümer. Diese sind verpflichtet, Vermietungen ihrer Mieter im Sinne des § 182 unter Angabe der ihnen bekannten Einzelheiten, jedoch ohne von sich aus in die privaten Verhältnisse der Mieter einzudringen, unverzüglich dem Finanzamte mitzuteilen (Muster 59).

(6) Das Finanzamt hat die ihm zugehenden Mitteilungen nach den Bestimmungen der Abs. 2 bis 4 zu bearbeiten.

(7) Die Finanzämter haben die vorstehenden Aufgaben unverzüglich, spätestens innerhalb 48 Stunden, zu erledigen. Sobald der Umfang dieses Arbeitsgebiets es erforderlich macht, ist damit eine besondere Abteilung zu betrauen. Deren Organisation ist durch Auswahl der Beamten, Einrichtung von Nachmittags- und Sonntagsdienst, Ausstattung mit Sonder-Fernsprecher und Sonder-Schreibmaschinen auf unbedingte Schnelligkeit abzustellen. Es wird zweckmäßig sein, diese Abteilung mit der nach § 23 Abs. 3 dem „Schnelldienst" dienenden Abteilung

zu verbinden. Die Beamten sind besonders auf die Schweigepflicht gemäß § 376 Abs. 1 AO., auch über die zu ihrer Kenntnis gelangenden Notverkäufe, hinzuweisen. Das Publikum ist in geeigneter Weise von dem Bestehen dieser Schweigepflicht zu verständigen.

(8) Das Finanzamt hat ferner den Eingang der Zahlungen zu überwachen, insbesondere auch zu prüfen, ob die erforderlichen Marken vorschriftsmäßig verwendet sind. Ist die Steuer zu niedrig berechnet, so sind die fehlenden Marken nachzufordern und zu den Akten zu entwerten. Über die formal unvorschriftsmäßige Verwendung von Stempelmarken verhält sich § 192.

§ 190 ist gestrichen.

4. Formelle Bestimmungen über Stempelzeichen.

Verwendung der Stempelzeichen..

§ 191. (1) Die Stempelmarken sind auf der Vorder- oder Rückseite der vom Leistungsverpflichteten zu erteilenden Quittung oder der gemäß § 185 vom Leistungsberechtigten zu machenden Mitteilung an einer beliebigen freien Stelle aufzukleben und zu entwerten.

(2) Die Entwertung der Stempelmarken ist derart vorzunehmen, daß Tag, Monat und Jahr der Verwendung der Marke auf dieser an der im Vordruck dafür vorgesehenen Stelle in deutlichen Schriftzeichen mit Tinte ohne jede Austratzung, Durchstreichung oder Überschreibung niedergeschrieben oder aufgedruckt werden, Tag und Jahr mit arabischen Ziffern, die Monatsangabe in lateinischen Ziffern oder Buchstaben. Allgemein übliche und verständliche Abkürzungen sind zulässig. Im Falle der Entwertung durch Aufdruck braucht der Vermerk nicht an der im Vordruck bezeichneten Stelle zu stehen, muß aber vollständig auf jede einzelne Marke gesetzt werden.

(3) Die Hinzufügung des Namens oder der Firma des Verwendenden ist zulässig.

(4) Erfolgt die Entwertung gemäß § 184 Abs. 6 durch eine Behörde oder einen Beamten, die einen Amtsstempel führen, so ist jede einzelne Marke mit einem mit schwarzer Stempelfarbe herzustellenden Abdruck des Amtsstempels zu versehen, der auf das Schriftstück überzugreifen hat.

Unvorschriftsmäßige Verwendung von Stempelzeichen.

§ 192. Stempelzeichen, welche nicht in der vorgeschriebenen Weise verwendet worden sind, gelten als nicht verwendet. Diese Bestimmung soll nicht eine Doppelversteuerung zur Folge haben, sondern lediglich den Tatbestand einer Steuerzuwiderhandlung im Sinne des § 377 AO. feststellen. Abgesehen von der etwa erforderlich werdenden Einleitung des Strafverfahrens bedarf es daher nur einer nachträglichen Entwertung der Stempelzeichen durch die Umsatzsteuerstelle oder die Behörde oder den Beamten im Sinne des § 184 Abs. 5. Die Beibringung neuer Stempelzeichen ist nur zu fordern, wenn eine Verwendung unterblieben oder die Urkunde nicht ohne weiteres zu erlangen ist, oder wenn aus der unrichtigen Art der Entwertung der Stempelzeichen, z. B. aus der unrichtigen Zeitangabe, die Möglichkeit sich ergibt, daß die Marken schon früher zu einer anderen Urkunde gebraucht wurden. Doch steht es in jedem Falle der unrichtigen Entwertung einer Marke dem späteren Inhaber der Urkunde frei, um sich und seine Nachmänner vor den Folgen dieser Entwertung zu schützen, eine neue Marke vorschriftsmäßig zu verwenden.

Wert und Äußeres der Stempelzeichen.

§ 193. (1) Der Reichsminister der Finanzen erläßt die näheren Bestimmungen über Wert, Form, Aussehen und Farbenton der Marken.[1])

---

[1]) Zu vergleichen Bekanntm. d. RFM. v. 5. August 1920, betreffend Form, Aussehen und Farbenton der Umsatzsteuermarken (RZBl. S. 1370).

(2) Der Vertrieb erfolgt durch die Postanstalten und durch die von den Landesfinanzämtern hierzu ermächtigten Finanzämter.

(3) In der Übergangszeit können nach näherer Bestimmung des Reichsministers der Finanzen vorhandene Bestände an Warenumsatzstempel- und Quittungsstempelmarken aufgebraucht und Grundstücksstempel- sowie Gesellschaftsstempelmarken als Ersatz verwendet werden.

Herstellung der Stempelzeichen.

§ 194. (1) Die Stempelzeichen werden durch die Reichsdruckerei hergestellt und zu einem von dem Reichsminister der Finanzen festgesetzten Preise abgegeben. Die Abgabe erfolgt nur an den Reichspostminister und an die Landesfinanzämter, sowie an diejenigen Behörden, die der Reichsdruckerei von diesen Dienststellen als zum unmittelbaren Bezug berechtigt bezeichnet werden. Privatpersonen erhalten von der Reichsdruckerei keine Stempelzeichen.

(2) Die Rechnungen über die Herstellungskosten der Stempelmarken sind mit den quittierten Lieferscheinen zu belegen und von der Reichsdruckerei dem Reichsminister der Finanzen zur Begleichung (Anweisung) einzureichen.

Umtausch von Stempelzeichen und Ersatz verdorbener Stempelzeichen.

§ 195. (1) Wenn Stempelzeichen irrig verwendet worden sind oder die ihrer Verwendung zugrunde liegende Leistung rückgängig gemacht wird, kann auf Antrag Erstattung durch das Finanzamt eintreten. Die Erstattung erfolgt im Wege des Umtausches der Stempelzeichen, gegebenenfalls bei einer Postanstalt, oder im Wege der baren Herauszahlung. Im letzteren Falle verbleiben die irrig verwendeten Marken bei den Akten.

(2) Stempelzeichen können, wenn sie unbeschädigt sind, bei den Verkaufsstellen gegen Stempelzeichen zu anderen Wertbeträgen umgetauscht werden.

(3) Verdorbene Stempelzeichen oder solche, mit denen demnächst verdorbene Schriftstücke versehen sind, werden unentgeltlich ersetzt, wenn von den Stempelzeichen oder Schriftstücken noch kein oder doch kein solcher Gebrauch gemacht worden ist, daß demgegenüber durch den Ersatz das Steuerinteresse gefährdet ist, und wenn der Schaden mindestens einhundert Mark beträgt. Es genügt, wenn der Wert der gleichzeitig zum Ersatz vorgelegten Stempelzeichen zusammen einhundert Mark beträgt. Es kommt nicht darauf an, ob die Beschädigung der einzelnen Stempelzeichen durch ein und dasselbe Ereignis veranlaßt ist oder nicht.

(4) Der Ersatz gemäß Abs. 3 ist bei dem Finanzamt schriftlich oder mündlich zu beantragen unter Vorlegung der verdorbenen Stempelzeichen und Schriftstücke. Abs. 1 Satz 2 und 3 finden entsprechende Anwendung. Etwaige Portokosten trägt der Antragsteller.

(5) Die zum Umtausch zurückgegebenen Stempelmarken (Abs. 1 und 2) sind, bevor sie vereinnahmt werden oder der Umtausch für zulässig erklärt wird, auf ihre Echtheit und Unversehrtheit zu prüfen. Das gleiche gilt für verdorbene Stempelzeichen (Abs. 3), die sodann in Gegenwart von zwei Beamten unter Aufnahme einer Verhandlung zu vernichten sind.

(6) Finanzämter, die zugleich Markenvertriebsstellen sind, haben über den Bezug und die Ausgabe der Stempelzeichen nach näherer Anweisung des Landesfinanzamts ein Stempelzeichenbuch zu führen, dem auch etwaige Vernichtungsverhandlungen (Abs. 5) als Beleg beizufügen sind.

II. Steuervergütung und Steuerbefreiung bei der Lieferung von Luxusgegenständen.

1. Vergütung bei der Herstellerluxussteuer.
(§§ 19, 20, 22, 24 des Gesetzes).

1. Vergütung bei Weiterbearbeitung oder Verarbeitung (§ 19 des Gesetzes).

§ 198. (1) Eine Vergütung eines Teiles des Entgelts in Höhe des Unterschieds zwischen der Luxussteuer beim Hersteller und der allgemeinen Umsatzsteuer findet gemäß § 19 des Gesetzes auf Antrag bei der Aufeinanderfolge von zwei oder mehr luxussteuerpflichtigen Herstellern statt, wenn der jeweils letzte Bearbeiter oder Verarbeiter nachweist,

a) daß und von wem er von ihm weiterbearbeitete oder verarbeitete Luxusgegenstände gekauft hat,

b) daß diese Gegenstände nach § 15 des Gesetzes luxussteuerpflichtig waren,

c) daß er die bezogenen Gegenstände bei der Herstellung derjenigen nach § 15 des Gesetzes luxussteuerpflichtigen Gegenstände verwendet hat, die er seinerseits veräußert hat, und daß er die dafür vereinnahmten Entgelte in dem betreffenden Steuerabschnitt in seiner Steuererklärung zur Steuerentrichtung angemeldet hat.

(2) Nicht erforderlich ist der Nachweis, daß die Luxussteuer für die verwendeten Luxusgegenstände von demjenigen, der sie hergestellt hat, tatsächlich bereits entrichtet ist. Ergeben jedoch Nachforschungen des Finanzamts (vgl. § 205 Abs. 3), daß die Steuerpflicht vom Hersteller der bezogenen Gegenstände verletzt worden ist, so ist der Vergütungsantrag abzulehnen.

(3) Der Nachweis (Abs. 1) zu a und b ist durch Vorlegung der Rechnungen, zu b auch durch Auskünfte des Lieferers über

die Beschaffenheit der Gegenstände oder ihre Einfuhr aus dem Ausland, ferner zu b und c durch Vorlegung von Büchern, z. B. Kalkulationsbüchern und sonstigen Geschäftsbüchern, durch Vernehmung von Angestellten, Beibringung von Proben zu erbringen.

(4) Der Vergütungsanspruch in der im Abs. 1 bezeichneten Höhe, also nicht auch in Höhe der allgemeinen Umsatzsteuer, steht auch demjenigen Hersteller zu, der die infolge der Bearbeitung oder Verarbeitung entstandenen Gegenstände in das Ausland ausführt (zu vergleichen Abs. 8).

(5) Ein Vergütungsanspruch besteht nicht, wenn der infolge der Bearbeitung oder Verarbeitung entstandene Gegenstand nicht wiederum luxussteuerpflichtig ist, oder wenn es sich um einen Luxusgegenstand der im § 15 des Gesetzes genannten Art handelt, der aber vor dem Inkrafttreten des Gesetzes beschafft oder in das Inland verbracht worden ist (vgl. auch § 47 des Gesetzes).

(6) Wer einen Vergütungsanspruch geltend machen will, hat die von ihm erworbenen Luxusgegenstände und deren Verwendung im einzelnen, getrennt nach Weiterveräußerung ohne weitere Bearbeitung und Verarbeitung, luxussteuerfreier und luxussteuerpflichtiger Bearbeitung oder Verarbeitung unter Hervorhebung der in das Ausland ausgeführten Gegenstände zu buchen und diejenigen Gegenstände, zu deren Herstellung die vorbezeichneten Gegenstände verwendet worden sind, besonders zu bezeichnen. Als Anleitung dient das Muster 63, das nach dem Bedürfnisse des einzelnen Falles geändert werden kann. Es empfiehlt sich, diese Aufzeichnungen dem Antrag gemäß § 19 Satz 3 des Gesetzes beizufügen.

(7) Das Finanzamt hat dem Steuerpflichtigen auf Antrag zur Durchführung des Nachweises gemäß Abs. 3 die Frist des

§ 35 des Gesetzes angemessen, ohne Zustimmung des Landesfinanzamtes jedoch nicht um mehr als zwei Monate zu verlängern. Die Festsetzung der Steuerschuld wird unabhängig von der Festsetzung der Vergütung durchgeführt.

(8) Die Vergütung gemäß § 19 a des Gesetzes ist in § 17 geregelt.

2. Vergütung in den Fällen des § 20 des Gesetzes.

§ 197. (1) Eine Vergütung von 10 v. H. an den Erwerber findet auf Antrag gemäß § 20 des Gesetzes statt:

a) bei allen der Luxussteuer nach § 15 des Gesetzes unterliegenden Gegenständen, wenn deren Erwerb im öffentlichen Interesse liegt. Ein öffentliches Interesse ist insbesondere gegeben, wenn die Gegenstände zum öffentlichen Dienst oder Gebrauche bestimmt sind. Dies trifft z. B. zu bei Waffen, die erworben sind von der Militär- oder Polizeiverwaltung, den Verwaltungen der Länder oder Gemeinden (Gemeindeverbänden), den im Staats-, Gemeinde- oder Privatforstdienst befindlichen Personen -- letzteren, wenn ihre Betrauung mit dem Forst- und Jagdschutz nach Maßgabe der Landesgesetze anerkannt ist -- sowie sonstigen Personen oder Personenvereinigungen (z. B. Wach- und Schließgesellschaften), wenn diese nachweisen, daß die Führung von Waffen im öffentlichen Interesse liegt; ferner bei Kunstgegenständen, die für öffentliche Sammlungen, bei Ehrenzeichen, die von den Verleihungsberechtigten zum Zwecke der Verleihung erworben werden; bei Turn- und Sportgeräten, die von Unterrichts- und Erziehungsanstalten oder solchen Vereinen erworben werden, deren Zweck die körperliche Ertüchtigung ihrer Mitglieder ist, soweit es sich nicht um Geräte für den Golf-, Hockey-, Polo-, Reit-, Fahr-, Fecht-, Tennis-, Bobsleigh- oder Skeletonsport handelt; beim

Erwerb von Ruderbooten sowie beim Erwerb von sogenannten Schwertbooten (Segelbooten) bis zu acht Meter Länge über alles. Der Erwerber eines derartigen Segelbootes hat dem Finanzamt bei Stellung des Vergütungsantrags eine Bescheinigung des Deutschen Seglerverbandes, des Deutschen Seglerbundes oder des Berliner Wettsegelverbandes vorzulegen, aus der sich zweifelsfrei ergibt, daß das Boot der genannten Bedingung entspricht. Als im öffentlichen Interesse liegend ist ferner gemäß § 20 Nr. 1 des Gesetzes der Erwerb für kirchliche Zwecke anzusehen (z. B. bei Altargeräten, Harmonien); diese Bestimmung ist auch auf Anschaffungen solcher Religionsgemeinschaften anzuwenden, die nicht zu den in dem betreffenden Lande anerkannten Religionsgesellschaften gehören. Ferner ist ein öffentliches Interesse als gegeben anzusehen, wenn der Erwerber nachweist, daß er den Gegenstand innerhalb einer wissenschaftlichen Betätigung verwenden will (z. B. optische Gläser für astronomische oder medizinische Zwecke); oder wenn es sich um den Erwerb eines Personenfahrzeuges durch einen Arzt (Tierarzt) handelt und dieser nachweist, daß ihm sonstige, den Bedürfnissen seiner Praxis entsprechende Verkehrsmöglichkeiten nicht zur Verfügung stehen. Mithin ist der Vergütungsanspruch da nicht gegeben, wo öffentliche Beförderungsmittel (z. B. Straßenbahnen, Omnibusse) den Besuch der Patienten ermöglichen und wo, unter Berücksichtigung aller wirtschaftlichen Verhältnisse, nicht angenommen werden kann, daß der Arzt den Personenwagen lediglich zum Besuche des Teils seiner Patienten erworben hat, die er mit öffentlichen Beförderungsmitteln nicht erreichen kann;

b) bei Flügeln, Klavieren, Harmonien, Streich- und Zupfinstrumenten, soweit sie der Luxussteuer beim Hersteller nach § 52 unterliegen, wenn der Erwerber nachweist, daß er ohne das Instrument entweder seine Ausbildung für einen Beruf nicht betreiben kann und daß er diesen Beruf nach Abschluß der Ausbildung entgeltlich ausüben will, oder daß er selbst berufsmäßig gegen Entgelt Musikunterricht erteilt oder Leiter einer Lehranstalt ist und daß die genannten Musikinstrumente zum berufsmäßigen Unterricht oder in der Lehranstalt verwendet werden sollen. Der Vergütungsanspruch ist auch dann anzuerkennen, wenn der Erwerb, z. B. des Klaviers oder der Geige, lediglich zu Zwecken der Begleitung beim Gesangs- oder auch beim Tanzunterrichte geschieht;

c) bei Orchestrions oder bei selbsttätigen Klavierspielapparaten und deren Bestandteilen und Zubehör, wenn der Erwerber nachweist, daß er diese Gegenstände in seinem Gewerbe, insbesondere im Gastwirts- und Schaustellergewerbe, verwendet;

d) bei Personenfahrzeugen, soweit sie der Luxussteuer beim Hersteller nach § 54 unterliegen, wenn der Erwerber nachweist, daß er das Fuhrhaltergewerbe betreibt und das erworbene Personenfahrzeug ausschließlich in diesem Gewerbe verwenden will.

(2) Der Antragsteller hat nachzuweisen, daß er

a) den Gegenstand zu einem bestimmten Preise und von einer bestimmten Person erworben hat und

b) ihn zu einem der in Abs. 1 unter a bis d angegebenen Zwecke verwendet.

Der Nachweis zu a ist durch eine Erklärung des Unternehmers, der den Gegenstand geliefert hat, zu erbringen. Für den Nachweis zu b wird sich gegebenenfalls die Beibringung einer Bescheinigung der Berufsvertretung oder des Fachverbandes, denen der Antragsteller angehört, oder der Ortspolizeibehörde empfehlen.

(3) § 196 Abs. 2 findet entsprechende Anwendung.

2. Vergütung und Befreiung bei der Kleinhandelluxussteuer.

a) Vergütung in den Fällen des § 24 Abs. 1 des Gesetzes.

§ 198. (1) Eine Vergütung des Unterschieds zwischen der Luxussteuer im Kleinhandel und der allgemeinen Umsatzsteuer findet gemäß § 24 des Gesetzes statt:

a) bei allen der Luxussteuer nach § 21 des Gesetzes unterliegenden Gegenständen, wenn der Erwerb der Gegenstände im öffentlichen Interesse liegt. § 197 Abs. 1 a findet entsprechende Anwendung. Ein öffentliches Interesse liegt hier besonders vor, wenn die im § 21 Abs. 1 Nr. 1 bis 3 des Gesetzes aufgeführten Gegenstände für öffentliche Sammlungen, wenn Pferde (Nr. 5 a. a. O.) von öffentlichen Gestüten oder eingetragenen Zuchtverbänden im Interesse der heimatlichen Pferdezucht, lebendes Wild (Nr. 6 daselbst) von öffentlichen zoologischen Gärten erworben werden. Als eingetragene Zuchtverbände gelten solche, die von der Landeszentralbehörde als Vollblut- oder Halbblutzuchtverbände anerkannt sind oder werden (zu vergleichen § 79 d Nr. 3 Abs. 4);

b) bei Edelmetallen, Gegenständen aus oder in Verbindung mit Edelmetallen und gefaßten Steinen, wenn der Erwerber nachweist, daß er sie zu technischen oder zu Heilzwecken verwendet (vgl. aber die Befreiungen im § 34 bei A I (1) Nr.(1 unter d, Nr. 3 unter f, II Nr. 1 unter a, Nr. 2 Abs. 2 unter a);

c) bei Reit- oder Kutschpferden, wenn der Erwerber nachweist, daß sie ausschließlich oder überwiegend der Ausübung seines Gewerbes oder Berufs oder der Zucht dienen. Diese Voraussetzung ist besonders gegeben bei Landwirten, wenn die Beaufsichtigung des Wirtschaftsbetriebs infolge der Größe des Gutes, der Lage der Wirtschaftsbetriebe zueinander, der Entfernungen von der Bahnstation oder von der Einkaufs- und Absatzstelle (Märkte, Stadt) die Anschaffung eines oder mehrerer Pferde oder eines oder mehrerer Gespanne, je nach der tatsächlichen Lage des einzelnen Falles, z. B. auch der körperlichen Leistungsfähigkeit des Erwerbers und der Größe seiner Familie, erforderlich macht. Diejenigen Pferde, die darüber hinaus angeschafft werden, z. B. für den gesellschaftlichen Verkehr oder zum Besuche der Stadt zu anderen als geschäftlichen Zwecken, etwa zu Privateinkäufen der Angehörigen, fallen nicht hierunter.

Bei Gewerbetreibenden und Angehörigen freier Berufe ist der Vergütungsanspruch gegeben, insoweit das Pferd zu Geschäfts- oder Berufszwecken, nicht aber, wenn es vorzugsweise zu Vergnügungsritten oder -fahrten des Inhabers und seiner Familienmitglieder, in der Regel auch nicht, wenn es zu der Fahrt von der Wohnung zu den Geschäftsräumen verwendet wird.

Der Vergütungsanspruch ist nicht gegeben, wenn der Beschaffenheit der Pferde nach die Absicht äußerer Wirkung im Vordergrunde steht.[1])

(2) § 196 Abs. 3 und § 197 Abs. 2, 3 finden entsprechende Anwendung.

---

[1]) Die Absicht der äußeren Wirkung ist, wenn es sich nicht um Erwerb zu Zuchtzwecken handelt, anzunehmen, sofern das Entgelt für das einzelne Pferd einen Betrag überschreitet, der erheblich über den Gebrauchsrichtpreis hinausgeht (Luxusrichtpreis); der Luxusrichtpreis wird in entsprechender Anwendung des § 79d Nr. 1 Satz 3 vom RFM. ermittelt und festgesetzt (Erl. d. RFM. v. 16. 12. 22, RStBl. 358).

b) Befreiung von der Luxussteuer nach § 24 Abs. 2 des Gesetzes.

§ 199. (1) Auf Antrag des Kauflustigen kann bei der Luxussteuer im Kleinhandel nach § 24 Abs. 2 des Gesetzes an Stelle der Vergütung die vorherige Genehmigung zur Lieferung unter Ansatz lediglich der allgemeinen Umsatzsteuer treten. Es ist zu beachten, daß eine solche vorherige Befreiung hinsichtlich der Luxussteuer beim Erwerbe vom Hersteller (§ 15 des Gesetzes) nicht gegeben ist. Der Antragsteller hat nachzuweisen, daß bei ihm die Voraussetzungen für eine Verwendung zu den im § 198 angegebenen Zwecken vorliegen. § 205 Abs. 1 bis 3 findet entsprechende Anwendung.

(2) Gibt das Finanzamt dem Antrag statt, so händigt es dem Antragsteller eine Bescheinigung aus. Die Bescheinigung hat zu enthalten: Vor- und Zuname (Firma), Wohnort (Sitz) nebst Straße und Hausnummer des Antragstellers, genaue Bezeichnung der Gegenstände, den Grund der Befreiung, Gültigkeitsdauer und laufende Nummer der Bescheinigung, einen Vermerk, daß Mißbrauch, insbesondere Überlassung an einen Dritten, Bestrafung nach § 356 AO. zur Folge hat, weiter Tag und Ort der Ausstellung und Unterschrift nebst Stempelaufdruck der ausstellenden Behörde. Der Stempelaufdruck darf nicht vorgedruckt sein, sondern ist in jedem Einzelfalle von dem zuständigen Beamten vorzunehmen. Als Anleitung dient Muster 64. Die Bescheinigung ist stempel- und gebührenfrei zu erteilen.

(3) Die Bescheinigung darf im allgemeinen nur für jeden einzelnen Anschaffungsfall ausgestellt werden, ihre Gültigkeitsdauer ist auf höchstens zwei Wochen zu bemessen. Personen, die Gegenstände bestimmter Art ständig im öffentlichen Interesse zu erwerben pflegen (z. B. öffentliche Behörden, Museen), kann die Bescheinigung auf die Dauer eines Kalenderjahrs

ausgestellt werden; die Gegenstände sind dabei ihrer Art nach zu bezeichnen.

(4) Der Unternehmer, der für einen an sich luxussteuerpflichtigen Gegenstand nur eine Steuer von 2 v. H. in Ansatz bringt, hat sich die Bescheinigung aushändigen zu lassen und sie bei seinen Geschäftspapieren aufzubewahren. Er hat in dem Steuerbuche die im § 105 vorgeschriebenen Eintragungen zu machen, dabei den Steuerbetrag zum Satze von 2 v. H. zu berechnen und in der Bemerkungsspalte die Bescheinigung des Finanzamts genau zu bezeichnen.

(5) Nicht benutzte Bescheinigungen sind dem Finanzamte, das sie ausgestellt hat, zurückzugeben. Bei Prüfung des Steuerbuchs durch die Aufsichtsbeamten sind nichtbenutzte Bescheinigungen einzuziehen und dem Ausstellungsamte zu übersenden.

c) Vergütung und Befreiung in den besonderen Fällen des § 24 Abs. 3 und 4 des Gesetzes.

§ 200. (1) Nach Maßgabe des § 24 Abs. 3 des Gesetzes tritt unter entsprechender Anwendung der §§ 198, 199 Vergütung des gesamten Steuerbetrags, also auch des der allgemeinen Umsatzsteuer entsprechenden Teiles, oder völlige Steuerbefreiung ein, wenn

a) Gegenstände der im § 15 unter I Nr. 1, 2, 3, 5, unter II Nr. 1, 6, 8, 10, 22 und im § 21 Nr. 1, 2, 3 des Gesetzes (§ 23 Abs. 1 Nr. 3 des Gesetzes) bezeichneten Art zu den steuerbegünstigten Zwecken im Inland durch Personen, die dabei keine gewerbliche Tätigkeit ausüben, und außerhalb einer Versteigerung entgeltlich geliefert werden; bei Musikinstrumenten und Fahrzeugen zur Personenbeförderung auch unter den Voraussetzungen des § 197 Abs. 1 b, c und d;

b) eine entgeltliche Lieferung von Gegenständen der im § 21 des Gesetzes bezeichneten Art zu den steuerbegünstigten

Zwecken in oder aus dem Ausland an eine Person, die ihren Wohnsitz oder gewöhnlichen Aufenthalt zur Zeit der Lieferung im Inland hat, stattfindet.

(2) Die Nachweise (Abs. 1) zu a hat der Abnehmer, die zu b der erste inländische Erwerber des Gegenstandes zu führen.

(3) Die Steuer ist nach § 24 Abs. 4 des Gesetzes in voller Höhe zu vergüten, wenn die Gegenstände der im § 23 Abs. 1 Nr. 5 des Gesetzes tezeichneten Art von demjenigen, der die Steuer entrichtet hat, wieder ins Inland gebracht werden. Der Antrag kann auch von den Erben gestellt werden. Der Antragsteller hat nachzuweisen, daß es sich um denselben Gegenstand handelt, für den die Steuer entrichtet worden ist. Es empfiehlt sich, dem Antrag den Steuerbescheid und die Bescheinigung des Zollamts, das den Gegenstand in das Ausland abgefertigt hat, beizufügen.

d) Behördliche Bescheinigung über gewerbliche Weiterveräußerung von Luxusgegenständen des § 21 des Gesetzes (§ 22 des Gesetzes).

§ 201. (1) Die behördliche Bescheinigung über die gewerbliche Weiterveräußerung von in § 21 des Gesetzes genannten Luxusgegenständen hat den im § 199 Abs. 2 vorgeschriebenen Inhalt; die Gegenstände der gewerblichen Weiterveräußerung sind nach der Benennung des § 21 des Gesetzes genau, insbesondere auch so zu bezeichnen, daß eine Verwechslung mit den im § 15 des Gesetzes genannten Gegenständen ausgeschlossen ist; ferner ist darauf hinzuweisen, daß mißbräuchliche Benutzung die Lieferungen ohne Rücksicht darauf, ob eine Lieferung im Kleinhandel im Sinne des § 21 des Gesetzes vorliegt oder nicht, mit 15 v. H. steuerpflichtig macht.

(2) Die Gültigkeitsdauer der Bescheinigung ist auf das laufende Kalenderjahr zu beschränken. Alle ausgestellten Bescheinigungen verlieren mit dem 31. Dezember jedes Jahres

ihre Gültigkeit; dies gilt auch von den bereits vor Erlaß dieser Bestimmungen mit längerer Gültigkeitsdauer ausgestellten Bescheinigungen. Mitte November jedes Jahres haben die Finanzämter auf die Tatsache des Ablaufs der Gültigkeit der Bescheinigungen mit Jahresende in den Zeitungen hinzuweisen und die Bereitwilligkeit zu erklären, neue Bescheinigungen für das nächste Jahr auszustellen. Sind Anträge auf Ausstellung einer Bescheinigung für das nächste Jahr bis zum 1. Dezember bei dem Finanzamt eingegangen, so ist die Bescheinigung mit Gültigkeit vom 1. Januar des nächsten Jahres ab vor diesem Tage dem Antragsteller zuzustellen. Die Ausstellung der Bescheinigung hat stempel- und gebührenfrei zu erfolgen (vgl. Muster 65).

(3) Der Reichsminister der Finanzen ist ermächtigt, widerruflich auf Antrag von ihm anerkannten Fachverbänden der am Handel mit kleinhandelluxussteuerpflichtigen Gegenständen beteiligten Gewerbe die Ausstellung von Bescheinigungen im Sinne des § 22 des Gesetzes an ihre Mitglieder zu übertragen. Die Bescheinigungen müssen den im § 199 Abs. 2 vorgeschriebenen Inhalt haben. Die Mitwirkung eines Fachverbandes erfolgt unter der Voraussetzung, daß er sich verpflichtet, Bescheinigungen nur an solche Mitglieder auszustellen, bei denen nach Art des Unternehmens ein Mißbrauch ausgeschlossen ist, er ferner seine Mitglieder überwacht, Verstöße gegen die getroffene Regelung unter Vertragsstrafe stellt und Zuwiderhandlungen dem Finanzamt anzeigt. Das zuständige Finanzamt ist berechtigt, die von einem Fachverband erteilte Bescheinigung unter den Voraussetzungen des § 78 der AO. zurückzunehmen.

(4) Den bisherigen Inhabern von Bescheinigungen ist tunlichst bei deren Erneuerung eine Bescheinigung mit derselben Nummer zu erteilen. Die Bescheinigung ist bei Ablauf ihrer Gültigkeitsdauer oder bei Erlöschen der Firma unverzüglich

zurückzugeben; verlegt der Inhaber einer Bescheinigung sein Unternehmen in den Bezirk eines anderen Finanzamts, so bleibt die Bescheinigung in Kraft. Der Inhaber hat die Verlegung innerhalb zweier Wochen unter Angabe der Nummer der Bescheinigung sowohl dem alten wie dem neuen Finanzamte mitzuteilen. Das bisher zuständige Finanzamt hat dem nunmehr zuständig gewordenen unverzüglich von der ihm durch diese Mitteilung oder auf andere Weise bekannt gewordenen Verlegung unter Angabe der Nummer der Bescheinigung Kenntnis zu geben. § 199 Abs. 5 findet entsprechende Anwendung.

(5) Ist der Erwerber nicht selbst Weiterveräußerer, sondern erwirbt er nur für einen solchen, so hat er außer der im Abs. 1 vorgeschriebenen Bescheinigung eine Erklärung seines Auftraggebers beizubringen, nach er er berechtigt ist, für den Weiterveräußerer die in der Erklärung nach Maßgabe des Abs. 1 bezeichneten Gegenstände zu erwerben. In der Erklärung ist der Auftraggeber wie der Beauftragte nach Vor- und Zunamen, Wohnort, Straße und Hausnummer, gegebenenfalls unter Bezeichnung der Firma, aufzuführen. Die Erklärung ist von dem Finanzamte zu beglaubigen und in dem Beglaubigungsvermerk ist auf die nach Abs. 1 auszustellende Bescheinigung unter Angabe von Ausstellungstag und Nummer Bezug zu nehmen (vgl. Muster 66).

(6) Der Erwerber hat die Bescheinigung dem Lieferer der im § 21 des Gesetzes aufgeführten Gegenstände vor jeder Lieferung der erworbenen Gegenstände vorzulegen; dessen bedarf es nicht, wenn der Lieferer mit dem Abnehmer in ständigen Geschäftsbeziehungen steht und ihm Nummer, Inhalt und Geltungsdauer der Bescheinigung genau bekannt sind. Jedoch hat sich der Lieferer beim ersten Geschäftsverkehr in jedem Kalenderjahre von der Erneuerung der Bescheinigung zu überzeugen.

(7) Der Lieferer hat in dem Steuerbuche die im § 105 vorgeschriebenen Eintragungen zu machen; insbesondere hat er in der Bemerkungsspalte den Erwerber, die Nummer und das Kalenderjahr der Bescheinigung unter Angabe der ausstellenden Behörde, des Ortes und des Datums der Ausstellung einzutragen. Im Falle des Abs. 4 hat er unter Berücksichtigung der Erklärung des Auftraggebers sowohl diesen als auch den Beauftragten zu vermerken. Im übrigen hat der Lieferer diese Lieferungen mit 2 v. H. zu versteuern.

(8) Auf Antrag ist die Bescheinigung in mehreren, als solche kenntlich zu machenden Ausfertigungen zu erteilen, die in sich fortlaufend mit Buchstaben zu versehen sind (also z. B. Nr. 361 a, b, c). Vor der Erteilung weiterer Ausfertigungen ist zu prüfen, ob nicht die Gefahr eines Mißbrauchs besteht.

(9) Soweit nach § 23 Abs. 1 Nr. 3 des Gesetzes die Lieferung von Gegenständen der im § 15 des Gesetzes bezeichneten Art durch Personen, die dabei keine gewerbliche Tätigkeit ausüben, luxussteuerpflichtig ist, darf eine Weiterveräußerungsbescheinigung nicht ausgestellt werden. Die liefernde Privatperson ist auch bei Lieferung an Weiterveräußerer luxussteuerpflichtig. Das gilt auch von Versteigerungen dieser Gegenstände im Auftrage von Personen, die keine gewerbliche Tätigkeit ausüben.

3. Ermäßigung des Zuschlagspreises bei Versteigerungen.

§ 202. (1) Eine Ermäßigung des Zuschlagpreises bei der Lieferung auf Grund einer Versteigerung findet im Falle des § 23 Abs. 1 Nr. 2 des Gesetzes statt, sofern derjenige, der in der Versteigerung den Zuschlag erhalten hat, die Ermäßigung beantragt und dem Versteigerer in der im § 201 vorgeschriebenen Form nachweist, daß er zur gewerblichen Wiederveräußerung erworben hat. Der Zuschlagpreis ist um den Unterschied der Steuersätze des § 13 und des § 21 des Gesetzes zu ermäßigen.

(2) Im Falle des § 17 Nr. 2 des Gesetzes und in dem in § 201 Abs. 8 Satz 3 erwähnten Falle kommt eine Ermäßigung des Zuschlagpreises niemals in Betracht.

4. Höhe der Vergütungen oder Ermäßigungen.

§ 203. (1) Die Vergütung des gesamten Steuerbetrags (§ 24 Abs. 3 und 4 des Gesetzes) besteht in der Rückgabe desjenigen Teiles des entrichteten Entgelts, der dem Steuersatze bei der Lieferung an den Vergütungsberechtigten entspricht (2 oder 15 v. H.).[1]) Der zu vergütende Teil des Entgelts in den Fällen des § 19 und des § 24 Abs. 1 des Gesetzes wird berechnet, indem das Gesamtentgelt mit $^{85}/_{100}$ multipliziert und hiervon 15,606 v. H., das ist der Unterschied zwischen den Abwälzungszuschlägen von 17,647 v. H. und 2,041 v. H. ermittelt wird.

(2) Die Ermäßigung im Falle des § 23 Abs. 1 Nr. 2 des Gesetzes (§ 202) beträgt 13 v. H. des Zuschlagpreises.

(3) Die Abrundungsvorschrift des § 10 des Gesetzes findet entsprechende Anwendung.

5. Verfahren.

1. Zuständigkeit der Finanzämter.

§ 204. Zuständig für die Vergütung oder die Feststellung des zurückzuzahlenden Betrags, für die Ausstellung einer Bescheinigung nach §§ 199 und 201 und einer Beglaubigung nach § 201 Abs. 4 sind die Finanzämter, und zwar im Falle des § 196 das Finanzamt des Wohnsitzes (Sitzes) oder gewöhnlichen Aufenthalts des Bearbeiters und Verarbeiters, in den Fällen

---

[1]) Die Berechnung ändert sich entsprechend der Änderung der Steuersätze.

der §§ 197, 198, 199, 200 Abs. 1 das Finanzamt des Wohnsitzes (Sitzes) oder gewöhnlichen Aufenthalts des Erwerbers und im Falle des § 200 Abs. 3 dasjenige Finanzamt, an das die zu vergütende Steuer früher entrichtet worden ist. Ist der Steuerpflichtige ein Ausländer, so ist dasjenige Finanzamt zur Ausstellung der Bescheinigungen nach §§ 199, 201 zuständig, an das er sich wendet, sofern es nach dem Aufenthalt und den Geschäftsbeziehungen des Antragstellers für ihn in Frage kommt.

2. Besondere Aufgaben der Finanzämter.

§ 205. (1) Die Anträge auf Erteilung von behördlichen Bescheinigungen nach § 201 sind von dem zur Ausstellung zuständigen Finanzamt (§ 204) eingehend zu prüfen. Der Antrag ist abzulehnen, wenn Tatsachen vorliegen, aus denen auf die steuerliche Unzuverlässigkeit des Antragstellers geschlossen werden kann. Solche Tatsachen sind z. B. Verweigerung einer nach den gesetzlichen Vorschriften erforderlichen behördlichen Erlaubnis zum Gewerbebetriebe (Konzession), Mangel jeglicher Fachkenntnisse, Unfähigkeit zur Erfüllung der vorgeschriebenen Sicherungs- und Buchführungsmaßnahmen (z. B. bei Geisteskranken, Analphabeten, der deutschen Sprache nicht Mächtigen, Staatenlosen), Nichterfüllung der Aufzeichnungs- oder Buchführungspflicht, Verhinderung der Steueraufsicht, Untersagung des Gewerbebetriebs nach § 35 der Gewerbeordnung oder § 366 der AO., Fehlen eines Geschäftslokals oder Lagers, Vorstrafen wegen Steuervergehen, Hehlerei usw.

(2) In der Regel hat das Finanzamt die amtlichen Berufsvertretungen und Fachverbände oder sonstige sachverständige Stellen, erforderlichenfalls die Ortspolizeibehörde zu befragen. Für die Bescheinigung an Ausländer hat das Finanzamt ein Zeugnis des Fachverbandes inländischer Berufsgenossen, er-

gänzungsweise einer deutschen Handelskammer, zugrunde zu legen. Weiter wird je nach Lage des Falles eine unmittelbare Anfrage bei dem für den Wohnsitz des Ausländers zuständigen deutschen Konsul im Ausland in Betracht kommen.

(3) Im übrigen ist im Falle der Erteilung der Bescheinigung im Wege der Steueraufsicht nachzuprüfen, ob der Antragsteller die ihm auferlegten Verpflichtungen (z. B. Führung des Steuer- und Lagerbuchs) erfüllt, sowie ob sich die tatsächlichen Verhältnisse, die für die Erteilung der Bescheinigung maßgebend waren (z. B. ein bisher erlaubnisfreies Gewerbe wird erlaubnispflichtig, dem Inhaber der Wiederveräußerungsbescheinigung wird aber die Erlaubnis verweigert), geändert haben, oder das Vorhandensein solcher tatsächlichen Verhältnisse auf Grund unrichtiger oder irreführender Angaben des Antragstellers zu Unrecht angenommen worden ist. Gegebenenfalls ist die erteilte Bescheinigung nach § 78 der AO. zurückzunehmen. Die Rückgabe der Bescheinigung kann nach § 202 a. a. O. erzwungen werden.

(4) Das Finanzamt hat ferner ein Verzeichnis zu führen, ist das es die Ausstellung jeder Bescheinigung mit den vorgeschriebenen Angaben einträgt. Als solches kann auch die Steuerrolle L verwendet werden. Als Nummer des Verzeichnisses gilt in diesem Falle die Nummer der Rolle. Die Ausstellung der Bescheinigung ist in der Rolle unter Angabe des Datums zu vermerken. Weitere Ausfertigungen der Bescheinigungen für denselben Gewerbetreibenden und dasselbe Jahr sind durch Beifügung des Buchstabens und der Nummer des Verzeichnisses kenntlich zu machen.

(5) Allmonatlich hat das Finanzamt eine Liste derjenigen inländischen und ausländischen Antragsteller, deren Antrag auf Ausstellung einer Weiterveräußerungsbescheinigung es abgelehnt hat, sowie derjenigen, die gegen die Vorschriften über die Bescheinigung verstoßen haben (§ 22 Abs. 3 des Ge-

setzes) abphabetisch geordnet an das Landesfinanzamt mit Aktenzeichen und Datum der Ablehnung zu senden (Muster 72). Das Landesfinanzamt verwertet die Mitteilungen für die Zwecke der Steueraufsicht.

3. Verfolgung des Vergütungsanspruchs durch den Antragsteller.

§ 206. (1) Auf die Verfolgung des Vergütungsanspruchs findet § 135 AO. Anwendung. Die Vergütung erfolgt nur auf Antrag. Er ist schriftlich oder mündlich, im Falle der Weiterbearbeitung usw. der beim Hersteller luxussteuerpflichtigen Gegenstände spätestens gleichzeitig mit der Abgabe der Steuererklärung (§ 35 des Gesetzes), in den übrigen Fällen bis zum Ablauf des Jahres zu stellen, das auf das Jahr folgt, in dem er zuerst hätte geltend gemacht werden können. Im Falle des § 23 Abs. 1 Nr. 2 des Gesetzes ist der Antrag im Versteigerungstermine zu stellen. Die Bestimmungen des § 17 Nr. 3 Abs. 2 bleiben unberührt. Ein Zinsanspruch besteht nicht. Wird der Anspruch abgelehnt, so ist ein Bescheid zu erteilen, der über die gegen den Bescheid einzulegenden Rechtsmittel (§ 223 AO.) belehrt.

(2) Die Anträge sind zu prüfen und gegebenenfalls — nach erfolgter Zahlungsanweisung — als Belege zum Anhang des Umsatzsteuereinnahmebuchs (vgl. § 161) zu nehmen. Das gleiche gilt für die über die Höhe des zu vergütenden Betrags aufzustellende Berechnung. Wird der Antrag mündlich angebracht, so ist die Vergütungsberechnung von dem Finanzamte schriftlich aufzunehmen, von dem Antragsteller zu unterschreiben und zu den Akten zu nehmen.

(3) Die vom Antragsteller beigebrachten Nachweise sind ihm nach Erledigung des Antrags zurückzugeben. Die erfolgte Prüfung ist auf ihnen derart kenntlich zu machen, daß ihre mißbräuchliche erneute Verwendung ausgeschlossen ist.

G. Übergangsbestimmungen.

§§ **207** bis **209** haben durch die neueren Änderungen des Gesetzes ihre Bedeutung verloren.

H. Schlußbestimmungen.

§ 210. Der Reichsminister der Finanzen ist ermächtigt, die Bestimmungen über die Art der Steuererhebung, insbesondere auch über die Anfertigung und den Vertrieb von Stempelzeichen sowie über die Buchführung bei den Steuerstellen nach Bedürfnis zu ändern.

Anlage 1.

Freiliste 1a
(Ausführungsbestimmungen § 11 A II).

Betrifft die Befreiung der Umsätze innerhalb der verlängerten Einfuhr.

Abbrände (kupfer- und zinkhaltige).
Albumin.
Altmaterialien.
Altpapier.
Ameiseneier.

Balata.
Baumwollabfälle.
Benzin.
Bettfedern.
Bienenhonig.
Borsten.
Branntwein (Sprit aller Art).
Braunkohle.
Bretter (s. Holz).
Brettchen für Bleistiftfabrikation.
Butter.

Camphor (Kampfer).
Chilesalpeter.

Därme und tierische Blasen.
Daunen.
Düngemittel.

Edelsteine (wie Liste 1 b).
Eier von Geflügel.
Eigelb.
Eiprodukte.
Eiweiß.

Eisen in Halb- und Fertigfabrikation.
Erdöle.
Erze.

Feldspat.
Felle.
Fette.
Fische, und zwar Süßwasserfische, frische Salzwasserfische, Heringe, frische, gesalzene, Mies- und andere Seemuscheln, Krabben, Fischkonserven.
Flachs.
Fourniere.
Fleischwaren einschließlich frischer, gefrorener, gepökelter Schlachtabfälle und Innereien.
Florida-Bleicherde.
Futtermittel, soweit nicht ausdrücklich genannt.

Gasöl.
Gerbstoffe und Gerbstoffauszüge.
Getreide.
Getrocknete Teile exotischer Pflanzen aller Art.
Gewürze aller Art.

Gummi in Platten und Stücken.
Guttapercha.

Habutai (japanische Rohseidengewebe der Zolltarifnummer 401).
Hanf.
Häute und Felle, auch enthaarte, halb- oder ganzgare, noch nicht gefärbte oder weiter zugerichtete Schaf- und Ziegenfelle der Zolltarifnummer 544.
Hede.
Heringe (gesalzen).
Hülsenfrüchte.
Holz der Zolltarifnummern 74 bis 86.
Holzdestillationsprodukte.
Hutstumpen aus Palmblatt- und Manilageflecht, unausgerüstet.

Kaffee, roh.
Kakao.
Kammzug.
Kapok.
Kautschuk.
Kienöl.
Kleie.
Konserven (Fleischwaren).
Kolonialprodukte aller Art und Südfrüchte, z. B. getrocknete Äpfel und Pflaumen, Aprikosen, Feigen, Korinthen, Mandeln, Rosinen.
Kohlenwasserstoffe.
Koks.
Korkholz, Kork in Streifen, Scheiben und Würfeln, Korkabfälle (auch Korkschrot, Korkmehl, Korkwolle).

Kunstseide.
Kunstwolle.

Leder.
Leimleder.
Linters.
Lumpen.

Milch (frisch, sterilisiert, kondensiert, Trockenmilch).
Mineralöle und Mineralfette.

Öle.
Ölsaaten und Ölfrüchte aller Art.

Pech.
Petroleum.
Porzellanerde.

Reis.
Rohbaumwolle.
Rohdrogen.
Rohjute.
Rohleim.
Rohmetalle.
Rohseide.
Rohstoffe (soweit nicht in der Aufzählung bereits enthalten).
Rohtabak.
Rohwolle.
Rohzucker (Roherzeugnis des Rohr- und Rübenzuckers).
Rückstände und Abfälle.

Säcke, gebrauchte, die als Warenumschließungen eingehen, und Kalkuttasäcke.
Sämereien und Saaten.
Santonin.
Schmalz.
Schmieröle.

Schrott.
Speck.
Sperrplatten.
Spirituosen, Trinkbranntwein.
Stahl in Halb- und Ganzfabrikaten.
Stärke und Stärkemehl.
Steinkohle.
Stuhlsitze aus Holz.

Tabak, fermentiert.
Tabaklaugen, -karotten, -rippen und -stengel.

Talg und Tran.
Tee.
Teer.
Teeröle.
Telegraphenstangen.
Tierhaare.

Wein.
Wollabfälle.

Zellstoff.
Zucker (raffiniert).

Freiliste 1 b

(Ausführungsbestimmungen § 11 A III).

Betrifft Befreiung der ersten Umsätze nach der Einfuhr.

Alaune (Chrom, Eisen und Kupfer).
Altmetalle, auch in Blockform.
Altpapier, Papierabfälle.
Antimon.
Asphalt.
Asbest, roh und gemahlen.

Balsame, künstliche.
Bettfedern und Daunen.
Bimsstein.
Blei.
Borsten, Borstenersatzstoffe aus Horn, Piassava, Grenelle, Loofah, Fiber, Espartogras, Zakaton, Bast und ähnliche Faserstoffe.
Braunstein.
Bücher, Zeitungen, Zeitschriften.

Chromverbindungen.

Därme und tierische Blasen.
Drogen, roh.

Edelsteine, Halbedelsteine, Perlen, ungefaßt.
Eisen, und zwar Bandeisen, Bleche, Formeisen, Röhren, Stabeisen, Walzdraht.

Feldspat.
Fischkonserven.
Fischschuppen.
Futtermittel:
1. Grünfutter, z. B. Gräser, Klee, Hülsenfrüchte.
2. Heu, z. B. von Wiesen und Gräsern, von Klee, Hülsenfrüchten.

3. Stroh, z. B. Getreidestroh, Hülsenfruchtstroh.

4. Spreu und Schalen.

5. Wurzel- und Knollenfrüchte, z. B. Kartoffeln, Futterrüben.

6. Körner und Früchte, z. B. Gerste, Hafer und Mais, Bohnen, Lupinen, Eicheln, Kastanien.

7. Gewerbliche Abfälle und Produkte: a) Abfälle der Müllerei, z. B. Getreidekleie, Reisabfälle, Erbsenkleie, b) Abfälle der Stärkefabrikation, z. B. Kartoffelpülpe, Maistreber, c) Abfälle der Zuckerfabrikation, z. B. Melasse, Trockenschnitzel, d) Abfälle der Gärungsgewerbe, z. B. Biertreber, Schlempe, Malzkeime, e) Rückstände der Ölfabrikation, z. B. Leinkuchen, Erdnußkuchen, Palmkernkuchen.

8. Tierische Abfälle und Produkte, z. B. Ameiseneier, Blutmehl, Fischmehl, Fleischfuttermehl.

Gasruß (amerikanischer).
Gerbstoffe.

Gerb- und Farbhölzer, roh oder in Form von Extrakten, Färberrinden, auch gemahlen.

Getrocknete Teile exotischer Pflanzen aller Art.

Gewürze aller Art.

Glimmer.

Graphit.

Guttapercha, Kautschuk, Balata, roh oder gereinigt; Regenerate in Platten oder Stücken; Abfälle und abgenutzte Stücke von Waren aus Kautschuk und von Kautschuk usw.

Haare aller Art.

Haargewirre von Menschenhaaren, zu Perücken oder anderen Haararbeiten nicht verwendbar, Haarnetze.

Harze, und zwar Terpentinharze, Kauri und andere Kopale, Dammar- und andere Hartharze, Weichharze, natürliche Balsame, Gummiharze, Akaziengummi, ferner Tragantgummi, Gummilack, Schellack.

Häute und Felle, roh, auch zur Pelzwerkbereitung.

Holz der Zolltarifnummern 74 bis 86.

Hopfen.

Hutborden und Hutgeflechte.

Industriediamanten.

Jod.

Isländisches Moos (Kragahennmoos).

Kapok.

Käsestoff (Kasein).

Korkholz, Kork in Streifen, Scheiben und Würfeln, Korkabfälle (auch Korkmehl, Korkschrot, Korkwolle).

Kupfer.

Lebensmittel: Buchweizen, Butter, Buttermilch und Molken, Eier, Eigelb und Eiweiß, Federvieh, Fische, und zwar Süßwasserfische, frische Salzwasserfische, Heringe, frische, gesalzene Mies- und andere Seemuscheln, Krabben, Fleisch und Zubereitungen von Fleisch, insbesondere auch Fleischextrakt und Wurst, frische, gefrorene, gepökelte Schlachtabfälle und Innereien, Fleischkonserven, Getreide, Hart- und Weichkäse, Honig, Kaffee, roh, Kakao, roh, mit Ausnahme der Kakaoerzeugnisse, Kartoffeln und Kartoffelprodukte, frische Küchengewächse (Gemüse, Pilze, Wurzeln), Marmelade, Milch, und zwar Frischmilch, Trockenmilch und Kondensmilch (auch eingedickte Milch), Obstsäfte der Zolltarifnummern 59 und 60 mit Ausnahme von Südfruchtsaft, Oleomargarin, Premier Jus, Reis, Schlachtvieh, Schweine- und Gänsefett, roh, Fett- und Magerquark, Speisehülsenfrüchte, Talg, Tee, Teigwaren, tierische Fette, und zwar Schmalz von Schweinen und Gänsen, und andere schmalzartige Fette.

Leder der Zolltarifnummer 544 sowie halbgare, nicht weiter zugerichtete Rindleder (Kipse).

Leimleder, Knochen und andere tierische Abfälle für die Leimherstellung, Rohleim.

Linters.

Lumpen und Lumpenabfälle.

Meerschwämme, roh.

Napthensäure.

Nickel.

Nüsse und Nußkerne, nämlich Hasel-, Wal- und Paranüsse, geraspelte Kokosnuß, Nußkerne und Cachoukerne.

Obst der Zolltarifnummern 47 bis 49.

Obstkerne der Zolltarifnummer 71.

Öle und Fette, mineralische, pflanzliche, tierische.

Ölsaaten und Ölfrüchte, insbesondere Rapse und Rübsen, Dotter, Senf, Mohn, Sonnenblumensamen, Erdnüsse, Sesam, Leinsaat, Hanfsaat, Baumwollsamen, Sojabohnen, Palmkerne, Kopra.

Ozokerit (Erdwachs).

Paraffin.

Pflanzen- und Blumenzwiebeln.

Quecksilber.

Rohphosphate.

Raffinier- und Verhütungsmaterialien, eisen- und metallhaltige aller Art, Eisen- und Stahlschrott aller Art, Eisen- und Stahlspäne, Eisen- und Stahlgußbruch.

Rohölpech.

Sago und Tapioka.

Samen (Sämereien) für Anbau- und Futterzwecke.

Schmuckfedern, roh.

Schwefel.

Schwefelkies.

Sämtliche textile Spinnstoffe und Rohgarne mit Ausnahme von Zolltarifnummern 399, 444, 466 und 483, aber einschließlich der Spinnereiabfälle und Polsterfasern (auch crin d'Afrique).

Stärke und Stärkemehl.

Stuhlrohr (spanisches Rohr), Peddigrohr und anderes edles Rohr, z. B. Bambus, Rebhühner- und Zuckerrohr.

Südfrüchte, frische, nämlich Apfelsinen, Pomeranzen, Mandarinen, Ananas, Bananen, Zitronen, Weintrauben, Kokosnüsse.

Südfrüchte, getrocknete, nämlich Datteln, Feigen, Korinthen, Mandeln, Rosinen.

Tabakblätter, unbearbeitet oder nur fermentiert (Rohtabak).

Tabakkarotten.

Tabaklaugen.

Tabakrippen- und stengel.

Talkum.

Terpentinöl.

Tierische und pflanzliche Schnitz- und Formerstoffe (insbesondere Elfenbein, Schildpatt, Perlmutter, Fischbein, Horn, Knochen, Steinnuß).

Tran.

Vaseline.

Wachs (Bienen- und anderes Insektenwachs) sowie Pflanzenwachs, roh und zubereitet.

Wasserfahrzeuge zum Verschrotten.

Zink, und zwar Rohzink, Altzink und Zink als Bruch oder in Abfällen.

Zinn.

Sachregister.

(Die Zahlen bezeichnen die Seiten.)

A.

D.

E.

F.

K.

Q.

R.

S.

T.

W.

W.

Druck von Otto Walter in Berlin S 14.

Guttentagsche Sammlung Deutscher Reichsgesetze
Textausgabe ohne Anmerkungen

Umsatzsteuergesetz

in der Fassung
der Bekanntmachung vom 8. Mai 1926
(RGBl. I S. 218).

Die Änderungen des bisherigen Gesetzes sind durch Fettdruck gekennzeichnet. — Fortgefallen sind die bisherigen §§ 10, 14 bis 30, 33, 37a bis 41, 43, 44 Abs. 1, 46, 47. Die den Paragraphenzahlen und einzelnen Absätzen in Klammern beigefügten Angaben bedeuten die entsprechenden Ziffern des alten Gesetzes.

Bekanntmachung der Neufassung des Umsatzsteuergesetzes.

Vom 8. Mai 1926.

Auf Grund des Artikel X § 32 Abs. 2 des Gesetzes über Steuermilderungen zur Erleichterung der Wirtschaftslage vom 31. März 1926 (Reichsgesetzbl. I S. 185) wird nach Zustimmung des Reichsrats nachstehende Neufassung des Umsatzsteuergesetzes bekanntgemacht.

Berlin, den 8. Mai 1926.

Der Reichsminister der Finanzen.
In Vertretung: Popitz.

Umsatzsteuergesetz.

§ 1.

Der Umsatzsteuer unterliegen:

1. Lieferungen und sonstige Leistungen, die jemand innerhalb der von ihm selbständig ausgeübten gewerblichen oder beruflichen Tätigkeit im Inland gegen Entgelt ausführt. Als gewerbliche Tätigkeit gelten für dieses Gesetz auch die Urerzeugung und der Handel. Die Steuerpflicht wird weder dadurch ausgeschlossen, daß die Absicht, Gewinn zu erzielen, fehlt oder ein Verein, eine Gesellschaft oder eine Genossenschaft, die nur an die eigenen

Mitglieder liefern, die Tätigkeit ausüben, noch dadurch, daß die Leistung auf Grund gesetzlicher oder behördlicher Anordnung bewirkt wird oder kraft gesetzlicher Vorschrift als bewirkt gilt;

2. Entnahmen von Gegenständen aus dem eigenen Betrieb, um sie zu Zwecken, die außerhalb der gewerblichen oder beruflichen Tätigkeit liegen, zu gebrauchen oder verbrauchen;

3. Lieferungen auf Grund einer Versteigerung, auch wenn der Auftraggeber keine gewerbliche oder berufliche Tätigkeit ausübt, es sei denn, daß die Versteigerung im Wege der Zwangsvollstreckung oder unter Miterben zur Teilung eines Nachlasses erfolgt oder Grundstücke und Berechtigungen betrifft, auf welche die Vorschriften des bürgerlichen Rechtes über Grundstücke Anwendung finden.

§ 2.

Von der Besteuerung sind ausgenommen:

1. a) (1) Umsätze aus dem Ausland in das Inland, wenn die **vom Reichsminister der Finanzen mit Zustimmung** des Reichsrats **getroffenen** Bestimmungen über die Sicherstellung der Herkunft der Gegenstände innegehalten werden. Der **Reichsminister der Finanzen** bestimmt **mit Zustimmung** des Reichsrats, inwieweit die dem Zollauslande gleichstehenden Gebiete des Inlandes, der gebundene Verkehr des Zollinlandes und bei zollfreien **sowie bei durch das Gesetz vom 17. August 1925 über Zolländerungen (Reichsgesetzbl. I S. 261) zollpflichtig gewordenen** Gegenständen besonders bezeichnete sonstige inländische Lager wie das Ausland zu behandeln sind. Das Verbringen der auf dem Meere einschließlich der Dreimeilenzone

und im Bodensee erzielten Fänge der Fischerei in das Inland ist der Einfuhr aus dem Ausland gleichzuachten.

(2) Getreide und Hülsenfrüchte können bei seewärtiger Einfuhr ohne Rücksicht auf ihre Herkunft nach näherer Bestimmung des **Reichsministers der Finanzen mit Zustimmung des** Reichsrats als aus dem Ausland kommend behandelt werden;

b) die ersten Umsätze aus dem Ausland eingeführter Gegenstände im Inland, die der **Reichsminister der Finanzen** nach Anhörung des Reichswirtschaftsrats oder eines von ihm bestimmten Ausschusses **und nach Zustimmung** des Reichsrats näher bezeichnet, zu denen insbesondere die notwendigen Lebens- und Futtermittel sowie Rohstoffe und Halberzeugnisse gehören sollen, soweit die Umsätze außerhalb des Kleinhandels erfolgen und die **vom Reichsminister der Finanzen mit Zustimmung des** Reichsrats getroffenen Bestimmungen über die Sicherstellung der Herkunft der Gegenstände innegehalten werden;

c) (1) Umsätze in das Ausland, wenn die **vom Reichsminister der Finanzen mit Zustimmung** des Reichsrats **getroffenen** Bestimmungen über die Sicherstellung der Herkunft und der Bestimmung der Gegenstände innegehalten werden.

(2) Die Lieferung an den ausführenden Unternehmer gilt auch dann nicht als Umsatz in das Ausland, wenn der Lieferer im eigenen oder fremden Namen unmittelbar in das Ausland versendet;

2. Kreditgewährungen und Umsätze von Geldforderungen, insbesondere von Wechseln und Schecken, sowie von Wertpapieren, Anteilen **an** Gesellschaften und sonstigen

Vereinigungen, Banknoten, Papiergeld, Geldsorten und von inländischen amtlichen Wertzeichen;

3. Umsätze von Edelmetallen und Edelmetallegierungen außerhalb des Kleinhandels nach näherer Bestimmung des **Reichsministers der Finanzen mit Zustimmung des** Reichsrats;

4. Verpachtungen und Vermietungen von Grundstücken und von Berechtigungen, auf welche die Vorschriften des bürgerlichen Rechtes über Grundstücke Anwendung finden, sowie von staatlichen Hoheitsrechten, die sich auf die Nutzungen von Grund und Boden beziehen, mit Ausnahme der Verpachtungen und Vermietungen eingerichteter Räume;

5. Beförderungen im Sinne des Gesetzes über die Besteuerung des Personen- und Güterverkehrs vom 8. April 1917 (Reichsgesetzbl. S. 329) mit Ausnahme der im § 3 Nr. 4 und 5 daselbst genannten;

6. Umsätze der im Rennwett- und Lotteriegesetze vom 8. April 1922 (Reichsgesetzbl. I S. 393) genannten Gegenstände;

7. Leistungen, soweit sie eine Steuerpflicht nach dem Kapitalverkehrsteuergesetze Teil I (Gesellschaftsteuer) begründen oder soweit für sie Vergütungen im Sinne des § 17 Nr. 4 des Körperschaftsteuergesetzes gewährt werden (Aufsichtsratsteuer);

8. Versicherungen im Sinne des Versicherungssteuergesetzes vom 8. April 1922 (Reichsgesetzbl. I S. 400);

9. ärztliche und ähnliche Hilfeleistungen, Arznei-, Heil- und Hilfsmittel, soweit Entgelte dafür von den reichsgesetzlichen Versicherungsträgern, den Krankenkassen der selbständigen Handwerker und Gewerbetreibenden sowie den Ersatzkassen (§§ 503 ff. der Reichsversicherungsordnung) zu zahlen sind. Dasselbe gilt auch für Heilanstalten

und Krankenhäuser, soweit sie das Heilverfahren im Auftrag von reichsgesetzlichen Versicherungsträgern durchführen;

10. Beherbergung, Beköstigung und die üblichen Naturalleistungen, die ein Unternehmer den innerhalb seiner gewerblichen Tätigkeit beschäftigten Angestellten und Arbeitern als Vergütung für die geleisteten Dienste gewährt, einschließlich der innerhalb der gewerblichen Tätigkeit des Unternehmers vollbeschäftigten und der Versicherungspflicht unterstellten Familienangehörigen, sofern dieselben das sechzehnte Lebensjahr überschritten haben;

11 (**bisher** 10a). die Gewährung von Beherbergung, Beköstigung und der üblichen Naturalleistungen durch Personen und Anstalten, soweit sie Personen unter achtzehn Jahren für Erziehungs- und Ausbildungszwecke außerhalb des Wohnsitzes der Eltern bei sich aufnehmen;

12 (10b). die Entnahme von Gegenständen aus dem eigenen Betriebe zum eigenen Gebrauche (§ 1 Nr. 2), soweit es sich um Erzeugnisse der Kleingartenwirtschaft, der Kleinlandwirtschaft und Kleinviehzucht handelt, wenn diese in der Regel ohne Mithilfe von gegen Entgelt beschäftigten Personen durch Arbeiter, Angestellte, Beamte, Rentenempfänger aus der sozialen Versicherung **oder** aus der Versorgung der Kriegsbeschädigten und -hinterbliebenen, durch Pensionäre oder Kleinrentner betrieben werden;

13 (aus 10b Abs. 2). Umsätze solcher landwirtschaftlichen Erzeugnisse, die landwirtschaftlichen Arbeitern und Angestellten als Vergütung für die geleisteten Dienste vom Arbeitgeber gewährt wurden (Deputate), und Umsätze der daraus in der Wirtschaft der Arbeiter und Angestellten hergestellten Erzeugnisse, **nach näherer Bestimmung des Reichsministers der Finanzen**;

14 (11). (1) bei eingetragenen Genossenschaften, die der gemeinschaftlichen Verwertung von Erzeugnissen der Genossen oder dem gemeinschaftlichen Einkauf von Waren ausschließlich für die Genossen dienen, derjenige Teil des Umsatzes, der als Entgelt für Rücklieferung von Rückständen aus der im Betriebe der Genossenschaft erfolgten Verarbeitung der von den Genossen eingelieferten Erzeugnisse oder als Rückvergütung auf den Kaufpreis der von den Genossen bezogenen Waren auf Grund der Beschlüsse der Generalversammlung für das abgelaufene Geschäftsjahr gewährt wird.

(2) Nach näherer Bestimmung des Reichsministers der Finanzen ist die gleiche Steuerbefreiung durch das Landesfinanzamt auf Antrag Gesellschaften mit beschränkter Haftung zuzugestehen, die Zwecke der im Abs. 1 bezeichneten Art verfolgen, sofern die Gesellschafter sich in ihrer Eigenschaft als Hersteller oder Verbraucher für die gemeinsame Wahrnehmung der von der Gesellschaft mit beschränkter Haftung übernommenen Aufgaben im allgemeinen der Rechtsform der eingetragenen Genossenschaften zu bedienen pflegen. Das gleiche gilt von Gesellschaften mit beschränkter Haftung, deren Gesellschafter ausschließlich oder doch überwiegend im Abs. 1 bezeichnete Genossenschaften oder ihnen gleichgestellte Gesellschaften mit beschränkter Haftung sind. Der Antrag ist spätestens mit Einlegung des Rechtsmittels gegen eine Veranlagung zu stellen. Gegen die Entscheidung des Landesfinanzamts über den Antrag ist die Beschwerde an den Reichsfinanzhof gegeben; der Reichsfinanzhof entscheidet im Beschlußverfahren;

15 (12). die Leistungen der Revisionsverbände gemäß §§ 54 ff. des Genossenschaftsgesetzes.

§ 3.

Von der Steuer sind befreit:

1. Reich und Länder wegen des Post-, Telegraphen- und Fernsprechverkehrs sowie Beförderungsunternehmungen wegen der auf Gesetz beruhenden Leistungen für diesen Verkehr;
2. Reich, Länder, Gemeinden und Gemeindeverbände wegen der Schlachthöfe, Gas-, Elektrizitäts- und Wasserwerke;
3. Unternehmen oder einzelne Zweige von Unternehmen, deren Zwecke ausschließlich gemeinnützig oder wohltätig sind, wegen solcher Umsätze, die diesen Zwecken unmittelbar dienen und bei denen die Entgelte hinter den durchschnittlich für gleichartige Leistungen von Erwerbsunternehmungen verlangten Entgelten zurückbleiben;
4. nichtöffentliche Schulen und Erziehungsanstalten, die der staatlichen Aufsicht unterliegen und ihren Betrieb nur mit Zuschüssen aus öffentlichen Mitteln, Stiftungen oder aus staatlich genehmigten Sammlungen aufrechterhalten können;
5. Privatgelehrte, Künstler und Schriftsteller, sofern die steuerpflichtigen Umsätze im **Steuerabschnitte** den Betrag von 6 000 Reichsmark nicht übersteigen;
6. Handlungsagenten und Makler, sofern sie Bücher führen und die steuerpflichtigen Umsätze im **Steuerabschnitte** den Betrag von 6 000 Reichsmark nicht übersteigen.

§ 4.

(1) Erbringt ein Unternehmer den Nachweis, daß er von ihm ausgeführte Gegenstände im Inland erworben hat und daß die Lieferung an ihn der Steuerpflicht unterlag,

so vergütet ihm **das Finanzamt** zum Ausgleich hierfür einen Hundertsatz des vereinnahmten oder vereinbarten **Verkaufs**preises.

(2) Die näheren Bestimmungen über die Höhe der Vergütung und über das **Vergütungs**verfahren erläßt der Reichsminister der Finanzen mit Zustimmung des Reichsrats.

§ 5.

Knüpft die Steuer lediglich an die Lieferung an, so liegt eine Lieferung im Sinne dieses Gesetzes vor, wenn der Lieferer dem Abnehmer die Verfügung über eine Sache verschafft.

§ **6** (früher § 5 Abs. **1** S. 2, 3 und Abs. 2).

(1) Als Lieferung ist auch eine Leistung aus einem Vertrag über die Bearbeitung und Verarbeitung einer Sache anzusehen, wenn der Unternehmer Stoffe, die er beschafft, verwendet und es sich hierbei **nicht** nur um Zutaten oder Nebensachen handelt. Das gilt auch, wenn Sachen in Ausführung eines solchen Vertrags mit dem Grund und Boden fest verbunden werden.

(2) Der Lieferung steht die Übertragung der mit dem Besitz eines Pfandscheins verbundenen Rechte gleich.

§ 7.

(1) Bei Abwicklung mehrerer von verschiedenen Unternehmern über dieselben Gegenstände oder über Gegenstände gleicher Art abgeschlossenen Umsatzgeschäfte sind nur die Lieferungen derjenigen Unternehmer steuerpflichtig, die den unmittelbaren Besitz übertragen. Der Übertragung des unmittelbaren Besitzes durch einen Unternehmer steht die Übertragung durch denjenigen gleich, der die Gegenstände auf

Grund eines besonderen, mit dem Unternehmer abgeschlossenen Vertrags für diesen besitzt, es sei denn, daß er lediglich die Beförderung der Gegenstände übernommen hat.

(2) Die Lieferung von Elektrizität, Gas und Wasser durch zusammenhängende Leitungen mehrerer Unternehmungen gilt als nur einmalige Übertragung des unmittelbaren Besitzes; steuerpflichtig ist die erste Lieferin.

§ 8.

(1) Die Steuer wird von dem für die steuerpflichtige Leistung vereinnahmten Entgelte berechnet. Erfolgt die Besteuerung nach **Steuer**abschnitten (§ **15**), so ist die Gesamtheit der in den **Steuer**abschnitten vereinnahmten Entgelte zugrunde zu legen.

(2) In den Fällen des § 1 Nr. 2 tritt an die Stelle des Entgelts der gemeine Wert der entnommenen Gegenstände; dabei ist von den Preisen auszugehen, die am Orte und zur Zeit der Entnahme für Gegenstände der gleichen oder ähnlichen Art von Wiederverkäufern gezahlt zu werden pflegen.

(3) In den Fällen des § **6** Abs. 2 gilt als Entgelt der Preis des Pfandscheins zuzüglich der Pfandsumme.

(4) (früher § 8a Abs. 1.) Die Anzeigenvermittler (Annoncenexpeditionen) sind befugt, der Berechnung der Umsatzsteuer lediglich die Vermittlungsgebühr zugrunde zu legen, die sie als Entgelt für zugewiesene Anzeigeneinrückungen erhalten, selbst wenn sie hierbei im eigenen Namen und für eigene Rechnung tätig gewesen sind.

(5) Beträge, die vom Leistungsverpflichteten für die Beförderung und Versicherung der Gegenstände, auf die sich die Verpflichtung bezieht, in Rechnung gestellt werden, sind nur insoweit nicht als Teil des Entgelts anzusehen, als

durch sie die Auslagen des Leistungsverpflichteten für die Beförderung und Versicherung ersetzt werden.

(6) Die Kosten der Warenumschließung dürfen nur dann vom Entgelt gekürzt werden, wenn die Warenumschließung vom Lieferer zurückgenommen und das Entgelt um den auf sie entfallenden Teil gemindert wird.

(7) Bei Geschäften, deren Abwicklung in einer steuerpflichtigen Leistung jedes der Beteiligten an den andern besteht (z. B. Tauschgeschäften), gilt der Wert jeder der Leistungen als Entgelt für die andere; diese Vorschrift findet bei Hingabe an Zahlungs Statt entsprechende Anwendung.

(8) Ausländische Werte sind nach näherer Bestimmung des Reichsministers der Finanzen umzurechnen.

§ 9.

(1) Auf Antrag kann **das Finanzamt** gestatten, daß die Steuer nicht nach den vereinnahmten Entgelten, sondern nach den Entgelten für die bewirkten Leistungen ohne Rücksicht auf die Vereinnahmung berechnet wird. Der Antrag kann auf einen von mehreren gesonderten Betrieben desselben Steuerpflichtigen beschränkt werden. Dem Antrag ist nur stattzugeben, wenn Bücher nach kaufmännischen Grundsätzen geführt werden.

(2) Ist die Besteuerung nach den Entgelten für die bewirkten Leistungen gestattet, so finden die Vorschriften dieses Gesetzes mit der Maßgabe Anwendung, daß, soweit in ihnen von den vereinnahmten Entgelten gehandelt wird, an deren Stelle die Entgelte für die bewirkten Leistungen treten.

(3) Einen Übergang von einer zur andern Versteuerungsart kann **das Finanzamt** zur Sicherung des Steueraufkommens

an Bedingungen knüpfen, über die der Reichsminister der Finanzen nähere Bestimmungen erläßt.

§ 10 (§ 11).

(1) Die Steuer ist in den Fällen des § 1 Nr. 1 und 2 von demjenigen zu entrichten, der die gewerbliche oder berufliche Tätigkeit ausübt. Dabei werden die in mehreren Betrieben desselben Steuerpflichtigen vereinnahmten Entgelte zusammengerechnet.

(2) Im Falle des § 1 Nr. 3 liegt die Entrichtung der Steuer dem Versteigerer ob, und zwar auch dann, wenn der Auftraggeber eine selbständige berufliche oder gewerbliche Tätigkeit ausübt. Er ist berechtigt, sich bei seinem Auftraggeber für die entrichteten Steuerbeträge schadlos zu halten.

§ 11 (§ 12).

(1) Der Steuerpflichtige ist nicht berechtigt, die Steuer dem Leistungsberechtigten neben dem Entgelte ganz oder teilweise gesondert in Rechnung zu stellen, es sei denn, daß als Entgelt für eine Leistung gesetzlich bemessene Gebühren angesetzt werden. Der Abnehmer aus einem Lieferungsvertrag ist nicht berechtigt, das ihm von seinem Lieferer in Rechnung gestellte Entgelt um die bei der Weiterveräußerung des Gegenstandes fällige Steuer zu kürzen.

(2) Auf eine Vereinbarung, die den vorstehenden Vorschriften entgegensteht, kann sich der Steuerpflichtige, im Falle des Abs. 1 Satz 2 der Abnehmer, nicht berufen.

§ 12 (§ 13).

Die Steuer beträgt bei jedem steuerpflichtigen Umsatz **siebenundeinhalb vom Tausend** des Entgelts.

§ **13** (§ 31).

Die Steuerpflichtigen sind verpflichtet, zur Feststellung der Entgelte Aufzeichnungen zu machen. Der **Reichsminister der Finanzen** trifft hierüber **mit Zustimmung des** Reichsrats nähere Bestimmungen; sie treten außer Kraft, wenn der Reichstag es verlangt.

§ **14** (§ 32).

(1) Wer eine gewerbliche oder berufliche Tätigkeit im Sinne des § 1 Nr. 1 ausübt, unterliegt der Steueraufsicht.

(2) **Hat ein Steuerpflichtiger die Umsatzsteuer mehrfach nicht rechtzeitig entrichtet oder liegen Gründe vor, aus denen der Eingang der Umsatzsteuer gefährdet erscheint, so kann das Finanzamt verlangen, daß die auf die Steuer zu leistenden Zahlungen jeweils zu einem vom Finanzamt zu bestimmenden, vor der gesetzlichen Fälligkeit, aber nach der Entstehung der Steuerschuld liegenden Zeitpunkt entrichtet werden oder daß Sicherheit geleistet wird.**

§ **15** (§ 32 a).

(1) Die Steuer wird in den Fällen **des** § 1 Nr. 1 und 2 nach dem Gesamtbetrage der Entgelte berechnet, die der Steuerpflichtige im Laufe eines Steuerabschnitts für seine Leistungen vereinnahmt hat.

(2) **Der für die Einkommensermittlung bei der Einkommensteuer oder Körperschaftsteuer maßgebende Steuerabschnitt gilt auch für die Umsatzsteuer. Nach näherer Bestimmung des Reichsministers der Finanzen kann das Finanzamt anordnen, daß der Steuerabschnitt kürzer bemessen wird. Hat sich die steuerpflichtige Tätigkeit nicht auf den ganzen Steuerabschnitt erstreckt, so tritt an die Stelle des Steuerabschnitts der entsprechende Teil.**

(3) (§ 33 Abs. 2.) Für die Fälle des § 1 Nr. 3 bestimmt der **Reichsminister der Finanzen mit Zustimmung des** Reichsrats, unter welchen Voraussetzungen die Besteuerung nach Steuerabschnitten oder für jede einzelne Versteigerung zu erfolgen hat.

§ **16** (§ 34).

(1) Hat der Steuerpflichtige Entgelte in dem gleichen Steuerabschnitt, in dem sie vereinnahmt wurden, zurückgewährt, so kann er sie von der Gesamtheit der im Steuerabschnitte vereinnahmten Entgelte absetzen.

(2) Hat der Steuerpflichtige Entgelte in einem späteren Steuerabschnitt, als sie vereinnahmt wurden, zurückgewährt, so kann er den entsprechenden Betrag von dem steuerpflichtigen Gesamtbetrage der Entgelte desjenigen Steuerabschnitts, in dem die Rückgewährung erfolgt, absetzen.

§ **17** (§ 35).

(1) Fällt der Steuerabschnitt mit dem Kalenderjahre zusammen oder endet er in der zweiten Hälfte eines Kalenderjahrs **vor dem 31. Dezember**, so wird die Umsatzsteuer nach Ablauf dieses Kalenderjahrs veranlagt.

(2) Endet der Steuerabschnitt in der ersten Hälfte eines Kalenderjahrs, so wird die Umsatzsteuer nach Ablauf des ersten Kalenderhalbjahrs veranlagt.

(3) Der Steuerpflichtige hat **dem Finanzamt** im Falle des Abs. 1 im Januar, im Falle des Abs. 2 im Juli, im Falle des § **15** Abs. 2 Satz 2 und 3 innerhalb eines Monats nach Ablauf des **verkürzten** Steuerabschnitts **und, sofern nicht nach Steuerabschnitten veranlagt wird (§ 15 Abs. 3), innerhalb eines Monats nach Eintritt des steuerpflichtigen Vorganges eine Steuererklärung abzugeben. Das Finanzamt** kann

auf Antrag die Frist verlängern, **es** kann die Fristverlängerung von einer Sicherheitsleistung abhängig machen. Hat der Steuerpflichtige seine Tätigkeit eingestellt und sind Entgelte für seine Leistungen noch nicht vollständig eingegangen, so haben nach näherer Anordnung **des Finanzamts** Nachanmeldungen stattzufinden.

(4) Die Steuererklärung hat, wenn sie sich auf einen Steuerabschnitt bezieht (§ **15** Abs. **2** und **3**), zu enthalten:

1. die Gesamtheit der vereinnahmten Entgelte, einschließlich der für steuerfreie Leistungen; nach Maßgabe der näheren Bestimmungen, **die der Reichsminister der Finanzen mit Zustimmung** des Reichsrats **erläßt,** können hiervon Ausnahmen zugelassen werden;
2. die für steuerpflichtige Leistungen vereinnahmten Entgelte;
3. die nach § **16** Abs. 2 zurückgewährten Entgelte.

(5) Der Reichsminister der Finanzen kann nähere Bestimmungen über den Inhalt und die Form der Steuererklärung erlassen.

§ 18 (§ 36).

(1) **Das Finanzamt** setzt die Steuer fest und erteilt dem Steuerpflichtigen einen Bescheid. Deckt sich **die Steuerschuld für den Steuerabschnitt** mit den Voranmeldungen und festgesetzten Vorauszahlungen, so genügt eine Mitteilung hierüber.

(2) **Soweit die Steuerschuld für den Steuerabschnitt die nach § 19 geleisteten Vorauszahlungen übersteigt, ist sie innerhalb eines Monats nach Zustellung des Steuerbescheids zu entrichten (Abschlußzahlung). Die Verpflichtung, rückständige Beträge schon vorher zu entrichten, bleibt unberührt.**

§ 19 (§ 37).

(1) **Steuerpflichtige, die nach Steuerabschnitten veranlagt werden, haben** binnen zehn Tagen nach Ablauf jedes Kalendervierteljahrs eine Voranmeldung, in der **sie** die in dem abgelaufenen Kalendervierteljahre vereinnahmten Entgelte nach Maßgabe des § 17 bezeichnen, abzugeben und gleichzeitig eine diesen Entgelten entsprechende Vorauszahlung zu leisten. Dies gilt nicht, soweit der Steuerabschnitt kürzer als ein Kalendervierteljahr ist und die für die innerhalb des Kalendervierteljahrs liegenden Steuerabschnitte geschuldeten Steuern bis zu dem im Satz 1 bezeichneten Zeitpunkt fällig geworden sind.

(2) Steuerpflichtige mit einer gewerblichen oder beruflichen Tätigkeit von erheblicherem Umfang haben binnen zehn Tagen nach Ablauf jedes Monats eine Voranmeldung über die im abgelaufenen Monat vereinnahmten Entgelte abzugeben und gleichzeitig eine diesen Entgelten entsprechende Vorauszahlung zu leisten. Der Reichsminister der Finanzen bestimmt, welche Steuerpflichtigen dieser Verpflichtung unterliegen.

(3) Die Voranmeldung gilt als Steuererklärung, die Vorauszahlung ist Steuer im Sinne der Reichsabgabenordnung. Gibt der Steuerpflichtige bis zum Ablauf der Vorauszahlungsfrist eine Voranmeldung nicht ab, so setzt **das Finanzamt** die Vorauszahlung fest; das gleiche gilt für den Fall, daß die Vorauszahlung den vereinnahmten Entgelten nicht entspricht. Der Reichsminister der Finanzen bestimmt die näheren Grundsätze, nach denen die Vorauszahlungen festzusetzen sind. Das Berufungsverfahren hiergegen ist ausgeschlossen; die Befugnis des Steuerpflichtigen zur Einlegung der Beschwerde (§§ 224, 281 der Reichsabgabenordnung) bleibt unberührt.

§ 20 (§ 42).

(1) Bei Steuerpflichtigen, die eine gewerbliche Tätigkeit ausüben, ist für die Veranlagung **dasjenige Finanzamt** zuständig, in dessen Bezirk das Gewerbe betrieben wird.

(2) Bei Steuerpflichtigen, die eine berufliche Tätigkeit ausüben, sowie in den Fällen des § 1 Nr. 3 ist **das Finanzamt** des Wohnsitzes oder Aufenthalts des Steuerpflichtigen zuständig.

§ 21 (§ 44 Abs. 2).

Länder und Gemeinden (Gemeindeverbände) dürfen **weder** vom Entgelte **für Warenumsätze noch vom Entgelte** für die Gewährung eingerichteter Schlaf- und Wohnräume in Gasthöfen, Pensionen oder Privathäusern Steuern erheben.

§ 22 (§ 45).

Die **zur Durchführung dieses Gesetzes erforderlichen** Bestimmungen erläßt der Reichsminister der Finanzen mit Zustimmung des Reichsrats.

Druck von Otto Walter in Berlin S 14.

Guttentagsche Sammlung

Deutscher Reichs- und Preußischer Gesetze

einschließlich

de Gruytersche Sammlung Deutscher Gesetze

(Handkommentare)

Systematisches Verzeichnis

August 1929

Walter de Gruyter & Co., Berlin W 10 und Leipzig

Bürgerliches Recht

Bürgerliches Gesetzbuch

Band **Reichsgesetze:**

88/89. **Bürgerliches Gesetzbuch nebst Einführungsgesetz.** Von A. Achilles. In Verbindung mit F. André, O. Meyer, O. Strecker, K. v. Unzner herausgegeben von M. Greiff. 12. Auflage. — 1926. 24.—

84. **Sammlung kleinerer privatrechtlicher Reichsgesetze.** Von G. Müller. — 1903. 5.50

129. **Zivilrechtkriegsgesetze.** Von J. Fischer. — 1918. 1.50

116. **Kriegs-Zivil- und Finanzgesetze.** 3. Auflage. — 1915. 1.50

116 a. Desgl. Zweite Folge: Jahr 1915. — 1916. 1.20

Preußische Gesetze:

23. **Ausführungsgesetze zum Bürgerlichen Gesetzbuche.** Von P. Siméon. 3. Auflage. — 1914. 2.20

Textausgaben:

Bürgerliches Gesetzbuch nebst Einführungsgesetz. 16. Auflage. — 1928. 5.—

Schuldverhältnisse insbesondere

Reichsgesetze:

34. **Die Abzahlungsgeschäfte.** 3. Auflage von E. Wilke. — 1910. 1.20

93. **Sicherung der Bauforderungen.** Von E. Harnier. 3. Auflage. — 1912. 1.50

55. **Beschlagnahme von Lohn- und Gehaltsforderungen.** Von G. Meyer. 6. Auflage. — 1927. Mit Nachtrag 1928. 4.50

70. **Das Reichshaftpflichtgesetz.** Von G. Eger. — 1903. Vergriffen.
Als Ersatz: F. Seligsohn, **Haftpflichtgesetz.** — 1920. (Außerhalb der Sammlung.) 8.—, geb. 9.50

94. **Die Beamtenhaftpflichtgesetze des Reiches und der Länder.** Von H. Delius. 4. Auflage. — 1929. 10.—

52. **Rechte der Besitzer von Schuldverschreibungen.** Von H. Göppert. 2. Auflage von E. Trendelenburg. — 1915. 1.50

50. **Der Viehkauf (Viehgewährschaft).** Von H. Stölzle. 6. Auflage. — 1926. 15.—

90. **Das Internationale Privatrecht,** Die Haager Abkommen über. Von G. Bogeng. — 1908. 2.—
98. **Sechs Haager Abkommen über Internationales Privatrecht.** H. Dungs. — 1910. 1.50

Preußische Gesetze:

87. **Enteignung von Grundeigentum.** Von O. Meyer. 3. Auflage. — 1927. 5.50

Sachenrecht insbesondere

de Gruytersche Sammlung Deutscher Gesetze (Handkommentare):

Aufwertungsrecht von R. Michaelis. — 1926. Mit Nachtrag 1927. 16.—
Nachtrag einzeln —.30

Reichsgesetze:

135. **Erbbaurecht.** Von H. Günther. — 1919. 2.—
42. **Grundbuchordnung.** Von O. Fischer und R. Fischer. 9. Auflage. — 1927. 5.—
156. **Mietrecht und Wohnungsmangelgesetz.** Von O. Krieg. 4. Auflage. — 1928. 10.—

Textausgaben:

Aufwertungsgesetze mit Einleitung. Von R. Michaelis. — 1925. Mit Nachtrag 1927. 1.50
Reichsmietengesetz. — 1922. —.50

Familienrecht und Erbrecht

Reichsgesetze:

45. **Entmündigungsrecht.** Von P. Koll. — 1900. 1.20
58. **Recht der unehelichen Kinder.** Von H. Jastrow. — 1901. Mit Nachtrag 1925. 1.60
47. **Deutsches Vormundschaftsrecht.** Von M. Schultzenstein und P. Köhne. 2. Auflage. — 1901. Vergriffen.
124. **Todeserklärung Kriegsverschollener.** Von J. Partsch. — 1917. 2.—
59. **Beurkundung des Personenstandes und die Eheschließung.** Von F. Fidler. 2. Auflage. — 1912. 2.30

Preußische Gesetze:

8. **Nottestamente.** Von E. Kurtz. — 1904. 1.50

Handelsrecht

Reichsgesetze:

4. **Handelsgesetzbuch** ohne Seerecht. Von F. Litthauer und A. Mosse. 17. Auflage. Von E. Heymann. — 1926. 14.—
162. **Handelsrechtl. Nebengesetze.** Von O. Schreiber. — 1926. 14.—
169. **Bank- und Börsengesetze.** Von A. Nußbaum. — 1927. 11.—
41. **Börsengesetz.** Von Th. Hemptenmacher. 3. Auflage von O. Meyer. — 1915. 3.50
26. **Münz- und Notenbankwesen.** Von R. Koch. 7. Auflage von H. Schacht. — 1925. 14.—
117. **Darlehnskassengesetz.** Von H. Salomon u. K. Bud. — 1915. 1.80
40. Gesetz, betr. die **Pflichten der Kaufleute bei Aufbewahrung fremder Wertpapiere (Depotgesetz).** Von F. Lusensky. 3. Auflage. — 1916. Mit Nachtrag 1924/25. 1.—
24. **Aktiengesellschaft und Kommanditgesellschaften auf Aktien.** Von H. Keyßner und H. V. Simon. 7. Auflage. In Bearbeitung.
32. **Gesellschaften mit beschränkter Haftung.** Von L. Parisius, H. Crüger und A. Crecelius. 18. Auflage. — 1928. 3.50
29. **Erwerbs- und Wirtschaftsgenossenschaften.** Von L. Parisius, H. Crüger, A. Crecelius und Fr. Citron. 19. Auflage. — 1928. 4.—
51. **Hypothekenbankgesetz.** Von H. Göppert. 2. Auflage von H. J. Seibel. — 1911. Mit Nachtrag 1926. 2.20
100. **Kaligesetz.** Von B. Boelkel. — 1910. 2.40
167. **Verordnung gegen Mißbrauch wirtschaftlicher Machtstellungen** (Kartellgesetz). Von W. Staffel. — 1927. 3.50
115. **Das vertragliche Wettbewerbsverbot (Konkurrenzklausel).** Von G. Baum. — 1914. 3.—
113. **Postscheckgesetz.** Von J. Weiland. — 1914. Mit Nachtrag 1918. Vergriffen.
113 a. **Postscheckordnung.** Von J. Weiland. — 1914. Mit Nachtrag 1918. 1.50
85. **Scheckgesetz.** Von M. Apt. Vergriffen. Neue Auflage von W. Schmidt. In Bearbeitung.
    Kommentar von R. Michaelis. — 1927. (Außerhalb der Sammlung.) 16.—, geb. 18.—
5. **Wechselordnung.** Von J. Stranz und M. Stranz. 12. Auflage. — 1923. Mit Nachtrag 1926, enthaltend **Wechselstempelgesetz und Scheckgesetz.** 3.50
    Nachtrag einzeln —.60

36. **Privatrechtliche Verhältnisse der Binnenschiffahrt und Flößerei.** Von E. Löwe. 6. Auflage. — 1923. 4.—
19. **Die Seegesetzgebung.** Von W. E. Knitschky. 5. Auflage von O. Rudorff. — 1913. 8.—

Preußische Gesetze:

54. **Anlegung von Sparkassenbeständen in Inhaberpapieren.** Von H. Döhring. — 1914. 2.80
21. **Handelskammern.** Von F. Lusensky. 2. Aufl. — 1909. 3.—

Textausgaben:

Handelsgesetzbuch mit **Seerecht.** 11. Auflage. — 1924. 2.60
Wechselordnung. — 1928. Mit Anhang: **Wechselprozeß und Nebengesetze.** — 1928. 1.50

Versicherungsrecht

Reichsgesetze:

62. **Private Versicherungsunternehmungen.** Von H. Koenige. 3. Auflage von H. Koenige und A. Petersen. — 1927. 20.—
83. **Versicherungsvertrag.** Von P. Hager und E. Bruck. 6. Auflage. — 1929. 14.—
164. **Aufwertung von Versicherungsansprüchen.** Teil I: **Lebensversicherungen.** Von L. Berliner und E. Pfaffenberger. — 1926. 6.50
164 a. Desgl. Teil II: **Sach-** (Feuer-, Glas-, Wasser- usw.) **und Transportversicherung, Unfall- und Haftpflichtversicherung.** — 1926. Mit Nachtrag 1927. 3.50
Nachtrag einzeln —.30

Gewerberecht

Reichsgesetze:

6. **Gewerbeordnung** für das Deutsche Reich **nebst Kinderschutzgesetz und Hausarbeitsgesetz.** Von Fr. Hiller und H. Luppe. 21. Auflage. — 1928. Mit Nachtrag, enthaltend Handwerksnovelle vom 11. Juni 1929. 11.—
64. **Handel mit Drogen und Giften,** Gesetzsammlung, betr. den. Von H. Sonnenfeld. 3. Auflage. — 1926. 12.—
48. **Drogen-, Gift- und Farbenhandel außerhalb der Apotheken,** Gesetze, betr. den. Von J. Broh. — 1899. 1.20

130. **Ersatzlebensmittelverordnung.** Von H. E. Wendel. — 1918. 1,50

54. **Nahrungsmittelgesetze** mit Erläuterungen. Von Georg Lebbin. 2. Auflage in zwei Bänden.

a) I. **Lebensmittelgesetz** vom 5. Juli 1927 mit Nebengesetzen Margarine, Fleisch, Milch, Süßstoff, Essigsäure usw.). Von G. Lebbin und R. Gießner. — 1928. 8,50

b) II. **Getränkegesetze und Getränkesteuergesetze** (Wein, Bier, Branntwein, Mineralwasser). Unter Mitarbeit von K. Kniebe. — 1926. 10.—

65. **Weingesetz.** Von G. Lebbin. 2. Auflage. — 1909. Vergriffen.

71. **Kinderarbeit in gewerblichen Betrieben.** Von H. Spangenberg. 2. Auflage. — 1904. 1,20

Preußische Gesetze:

16. **Konzessionierung gewerblicher Anlagen.** Von W. v. Rüdiger. 2. Auflage. — 1901. Vergriffen.

Textausgaben:

Gewerbeordnung, Preußische Ausführungsanweisung zur. — 1904. 1.—

Arbeitsrecht

Reichsgesetze:

138 a. **Arbeiterschutz und Arbeitsrecht.** Von A. Günther. 2. Auflage. Teil I: **Arbeitszeitschutz.** Von R. Schneider und A. Günther. — 1927. 7,50

138 c. Teil II: **Schwerbeschädigtengesetz.** Von R. Schneider und A. Günther. — 1928. 8.—

138 d. Teil III: **Stillegungsverordnung.** Von R. Schneider und A. Günther. — 1929. 6.50

138 b. **Betriebsrätegesetz.** Von A. Günther. — 1920. Vergriffen.

168. **Arbeitsgerichtsgesetz.** Von H. Depène. — 1927. 3,60

74. **Die Kaufmannsgerichte.** Von M. Apt. 3. Auflage. — 1904. Vergriffen.

112. **Kaufmannsgerichtsgesetz.** Von H. Depène. — 1914. 2,60

112 a. **Kaufmanns- und Gewerbegerichtsgesetz nebst Schlichtungsordnung.** (Erg.-Band zu Bd. 112.) Von H. Depène. — 1924. 3,50
Die Bde. 112 und 112 a enthalten zusammen den vollständigen Text des Gewerbegerichtsgesetzes.

Preußische Gesetze:

58. **Arbeitsnachweis.** Von P. Wölbling. — 1920. 1.—

Sozialpolitische Gesetze

Reichsgesetze:

106—109. **Reichsversicherungsordnung.** Von F. Caspar und A. Spielhagen. 1913-1922. 4 Bände. Komplett. 18.—

161. **Reichsversicherungsordnung.** Von K. Lippmann. — 1925. 11.—

161 a. Desgl. **Ergänzungsband,** enthaltend die neue Fassung des **Unfallversicherungsgesetzes** sowie die Änderungen der übrigen Bücher der RVO. — 1926. 4.—

161 b. Desgl. **Zweiter Ergänzungsband.** 2., vermehrte Auflage nach dem Stand vom 1. Juli 1928. — 1928. —.80

161 c. Desgl. **Dritter Ergänzungsband.** Nach dem Stand vom 1. Juli 1929. — 1929. —.80

155. **Reichsknappschaftsgesetz.** Von M. Reuß und F. Hense. 2. Auflage. — 1926. Mit Nachtrag 1927. 12.—

152. **Wohlfahrtsgesetze.** Von E. Behrend und H. Stranz-Hurwitz. Teil I. — 1923. 5.—

152 a. Desgl. Teil II. — 1925. 9.—

152 und 152 a zusammen bezogen 12.—

165. **Handbuch der Arbeitslosenfürsorge.** Von H. Schmeißer. Im Druck.

160. **Fürsorgepflicht.** Von E. Sandré. — 1925. 6.—

154. **Jugendwohlfahrt und Jugendgerichtsgesetz.** Von P. Drewes und E. Sandré. 2. Auflage von P. Drewes. — 1928. 11.—

172. **Die reichs- und landesrechtlichen Bestimmungen auf dem Gebiete des Gesundheitswesens.** Von W. Voß. 1929. 11.—

Textausgaben:

Versicherungsgesetz für Angestellte. 2. Auflage. — 1927. 2.50

Geistig-gewerblicher Rechtsschutz

Reichsgesetze:

81. **Urheberrecht an Werken der bildenden Künste und der Photographie.** Von L. Fuld. 2. Auflage. — 1926. 6.—

60. **Das Urheberrecht an Werken der Literatur und der Tonkunst.** Von O. Lindemann. 4. Auflage. — 1921. 1.80

102. **Urheberrecht an Mustern und Modellen** und Schutz von **Gebrauchsmustern.** Von J. Neuberg. — 1911. 2.40

95. Die Berner Übereinkunft über **Internationales Urheberrecht.** Von H. Dungs. — 1910. 1.—

61. **Verlagsrecht.** Von B. Marwitz. 3. Auflage. — 1922. 1.60

22. **Patentgesetz.** Von R. Lutter. 9. Auflage. — 1928. 10.—

87 a. **Das deutsche Warenzeichenrecht.** Von Freund und Magnus. 6. Auflage von Jüngel und Magnus.
Teil I: **Die internationalen Verträge.** — 1924. 9.—
Teil II: **Das deutsche Recht.** In Bearbeitung.

37. **Unlauterer Wettbewerb.** Von A. Pinner und A. Elster. 8. Auflage. — 1927. 5.—

Zivilprozeß

de Gruytersche Sammlung Deutscher Gesetze (Handkommentare):

Zivilprozeßordnung. Von R. Sydow, L. Busch und W. Krantz. 19. Auflage. — 1926. 25.—

Reichsgesetze:

14. **Gerichtsverfassungsgesetz.** Von R. Sydow. Fortgeführt von L. Busch. 10. Auflage. — 1925. 6.—

15. **Das deutsche Gerichtskostengesetz.** Von R. Sydow. Fortgeführt von L. Busch und O. Krieg. 11. Auflage. 1928. 7.50

17. **Gebührenordnung für Rechtsanwälte usw.** Von R. Sydow. Fortgeführt von L. Busch und O. Krieg. 13. Auflage. — 1929. 9.—

16. **Rechtsanwaltsordnung.** Von R. Sydow. 5. Auflage von M. Jacobsohn. — 1907. Mit Nachtrag 1910. Vergriffen.

80. **Gerichtliche Registerführung.** Von O. Lindemann. — 1906. 2.40

Preußische Gesetze:

17. **Preußisches Gerichtskostengesetz.** Von P. Simèon. 8. Auflage von O. Lindemann. — 1928. 8.—

85. **Geschäftsordnung für Gerichtsvollzieher.** Von E. Exner. — 1904. 8.—

Textausgaben:

Zivilprozeßordnung mit **Gerichtsverfassungsgesetz** und **Einführungsgesetzen.** — 1924. 3.50

Freiwillige Gerichtsbarkeit

Reichsgesetze:

46. **Freiwillige Gerichtsbarkeit.** Von H. Jastrow. 7. Auflage von H. Günther. — 1928. 9.—

76. **Die Rechtshilfe im Verkehr mit den ordentlichen Gerichten.** Von A. Friedländer. — 1906. 1.50

163. **Notariatsrecht.** Von F. Szkolny und L. Kober. — 1925. 8.50

Preußische Gesetze:

4. **Gebührenordnung für Notare vom 28. Oktober 1922.** Von J. Rausnitz. 6. Auflage. — 1925. 7.—

29. **Ärztliche Ehrengerichte, das Umlagerecht und die Kassen der Ärztekammern.** Von F. Fidler. — 1901. 1.50

Textausgaben:

Freiwillige Gerichtsbarkeit. — 1920. 1.—

Konkursordnung und Zwangsvollstreckung

Reichsgesetze:

13. **Konkursordnung, Vergleichsordnung und Anfechtungsgesetz.** Von R. Sydow. Fortgeführt von L. Busch und O. Krieg. 15. Auflage. — 1929. 12.—

127. **Geschäftsaufsicht zur Abwendung des Konkurses.** Von G. Klien und E. Jaeger. — 1917. Durch Nachträge ergänzt. 3.—

43 **Zwangsvollstreckung in das unbewegliche Vermögen.** Von J. Krech und O. Fischer. 10. Auflage von O. Fischer. — 1929. 5.—

Textausgaben:

Konkursordnung. 2. Auflage. — 1915. Mit Nachtrag 1927. 1.50
Nachtrag einzeln —.80

Öffentliches Recht

Staatsrecht

Reichsgesetze:

137. **Reichsverfassung.** Von A. Arndt. 3. Auflage. — 1927. 8.—
166. **Das deutsche Ausländerrecht.** Von W. Fraustädter und M. Kreutzberger. — 1927. 9.—
86. **Die Auslieferungsverträge des Deutschen Reiches.** Von A. Cohn. — 1908. 4.—
44. **Auswanderungswesen.** Von F. Stoerk. — 1899. 2.—
134. **Der Ostfrieden.** Von K. Strupp. — 1918. 3.—
111. **Reichs- und Staatsangehörigkeitsgesetz.** Von A. Romen. 2. Auflage. In Bearbeitung
141. **Sozialisierungsgesetze.** Von O. Reier. — 1920. 2.20
174. **Internationale Schiedssprechung.** Von H. Kraus. — 1929. 10.—
99. **Die Abkommen der Haager Friedenskonferenz.** Vergriffen. Jetzt: H. Wehberg, **Völkerbundakte.** — 1919. (Außerhalb der Sammlung.) 4.—

Preußische Gesetze:

1. **Die Verfassung des Freistaats Preußen.** Von A. Arndt. — 1921. 2.—
   Ausführlicher Kommentar von Fr. Stier-Somlo. — 1921. (Außerhalb der Sammlung.) 8.—

Textausgaben:

Verfassung des Freistaates Preußen. — 1921. —.60

Verwaltungsrecht

a) Reichsrecht

Reichsgesetze:

82. **Reichsbeamtengesetz.** Von A. Arndt. 3. Auflage. — 1923. Mit Nachtrag, enthaltend die Änderungen bis 1924. 3.50
122. **Belagerungszustand.** Von H. Bürschel. — 1916. 3.50
35. **Die Reichs-Eisenbahngesetzgebung.** Von W. Coermann. — 1895. Vergriffen.
66. **Die Eisenbahngesetzgebung.** Von W. Pietsch. 2. Auflage. — 1913. Vergriffen.
91. **Eisenbahn-Verkehrsordnung.** Von E. Blume. 4. Auflage von W. Weirauch. — 1928. 9.—

Strafrecht

Reichsgesetze:

2. **Strafgesetzbuch.** Von Fr. v. Liszt und E. Delaquis. 28. Auflage von E. Kohlrausch. — 1928. 8.—
9. **Sammlung kleinerer strafrechtlicher Reichsgesetze.** Von R. H. Kriegsmann. 3. Auflage. — 1910. 4.—
53. **Reichspreßgesetz.** Von A. Born. 3. Auflage. — 1924. 4.—
133. **Reichswuchergesetzgebung.** Von Ad. Lobe. — 1918. 2.80
67. **Militärstrafgesetzbuch.** Von A. Romen und E. Rissom. 3. Auflage. — 1918. Vergriffen.
173. **Schußwaffengesetz.** Von E. Wündisch. — 1928. 5.—

Preußische Gesetze:

84. Sammlung der wichtigsten **preußischen Strafgesetze.** Von O. Lindemann. 2. Auflage. — 1912. 3.50
86. **Polizeiverordnungen in Preußen.** Von O. Lindemann. 2. Auflage. — 1912. 2.50

Textausgaben:

Strafgesetzbuch. — 1925. 3.—

Strafprozeß

de Gruytersche Sammlung Deutscher Gesetze (Handkommentare):

Strafprozeßordnung und Gerichtsverfassungsgesetz. Von A. Feisenberger. — 1926. Mit Nachtrag 1927. 17.—
Nachtrag einzeln —.80

Reichsgesetze:

12. **Strafprozeßordnung und Gerichtsverfassungsgesetz.** Von E. Kohlrausch. 21. Auflage. — 1927. 7.50
158. **Strafprozeßordnung und Gerichtsverfassungsgesetz.** Alte und neue Fassung synoptisch gegenübergestellt. Von A. Feisenberger. — 1924. Mit Nachtrag 1927. 4.50
3. **Militärstrafgerichtsordnung.** Von A. Romen und E. Rissom. 2. Auflage. — 1918. 5.—
128. **Verhaftung und Aufenthaltsbeschränkung.** Von A. Romen. — 1917. 1.20
73. **Entschädigung für unschuldig erlittene Verhaftung und Bestrafung.** Von A. Romen. — 1904. 1.70

Textausgaben:

Strafprozeßordnung. 5. Auflage. — 1924. Mit Nachtrag 1927. 2.50

147. **Filmzensur.** Von Szczesny. — 1920. 1.50

68. **Fleischbeschaugesetz.** Von G. Lebbin und G. Baum. — 1903. 2.80

27. **Gesundheitswesen im Deutschen Reich.** — 1888. Vergriffen.

56. **Bekämpfung gemeingefährlicher Krankheiten.** Von B. Burkhardt. — 1900. 1.20

63. **Gesetzestafel des deutschen Reichsrechts.** Von H. Bruhns. 2. Auflage. — 1913. 3.—

49. **Deutsche Kolonialgesetzgebung.** Von Ph. Zorn. 2. Auflage von Sassen. — 1913. 5.—

21. **Die Konsulargesetzgebung.** Von Ph. Zorn. 3. Auflage von K. Zorn. — 1911. 4.50

75. **Konsulargerichtsbarkeit.** Von A. F. Vorwerk. — 1908. 1.60

92. **Verkehr mit Kraftfahrzeugen.** Von R. Kirchner. 4. Auflage. In Vorbereitung.
Außerhalb der Sammlung: **Der Kraftfahrzeugverkehr.** Von G. Aumer. 2. Auflage. — 1928. 4.50

119. **Kriegsleistungsgesetz.** Vergriffen.

118. **Militärhinterbliebenengesetz.** Von Reh. — 1915. 2.20

79. **Die Militärpensionsgesetze.** Von A. Romen. Vergriffen.

136. **Militärversorgungsgesetz.** Von H. Günther. — 1919. 2.30

7. **Post- und Telegraphen-Gesetzgebung.** Vergriffen.

120. **Telegraphenwegegesetz.** Von C. Wolf. — 1916. 1.—

148. **Reichsausgleichsgesetz.** Von E. Decke. — 1920. 1.50

150. **Reichsschädengesetze.** Von A. Hohenstein und W. Goldbaum. — 1922. 4.—

97. **Schutzgebietsgesetz.** Von J. Gerstmeyer. — 1910. 2.50

105. **Das Geldwesen in den deutschen Schutzgebieten.** Von W. Hintze. — 1912. 1.80

140. **Die Siedelungsgesetzgebung im Reich und in Preußen.** Von W. Holzapfel. — 1920. 3.—

125. **Vaterländischer Hilfsdienst.** 3. Auflage. — 1917. 1.—

88. **Vereinsgesetz.** Von A. Romen. 5. Auflage. In Bearbeitung.

33. **Vereins- und Versammlungsrecht.** Von E. Ball. 2. Auflage von F. Friedenthal. — 1907. 2.—

103. **Reichs-Viehseuchengesetz.** Von W. v. Hippel. 2. Auflage. — 1913. 4.—

89. **Vogelschutzgesetz.** Von L. v. Boxberger. — 1909. 1.—
69. **Reichsgesetz über die Naturalleistungen der bewaffneten Macht im Frieden.** Von W. v. Hippel. — 1903. 1.—
114. **Waffengebrauch und Festnahmerecht des Militärs.** Von A. Romen und C. Rissom. — 1914. 1.80
142. **Wirtschaftliche Demobilmachung.** Von Gg. Fischbach. — 1920. 1.—
170. **Luftrecht.** Von R. Busse. 1928. 10.—
171. **Seewasserstraßenordnung.** Von J. Sebba. — 1928. 8.50
173. **Schußwaffen und Munition.** Von E. Wündisch. — 1928. 5.—

b) Landesrecht

Preußische Gesetze:

48. **Zweckverbandsgesetz für Groß-Berlin.** Von L. Brühl, K. Gorban und W. Ledermann. — 1912. 4.—
50. **Gesetz, betr. die Anlegung und Veränderung von Straßen und Plätzen in Städten und ländlichen Ortschaften.** Von O. Meyer. — 1913. 3.—
46. **Austritt aus der Landeskirche.** Von H. Caro. — 1911. 2.40
2. **Preußische Beamtengesetzgebung.** Von K. Pfafferoth. 5. Auflage. — 1916. 2.40
51. **Das preußische Disziplinargesetz für die nichtrichterlichen Beamten.** Von E. v. Dultzig. — 1914. 4.20
25. **Preußische Kommunalbeamtengesetzgebung.** Von F. Kremski. — 1901. 3.—
22. **Anstellung und Versorgung der Kommunalbeamten.** Von W. Ledermann. 2. Auflage von L. Brühl. — 1914. 2.—
26. **Diensteinkommen der Lehrer und Lehrerinnen.** Von E. Cremer. — 1900. 2.20
12. **Allgemeines Berggesetz.** Von W. Schlüter und Fr. Hense. 4. Auflage. In Vorbereitung.
47. **Feuerbestattung.** Von W. Lohmann. — 1912. 1.50
28. **Die Fürsorgeerziehung Minderjähriger.** Von P. F. Aschrott. 3. Auflage. — 1917. 2.80
31a/b. **Die preußischen Gesindeordnungen.** Zwei Bände. Von St. Gerhard. 5.50
24. **Die Hinterlegungsordnung (1879).** Von G. Bartels. 2. Auflage. — 1908. 2.—
53. **Hinterlegungsordnung** von 1913. Von R. Hagemann. — 1914. 2.20

41. **Die preußischen Jagdpolizeigesetze**, siehe Nr. 63.

19. **Jagdscheingesetz.** Von F. Kunze. 2. Auflage. — 1899. 2.—

45. **Rechtsverhältnisse der Juden in Preußen.** Von M. Kollenscher. — 1910. 2.40

15. **Die Kreisordnungen.** Von O. Kolisch. — 1894. Vergriffen.

57. **Landeskulturbehörden.** Von W. Holzapfel. — 1919. 2.—

42. **Allgemeine Landesverwaltung und Zuständigkeit der Verwaltungs- und Verwaltungsgerichtsbehörden.** Von K. Friedrichs. 3. Auflage. — 1927. 5.—

44. **Quellenschutzgesetz.** Von C. Voelkel. — 1909. 1.—

33. **Rentenguts- und Anerbenrechtsgesetzgebung.** Vergriffen.

30. **Preußisches Staatsschuldbuch und Reichsschuldbuch.** Von J. Mücke. — 1902. 2.—

59. **Bildung der neuen Stadtgemeinde Berlin.** Von P. Wölbling. 2. Auflage. — 1920. 1.40

32. **Städteordnung.** Von W. Ledermann und L. Brühl. 2. Auflage. — 1913. 6.—

56. **Das preußische Tumultschadengesetz.** Von Br. Friedländer. — 1919. —.80

60. **Umlegungsordnung.** Von W. Holzapfel. — 1921. 1.80

43. **Verschuldungsgrenze** für land- und forstwirtschaftlich benutzte Grundstücke. Von R. Leweck. — 1908. 2.40

49. **Gesetze gegen die Verunstaltung landschaftlich hervorragender Gegenden.** Von O. Goldschmidt. — 1912. 2.40

40. **Verwaltungsstrafverfahren.** Von R. Katzenstein. — 1907. 3.50

39. **Unterhaltung der öffentlichen Volksschulen.** Von A. Marcks. — 1906. 1.80

52. **Preußisches Wassergesetz.** Von G. Wulff und F. Herold. 2. Auflage von G. Wulff. — 1928. 12.—

55. **Preußisches Wohnungsgesetz.** Von B. Schmittmann. — 1918. 2.60

62. **Das preußische Fischereigesetz.** Von A. Born. — 1928. 7.50

63. **Die preußischen Jagdgesetze.** Von A. Born. — 1928. 8.—

64. **Die preußischen Baupolizeigesetze.** Von H. Heine. — 1928. 8.—

Steuerrecht

Reichsgesetze:

143. **Reichsabgabenordnung.** Von A. Nieberl. 2. Auflage. — 1927. Mit Nachtrag 1928. 12.—
126. **Besitzsteuergesetz.** Von A. Mrozek. Vergriffen.
151. **Einkommensteuer und Körperschaftsteuer.** Von A. Hollaender. — 1926. Mit Nachtrag, enthaltend die Änderungen vom 22. Dezember 1927. 24.—
77. **Das Erbschaftssteuergesetz.** Von B. Henckel. — 1920. Vergriffen. Neue Fassung von H. Schachian. 4. Auflage. — 1926. (Außerhalb der Sammlung.) 2.50
54 b. **Nahrungsmittelgesetze** mit Erläuterungen. Von Georg Lebbin. 2. Auflage in zwei Bänden. II. **Getränkegesetze und Getränkesteuergesetze** (Wein, Bier, Branntwein, Mineralwasser). Unter Mitwirkung von K. Kniebe. — 1926. 10.—
139. **Grunderwerbsteuergesetz.** Von O. Lindemann. 2. Auflage. — 1926. Mit Nachtrag 1927. 4.—
Nachtrag einzeln —.80
159. **Industriebelastungsgesetz.** Von H. Höpker. — 1925. 4.—
121. **Direkte Kriegssteuer.** Von A. Mrozek. — 1916. 3.50
131 a. **Reichsfinanzgesetzgebung 1918.** Bd. I: **Getränkesteuern.** Von G. Mayer. — 1918. 2.50
131 b. **Reichsfinanzgesetzgebung 1918.** Bd. II: **Einkommen, Umsatz** usw. Von G. Mayer. — 1919. 1.50
149. **Reichsnotopfergesetz.** Von A. Friedmann und R. Wrzeszinsky. — 1921. 4.—
18. **Reichsstempelgesetz.** Von P. Loeck. Vergriffen. Wird durch Kapitalverkehrssteuergesetz ersetzt. Erläuterte Ausgabe in Bearbeitung.
145. **Steuer- und Kapitalflucht.** Von E. H. Meyer. 2. Auflage. — 1921. 1.60
157. **Dritte Steuernotverordnung vom 14. Februar 1924** mit den Vorschriften über **Aufwertung.** 2. Auflage unter dem Titel: **Aufwertungsrecht.** Von R. Michaelis. — 1926. Mit Nachtrag 1927. 16.—
Nachtrag einzeln —.80
132. **Umsatzsteuergesetz.** Von O. Lindemann. 4. Auflage. — 1926. 10 —
110. **Wehrbeitragsgesetz.** Von A. Fernow. 2. Auflage. — 1913. 1.60

146. **Tabaksteuergesetz.** Von Fr. Wündisch. — 1920. Mit Nachtrag 1925. 4.—
Nachtrag einzeln 1.50
78. **Zigarettensteuergesetz.** Von W. Cuno. Vergriffen.
101. **Zuwachssteuergesetz.** Von W. Cuno. Vergriffen.
153. **Zwangsanleihegesetz.** Von H. V. Simon und W. Beutner. — 1923. 8.—

Preußische Gesetze:

30. **Die preußischen Erbschaftssteuergesetze.** Von U. Hoffmann. — 1905. 3.—
13. **Ergänzungssteuergesetz.** Von A. Fernow. 5. Auflage. 1914. 3.—
11. **Gewerbesteuergesetz.** Von A. Fernow. Vergriffen.
14. **Kommunalabgabengesetz.** Von F. Adickes. 6. Auflage von Falk. — 1922. 3.50
38. **Kreis- und Provinzialabgabengesetz.** Von F. Schmidt. — 1906. 1.20
18. **Preußisches Stempelsteuergesetz.** Von P. Loeck. 10. Auflage von K. Eiffler. — 1928. 13.—
61. **Preußische Verwaltungsgebührenordnung.** Von K. Eiffler. — 1925. Mit Nachtrag 1925. 6.—
27. **Warenhaussteuer.** Von G. Strutz. — 1900. 1.20

Textausgaben:

Erbschaftsteuergesetz. Neue Fassung von H. Schachian. 4. Auflage. — 1926. 2.50
Reichssteuergesetze 1925 (Steuerüberleitungsgesetz mit Durchführungsbestimmungen — Einkommensteuer, Körperschaftssteuer, Reichsbewertungsgesetz, Vermögensteuer, Erbschaftsteuer). — 1925. 4.—
Wehrbeitrag und Besitzsteuer. — 1913. —.50
Zuwachssteuergesetz. — 1911. —.50
—, **Ausführungsbestimmungen.** — 1911. —.40

FSC
www.fsc.org
MIX
Papier | Fördert
gute Waldnutzung
FSC® C083411

Kolibri 360 GmbH
Ferdinand-Jühlke-Straße 7
99095 Erfurt, Deutschland
produktsicherheit@kolibri360.de